L'Art du Management 3

HEC PARIS

L'Art du Management 3

- 10 thèmes
- 90 articles
- 95 contributeurs

Les Echos
LE QUOTIDIEN DE L'ÉCONOMIE

DUNOD

ISBN 2 10 049686 7

PRÉSENTATION DES AUTEURS

Jean-Loup Ardoin 465
Professeur, HEC Paris

Daniel Arenas 489
Professeur associé, Esade, Barcelone

Michel Badoc 363
Professeur, HEC Paris

Gérard Baglin 219
Professeur associé, HEC Paris

Anne-Sophie Bayle-Tourtoulou 370
Professeur assistant, HEC Paris

Charles-Henri Besseyre des Horts 307
Professeur associé HEC Paris
Titulaire de la chaire Toshiba

Alain Bloch 253
Professeur affilié, HEC Paris

Henri de Bodinat 312
Professeur affilié, HEC Paris
Vice-président, Arthur D. Little

Hughes Boisvert 198
Professeur, HEC Montréal

Carine Boiteau 139
Maître de conférence, Paris V

Denis Bourgeois 55
Professeur affilié, HEC Paris
Directeur du programme HEC – Oxford Consulting and Coaching for Change

Gaëtan Breton 151
Professeur, Université du Québec, Montréal

Rodolphe Durand 349

Professeur associé, HEC Paris

Yves Evrard 375

Professeur, HEC Paris

Bénédicte Faivre-Tavignot 484

Directeur pédagogique Mastère Management
du développement durable, HEC Paris

Nicole Ferry-Maccario 434, 438

Professeur, HEC Paris

Michel Fiol 262

Professeur, HEC Paris

Thierry Foucault 11

Professeur associé, HEC Paris
Directeur du laboratoire CNRS GREGHEC

Bernard Garette 5, 203

Professeur associé, HEC Paris

Valérie Gauthier 5, 295

Professeur associé, HEC Paris
Directeur du MBA HEC

Fabien de Geuser 262, 283

Professeur assistant, HEC Lausanne

Michel Giffard 270

Directeur de séminaire au Centre de recherche et d'études
des chefs d'entreprise, HEC Paris

Bruno Husson 321

Professeur affilié, HEC Paris

Antoine Hyafil 330

Professeur associé, HEC Paris
Doyen de la Faculté et de la Recherche, HEC Paris

Frédéric Iselin 245

Directeur de HEC Start-up, HEC Paris

Thomas Jeanjean 125

Professeur assistant, HEC Paris

PRÉFACE

HEC c'est un corps professoral permanent de plus de 100 professionnels de l'enseignement et de la recherche en gestion, et de nombreux représentants éclairés du monde des affaires, invités par les professeurs permanents à faire partager leur expérience aux publics les plus divers au sein de programmes variés.

C'est aussi un pôle d'attraction pour des enseignants – chercheurs des universités les plus prestigieuses, qui participent aux activités d'enseignement et de recherche en collaboration avec leurs collègues à Jouy-en-Josas, contribuant ainsi au développement du savoir dans le domaine de la gestion.

Pour chacun de ces professionnels de l'enseignement et de la recherche, et pour leurs invités, la multiplicité des programmes et des publics constitue une fabuleuse opportunité :

- La reformulation, adaptée aux capacités d'écoute et de compréhension de chaque public, permet aux enseignants d'épurer leurs concepts jusqu'à ce que ces derniers soient débarrassés de la moindre scorie.
- La confrontation des concepts et des pratiques, lorsque le public est déjà expérimenté, permet bien entendu aux « apprenants » de mieux comprendre, *a posteriori*, le monde dans lequel ils évoluent ; elle permet également aux « enseignants » d'enrichir leurs références et de vérifier à la fois la robustesse et la malléabilité des concepts qu'ils propagent.

La publication dans *Les Échos*, puis dans cet ouvrage édité par Dunod, de près de 90 articles consacrés à *l'Art du Management*, puise dans la double richesse que procurent, au corps professoral permanent du Groupe HEC et à ses invités, l'exploration des concepts à travers les activités de recherche, et leur mise à l'épreuve auprès des dirigeants et futurs dirigeants d'entreprises.

Elle constitue pour le lecteur un jalon qui lui permet de mesurer, à l'aube de ce siècle, l'état de l'art dans les diverses disciplines de gestion, et d'appréhender, avant d'autres, les problématiques émergentes avec lesquelles les entreprises devront se mesurer pour conforter ou accroître leur avantage concurrentiel.

Au moment où le corps professoral permanent du Groupe HEC fête son 50e anniversaire, il ne pouvait être indifférent à cette opportunité procurée par *Les Échos*, puis par Dunod, de faire le point sur la richesse de connaissances accumulées, au cours d'un demi-siècle d'efforts pour mieux comprendre et mieux orienter les pratiques des entreprises. Cette réflexion est également une condition pour permettre aux efforts futurs d'être fructueux, et à la pratique des entreprises de demain d'accompagner les progrès de la connaissance.

Antoine HYAFIL
Doyen de la Faculté et de la Recherche du Groupe HEC

TABLE DES MATIÈRES

PARTIE II

INNOVATION ET CHANGEMENT

PARTIE III

GOUVERNANCE ET MESURE

PARTIE VII

VALEUR ET VALEURS

PARTIE VIII

MARKETING ET COMMUNICATION

PARTIE IX

IMMATÉRIEL

INTRODUCTION

LE MANAGEMENT, UNE QUESTION DE LEADERSHIP

Bernard Ramanantsoa

Le titre – *L'Art du Management* – de la série qu'introduit aujourd'hui cet article est révélateur de l'ambiguïté de notre discipline. La gestion des entreprises ne peut, on le sait, se rapporter à une maîtrise, fût-elle parfaite, de techniques : c'est probablement pourquoi, prudemment et anticipant les sourires entendus de certains lecteurs, l'éditeur de la série a préféré parler d'art. Et puis, la connotation est positive : à l'heure où les dirigeants d'entreprise aiment s'entendre comparer aux grands champions sportifs, pourquoi ne pas assimiler une gestion d'entreprise réussie à une œuvre d'art ? Mais peut-on alors prétendre écrire – et éditer – plusieurs dizaines d'articles sur le sujet ? C'est le défi que nous avons accepté de relever parce que nous croyons qu'il s'agit d'un art bien spécial, où le talent n'est pas inné mais ne s'acquiert pas, non plus, sur le tas.

« Ce qui est indispensable à la base, c'est de bonnes connaissances de comptabilité et de contrôle de gestion, et être à l'aise avec l'utilisation de l'informatique », nous disait, il y a quelques années déjà, le président d'un grand groupe industriel français, parlant de sa politique de recrutement. Les choses n'ont pas changé ; les techniques de gestion se sont même renouvelées et sophistiquées. Il ne nous a donc pas semblé inutile de vous proposer un nombre significatif d'articles dont l'objectif est de faire le point sur ces derniers développements.

Pourquoi des articles parfois conceptuels, même s'ils sont illustrés d'exemples ? On ne peut certes comprendre une situation d'entreprise tant qu'on ne l'a pas vécue ; mais en même temps, quelle que soit l'expérience professionnelle de nos élèves et aujourd'hui de nos lecteurs, le risque est grand, quand on n'a pas de grille de lecture, de simplifier à outrance les situations concrètes que l'on vit. Chacun s'oriente alors selon la ligne dominante de sa personnalité et passe à côté du fait que c'est un mélange complexe entre les fonctionnements de groupe, les jeux de pouvoir, les schémas d'organisation, les profils psychologiques personnels, les profils culturels nationaux. C'est en allant vers l'amont, dans les disciplines fondamentales – d'où l'importance de la recherche – qui permettent de comprendre, qu'on peut éviter de se contenter d'approches devenues obsolètes.

Mais cette seule dimension technique est largement insuffisante. Nombreux sont les chefs d'entreprise qui rappellent que les règles du jeu comportemental changent. Le dirigeant type de la génération précédente était l'homme qui savait tout sur tout, la plus haute autorité intellectuelle de la société. Cela est de plus en plus rare. L'autorité ne vient plus du savoir, elle vient de la personnalité, du charisme, de la capacité à faire adhérer les hommes à des idées, et surtout de la capacité à les faire travailler ensemble. Ce mouvement nous semble irréversible, et ne fera probablement que s'accentuer dans les années à venir.

Le problème qui se pose alors est de savoir si nous aurons assez de leaders pour conduire cette mutation. Nous parlons bien de leaders, que nous distinguons des managers ; la différence est d'importance. Deux professeurs, Abraham Zaleznik et notre collègue Roland Reitter, nous ont montré que les leaders fabriquent l'avenir alors que les managers se contentent de gérer le quotidien… Ils ne diffèrent pas seulement par leur rôle et par leur conception de l'organisation. Les leaders savent que pour qu'une organisation vive, il ne suffit pas qu'elle ait une stratégie valable ; il faut encore qu'elle puisse se renouveler, au-delà des hommes qui la servent. Et la fonction des leaders est de construire cette identité. Nos recherches révèlent que, pour cela, ils ont su développer à la fois deux talents essentiels : une capacité à interpréter le monde et à comprendre les systèmes sociaux, et une aptitude à penser leur propre pouvoir et à percevoir les dangers de leurs propres passions.

Comment transférer ces talents, dès lors que l'on croit qu'on ne naît pas chef, que le succès à un concours ne donne pas toutes les clefs ? Plusieurs articles de notre série s'« attaqueront » modestement à cette question, parce que nous croyons que c'est là l'enjeu majeur des entreprises mais aussi celui des meilleures *business schools*. On ne réfléchit, en effet, pas assez à l'essence du leadership. Probablement parce que cela nous conduirait à développer et à adhérer à une constatation dérangeante : la plupart des organisations se passent de leadership. Elles se contentent alors de prôner le retour de valeurs traditionnelles, comme le respect de l'autre et la générosité. Tout le problème est de savoir comment jauger l'honnêteté, que, pour parler objectivement, peut parfaitement imiter l'habileté. Et le très ancien conflit entre une légitimité acquise par l'honnêteté et une légitimité acquise par l'habileté n'est pas près d'être résolu.

Non ! la vraie question est de développer des talents. Or un talent se cultive par la pratique, mais apprendre un talent ne peut se réduire à une pratique. Pour comprendre l'évolution du monde et de l'architecture sociale, il est utile d'avoir de multiples grilles de lecture : économique, historique, sociologique, anthropologique, psychologique. D'où cette évidence : le leadership demande du temps ! Et c'est bien là que le bât blesse : l'ascèse n'est guère à la mode et le risque est grand qu'on ne veuille plus que « du court, du concret », que tout soit mis sur le même plan : vraie connaissance et dernier gadget à la mode.

Cette série d'articles vous propose, à l'inverse, de consacrer suffisamment de votre temps pour réfléchir avec nous sur les grands facteurs d'évolution de ces « belles machines sociales » que sont les entreprises. Bonne lecture !

LES VRAIS ENJEUX DE LA FORMATION SUPÉRIEURE AU MANAGEMENT EN EUROPE

Valérie Gauthier et Bernard Garette

Dès 2005, les accords de Bologne vont s'appliquer à l'enseignement supérieur dans pas moins de 40 pays européens signataires. Ces accords vont faciliter la mobilité des professeurs et des étudiants entre les différents pays, favoriser la création de réseaux internationaux d'apprentissage et garantir les équivalences entre les différentes formations nationales.

Pour commencer, ces accords vont imposer un certain niveau de standardisation à l'échelle européenne : il sera en particulier nécessaire d'adopter dans tous les pays un système de crédits uniforme et standardisé (ECTS)[1]. Il faudra également normaliser les diplômes et les cycles d'études, pour que ceux-ci soient reconnus et comparables d'un pays à l'autre.

Cependant, derrière un discours unanime où tout le monde appelle de ses vœux l'avènement d'un standard européen porteur de tant de bienfaits, notamment face au rouleau compresseur américain, les tractations et les compromis vont bon train. On se garde bien de définir des normes trop précises : chacun essaie en fait de promouvoir et de préserver certaines spécificités de son système national. Par exemple, alors que le principe retenu par Bologne est de structurer l'enseignement supérieur européen en deux cycles, *undergraduate* et *graduate,* (ce qui, comme aux États-Unis, conduit en cinq ans à un diplôme de « Master »), la durée respective de ces deux cycles est flexible, le total de cinq ans pouvant prendre la forme 3+2 ou 4+1. Remarquons au passage que, même en autorisant cette flexibilité, certains cursus prestigieux comme les grandes écoles françaises auront du mal à respecter la norme de Bologne puisque, vu le positionnement de leur concours d'entrée après deux ans de classes préparatoires, elles sont implicitement organisées sur une durée 2+3.

L'impact de cet accord sur la formation supérieure au management pose des problèmes spécifiques qui ont fait l'objet d'une étude et d'un rapport à l'initiative du *Graduate Management Admissions Council* (GMAC®). Ce rapport, qui tente de cerner les contours et les enjeux dans l'environnement post-Bologne pour les formations au management en Europe à l'horizon 2010, sera publié cet automne. Il s'adresse aux quatre acteurs principaux de l'enseignement supérieur que sont les gouvernements, les institutions, les recruteurs et les étudiants. Son objectif est de mettre fin à la confusion

1. *European Credit Transfer System.*

qui règne aujourd'hui en Europe sur le marché de l'enseignement supérieur en management et de faire des recommandations pour une mise en œuvre efficace des principes de l'accord. En l'absence d'un véritable standard européen, c'est en effet le format américain du MBA qui a tendance à s'imposer peu à peu partout en Europe (sans toutefois faire disparaître la mosaïque des différents modèles nationaux, qui subsistent dans la plus grande hétérogénéité). Ainsi, la notion de MBA, qui pourrait constituer *de facto* une norme si elle était homogène, recouvre en Europe une grande variété de programmes, différents non seulement en termes de contenu et de durée, mais aussi du point de vue du niveau et du profil des participants.

Une telle complexité ne faisait pas problème tant que les étudiants et les employeurs se cantonnaient à l'échelle nationale. Or, qu'on le veuille ou non, le marché des MBA est en cours de mondialisation rapide.

– Du côté des étudiants, les candidats sont de plus en plus nombreux à faire leur choix à une échelle européenne, voire mondiale. Les premiers à se comporter de la sorte sont les jeunes ingénieurs et cadres à haut potentiel, mobiles sur le plan international et disposant de moyens personnels leur permettant de financer eux-mêmes leurs études. Ce profil correspondant justement au cœur de cible des programmes MBA, il n'est pas surprenant que ce soit le MBA qui s'impose comme standard international.
– Quant aux recruteurs, ce sont de plus en plus fréquemment des entreprises multinationales qui développent des politiques globales de recrutement. Les plus prestigieuses et les plus actives sur le marché du recrutement étant pour la plupart d'origines américaines (cabinets de conseil, banques d'affaires, etc.), elles favorisent la diffusion du format MBA, celui qu'elles connaissent le mieux, et ce dans toutes les régions du monde.

Aucune institution, aussi prestigieuse soit-elle, ne peut ignorer cette dynamique qui contribue à faire du format MBA un standard mondial. D'ailleurs, la presse spécialisée ne s'y trompe pas. Depuis quelques années, les *rankings* de MBA, naguère limités au marché domestique américain, sont devenus mondiaux et se sont ouverts en particulier aux programmes européens. C'est le cas par exemple du *ranking* de *Business Week*. De leur côté, les médias européens, *Financial Times* en tête, ont créé avec succès leurs propres classements, sur une base d'emblée mondiale. Pratiquement plus personne aujourd'hui ne conteste l'idée d'un classement mondial des MBA, même si la position des différentes institutions européennes dans ce classement mondial est contestable et loin d'être figée.

Cependant, bon nombre d'institutions universitaires européennes sous-estiment une des conséquences les plus importantes de cette évolution : dans l'esprit du public, les classements des MBA sont confondus avec les classements des institutions elles-mêmes. C'est ce qui s'est produit de manière apparemment irréversible aux États-Unis, où la réputation de chaque *business school* provient essentiellement du prestige de son MBA. Certes, d'autres critères sont censés entrer en ligne de compte pour évaluer la qualité globale d'une institution, d'une école, comme la qualité d'ensemble de la recherche, celle du corps professoral, du doctorat ou des programmes d'*executive education*... Mais rien n'y fait : ce sont les classements des MBA qui sont les plus lus et les plus diffusés, et ce sont les MBA qui apparaissent comme les programmes phares des *business schools*. Du reste, au-delà des critères d'évaluation des programmes de MBA proprement dits, les classements de MBA intègrent une série d'éléments liés à la recherche et au corps professoral, si bien qu'à travers la qualité du MBA, c'est la performance globale de l'institution universitaire qui est indirectement jugée.

Autrement dit, pour être connue et valorisée sur la scène mondiale, une *business school*, de quelque pays qu'elle soit, se doit d'apparaître dans les *rankings* internationaux et, pour ce faire, elle doit être dotée d'un programme de MBA capable de se classer parmi les meilleurs MBA mondiaux. Or, contrairement aux autres programmes de niveau Master, les *Masters in Business Administration* (MBA) ont la particularité de recruter des participants ayant acquis une première expérience professionnelle de plusieurs années, après avoir obtenu un premier diplôme dans un autre domaine, souvent scientifique ou technique. Le différentiel de salaire entre l'entrée et la sortie du cursus est d'ailleurs le premier critère de mesure de la valeur « marchande » du diplôme. Ce critère, applicable seulement à des diplômés post-expérience, a une pondération très forte dans les *rankings* déjà cités. Un MBA qui recruterait un grand nombre d'étudiants sans expérience serait classé très loin (ou n'apparaîtrait même pas) dans les principaux *rankings*.

Ces remarques sur l'évolution du marché, sur le rôle joué par les *rankings* mondiaux, et sur les spécificités des MBA par rapport aux autres formations permettent de mieux comprendre l'inconfort et la difficulté de certaines institutions européennes en matière de positionnement international. Dans la plupart des pays d'Europe, en effet, c'est sur la base des formations premières, et non pas sur les formations post-expérience, que les universités ou les écoles ont construit leur réputation et qu'elles ont acquis leur leadership au niveau national. Même si plusieurs MBA leaders en Europe ont près de quarante ans d'existence (l'Insead a été créé en 1959, le MBA de la London Business School en 1965 et le MBA d'HEC en 1969, ce qui montre que le concept de MBA s'est acclimaté de longue date au contexte européen), ils se sont pour la plupart développés *à côté* des systèmes universitaires nationaux et leur positionnement par rapport aux diplômes traditionnels est parfois mal compris, jusque dans leur propre pays[1].

En Europe, c'est plus le positionnement international des formations premières en management qui pose problème que celui des MBA. Les MBA, d'Europe ou d'ailleurs, sont par nature des « produits globaux » comparables à leurs homologues de toutes

1. Il faut dire que le débat est souvent entaché d'idéologie : comme le MBA est un concept d'origine américaine, beaucoup d'universitaires européens ont tendance à le rejeter. À notre avis, il s'agit là d'un combat d'arrière-garde. En cinquante ans de construction européenne, le MBA est le seul standard international de formation au management qui se soit imposé en Europe, comme dans le reste du monde. La raison en est simple ; c'est parce que le marché en a décidé ainsi. L'origine américaine du MBA ne devrait d'ailleurs pas poser de problème particulier. Après tout, le cinéma a été inventé par des Français et la télévision par un Écossais ; cela n'a pas empêché les Américains de les adopter sans vergogne et d'en devenir les leaders mondiaux. Pourquoi ne ferions-nous pas de même avec le MBA ?

régions du monde. En revanche, les formations premières restent spécifiques à chaque pays et aucun *ranking* international n'existe dans ce domaine. Pour compliquer les choses, certaines d'entre elles, comme par exemple les grandes écoles de commerce françaises, délivrent un diplôme sanctionnant cinq années d'études supérieures, ce qui les positionne au niveau Master tout comme les MBA. Cependant les grandes écoles recrutent de jeunes étudiants qui n'ont pas d'expérience professionnelle antérieure, ce qui empêche de les assimiler à des MBA. Les grandes écoles risquent donc d'être (et sont déjà parfois, notamment aux USA...) assimilées à des programmes *undergraduate* (voir tableau 1) ce qui les dévalorise, alors même que leur niveau académique et leur sélectivité les positionnent au niveau Master.

Tableau 1 – Le marché américain de la formation supérieure au management

	« Pré-expérience »	« Post-expérience »
Undergraduate	BBA*	--
Graduate	--	MBA

* BBA : Bachelor of Business Administration

C'est pour ce type de formation qu'il serait urgent de créer un *Master européen*, bien distinct du MBA, de manière à ce que la concurrence puisse jouer pleinement entre ces programmes, dont certains accueillent et forment l'élite de la jeunesse européenne.

Sur ce sujet, le rapport GMAC déjà cité met en évidence le fait qu'au niveau Master, le marché européen de la formation supérieure au management comprend deux segments bien distincts : celui du MBA – qui est global – et celui des formations premières – qui reste pour l'heure multidomestique – (voir tableau 2). Les recruteurs ne s'y trompent pas. Ainsi, en France, un cabinet de conseil comme McKinsey intègre les nouveaux diplômés à deux niveaux bien distincts : les jeunes diplômés des grandes écoles de commerce et d'ingénieur au niveau *junior*, et les MBA au niveau *associate*. La plupart des grandes entreprises procèdent de même. Les niveaux de salaires moyens et les niveaux de responsabilités qui correspondent à ces deux catégories de recrutement vont du simple au double (autour de 40 000 € pour les diplômés de grande école à 85 000 € pour les MBA). De plus, il faut remarquer que la politique de recrutement des grands groupes multinationaux est coordonnée mondialement au niveau MBA, alors que les recrutements de *juniors* sont bien souvent décentralisés dans les différents pays, du fait du manque de standard international.

Tableau 2 – Le marché européen de la formation supérieure au management

	« Pré-expérience »	« Post-expérience »
Undergraduate	Licence ou Bachelor (à définir)	--
Graduate	Master (à définir)	MBA

Malgré cette différenciation très claire sur le marché du travail, certains MBA américains ou européens s'autorisent parfois à recruter un pourcentage, faible mais significatif (jusqu'à 20 %), de jeunes sans expérience professionnelle. Certes, une telle pratique existe, mais les meilleurs MBA s'en tiennent à des proportions minoritaires et sont très attentifs à la sélection de ces jeunes recrues[1].

Face à ces évolutions et à ces ambiguïtés, quelle stratégie les institutions d'enseignement et les gouvernements européens doivent-ils adopter ? Plusieurs recommandations nous semblent se dégager de notre analyse :

– Il est impératif de clarifier le marché en positionnant les différents niveaux de programmes dans l'ensemble des pays européens, en particulier les 40 signataires de l'accord de Bologne. L'après Bologne va définir un environnement très différent de celui que nous connaissons aujourd'hui : l'offre éducationnelle intégrera des acteurs plus nombreux et situés souvent en dehors des frontières et barrières traditionnelles. Les étudiants seront de plus en plus informés et critiques dans leurs choix d'une institution, d'un pays, d'un programme : entre le privé, le public, le professionnel et l'universitaire par exemple.
– La distinction entre les niveaux *graduate* et *undergraduate* paraît incontournable et les différents cursus et diplômes doivent se positionner clairement sur ce critère.
– De là à assimiler tout programme *graduate* à un MBA, il y a un pas à ne pas franchir. La dénomination MBA devrait être réservée aux programmes post-expérience professionnelle. En effet, la notion de valeur ajoutée d'une formation se pose différemment au niveau pré et post-expérience. L'enseignement et l'approche ne peuvent être les mêmes avec des populations pré et post-expérience ; il est donc absolument nécessaire de dissocier les deux types de programmes et de limiter le nombre de participants sans expérience dans les formations MBA à moins de 20 %.
– Le problème principal pour les institutions européennes de formation au management est de positionner leurs Masters pré-expérience sur le marché international, pas leur MBA. Dans plusieurs pays européens, on se trompe de débat. On se pose un problème résolu depuis longtemps (« Qu'est-ce qu'un MBA ? ») pour ne pas se poser le vrai, celui de la fragmentation du marché européen des formations pré-expérience. Il est donc urgent de se mettre d'accord sur un standard du type *Master of Science in Management* permettant de qualifier et de positionner les diplômes en question.
– Chacun des pays européens ayant signé l'accord de Bologne poursuit une stratégie nationale qui porte le poids historique de son système et de ses valeurs éducatives. La capacité d'adaptation de chacun de ces pays semble inversement proportionnelle à la force des valeurs traditionnelles et culturelles du pays en question. Les nations

1. On peut noter que cette tendance réapparaît à chaque fois que le marché est conjoncturellement en baisse, ce qui est le cas en ce moment. Quand le nombre de candidatures baisse sensiblement, l'apport de recrues plus jeunes est en effet précieux pour maintenir le nombre de participants et la sélectivité des procédures d'admission dans les nombreux MBA qui se disputent le marché. En 2004, on a enregistré une baisse de 15 à 35 % des candidatures au niveau mondial. Il n'est donc pas étonnant que ce genre de débat soit relancé en ce moment.

les plus innovantes sont celles qui s'approprient les principes des accords de Bologne et les intègrent le mieux à leur propre environnement. C'est le cas de la Suisse : l'Université de St Gallen par exemple a su très vite développer son propre système sur la base de la distinction Bachelor/Master et en tire déjà les bénéfices en terme d'ouverture internationale et se positionnant sur les marchés pré et post-expérience.

– Les normes et standards doivent être respectés pour espérer être présent sur les différents segments du marché de l'enseignement supérieur, des marchés aux frontières élargies, de plus en plus internationaux et concurrentiels. Seuls les institutions et gouvernements capables de définir des stratégies cohérentes par rapport à ces normes et standards sauront tirer leur épingle du jeu. Ils devront notamment se positionner sur chacun des segments de marché (pré/post-expérience, *undergraduate/graduate*) et définir une politique capable d'attirer les meilleurs candidats[1].

De nombreuses questions se posent encore, en particulier sur l'évaluation/accréditation de la dimension qualitative des programmes proposés. Il règne une grande confusion sur les accréditations et leur rôle : accrédite-t-on un programme (le MBA par exemple), ou une institution ? Comme il a été vu plus haut, la même ambiguïté existe pour les *rankings* qui s'appliquent au programme MBA, mais sont très souvent assimilés à l'institution.

Pour donner à l'Europe une chance de puiser dans sa richesse et sa force incarnées par la diversité des différents systèmes d'éducation qui la composent, il est indispensable d'aider les différents acteurs sur ce marché en pleine mutation à jouer un rôle productif et constructif. C'est en donnant des repères communs à l'ensemble de ces systèmes d'éducation que chaque pays de l'Europe de l'après Bologne pourra affirmer son identité propre et offrir une prestation de qualité à toute personne recherchant une formation, une éducation à dimension européenne.

La diversité des pays et des formations, le flux international d'étudiants se déplaçant d'une institution à une autre sont des richesses uniques que seule l'Europe est capable d'offrir dans un périmètre de proximité.

1. Il s'agit bien d'une logique de marché. Ce qui n'est pas gênant en soi, mais s'applique ici dans un environnement complexe de service, touchant en outre à ce domaine particulier, porteur d'une identité culturelle et nationale : l'éducation.

ENSEIGNEMENT DE LA GESTION : L'APPORT DE LA RECHERCHE

Thierry Foucault et Gilles Laurent

Les économies des pays développés sont devenues des « économies de la connaissance ». Plus de 50 % du PIB des pays de l'OCDE provient désormais de secteurs liés à la production et à l'exploitation du savoir (comme par exemple les secteurs de l'éducation, de la communication ou du conseil)[1]. Autre signe de cette évolution, la part des investissements intangibles (R & D, éducation, etc.) dans les actifs des entreprises ne cesse de croître. Elle était, par exemple, de l'ordre de 54 % en 1990 contre seulement 42 % après la guerre pour les entreprises américaines.

L'« économie de la connaissance » est caractérisée par une évolution rapide des savoirs. À ce titre, elle exige des compétences nouvelles de la part des acteurs économiques. Ils doivent notamment pouvoir faire évoluer leurs savoirs (« apprendre à apprendre ») mais aussi comprendre la façon dont les connaissances évoluent, voire susciter cette évolution. Dans ces conditions, la recherche en gestion est amenée à jouer une place grandissante dans les écoles de gestion.

Se maintenir à la pointe de l'état de l'art

La recherche permet tout d'abord d'assurer une diffusion rapide des avancées de la connaissance dans les enseignements dispensés aux futurs gestionnaires. L'implication des professeurs dans le processus de production des connaissances permet de faire évoluer les programmes au fur et à mesure que le savoir progresse dans une discipline particulière (par exemple la Finance ou le Marketing). Les chercheurs jouent en quelque sorte le rôle d'un service de veille technologique *via* leur lecture régulière des journaux scientifiques spécialisés, leur participation à des colloques où les résultats nouveaux sont débattus et critiqués et enfin à travers leur propre contribution à la production de ces résultats. Comme dans les autres sciences, la recherche en gestion peut donner lieu à des innovations (idées ou techniques) ayant des répercussions profondes sur la pratique des affaires. Une exposition précoce des étudiants à ces innovations dans le cadre de leur cursus permet leur adoption rapide par les acteurs du monde économique.

Le développement des techniques permettant de valoriser les produits dérivés (des actifs financiers dont les flux de trésorerie sont déterminés par la valeur d'autres actifs)

1. OCDE, *The knowledge-based economy*, 1996.

illustre ce point. Deux chercheurs américains, Fisher Black et Myron Scholes, ont proposé au début des années soixante-dix une technique de valorisation des options d'achat ou de vente. Ces options sont des actifs financiers sophistiqués. Une option d'achat donne à son détenteur le droit d'acheter à une date future un autre actif financier (« l'actif sous-jacent ») à un prix donné (le « prix d'exercice »). De manière symétrique, une option de vente confère à son détenteur le droit de vendre à une date future un autre actif financier à un prix donné. Ces actifs financiers sont des instruments spéculatifs mais aussi de formidables instruments de gestion des risques. Par exemple, un investisseur possédant une action peut se protéger contre une perte de la valeur de cette action en achetant une option de vente sur cette action. Au début des années soixante-dix, le volume de transactions sur ces instruments était faible, en dépit de l'utilité des options pour la gestion des risques financiers. Les difficultés associées à la valorisation des options constituaient un des obstacles majeurs au développement de ces actifs.

Cet obstacle fut levé par Black et Scholes, avec la découverte de la formule qui, sous certaines hypothèses, permet de valoriser les options. Cette découverte majeure, publiée en 1973, fut récompensée en 1997 par le prix Nobel en sciences économiques[1]. Elle contribua à la croissance spectaculaire des marchés d'options dans les années soixante-dix et quatre-vingt et la formule fut très rapidement utilisée par les opérateurs intervenant sur ces marchés. Ses répercussions vont bien au-delà de la seule valorisation des options. Le type de raisonnement employé par Black et Scholes pour obtenir leur formule a généré de multiples innovations dans l'industrie financière. Il est par exemple à l'origine des techniques dites d'assurance de portefeuille qui permettent de garantir une valeur plancher à un portefeuille d'actifs financiers. Plus généralement les travaux de Black et Scholes ont joué un rôle crucial dans le développement des produits dérivés et dans leur utilisation pour la gestion des risques financiers.

À ce titre, les manuels de finance utilisés dans les programmes de MBA des *business schools* américaines ont consacré très rapidement plusieurs chapitres aux techniques de valorisation de produits dérivés et notamment à la formule de Black et Scholes. Un classique du genre, l'ouvrage de Brealey et Myers, *Principles of Corporate Finance* consacrait plusieurs pages à la formule de Black et Scholes dès 1981. Cette diffusion très rapide des techniques de valorisation d'options dans des cours destinés à des praticiens est due au fait que ces cours ont très souvent été élaborés par des professeurs impliqués dans les recherches menées sur la valorisation des options.

Prenons un autre exemple, dans le domaine du marketing cette fois. Depuis une vingtaine d'années, un ensemble de techniques nouvelles a été développé aux États-Unis, pour évaluer de façon précise l'effet des actions promotionnelles sur les ventes, à partir des données de « scanner » (les caisses électroniques des magasins). Ces travaux ont permis de mettre en évidence l'impact à court terme très puissant des promotions, ce qui a entraîné une réorientation importante des budgets marketing de la publicité vers la promotion des ventes. Ces recherches ont été menées largement par des professeurs

1. F. Black et M. Scholes, « The Pricing of Corporate Liabilities », *Journal of Political Economy*, 1973, pp. 637-659.

des *business schools*, en liaison étroite bien sûr avec les sociétés de panel qui recueillent ces données. Un autre exemple, toujours dans le domaine du marketing, est celui de « l'analyse conjointe » – une méthode qui permet d'analyser le poids relatif des différentes caractéristiques d'un produit ou d'un service dans le choix des consommateurs. Les centaines d'articles de recherche sur ce sujet ont servi de base à la réalisation de milliers d'études appliquées par les entreprises, en particulier lors de la conception de nouveaux produits ou de nouveaux services.

Développer des compétences devenues clés dans une économie de la connaissance

La participation active des professeurs de gestion à la production du savoir garantit donc une diffusion rapide des connaissances dans les programmes des écoles de gestion et finalement dans la pratique des affaires. Elle peut par ailleurs contribuer au développement des compétences requises dans une « économie de la connaissance ». En premier lieu, les étudiants seront d'autant plus à même de s'adapter à une telle économie qu'ils comprennent les mécanismes par lesquels s'élabore le savoir. La mise en contact des étudiants avec des chercheurs peut faciliter cette compréhension. Les professeurs ont une connaissance précise de la genèse des théories dans leur discipline et des critiques adressées à ces dernières. Ils ont donc une position idéale pour mettre en perspective les savoirs qu'ils enseignent. Ils peuvent en particulier montrer que ces ceux-ci ne sont pas « tombés du ciel » mais qu'ils sont, au contraire, le fruit d'un long processus de recherche.

Cette mise en perspective des enseignements est bénéfique pour plusieurs raisons. Tout d'abord, elle permet aux étudiants de mieux saisir les limites des techniques ou des idées qui leur sont enseignées. Comprendre pourquoi une théorie n'est pas adaptée dans telle ou telle situation, c'est également mieux comprendre la portée exacte de cette théorie. En second lieu, elle prépare les étudiants à accepter que les connaissances qu'ils ont acquises soient éventuellement remises en cause par les avancées de la recherche. Une formation à cet « état d'esprit » est importante dans une économie caractérisée par un renouvellement constant des savoirs. Elle permet à de futurs gestionnaires d'accepter la possibilité du changement et de le provoquer, en étant prêts à remettre en cause la pertinence des modes de gestion déjà connus. Une telle attitude peut s'avérer salutaire. En effet, Bolman et Deal montrent que les managers ont souvent des difficultés à affronter le changement et que ces difficultés proviennent justement de leur incapacité à envisager les problèmes auxquels ils sont confrontés sous un nouvel éclairage, avec par exemple des outils nouveaux.[1]

La rapidité d'évolution des savoirs fait de la capacité « d'apprendre à apprendre » une autre compétence nécessaire dans une économie de la connaissance. Cette compétence peut être développée par une initiation des étudiants à la pratique de la recherche, en

1. G. Bolman et T. Deal, *Reframing Organizations, Artistry, Choice and Leadership*, Wiley, 2003.

rédigeant un mémoire d'étude sous la direction d'un professeur ou en collaborant avec un chercheur à un de ses projets de recherche. Par exemple plus de la moitié des étudiants *undergraduate* du MIT ont désormais la possibilité d'effectuer des travaux de recherche dans le cadre de leurs études, soit à titre individuel, soit en collaboration avec des enseignants. Ces travaux donnent lieu à une rémunération ou sont pris en compte dans la notation finale des étudiants.[1]

Cette initiation au processus de recherche n'a pas principalement pour vocation de former de chercheurs. Il s'agit plutôt d'entraîner les étudiants à identifier par eux-mêmes l'état des connaissances dans un domaine donné et à repérer les innovations possibles. Un travail de recherche ne peut se contenter de faire la synthèse des connaissances existantes sur une question donnée. Il doit aussi confronter de manière systématique les théories existantes avec les faits de manière à « tester » la validité de ces théories (les prédictions de la théorie sont-elles en accord avec la réalité ?). Une telle confrontation nécessite que les étudiants apprennent à collecter et à traiter les données qui leur permettront de valider ou d'infirmer une théorie. Cet apprentissage est important dans la formation d'un futur responsable, car les nouvelles technologies augmentent considérablement le volume des données disponibles, et facilitent leur traitement. Si les théories paraissent inadéquates, il est alors nécessaire de proposer de nouveaux schémas explicatifs. Ce type de travail encourage les étudiants à questionner la validité d'une explication ou d'une interprétation en la confrontant aux faits de manière rigoureuse. Entre plusieurs théories intuitivement séduisantes sur un phénomène, il faut apprendre à faire une discrimination appuyée sur une analyse rigoureuse des faits.

L'initiation à la recherche peut également permettre à de futurs gestionnaires de mieux comprendre la nature du travail mené par les chercheurs. Cette compréhension est nécessaire dans une économie qui repose sur l'innovation et sur une imbrication de plus en plus forte entre le monde de l'entreprise et de la recherche. Deux chercheurs, Scherer et Hu[2], ont montré que les entreprises dont les responsables avaient une formation scientifique réalisaient plus d'investissement en R & D, toutes choses égales par ailleurs. Une telle observation suggère que des responsables sensibilisés à la recherche scientifique pendant leur formation sont plus à même d'investir dans l'innovation.

Comprendre la diversité des pratiques managériales

La recherche en gestion peut faciliter l'insertion des étudiants dans une économie mondialisée. Les pratiques managériales varient fortement d'un pays à l'autre et de nombreux travaux de recherche ont pour objectif d'identifier les facteurs qui expliquent cette diversité. Par exemple, on peut se demander pourquoi le financement des entreprises en Europe continentale repose plus largement sur les banques que le

1. Rapport Boyer, *Reinventing undergraduate education : a blueprint for Americas'research universities*, Carnegie Foundation for the advancement of teaching.
2. F. Scherer et K. Huh, « Top managers education and R & D investment », *Research Policy*, vol. 21, 1992.

financement des entreprises américaines ou anglaises. On peut également s'interroger sur les causes de la diversité des normes comptables au niveau international. Ainsi, une étude récente menée par Yuan Ding, Thomas Jeanjean et Hervé Stolowy révèlent que les facteurs culturels expliquent en partie cette diversité, au même titre que d'autres facteurs techniques ou politiques.[1] Dans le même esprit, une autre étude de Madeleine Besson, Dominique Rouzies et Michael Segalla montre que des facteurs culturels expliquent les différences observées en Europe en ce qui concerne les modes de rémunération des vendeurs.[2] L'étude de ces questions prépare les étudiants à exercer des activités managériales dans un environnement international, marqué par la diversité des pratiques. Elle leur permet en effet non seulement de prendre conscience de cette diversité mais également d'en comprendre les causes.

L'importance accordée à la recherche en gestion dans les *business schools* américaines a fortement contribué à leur prestige et à leur position centrale dans la production d'innovations en matière de management depuis l'après-guerre. En France, l'organisation de l'enseignement supérieur est caractérisée par une plus grande séparation entre la recherche et l'enseignement, comme l'ont rappelé certains rapports récents (notamment les rapports Attali ou Aghion-Cohen). Comme le soulignent ces rapports, le rapprochement entre l'enseignement supérieur et la recherche constitue désormais un enjeu économique important. C'est le cas, entre autres, pour l'enseignement et la recherche en gestion. Il y va de la capacité des futurs acteurs économiques à comprendre et faire évoluer l'environnement dans lequel ils exerceront leurs fonctions.

---

1. Y. Ding, T. Jeanjean et H. Stolowy, « Why do national GAAP differ from IAS ? The role of culture », *Cahier de Recherche du Groupe HEC*, 2004.
2. M. Besson, D. Rouziès et M. Segalla, « The impact of cultural Dimensions on Sales Force Compensation », *Cahier de Recherche du Groupe HEC*, 1999.

PARTIE I

GLOBALISATION ET INTERNATIONALISATION

1

L'ENTREPRISE, ACTEUR MAJEUR DE LA GÉOPOLITIQUE

Jean-Marc de Leersnyder

RÉSUMÉ

L'entreprise a su s'emparer très vite des champs de manœuvres extraterritorialisés que la mondialisation et la dérégulation ont créés, comme Internet ou les marchés financiers. Elle maîtrise, au moins aussi bien que les États, les nouvelles problématiques qui s'inscrivent dans les agendas diplomatiques internationaux. Pour être acteur dans cette géopolitique, l'entreprise a inventé une diplomatie propre dont le lobbying est l'élément le plus visible, mais qui inclut également le développement durable ou la citoyenneté d'entreprise (*corporate social responsibility*).

Pour paraphraser ce qu'on disait de l'Allemagne avant la réunification, l'entreprise est un géant économique, mais un nain diplomatique. Comme la chute du mur de Berlin l'a fait pour l'Allemagne, la mondialisation a considérablement amplifié le poids géopolitique de l'entreprise. Une tradition voulait qu'on considère la géopolitique comme le domaine réservé des acteurs publics (les États, les organisations internationales) ou des acteurs représentatifs du secteur non marchand (les ONG), les entreprises, elles, n'ayant qu'à subir les conséquences de la situation géopolitique sans pouvoir réagir. Or, l'entreprise a sa propre rationalité, et la somme des jeux des acteurs que sont les entreprises finit par avoir un impact sur la situation géopolitique elle-même. L'entreprise est devenue un acteur majeur de la géopolitique, pour au moins trois raisons :

- elle a, plus promptement que d'autres acteurs, su investir les nouveaux espaces que la mondialisation a générés ;
- elle s'est retrouvée « à l'aise » dans la nouvelle grammaire des relations internationales instaurée par la mondialisation ;
- elle a su imaginer une nouvelle diplomatie qui lui sert d'instrument de navigation dans ce nouvel espace mondialisé.

Une reconfiguration de l'espace

La mondialisation est fondamentalement une reconfiguration de l'espace. Elle a créé des espaces nouveaux à l'intérieur desquels les acteurs publics ou privés déploient leurs stratégies. L'espace étatique demeure, mais il est affaibli par des transferts de souveraineté (monnaie, fiscalité...) vers des entités nouvelles, ou par la remise en cause du principe de territorialité des lois sous l'influence de législations communautaires ou de décisions nationales d'application prétendument universelle. La mondialisation, c'est aussi la capacité des acteurs de se mouvoir à l'intérieur d'espaces nouveaux, autonomes par rapport aux États, et dans lesquels les règles du jeu, et singulièrement les règles de droit, inspirées du principe de territorialité ne s'appliquent plus. L'Internet est un exemple, les marchés financiers en sont un autre. Ils sont un champ de manœuvres extraterritorialisé par la dérégulation sur lequel les entreprises et les banques déploient leurs activités et leur créativité.

Les entreprises ont été les plus aptes et les plus réactives à occuper ces nouveaux territoires de liberté d'entreprendre. Dans le même temps les États, édifiés par l'échec des économies planifiées, ont eu tendance à se retirer de la sphère marchande. Ce désengagement a permis la montée en puissance des entreprises, comme par un jeu de vases communicants. Ce désengagement de l'État, comme acteur économique, s'accompagne paradoxalement d'un surcroît de vigilance de la puissance publique sur les intérêts économiques et commerciaux des entreprises dès lors qu'elles agissent hors du territoire national. C'est sous l'administration Clinton que fut mis au point le concept de sécurité économique, affirmant que « la défense des intérêts économiques est au cœur de la politique étrangère des États-Unis ». Il s'est généralisé depuis.

Nouvelle grammaire des relations internationales

Les formes nouvelles que prennent les relations internationales se caractérisent par l'intrusion de nouveaux acteurs dans le débat (les altermondialistes, par exemple) et l'introduction de nouveaux thèmes, comme l'environnement, dans l'agenda des négociations internationales. Dans cette nouvelle grammaire des relations internationales, les États ne sont plus les seuls arbitres et les entreprises sont souvent plus expérimentées que les États. Les négociations de l'OMC à Seattle, en décembre 1999, ont marqué un tournant dans les négociations internationales. Les ONG et ceux qui n'étaient encore que les antimondialistes se sont bruyamment invités dans la discussion. On pourrait imaginer qu'un jour les entreprises fassent valoir, à leur manière, leur point de vue comme les ONG ont su le faire avec leur méthode. Les entreprises auraient intérêt à le faire, car sur les thèmes traités désormais dans les négociations internationales, elles ont une véritable légitimité, et les décisions prises dans ces négociations impactent sérieusement leur stratégie.

Dans les agendas internationaux, des thèmes étrangers aux problématiques diplomatiques traditionnelles se font jour comme l'économie, la protection de l'environnement ou la sécurité alimentaire et sanitaire. Sur ces problématiques, les entreprises se révèlent plus expérimentées et souvent plus expertes que les États. Le débat public international sur l'environnement qui fait aujourd'hui partie du contexte géopolitique (on pense au protocole de Kyoto) n'a aucun sens s'il exclut l'entreprise. Mais qui la représente ?

Les États ont sans doute mis trop de confiance dans leur capacité à dessiner seuls les contours d'un ordre international. Les entreprises, de leur côté, ont sans doute sous-estimé la nécessité de contribuer collectivement à modeler cet ordre international.

Les entreprises ont leur diplomatie

Les entreprises sont parvenues à dessiner un espace mondial qui leur soit propre. Avec la mondialisation elles ont pu identifier des espaces commerciaux transnationaux comme les diasporas ou les communautés ethniques. Le communautarisme est peut-être un souci politique et social, mais il constitue aussi un marché. Les « Latinos » pour la musique, les « Afros » pour les cosmétiques constituent des segments de marchés mondiaux très lucratifs. Ces marchés représentent des armes économiques considérables aux mains des entreprises qui peuvent parfois contribuer à changer la face du monde. Les processus de consommation occidentaux sont en train de transformer la Chine.

Face aux risques générés par l'instabilité du contexte géopolitique, l'entreprise peut répondre par deux types de pratique stratégique : l'anticipation et la négociation. L'anticipation, c'est la surveillance de l'environnement, la veille et l'intelligence économique. La négociation, c'est la diplomatie d'entreprise. À l'arme de la diplomatie économique mise en œuvre par les États, devrait répondre un management diplomatique dont il reste à définir les contours.

Cette diplomatie d'entreprise doit être partie intégrante de la politique de communication internationale de l'entreprise. L'entreprise sait envoyer un message à caractère commercial à un client. Elle doit apprendre à adresser un message à contenu diplomatique à un État ou à ses représentants. Dans le premier cas elle fait légitimement de la publicité, dans le second cas on lui dénie trop souvent le droit de faire de la diplomatie. Le lobbying qui s'est tant développé en Europe, du fait de l'impact des décisions de la Commission sur la vie des affaires, est une des manifestations de cette intense activité diplomatique de l'entreprise.

Il ne faudrait pas limiter la diplomatie internationale de l'entreprise aux acteurs étatiques ou aux organisations internationales. Il convient de l'élargir aux acteurs de la société civile. L'influence croissante des mouvements de consommateurs et des mouvements altermondialistes fait peser un risque commercial important sur l'entreprise. Afin de minimiser ce risque, de nombreuses entreprises ont décidé d'intégrer à leur politique de communication un volet social et éthique. Les entreprises qui délocalisent leurs unités de production dans les pays à faible coût de main-d'œuvre sont aujourd'hui soucieuses de préserver leur image et d'éviter les campagnes de boycott au motif qu'on découvre qu'elles font travailler dans leurs usines des prisonniers ou des enfants. En réplique à la multiplication des enquêtes, les entreprises adoptent des codes de bonne conduite, des chartes pour concilier éthique et business. Elles ont inventé une forme de diplomatie civile, qu'on appelle parfois citoyenneté ou plus fréquemment *corporate social responsibility*.

La stratégie internationale de l'entreprise est rattrapée par la géopolitique. La sphère du commercial n'est pas distincte de la sphère du politique. La géopolitique, c'est la résultante des jeux de tous les acteurs sur la scène internationale. Dans ce théâtre, ni les États ni les entreprises ne peuvent prétendre jouer seuls.

2

LA QUESTION DE LA VOLATILITÉ DU PRIX DES ACTIFS FINANCIERS

Olivier Klein

RÉSUMÉ

Nous avons connu une volatilité des marchés financiers, mesurée sur des périodes très courtes, qui n'a pas eu tendance à s'élever de la fin du XXe siècle à aujourd'hui ; mais la volatilité, mesurée sur des périodes longues, s'est accrue et a fortement dépassé celle des variables fondamentales, qui sont censées déterminer les prix des actifs financiers eux-mêmes. Nous en étudions les raisons et rappelons que cette forte volatilité financière ne peut être simplement gérée par la diversification des portefeuilles.

La volatilité des marchés financiers s'est accrue depuis l'avènement de la globalisation financière et cet excès de volatilité perturbe l'économie réelle. Dans le même temps, il est généralement accepté que la non ou la faible corrélation des volatilités des différents marchés permet d'opérer une diversification des portefeuilles qui en améliore le rendement pour un risque identique ou qui en diminue le risque pour un même rendement attendu. Mais, sur l'ensemble de ces points, il convient d'y regarder de plus près.

La volatilité d'un prix ou d'un rendement est communément acceptée comme représentative du niveau de risque inhérent à un marché. Ainsi, plus la volatilité d'un actif ou d'un marché est forte, plus il est risqué de se placer sur cet actif ou ce marché. La volatilité se calcule par la racine carrée de la variance (soit l'écart type) de la variation du prix, c'est-à-dire par une mesure des écarts de la variation de ce prix à son évolution moyenne sur une période donnée. Ainsi, un titre dont le prix aura crû, ou décrû, pendant un laps de temps donné de façon régulière, aura connu une volatilité faible. Tandis qu'un autre titre qui aura au total décrû, ou crû, de façon irrégulière, avec des hausses et des baisses amples et nombreuses dans l'intervalle de temps donné, sera jugé de forte volatilité. En bonne logique financière, il est légitime de demander par avance pour un titre plus volatil une espérance de rendement plus élevé.

Nous n'entrerons pas ici dans le débat de savoir si une mesure traitant de façon symétrique les gains et les pertes sur un marché donne un indicateur approprié du risque pris par les agents, alors que ceux-là sont préoccupés par les pertes plus qu'ils ne sont satisfaits de leurs gains. Nous nous concentrerons sur la problématique de l'existence ou non d'un accroissement et d'un excès de volatilité depuis le décloisonnement et la déréglementation financière des années 1970-1980, de même que sur la diversité et la non-corrélation des volatilités nécessaires à une efficacité de la diversification des portefeuilles.

On peut soutenir, de façon apparemment paradoxale, que, sur le marché des actions, par exemple, si la volatilité est elle-même très volatile :

- Elle n'a pas réellement augmenté en tendance, tant depuis la mise en place progressive de la globalisation financière que sur une très longue période, soit depuis la fin du XIXe siècle.
- Elle a pourtant très fortement progressé depuis la déréglementation et le décloisonnement financiers par rapport à celle des fondamentaux économiques (croissance du PIB et inflation), ce qui justifie de parler de volatilité financière excessive.

Ce paradoxe s'explique aisément si l'on approfondit le concept de volatilité. En effet, le résultat du calcul ne donnera évidemment pas le même signal si l'on change la fréquence choisie (variation quotidienne ou trimestrielle, par exemple) ou l'horizon sur lequel on mesure cette volatilité (la semaine ou la décennie, par exemple). Si l'on choisit une fréquence quotidienne de la mesure de la variation de l'indice Dow Jones, par exemple, et un horizon hebdomadaire pour mesurer la volatilité de cette variation, la première assertion est vérifiée. Cela signifie que la volatilité du marché des actions n'a pas crû tendanciellement depuis les années 1970 ou 1980, ni d'ailleurs depuis la fin du XIXe siècle. Autrement dit, la variation quotidienne des prix, mesurée sur une semaine, n'a pas été en moyenne plus forte ces dernières décennies qu'auparavant. En revanche, bien entendu, mesurée de cette façon, la volatilité est beaucoup plus forte notamment de 1929 à 1932, en 1987 ou en 2001-2002, que sur d'autres périodes[1].

Une telle fréquence et un tel horizon ne permettent pas de porter un jugement sur les volatilités comparées des marchés financiers et des fondamentaux économiques, les taux de croissance et d'inflation n'étant mesurés qu'avec une moindre fréquence et ne variant significativement que sur des horizons plus longs. Aussi, une fréquence trimestrielle et un horizon décennal peuvent-ils mieux permettre une approche pertinente de cette question. Une étude sur la volatilité des variables financières et réelles a été réalisée par P. Artus (*Flash* n° 41 de février 2004, CDC Ixis). Les chiffres qui suivent proviennent de cette étude.

1. Voir dans la *Revue d'Économie Financière* (n° 74, 2004), l'étude de T. Chauveau, S. Friederich, J. Héricourt, E. Jurczenko, C. Lubochinsky, B. Maillet, C. Moussu, B. Négréa et H. Raymond-Feingold.

Régulation macroéconomique

Précisons tout d'abord que la volatilité ainsi mesurée de la croissance (du PIB) est relativement stable depuis 1960, avec une baisse de son niveau sur la dernière période (1980-2003) aux États-Unis, et dès la décennie 1980-1989, en France et en Allemagne, par exemple. Quant à l'inflation, sa volatilité est un peu plus forte et variable que celle de la croissance, avec un pic dans la décennie 1980-1989, dû à la phase de forte désinflation connue internationalement. Ainsi, tant aux États-Unis (de 1960 à 2003) qu'en France (de 1970 à 2003), la volatilité de la croissance s'établit dans une fourchette de 1,3 % à 2,7 % et, pour celle de l'inflation, de 0,6 % à 4,3 %, avec des niveaux très faibles historiquement pour les deux en dernière période. Enfin, les taux d'intérêt courts et longs ne connaissent pas de volatilité supérieure à celles de la croissance et de l'inflation.

Tel n'est pas le cas pour la volatilité des cours de change et des actions qui s'est fortement accrue sur la période analysée. Le cours de change nominal effectif du dollar (pondéré contre principales devises des pays partenaires) a connu une volatilité multipliée par plus de 5 entre la décennie 1970-1979 et 1960-1969, expliquée évidemment par la fin du système de Brenton Woods. Cette volatilité a presque doublé à nouveau dans la décennie suivante, pour atteindre 16,8 %, mais est retombée à 8 % sur la période 1990-2003.

La volatilité de l'indice boursier réel aux États-Unis s'établit, quant à elle, à un niveau allant de 11 % à 18,5 % entre les décennies 1960-1969 et 1980-1989 et s'élève violemment à 82,6 % sur la période 1990-2003. En France et en Allemagne, un tel phénomène est également observable. On peut donc avancer sans risque qu'il existe bien sûr la dernière période un excès de volatilité du marché des actions par rapport à celles de la croissance (environ 1,5 %) et de l'inflation (environ 0,6 %). Si l'on comparait la volatilité des actions à celle des dividendes, pour choisir un fondamental plus directement lié aux actions, on mettrait également à jour un excès de volatilité du marché des actions.

Cet excès pose bien entendu la question des prix instantanés sur les marchés qui, d'après la théorie des marchés efficients, devraient être des estimateurs valables des valeurs fondamentales, ou d'équilibre, des actifs financiers. Dès lors que la volatilité des prix, constatés sur le marché des actions par exemple, est très supérieure à celle de la croissance, de l'inflation ou des taux d'intérêt longs, les prix instantanés fixés par l'offre et la demande perdent en pertinence et peuvent être légitimement considérés à certains moments comme le fruit de bulles spéculatives perturbatrices.

Ainsi, peuvent coexister une volatilité financière de très court terme qui n'a pas tendanciellement monté sur très longue période et une volatilité de moyen-long terme des marchés boursiers notamment, très supérieure à celle des fondamentaux sur la dernière période étudiée.

Reste que la théorie financière enseigne à juste titre qu'une bonne diversification d'un portefeuille peut permettre de gérer ces volatilités dès lors qu'elles sont totalement ou partiellement décorrélées entre les différents marchés financiers. Une bonne sélection d'actifs diversifiés doit engendrer par exemple un moindre risque – donc une moindre volatilité – de l'ensemble du portefeuille, pour un rendement espéré équivalent. Mais les années 1980 et les décennies suivantes ont malheureusement montré que cette diversification n'apporte ses bienfaits qu'en eaux calmes, hors crises financières graves, c'est-à-dire lorsque l'on en a le moins besoin. En effet, lors de la tempête, soit pendant les krachs financiers majeurs, les volatilités des différents marchés financiers (*spreads* des obligations privées, marchés boursiers des zones géographiques différentes, cours de change des pays émergents…) ont une forte tendance à se corréler violemment à la hausse. Le bénéfice de la diversification – et, par là même, la capacité à gérer des volatilités financières relativement élevées – s'affaisse fortement, voire disparaît.

La question de la volatilité financière, et de son excès, ne peut donc être exclusivement réglée par des gestions microéconomiques appropriées. Elle reste une question de régulation macroéconomique et macrofinancière globale. La stabilité financière est fondamentalement un bien collectif, indispensable au bon fonctionnement de toute économie de marché décentralisée, et doit être gérée comme tel par les instances de régulation nationale et internationale.

3

PAYS ÉMERGENTS : L'AVANTAGE CONCURRENTIEL DES ACTEURS LOCAUX

Jean-Paul Larçon

RÉSUMÉ

Les entreprises basées dans les pays émergents, les « challengers », jouissent d'un avantage concurrentiel durable en matière de coût de personnel par rapport à leurs homologues européennes et américaines, avec des écarts de salaires qui peuvent être de 1 à 20 avec la Chine par exemple. Les plus dynamiques d'entre ces challengers investissent aujourd'hui avec succès pour acquérir, d'une part, la maîtrise des technologies les plus avancées et, d'autre part, de la puissance marketing nécessaire à la conquête des marchés développés. Entre les challengers et les constructeurs des pays riches, c'est une course de vitesse en matière de coût, de recherche et de marketing.

Entre l'Europe et la Chine l'écart moyen des salaires est de l'ordre de 1 à 20 ; en Europe, l'écart de niveau de vie est de 1 à 4 entre la Roumanie et la moyenne de l'Union européenne. Ces différences sont considérables et durables, elles ne se réduisent que sur la longue période en fonction du taux de croissance relatif des pays émergents. Aussi les pays émergents sont devenus une source privilégiée d'approvisionnement du monde développé, qu'il s'agisse de produits de grande consommation, de produits industriels ou de services. Tirant parti de cette opportunité, en Europe centrale, Russie, Chine, Inde et Amérique latine, des entreprises locales sont devenues à la fois des champions nationaux et de sérieux challengers des entreprises des pays développés en s'appuyant sur leur puissant avantage concurrentiel initial : l'avantage de coût.

Le premier stade de développement international des challengers est la conquête des marchés d'exportation grâce à quatre atouts majeurs : des prix de revient de fabrication très bas, des volumes très élevés, un contrôle de qualité au standard mondial, un réseau de relations avec les grands fabricants mondiaux du secteur. C'est ce qui a fait le succès des grands exportateurs de la région de Canton. Guangdong Galanz, fondé en 1978, est le leader mondial du four à micro-ondes et en fabrique plus de 15 millions par an. L'entreprise vend sous sa marque sur le marché intérieur chinois et en majorité pour d'autres marques à l'étranger en tant que fournisseur OEM ou sous des marques de distributeur. La part de marché de Galanz est de 70 % en Chine et de 35 % dans le reste du monde. Même si le pouvoir d'achat dans la région de Canton, de l'ordre de 1 300 euros par tête, est supérieur à la moyenne chinoise, l'entreprise garde la possibilité de se délocaliser en s'éloignant du cœur de la province ou encore de faire appel à une main-d'œuvre immigrée de l'intérieur. Si une concurrence sérieuse existe, elle ne peut venir que de grands rivaux locaux qui peuvent bénéficier du même environnement économique favorable.

Ce sont également les marchés d'exportation, d'abord américain et britannique, qui ont donné naissance aux géants indiens de l'*offshore* comme Infosys, créé en 1981 à Bangalore et qui emploie 23 000 personnes. Le salaire d'un informaticien expérimenté peut se situer à environ 25 % du salaire britannique, et les ressources universitaires locales, les instituts indiens de technologie, sont de tout premier plan. Hongrie, Ukraine et Russie jouissent d'un potentiel relativement comparable.

Devenir un acteur mondial

Qu'il s'agisse de l'électroménager à Canton ou du *software* à Bangalore, la vivacité de la concurrence locale et la présence sur place tant des champions locaux que des multinationales a été l'un des facteurs clefs de succès essentiels. À partir de cette base de départ, deux voies stratégiques distinctes et complémentaires s'ouvrent aux challengers. La première, à base d'investissement R & D, vise la parité ou le leadership technologique par rapport aux grands concurrents mondiaux. La deuxième vise un leadership commercial, en particulier au niveau de la distribution, du service et des marques.

Avantage technologique et poids commercial peuvent permettre à l'entreprise de devenir un acteur mondial dans sa catégorie, bien qu'il lui soit difficile tant financièrement qu'en termes d'organisation de mener de front les deux mouvements (voir figure I.1).

Le leader de la pharmacie en Inde, Ranbaxy Laboratories, est exemplaire dans la poursuite de l'avantage technologique (stade 2). Né en 1961, il s'est imposé progressivement avec des produits génériques sous marques vendus en Inde, en Chine et en Russie, puis en Europe et aux États-Unis. En 2003 il a réalisé 50 % de ses ventes aux USA et en Europe. Ces succès commerciaux n'ont été possibles que par un investissement massif en R & D dans les laboratoires de l'entreprise, près de New Delhi, avec des équipes de chercheurs à la pointe, mais à un coût plus faible que dans les pays développés. L'objectif de Ranbaxy est de dépasser le statut de fabricant de génériques et de réaliser d'ici à 2012 un volume d'affaires significatif avec ses propres médicaments, toujours avec une forte présence sur les marchés développés. Il s'appuie sur des partenariats tant commerciaux que scientifiques pour parvenir à ce résultat. Ici la clef du succès réside dans la capacité de l'entreprise à investir à long terme, mais aussi dans la qualité de l'environnement : le potentiel scientifique du pays, le soutien de l'État à la recherche, la qualité et la sélectivité des formations d'ingénieur et de technicien de

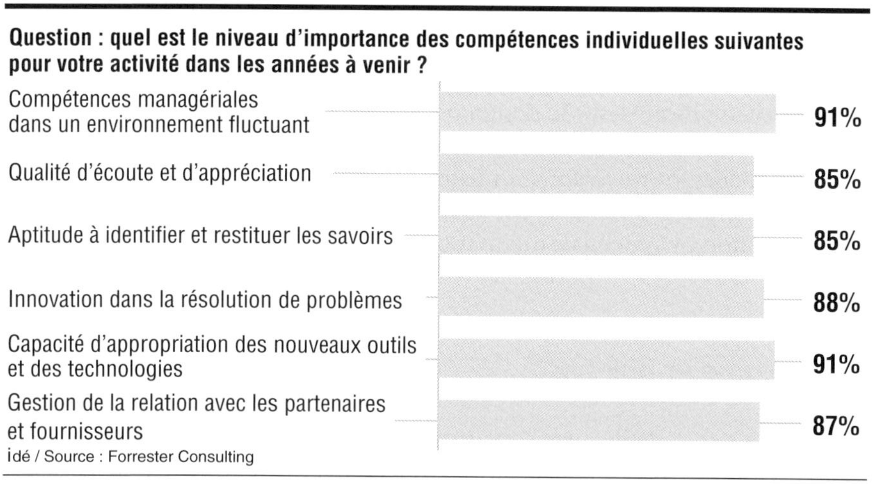

Figure I.1 – La capacité d'adaptation devient critique.

haut niveau, les passerelles avec la recherche mondiale dans le secteur. Chine, Inde, Russie et Europe centrale constituent ainsi, pour des raisons politiques, économiques et culturelles, des environnements favorables dans différentes industries à fort contenu technologique : l'électronique, la pharmacie, la chimie, la robotique, le spatial, l'avionique, etc.

La deuxième voie de développement stratégique (stade 3) vise à la fois à augmenter les ventes – en passant du marché régional au marché mondial – et à investir en aval de la chaîne de valeur au niveau de la distribution – du service au client final –, de la publicité et des marques.

C'est la voie sur laquelle Haier, le leader chinois de l'électroménager, s'est engagé en 1995 avec l'ambition de devenir une marque mondiale. La société est parmi les dix premières entreprises mondiales du secteur ; elle a investi aux États-Unis dans une usine en Caroline du Sud et un siège à Manhattan ; elle a racheté en Europe, en 2001, l'entreprise italienne Meneghetti en partie pour son savoir-faire en matière de design. Haier réalise environ 15 % de son chiffre d'affaires hors de Chine et domine quelques segments comme les caves à vin ; sa part de marché des réfrigérateurs serait de 15 % aux États-Unis et de 5 % en Europe. L'entreprise n'a cependant pas encore démontré de supériorité significative en matière de technologie ou de design, ce qui limite sa croissance sur le terrain des champions traditionnels Whirlpool, Electrolux, Bosch-Siemens ou GE.

L'avionneur brésilien Embraer est allé au bout du processus (stade 4), et s'est imposé comme un acteur mondial et le leader mondial sur un segment. Il est le quatrième fabricant au monde d'avions commerciaux après Airbus, Boeing et le Canadien Bombardier. Mais sur le segment de l'aviation régionale, Embraer est numéro un avec 45 % du marché, avant Bombardier. La rivalité Embraer-Bombardier est d'ailleurs devenue une rivalité Brésil-Canada, arbitrée in fine par l'OMC.

Embraer offre un rapport qualité-prix relativement meilleur que celui de son concurrent. La localisation brésilienne apporte un avantage initial en coût de développement de l'ordre de 17 %. De plus, l'entreprise ne cherche pas à maîtriser directement tous les savoir-faire : elle se focalise sur le design de l'avion, le système de navigation, l'assemblage, le service au client et le développement des projets pour lequel elle sous-traite auprès des meilleurs fournisseurs mondiaux. Elle minimise son investissement, elle est plus flexible, elle peut donc faire jeu égal sur la technologie tout en consacrant des ressources à l'action commerciale internationale et au service aux compagnies aériennes clientes.

Effet de volume et prix bas

Les mouvements des challengers sont caractérisés par une grande flexibilité dans la mise en œuvre et par une forte capacité d'apprentissage de compétences, ainsi que des aptitudes nouvelles à travers partenariats internationaux et *joint ventures*. La menace des challengers doit être prise au sérieux par les industriels européens qui, tout en protégeant leur avance technologique, doivent accroître leur présence tant commerciale qu'industrielle dans les pays émergents à fort potentiel, afin de bénéficier eux aussi de l'effet de volume et des prix de revient bas.

Alcatel tient ce pari en particulier en Chine. L'entreprise est présente depuis 1983 avec le développement de ce qui est devenu Alcatel Shanghai Bell. Elle a pratiqué un fort transfert de technologie vers son partenaire chinois et développé un centre de R & D de 1 000 employés qui contribue au développement tant pour le marché chinois que pour le marché mondial. C'est cette présence forte en Chine qui, paradoxalement, pourra lui permettre de résister à la concurrence dont celle de Huawei Technologies.

4

OUTSOURCING, OFFSHORING : DES MODÈLES D'AFFAIRES BOULEVERSÉS

Bertrand Quélin

RÉSUMÉ

Via l'*outsourcing*, une entreprise se défait d'une activité en recourant à un prestataire spécialisé plus performant. C'est l'économie de la spécialisation et du cœur de métier. Cependant, les prestataires font face à la concurrence d'offreurs issus d'économies émergentes, aussi performants et qui bénéficient en plus d'un avantage en coût de la main-d'œuvre très qualifiée. Les modèles d'affaires sont ainsi remis en cause. L'externalisation et la délocalisation des services qualifiés participent d'un nouveau stade de la globalisation.

Il n'est jamais facile de conserver des termes anglais consacrés quand leurs traductions respectives existent déjà en français : externalisation pour *outsourcing* et délocalisation pour *offshoring*. Snobisme alors ? Effet de mode du langage du management ? Non, une simple volonté, dans cet article, de souligner que nous avons à faire à des phénomènes nouveaux.

Tout d'abord, il importe de souligner que l'un et l'autre ont souvent mauvaise presse. L'externalisation est encore couramment assimilée à un plan social déguisé et à des licenciements. C'est une idée fausse mais patente dans les pays d'Europe du Sud, à la différence des pays anglo-saxons ou scandinaves à tradition contractuelle plus établie. La délocalisation est, quant à elle, associée à la fermeture de sites dans les pays industriels et au *dumping* social des pays à économie émergente. Deux éléments marquants récents illustrent d'ailleurs la virulence du débat sur l'*offshoring*. La campagne présidentielle américaine connaît de tels débats sur les investissements en Chine, en Inde ou en Europe centrale. La question porte sur le solde net de création d'emplois sur le sol nord-américain. De son côté, Forrester, la société américaine de prévision, estime à environ 3 millions le nombre d'emplois qui seront transférés hors les États-Unis dans les cinq années à venir. De telles perspectives provoquent débats et controverses dans les économies occidentales qui peinent à retrouver une croissance soutenue, créatrice nette d'emplois.

Deux tendances

Les deux phénomènes suscitent donc inquiétude et crispations, ils sont souvent assimilés l'un à l'autre et confondus. Nous allons examiner la singularité de chacun, les raisons qui expliquent les choix des entreprises. Nous montrerons que leur recouvrement partiel illustre bien deux phénomènes profonds : la globalisation des marchés de certains services ; l'entrée de plain-pied dans le management global des connaissances. Ils bouleversent les modèles d'affaires des entreprises, des donneurs d'ordre comme des prestataires. En effet, la globalisation connaît une phase d'intégration de nouveaux marchés de très grande taille (Chine, Inde, Russie). Ces économies nationales sont écrasantes par leurs faibles coûts de la main-d'œuvre, par la taille de leurs marchés intérieurs et leurs taux de croissance annuels. Nous défendons, ici, la thèse que l'*offshoring* n'est pas une simple question de délocalisation d'activités ou d'investissement direct à l'étranger. Ces deux formes de développement international de l'entreprise ont été par ailleurs largement analysées.

La comparaison des coûts de production est à l'avantage de pays comme l'Inde, la Chine, la Hongrie, la Lituanie, la Thaïlande, Taïwan ou les Philippines. Prenons deux exemples. Dans les technologies de l'information, en 2003, l'écart de coût du travail pour un ingénieur produit se traduit par un ratio de 10 entre les États-Unis et la Chine ; le ratio États-Unis-Inde est de 8 pour un développeur de logiciels. Dans l'industrie automobile, en 2001, le ratio coût de la main-d'œuvre France-Lituanie était de 4,5 et celui de Portugal-Lituanie de 2. Les efforts de productivité ne compensent donc pas les écarts de salaire.

La globalisation et le management des connaissances se caractérisent par deux tendances remarquables :

- une capacité des pays à forte croissance à intégrer très rapidement les connaissances nouvelles ;
- un transfert à la fois de la technologie et de l'éducation.

Rappelons qu'on forme, aux États-Unis, 90 000 ingénieurs en moyenne par an, contre 350 000 en Chine. De même, les sociétés de prestations informatiques des pays émergents ont un énorme marché pour leur recrutement. Elles peuvent ainsi être sélectives sur une base extrêmement large : Infosys (Inde) enregistrait 1 million de candidatures pour 9 000 postes offerts ; e-Telecare (Philippines) embauche 2 % des candidatures avec un taux de dédit inférieur à 10 %.

L'outsourcing ou la recherche d'un prestataire spécialisé performant

En 1999, près de 185 des 500 premières sociétés listées par le magazine *Fortune* déclaraient recourir à des entreprises indiennes pour le développement de leurs logiciels. Notre étude, portant sur 200 entreprises industrielles en Europe en 2002, a montré que 50 % des entreprises de l'échantillon déclaraient avoir partiellement ou totalement externalisé au moins 8 des 18 activités ou fonctions sur lesquelles elles étaient interrogées. L'externalisation connaît donc une certaine ampleur. C'est une décision stratégique car elle concerne le périmètre des activités dont l'entreprise souhaite conserver la propriété. L'*outsourcing* se définit par la décision de transférer tout ou partie d'une fonction (R & D, systèmes d'information, comptabilité, service après-vente, *call centers*...) ou d'une activité (production, logistique, maintenance industrielle) vers un prestataire spécialisé. Ce transfert concerne une activité préalablement développée au sein de l'entreprise au cours des années passées. L'externalisation inclut généralement la cession de matériels et d'équipements et entraîne fréquemment le transfert de certains personnels spécialisés, rattachés à la fonction ou à l'activité, vers le prestataire.

Par exemple, en 1999, IBM et les Galeries Lafayette ont signé un contrat de 1,1 milliard d'euros, pour une durée de quinze ans. L'offre de services comprenait principalement :
- le développement de solutions complètes pour l'informatisation des surfaces de vente ;
- des solutions d'analyse de la relation client ;
- une solution d'infogérance clef en main pour le système d'information de l'entreprise de distribution.

Près de 300 salariés ont ainsi été initialement transférés.

L'externalisation est donc un recours à un tiers prestataire qui assurera la continuité du service, d'une fonction ou d'une activité, dans un cadre contractuel prédéfini (prix au forfait ou à la prestation, clauses de garantie de qualité de service, système de pénalités et de récompense, modalités de renégociation...). Elle se traduit par un contrat global et un engagement à moyen-long terme entre l'entreprise et son prestataire. Une durée moyenne de six à sept ans est généralement constatée, dépendant du type d'activité.

Dans un précédent article, nous avons analysé les principales causes de l'externalisation ainsi que les risques associés (Quélin & Duhamel, 2003). Dans les entreprises qui externalisent, quatre raisons dominent :
- Baisser les coûts opérationnels sans réduire la qualité.
- Focaliser les ressources sur le cœur de métier et la valeur ajoutée.
- Réduire le capital engagé et le coût des engagements capitalistiques.
- Accéder à des compétences externes de spécialistes.

Notre étude établit un lien entre la stratégie de recentrage autour du cœur de métier et les engagements capitalistiques de l'entreprise. L'*outsourcing* est le passage d'une propriété directe à une relation contractuelle. Associées à tout contrat, les difficultés liées au fonctionnement ne manquent pas.

L'*offshoring* : le modèle d'affaires et la question de la localisation

En quoi l'*offshoring* est-il nouveau par rapport aux formes classiques de délocalisation industrielle ou financière ? Quatre caractéristiques l'expliquent.

Premièrement, ce phénomène touche les services et les fonctions supports de l'entreprise. Des activités comme les services informatiques, les technologies de l'information et de la communication (TIC), et les *call centers* peuvent s'exonérer de la proximité géographique du prestataire.

Deuxièmement, la base technologique des TIC est existante et permissive de ce développement de prestations *offshore*. Les moyens de communication permettent d'échanger et de faire circuler les informations (services après-vente, gestion des encours crédits des cartes de paiement, développement de logiciels…). La distance n'est plus une source de surcoûts pour ces activités-là.

Troisièmement, la concurrence a changé. Les grands clients donneurs d'ordre mettent en concurrence leurs prestataires traditionnels. Ces derniers développent eux-mêmes des activités dans les nouvelles économies du Sud-Est asiatique. De plus, le développement international des échanges voit l'affirmation de prestataires de services issus de pays émergents, très compétitifs et capables de rivaliser avec les leaders occidentaux sur leurs marchés. Les deux sociétés indiennes Tata Consulting Service (TCS) et Infosys sont désormais très connues, ainsi que la société philippine e-Telecare (*call centers*). Les délocalisations industrielles ont connu un important mouvement de balancier de l'Ouest vers l'Est. Dorénavant, des investisseurs indiens prennent le contrôle d'entreprises aux États-Unis, au Canada et en Irlande. Ainsi, les grands clients que sont General Motors, Ford et DaimlerChrysler ont poussé Datamatics, société basée à Bombay, à prendre le contrôle en octobre 2003 de CorPay, basé à Détroit et spécialisé dans la comptabilité. Autre exemple, en novembre 2003, la Deutsche Bank et Essar, basé à Bombay, ont pris conjointement le contrôle de la société texane Aegis Comm, spécialisée dans le *call center*. Cette société a généré un chiffre d'affaires de 140 millions de dollars en 2003, avec des clients comme AT & T ou American Express.

Quatrièmement, l'*offshoring* est devenu un élément clef de la prochaine génération des modèles d'affaires des prestataires des pays industriels. Leurs clients occidentaux les mettent dorénavant en concurrence directe avec les prestataires de services indiens, taïwanais ou chinois. Ces derniers possèdent maintenant un niveau d'expertise extrêmement élevé et tout à fait comparable à celui des leaders américains, européens ou japonais. Ces nouveaux entrants associent maîtrise technologique et faibles coûts de main-d'œuvre. Leurs grands clients occidentaux leur reconnaissent un niveau de qualification technique, des capacités de développement, un multilinguisme des personnels et une forte réactivité.

L'*offshoring* et l'internationalisation du marché des prestations informatiques

En parallèle à leurs grands clients, les prestataires se sont aussi lancés dans l'*offshoring* de prestations, pour conserver leurs parts de marché et rester compétitifs dans leurs offres à leurs grands clients. Ainsi, en février 2004, Accenture et le groupe pharmaceutique Dabur India annoncent la signature d'un contrat d'externalisation pour une durée de huit ans. Il couvre la totalité des activités informatiques de l'industriel indien pour une valeur estimée de 12 millions de dollars. L'ensemble des personnels informatiques de Dabur et de ses filiales, une quarantaine de personnes, est transféré vers le prestataire. L'infrastructure devient la propriété d'Accenture qui en assurera la maintenance et l'évolution pour le compte de son client. L'accent sera mis sur la mise en place d'un réseau de gestion des ventes et sur le *e-procurement*. Installé en Inde depuis 1987, Accenture affirme poursuivre le développement de ses centres de Bombay et Bangalore pour offrir des services de développement de logiciels à ses clients nord-américains. Cette offre reposerait ainsi sur une structure de coûts comparable à celle de ses concurrents indiens.

5

ENTREPRISE ET TERRITOIRE : UNE NÉCESSAIRE COOPÉRATION

Alain Van Bockstaël

RÉSUMÉ

Entreprise qui s'implante, héros du jour ; entreprise qui part, vilain de l'histoire. Quel « bail » entre l'entreprise et un territoire d'accueil, source d'avantages comparatifs pour sa stratégie ? Des racines locales servent le développement de l'entreprise. Une coopération est nécessaire entre l'entreprise et les acteurs locaux pour faire durer utilement une relation par nature fragile. Une approche nouvelle du management, incluant la dimension territoriale de ses responsabilités, faciliterait cette coopération.

L'actualité voit s'opposer territoires et entreprises, accusées de délocaliser des emplois pour faire croître leurs profits : la performance de l'entreprise ne paraît plus être gage de progrès pour son environnement local. Lorsque le management plaide l'intérêt de son entreprise, au nom d'une conception classique et traditionnelle de ses responsabilités, il dresse opinion et décideurs contre lui. À juste titre. La pensée et – plus encore – l'action managériales ont tout à gagner à intégrer la dimension territoriale au premier rang de leurs préoccupations.

La guerre des territoires

On assimile souvent « mondialisation » à conquête des marchés étrangers et maîtrise de ressources étrangères pour produire à moindre coût. Cette « mondialisation » a suscité la dénonciation de la puissance des firmes multinationales et, plus récemment, l'effroi devant l'ampleur des délocalisations. Les plus grandes puissances industrielles s'inquiètent ainsi de la déstructuration de leur tissu industriel et de la désertification économique de territoires entiers. La Silicon Valley, paradigme hier encore de la vitalité entrepreneuriale américaine, a connu ces dernières années une crise sévère : devenue trop chère, moins innovante, le chômage y a crû alors plus vite que dans la moyenne nationale. En quelques années, un territoire doté d'immenses atouts humains, techniques et financiers vit sa réussite menacée par une rapide inadaptation aux nouvelles exigences de l'économie mondiale. Il y a désormais plus d'informaticiens à Bangalore, en Inde, que dans la Silicon Valley.

Les territoires des pays émergents sont, eux, perçus comme des zones « moins » : moins de salaire et de protection sociale, moins de protection de l'environnement... Alors que des théories traditionnelles du commerce international expliquent que ces différences de dotation en facteurs de production donnent lieu à des échanges bénéfiques aux deux parties, les entreprises exploiteraient ces moins à leurs seuls profits en jouant un territoire contre l'autre avec la complicité aveugle ou intéressée de ces derniers (fiscalité attractive, subventions diverses, équipements collectifs...).

La mondialisation, qui rapproche physiquement lieux et peuples, dresserait ainsi les territoires les uns contre les autres, sans chercher à contribuer à leur développement, car il y aurait toujours un ailleurs plus intéressant à exploiter. Ce territoire jetable est évidemment contraire au vrai besoin d'identité et de racines d'une vaste majorité de l'humanité, résumé par l'expression « vouloir vivre au pays ».

Depuis longtemps, divers mouvements d'opinion anti ou altermondialistes dénoncent les effets nocifs sur la planète et pour les populations d'un emballement de l'échange international qui ne se ferait pas au bénéfice mais au détriment du plus grand nombre. La notion de développement durable, censée réconcilier l'activité économique, l'homme et l'environnement, si elle gagne peu à peu certains esprits, tarde à se traduire en orientations concrètes donnant à espérer que les difficultés et dangers actuels seront un jour évités ou surmontés.

Les politiques gouvernementales sont déboussolées par l'inefficacité croissante des initiatives de type macroéconomique et par la difficulté à repérer de nouveaux leviers d'action. À défaut de se protéger par d'illusoires et pernicieuses lignes Maginot, tarifaires ou pas, comment rendre le territoire national plus attractif : faut-il privilégier la formation des personnes, l'équipement collectif, l'abaissement des coûts des facteurs de production et des impôts, des programmes sectoriels, le soutien à des champions nationaux, les zones défavorisées, la concentration des richesses sur des sites moteurs, la recherche publique ou privée, etc. ? Déjà, l'aune du territoire national paraît peu adaptée tant les disparités régionales sont grandes, et parfois même plus encore à l'intérieur des régions. Le territoire, comme mesure d'analyse et de conduite des politiques, est en fait le plus souvent un micropays, mal calé sur les découpages administratifs et se reconnaissant mieux dans les limites tracées par des us et coutumes traditionnels.

La France, qui a réussi à maintenir certains équilibres lui permettant de figurer honorablement dans des classements de pure performance économique et de qualité de la vie, un cran au-dessous des pays scandinaves, du Canada ou de l'Australie mais mieux que les États-Unis et la Grande-Bretagne, vit très mal ces tensions créées par la mondialisation qu'elle assimile à un déclin et à une perte de substance. Le nombre de ses chômeurs apparaît comme la sanction d'une incurable incapacité à s'adapter.

Et les regards se tournent alors vers l'étranger, ce qui est une démarche plutôt salutaire si l'on n'imagine pas que copier suffira à trouver son salut.

Une arme de guerre économique

D'excellentes études ouvrent ainsi de nouvelles perspectives. En février 2004, une étude prospective de la DATAR, *La France, puissance industrielle*, propose une nouvelle politique industrielle par les territoires : réseaux d'entreprises, vallées technologiques, pôles de compétitivité. L'idée forte, justifiée par de nombreuses observations internationales, est d'articuler développement économique et potentiel scientifique-technologique régional, et de jouer sur la mise en synergie des entreprises dans un même territoire. Cette idée ne peut surprendre les Français qui connaissent l'efficacité des territoires organisés autour d'une spécialisation correspondant à des atouts naturels de l'histoire et de la géographie. Nombre de nos « pays » ont su partir à la conquête des marchés avec des produits agricoles, industriels ou des services à forte spécificité locale.

Mieux encore, le remarquable rapport du député Christian Blanc sur les pôles de compétitivité, intitulé *Pour un écosystème de la croissance*, en avril 2004, montre comment une économie d'innovation en réseau doit « tisser les pôles autour d'acteurs locaux forts et responsables ».

Dans la France des 500 000 élus locaux, cette approche suscitera certainement de nombreux combats entre les trop nombreux niveaux de pouvoir, depuis la commune jusqu'au sommet de l'État. Attention : le territoire, espace vivant, ne doit pas devenir un nouveau statut administratif conditionnant aides et privilèges, et poussant à la dérive les « non-territoires ». Déjà on observe que communes, départements et régions pèsent à peu près d'un poids égal dans la distribution des aides directes aux entreprises. Mais l'acteur public n'est que l'un des maillons de la chaîne des responsabilités et sans doute pas le plus important. Les entreprises et plus encore les entrepreneurs (qu'ils soient du domaine des entreprises ou du monde associatif) et les dirigeants d'entreprise doivent revoir leur conception de la performance économique, de ses déterminants et de ses effets. Ainsi, par exemple, dans le domaine du textile, si sensible à la baisse des coûts, l'entreprise espagnole Zara a su jouer de l'intégration verticale en Galice et de la rapidité de réaction qu'elle permet pour imposer un modèle original. D'autres entreprises ont su se rapprocher de leurs clients pour mieux répondre à leurs besoins, ou de leurs fournisseurs, de centres de recherche et de formation locaux, pour gagner en efficacité et surtout impulser une dynamique locale tirant chaque acteur vers un niveau de performance de classe mondiale.

Cette dynamique repose sur des conditions que les analyses de la complexité ont mises en avant : la présence d'un nombre élevé d'entreprises et d'acteurs, une certaine diversité de ses agents, un grand nombre d'échanges entre eux et une forte implication des agents.

Enrichissement collectif

Il en résulte qu'un dirigeant d'entreprise devrait être autant motivé par ses efforts pour contribuer à cette dynamique d'enrichissement collectif que par sa volonté de travailler sur la seule entité placée sous sa responsabilité, ce qui conduit parfois à des solutions désespérantes, de type baisse des salaires, pour résister encore une minute avant la fin.

Nos réflexions et échanges auprès de directeurs d'usine montrent ainsi que la probabilité qu'une usine s'inscrive durablement dans le jeu des échanges internationaux est renforcée par une série d'initiatives locales (éducation et formation professionnelle, recherche, fiscalité, logistique, communications, qualité de vie, etc.) qui doivent converger pour permettre à chacun d'être à même de travailler au meilleur niveau de performance mondiale.

Il est vrai que ce dynamisme local, bénéfique à tous les concurrents-partenaires locaux n'est pas une panacée. Encore faut-il, *a minima*, que les productions locales correspondent à de vraies demandes solvables. Mais il est vrai aussi qu'un corps social est constitué de cellules qui naissent, vivent et meurent. Il se crée autant d'emplois en France chaque jour qu'il en disparaît.

Une attention plus soutenue des entreprises à la gestion de leur territoire créerait les conditions d'une balance création-destruction d'emplois plus positive. Ce serait un premier bénéfice. Il apparaît aussi que la bonne gestion de ses racines locales, de leur humus, permet à l'entreprise de mieux s'étendre sur les marchés étrangers. À l'exemple de Zara, lorsqu'une entreprise crée ou profite d'un environnement local riche en talents et en ressources, elle peut plus facilement :

- être stimulée par les idées de ses partenaires et concurrents locaux ;
- attirer des ressources alliées (collaborateurs, consultants, sous-traitants et fournisseurs...), qui, à leur tour, attirent d'autres talents ;
- promouvoir la conception d'équipements collectifs pertinents (transports, communications, éducation, recherche, promotion commerciale), notamment pour commercer au loin ;
- fédérer des initiatives et des influences pour peser sur les décisions locales, la préparation de règles ou de normes... ;
- attirer les clients et ajouter à l'image de l'entreprise le halo positif de la réputation locale.

Local Roots, Global Reach

Cette devise du Groupe HEC, qui suggère une dynamique vertueuse entre l'enracinement local et la portée d'une grande ambition internationale, propose une vision positive de la mondialisation. Elle reconnaît tout d'abord qu'il est généralement nécessaire et en tout cas plutôt utile de commencer par réussir localement avant de partir au loin. Elle indique que le premier succès consiste le plus souvent à exploiter un avantage local (il peut s'agir d'une richesse naturelle mais aussi d'une particularité de la législation ou d'un tour de main ancestral…), et il est rare qu'un territoire ne dispose pas d'avantages concurrentiels en attente de talents entrepreneuriaux pour être mis en valeur. Elle montre que le succès de l'entreprise est lié à la qualité de son environnement local et qu'il est donc de l'intérêt bien compris de l'entreprise d'investir temps, idées et argent dans le développement local pour consolider les bases de sa réussite. Elle met en évidence la nécessité d'une volonté pour passer du local au global et la maîtrise de compétences managériales adaptées, sans doute longues à acquérir. Elle ouvre la voie à une conception polycentrique du développement international tant il est vrai que l'entreprise qui fait de chaque point d'appui à l'extérieur de son territoire d'origine de nouvelles racines pour aller plus loin démultiplie ses ressources. Un jardinier parlerait de marcottage. Les territoires de l'entreprise entrent ainsi en symbiose, les atouts de l'un renforçant ceux d'un autre. Des usines, par exemple, se spécialisent sur des productions complémentaires. Le management s'enrichit de nouvelles approches et de pratiques différentes, d'une diversité culturelle.

À l'inverse, le confinement sur un territoire local, l'incapacité à s'adapter à d'autres territoires, ou à faire évoluer son environnement local pour tenir compte des demandes venues d'ailleurs, ne peut conduire qu'à l'échec ou condamner à une petite survie à la taille des origines (l'entreprise bonzaï). C'est sans doute ce qui est en train d'arriver au monde viticole français qui ne comprend pas que ses territoires ne sont plus à la dimension des enjeux planétaires. Il est probable que ce seront alors d'autres acteurs qui viendront rajeunir et rénover nos vieilles exploitations, et ne vaut-il pas mieux une revitalisation d'origine étrangère qu'un lent dépérissement ? L'arrivée d'acteurs venus d'ailleurs – c'est une forme de compétitivité locale sous contrôle extérieur – a un pendant logique : le départ éventuel d'acteurs locaux vers d'autres territoires mieux adaptés à leurs activités et seule solution parfois pour maintenir la compétitivité de l'entreprise.

Cette dynamique spatiale permet aux territoires proactifs de gérer la mutation de leur destinée. Tel territoire agricole devient urbain, tel site industriel devient touristique ou se tourne vers de nouvelles industries. Ce n'est pas tant la délocalisation qui est une menace que l'absence de gestion volontariste des ressources d'un territoire, à laquelle le partant doit participer. Comme un locataire qui quitte un logement a quelques obligations. Certains territoires savent aussi pousser à la sortie (on parle alors de relocalisation…) des acteurs devenus indésirables chez eux.

Le champ d'action du manager ne s'arrête pas aux limites de son entreprise

Le juste équilibre nécessaire à la réussite de l'entreprise entre son territoire d'origine et ses marchés d'expansion, la juste tension nécessaire entre les efforts pour renforcer l'un et les autres, est ce qui permet encore de croire que la globalisation de nos échanges est porteuse de bonnes nouvelles pour nos emplois et la qualité de nos vies. Cet optimisme serait plus serein si les dirigeants d'entreprise étaient plus attentifs à renforcer les atouts de leurs bases territoriales, sans toujours se défausser sur des élus dont ils dénoncent en même temps les incapacités ; et si les citoyens admettaient qu'en démocratie l'entreprise doit pouvoir faire valoir ses droits et assumer ses devoirs dans un espace non pas de suspicion mais de concertation. La coopération public-privé s'étend chaque jour, notamment pour la création et la gestion de grands équipements. Entreprises et territoires ont tout à gagner à coopérer : le territoire pour se renforcer et l'entreprise pour se déployer. Ce pourrait être une nouvelle relation contractuelle à gérer dans la durée, ce qui ouvrirait au développement durable et à la démocratie de nouvelles perspectives intéressantes pour tous. Les dirigeants et managers y trouveraient une opportunité de mieux concilier leur envie de travailler pour l'intérêt général avec leur responsabilité de faire fructifier l'intérêt particulier. Les élus y gagneraient en efficacité sans renoncer à leurs prérogatives. Des mécanismes plus transparents que la gestion des concessions restent cependant à inventer si on ne veut pas inquiéter les citoyens. Il est urgent d'observer les bonnes pratiques des entreprises pionnières, de les faire connaître et reconnaître.

Managers et professeurs de management ont un défi à relever pour que leur discipline, leurs responsabilités et leurs décisions contribuent à une plus juste perception des interactions naturelles entre l'entreprise et ses territoires d'action. Des professeurs du Groupe HEC ont pressenti cette nécessaire évolution : « Dépassant la préparation au métier de gestionnaire, notre pédagogie doit alors former des acteurs au sens de la société, des partenaires dans la cité plutôt que des utilisateurs de ressources »[1]. Le « savoir relier », qu'ils appellent de leurs vœux, dessine la perspective d'une conciliation entre les intérêts légitimes des territoires, ceux de leurs habitants et ceux de l'entreprise.

BIBLIOGRAPHIE

Les Échos, « Délocalisations : le grand défi », supplément du 9 juin 2004.

Christian Blanc, député des Yvelines, *Pour un écosystème de la croissance*, Rapport au Premier ministre, Assemblée nationale, avril 2004.

DATAR, *La France, puissance industrielle. Une nouvelle politique industrielle par les territoires*, Étude prospective de février 2004.

Enjeux Les Échos, « Vers une France sans usines ? », n° 185, novembre 2002.

Sociétal, « Le *site France* en danger », Dossier sous la direction de Claude Vimont, n° 35, 1er trimestre 2002.

Groupe présidé par Jacques Barraux. Commissariat général du Plan, « Entreprise et performance globale. Outils, évaluation, pilotage », Economica, novembre 1997.

Ouvrage collectif des professeurs du Groupe HEC, *L'École des managers de demain*, Economica, 1994.

---

1. V. Gauthier, J.-P. Larçon et J. Lendrevie, *L'École des managers de demain*, ouvrage collectif de professeurs du Groupe HEC, Economica, 1994, p. 321.

6

INTERNATIONALISATION : TROIS CHOIX FONDAMENTAUX

Pedro Parada

RÉSUMÉ

Où et comment s'internationaliser ? À quoi s'attendre après ? Cet article analyse ces questions fondamentales dans le processus d'internationalisation. Avant de décider du lieu de l'internationalisation, il faut évaluer deux points déterminants : le potentiel de marché actuel et futur, et la distance au sens le plus large. Les moyens vont de l'exportation aux acquisitions, en passant par les alliances stratégiques. Enfin, il existe des avantages concurrentiels ou issus d'un partenariat dont on ne peut disposer que si l'on travaille à échelle mondiale.

L'internationalisation est un relais de croissance de plus en plus recherché par les entreprises européennes qu'elles soient grandes, moyennes ou petites. Dans un tel contexte, il est capital d'analyser en détail les questions les plus importantes liées à l'internationalisation de l'entreprise. Celles-ci peuvent se diviser en trois grands volets. Où s'internationaliser ? Comment s'internationaliser ? À quoi s'attendre après ?

Au plan géographique, il faut évaluer deux points déterminants : le potentiel de marché actuel et futur, et la distance au sens le plus large, c'est-à-dire à la fois les distances géographique, économique, culturelle et administrative. En ce qui concerne les moyens de l'internationalisation, il existe plusieurs options, depuis l'exportation (indirecte ou directe) jusqu'à l'acquisition d'entreprises implantées localement. Avec des solutions intermédiaires, basées sur la coopération et les alliances avec d'autres sociétés. Le choix dépend en fait des conditions et des opportunités propres à chaque cas, aussi les entreprises combinent-elles souvent différentes stratégies de pénétration.

Au bout du compte, il y a des avantages concurrentiels ou issus d'un partenariat dont on ne peut disposer que si l'on travaille à échelle mondiale. Mais avant de pouvoir en profiter, il faut prendre des décisions dans trois domaines : la répartition des activités internationales, le transfert de compétences et les mécanismes de coordination mondiale.

Où s'internationaliser ?

On considère généralement que le choix du marché consiste à analyser un portefeuille de pays et, plus précisément, à identifier leur attrait relatif. Globalement, un pays est considéré comme plus attrayant que les autres s'il présente un potentiel et si ses conditions internes permettent d'y réaliser des bénéfices. Un pays affichant une stratégie « transparente », se traduisant par des politiques soutenues et cohérentes, apparaît comme plus attractif encore. Une telle analyse permet de départager deux marchés. Ainsi, si l'on prend comme exemple le Chili et l'Argentine, le Chili peut sembler d'emblée plus attrayant pour les investissements du fait de sa politique économique considérée comme plus orthodoxe, soutenue et cohérente, alors que l'Argentine souffre de l'instabilité de sa politique économique, matérialisée par la grande dévaluation de 2002 et par ses conséquences. Cependant, si l'on fonde l'étude sur les ressources, le résultat peut varier. Car nous avons d'un côté le Chili, célèbre pour la rareté de ses ressources naturelles (hormis le cuivre et d'autres minerais) ou pour son désert d'Atacama, l'un des sites les plus inhospitaliers de la planète, et de l'autre l'Argentine, réputée pour l'abondance de ses richesses et ses réserves de pétrole. Sous cet angle, l'Argentine paraît plus attirante.

Si l'on ne s'attache qu'à la taille du marché, l'attrait relatif peut encore varier. Une entreprise de grande consommation comme Carrefour lorgnera plus facilement vers l'Argentine, qui compte près de 40 millions d'habitants (contre 15 millions au Chili), avec un revenu par habitant supérieur de près de 60 % à celui de son voisin occidental. Ainsi, dans l'absolu, le marché de consommateurs individuels pondéré par le revenu est quatre fois plus gros en Argentine qu'au Chili. Mais si l'on se tient à une telle logique, l'Argentine et le Chili ne peuvent lutter face à des pays comme la Chine, l'Inde ou le Brésil, qui comptent plus de 1 200, 900 et 180 millions d'habitants, respectivement, et dont la proportion de revenus annuels inférieurs à 5 000 euros peut laisser entrevoir des perspectives de croissance exponentielle. Le but ultime de ces analyses de portefeuille de pays reste d'identifier le potentiel de marché du pays et son potentiel de génération et d'appropriation de bénéfices. Le professeur Pankaj Ghemawat fait remarquer que les entreprises ont souvent une perception exagérée de leur capacité à récolter des bénéfices. Il démontre qu'il existe une certaine « distance » entre les pays, définissant quatre critères (économique, géographique, administratif et culturel), chacun devenant prépondérant selon le secteur d'activité.

La distance la plus évidente dans l'analyse des possibilités d'internationalisation est économique. Lorsqu'un laboratoire pharmaceutique décide de s'internationaliser, il peut évaluer la taille des marchés par le nombre de personnes. Dans ce cas, la Chine et l'Inde apparaissent comme les marchés les plus engageants. Cependant, en termes de dépenses de produits pharmaceutiques, la Chine, dont la population est cinq fois celle des États-Unis, consomme douze fois moins de médicaments (vingt fois moins pour l'Inde).

La distance géographique fait, elle aussi, partie des critères d'analyse d'un marché. Elle inclut non seulement les kilomètres séparant les deux pays, mais aussi les distances entre deux points du même pays, l'accès à la mer ou la topographie. La proximité géographique reste un élément important dans les processus d'internationalisation, régulièrement mis en avant dans les réflexions sur l'internationalisation.

La distance administrative est plus difficile à appréhender que les distances économique et géographique. Elle englobe notamment les associations historiques et politiques partagées par différents pays. Ainsi, Ghemawat montre que le commerce bilatéral est en moyenne neuf fois plus important lorsque les deux parties ont des liens de type colonisateur-colonisé.

La distance culturelle fait partie des obstacles fréquemment sous-estimés dans les processus d'internationalisation. Elle traduit la façon dont les personnes, les entreprises et les institutions interagissent, et de ce fait, elle inclut les différences en termes de croyances religieuses, races, normes sociales, langues, etc. Au début des années 1990, Danone a acheté une entreprise de biscuiterie en Russie. Les deux premières années avaient été très compliquées, essentiellement parce que les dirigeants locaux de l'époque ne savaient pas comment procéder dans une économie de marché.

En tout état de cause, selon l'entreprise et son secteur, toute analyse traditionnelle de l'attrait d'un pays doit être pondérée à l'aide des critères mentionnés (culturels, administratifs, géographiques et économiques), ce qui risque de peser dans le processus de décision. En définitive, le choix des marchés prioritaires pour l'internationalisation nécessite une mise en balance de deux éléments : le potentiel de marché et la distance (voir figure I.2), le marché le plus attrayant étant celui présentant le potentiel de marché le plus élevé et la distance la plus réduite.

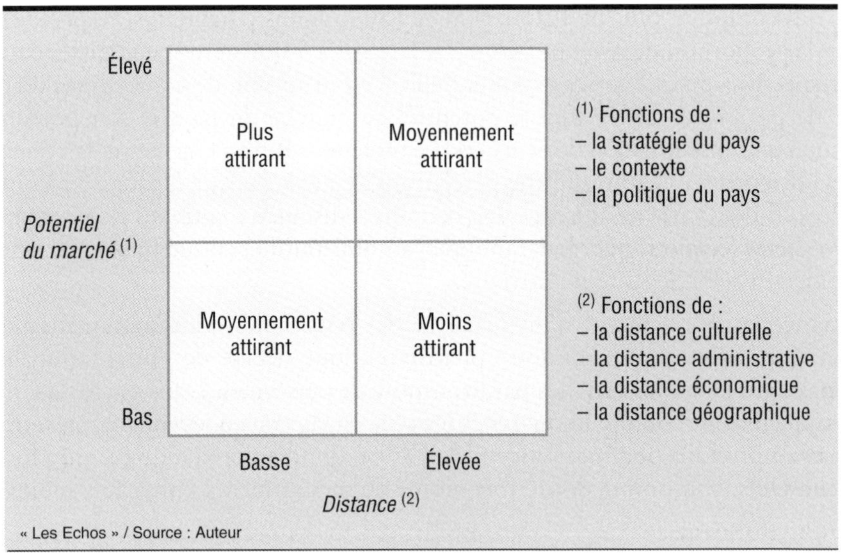

Figure I.2 – Attraits d'un marché pour l'internationalisation

Comment s'internationaliser ?

La figure I.3 propose un résumé des différents moyens de pénétrer les marchés internationaux. Il existe une autre manière d'entrer dans un pays, en cherchant à acquérir ou à contrôler une entreprise. Cette méthode présente un avantage certain : elle donne la possibilité d'approfondir sa connaissance de l'entreprise et du marché avant d'y injecter plus de ressources. Entre les participations majoritaire et minoritaire, il y a l'étape intermédiaire du *joint venture*. Cette solution permet de participer au processus de décision pour en améliorer la qualité, en sacrifiant une partie du contrôle.

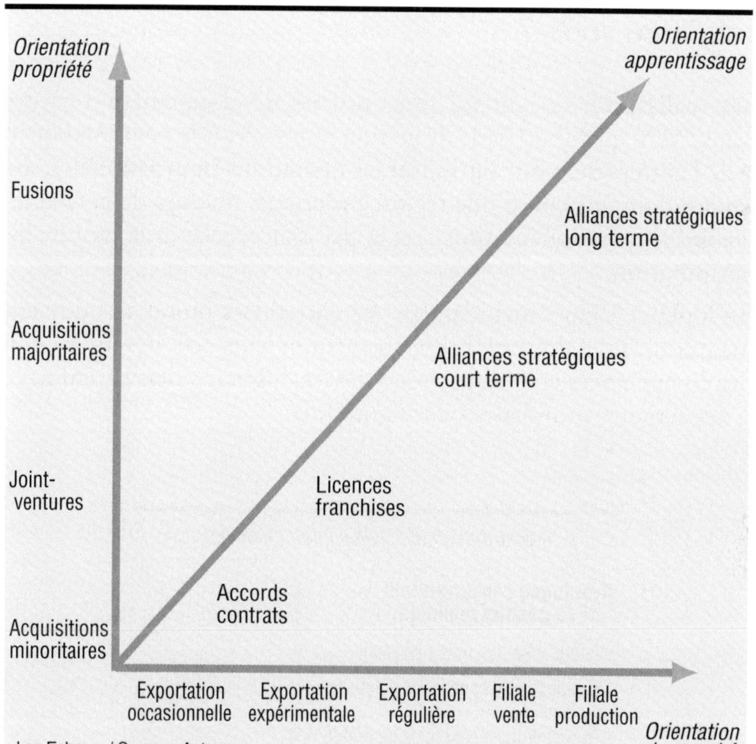

Figure I.3 – Mode de pénétration

Certaines entreprises misent sur des acquisitions majoritaires ou à 100 %, ou sur des fusions, comme par exemple AXA, petite mutuelle fondée en 1817 et devenue le plus grand assureur du monde en 2000 grâce à un processus d'expansion basé sur des acquisitions.

Enfin, une troisième alternative : l'apprentissage. Le principe : comme l'entreprise ne dispose pas des ressources et du savoir-faire nécessaires, elle noue des accords avec d'autres entreprises. Exemple : Iberia qui s'est engagé dans l'alliance Oneworld, emmenée par American Airlines et British Airways. Dans ce secteur si concurrentiel de l'aérien, ce rapprochement stratégique était une question de survie, du fait des alliances conclues par d'autres grandes entreprises européennes, et notamment Air France, associé à Delta. Un besoin qui ira s'amplifiant dans les prochaines années pour contrer les processus de fusion en Europe, entre Air France et KLM par exemple.

Il peut également exister des accords plus restreints, comme celui entre les Galeries Lafayette et El Corte Inglés, son « homologue » espagnol, selon lequel les cartes de chaque entreprise sont acceptées dans les magasins de l'autre.

À quoi s'attendre après ?

Par internationalisation, on entend processus de développement vers des marchés internationaux. Mais quand on parle de gestion mondiale, cela peut impliquer réduction de la taille de l'entreprise, pour optimiser les opérations internationales, avec notamment l'abandon d'un pays ou d'une région à plusieurs niveaux de la chaîne de valeur. Si la priorité de l'internationalisation c'est la croissance, celle de la mondialisation c'est surtout l'optimisation.

Selon Anil Gupta et Vijay Govindarajan, les entreprises mondiales doivent travailler en trois dimensions. Elles doivent d'abord structurer leurs activités internationales, puis transférer les compétences et les capacités entre les différents sites et, enfin, coordonner l'ensemble des activités mondiales (voir figure I.4).

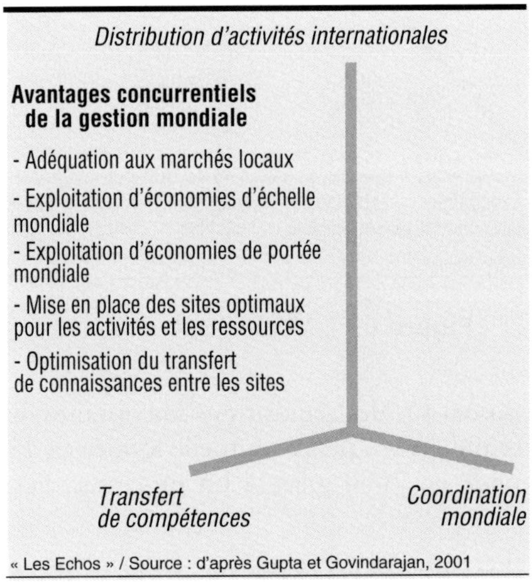

Figure I.4 – Gestion mondiale

Pour structurer les activités internationales, on a le choix entre divers modèles. Le modèle d'exportation est incarné par Inditex (marques Zara, Máximo Tutti, entre autres), une entreprise qui concentre la majorité de sa production sur le territoire espagnol, mais qui exporte dans de nombreux pays. L'un de ses concurrents, Mango, a opté pour un modèle de mondialisation par phases : plus de 75 % de sa production sont sous-traitées à des entreprises asiatiques ou nord-africaines, mais toute la distribution passe obligatoirement par le centre logistique, situé près de Barcelone.

En ce qui concerne les compétences ou les savoir-faire dans un contexte international, Bartlett et Ghoshal ont suggéré qu'une entreprise mondiale doit équilibrer ses objectifs d'efficacité, de compétitivité et de sensibilité. Pour ce faire, elle doit être capable de transférer, si besoin est, des compétences ou des savoir-faire (marché, gestion…) d'un site vers un autre. Le cas de HP-Barcelone prouve que ce processus peut marcher si l'on transfère par exemple des dirigeants. En fin de compte, la gestion mondiale pose un défi de coordination considérable. Dans ce contexte, la structure comme les mécanismes jouent un rôle fondamental.

7

LES DIFFICULTÉS DES CAMPAGNES PROMOTIONNELLES GLOBALES

Gilles Laurent et Sandrine Macé

RÉSUMÉ

Les campagnes publicitaires globales sont de plus en plus nombreuses, mais pouvons-nous parler de campagnes promotionnelles globales ? Alors que plusieurs facteurs militeraient en faveur de telles campagnes, il s'avère qu'elles sont rares. À partir de nombreux exemples, nous analysons les nombreux obstacles aux opérations promotionnelles globales et identifions quelques situations précises où de telles campagnes sont justifiées.

La promotion des ventes (réductions de prix temporaires, primes, jeux et concours, essais gratuits, cartes de fidélisation, etc.) représente une part croissante des budgets marketing. Avec une part de 16,3 % des dépenses en communication des entreprises françaises[1], la promotion des ventes est le deuxième poste derrière le marketing direct (33 %) et devant la presse (14,7 %) et la publicité TV (12,8 %). Beaucoup de campagnes promotionnelles sont menées par de grandes marques internationales ou par des groupes de distribution présents dans de nombreux pays. Pour la publicité proprement dite, on a pu observer, au fil des années, de nombreuses campagnes globales, c'est-à-dire des campagnes identiques quel que soit le pays où seul le texte est traduit. En est-il de même pour la promotion ? Peut-on parler de campagnes promotionnelles globales ? Plusieurs facteurs militeraient en faveur de telles campagnes globales. Mais, en fait, ces campagnes sont rares, à cause d'une série de facteurs négatifs. On peut cependant identifier quelques situations précises où de telles campagnes sont justifiées.

1. Source : France Pub – régie de Havas et de la Comareg –, 2003.

Les avantages potentiels

Le premier avantage évident est lié aux économies d'échelle potentielles. La conception de la campagne peut être l'objet de plus de soins, puisque ses coûts sont partagés entre de nombreux pays. On peut donc développer des actions plus originales, des concours plus complexes, plus impliquant, mettre au point de meilleurs argumentaires, tester davantage la mécanique promotionnelle pour la mettre parfaitement au point, etc. Du fait d'une centralisation des achats de matériel ou d'objets promotionnels, les négociations avec les fournisseurs se font dans de meilleures conditions... On peut citer la mémorable campagne du 35e anniversaire de Carrefour, « Un mois jamais vu », où, entre autres exemples, 155 000 perceuses, 11 000 micro-ordinateurs ou encore 133 000 billets d'avion ont été vendus. Les coûts de communication peuvent aussi être partagés entre de nombreux pays si les mêmes films publicitaires, les mêmes mécanismes sur Internet, les mêmes supports en magasin peuvent être utilisés avec de légères adaptations.

Une campagne globale peut aussi permettre une meilleure visibilité. Le budget global plus élevé permet de s'associer à des événements de notoriété mondiale, comme les Jeux olympiques ou la sortie d'un film attendu sur tous les continents. Si la campagne s'appuie sur une célébrité, il devient possible d'accéder à une vedette mondiale.

Une campagne globale contribue à donner une image plus globale de l'entreprise, car elle met en avant partout les mêmes actions, les mêmes éléments d'image. Des campagnes centrées par exemple sur la jeunesse, le dynamisme, la tradition ou la haute technologie peuvent être mises en œuvre partout et contribuer partout à la même image.

Une campagne globale permet de toucher des cibles mobiles, des clients qui passent d'un pays à l'autre et peuvent bénéficier d'avantages identiques et cumulatifs.

Enfin, une campagne globale peut permettre une mobilisation collective de toutes les filiales nationales, un instant exceptionnel qui fédère en interne les dirigeants et les employés autour d'un objectif commun, telle la campagne « Un mois jamais vu » de Carrefour qui a concerné les 346 hypermarchés implantés dans 18 pays.

Les obstacles

Mais une série de facteurs négatifs rend souvent difficile, voire impossible, la mise en œuvre d'une campagne globale.

Tout d'abord, des difficultés peuvent naître d'une hétérogénéité des objectifs de la campagne, d'un pays à l'autre. Les cibles ne sont pas toujours les mêmes dans tous les pays. Un même produit peut viser des jeunes de tranches d'âge différentes selon le lieu, et le film qui est un excellent support promotionnel dans un pays peut être à côté de la cible dans un autre. Les produits ou les services qui s'adressent à des clientèles réellement mobiles et globales ne sont pas la majorité.

Des problèmes de calendrier

Le cycle de vie de la marque peut aussi différer. Un mécanisme promotionnel cherchant à stimuler les ventes d'une marque en fin de vie dans un pays n'est pas adapté dans un autre pays où cette marque est encore en pleine maturité. En France et aux USA, l'objectif des campagnes promotionnelles de McDonald's est la fidélisation alors qu'au Liban ou en Russie, il s'agit de créer du trafic. S'y ajoutent des problèmes de calendrier. Les rythmes ne coïncident pas. Les dates de rentrée des classes ne sont pas les mêmes. Une promotion de Noël offrant aux gagnants un repas de fête en famille prend nécessairement un aspect différent en Australie, où elle intervient au cœur de l'été. Une campagne globale organisée autour de la sortie d'un film en salle est impossible si le film sort à des dates décalées selon le pays.

Les obstacles peuvent être sociaux ou culturels. Des différences sociodémographiques en termes de pourcentages de jeunes et de personnes âgées, de niveau de vie ou de niveau d'études peuvent rendre incompatibles les mécanismes de la campagne, les connaissances nécessaires, les objets promotionnels. L'adaptation aux langues locales peut être problématique, et annihiler en large partie les économies d'échelle. Ce qui est acceptable culturellement dans un pays, par exemple le fait d'encourager des groupes d'enfants et d'adolescents des deux sexes à collecter, en porte-à-porte, des bons à découper sur des emballages pour gagner des équipements destinés à l'école du quartier, peut être tout à fait inacceptable dans un autre pays. Une campagne ciblée ouvertement sur la communauté gay est bien acceptée de l'ensemble de la population aux États-Unis, mais ce ne serait sans doute pas le cas partout. Des préjugés ou des croyances différents, par exemple sur le caractère bénéfique ou maléfique de certains nombres, peuvent interdire de généraliser certains mécanismes promotionnels. Au Japon, par exemple, éviter une promotion « 4 pour le prix de 3 » car le chiffre 4 est considéré comme maléfique. Enfin, il faut faire attention aux retombées possibles d'un pays à l'autre. Un pétrolier avait organisé en Afrique du Sud une promotion au moment de la Coupe du monde de rugby dans laquelle il s'engageait à verser une somme importante à une organisation caritative à chaque fois que les joueurs sud-africains plaquaient Jonah Lomu, la grande vedette de l'équipe de Nouvelle-Zélande. L'information s'étant propagée jusqu'à ce pays, les consommateurs y ont organisé un boycott de la compagnie pétrolière.

D'autres difficultés naissent des différences entre les marchés locaux. La structure de la concurrence peut varier. Une campagne de fidélisation conçue pour une marque leader dans son pays d'origine peut être inadaptée dans un autre pays où cette même marque est en troisième position et doit plutôt chercher à accroître sa pénétration. Le cycle de vie de la catégorie elle-même peut différer : s'agit-il de se battre sur un marché qui touche déjà tous les foyers, telles les eaux minérales en France, ou d'encourager, comme dans d'autres pays, une majorité de foyers à découvrir cette catégorie ? La structure de la distribution peut être très différente, comme le rôle qu'elle joue dans la campagne promotionnelle. Les médias et les autres vecteurs de promotion peuvent différer : pour la campagne « Un mois jamais vu » de Carrefour, à Taïwan des spots télévisés permettaient d'annoncer chaque matin l'article vedette du jour, alors qu'en France seule la presse était disponible.

De façon plus générale, la réglementation des techniques promotionnelles et la part traditionnelle de chaque technique varient beaucoup d'un pays à l'autre. Et l'unification semble poser beaucoup de difficultés. Des techniques bien acceptées dans un pays peuvent être déroutantes dans d'autres, voire interdites. En Allemagne, presque aucune forme de promotion n'est autorisée car la promotion est considérée comme encouragement excessif à l'achat. Par opposition, toutes les formes sont autorisées en Angleterre et en Italie ; en France, certaines techniques sont interdites, d'autres autorisées mais sous contrainte.

Enfin, comment proposer des dispositifs promotionnels identiques alors que la sensibilité aux promotions varie d'un pays à l'autre ? Les Italiens sont connus pour être très bon public quel que soit le type de promotions. Ainsi, le succès des primes différées exigeant des collections de points est garanti, ce n'est pas le cas en France. Les Belges, Hollandais et Allemands, plus économes, apprécient essentiellement les réductions de prix alors que les Anglais sont sensibles aux promotions caritatives.

Des exemples réussis

Ces facteurs négatifs amèneraient à conclure qu'il est impossible d'organiser des promotions réellement globales. On peut cependant relever une série de promotions globales remarquables, qui permettent d'identifier des critères de réussite.

Nous avons déjà mentionné le cas des clientèles réellement globales, mobiles. Les programmes de fidélisation des compagnies aériennes constituent bien sûr l'exemple le plus vaste et le plus durable d'une opération promotionnelle efficace.

Mais la promotion peut également permettre de créer une communauté internationale, en rassemblant les consommateurs autour des valeurs d'une marque. Swatch, avec son site, offre une combinaison fascinante d'éléments qui permettent aux consommateurs de jouer un rôle actif : questionnaire sur l'histoire de la marque, choix entre différents projets de montre, concours de création, échanges, etc. Tout ceci est bien symbolisé par la proposition d'un *Internet time*, un système de mesure du temps qui refuse les fuseaux horaires et réunit tous les fanatiques de Swatch autour d'un même *beat* partout dans le monde.

La promotion peut s'appuyer sur un événement qui a par lui-même un rayonnement mondial, comme les Jeux olympiques ou la Coupe du monde. Il est intéressant d'observer la diffusion internationale de fêtes, comme la Saint Valentin ou Halloween, parce qu'elles offrent une base à des opérations promotionnelles potentiellement globales.

C'est le mécanisme promotionnel qui est intrinsèquement global dans certaines opérations fondées sur les jeux, les concours ou les votes. M & M's a fait ainsi voter les consommateurs du monde entier pour choisir une nouvelle couleur de bonbon à ajouter à sa gamme. Internet offre un outil privilégié dans de tels cas.

Enfin, certaines marques qui s'appuient sur leur identité nationale forte peuvent organiser, dans le monde entier, des opérations globales appuyées sur l'attrait de leur pays d'origine. Coca-Cola peut offrir des prix typiquement américains : casquettes d'équipe sportive, CD, séjours aux USA. Guinness a réalisé pendant de nombreuses années une opération qui aurait pu être facilement mondialisée : un tirage au sort permettant au vainqueur de devenir propriétaire d'un pub en Irlande.

PARTIE II

INNOVATION ET CHANGEMENT

8

RÉVOLUTION CLIENT : LA FIN D'UNE ILLUSION ?

Denis Bourgeois

RÉSUMÉ

On s'attend depuis plus de vingt ans à une révolution au sein des organisations. La pression toute puissante du client, ses exigences de qualité et de résultats sont supposées les faire sortir de l'ère bureaucratique et taylorienne. Cet article défend l'idée qu'il s'agit bien souvent d'une illusion. Il identifie quelques facteurs de fond contemporains favorisant plutôt le développement de néobureaucraties.

Depuis plus de vingt ans maintenant, une révolution dans les organisations nous est régulièrement annoncée. Nous allons devoir tourner le dos à l'ère bureaucratique et taylorienne qui avait jusque-là caractérisé la période industrielle. La raison : le client est devenu tout puissant. Non seulement il a maintenant les moyens de dicter sa loi, et donc d'exiger plus de qualité, mais il veut des solutions transversales et adaptées à ses propres problèmes et non plus de simples produits. Ajoutons à cela l'évolution sans cesse plus rapide des techniques et des données politico-économiques, et nous avons tous les ingrédients d'un monde où la bureaucratie, lourde et centrée sur elle-même, est appelée à disparaître comme jadis les dinosaures. Les organisations du XXIe siècle se devront d'être souples, réactives, décloisonnées, orientées vers le client, capables de mobiliser les énergies et les talents de collaborateurs toujours plus instruits et compétents. Cette idée a constamment été alimentée par les penseurs du management depuis le fameux *Prix de l'excellence* de Peters et Waterman. Où en sommes-nous de cette révolution ? A-t-elle seulement eu lieu ? De mes recherches et observations depuis dix ans, je retire le sentiment qu'il s'agit bien souvent d'une illusion.

Les lendemains-qui-chantent se font attendre

Bien sûr, les organisations ont changé depuis vingt-cinq ans. Nous avons certainement assisté à des changements de surface, on ne voit plus beaucoup de manches de lustrine ni de pauvres bougres qui, comme Charlie Chaplin, vissent le même boulon sur une chaîne. Mais y a-t-il eu des changements de fond ? En quelque sorte, l'ADN des organisations est-il modifié ou, simplement, pouvons-nous voir aujourd'hui l'adaptation qu'il produit à un univers changeant ?

En l'absence de statistiques exhaustives et précises sur ce sujet, nous disposons de quelques indices. Il était de bon ton pour un PDG, dans les années 1980, d'annoncer qu'il allégeait les services du siège de son entreprise. Depuis les années 1990, on a assisté au contraire à une impressionnante vague de centralisation dans de nombreuses entreprises. Les sièges se sont réétoffés. On l'annonce de façon ampoulée : on parle de redonner de la cohérence, de trouver des synergies et des économies d'échelle, de libérer les opérationnels des tâches non fondamentales pour eux… En termes techniques, cela s'appelle centralisation, c'est-à-dire plus de moyens et de pouvoir de décision aux services fonctionnels chargés d'édicter et de faire appliquer les règles communes. Les quelques sondages disponibles sur la qualité de vie au travail ne donnent pas le sentiment que la satisfaction des collaborateurs dans leur travail, leur degré d'autonomie et d'initiative se soient significativement accrus. On remarquera que le concept moral et juridique de « harcèlement moral » a fait son apparition dans cette période récente. La révolution annoncée semble donc se faire attendre et, avec elle, les lendemains-qui-chantent qu'elle est supposée apporter…

Quelques facteurs de fond

On peut discuter à l'infini sur la validité de ces indices. Quelques facteurs de fond laissent penser qu'ils ne sont pas fortuits. Tout d'abord, le pouvoir du client est loin d'être partout avéré. Rappelons que ce pouvoir dépend du rapport de force que le client entretient avec le fournisseur. S'il est vrai que ce rapport a significativement changé dans certains secteurs, notamment dans bon nombre de secteurs *B to B*, tel n'est pas le cas partout. Il existe toujours des oligopoles et/ou des marchés de masse où le client, atomisé et peu organisé, n'est choyé que dans les discours publicitaires.

Ensuite, même quand le client est fort, ses exigences ne vont pas nécessairement dans le sens d'une révolution organisationnelle chez son fournisseur. Distinguons l'univers de services professionnels où la personnalité des individus fait la différence, de celui, plus vaste, où c'est la fiabilité des processus qui prime. Dans le premier cas, bien sûr, l'organisation est au service des talents de ces professionnels, elle se doit de leur assurer la liberté de manœuvre et de créativité qui leur est nécessaire ; dans le second, la réponse la plus simple est de formaliser des processus et de les faire appliquer. Partout où le client demande des prix bas, une qualité standard et homogène des produits et services dans le temps et dans l'espace, la réponse logique du fournisseur passe par des économies d'échelle, de la standardisation des processus et des attitudes codifiées. La centralisation et le taylorisme ne sont alors jamais très loin. Certes, il est possible de les éviter, d'associer étroitement les opérateurs à l'élaboration des processus de travail et aux décisions les concernant ; tel est d'ailleurs en théorie l'esprit des politiques qualité qui se sont précisément développées depuis vingt ans. Mais beaucoup d'entre elles se contentent de sa lettre et oublient son esprit, aboutissant ainsi à une bureaucratisation rampante.

Taylorisme et bureaucratie

Ce que j'appelle ici taylorisme est le principe de la séparation claire des tâches entre ceux qui conçoivent les processus de travail et ceux qui les exécutent. Ce que je nomme bureaucratie est à la fois un ensemble de principes d'organisation, incluant le taylorisme, et un mode de relation entre employeur et collaborateur. L'organisation repose sur des normes et des règles que les collaborateurs doivent respecter ; leur responsabilité s'arrête là. Le socle social est un contrat individuel entre le collaborateur et l'organisation, le premier échangeant sa subordination contre la sécurisation de ses revenus. Il n'est pas poussé à une responsabilisation forte ni à une coopération intense avec ses collègues. Or, ce sont là deux vertus que la révolution du client dans les organisations est supposée rendre précieuses...

La tyrannie du court terme

La raison en est qu'il est souvent plus facile à court terme de procéder ainsi. Les effets attendus sont obtenus plus vite, les inconvénients (démotivation, déresponsabilisation des collaborateurs, cloisonnement) n'apparaissent que plus tard ; ils ne sont pas toujours visibles depuis les quartiers généraux. Le terrain fait remonter aux dirigeants, au mieux, ce qu'il les croit capables d'entendre, au pire, ce qu'ils ont envie d'entendre... À l'inverse, s'engager dans une voie impliquant réellement les collaborateurs prend plus de temps au départ, amène à faire le ménage dans les tensions du passé, à regarder en face les divergences de vue et d'intérêt, ce qui est toujours risqué. Cela est même parfois difficile, notamment lorsque l'employeur ne peut garantir à l'employé la pérennité de son emploi.

Des résultats à court terme, des ennuis possibles plus tard contre des ennuis maintenant mais, si tout va bien, des résultats durables plus tard... Éternel dilemme. Le climat actuel fait nettement pencher la balance vers le premier plateau. Nos organisations vivent bien souvent sous la tyrannie du court terme. Celui des cours de Bourse dans le privé, celui des prochaines échéances électorales dans le public, celui aussi qui est lié à l'imprévisibilité accrue du monde économique, à l'impossibilité croissante de tenir des promesses à long terme à des collaborateurs.

La pesanteur néobureaucratique

Ainsi se forme une pesanteur néobureaucratique... Pesanteur parce que c'est une sorte de loi. Toutes les organisations y sont exposées. Il est toujours possible de lui résister mais cela demande beaucoup d'efforts, de courage, de remises en cause des dirigeants et actionnaires mais aussi des collaborateurs et de leurs syndicats. Statistiquement, il est donc logique que bon nombre d'organisations cèdent plus ou moins lourdement à cette pesanteur. L'univers des organisations aujourd'hui est disparate. Les exemples durables de ces organisations postbureaucratiques qu'on nous a souvent promis existent certes mais ils ne sont pas les plus fréquents.

Néobureaucratique, parce que cette pesanteur tire aujourd'hui vers une variante au goût du jour de la forme bureaucratique. La différence entre une bureaucratie classique et une néobureaucratie ? À première vue, elle est nette. La néobureaucratie est certifiée ISO quelque chose et un grand programme de changement y est en cours. Dans son discours officiel, on ne manque pas de souligner l'attachement au client, au bien-être et à la motivation des collaborateurs, principale richesse de l'entreprise. Ses locaux sont clairs et décloisonnés et il y a de l'informatique partout. Les relations sont moins formelles qu'il y a vingt ans, et les collaborateurs, plus instruits, ont une sphère d'autonomie souvent moins restreinte que par le passé. Si l'on y regarde de plus près, cependant, il y a toujours dans cette néobureaucratie une distinction nette entre ceux qui pensent et ceux qui exécutent, ainsi qu'un pacte organisation-collaborateur échangeant la subordination de ce dernier et son respect des règles contre plus ou moins de sécurité. Qu'on le veuille ou non, cela donne les mêmes conséquences qu'auparavant : faible responsabilisation et cloisonnements.

La fonction d'une illusion

Est-ce un bien, est-ce un mal ? Chacun en jugera. Il convient de dire qu'il existe des néobureaucraties bonnes filles (bonnes mères ?) ou sordides, comme il en allait pour les anciennes bureaucraties. Dans certaines, la qualité des conditions de travail, la disposition des congés par exemple, les relations humaines que sait malgré tout établir l'encadrement rendent la vie acceptable à défaut d'être passionnante. Dans d'autres, précarité oblige, la loi du plus fort dicte aux plus faibles des conditions de travail physiques et morales peu enviables.

Le discours officiel des organisations nie souvent cette réalité. Il entretient alors l'illusion d'une divine convergence entre les exigences d'un système économique et celles de l'épanouissement des individus dans le travail. Méfions-nous des divines convergences, elles sont souvent factices. Dans la vie économique, il y a souvent des contradictions.

La fonction d'une illusion est de les masquer. Ce que cette illusion-ci masque, c'est la contradiction dans laquelle se trouvent bon nombre de nos organisations : fondées sur une logique individualiste des actionnaires comme des employés, elles ont néanmoins besoin de leur coopération impliquée. Il est dommage que nous fermions les yeux.

D'une part, les dirigeants n'ont pas à rougir de diriger des néobureaucraties si elles offrent un compromis acceptable à leurs employés ; ils ne peuvent parfois guère espérer mieux compte tenu de l'environnement institutionnel, public ou privé, dont ils dépendent. D'autre part, les problèmes enfouis ne font que grandir. Le problème qui en résulte, c'est, au niveau de l'organisation, la persistance des questions de motivation et de coopération interne ; c'est aussi, à un niveau plus large, celui d'une société qui offre, au pire, du chômage, au mieux, du travail mais trop peu souvent la réalisation de soi dans une œuvre commune.

9

COMBATTRE OU PRÉVENIR LA RÉSISTANCE AU CHANGEMENT ?

Michel Crémadez

RÉSUMÉ

Conduire le changement consiste à trouver le « bon » compromis entre un changement régulé, dont l'impulsion remonte de la périphérie, et un changement programmé porté par la direction générale. Lorsque le rythme des évolutions s'accélère, le changement ne peut plus être considéré comme le passage d'un état d'équilibre à un autre. Ce qui importe, c'est la plasticité intrinsèque de l'organisation. Une nouvelle approche combinant forme organisationnelle, style de management, gestion des relations entre firmes, répond à ces exigences.

Une organisation noue des relations évolutives avec son environnement. Sous la pression de ce dernier ou à l'instigation de ses dirigeants, elle change d'orientation plus ou moins volontairement et doit adapter en conséquence ses modes d'action. Son aptitude à absorber l'impact de ces changements dépend de la fréquence de leur occurrence et de l'inertie de sa structure. Complexité croissante de l'environnement économique et des processus technologiques, recherche dans la taille d'un surcroît de compétitivité et accélération du rythme des évolutions font, aujourd'hui, de l'adaptabilité un facteur majeur de performance. Le changement organisationnel est devenu un enjeu majeur. Pour répondre à cette exigence, une profonde mutation de la conception des structures formelles et de leur évolution s'avère indispensable. Leur rôle dynamique de vecteur de l'action doit supplanter celui de cadre statique de référence des rapports entre acteurs.

Une conception obsolète

Le changement organisationnel s'est longtemps inspiré du modèle d'action rationnel. Ce modèle considère l'organisation comme un acteur unique, incarné par la direction générale. C'est à elle qu'incombe la responsabilité de détecter l'inadéquation de l'organisation et de pourvoir à son adaptation en usant de son autorité pour mettre en œuvre, à l'issue d'un processus d'analyse rationnel (analyse des dysfonctionnements, recherche d'alternatives, identification de critères d'évaluation), une solution optimale, un nouveau modèle d'organisation.

Dans cette approche, les membres de l'organisation, dans leur grande majorité, n'ont pas leur mot à dire. Ils doivent faire confiance et accepter les bouleversements qui leur sont proposés. « Dans un tel système, personne n'a plus rien à apporter puisque le seul problème resté ouvert est celui des objectifs généraux, ce qui signifie que (...) tous les participants qui se trouvent pris dans l'univers des moyens, c'est-à-dire la très grande majorité des membres de l'organisation sinon la presque totalité, se trouvent privés de possibilités raisonnables de participation. » (Michel Crozier, *Communication à l'Académie des sciences morales et politiques*, 18 juin 1973). Le changement est considéré comme le passage d'un état d'équilibre à un autre, d'un modèle obsolète à un modèle adapté. Le but à atteindre est un modèle idéal au contenu très précisément défini.

La conduite du changement consiste à affronter la résistance au changement que tous les individus concernés manifestent inéluctablement. Considéré comme secondaire, le processus de changement consiste à louvoyer entre les zones d'incertitude contrôlées par les acteurs. De ce processus empirique de négociation-imposition résulte une nouvelle organisation dont la rationalité initiale s'est perdue dans le dédale des concessions engendrées par la résistance au changement. Le changement est douloureux, difficile, et ne s'obtient qu'après avoir surmonté un grand nombre de difficultés.

Changer le mode de satisfaction du besoin de sécurité des acteurs

Dans la conception bureaucratique prévalant au siècle dernier, les structures répondent au besoin de sécurisation de leurs membres, en leur offrant un univers connu, prévisible, où il est aisé de se situer par rapport aux autres. La spécialisation définit précisément les rôles, la coordination permet d'être pris en charge et guidé dans l'action, la formalisation, enfin, explicite les règles du jeu organisationnel que chacun peut exploiter à son avantage. L'organisation idéale est celle qui s'affranchit des contraintes externes et constitue un cocon dans lequel ses membres se sentent protégés. Qu'il soit provoqué par une évolution de l'environnement ou résulte d'une volonté stratégique des dirigeants, tout changement est vécu comme une crise. Il devient synonyme d'anxiété et d'urgence tant sur le plan objectif que dans l'imaginaire des acteurs. Ceux qui « survivent » à l'épreuve n'en craignent que davantage les adaptations ultérieures.

Cependant, cette perception du changement n'est pas une fatalité. La résistance au changement n'existe pas en tant que phénomène inéluctable, elle est le produit de la rationalité bureaucratique. Elle se manifeste lorsque la grande masse des individus qui composent l'organisation est considérée comme l'objet du changement et qu'elle n'a pratiquement pas de latitude d'action sur la construction de son nouvel univers d'action.

Ajustements successifs

Lorsque le rythme des évolutions s'accélère, il est préférable de fonder la satisfaction du besoin de sécurité des acteurs sur la capacité à gérer le changement. Il est indispensable de les exposer aux évolutions et d'anticiper afin de ne pas devoir agir dans l'urgence. Il faut leur donner le temps de remettre en question leurs routines et, simultanément, mobiliser les énergies afin d'accélérer le changement. Il faut les aider à se projeter dans l'avenir en exploitant leurs degrés de liberté pour engager une nouvelle dynamique. Pour éviter que le potentiel énergétique de l'organisation (l'ensemble des besoins de réalisation personnelle des individus qui la composent) s'exprime à l'encontre du changement et soit gaspillé en luttes internes, il faut développer une culture stratégique, mettre l'accent sur les valeurs communes et diminuer la formalisation des règles du jeu interne.

Mettre l'accent sur la conduite du changement

Dans un contexte instable, le changement ne peut plus être considéré comme le passage d'un état d'équilibre à un autre : le processus l'emporte sur le modèle. Il est essentiel, pour qu'ils puissent envisager plus sereinement de vivre dans un univers instable, de donner aux acteurs la possibilité d'intervenir dans la conception même des structures en développant leurs capacités d'analyse et leurs ressources méthodologiques. Il faut abandonner la recherche de cohérence *a priori* pour engager un processus d'ajustements successifs reflétant l'accession progressive des acteurs à une compréhension globale des enjeux auxquels l'organisation est confrontée. Ce qui importe, c'est la dynamique, le mouvement, la convergence progressive des actions due à l'association du plus grand nombre au processus d'adaptation.

Cette conception du changement privilégie les phénomènes d'apprentissage, octroie du temps pour changer et permet un engagement progressif des acteurs. L'organisation se construit autour des plans d'action et des synergies qu'ils requièrent. Les acteurs construisent leur avenir dans toutes ses dimensions au lieu de simplement élaborer les modalités de mise en œuvre d'un avenir dessiné et voulu par d'autres. Le changement devient une des composantes de la vie organisationnelle. Il ne s'inscrit pas dans un contexte de crise. Le temps ne constitue plus une contrainte mais un levier clef de l'action. Il permet de donner du rythme, d'accepter des moments de latence et d'accélérer dès qu'une opportunité se présente.

La conduite du changement est par nature contingente. Elle doit s'adapter au contexte externe-interne de l'organisation et aux croyances, valeurs et référentiels de ses leaders, les positions idéologiques très différentes selon le type d'organisation (entreprise, administration publique ou ONG par exemple), et les « systèmes de gouvernance » que les leaders représentent (actionnariat dispersé en Bourse, maison mère holding, famille propriétaire, etc.) rendant illusoire la recherche d'une *one best way* du changement. Conduire le changement consiste à trouver le « bon » compromis entre un changement régulé, dont l'impulsion remonte de la périphérie, et un changement programmé porté par la direction générale. Dans le premier, celle-ci se limite à créer des « possibles » en libérant les capacités d'initiative et en proposant de nouvelles méthodes de travail. Les modifications formelles de structure et de systèmes ne sont qu'une conséquence des changements de fait, dans les rôles, les responsabilités et les relations, survenus au cours du processus. C'est une voie qui met à l'épreuve les capacités d'anticipation, la tolérance des dirigeants à l'incertitude et la confiance mutuelle. Dans le second, est privilégiée une conduite beaucoup plus directive au risque de perdre en créativité, de frustrer les acteurs les plus dynamiques et de soulever des résistances dues à la rigidité du processus mis en œuvre.

Dans l'élaboration de ce compromis, deux éléments revêtent une importance particulière. En premier lieu, il convient de respecter la personnalité des promoteurs du changement. Porteur(s) d'un projet (vision large ou objectifs précis), il(s) joue(nt) un rôle essentiel. Leurs valeurs et leurs croyances ne peuvent durablement se trouver en opposition avec les méthodes choisies : focalisation sur le contenu du changement ou sur la dynamique des groupes, souci de la formalisation ou des transformations comportementales et culturelles…

En deuxième lieu, pour que les nouveaux objectifs, la nouvelle problématique, les nouveaux modes de travail soient vraiment appropriés par les acteurs, il faut qu'ils aient participé très directement à leur conception et à leur mise en place. L'utilisation de consultants ou d'experts, internes ou externes, ne peut jamais se substituer à l'initiative des acteurs personnellement concernés. La connaissance en profondeur du métier, l'expérience accumulée individuellement et collectivement constituent des sources essentielles de performance même si le changement exige d'en « désapprendre » l'usage pour le « réapprendre ». L'instauration d'un contexte de transparence et de confiance réciproque, basé sur la reconnaissance de ce patrimoine, combiné à l'exposition à une réalité nouvelle, permet de déclencher le processus, associant les dimensions rationnelle et émotionnelle, autorisant les individus à se risquer hors de la zone de confort antérieure où ils se sentaient à l'aise et les transformer en acteurs du changement.

Passer du changement ponctuel au changement intégré

La plupart des auteurs d'ouvrage sur le changement et des consultants spécialisés dans ce domaine considèrent encore celui-ci comme un projet bien défini avec un début et une fin. Depuis quelques années, cependant, de nombreuses organisations, confrontées à une forte turbulence et sensibles aux bouleversements techniques et sociaux qui remettent en cause leur cadre conventionnel de fonctionnement, considèrent que le changement ne peut plus être traité comme un épisode ponctuel, qu'il doit constituer un paramètre clef de conception de leur structure[1].

1. M. Crémadez, *Organisations et Stratégie*, Dunod, 2004.

Les moyens modernes de communication ne rendent plus indispensable, à la concertation en temps réel, la présence physique des protagonistes en un même lieu. Il n'est pas nécessaire d'être un membre à part entière de l'entreprise pour en faire partie. La partition entre temps passé au travail et temps passé hors travail tend à s'estomper. Alors que la durée légale du travail ne fait que décroître, les entreprises ont tendance à fonctionner 24 h/24 du fait de la globalisation et de la mondialisation des échanges. Le découpage conventionnel du temps en court terme, moyen terme et long terme perd en pertinence, la communication en temps réel rendant infini et immédiat le champ des perturbations auquel les organisations sont exposées. Dans ce monde où réel et virtuel se combinent, le contour des organisations devient de plus en plus flou et mouvant. Les notions de dedans et de dehors sont de moins en moins signifiantes. Par le jeu des alliances stratégiques, les organisations ne sont plus affectées en bloc par les mouvements stratégiques voulus par leurs dirigeants. Au sein d'une même structure, des entités très autonomes, impliquant leurs membres dans des projets risqués et captivants, en côtoient d'autres plus lourdes, mobilisant la majorité des ressources, centrées sur l'efficience, et mettant en œuvre des routines opérationnelles éprouvées mais peu motivantes. Il résulte de cette hétérogénéité des tensions et des difficultés d'articulation difficiles à surmonter pouvant conduire à des crises graves.

Structuration en réseau

Dans un tel contexte, concevoir une structure adaptée ne peut plus consister à rechercher le meilleur compromis possible entre un nombre croissant d'exigences contradictoires. Il ne s'agit plus de trouver la meilleure combinaison répondant à une configuration environnementale donnée, mais de faire en sorte que la plasticité de l'organisation soit telle qu'elle puisse, pratiquement sans inertie, se modeler pour faire face à une succession de situations plus ou moins inédites et durables. La structure ne peut plus évoluer de manière discontinue, elle doit être continuellement en construction. Ce qui importe c'est sa plasticité intrinsèque, son potentiel combinatoire autorisant une modification rapide de l'agencement de ses ressources et de ses compétences.

Une nouvelle approche combinant forme organisationnelle, style de management, gestion des relations entre firmes répond à ces exigences. Elle s'inspire du concept de réseau pour concevoir des structures dynamiques adaptées au nouveau contexte que nous venons de décrire. Sous l'angle organisationnel, un réseau est constitué de points interreliés formant une trame plus ou moins dense et homogène selon le volume et la fréquence des relations qui l'empruntent. Sous l'angle du style de management, un réseau tisse, entre les individus qui le composent, des liens d'échange et de coopération plus ou moins spontanés et informels basés sur une reconnaissance et une confiance mutuelles. Sous l'angle des relations entre firmes, un réseau articule des partenaires soucieux de développer des projets communs valorisant leur différenciation tout en préservant leur identité et leur latitude stratégique. Reposant sur un climat de confiance mutuelle entretenu par une communication dense et un apprentissage collectif, le

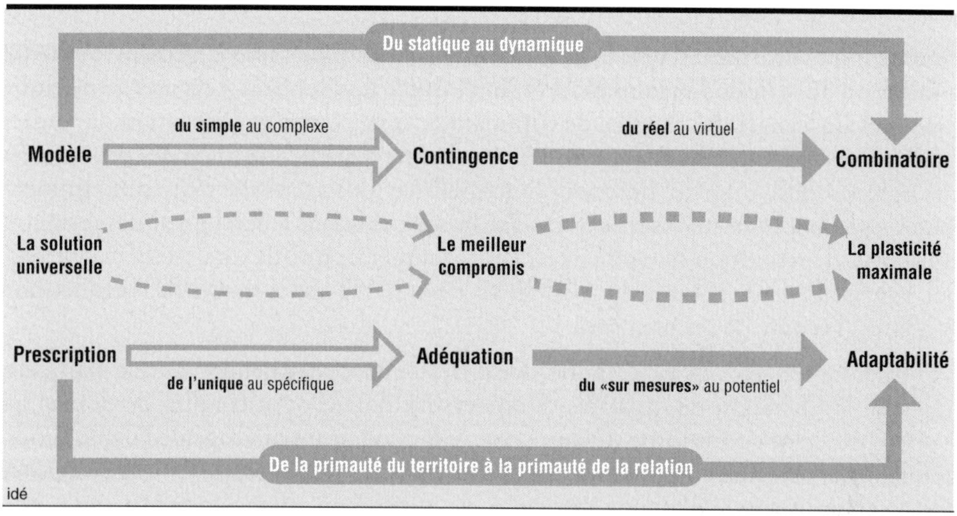

Figure II.1 – L'évolution de la conception des structures

réseau est l'archétype des structures d'intégration. Structure par essence évolutive et instable, il répond parfaitement à des conditions de complexité, d'incertitude et d'évolutivité élevées. Sur le plan stratégique, sa souplesse et son ouverture permettent de créer des ruptures en facilitant l'association des compétences permettant de créer des espaces d'innovation nouveaux.

Les structures fondées sur le concept de réseau combinent les avantages des structures matricielles et des structures par projet sans en avoir les inconvénients. Comme les structures matricielles, ce sont des structures multidimensionnelles permettant de développer de nombreux axes stratégiques d'importance équivalente. Comme dans les structures par projet, les assemblages de compétences et les processus mis en œuvre sont conçus spécifiquement en fonction des objectifs à atteindre et ne durent pas au-delà de la réalisation de ces objectifs.

Les compétences que détient, en propre, l'organisation constituent la partie la plus stable des structures en réseau tout en formant un ensemble ouvert capable d'associer aux compétences internes, dans le cadre de partenariats ou d'alliances plus ou moins durables, les compétences externes nécessaires. Le caractère multiple et éphémère de ces combinaisons oblige les individus impliqués à ajuster fréquemment leurs comportements et leurs contributions pour atteindre avec des partenaires différents des objectifs spécifiques. Ils développent ainsi une faculté d'appréhension globale des problèmes, des capacités d'anticipation et des réflexes de solidarité qui leur permettent d'assumer les risques inhérents au changement.

Une nouvelle dynamique organisationnelle

Pour bâtir une structure en réseau, il est nécessaire de distribuer plus largement le pouvoir d'initiative au sein de l'organisation et de se doter de capacités à réguler le désordre potentiel ainsi engendré. Au lieu de commander et de contrôler l'exécution des ordres par leurs subordonnés, les dirigeants doivent donner du sens, identifier des perspectives stratégiques suffisamment précises pour canaliser les initiatives, mais suffisamment floues pour ne pas en stériliser l'expression. Ils sont conduits à développer des instances collectives de résolution de problèmes. Pour assumer ce rôle de catalyseur, ils ont plus que jamais besoin de prendre du recul, de bien connaître les ressources de l'organisation et d'être à l'écoute de ses membres.

La structuration en réseau entraîne deux conséquences majeures. D'une part, elle nécessite la libération de capacités de leadership nouvelles et conduit à adopter un exercice différent de l'autorité. D'autre part, elle produit un maillage de l'organisation donnant à la réflexion collective un rôle clef et facilitant le développement des capacités d'auto-organisation. Dans une structure en réseau, un même individu peut être, simultanément, en position de leader dans un contexte donné et ne plus l'être dans un autre, la légitimité du leader dépendant autant de son contexte d'action que de ses capacités intrinsèques. L'exercice du leadership n'est pas continu et individuel. Il peut changer de main, sans exprimer de désaveu, en fonction des besoins, des opportunités et des modalités de fonctionnement collectif. Cette précarité du rôle de leader est la principale source de souplesse. Elle permet d'objectiver et de régler beaucoup plus facilement les problèmes de légitimité. Elle renforce son autorité en cas de difficulté, d'indécision ou d'opposition, en la liant étroitement aux objectifs, à leur pouvoir de motivation et d'implication des acteurs concernés. Elle permet aussi de mieux partager, entre les acteurs, le stress lié à la responsabilité de coordination et de supporter, de ce fait, des niveaux de stress supérieurs.

C'est une conception de l'organisation qui repose sur la primauté des objectifs sur les routines de fonctionnement. Elle laisse aux acteurs le soin d'adapter leurs modes d'action aux problématiques qu'ils ont contribué à formuler. Leur implication simultanée dans les champs stratégique et opérationnel, au sein d'instances collectives, leur permet de développer une perception plus large et plus intégrée des enjeux et des moyens d'y faire face. La multi-appartenance due au maillage évite le cloisonnement, facilitant la mobilisation et l'articulation des compétences disponibles dans et hors de l'organisation. Chacun apporte, tour à tour, son expertise « fonctionnelle » lors de la conception de la stratégie et ses capacités « opérationnelles » lors de la mise en œuvre de celle-ci. La flexibilité et la multiplicité des rôles joués par un même individu amoindrissent considérablement l'importance de la formalisation du contenu des postes. Les procédures sont supplantées par des processus de régulation dynamiques dans lesquels une contractualisation réelle ou virtuelle identifie précisément l'apport de chacun.

C'est une conception qui, si elle apporte plus, est davantage exigeante en termes de motivation et d'implication. Elle convient mieux à des individus créatifs, n'aimant pas les cadres trop rigides et ne vivant pas de manière anxiogène le fait de changer fréquemment de contexte de travail et de partenaires.

BIBLIOGRAPHIE

F. BUTERA, *La Métamorphose de l'organisation*, Éditions d'Organisation, 1991.

E. JOSSERAND, *L'Entreprise en réseau*, Vuibert, 2001.

C. MICHAUD, J.-C. THOENIG, *Stratégie et Sociologie de l'entreprise*, Village Mondial, 2001.

10

CORPORATE CHANGE, UNE TROISIÈME VOIE DANS L'ACCOMPAGNEMENT DU CHANGEMENT

Philippe Cruellas

RÉSUMÉ

Réussir le changement est pour les entreprises un enjeu majeur qui semble se heurter inéluctablement à un immobilisme latent. Comment mobiliser les personnes est alors la question clef que doivent de poser les équipes dirigeantes. L'accompagnateur y apporte une réponse en trois postures : l'écoute socratique, l'analyse sociologique et la vision du consultant. Afin d'agir au plus près du problème – et non uniquement sur les symptômes – il est primordial de ne pas oublier qu'on agit au sein d'un contexte, d'un environnement et avec des acteurs qui ont souvent en eux les solutions.

« Intervenir au sein des points névralgiques de l'entreprise pour mobiliser les personnes et les équipes. »

La réussite des changements incessants auxquels sont soumises les entreprises est sans doute leur enjeu majeur. La plupart des transformations souhaitées par les équipes dirigeantes donnent en apparence tous les gages de la rationalité. Qu'il s'agisse d'introduire un nouveau progiciel de gestion, d'« outsourcer » une fonction de l'entreprise, de rapprocher des secteurs, de mettre en place de nouveaux indicateurs de mesure de la performance, chaque fois ces changements apparaissent, *a minima* pour l'équipe de direction, nécessaires et utiles pour le développement de leur entreprise. Et pourtant bon nombre de plans d'action qui visent à maîtriser les démarches de changement échouent. Les entreprises ont en apparence une fantastique capacité d'immobilisme qui génère les aphorismes suivants : « plus ça change… et plus c'est la même chose… ». Les équipes dirigeantes doivent résoudre une énigme complexe : comment mobiliser les personnes ? Dans bien des cas, elles s'étonnent que ce qui est évident pour elles, ne le soit pas pour le corps social qu'elles managent. Pour échapper à des réflexions plus en profondeur, il leur est plus facile de se réfugier derrière quelques *a priori* : « les jeunes ne veulent plus travailler... le goût de l'effort se perd... ils sont stupides de ne pas comprendre que c'est dans leur intérêt de... ».

Socrate, le sociologue et le consultant : les trois postures de l'accompagnateur

Pour aider les équipes dirigeantes à sortir de leur perplexité ou de leur impuissance nous avons développé des approches qui visent à les aider au décodage des symptômes de résistance du corps social qu'elles observent. Nous visons par ailleurs à libérer la parole des groupes les plus visés par les changements afin qu'ils expriment leurs points de vue sur la situation et qu'ils proposent, dans un dialogue nourri, des actions visant à mettre en œuvre avec succès les changements. Nous jouons un rôle d'accoucheurs socratiques, de catalyseurs, de facilitateurs, d'agents de liaisons et de décodeurs des jeux dont les acteurs sont à la fois les initiateurs et les prisonniers. Cette posture de sociologue socratique est particulière. Elle nous rappelle que nous ne savons pas *a priori* ce qui est bien pour notre client mais que nous allons le pousser à remettre en cause ses certitudes ou ses fausses explications de sa réalité ; que nous allons veiller à mettre en lumière « l'organisation cachée », celle qui constitue la réalité des arrangements entre les acteurs à côté de l'organisation officielle (l'organigramme, les règles et les procédures). C'est au cœur de l'« organisation cachée » qu'il faut chercher les leviers de réussite de toute action de transformation. L'accompagnateur est aussi celui qui est consulté, qui écoute la demande plus ou moins explicite, plus ou moins claire de la part du dirigeant. Il est le consultant dont on attend la « lumière de ses conseils » ! Son écoute socratique et ses analyses sociologiques vont lui permette aussi de comprendre le fonctionnement de l'équipe dirigeante et les enjeux des domaines dont elle a la charge afin de répondre loin des symptômes et près du problème.

De l'opportunité d'une troisième voie

À côté de la formation (transfert de savoir dans une sphère strictement pédagogique) et du conseil (démarche prescriptive visant le plus souvent à modifier *a priori* les structures), il est souvent nécessaire d'agir autrement au cœur des espaces stratégiques de l'entreprise.

> Une entreprise dans le monde de l'audiovisuel décide de monter une démarche de formation de son *middle management*. Ce dernier est considéré par le dirigeant et son équipe de direction comme peu réactif, faiblement créatif, ne délégant pas suffisamment et constituant un frein à la transmission de la communication.

En s'arrêtant aux symptômes, la réponse semble tomber sous le sens : il faut monter une démarche de formation, pour apprendre aux dits *middle managers* à déléguer et à communiquer. Il y a fort à parier que sans doute certains managers manquent de certaines compétences de management dont la délégation et la communication. Mais est-ce vraiment le problème ? On peut penser, et la sociologie des organisations peut nous aider en cela, que dans bien des cas, les équipes dirigeantes ont le *middle management* qu'elles méritent ! Forts de cette conviction, nous avons proposé au dirigeant d'écouter les managers de son entreprise pour comprendre leurs besoins et vérifier si une réponse en terme de formation s'attaquait à la cause et pas seulement à ses effets. Cette étude nous révélera rapidement que le dirigeant était l'acteur puissant du système. Lui-même communiquait et déléguait assez peu. C'est donc à son niveau et celui de son équipe dirigeante qu'il fallait intervenir avant tout. La question centrale qu'il fallait résoudre était celle du pouvoir réel que le dirigeant était prêt à conférer à son équipe de direction et à son *middle management.* Nous étions bien loin d'un besoin de formation au management.

Mettre en lumière les contraintes liées au contexte

Proches des travaux de la sociologie des organisations, nous nous occupons des interactions plus ou moins antagonistes entre les acteurs et leur système (pour reprendre une idée chère à Michel Crozier). Quand nous travaillons sur les individus, notre coaching vise surtout à aider un acteur à affiner sa stratégie et ses tactiques d'action au sein de son contexte.

> Un dirigeant se plaignait fortement de son directeur technique. Il lui reprochait de ne pas avoir pris les bonnes options au bon moment. Il le jugeait lymphatique, mais le laissa à son poste environ dix ans tout en se plaignant du fait qu'il ne prenait pas ses responsabilités à la hauteur de sa tache. Ce fut aussi l'avis de l'actionnaire, qui poussa le « lymphatique » vers la porte. On alla chercher un « battant » pur et dur. Cependant, à peine deux ans plus tard, les mêmes causes entraînant les mêmes effets, le même dirigeant commença à trouver le « battant » fort « lymphatique ». Il mit cela sur le compte du mariage récent du nouveau directeur technique qui avait eu la mauvaise idée de ne pas rester célibataire !

Plus sérieusement que s'est-il passé ? Après cette déconvenue, le dirigeant nous questionna. Passé un court moment de satisfaction liée à l'hypothèse maritale, il était sur le point d'accuser son chasseur de tête ou son manque de discernement quant au profil de ce nouveau directeur technique. Alors que de notre côté, deux questions nous semblaient évidentes : comment ce dirigeant avait-il pu garder pendant presque 10 ans un homme qui ne lui donnait pas satisfaction et quel pouvait être son angle mort quant au contexte actuel de la direction technique ? Le dirigeant était sans doute une partie du problème : son mode de management très paternaliste, directif et surcontrôlant avait un certain nombre d'effets négatifs sur le management de son directeur technique. Mais par ailleurs, le contexte actuel de la direction technique avait considérablement changé ces douze derniers mois : reprise en main de la maison mère qui laissait peu de pouvoir au directeur technique de la filiale, dont il est question. De fait, il mettait plus d'énergie à être en accord avec les choix de la maison mère ou à éviter d'être pris en défaut par elle que d'être « le coq gaulois » attendu par le dirigeant de la filiale française. Il est difficile de comprendre, même pour un dirigeant, que tout acteur calcule ce qui lui est possible de faire dans un contexte donné et que des considérations trop psychologiques sont largement insuffisantes. Nous avons trop souvent tendance à confondre ce que nous aimerions qu'un acteur fasse et ce qu'il peut réellement faire de son point de vue.

Construire avec les acteurs

La plupart du temps les membres du corps social ont du mal à percevoir les jeux pervers et contre productifs dans lesquels ils sont pris. D'où l'importance de l'écoute attentive des acteurs. Les acteurs sont rarement « pervers ». Le plus souvent, ils essaient de faire avancer leur stratégie d'action dans un contexte donné plus ou moins favorable. Pour prendre véritablement en compte le contexte des acteurs nous avons besoin de comprendre la nature de la relation de l'entreprise à son chef, les modes de management ; d'identifier l'image que l'entreprise se fait d'elle-même et son rapport au temps ; de repérer les jeux politiques entre les groupes et les individus et le niveau de qualité de son action collective. Le but n'est pas d'être prescripteur de moyens (un outil de gestion…) comme le serait un cabinet de conseil, mais bien plus de construire avec les acteurs des scénarios qui tiennent compte des sources profondes de résistance réelle ou potentielle et des ressources disponibles.

> Au sein d'une entreprise de service une profonde réorganisation est menée par un grand cabinet de conseil. Des nouveaux progiciels de gestion ont été installés. Des *business units* définies par domaines d'activité. Mais cette ancienne filiale d'un groupe du secteur public rachetée par des Américains a du mal à digérer « le régime de cheval » imposé par la maison mère. Tout cela créait un profond désarroi au sein du corps social de l'entreprise qui semblait – une partie de l'équipe dirigeante comprise – avoir le douloureux sentiment de perdre leur âme. Les modes de fonctionnement mettaient jusqu'alors plus en valeur les statuts des personnels, les résultats exprimés en volume, un management assez paternaliste. La nouvelle « culture de la performance » insufflée par le cabinet de conseil, au service de la maison mère, proposait un virage à 180°. Le dirigeant sentant s'amplifier le malaise et les résistances nous appela pour l'aider à réussir la mise en place de la nouvelle organisation.

Le cabinet de conseil n'avait pris en compte ni les processus de deuil (« qu'allons nous perdre ? ») ni le besoin de sens des acteurs (« en quoi tous ces changements vont-ils nous aider ? »). Il ne suffit pas de dire de façon incantatoire, « Nous devons changer notre manière de faire », encore faut-il donner aux acteurs la capacité, l'envie et le pouvoir de répondre différemment aux sollicitations. On peut imaginer ce qui se passe lorsqu'une organisation qui fonctionnait sur un mode statutaire et bureaucratique doit passer à une gestion des ressources humaines fondée sur la mesure de la performance ! Cette entreprise avait besoin notamment de retrouver de « l'estime de soi ». Il lui fallait aussi un projet « porteur de sens ». Pour se faire nous avons aidé l'équipe dirigeante à affiner sa vision de l'avenir en termes de résultat économique, de stratégie pour réussir et à définir les modes de fonctionnement qu'il faudrait changer pour rendre l'ensemble possible. Pour mobiliser le corps social nous avons, en particulier, animé des groupes de travail chargés de proposer des modalités de déclinaison de la vision, formulées en des termes qui tiennent compte des perceptions des acteurs. Ce dernier point est très important. Il dépasse une simple préoccupation sémantique. Plus une équipe dirigeante prend en compte les recommandations de déclinaison d'axes stratégiques exprimées par les acteurs qui devront les mettre en œuvre et plus ils témoignent de leur capacité d'écoute… vecteur essentiel de mobilisation des acteurs dans une dynamique de changement.

N'oublions jamais que le changement est un résultat. Il ne se prescrit pas.

11

CRÉER DES VALEURS NOUVELLES DANS LES ACTIVITÉS DE SERVICES

Alain Dumont

RÉSUMÉ

La plupart des grands principes du management de l'innovation s'appliquent aux métiers de services comme à ceux de l'industrie. Mais les activités tertiaires présentent quelques spécificités que les acteurs de l'innovation, au sein des sociétés de services, gagneraient à mieux prendre en compte. Cet article, s'appuyant sur des travaux de recherche récents, suggère quelques conseils pratiques pour « créer de la valeur » au profit des consommateurs de services nouveaux.

On ne trouve pas de chercheurs en blouse blanche, ni de départements de R & D chez des géants du service tels que Sodexho, Accor ou Capgemini. Et pourtant, ces grands groupes, grâce à un effort constant de veille et de créativité, améliorent leurs *process* et créent des offres et des valeurs nouvelles pour leurs clients. Y aurait-il des mécanismes spécifiques de l'innovation dans les entreprises de services ? C'est pour tenter d'y répondre que nous avons entrepris récemment une enquête auprès de grandes entreprises de services européennes et nord-américaines[1]. Nous en livrons ici les conclusions principales.

« Service » versus « produit »

Les distinctions académiques classiques entre produit et service n'ont pas grande utilité pour notre sujet : certains services de plus en plus « packagés » se fabriquent et se vendent comme des « produits » pendant que des objets manufacturés de plus en plus intelligents fournissent de remarquables prestations de services. Néanmoins, au

1. A. Dumont, *Innover dans les services*, Village Mondial, 2001.

cours de notre enquête, trois caractéristiques spécifiques de l'acte de service nous sont apparues déterminantes pour envisager l'innovation avec succès :

- La première est le rôle capital du facteur humain dans les métiers de services. Si l'industrie manufacturière a pour fonction première de transformer un état de la matière, du brut vers le fini, les activités de services ont pour finalité de transformer des « états humains » : un individu malade en un sujet bien portant, une personne exposée au risque en une personne « assurée », etc. Le monde des services est le royaume des savoir-faire qui créent du lien de l'homme à l'homme.
- Alors que l'industrie confine la fabrication de ses produits dans des usines où le client n'est généralement ni convié ni impliqué, le processus de « servuction »[1] crée une interaction singulière entre le prestataire de services et le client. En effet, à l'occasion de toute prestation de services, le bénéficiaire participe peu ou prou à la production du service : qu'il s'agisse d'effectuer une transaction bancaire, de réserver une chambre dans un hôtel ou de recourir à un consultant, le client doit y mettre du sien. Ce phénomène de « coproduction » du service a, nous le verrons, des conséquences importantes pour la recherche de création de valeurs nouvelles pour le client.
- Pour satisfaire leurs clients, les entreprises du secteur tertiaire tentent de faire respecter par leur personnel des processus d'élaboration du service dont la rigueur n'a souvent rien à envier aux processus de fabrication d'un objet en usine. Elles doivent obtenir de leurs employés, et notamment de ceux qui sont en contact direct avec la clientèle, en plus du simple respect des procédures, une « bonne attitude ». C'est-à-dire une façon d'engager les clients dans une coproduction du service qui leur rendra l'expérience la plus plaisante possible.

Cinq « leviers de valeur »

La plupart des sociétés rencontrées lors de notre enquête sont des entreprises de services qui essayent de véritablement « rendre service » à leurs clients. Elles nous invitent, lorsqu'on observe les services nouveaux qu'elles ont développés avec succès, à ranger en cinq chapitres les leçons dont elles sont porteuses. Chacun d'eux propose une voie originale pour créer des valeurs nouvelles pour les clients.

■ Simplifier la tâche du client

Les sociétés de services innovantes comprennent et respectent la loi première du client-roi moderne : celle du moindre effort. Elles exploitent judicieusement cet évident filon de motivations, en facilitant, simplifiant et rendant le plus confortable possible le rôle qu'elles font tenir à leurs clients dans l'exécution du service. Puisque tout service est une coproduction qui associe le client et l'entreprise, toute initiative allant dans le

1. P. Eiglier et E. Langeard, *La Servuction : le marketing des services*, McGraw Hill, 1987.

sens de l'allègement de l'effort du client a des chances d'être valorisée par celui-ci. Un exemple probant en est donné par Midland Bank, la première banque (britannique) à avoir offert un service bancaire complet par téléphone avec sa filiale First Direct. Lorsqu'on sait que plus de la moitié des clients britanniques souhaitaient se rendre le moins souvent possible à leur agence bancaire. L'idée semble aujourd'hui évidente. Encore fallait-il oser supprimer les guichets ! Simplifier la tâche des clients en leur évitant un déplacement à permis à First Direct de séduire et fidéliser en dix ans un million de clients rentables et satisfaits.

■ Inspirer confiance

L'acheteur d'un service « confie » au prestataire une partie de lui-même, de sa personne ou de ses biens. Le service doit transformer son état physique (services de santé, par exemple) ou matériel (services financiers) au mieux de ses intérêts. Le prestataire de services s'oblige parfois à un résultat et s'engage, en principe, à fournir les moyens humains et matériels nécessaires. Mais qu'en sait véritablement le client avant de s'engager dans la prestation ? Ses interrogations sont d'autant plus aiguës que les services sont souvent très immatériels et leurs contours incertains. Le client valorisera donc tout ce qui le rassure à l'avance. Aux États-Unis, la société Carmax a révolutionné la distribution des automobiles d'occasion en proposant des voitures fiables, vrais contrats à l'appui. Dans un secteur réputé pour le peu d'honnêteté de certains opérateurs, ce service a connu un succès commercial immédiat !

■ Alléger la contrainte du temps

Les clients ont par rapport au temps une double exigence : ils veulent être servis lorsque cela leur convient le mieux, et le plus vite possible. Les entreprises de services peuvent donc créer de la valeur pour leurs clients en optimisant la gestion de leur budget temps. Soit en leur faisant gagner du temps dans l'exécution du service, soit en exploitant de nouveaux gisements de temps encore sous-exploités (les plages horaires nocturnes et celles des fins de semaine).

■ Faire payer « sans douleur »

En changeant les règles habituelles de la facturation, les entreprises peuvent accroître la valeur perçue du service offert. Le principe est de rendre la « douloureuse » moins douloureuse… La plasticité de la facturation des services est grande quand les entreprises peuvent faire payer avant ou après la prestation, ou encore au fil de sa progression ; par abonnement ou en fonction de la consommation ; au forfait ou au temps passé ; selon un tarif clair et préétabli ou en fonction des équations obscures du *yield management* ; par les moyens conventionnels ou par carte… France Télécom nous fournit un exemple révélateur d'innovation liée au mode de facturation : avec sa Mobicarte l'opérateur a inventé le prépaiement dans la téléphonie mobile. Pour le grand public, l'attrait majeur du prépaiement c'est d'avoir la certitude d'éviter les mauvaises surprises de la facture.

■ Faire du service une expérience élégante

Les fabricants de produits manufacturés ont compris depuis l'avènement du design industriel qu'au-delà des fonctionnalités premières du produit, les clients appréciaient un supplément de valeur fondé sur l'esthétique. Un « beau » produit se vend mieux, c'est pourquoi les développeurs de produits nouveaux associent couramment des designers à leurs travaux. Mais qu'est-ce qu'un « beau » service ? L'expression même est incongrue. Nous pensons néanmoins que la recherche de l'esthétique du service a un sens, car les clients ont des sens... Dans une coproduction de service, les sens des consommateurs produisent chez eux des sensations et émotions variées. On ne s'étonnera pas que dans un groupe comme Accor, un concepteur de service nouveau s'ingénie à satisfaire l'œil des clients (volumes, décors...) et qu'il s'intéresse aussi à leur toucher (matelas, revêtements de sol), leur ouïe (insonorisation des chambres), leur goût (petit déjeuner) et leur odorat (produits de toilette). La mise en scène du service, avec toutes ses dimensions (visuelle, sonore, olfactive, gustative et kinésique) est la forme qui révèle le fond. Elle est une donnée majeure de la « bonne attitude ».

Pour que ces « leviers de valeur » puissent être mobilisés efficacement, encore leur faut-il des points d'appui : nous voudrions, en conclusion, insister sur deux caractéristiques des entreprises que nous avons rencontrées. Elles conditionnent et expliquent leur capacité à innover avec succès dans la durée. L'innovation n'est possible que s'il existe un climat de confiance au sein du personnel. L'importance de la ressource humaine dans les processus d'innovation est d'autant plus grande dans les métiers de services que le personnel de *front office*, au contact permanent de la clientèle, est à même, s'il est suffisamment confiant et motivé, de suggérer de nombreuses innovations. L'intimité du lien créé par la coproduction du service se prolonge par un phénomène de co-innovation. Les entreprises de services qui innovent avec succès ne considèrent pas leurs clients uniquement comme une source de revenus, mais aussi comme une ressource pour l'innovation.

12

L'ADMINISTRATION RÉVOLUTIONNÉE PAR LES SERVICES EN LIGNE

Alain Busson

RÉSUMÉ

Les services en ligne sont un des leviers utilisés pour la modernisation des administrations publiques. Disponibles 24 h/24 et 7 j/7, ils permettent non seulement d'informer le citoyen sur ses droits et démarches, mais aussi de lui proposer de véritables prestations personnalisées. L'administration électronique sera à la fois plus efficace et plus économe de l'argent public. Cette mutation suppose une transformation en profondeur des anciennes bureaucraties comme d'importants moyens financiers.

Les administrations publiques sont confrontées en ce début du XXIe siècle à un double enjeu. Le premier est de répondre à la demande sociale qui s'impose aujourd'hui à de nombreuses organisations : rendre un service de meilleure qualité et centré sur les besoins des utilisateurs. Le second est lié aux contraintes budgétaires qui frappent le secteur public dans tous les pays industrialisés : faire mieux avec moins de moyens. Ces deux enjeux sont liés et constituent pour le secteur public une véritable révolution copernicienne. Il s'agit ni plus ni moins de transformer les anciennes bureaucraties, qui imposaient leur complexité et leur lourdeur à leur environnement, en organisations modernes, simples d'usage, réactives et efficaces.

Cette transformation suppose des changements profonds de nature politique, culturelle et organisationnelle. Il s'agit de faire mieux, moins cher, mais aussi et surtout de faire autrement. L'usage des technologies de l'information et de la communication (TIC) va représenter une réelle opportunité pour relever ce défi en permettant la migration vers ce que l'on appelle l'administration électronique.

Il est évident cependant que cette mutation prendra du temps : inertie bureaucratique et résistance au changement ne se combattent pas en un jour. L'observation des initiatives publiques, nationales comme locales, dans les pays d'Europe montre que la modernisation du service public et la migration vers l'administration électronique passent par trois grandes étapes : l'information, l'offre de service simple (coopération), l'offre de services évolués (coordination). À chaque étape correspond une amélioration de la qualité de service pour le citoyen utilisateur ainsi qu'une complexité croissante dans le management des processus (outils techniques, réorganisations internes).

L'offre d'information

L'offre d'information 7 j/7 et 24 h/24 est la forme la plus élémentaire de ce que permettent les TIC. Tous les ministères et de nombreuses collectivités locales offrent aujourd'hui une information riche et actualisée sur leur site Internet.

Le service est plus complexe à rendre lorsque l'information est détenue – ce qui est fréquent – par différents acteurs. Les sites Internet évoluent alors vers une structure de portail qui permet de fédérer plusieurs acteurs autour d'un thème ou d'une problématique commune. Le portail de l'administration française, Service-public.fr, en est un parfait exemple : il a pour mission d'informer l'usager et de l'orienter vers les services qui lui permettront de connaître ses obligations, d'exercer ses droits et d'accomplir ses démarches. De nombreux partenaires interviennent dans la réalisation du portail pour alimenter les contenus des rubriques ou référencer des services. Le site est enrichi et mis à jour en permanence grâce à la collaboration des administrations, services départementaux, collectivités locales et associations d'élus qui participent à son évolution.

Cette mise à disposition de l'information ne touche généralement pas à la structure des organisations concernées. Elle permet cependant de renforcer les collaborations internes (entre services d'une même administration) et externes (entre différentes administrations) et constitue de ce fait un premier pas essentiel vers une offre de service dématérialisé.

L'offre de service simple

Les choses se compliquent en effet lorsque l'on passe de l'information à la transaction électronique. Contrairement à la mise à disposition d'information qui reste sur une logique unidirectionnelle (l'usager va chercher l'information dont il a besoin sans modifier la nature et la structure de cette information), la transaction suppose un échange entre les deux acteurs concernés (l'offreur et le récipiendaire), échange qui va modifier directement les données détenues par les deux parties. Pour bien comprendre la différence entre les deux situations, il peut être utile de prendre un exemple : pour remplir une déclaration de revenu, on peut télécharger le formulaire adéquat sur le site Internet du ministère des Finances. L'offre Internet reste dans une logique simple (d'information) si le formulaire téléchargé est imprimé par le déclarant, rempli et signé de sa main puis envoyé par La Poste. Dans ce cas, les données fournies par le contribuable sont ressaisies par l'administration fiscale pour permettre le calcul de l'impôt. On passe par contre à une logique transactionnelle si le formulaire est rempli en ligne, signé électroniquement et envoyé sous forme dématérialisée. Dans ce cas, l'information fournie par le contribuable modifie sans ressaisie les données détenues par le système d'information de l'administration fiscale qui calcule directement les sommes à percevoir.

Énoncée telle quelle, l'offre de service dématérialisée présente tous les avantages pour les deux parties : elle évite les déplacements physiques, les saisies multiples de la même information et les erreurs éventuelles qui en découlent, les coûts d'impression, elle accélère le traitement de l'information, etc. Il n'est donc pas surprenant que la déclaration en ligne connaisse un vif succès en France.

Même si elle présente de nombreux avantages, la mise en place de transactions électroniques suppose néanmoins plusieurs conditions :

- Elle doit être effectuée dans des conditions de sécurité optimales (authentification des acteurs qui engagent leur responsabilité, capacité à signer électroniquement, sécurité des échanges).
- Elle impose souvent que l'organisation interne de l'administration concernée évolue vers une infrastructure en réseau facilitant la coopération entre services.
- Elle nécessite que le personnel chargé de l'accueil du public ou du traitement des dossiers ait été formé à l'usage des technologies utilisées.

L'offre de services évolués

L'étape ultime consiste à envisager le développement sur une large échelle d'une offre de services dématérialisés. On change alors fondamentalement le niveau de complexité requis du fait que cette offre de service implique simultanément plusieurs acteurs : administrations nationales ou locales, associations, voire acteurs privés. Là encore, un exemple permet de mieux saisir la nature du phénomène. L'exemple le plus simple peut être pris sur le changement d'adresse. Dans la situation actuelle, le citoyen doit faire autant de démarches qu'il y a d'administrations et de services publics concernés (la mairie pour l'inscription sur les listes électorales et autres services de proximité, la Sécurité sociale, la caisse d'allocations familiales, le centre des impôts, la préfecture pour le changement de carte grise, etc.). À terme, l'administration électronique sera capable d'enregistrer une fois et une seule l'information pertinente – le changement d'adresse – et les demandes qui lui sont associées. L'information sera transmise par voie électronique à toutes les organisations publiques concernées. Cette transmission modifiera chacune des bases de données, permettra d'éditer les documents nécessaires (nouvelle carte grise par exemple) et enclenchera les services demandés (aide au logement par exemple).

Une telle évolution ne va pas de soi. Une telle requête et ses réponses multiples impactent en effet les systèmes d'information ainsi que les procédures de toutes les administrations concernées. Avec trois conséquences majeures :

- En premier lieu, les différents systèmes d'information doivent interagir l'un avec l'autre, c'est-à-dire devenir interopérables au sens technique du terme. Ceci suppose un minimum d'homogénéité dans l'organisation de ces systèmes (la structure des formulaires par exemple) et l'adoption d'une norme commune pour les échanges électroniques, tout en respectant les dispositions relatives à la protection de la vie privée.
- En second lieu, les acteurs concernés par l'offre doivent non seulement coopérer (échanger l'information utile) mais encore coordonner leur action (agir ensemble), c'est-à-dire devenir interopérables au sens organisationnel du terme. Ceci implique une refonte plus ou moins forte des organisations et des *process* de production de service ainsi qu'une intégration plus ou moins marquée des *back offices* chargés du traitement des dossiers.
- En dernier lieu, l'offre de services évolués nécessite une adéquation des compétences et des ressources humaines nécessaires à la gestion de la complexité.

De tels services, plutôt rares en Europe, sont toutefois déjà à l'œuvre dans certaines grandes villes comme Hambourg ou certaines régions comme la Catalogne. Ils font l'objet de recherches techniques et organisationnelles d'envergure dans le cadre de projets européens comme le projet TerreGov auquel contribue le laboratoire Eole du Groupe HEC[1].

Stratégies de changement : moyens et enjeux

La modernisation de l'administration grâce aux nouvelles technologies est une opération de longue haleine qui mobilise l'ensemble des pouvoirs publics. L'Agence pour le développement de l'administration électronique (Adaé) estime entre 7 et 10 % du total des dépenses publiques les économies qui peuvent être réalisées grâce au e-gouvernement, soit l'équivalent de 70 milliards d'euros. Les investissements consentis (entre 1,5 et 2 milliards d'euros par pays) sont significatifs et la volonté de changement, partagée : l'avenir du service public est à ce prix.

1. Voir le portail www.terregov.eupm.net.

13

TESTS DE CONCEPTS : CE QU'IL FAUT VRAIMENT SAVOIR

Anne Michaut-Denizeau

RÉSUMÉ

Au vu des coûts engendrés par l'innovation, les entreprises se doivent de faire les bons choix dans leurs investissements. Dans cette optique, nombre d'entreprises basent leur décision sur des résultats de tests dont Anne Michaut-Denizeau attire l'attention sur le fait que le rejet initial d'un nouveau produit n'est pas forcément dû à la valeur du produit. Il peut provenir de sa nouveauté et de la tendance naturelle des consommateurs à la rejeter lors d'un premier contact.

Face à une concurrence de plus en plus intense, les entreprises sont contraintes d'innover à marche forcée pour maintenir leur position sur le marché. Le lancement de nouveaux produits est devenu une activité majeure et un poste de dépenses important, mais les résultats sont parfois décevants. Le taux d'échec des nouveaux produits reste extrêmement élevé (supérieur à 70 %) et les innovations sont certes nombreuses mais en réalité peu innovantes. Moins de 5 % des nouveaux produits lancés sont jugés réellement nouveaux. Les entreprises sont donc dans la nécessité de développer des produits plus innovants et connaissant de meilleurs taux de réussite. Comment parvenir à sélectionner des projets répondant à cette double exigence ?

Sélectionner des concepts à fort potentiel

Outre une sélection interne, les entreprises se tournent souvent vers les consommateurs pour évaluer le potentiel de succès de futurs produits dès le stade de concept. En pratique, le concept (une représentation photographique accompagnée d'un texte explicatif) est imprimé ou, de plus en plus, présenté sur un écran. Le consommateur est soumis à l'évaluation d'une série de concepts sur les mêmes critères. À l'issue du test, l'objectif est d'identifier des concepts perçus comme étant nouveaux, c'est-à-dire capables d'assurer un avantage concurrentiel, mais aussi appréciés, afin de garantir leur succès. Ces tests donnent des indications précieuses sur les réactions des consommateurs au futur nouveau produit. Pourtant ils peuvent aussi induire les entreprises en erreur en masquant une réalité différente.

Le paradoxe de la sélection

Suite aux travaux de G. Mandler en psychologie, de nombreuses études ont montré une tendance naturelle des consommateurs à rejeter ce qu'ils connaissent trop (jugé ennuyeux) ou ce qu'ils ne connaissent pas du tout (jugé dérangeant). Ainsi les consommateurs rejettent les concepts les plus innovants. Pourquoi ? Tout d'abord parce qu'ils ne possèdent aucune référence leur permettant de juger ces concepts qu'ils rejettent alors par défaut. S'il est facile pour un consommateur d'évaluer une crème dessert dotée d'un nouvel arôme, la tâche est plus difficile lorsqu'il est confronté pour la première fois à un produit tel qu'Actimel pour lequel il manque de repères. Tant pour le produit lui-même que pour son usage. Les consommateurs ont aussi des difficultés à anticiper leurs besoins futurs. Ceci peut les conduire à sous-estimer la valeur de l'innovation, que ce soit une innovation technologique comme le téléphone portable, pratique comme les produits nomades, ou esthétique dans le cas d'un nouveau design automobile.

Deux aspects

Ces quelques exemples montrent aussi que la situation peut évoluer et que le rejet initial peut faire place à une adoption du produit à plus long terme. Ce revirement de situation s'explique par le fait que, lors d'une première évaluation, les consommateurs ne rejettent pas le concept. Ils en rejettent la nouveauté. Parce que la notion de nouveauté est relative au temps, elle s'estompe progressivement, laissant place à une évaluation réelle de la valeur du produit. Un concept rejeté aujourd'hui peut donc éventuellement être accepté demain dans un contexte qui aura évolué. Cette tendance à rejeter la nouveauté masque l'appréciation réelle des concepts. Comme on le voit, les tests destinés à identifier des concepts à la fois nouveaux et appréciés risquent de se trouver dans une impasse. Les concepts très innovants vont rarement être appréciés lors du premier contact tandis que les concepts appréciés seront moins innovants. Paradoxalement, ces tests pourraient donc être responsables de l'abandon de certains projets innovants à fort potentiel d'appréciation !

Le challenge : identifier des concepts innovants et appréciés

Le défi des entreprises est d'identifier ces concepts à la fois innovants et potentiellement appréciés des consommateurs. Mais comment faire le tri ? Le paradoxe est généré par la nouveauté et plus exactement ses conséquences sur l'attitude des consommateurs. On explore donc cette direction. D'un point de vue psychologique, la nouveauté est associée, plus ou moins, à d'autres éléments tels que la surprise, le changement, mais aussi la complexité, l'incertitude. Ces éléments reflètent le fait que la nouveauté est à la fois affaire de perception (« voit-on » immédiatement que le produit est différent ?) et de compréhension (cette nouveauté est-elle facile à comprendre ?). Il convient de distinguer ces deux aspects car percevoir la nouveauté d'un produit ne signifie pas en saisir les conséquences en termes de fonctionnalité ou d'utilisation. Par exemple, une nouvelle touche sur un téléphone portable est certes visible mais connaître ses fonctions demandera un effort supplémentaire. Lorsque la nouveauté augmente, sa perception s'accroît tandis que sa compréhension tend à diminuer, et ce dans différentes proportions selon le produit.

En associant ces deux aspects, le premier intérêt est d'affiner l'évaluation de la nouveauté perçue par les consommateurs. Par exemple, deux produits également nouveaux peuvent être très différents du point de vue de la difficulté de compréhension qu'ils génèrent. Cela permet de différencier ces produits. Le second intérêt est de déterminer les conséquences sur l'attitude des consommateurs vis-à-vis du produit. La difficulté de compréhension confère un côté déplaisant qui se répercute sur l'appréciation du produit mais aussi sur sa réussite sur le marché. Au contraire, la simple perception du changement peut-être positive, au moins jusqu'à un certain point.

Une étude réalisée sur des produits lancés en l'an 2000 et préalablement évalués par un panel de consommateurs a mis ces effets en évidence. Les résultats montrent que le manque de compréhension est caractéristique des produits les moins appréciés des consommateurs tandis que, jusqu'à un certain seuil, la perception de la nouveauté se traduit par une meilleure appréciation des produits. Comme le montrent les figures II.2 et II.3, l'analyse des performances sur le marché après six mois de lancement aboutit à des résultats similaires. Autant de signes de la présence d'éléments antagonistes intimement liés à la nouveauté. Les uns entraînent des attitudes positives et les autres, le rejet, tout cela se concrétisant dans la réussite ou l'échec des produits sur le marché. En réalité, le manque de compréhension reste le principal élément à prendre en compte. Un succès rapide sur le marché requiert surtout l'assurance d'une bonne compréhension par les consommateurs.

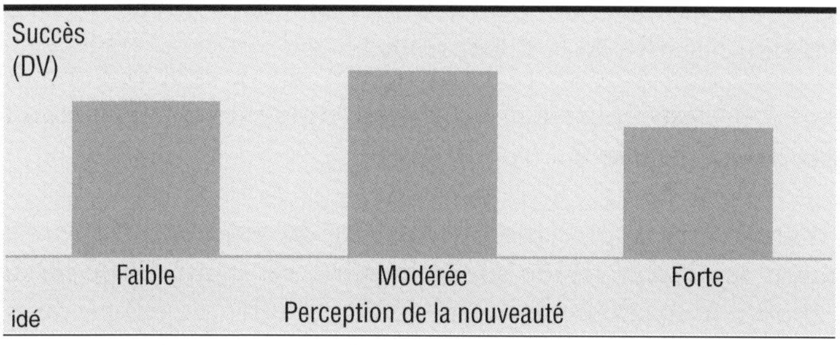

Figure II.2 – Perception de la nouveauté et succès

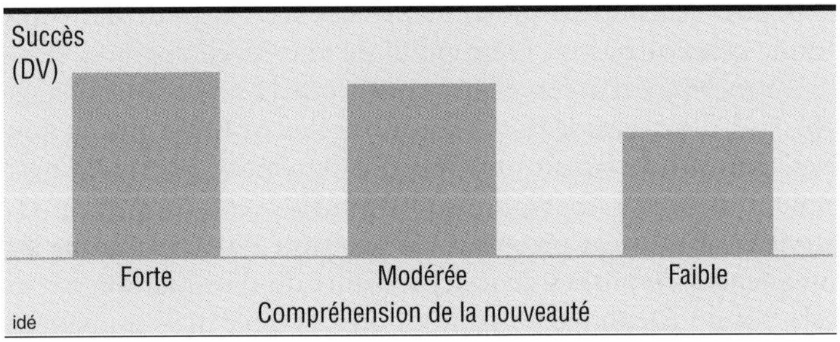

Figure II.3 – Compréhension de la nouveauté et succès

Qu'en est-il sur le long terme ? Une étude longitudinale montre que les produits connaissant un succès immédiat ont aussi un cycle de vie de relativement courte durée. Au contraire, des produits peu convaincants au premier contact car générant un manque de compréhension peuvent faire preuve d'une croissance prometteuse. Des études expérimentales annexes ont mis en évidence la possibilité d'améliorer la compréhension de certains nouveaux concepts en « éduquant » le consommateur. C'est pourquoi, lorsqu'un apprentissage est possible et débouche sur la reconnaissance de la valeur propre de l'innovation, des produits d'abord peu attractifs peuvent connaître un succès retardé.

Conséquences

■ L'enjeu des critères retenus

Il est évident que les critères actuellement utilisés dans les tests de concepts sont indispensables à la sélection. Cependant, il est essentiel d'ajouter à cela la compréhension du concept par le consommateur. Lier ce critère de compréhension aux traditionnels critères de nouveauté et d'appréciation permet en effet de déceler les motivations d'un rejet éventuel et donc de tirer plus de profit des informations fournies par le consommateur. Plus précisément, le rôle de ce critère est de déceler si le rejet est basé sur un manque de compréhension, et donc dû à la nouveauté du concept, ou s'il est le résultat d'une appréciation négative de sa valeur réelle.

■ Court ou long terme ?

L'assurance d'une bonne appréciation immédiate du produit de la part des consommateurs garantit un succès rapide sur le marché. En contrepartie, le danger de ce critère est d'aboutir à un succès de courte durée. En effet, de tels produits sont relativement peu innovants et ne permettent pas à l'entreprise de dégager un avantage concurrentiel durable. Pourtant, c'est à la sélection de ce type de produits qu'aboutissent les tests traditionnels. En quoi l'ajout du critère de compréhension est-il pertinent pour dépasser cette situation ?

On s'intéresse aux concepts éliminés par les tests traditionnels car peu appréciés au premier abord. Parmi eux, ce sont les concepts particulièrement innovants et ne bénéficiant pas d'une bonne compréhension immédiate qui méritent le plus d'attention. L'ajout du critère de compréhension conduit tout simplement à identifier de tels concepts. Des études annexes sont alors nécessaires pour mettre en évidence un éventuel apprentissage, plus ou moins rapide, et déterminer si cet apprentissage peut conduire les consommateurs à accepter le produit. Ensuite, selon les moyens dont dispose l'entreprise, notamment pour la promotion, la décision de *go/no go* peut être révisée. La durée moyenne octroyée par la distribution au lancement des produits dans la catégorie en cause sera également un paramètre critique dans cette décision. Enfin, n'oublions pas que ces produits, plus innovants, peuvent bénéficier d'un réel avantage concurrentiel et conduire à un succès beaucoup plus durable.

Cet article suggère également que, selon sa stratégie, ses besoins et ses moyens en termes d'innovation, une entreprise peut moduler la sélection des concepts au vu des résultats de ces tests.

14

L'INNOVATION STRATÉGIQUE : UN GISEMENT DE CROISSANCE

Bertrand Moingeon et Laurence Lehmann-Ortega

RÉSUMÉ

L'innovation stratégique naît de la remise en cause radicale par l'entreprise des composantes du *business model*, qu'il s'agisse de la valeur pour le client ou de sa propre chaîne de valeur. Cette forme d'innovation permet de renforcer la position concurrentielle, y compris dans des marchés sans croissance.

L'innovation en tant que source de croissance de l'entreprise est un thème récurrent et ancien. Dans bien des cas, la technologie est perçue comme le principal levier permettant d'innover, et ainsi d'assurer cette croissance. Le secteur informatique illustre parfaitement ce point : tout possesseur d'un micro-ordinateur est bien placé pour en juger ! Les besoins en capacité de stockage explosent sous l'effet conjugué des logiciels de plus en plus volumineux, des téléchargements de fichiers audio et vidéo, ainsi que des connexions à Internet de plus en plus rapides. Cette course au progrès technologique contribue dans ce secteur, comme dans de nombreux autres, au maintien voire à l'accélération de la croissance.

L'innovation stratégique ne saurait néanmoins se réduire à cette dimension technologique, même si celle-ci peut jouer un rôle primordial. L'objectif de cet article est de montrer que cette forme particulière d'innovation constitue un gisement de croissance trop souvent ignoré par les entreprises.

Qu'est-ce que l'innovation stratégique ?

L'innovation stratégique consiste à innover sur le *business model*, sur les règles du jeu en place dans un secteur. Dès lors, l'innovation produit, qu'elle soit technologique ou non, n'est qu'un moyen au service de la stratégie, et non une fin en soi. L'innovation stratégique naît donc de la remise en cause radicale des composantes du *business model*, qu'il s'agisse de la valeur pour le client (ce qui nécessite d'entrer dans son intimité), ou de la manière de fonctionner de l'entreprise en s'interrogeant sur les caractéristiques transformables de la chaîne de valeur (voir figure II.4).

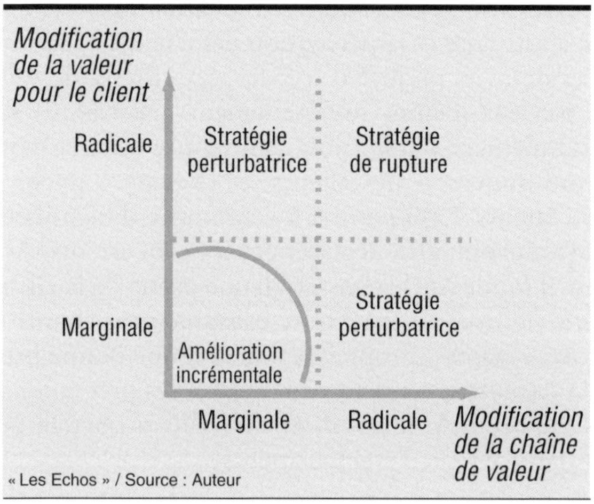

Figure II.4 – Les deux formes de l'innovation stratégiques : stratégie de rupture et stratégie perturbatrice

Lorsque l'entreprise introduit un changement radical sur une seule de ces dimensions, on parlera de stratégie perturbatrice. Cette forme d'innovation stratégique va en effet « empêcher » à la fois les concurrents et l'entreprise elle-même « de fonctionner normalement » (ce qui est la définition de la perturbation). Dans certains cas, comme nous l'illustrerons au travers d'exemples concrets dans la suite de cet article, les concurrents verront émerger une offre innovante issue de la redéfinition de la valeur pour le client... Dans d'autres cas, ce peut être la façon même de concevoir, produire, commercialiser, vendre, promouvoir, mettre en scène, etc. qui est remise en question. Si l'entreprise introduit des changements radicaux sur les deux dimensions (modification de la valeur pour le client et modification de sa chaîne de valeur), on parlera alors de stratégie de rupture. L'innovation stratégique, qu'il s'agisse de stratégie perturbatrice ou de rupture, constitue, comme nous le mettrons en évidence, un moyen pour les entreprises qui l'adoptent d'assurer un développement significatif de leur activité et un renforcement de leur position concurrentielle, y compris dans des marchés sans croissance.

Modifier radicalement la valeur pour le client

Les stratégies perturbatrices peuvent être fondées sur des modifications radicales de la valeur pour le client. L'enjeu pour l'entreprise consiste alors à acquérir une connaissance précise des critères utilisés par les clients (consommateur final ou entreprises) pour apprécier une offre, lui attribuer une certaine valeur. De nombreux articles et ouvrages, issus du monde académique ou du conseil, insistent sur la nécessité d'entrer dans l'intimité du client pour y parvenir. On voit bien ici que les simples études de marché ne sauraient suffire. Les enquêtes de satisfaction peuvent apporter de précieuses informations quant à l'écart existant entre l'offre et les attentes, voire entre les besoins que l'entreprise cherche à satisfaire et la perception des clients. Mais seule une immersion dans l'univers de ces derniers permet d'accéder aux critères de valorisation de l'offre (dont ils ne sont pas eux-mêmes nécessairement conscients). Tel un ethnologue décryptant le fonctionnement d'une tribu, l'entreprise observe alors minutieusement les habitudes de consommation des clients, et cherche à mieux comprendre leurs besoins exprimés ou latents. Ceci permet à l'entreprise d'identifier et « revisiter » des critères qui ont jusqu'alors pu être négligés par les concurrents. Ainsi, le concept des hôtels Formule 1 est-il fondé sur le constat qu'une partie de la clientèle potentielle du secteur de l'hôtellerie ne trouvait pas l'offre existante satisfaisante. En proposant des chambres basiques mais calmes, propres et dotées d'une bonne literie dans des structures dépourvues de restaurant ou d'accueil, et ce à des prix comparables à des hôtels bas de gamme, ils apportent une solution nouvelle, attractive pour les clients qui rechignaient à aller dans ce type d'établissements.

Dans certains cas, l'entreprise va non seulement revisiter les critères de valorisation de l'offre par la clientèle non pris en compte de façon satisfaisante par les concurrents, mais aussi chercher à en détecter de nouveaux. C'est précisément ce qu'a fait Swatch en positionnant la montre non plus comme un produit de luxe ou d'utilité mais comme un accessoire de mode, ou encore Salomon en lançant le Snow Blade, répondant à un besoin exprimé par certains pratiquants du ski (disposer de skis ultralégers, faciles à porter et à transporter, etc.) mais non pris en compte par le secteur.

La Plateforme du Bâtiment (Groupe Saint-Gobain Distribution) est un nouveau concept de distribution qui illustre la possibilité de conjuguer les deux approches : revisiter les critères et en détecter de nouveaux. Après avoir rencontré près de 300 artisans généralistes à travers toute la France, Saint-Gobain Distribution a élaboré un concept novateur. Peu organisés, multipliant les chantiers de petite taille, ces artisans s'approvisionnent traditionnellement chez les distributeurs généralistes de matériaux de construction. Toutefois, malgré des prix plus élevés, leurs achats en grande surface de bricolage se développent, notamment parce que la marchandise y est disponible en libre-service. Alliant le meilleur de ces deux formats de distribution, la Plateforme du Bâtiment est un point de vente *cash and carry* dédié exclusivement aux professionnels du bâtiment. La modification radicale provient à la fois du positionnement intermédiaire entre les distributeurs généralistes et les grandes surfaces sur des critères tels que le prix ou le conseil, et de l'adaptation des horaires et conditions de vente aux contraintes des artisans (ouverture de 6 h 30 à 18 h, possibilité de commander par télécopie ou par Internet jusqu'à minuit pour collecte au point de vente le lendemain matin à partir de 7 h), en leur proposant des services spécifiques complémentaires (déchetterie, découpe) et en mettant à leur disposition des espaces conviviaux (machine à café, restauration rapide, revues techniques, tableau de petites annonces, etc.) permettant d'attendre dans de bonnes conditions les préparations de commande pour les produits non accessibles en libre-service.

Enfin, certaines entreprises vont aller encore plus loin dans cette démarche en anticipant les besoins, voire en contribuant à les faire exister. C'est ce qu'a fait la société 3M avec le Post-it. Interroger des personnes pour savoir si elles souhaiteraient utiliser un morceau de papier autocollant et repositionnable n'aurait pas nécessairement permis d'identifier l'intérêt potentiel de ce produit. En fait, pour que le client puisse attribuer une certaine valeur, lorsque le produit est totalement innovant, il convient de lui donner la possibilité d'expérimenter, de l'utiliser. Ce faisant, le besoin peut émerger. C'est ainsi que 3 M a fourni gratuitement des échantillons en les insérant dans les livraisons... Et le Post-it est rapidement devenu une fourniture indispensable. Pareille stratégie de perturbation nécessite une prise de risque pour l'entreprise car il s'agit incontestablement d'un pari sur sa capacité à faire émerger un besoin, à « éduquer » le client.

Modifier radicalement la chaîne de valeur de l'entreprise

Les stratégies de perturbation peuvent également être fondées sur la modification de la chaîne de valeur. Cet axe, moins exploré dans les travaux sur l'innovation stratégique, nécessite une connaissance approfondie du fonctionnement de l'entreprise. Le principe est de repenser la chaîne de valeur au sens large, en incluant les partenaires. Cette démarche peut aboutir soit à réaliser différemment une étape de la chaîne de valeur (modifier radicalement son mode de production ou de distribution), soit à réorganiser ces étapes, voire en supprimer ou en ajouter certaines.

Ainsi, les décisions de sous-traiter, passer un partenariat stratégique avec un concurrent, délocaliser une partie des activités, peuvent s'inscrire dans le cadre d'une telle stratégie. Il s'agit alors d'intervenir sur un ou plusieurs maillons de la chaîne de valeur. Par exemple, dans l'activité des régulateurs de vitesse, le Groupe Schneider Electric n'avait pas accès au marché d'entrée de gamme. En effet, sa technologie était adaptée pour répondre aux attentes des clients les plus exigeants et ne permettait pas de produire des régulateurs basiques et peu onéreux. Un partenariat avec Toshiba, qui disposait lui de la technologie adéquate mais non du réseau de distribution, s'est avéré payant, puisqu'en moins de six mois, un nouveau produit très performant a été lancé sur le créneau bas de gamme, dépassant les prévisions les plus optimistes de croissance (dans un marché sans croissance !). On pourrait également citer l'exemple des entreprises ayant modifié radicalement leur mode de distribution en faisant appel à Internet.

Comme nous l'avons évoqué, la stratégie perturbatrice peut également être fondée sur une réorganisation des étapes de la chaîne de valeur (modification de l'ordre dans lequel elles sont organisées, ajout ou suppression d'étapes). Ainsi, dans le secteur de la boulangerie, on a assisté à une industrialisation de processus jusqu'alors artisanaux. Le pétrissage et la confection des pains est réalisé de façon industrielle. Ils sont livrés congelés aux boulangeries qui n'ont alors plus qu'à les faire cuire et les commercialiser. L'objectif n'est éminemment pas de modifier la valeur pour le client (pain frais, odeur de cuisson), bien au contraire. Les changements liés à l'industrialisation des processus s'inscrivent dans une démarche de réduction des coûts (pouvant être facteur de croissance si l'entreprise décide de répercuter cette baisse auprès de ses clients). Benetton est un autre exemple de stratégie perturbatrice prenant appui sur un changement de la chaîne de valeur. Cette société a assuré son succès dans les années 1980 en choisissant de teindre des pulls tricotés, plutôt que de tricoter de la laine teinte. Ceci permet à moindre coût de disposer toujours du dernier coloris à la mode.

Cumuler les deux modifications radicales : la stratégie de rupture

Jusqu'ici, nous avons cité le cas d'entreprises ayant choisi d'introduire des changements radicaux soit sur les critères d'attribution de valeur par les clients, soit sur sa manière de fonctionner (modification de sa chaîne de valeur). Pour terminer cet article, nous allons nous intéresser à celles qui jouent à la fois sur ces deux dimensions, ce qui leur permet d'adopter une stratégie de rupture. Les compagnies aériennes *low cost* (EasyJet, Ryanair, Volarewebcom, Basiqair, etc.) ont ainsi repensé l'ensemble de la chaîne de valeur de manière à comprimer les coûts au maximum tout en s'appuyant sur une réinterprétation des critères d'attribution de la valeur par le client. La flotte est uniformisée afin de diminuer les coûts de maintenance, les hôtesses de l'air réalisent elles-mêmes des tâches d'entretien, certaines compagnies ne proposent que des vols à partir de petits aéroports afin de diminuer les taxes, etc. L'offre a été « épurée » pour se concentrer sur un certain nombre de critères d'appréciation par le client, et tout particulièrement les prix. On retrouve une logique analogue dans le cas des *hard discounters* dans le secteur de la distribution alimentaire.

Dans un autre domaine, la société JCDecaux a également adopté une stratégie de rupture. En effet, elle a proposé aux collectivités locales de mettre en place, gérer et maintenir leur mobilier urbain, et ce à un tarif très compétitif. Afin d'y parvenir, JCDecaux a pris appui sur une source de revenus complémentaires : les annonceurs qui paient pour pouvoir afficher des publicités sur ce mobilier urbain. Une telle stratégie implique de développer des relations commerciales non seulement avec les collectivités mais aussi avec les annonceurs. Une nouvelle organisation a dû également être mise en place afin d'assurer la gestion et la maintenance (d'où un changement radical également de sa chaîne de valeur).

Un programme diplômant

Dernier exemple, le programme *Trium Global Executive MBA* lancé conjointement par la New York University, la London School of Economics and Political Science et HEC Paris. Cette formation diplômante réservée aux dirigeants disposant d'au moins douze ans d'expérience professionnelle est le résultat d'une stratégie de rupture. En effet, à l'origine, les trois institutions partagent le même constat : les programmes proposés à ce jour par les *business schools* aux dirigeants en activité, s'ils sont souvent présentés comme ayant une dimension internationale, ne répondent pas pleinement aux attentes d'une clientèle confrontée quotidiennement aux enjeux de la globalisation. Considérant donc qu'il existait là une opportunité de miser sur un critère d'appréciation de l'offre jusqu'alors insuffisamment exploité, la décision a été prise de développer un nouveau programme diplômant, entièrement dédié à l'impact de la globalisation, prenant appui sur les savoir-faire des trois alliés et faisant appel également à des universités partenaires en Asie et en Amérique latine. Pour la première fois, un *Executive MBA* conjoint à trois institutions était ainsi proposé sur le marché. Aucun des trois partenaires n'aurait pu seul conduire cette stratégie de rupture qui nécessitait non seulement une modification radicale de la valeur pour le client, mais aussi la définition d'une nouvelle chaîne de valeur prenant appui sur les savoir-faire des trois institutions. Il est intéressant de noter que dans un marché à croissance négative ces trois dernières années, Trium a connu une progression de plus de 50 %.

Conclusion : relever le défi de la croissance

L'exemple de Trium illustre incontestablement le fait que l'innovation stratégique peut permettre de croître dans des marchés initialement sans croissance. En fait, il est possible de distinguer plusieurs situations. L'entreprise qui adopte une stratégie perturbatrice ou de rupture peut croître en augmentant sa part de marché, c'est-à-dire au détriment de ses concurrents (Benetton). La croissance peut également provenir d'une redynamisation d'un segment d'activité (voire de tout un secteur) suite à la mise en œuvre de l'innovation (Trium). Dans ce cas, la croissance se fait par augmentation du marché (et non pas de la part de marché). Enfin, l'innovation stratégique peut donner lieu à la création de nouveaux marchés (Post-it).

Quels sont les facteurs clefs de succès permettant de définir et mettre en œuvre des innovations stratégiques ? Afin de connaître les critères d'attribution de valeur par le client à une offre, l'entreprise doit entretenir avec lui une grande proximité. Certaines ont par exemple choisi de créer des équipes réunissant les responsables marketing, commerciaux, R & D ainsi que production. Au lieu de confier le soin aux fonctions marketing et commerciale de promouvoir et vendre ce qui a été conçu par la R & D, l'approche est inversée. La R & D doit s'adapter à un cahier des charges élaboré suite à une nouvelle lecture des besoins des clients, voire à une anticipation de ceux-ci. Cette démarche requiert de nouvelles compétences de la part des commerciaux et la création d'outils pour collecter ces informations, constituées parfois uniquement de signaux faibles.

Par ailleurs, les membres de l'entreprise doivent également accepter de revisiter la perception qu'ils ont des attentes du marché et de modifier de façon radicale les modes de fonctionnement. Adopter une stratégie de rupture nécessite de relever ce double défi. Les obstacles à surmonter relèvent davantage de la culture et de l'identité de l'entreprise que de considérations techniques ou organisationnelles. Les dénominations « stratégie de perturbation » et « stratégie de rupture » sont là pour rappeler que l'entreprise s'engage dans des changements radicaux pouvant générer de profondes remises en question, individuelles et collectives. Mais en même temps, il s'agit là d'une aventure permettant à ceux qui la vivent d'explorer de nouveaux possibles, d'innover et, ce faisant, de contribuer au renforcement de l'avantage concurrentiel de l'entreprise.

BIBLIOGRAPHIE

W.C. KIM et R. MAUBORGNE, « Creating New Market Space », *Harvard Business Review*, vol. 77, Issue 1, 1999.

C. MARKIDES, « Strategic Innovation in Established Companies », *Sloan Management Review*, vol. 39, 1998.

R. RAMIREZ et J. WALLIN, *Les Inventeurs de stratégie : Devenir l'entreprise de référence*, Village Mondial, 2001.

15

POUR UNE NOUVELLE TYPOLOGIE OPÉRATIONNELLE DES INNOVATIONS[1]

Michel Santi

RÉSUMÉ

Foisonnement est le terme le plus souvent associé à l'innovation. Et c'est la réalité de ce phénomène qui doit être diffus, multiple et redondant pour que chaque projet ait sa chance. Devant cette multitude et cette diversité, qui ne peut être gérée de manière uniforme, le manager a besoin de typologies pour se repérer et savoir agir. Après avoir passé en revue et critiqué les principales typologies « en cours » sur l'innovation, l'auteur en propose une nouvelle, à la fois œcuménique et pratique.

Profusion et foisonnement ont toujours été les deux maîtres mots de l'innovation. Les plus grands experts du sujet, tel Brian Quinn[2], recommandent de libérer les énergies afin de favoriser le foisonnement des projets innovants à tous les niveaux de l'organisation et d'adopter des modes de management permettant de « contrôler ce chaos organisé ». Au niveau macro, les experts mesurent la santé d'une économie en fonction de son taux de R & D, un indicateur quantitatif certes limité mais qui prend en compte le très fort taux d'échec des innovations et milite pour un « jeu de nombres » : plus on « joue » et plus on a de chances de trouver la pépite. La contrepartie de cette profusion, combinée au fait que tant l'origine que la nature de l'idée innovante et le processus qui aboutit à sa réalisation peuvent varier d'un cas à un autre, est que l'innovation est « naturellement » difficile à manager.

Face à cette diversité et aux difficultés en résultant – comment traiter sur le même pied une innovation comme la pile à combustible susceptible de révolutionner la motorisation des automobiles et le dernier-né des yaourts Danone au lait fouetté – les spécialistes de

1. Cet article est le premier d'une série de trois, développés dans *L'Art du Management*, qui présentent les résultats d'une recherche sur la valorisation des innovations cofinancée par l'Inpi (Institut national de la propriété industrielle) que l'auteur a dirigée en 2003.
2. B. Quinn, « Managing Innovation : Controlled Chaos », *Harvard Business Review*, mai 1985.

l'innovation ont, depuis toujours, cherché à cataloguer les innovations et à les classer en groupes homogènes pour pouvoir les traiter spécifiquement, chacun de la façon la plus adaptée. C'est là l'objet des typologies, et en matière d'innovation elles ont fleuri ces vingt dernières années. Le tableau II.1 propose un florilège de celles les plus pratiquées dans la littérature académique. Chacune d'elles présente un intérêt mais, comme nous le verrons, est limitée par son objet même. La distinction produit versus *process* est très appréciée des technologues bien que les frontières entre produit et service soient de plus en plus floues et que les « produits » intègrent de plus en plus d'immatériel. C'est le cas du hard électronique comportant toujours un minimum de soft.

Tableau II.1 – Spectre des principales typologies d'innovation

	Les valeurs extrêmes de la typologie		
Objet de l'innovation	Produit	vs	Service, Process
Caractère innovant	Absolue	vs	Relative
Sponsor de l'innovation	Colbertiste	vs	Entrepreneuriale
Origine de l'innovation	Techno Pulled	vs	Market Pushed
Effet marché	Création de marché	vs	Substitution
Effet business	Radicale Disruptive	vs	Incrémentale Sustaining
Nature de l'innovation	Systèmatique	vs	Isolée

Source : Auteur

Originalité technologique

Le caractère absolu – la totale nouveauté – ou relatif – l'application d'une technologie connue dans un business (laser dans le marquage industriel par exemple) à un autre business pour lequel elle constitue une réelle nouveauté (chirurgie esthétique) – d'une innovation constitue la base d'une autre typologie qui séduit toujours les spécialistes de la diffusion des technologies, mais hors de cet aspect la distinction présente peu d'applications pratiques.

L'opposition colbertiste – une innovation sponsorisée par l'État directement ou indirectement au travers de ses « bras armés » (le Concorde pour l'Aérospatiale et le Minitel de France Télécom) – versus entrepreneuriale – relevant de la pure initiative privée – illustre la diversité des origines de l'innovation et le fait que la puissance publique ne puisse s'en désintéresser, mais elle reste de peu d'intérêt dans ses implications opérationnelles.

Le fait que l'innovation soit tirée par la technologie – cas de la carte à puce dont les applications n'ont été découvertes qu'au fur et à mesure de son utilisation alors que la seule application visée au départ (serrure de porte) a été un échec – ou, à l'inverse, le produit d'une demande plus ou moins bien exprimée et décodée en provenance du marché correspond à une typologie qui oppose naturellement ingénieurs et *marketers*. Elle est plus séduisante que concrète puisque toute innovation réussie résulte de la rencontre d'une offre à originalité technologique et d'une demande latente ou exprimée, mais réelle, au sein d'un marché.

Plus intéressant est le distinguo que l'on peut pratiquer entre les innovations qui créent de nouveaux marchés – les moteurs de recherche sur Internet par exemple – et celles qui ne sont que de purs substituts à des offres existantes, comme les CD remplaçant les cassettes audios, elles-mêmes substituts des disques vinyles. Les problématiques marketing et stratégique diffèrent profondément : dans le premier cas il s'agit de faire « démarrer » un marché, dans l'autre la proposition de valeur de l'innovation doit être suffisamment puissante pour passer outre les barrières à l'entrée érigées par les acteurs en place et séduire une partie suffisante des clients existants.

À côté de cet effet marché, l'effet sur le business d'application peut également avoir des conséquences stratégiques clefs, dans les situations de substitution plus particulièrement. C'est le cas de la technologie numérique dans la photographie. Au-delà de ses qualités de praticité et de son potentiel de créativité et d'échange, cette technologie révolutionne l'industrie de la photographie : elle détruit le *business model* conventionnel, fondé sur la maîtrise du seul produit à marge – la pellicule – et met en péril les acteurs gagnants de l'ancien modèle. Si la distinction radicale versus incrémentale date des travaux d'Abernathy et Utterback[1] dès 1978, le concept sous-jacent a connu une nouvelle jeunesse lors de la dernière décennie. Grâce aux travaux de Christensen[2] qui inventa la dichotomie technologie disruptive (créant une rupture comme le numérique dans la photo) versus *sustaining* (ne créant pas les conditions d'une rupture car dans la culture et la norme techniques et business des acteurs dominants). Grâce aussi au concept d'innovation architecturale – la reconfiguration d'un système en agençant d'une nouvelle façon ses composants conventionnels – qui, développé par Clark et Henderson[3], complète le champ des innovations. Ce dernier concept introduit également la distinction isolée – l'innovation peut fonctionner en solo comme dans le cas du VTT ou du Post-it – versus systémique – l'innovation ne peut réussir sans l'existence d'un système qui la supporte, comme dans le cas du téléphone (appareils, standards, logiciels, fils…), de la télévision, de la musique… – si importante dans l'économie actuelle où les effets de réseau, favorisant les rendements croissants d'adoption, deviennent la base de toute stratégie.

Éclosion des marchés

Notre propre culture stratégique nous a fait privilégier les trois dernières dimensions présentées et tant notre volonté d'innovation que notre souci d'opérationalisation nous ont conduits à tenter une approche syncrétique de ces trois typologies. Pour les combiner, et afin de rendre l'approche de notre propre typologie aisée, nous avons choisi d'introduire un distinguo supplémentaire dans la notion de système, selon que

1. W. Abernathy et J. Utterback, « A Dynamic Model of Process and Product Innovation », *The International Journal of Management Science*, vol. 3, n° 6, 1975.
2. C. Christensen, *The Innovator's Dilemma : When New Technologies Cause Great Firms to Fail*, HBS Press, Boston, 1997.
3. K. Clark et R. Henderson, « Architectural Innovation : The Reconfiguration of Existing Product Technologies and the Failure of Established Firms », *Administrative Science Quarterly*, vol. 35, Issue 1, mars 1990.

celui-ci existait déjà ou restait à créer. Au final, en éliminant les quadrants vides liés à des combinaisons stériles de nos critères – comment imaginer une innovation incrémentale, par définition n'apportant qu'une amélioration à une offre existante, générant un nouveau marché ! – nous aboutissons à six types d'innovation (voir tableau II.2) que nous avons baptisés avec des noms illustrant leur situation.

Tableau II.2 – Typologie synthétique des innovations

	Isolée		Système existant		Système à créer	
	Marché existant	Marché à crée	Marché existant	Marché à créer	Marché existant	Marché à créer
Innovation Incrémentale	(1) « Harder & better » *(innovation d'amélioration)*		(2) « Meccano » *(innovation modulo-architecturale)*			
Innovation radicale	*(3) « New Player » (nouveau jeu et joueur)*	(4) « New Frontiers » *(un nouveau territoire)*			(5) « New Deal » *(un système reconfiguré)*	(6) « Full Monty » *(la totale, tout est nouveau)*

Source : Auteur

L'APS en photographie (nouvelles fonctionnalités sans remise en cause du standard film) correspond au type *harder & better*. Le pneu increvable Michelin PAX constitue l'exemple type d'une innovation modulo-architecturale « Meccano » car, en évitant toute roue de secours au sein de la voiture, il recrée un champ de nouveaux possibles (que faire du gain de l'emplacement de cette roue) pour les constructeurs automobiles. La Swatchmobile, tant dans son concept initial que dans son approche industrielle et de distribution, est l'archétype d'une innovation *new player*. Les premiers PDA et les boissons énergisantes sont de bonnes illustrations du type *new frontiers*. Si la photographie numérique constitue l'exemple emblématique du type *new deal*, la couette en France, en substitut du système de couchage classique (couette + protège-couette versus couverture + draps), en est également un. Quant aux nouveaux PDA qui se connectent aux micros et aux téléphones, ils illustrent le type *full monty*, clairement le plus risqué mais, en contrepartie, celui qui possède le plus fort potentiel de rentabilité… dans les rares cas de réussite. Une innovation peut relever de plusieurs types si elle a des applications qui diffèrent quant à leur positionnement. C'est le cas, dans les petits écrans à cristaux liquides, de la technologie Binem (propriété de la société Nemoptic) qui peut aussi bien s'appliquer à des produits existants (téléphones, PDA…) que favoriser l'éclosion de nouveaux marchés comme celui des eBooks, grâce à sa caractéristique unique de non-consommation électrique pendant les périodes de lecture. Elle est à la fois « Meccano » et *full monty*. La lecture de ces quelques exemples qui valident notre typologie fournit des indices clairs sur le fait que les problématiques stratégiques auxquelles sont confrontées les innovations diffèrent profondément selon le type dont elles relèvent. Tel était l'objectif de cette typologie synthétique et nous avons cherché à la rendre encore plus opérationnelle en élaborant le tableau II.3 qui peut à la fois servir d'outil de repérage du type et d'identification de la problématique clef.

Tableau II.3 – Tableau opérationnel de la typologie synthétique

	Stand Alone,fonctionnant en solo **Isolée**	Composant, s'intégrant dans un système **Systémique**	
	Améliore sans changer significativement		
	le standard dominant *(produit ou process existant)*	**le système existant :** subsitution du composant existant sans changement des autres éléments du système dont l'architecture peut cependant être modifiée	***S'intégrer dans un système et un réseau***
Substitution dans des marchés existants	1. « **Harder & better** » *(innovation d'amélioration)*	2. « **Meccano** » *(innovation modulo-architecturale)*	
	Crée un nouveau standard		
	en « sortant » le standard *(produit ou process)* dominant et s'y substituant	**en déqualifiant le système existant** pour le remplacer : nouveau design dominant lié à un assemblage (architecture) nouveau/ en rupture de composants originaux	***Reconstruire un système et un réseau***
	3. « **New player** » *(nouveau jeu et joueur)*	4. « **New Deal** » *(un système reconfiguré)*	
Création de marchés	**Crée un nouveau marché/business**		
	en introduisant un nouveau standard	**en proposant un nouveau système**	***Construire un système et un réseau***
	5. « **New Frontier** » *(un nouveau territoire)*	6. « **Full Monty** » *(la totale : tout est nouveau)*	

Source : Auteur

16

UNE APPROCHE ÉTENDUE DE L'INNOVATION : COMBLER LES VIDES

Juan Ramis

RÉSUMÉ

Aujourd'hui le défi des entreprises est de réussir l'équilibre entre exploitation et innovation. L'approche traditionnelle de l'innovation repose sur la technologie et les efforts de R & D. Réducteur selon l'auteur qui soutient une approche étendue : R & D + i. Dans ce but, cet article cherche à mieux appréhender la complexité du phénomène de l'innovation au travers de trois axes : le contenu de l'innovation, le contexte de l'innovation et les différents stades de développement de l'innovation.

En 1939, mon grand-père a constaté que certains de nos fabricants de chaussures régionaux jetaient des morceaux de cuir. Il s'est dit que ces chutes pourraient être réutilisées pour fabriquer d'autres objets en cuir plus petits. Il avait un peu d'expérience dans le domaine du cuir et quelques économies (42 euros). Une nouvelle entreprise était née. Paradoxalement, il n'aurait pas été considéré comme un innovateur d'après les classifications publiques actuelles. J'aurais pensé le contraire. Par ailleurs, une grande partie de la valeur ajoutée générée dans nos systèmes économiques est régulièrement produite par des petites et moyennes entreprises qui continuent à être créées selon ce schéma.

Selon les statistiques publiques, 23,5 % seulement des firmes espagnoles sont considérées comme innovatrices. Il pourrait s'agir d'une simple anecdote, mais malheureusement ces données ont un impact significatif sur les politiques d'innovation de notre gouvernement. Par conséquent, 76,5 % de nos firmes risquent d'être exclues des orientations gouvernementales dédiées à encourager l'innovation. Qui plus est, ces entreprises vont finir par penser qu'elles ne sont pas innovantes ou que l'innovation n'est pas de leur ressort. Au contraire, la théorie de la gestion, l'expérience personnelle et même le sens commun nous rappellent que les organisations doivent engager des activités d'innovation. Le défi réel pour chaque organisation est donc aujourd'hui la nécessité de mieux équilibrer les activités d'innovation et d'exploitation.

Ces données, et par conséquent les politiques gouvernementales, reposent sur une approche traditionnelle de l'innovation. Celle-ci se fonde principalement sur l'économie et l'ingénierie industrielle. La technologie est le principal facteur d'analyse de ces deux approches. Les données comparatives relatives aux dépenses en R & D sont par conséquent utilisées entre les pays pour classer leurs performances en termes d'activités d'innovation. Les dépenses en R & D ont récemment atteint 1 % (2002) du PIB de l'Espagne contre 2,2 % pour la France (2001) et une moyenne de 1,99 % (2002) pour l'Europe des 15. Ces données sont certainement utiles pour élaborer les comptes nationaux. Il convient toutefois de prendre quelques précautions lors de l'interprétation de ces chiffres. Par exemple, les gouvernements semblent trouver un intérêt à présenter des pourcentages croissants de dépenses en R & D d'année en année. Nous n'avons aucune certitude quant à savoir si les sommes consacrées à la recherche et au développement produiront de la valeur ajoutée dans nos économies. Par conséquent, d'autres mesures qui évaluent l'impact réel de ces dépenses pourraient s'avérer plus utiles. Quoi qu'il en soit, nous sommes sûrs que les membres du gouvernement et les économistes font correctement leur travail, alors « Laissons à Dieu ce qui appartient à Dieu » et occupons-nous de nos propres affaires.

Quel impact ces chiffres ont-ils sur les sociétés ? Pratiquement aucun. Ils ne présentent probablement aucun intérêt pour la gestion de l'innovation dans les sociétés et des avis complémentaires peuvent donc s'avérer nécessaires. Nous ne rejetons pas l'utilité d'une recherche de base, au contraire, elle peut être une bonne source d'innovation. Nous pensons simplement qu'une approche étendue de l'innovation pourrait aider les gouvernements et les firmes. Certains pourraient avancer que l'Union Européenne et certains pays ressentent déjà ce besoin. Certains plans R & D+ i sont actuellement définis pour le 6e programme cadre européen. Toutefois, à la lecture de certains de ces documents, on se sent à la fois réconforté en constatant que les activités R & D sont bien définies et inquiets parce que le « i » minuscule semble mal interprété. L'objectif de cet article est d'expliquer le sens de ce « i ».

Notre point de départ consiste à présenter l'innovation comme un phénomène complexe. Nous proposons de suivre trois axes différents pour mieux comprendre le phénomène d'innovation. Nous étudierons d'abord le contenu de l'innovation. Nous privilégierons ensuite l'étude des contextes de mise en œuvre des innovations. Enfin, puisque nous vivons dans un monde dynamique, il peut s'avérer utile de comprendre les différents stades de développement des innovations. Ces trois axes ne doivent pas être considérés comme des entités indépendantes, mais plutôt comme des composants combinés du phénomène d'innovation.

Le contenu de l'innovation

Concernant le contenu de l'innovation, l'approche traditionnelle porte sur la technologie. Selon elle, l'innovation est liée à une évolution technologique. Il n'est pas surprenant que les partisans de cette approche privilégient les dépenses en R & D et les investissements technologiques. Toutefois, plusieurs études ont montré que l'adoption de la stratégie du *first mover* (pionnier) s'avérait parfois inappropriée. Les *followers* technologiques obtiennent parfois de meilleurs résultats qu'eux. Autrement dit, ce n'est pas celui qui utilise le premier une technologie, mais celui qui l'implémente le mieux qui génère une valeur ajoutée innovatrice.

Sans chercher à être exhaustifs, nous pouvons citer différents types d'innovation qui nous permettront d'élaborer une approche étendue de l'innovation :

1. L'innovation technologique est souvent liée à une évolution du facteur technologique de production.
2. L'innovation dans les produits est traditionnellement associée à des avancées technologiques. D'autres types d'évolutions peuvent toutefois être à l'origine de l'amélioration des produits.
3. L'innovation dans les processus doit suivre l'innovation dans les produits selon les points de vue économiques traditionnels. Cette vision est toutefois trop axée sur les processus de production. L'ensemble des processus d'entreprise pourrait en fait être réexaminé de façon créative.
4. L'innovation dans les technologies de l'information est fréquemment liée à l'innovation technologique. Nous pensons qu'il est important de la mentionner en raison de son rôle auxiliaire dans tous les types d'innovation de processus.
5. L'innovation dans les services est souvent intégrée au concept d'innovation dans les produits. Il est important de la différencier pour les raisons suivantes : a) les services représentent environ 70 % de notre PIB et b) chaque produit comporte des caractéristiques de service qui méritent un traitement spécial.
6. L'innovation dans les relations client pourrait être assimilée à un type d'innovation de processus spécifique. Elle est évidemment essentielle si on considère le client comme l'une des principales raisons d'être des entreprises. Plutôt que de se contenter d'installer un outil de gestion CRM, nous devons réfléchir sur nos interactions avec nos clients afin d'améliorer l'orientation client de nos entreprises.
7. L'innovation organisationnelle implique la révision des canaux formels et informels du pouvoir et de communication. Les entreprises s'efforcent actuellement de développer des organisations orientées processus mieux préparées à répondre à l'évolution des demandes des clients. Les structures des projets peuvent également favoriser la coordination en s'inscrivant dans la même finalité.
8. L'innovation dans le management est souvent oubliée en dépit de son caractère fondamental. Les managers éprouvent beaucoup de difficultés à remettre en question leur propre façon de travailler. Selon les « gourous » de la qualité, le management est responsable d'environ 85 % des problèmes. La remise en question et l'amélioration des processus de management peuvent générer une importante valeur ajoutée dans nos entreprises.
9. L'innovation dans l'entreprise fait référence à la capacité à générer de nouvelles activités. Elle peut être associée à l'activité entrepreneuriale d'origine ou à une nouvelle unité/un nouveau développement d'entreprise dans les firmes bien établies.

Le contexte de l'innovation

Concernant le contexte de l'innovation, les approches traditionnelles considèrent que l'innovation s'inscrit dans un « vide ». Toutefois les circonstances et les contextes d'entreprise diffèrent les uns des autres. Nous pensons qu'il est intéressant de déterminer les types d'environnements les plus facilement associés à l'encouragement de l'innovation. Nous pouvons différencier les contextes externe et interne d'une entreprise.

Le contexte externe d'une entreprise, en particulier des administrations publiques, est traditionnellement perçu comme un promoteur direct important de l'innovation. Beaucoup d'entreprises espèrent ou demandent même un support explicite auprès des administrations publiques. Certains auteurs indiquent pourtant que les administrations publiques devraient avoir un rôle majoritairement indirect qui dépasserait le cadre du facilitateur. Les administrations publiques pourraient garantir la présence des infrastructures de base et du capital humain. Cette perspective repose sur l'hypothèse selon laquelle les innovations ont un caractère émergent plutôt que planifié. Dans le cadre du contexte externe, nous devons également considérer les marchés. Ils peuvent amener les entreprises à se lancer dans des activités d'innovation. Les pressions concurrentielles encouragent généralement de façon significative l'innovation.

Concernant le contexte interne d'une entreprise, il est intéressant de vérifier si ses managers réussissent à gérer des pressions exercées par l'environnement externe. Les managers devraient par conséquent être en mesure d'identifier le type d'innovation le plus adapté et créer les conditions internes qui favorisent l'émergence de plusieurs initiatives d'innovation afin de choisir la meilleure. Dans l'étude des différents cas d'innovation, certaines conditions contextuelles internes semblent associées au succès de l'innovation. La condition la plus présente est le support apporté par la direction générale de l'entreprise au projet d'innovation. L'existence d'une culture d'innovation facilite ensuite considérablement l'obtention d'une valeur ajoutée innovatrice. Cette culture doit bien évidemment être orientée client. Enfin, certains des processus et structures utilisés sont fondamentaux. Par exemple, les points de mesure et de décision relatifs à l'avancement des projets d'innovation, les compétences de gestion de projet et les motivations et les primes cohérentes.

Pour récapituler, nous pensons que tout support institutionnel à l'innovation émanant des gouvernements ou des managers d'entreprise doit être mûrement réfléchi. Les innovations peuvent davantage s'apparenter à une question d'émergence que de planification. Le cas échéant, il appartient aux gouvernements et aux managers de créer les conditions optimales d'encouragement à l'innovation. Il convient évidemment de respecter les pratiques de management qui garantissent la création de valeur ajoutée innovatrice après l'émergence des innovations. Dans tous les cas, cette approche peut ne pas faire l'unanimité en raison de la vision mécanique et rationaliste du monde souvent adoptée par les managers et les membres du gouvernement. Ces approches défendent l'idée selon laquelle l'être humain contrôle le monde au moyen de relations de cause à effet. Il est donc certainement sensé de penser que l'innovation peut être facilement planifiée et contrôlée. Nous préférons considérer l'innovation comme un phénomène assez complexe. Un autre aspect de cette complexité peut être également identifié en observant le processus dynamique d'innovation.

Les différents stades de développement

En ce qui concerne le processus d'innovation, nous pouvons donc constater que les approches traditionnelles proposent également des versions simplistes. Après une phase d'analyse initiale de l'innovation, les choses semblent suivre leur cours sans trop d'efforts. Notre étude des projets d'innovation de différentes entreprises nous amène à penser que ce point de vue est déformé. Nous constatons pourtant, une fois de plus, que ces approches traditionnelles sont profondément ancrées dans la vision du monde adoptée par la plupart des managers et des consultants.

Toute innovation peut être davantage perçue comme un procédé déstructuré, en particulier au cours des phases initiales. Dans le cadre du développement de nouveaux produits, cette phase initiale est appelée *fuzzy front end*. Les phases finales de l'innovation auront tendance à être plus structurées. Dans le cas du développement de nouveaux produits, nous passerions à la phase de lancement du produit où le marketing, la tarification, le conditionnement, la production accélérée et les autres activités sont plus étroitement liés. Les compétences en matière d'apprentissage et la gestion des connaissances sont des facteurs essentiels tout au long du processus d'innovation. Les décisions relatives au rythme de développement prévu de l'innovation ou de l'intensité de mise en œuvre des processus d'apprentissage connexes sont généralement vitales. Elles dépendront probablement des conditions contextuelles d'un projet d'innovation donné.

Mais que se passe-t-il vraiment dans le processus dynamique d'innovation ? Pour répondre à cette question, nous allons simplifier les choses et nous baser sur quatre phases d'innovation dynamiques : analyse initiale, validation, implémentation et suivi. Tous les types d'innovation ne correspondent évidemment pas entièrement à cette approche simplifiée, mais elle permet d'illustrer la complexité dynamique de l'innovation.

D'après nos études, la phase d'analyse initiale d'un projet d'innovation peut être subjective d'un point de vue technique. Nous constatons que les équipes d'innovation ont tendance à considérer les problèmes techniques comme une difficulté réelle des projets d'innovation. Cela peut certainement parfois être le cas, mais nous pensons que d'autres aspects doivent également être pris en compte : dynamique de groupe, participation des personnes chargées de la mise en œuvre de l'innovation, impact sur les incentives et les primes, politiques organisationnelles, etc. Dans tous les cas, nous n'avons pas pu déterminer si ces aspects devaient être totalement intégrés sous forme de discussions explicites au cours de cette phase initiale ou réservés à un débat ultérieur. Nous reviendrons sur ce point lors de la prise en considération de la phase de mise en œuvre.

Au cours de la phase de validation de l'innovation proposée, nous observons souvent une discordance entre les différents processus de *sensemaking*. Les personnes qui se sont largement investies dans la phase initiale sont généralement confrontées à l'examen approfondi de l'équipe senior qui fonde son jugement sur les documents explicites préparés par l'équipe d'analyse. Elle peut parfois ordonner des décisions et des recommandations insuffisantes parce qu'elle a omis une partie de l'apprentissage tacite implicite dans le travail mené par l'équipe d'analyse. Par ailleurs, nous constatons parfois que le manque de communication et de compréhension entre ces deux groupes peut entraîner une détresse émotionnelle et finalement bloquer la capacité d'apprentissage indispensable pour la poursuite du projet d'innovation.

La phase de mise en œuvre garantit l'opérationalisation de l'innovation. Par exemple, par rapport à l'innovation dans les processus, nous prendrions en considération le chemin permettant d'assurer le déploiement organisationnel de l'innovation de processus proposée. Au cours de cette phase, nous observons généralement une diminution du temps et des ressources alloués au projet d'innovation. Paradoxalement, au moment où l'ensemble de l'organisation doit s'investir largement afin d'apprendre de nouvelles façons de travailler liées à l'innovation proposée, les efforts se relâchent. Une vision purement rationaliste des managers et des consultants peut expliquer cela. De toute façon, les groupes d'implémentation éprouvent des difficultés à communiquer entre eux les conséquences de l'innovation proposée. En fait, nous observons souvent que les groupes doivent constamment apprendre pour appréhender réellement l'innovation dans son ensemble. Toutefois, dans ce processus de *sensemaking*, les groupes peuvent apprendre des choses différentes. Le dilemme suivant se pose alors : devons-nous mener le processus de *sensemaking* à son terme au cours de la phase d'analyse initiale ou devons-nous consacrer une partie de l'effort de *sensemaking* à la phase de mise en œuvre, puisque plusieurs aspects sont imprévisibles ?

La phase de suivi est fondamentale pour garantir la création de valeur ajoutée innovatrice. Elle est uniquement envisageable si l'innovation peut être correctement exploitée et si le client l'accepte. D'un point de vue dynamique, la distinction entre les innovations *push* et *pull* perd une partie de son intérêt. Nous pouvons affirmer qu'au lieu d'évoquer des stratégies d'innovation *push* et *pull* distinctes, nous devrions nous intéresser à des phases *push* et *pull* itératives dans chaque projet d'innovation. Les initiatives externes et le retour client interne semblent être la clé du succès de l'innovation.

Conclusion

Nous avons essayé de décrire une approche étendue envisageable de l'innovation à partir de l'étude des différents problèmes relatifs à l'innovation. L'approche présentée dans cet article repose totalement sur les pratiques réelles des organisations. Nous ne disposons pas de toutes les solutions aux problèmes exposés dans ce document. En tout cas, les consultants et les managers d'entreprise peuvent tenir compte de cette approche dans leurs conseils relatifs aux voies d'innovation ou simplement lors de la prise de décisions sur les stratégies d'innovation. La maîtrise de la dynamique de l'innovation dans les organisations peut également être utile aux gouvernements.

Il est dans leur intérêt de comprendre réellement le mode de création d'une grande partie de la valeur ajoutée dans nos économies. Il serait paradoxal de considérer ceux qui payent régulièrement le plus d'impôts sur les bénéfices comme des citoyens de deuxième ordre. Il serait regrettable de les tenir à distance des canaux d'innovation du gouvernement. Il serait honteux que ceux qu'on considère d'un point de vue statistique comme les « entreprises innovatrices » et reçoivent par conséquent un support du gouvernement arrêtent de produire la valeur ajoutée qu'on attend d'eux. Souhaitons que « Dieu » se penche un jour sur les entreprises et comprenne toute la richesse qui se cache derrière le concept de ce « i » minuscule. Dans un avenir proche, espérons également que les managers et les consultants comprennent mieux la dynamique complexe de l'innovation.

PARTIE III

GOUVERNANCE ET MESURE

17

L'INFORMATION FINANCIÈRE SERA-T-ELLE MEILLEURE GRÂCE AU NOUVEAU RÉFÉRENTIEL COMPTABLE ?

Christian Cauvin et Charles Kalfon

RÉSUMÉ

Dès janvier 2005, les comptes consolidés des sociétés françaises cotées seront élaborés conformément au nouveau référentiel comptable dit IFRS-IAS, avec de grands changements : il n'est pas certain que l'information financière produite soit meilleure.

La mise en application obligatoire très prochainement en France (pour l'exercice comptable 2005) dans les sociétés cotées des normes IFRS (*International Financial Reporting Standards*) pour leurs comptes consolidés constitue très certainement une véritable révolution dans le monde feutré des professions comptables et financières. Les objectifs et les enjeux de ce changement profond sont à la fois politiques au sens large du terme (en raison de la concurrence très forte entre places financières internationales) et économiques (afin d'accroître la fiabilité de l'information financière).

Le premier objectif, qui constitue en même temps un formidable enjeu, est clair : les grandes places financières mondiales (New York, Londres, Paris, Francfort…) souhaitent accroître leurs parts respectives dans le double marché que constitue d'une part la collecte de fonds à injecter dans les sociétés cotées (opérations d'augmentation de capital) et d'autre part, l'échange quotidien de titres financiers entre investisseurs (volume des transactions). Pour être bien placé dans cette compétition, il est indispensable, parmi, évidemment, de nombreuses autres conditions, que les acteurs principaux de ces marchés (les sociétés cotées) diffusent une information financière fiable et aussi réaliste ou proche de la réalité économique que possible (quoique cette dernière expression, on le verra dans cet article, est évidemment sujette à nombre d'interprétations). Dès lors, il s'agit pour le pays de la place financière concernée d'élaborer, d'adopter ou d'adhérer à un référentiel comptable partagé aussi largement que possible à travers le monde. La France va donc passer, pour les comptes consolidés des sociétés cotées, du référentiel Plan Comptable Général français aux normes IFRS.

Le second objectif, lié d'ailleurs au premier, consiste à donner une image encore plus fidèle de la situation économique des entreprises. On sait à ce sujet que le Plan Comptable Général (PCG) n'avait pas disposé que les bilans (et comptes de résultats) publiés devaient être « exacts » mais qu'ils devaient être « sincères » et donner de l'entreprise une image fidèle : les normes IFRS ont précisément pour but d'accroître cette fidélité à la réalité économique.

Or jusqu'ici cette description comptable de l'entreprise reposait, selon le PCG, sur des principes probablement critiquables mais relativement clairs qui limitaient la liberté d'interpréter la réalité économique à transcrire dans les comptes ; trois règles fondamentales contribuaient à cet objectif et pouvaient succinctement ainsi s'énoncer : le bilan décrit une situation juridique en listant les éléments dont l'entreprise est propriétaire ainsi que les dettes envers les tiers ; cette situation est exprimée en « coûts historiques », c'est-à-dire en évaluant biens et dettes pour les valeurs auxquelles ces éléments sont entrés dans le patrimoine (à moins que ces valeurs aient baissé depuis cette date) et enfin ni l'inflation ni le « coût temporel de l'argent » (l'actualisation) ne sont pris en compte.

Les nouvelles normes IFRS modifient profondément ces principes pour se rapprocher de la « vérité économique » : elles introduisent dans le bilan, sous certaines conditions, des créances et des dettes actualisées, c'est-à-dire inférieures à leur valeur nominale en raison de l'éloignement des échéances. Elles permettent également d'inclure à l'actif des biens dont l'entreprise n'est pas propriétaire mais dont elle a le contrôle au terme par exemple d'un contrat de crédit-bail. Enfin, elles autorisent également, sous certaines conditions, l'inscription des biens à l'actif pour leur juste valeur (*fair value*) en remplacement de leur valeur au coût historique. Les développements qui suivent analysent quelques normes nouvelles importantes (qui concernent d'une part le bilan et d'autre part le compte de résultat) en essayant de dégager l'avantage qu'elles présentent par rapport au PCG.

Les nouvelles normes concernant les immobilisations corporelles (norme IAS 16) permettent désormais de compter parmi les actifs des biens dont l'entreprise n'est pas propriétaire mais dont elle peut néanmoins tirer des avantages durables : tel est le cas par exemple de biens pris en location-financement. Il est certain que la notion d'avantages durables pourra souvent demeurer ambiguë tandis qu'évidemment la notion de propriété était parfaitement claire. Mais il est vrai que l'on pourrait estimer anormal que deux entreprises exerçant la même activité, de taille semblable et utilisant le même matériel comptabilisent, l'une, ce matériel à l'actif en qualité de propriétaire alors que le bilan de l'autre entreprise, elle locataire, ne le mentionnerait pas.

Une autre innovation importante des IFRS permettra, voire obligera dans certaines conditions, les entreprises à réviser périodiquement (quelques fois annuellement) leur plan d'amortissement pour l'adapter à l'évolution réelle de l'espérance de vie des installations de production (EDF vient ainsi de passer d'une durée d'amortissement de ses centrales nucléaires de 30 à 40 ans). Cette nouvelle disposition est logiquement en relation avec une autre disposition nouvelle qui prévoit la possibilité de réévaluer périodiquement à leur juste valeur (et non ponctuellement) les immobilisations corporelles (l'écart de réévaluation dégagé étant alors incorporé aux capitaux propres de l'entreprise). Comme l'on sait que, d'une manière générale, le coût de remplacement des immobilisations est toujours supérieur au coût d'origine des immobilisations remplacées, il s'en suit que la somme des amortissements pratiqués sur la valeur d'origine est toujours inférieure au coût de remplacement, ce qui ne facilite guère le réinvestissement : à ce titre, les nouvelles dispositions sont évidemment les bienvenues indépendamment du fait qu'elles donneront de surcroît une évaluation du patrimoine certainement plus proche de la réalité. Mais on peut également craindre que ces normes nouvelles n'introduisent une part importante de subjectivité dans cette évaluation, là où la règle PCG était d'une objectivité totale (coût historique d'acquisition) mais avec certes un éloignement certain des valeurs de marché.

Enfin, la notion même de coût d'achat d'une immobilisation évolue avec les normes IFRS puisque désormais les coûts de démantèlement (centrale nucléaire par exemple) ou de remise en état d'un site (carrière ou site industriel) devront être intégrés et additionnés au coût initial d'acquisition : avec évidemment l'incertitude qui caractérise ces coûts de démantèlement qu'il faut prévoir souvent plus de 10 ou 15 ans en avance. Ces sommes seront ensuite progressivement intégrées aux coûts annuels d'exploitation par le biais de l'amortissement de l'immobilisation comme d'ailleurs le sont actuellement les dotations aux provisions pour démantèlement.

Les nouvelles normes IFRS introduisent également des innovations en matière d'immobilisations incorporelles (norme IAS 38) : toutefois, et on pourra le regretter, elles ne suppriment pas la dissymétrie de traitement qui continuera d'exister entre immobilisations incorporelles acquises (à l'extérieur de l'entreprise) et immobilisations incorporelles créées (par l'activité interne). On connaît le traitement actuel (PCG) de ces immobilisations incorporelles (marque, modèle, brevet, clientèle ou fonds de commerce, fichier, licence d'exploitation, franchise, etc.) : si ces éléments ont été achetés à l'extérieur, ils sont portés à l'actif pour leur valeur d'acquisition. Par contre, s'ils sont créés par l'activité même de l'entreprise (ce qui est par essence le cas, par exemple, du fonds de commerce), ils ne figurent pas au bilan, lequel dès lors n'exprime guère la véritable valeur de l'entreprise (une exception importante concerne toutefois les frais de recherche et développement). On comprend aisément la source de cette règle dissymétrique : achetés à l'extérieur, ces éléments figurent au bilan pour une valeur parfaitement objective et probablement fiable à savoir leur prix d'acquisition qui est un compromis arrêté après négociation entre des protagonistes (acheteur et vendeur) aux intérêts opposés ; par contre, on pourrait craindre lorsque ces mêmes éléments sont créés et développés par l'entreprise elle-même que, dès lors, la valeur inscrite à l'actif ne soit par trop subjective. Les nouvelles normes IFRS laissent perdurer cette dissymétrie et on pourra le regretter.

Elles introduisent par contre une nouveauté importante à propos d'une autre immobilisation incorporelle : le *goodwill*. On sait que dans les opérations de prise de contrôle par achat d'actions, les sociétés acquéreuses doivent détailler dans leur bilan la nature des biens achetés (usines, stocks, brevets, etc.) à leur « juste valeur », qu'elles doivent s'efforcer de déterminer, bien qu'elles aient le plus souvent payé un prix global, non détaillé, pour l'ensemble acquis. Et il arrive très fréquemment que le prix global excède la somme de ces différentes « justes valeurs » : l'entreprise acheteuse fait alors apparaître cet écart dans son actif sous le nom de *goodwill.* Or, jusqu'ici, ce *goodwill* était amortissable, le raisonnement consistant au fond à se demander lors de l'acquisition, combien d'années il faudrait pour « absorber » ce surprix par le supplément de profit procuré par les diverses synergies. Tel n'est plus le cas désormais : le *goodwill* n'est plus amortissable. Par contre, les normes IFRS imposent de comparer chaque année ce *goodwill* avec sa valeur théorique pour constater une éventuelle dépréciation. Évidemment, toute la difficulté est de calculer cette valeur théorique : les IFRS indiquent que l'on actualisera les flux futurs générés par ce *goodwill,* ce qui bien entendu soulève de très nombreuses difficultés et des réponses subjectives. En effet, ces flux dépendent de prévisions aléatoires, de choix stratégiques modifiables, du niveau discutable du taux d'actualisation et également, *last but not least,* de la partie de l'entreprise ou de la parcelle ou de la division ou de la filiale que l'on estime la plus concernée par ce *goodwill* ; les nouvelles normes précisent que l'on doit choisir dans tous les cas une unité qui génère de la trésorerie de façon indépendante. L'usage montrera certainement combien tout cela risque d'être assez subjectif.

Enfin, en matière de stocks (produits finis, en cours de production ou matières premières), on peut dire que les IFRS n'introduisent que peu de changement (norme IAS 2). L'objectif reste le même : évaluer les stocks à leur « vraie » valeur en évitant la surévaluation constitutive d'un faux profit et la sous-évaluation qui permettrait de créer un « matelas de sécurité ». Quelques nouveautés apparaissent toutefois. On sait qu'actuellement les entreprises ont la possibilité, pour évaluer leurs stocks de matières premières, d'utiliser à leur libre choix les prix d'achat des approvisionnements les plus récents (système dit FIFO ou *fisrt in, first out*) ou bien, au contraire, les plus anciens (LIFO ou *last in, first out*), ou bien encore de calculer un prix d'achat (théorique, virtuel) constitué par la moyenne pondérée (par les quantités achetées) de l'ensemble des prix historiquement supportés. Désormais, le choix du LIFO est interdit, ce qui veut dire que les entreprises qui pratiquaient ce système et qui se trouvent dans une conjoncture de hausse des prix vont devoir réviser la valorisation de leurs stocks à la hausse et constater ainsi un profit.

Autre nouveauté de la norme IAS 2 : le crédit « gratuit » (en apparence) accordé par un fournisseur à ses clients doit désormais donner lieu chez l'acheteur à une constatation comptable.

En effet, si l'entreprise acheteuse obtient un crédit plus long que les usages, elle devra distinguer dans le prix à payer à son fournisseur le coût de ce délai, c'est-à-dire une charge financière, et le prix à proprement parler (minoré) du stock acheté : cette clarification entraînera évidemment une modification des marges de l'entreprise. Enfin, la nouvelle norme concernant les stocks aboutit à augmenter les frais fixes de fabrication et stockage (amortissements, frais généraux) à incorporer dans la valeur des stocks, ce qui a pour effet de neutraliser (ponctuellement) l'impact de ces charges sur le résultat comptable par l'augmentation de la valeur des stocks.

Au total, les nouvelles normes IFRS concernant les actifs permettent certainement de donner une image de l'entreprise beaucoup plus fidèle à la réalité économique sur le plan des principes : encore faut-il espérer que les possibilités d'interprétation de cette réalité ne s'avéreront pas trop larges… et pas trop subjectives.

Par ailleurs, en matière de détermination du résultat, les innovations IFRS sont également importantes. Nous retenons deux normes essentielles pour la détermination du résultat :

- La norme IAS 18 relative à la prise en compte de l'activité et de sa traduction dans le revenu.
- La norme IAS 37 relative aux provisions et à la prise en compte du passé et du futur pour l'établissement des états financiers.

La vente d'un bien ou la réalisation d'une prestation de services sont des opérations économiques complexes comportant plusieurs étapes depuis la prise de commande, la fabrication du bien (ou élaboration du service), la livraison (ou mise à disposition), le règlement (en une fois ou par le biais d'acomptes et d'un règlement final) et les prestations ultérieures (service après vente, garanties…).

Bien que l'élaboration du bien ou du service soit un processus continu de la commande au règlement, la comptabilité retient un moment clé pour enregistrer le produit comptable, le moment de la livraison du bien, conformément au principe de réalisation (la valeur se réalise au moment de la tradition, de la livraison du bien) : c'est la transaction physique sur le marché qui déclenche le revenu, l'enrichissement comptable, la commande ne donnant pas lieu à enregistrement et le règlement s'interprétant comme l'extinction d'une créance née sur un client au moment de la livraison.

Ce principe strict de l'enregistrement du produit au moment de la livraison du bien avait déjà suscité quelques difficultés pour des prestations de services dont la réalisation est souvent plurimensuelle voire pluriannuelle et l'introduction d'un dégagement du résultat à l'avancement d'un contrat et non au seul achèvement a permis de mieux correspondre à l'activité économique.

Avec la norme IAS 18, la démarche générale des IFRS (traduire de la façon la plus adéquate les réalités économiques) prend deux directions principales :

- chaque transaction doit recenser exhaustivement les charges et les produits qui l'affectent (principe de rattachement corroborant le dégagement du résultat à l'avancement) ;
- l'application de la « juste valeur » (*fair value*) implique d'actualiser les revenus futurs et de distinguer strictement l'activité et la recouvrabilité.

Cinq conditions doivent être satisfaites pour procéder à la comptabilisation d'une vente :

- le transfert à l'acheteur de l'essentiel des risques et avantages inhérents à la propriété du bien ;
- la gestion du bien vendu n'incombe plus au vendeur qui ne conserve aucun contrôle effectif sur celui-ci ;
- le montant des produits des activités peut être estimé de façon fiable ;
- il est probable que les avantages économiques associés à la transaction bénéficieront au vendeur (en clair, on fait l'hypothèse qu'il sera payé par son client) ;
- les coûts supportés ou à venir relatifs à la transaction peuvent être mesurés de façon fiable.

Une relation directe entre les coûts encourus et les produits acquis doit être constatée : au fond, l'approche IFRS poursuit le travail de rapprochement systématique entre les produits et les charges qu'ils génèrent (immédiatement ou à terme) dont on a constaté les différents moments, notamment avec la prise en compte des engagements de retraite ; tout ce qui est induit par l'activité doit être systématiquement enregistré.

Ainsi la vente ne sera pas constatée si :

- l'entreprise conserve une obligation (non couverte par les clauses de garantie normale) ;
- elle est subordonnée à la réalisation de sa propre vente par l'acheteur (vente en consignation) ;
- les biens sont livrés sous réserve de leur installation (représentant une part importante du contrat) ;
- l'acheteur a le droit d'annuler l'achat.

Plus précisément, la norme IAS 18 stipule que le produit des activités ordinaires est comptabilisé lors des exercices au cours desquels les services sont rendus.

Lorsque le prix de vente d'un bien comprend des services qui doivent être proposés après la vente, le montant identifiable pour ces services doit être comptabilisé sur la période au cours de laquelle ces services sont rendus.

L'idée sous-jacente, qui croise les concepts de rattachement des charges et des produits et de dégagement du résultat en fonction de l'avancement du contrat, c'est que le montant qu'on diffère pour des services rendus ultérieurement permettra de couvrir les coûts que généreront les services concernés augmentés de la marge obtenue contractuellement pour ces services.

Les produits doivent être enregistrés à leur juste valeur. Ainsi, lorsque le recouvrement du prix est différé, la juste valeur des règlements à recevoir est inférieure au montant nominal de la créance : elle est égale au montant actualisé du règlement futur.

Ainsi, une créance de 1 000 doit être encaissée dans un an : on considère, qu'aujourd'hui, sa juste valeur, compte tenu d'un taux d'actualisation de 8 % est de 926.

La comptabilisation de la vente, qui correspond à un crédit sur un an est :

- chiffre d'affaires : 926 ;
- créance sur le client : 926 ;
- produit financier à comptabiliser en résultat et en créance dans l'année à venir : 74.

À la date du règlement, la créance sera bien de 1 000 (à régler par le client), tandis que le produit comptable aura été dégagé sur deux périodes successives, la période de la vente pour 926 et la période de règlement pour 74.

Avant l'adoption des IFRS, ces questions suscitaient des prises de position contraires des organismes de normalisation et de contrôle, notamment au plan français avec le Conseil National de la Comptabilité et la Compagnie Nationale des Commissions aux Comptes hostile à l'actualisation, l'Ordre des Experts Comptables et la Commission des Opérations de Bourse, devenue depuis l'AMF favorable à l'actualisation des flux futurs.

Quelle place doit occuper le futur dans la construction des états comptables et financiers ?

Traditionnellement, la réponse était : aucune ! La comptabilité est établie sur la base du passé, des valeurs de transaction historiquement constatées, corrigées à la baisse par le constat d'une perte de valeur nommée amortissement pour toute dépréciation irréversible liée à l'utilisation d'un bien investi ou nommée provision pour toute dépréciation réversible liée à des circonstances spécifiques rendant probable ladite dépréciation.

La comptabilité constatait, *ex post*, des réalisations économiques antérieures avec une perspective de continuité, un souci de permanence dans l'application des méthodes et une démarche de prudence dans l'évaluation.

Aujourd'hui, après différentes approches conduites par l'IASB, l'instance de normalisation, la situation est la suivante :

- l'approche en *full fair value* qui a fortement tenté l'IASB un moment et qui conduit à évaluer tous les actifs et les passifs en fonction des flux futurs actualisés n'est pas retenue ;
- l'approche comptable antérieure qui requiert d'enregistrer les pertes dès qu'elles sont probables tandis que les profits doivent être certains, ce qui interdit d'enregistrer les profits futurs, est réaffirmée mais en corrigeant la dissymétrie entre profits et pertes.

Ainsi, les normes prescrivent d'actualiser et de tenir compte des incertitudes pour l'évaluation des provisions.

La provision doit être constituée s'il existe une obligation actuelle résultant d'un événement passé, dont une estimation fiable peut être réalisée et qui se traduira probablement par une sortie d'avantages économiques.

Ceci implique de prendre en compte les événements postérieurs à la clôture (jusqu'à la date d'autorisation de la publication des états financiers) de distinguer des provisions les *contingent liabilities* (pour lesquelles la sortie d'argent est plus improbable que probable) et de refuser de comptabiliser, en normes IFRS, des provisions pour grosses réparations (car celles-ci ne sont pas générées par une obligation passée et l'obligation peut être éteinte par la vente du bien).

Pour les provisions pour restructuration (dont la place est considérable dans le paysage économique contemporain) une partition est opérée entre ce qui doit être provisionné (les coûts de sortie liés aux installations et aux personnels) et ce qui ne peut l'être (les coûts des activités qui se poursuivent ou qui bénéficient à des activités futures telles que formation, sous-activité, développement, regroupement, changements techniques, informatiques, commerciaux…).

« Le monde d'hier » pour reprendre la belle formule de Stephan Zweig dans un tout autre contexte, était aussi dans l'ordre comptable, cohérent, ordonné, en un mot, un monde de stabilité et de sécurité.

Sans doute faudra-t-il un jour réévaluer les mérites (à défaut des bilans !), d'ailleurs bien involontaires, des « affaires » qui ont montré comment l'information comptable et financière pouvait être dévoyée et les acteurs économiques floués : Enron a fait plus pour l'acceptation d'une redéfinition du corpus comptable à partir des fondamentaux de la prudence, pour les principes, et de la permanence, pour les méthodes, que des années de travaux de commissions mettant en scène l'opposition des normes américaines et des normes européennes.

Les scandales financiers ont très opportunément freiné le mouvement, jugé alors inéluctable, vers la généralisation de la *full fair value*, c'est-à-dire l'enregistrement de toutes les opérations mais aussi l'évaluation des actifs et des passifs à la valeur de marché.

Un actif valant, à un instant *t*, la somme actualisée des flux d'argent futurs qu'il permettra de générer, le point limite, qui a été frôlé dans les réflexions, était de remplacer l'historique par le prévisionnel et de ne plus présenter des bilans cristallisant aujourd'hui la gestion antérieure mais anticipant à partir des hypothèses actuelles, le plan d'affaires (ou *business planning*) futur.

Le mouvement a été freiné mais la logique a été affirmée : la *fair value*, la valeur de marché est désormais la référence et la comptabilité financière doit refléter à chaque synthèse comptable l'évolution de la valeur des actifs et des passifs.

La perte en objectivité, en stabilité quant aux mécanismes d'enregistrement est grande et le risque important de voir des stratégies opportunistes tirer parti des souplesses proposées.

Le remplacement de la valeur historique par la valeur de marché est d'une telle portée pour la sincérité des comptes, pour l'obtention d'une image fidèle (*true and fair view*) des résultats et des bilans qu'il faudra être très attentif à la mise en œuvre des IFRS dans les sociétés cotées dès janvier 2005.

Il y a un domaine cependant où l'adoption des référentiels IFRS apporte un réel progrès par rapport à l'information antérieure : c'est celui de la détermination du résultat généré par l'activité.

Par l'application rigoureuse et exhaustive des principes de rattachement des charges aux produits qui les ont générés et de dégagement du résultat en fonction de l'avancement précis d'un processus de production et d'élaboration d'un bien ou d'un service, la comptabilité donne véritablement l'image des charges et des produits d'une entreprise pour une période donnée.

Au fond, les comptables ont toujours eu du mal à constater les charges dès lors qu'elles ne correspondaient pas à un flux financier, à un décaissement.

Avec les dotations aux amortissements et aux provisions pour dépréciation une étape a été depuis longtemps franchie.

Ensuite, c'est avec les provisions pour risques et charges, particulièrement avec les charges de retraite qu'un nouvel approfondissement a eu lieu.

Aujourd'hui, ce qui est recherché avec les IFRS, c'est que rien de ce qui peut être encouru (par une mesure certaine ou statistique) n'échappe au constat comptable tant pour les produits que pour les charges.

Économiquement, cette orientation comptable est indiscutablement positive : définir un résultat comptable pour une période donnée est toujours difficile puisque cette opération impose un découpage du temps (en amont et en aval) mais le résultat obtenu doit fournir aux acteurs économiques une information de qualité, support de leurs décisions futures.

18

LE VÉRITABLE POUVOIR DES PETITS ACTIONNAIRES

Pierre Chaigneau

RÉSUMÉ

Les manifestations les plus évidentes du poids des actionnaires individuels sur les entreprises et l'économie ont tendance à masquer des aspects plus fondamentaux de leur influence. Celle-ci se manifeste principalement par leur activisme latent, par leurs choix d'instruments financiers, enfin par l'irrationalité qu'ils introduisent dans les marchés financiers. Autant de raisons de prêter attention à ces investisseurs dont l'impact réel est sans doute sous-estimé.

Le poids croissant des investisseurs institutionnels réduit constamment la part des actions directement détenues par les ménages. Les petits actionnaires, figures emblématiques du capitalisme patrimonial, se retrouvent-ils pour autant dépourvus de toute influence ? Certainement pas. On pense immédiatement à des épisodes comme la fameuse assemblée générale d'Eurotunnel du 7 avril 2004, qui conduisit à l'éviction des dirigeants de l'entreprise par une coalition de petits actionnaires frondeurs. Pourtant, on est rapidement amené à conclure au caractère exceptionnel de tels événements.

Dans le cas d'Eurotunnel, c'est la combinaison rarissime de quatre éléments qui explique cette prise de pouvoir par les petits porteurs. Tout d'abord, la proportion élevée d'actionnaires individuels dans le capital d'Eurotunnel ; ensuite, le fait que nombre d'entre eux aient consacré une partie significative de leur épargne à cette unique action, pari qui se révéla désastreux suite à la chute vertigineuse du cours d'un titre auparavant perçu comme une valeur sûre ; enfin, l'union de ces petits porteurs autour d'une conscience collective, d'un consensus fédérateur, dans l'objectif de défendre leurs intérêts contre les dirigeants de l'entreprise. L'activisme actionnarial, par sa nature, est avant tout le fait de grands groupes, qu'il s'agisse d'entreprises, de fonds de placement ou de fonds de pension. Le pouvoir des petits actionnaires ne se manifesterait-il alors qu'exceptionnellement ? Nous allons montrer qu'il prend surtout d'autres formes.

Activisme sous-jacent

Le capital des grandes sociétés détenu par le public est en règle générale très éclaté, et les coalitions d'actionnaires individuels ne surviennent que très rarement. En outre, l'absentéisme, le désintérêt et l'incompétence dont font régulièrement preuve les petits porteurs ne leur confèrent généralement pas de contrôle direct sur les grandes entreprises. Leurs exigences sont en revanche susceptibles de se manifester plus subtilement. Les sociétés cotées savent qu'il faut prendre garde à ne pas décevoir les attentes de ces petits porteurs. Pour le meilleur, mais parfois aussi pour le pire. Ainsi, au plus fort de la bulle Internet, de nombreuses transactions financières insensées furent entreprises pour satisfaire des actionnaires perdus dans la folie des grandeurs, et faire écho à leurs espoirs. Qu'on pense à France Télécom et Vivendi. Ces deux entreprises, particulièrement prisées des petits porteurs, ont vu leurs cours exploser au fur et à mesure qu'elles se transformaient en géants par des acquisitions aussi nombreuses que hasardeuses et coûteuses. Le public ne manquait jamais d'applaudir à tant d'audace. Certains experts passés de mode commençaient à s'interroger sur la logique d'une expansion dont le caractère débridé masquait encore l'incohérence. Qu'importe, les héros du moment, portés par des actionnaires euphoriques, s'appelaient Bon et Messier.

Aujourd'hui, on peut mentionner la nouvelle vague de l'investissement socialement responsable. Les actionnaires individuels sont individuellement impuissants face à une entreprise qui, de façon tout à fait légale, ne respecte pas, à leurs yeux, certains critères sociaux ou environnementaux. Le fait que la plupart des grands groupes aient récemment modifié leur comportement pour contribuer au « développement durable » ou devenir une « entreprise citoyenne » n'est pourtant pas indépendant de l'émergence de ces demandes.

Les petits actionnaires placent leur épargne dans des fonds regardants sur la CSR (*corporate social responsibility*), refusent d'entrer dans le capital des firmes polluantes, dénoncent publiquement les entreprises qui persistent à ignorer leurs revendications. Autant de moyens pour eux d'amener les sociétés cotées à se conformer à ce qu'ils attendent d'elles.

Allocation de l'épargne

Pour bien saisir l'étendue du pouvoir des petits actionnaires, la distinction suivante est essentielle. Les particuliers intervenant directement en Bourse contrôlent l'allocation stratégique et tactique de leur épargne (voir encadré). Mais les individus plaçant leur épargne dans des fonds contrôlent l'allocation stratégique et, dans une certaine mesure, tactique de leur épargne. Bien qu'on ne prête généralement que peu d'intérêt à leurs décisions, celles-ci sont pourtant d'une importance considérable.

L'allocation stratégique de portefeuille

L'allocation stratégique de portefeuille est établie à long terme. Elle définit la part réservée aux actions dans un portefeuille. Au sein des placements actions, elle spécifie également les pondérations accordées aux diverses zones géographiques, ainsi que les niveaux de capitalisation boursière visés. L'allocation tactique de portefeuille, mise en place sur un horizon plus court, module dans une certaine mesure ces pondérations, et, à un niveau plus désagrégé, vise à optimiser la performance du portefeuille par choix opportun de différents secteurs, marchés ou titres (notamment par les techniques de *stock-picking* ou de *market-timing*).

Premièrement, ils choisissent le poids à conférer aux actions dans leur portefeuille. Deuxièmement, ils orientent l'épargne vers les grandes entreprises, par exemple en achetant un fonds indiciel Euro Stoxx 50, ou vers les petites capitalisations, par exemple en choisissant un fonds indexé sur le Russell 2000[1]. Troisième aspect de leur pouvoir, ils privilégient tour à tour différents secteurs : les entreprises de la net-économie il y a cinq ans (*via* l'achat d'un fonds lié au nouveau marché ou au Nasdaq), des valeurs « défensives » plus récemment (tel un Américain optant pour un fonds investi en actions du Dow Jones Industrial Average). Pour finir, ils influent sur la distribution internationale des capitaux : tel Européen va alternativement placer une partie de son épargne dans un fonds US, dans un fonds investi en actions d'Asie du Sud-Est, ou parier sur une reprise au Japon. Tel est l'aspect le plus considérable, mais également le plus dissimulé, du pouvoir des petits actionnaires.

« Court-termisme »

La plupart des actionnaires individuels ont un horizon de placement de long terme. Cependant, nombreux sont ceux qui revoient leurs positions et leurs choix de fonds à court terme.

Un outil tel qu'Internet, couplé aux applications qui en découlent, confère de nos jours aux particuliers des capacités transactionnelles proches de celles dont disposent les professionnels. Avec la facilité croissante de passer des ordres, l'influence directe des petits porteurs sur les cours de Bourse s'est certainement accrue, tout comme leur « court-termisme » : la durée moyenne de détention d'une action par un actionnaire individuel est ainsi passée de cinq ans en 1975 à seulement dix mois en 2000[2]. Plus

1. Indice regroupant des sociétés US à la capitalisation boursière assez faible. C'est le benchmark pour les *small-caps*.
2. Étude de Sanford C. Bernstein & Co., 2001.

inquiétant, Shleifer et Vishny[1] ont mis en évidence le PBA, ou *performance-based arbitrage*. Ils montrent qu'investisseurs et gérants de fonds sont engagés dans une relation d'agence. Les premiers sont imparfaitement informés sur la compétence des seconds. Dans ces conditions, ils sont enclins à inférer d'une mauvaise performance du fonds l'incompétence du gérant, et à retirer leur épargne du fonds en question. Ce phénomène est empiriquement vérifié : les fonds bien classés sur un horizon de court terme (un an ou moins) attirent l'immense majorité de l'épargne, tandis que les mauvais fonds ont les pires difficultés à survivre[2]. Les gérants sont par conséquent incités à se soucier de leur performance à court terme. C'est en effet l'indicateur que leurs clients considèrent, quand bien même ils auraient un horizon de placement long. En deux mots, par leurs procédures de choix de fonds, les petits actionnaires imposent aux gérants d'actifs un horizon de placement court.

Déstabilisation

Venons-en finalement à l'impact des interventions directes des actionnaires individuels. Si l'on accepte l'hypothèse d'efficience des marchés financiers[3], les petits actionnaires se trouvent dépourvus de toute influence sur les cours des actions. Un défenseur de cette théorie expliquerait que les intervenants sont rationnels. S'il devait admettre qu'ils ne le sont pas, il dirait que leurs erreurs ne sont pas corrélées entre elles et se compensent. Il ajouterait qu'au pire, des arbitragistes sont présents pour éliminer les éventuels écarts de cours.

Passons rapidement sur l'hypothèse de rationalité, clairement empiriquement invalidée. De même, il est évident que les erreurs commises sont positivement corrélées : il suffit de se remémorer l'enthousiasme populaire pour la « nouvelle économie » il y a quelques années. On peut également mentionner ces nombreuses études[4] qui ont montré la croissance de la demande des actionnaires individuels avec le prix d'une action : à titre d'exemple, ceux-ci vendent après la chute des cours, contribuant ainsi à accentuer les corrections.

Le dernier argument est plus délicat à réfuter. Mais la *behavioral finance* a montré ses limites en invoquant notamment le *noise trader risk*[5] : il s'agit du risque d'augmentation de l'écart anormal de cours dû à un accroissement des erreurs des *noise traders* (que l'on peut ici assimiler aux petits actionnaires) pouvant mettre en difficulté les arbitragistes.

1. A. Shleifer et R.W. Vishny, « The limits of arbitrage », *Journal of Finance*, 1997.
2. Aux États-Unis en 2002, 97 % des apports nets de capitaux ont bénéficié aux fonds de placement classés dans le premier tiers du tableau par Morningstar.
3. Un marché financier est dit efficient si les prix des actifs échangés incorporent toute l'information disponible, et si leur évolution future est imprévisible.
4. On peut notamment citer Bange : « Do the Portfolios of Small Investors Reflect Positive Feedback Trading ? », *Journal of Financial and Quantitative Analysis*, 2000.
5. Voir l'article de Shleifer, Summers, De Long et Waldmann, « Noise Trader Risk in Financial Markets », *Journal of Political Economy*, 1990.

Le souci de se prémunir de ce risque pousse ces arbitragistes à la retenue. Imaginons par exemple un gérant de fonds particulièrement clairvoyant qui, début 1998, estimait que les actions étaient surévaluées. Aurait-il liquidé ses positions en actions pour placer tous ses fonds en obligations ? Deux ans plus tard, avec – sur deux années consécutives – une performance relative catastrophique, il aurait probablement été licencié, ou aurait perdu tous ses clients. C'est pourquoi il avait intérêt à suivre la mode. Telle est l'étendue du pouvoir des *noise traders*.

Nous pouvons aller plus loin. Les gérants d'actifs répondent pour une large part aux demandes des particuliers, et au marché lui-même. Si, il y a quelques années, ils ont tant acheté sur le nouveau marché et le Nasdaq, ce n'est pas tant parce qu'ils croyaient en l'avenir de ces entreprises (les procès retentissants aux États-Unis ont bien montré que les analystes, à l'image d'Henry Blodget, de Merrill Lynch, n'étaient souvent absolument pas dupes), mais parce que les particuliers, qui étaient aussi leurs clients, demandaient à voir leur épargne placée en titres technologiques. Dans un deuxième temps, la montée du cours de ces titres – constatée ou anticipée – a obligé les gérants à les intégrer dans leur portefeuille, ou les a du moins dissuadés de procéder aux arbitrages évidents, lesquels étaient alors extrêmement risqués. Face à un engouement populaire considérable, ils ne pouvaient que suivre.

Les petits actionnaires n'ont en effet pas la capacité d'être suffisamment informés sur les fondamentaux des entreprises cotées. Les professionnels de la Bourse sont obligés de tenir compte du fait qu'il existe des acteurs de ce type sur le marché, ce qui confère à ces derniers une influence allant bien au-delà de leur poids apparent. Shiller écrit à ce sujet : « La variation du cours faisant suite à une nouvelle information ne reflète pas uniquement l'évaluation de son impact sur les dividendes de la part des investisseurs professionnels. Elle incorpore également le jugement de ces investisseurs quant à son impact sur la demande en actions des actionnaires individuels. »[1]. Un coup d'œil à l'histoire boursière achève de nous convaincre du poids des actionnaires individuels : de la tulipomania du XVIIe siècle en Hollande à la bulle spéculative de la fin du XXe siècle, en passant par le krach de 1929, les épisodes les plus irrationnels ont toujours coïncidé avec un regain d'intérêt massif des populations pour la Bourse.

Les petits actionnaires dessinent les grandes tendances et influent indirectement sur les cours des actions. C'est en ceci que consiste principalement leur pouvoir. Celui-ci est plus grand qu'on ne le croit généralement. Mais d'autant plus arbitraire et déstabilisateur que le grand public n'est pas suffisamment financièrement éduqué, et que les particuliers se trouvent livrés à eux-mêmes.

1. « Stock prices and social dynamics », *Brookings Papers on Economic Activity*, 1984.

19

ÉVALUER LA COMPÉTITIVITÉ DU SYSTÈME D'INFORMATION

Yvon Corcia

RÉSUMÉ

L'ITmeter est un élément d'appréciation de l'adéquation d'un système d'information à la stratégie d'une entreprise. Il permet d'introduire une « métrique » de l'adéquation, d'identifier les points d'amélioration et de tracer les grandes lignes du plan d'action. Il fournit en tout cas un cadre de dialogue constructif entre la direction générale qui souhaite maîtriser ses investissements de compétitivité et le responsable des systèmes d'information qui peut situer ses propositions et sa vision dans une perspective de contribution aux objectifs opérationnels.

Chaque année au moment de la préparation du budget, la direction générale pense que le montant de ses dépenses informatiques devrait vraiment être moins élevé. Le *chief information officer* (CIO) pense de son côté qu'il pourrait apporter plus d'efficacité interne et de compétitivité externe si l'entreprise investissait davantage dans son système d'information (SI). C'est pour permettre à ces deux points de vue de se rapprocher sur des éléments tangibles et de partager des prises de décision que l'ITmeter[1] a été défini. Dans les directions générales, la DSI est souvent perçue comme un centre de dépenses soumis aux modes de technologie, plus que comme un levier pour augmenter la performance. Les décisions d'orientation sur le système d'information apparaissent plus comme des luttes d'influence entre directions utilisatrices soumises à un arbitrage technologique que comme des contributions à la stratégie. Pourtant la technologie est perçue comme gisement potentiel de compétitivité dans le domaine de la logistique, de la relation client, du marketing

Du point de vue des CIO, la fonction est reconnue dans toutes les organisations, cependant elle donne rarement accès au comité de direction. Soit elle est subordonnée

1. Voir www.Itmeter.com

à la fonction DAF ou directeur technique, soit elle est rattachée au DG comme un département de « moyens ». Le défi des nouveaux CIO consiste donc à passer d'une entité de moyens à celle de « contribution aux objectifs ». Le CIO doit donc rendre perceptible par son comité de direction les bénéfices apportés par les systèmes d'information. Ceci pour améliorer l'efficacité et la productivité interne, mais aussi pour se différencier de ses concurrents et conquérir de nouveaux marchés. Au-delà de la capacité à convaincre, il s'agit de se situer par rapport à un *benchmark* concurrentiel, de pouvoir identifier concrètement les points d'amélioration puis de s'assurer que l'investissement réalisé a été suivi d'effet dans les opérations.

Un vieil adage du management dit que ce qui n'est pas mesurable ne peut pas progresser (même s'il y a progrès, il est non mesurable). Il fallait donc trouver une représentation de la contribution des systèmes d'information aux objectifs de l'entité. Une approche consiste à répondre à deux questions : combien cela coûte ? et combien cela rapporte ?

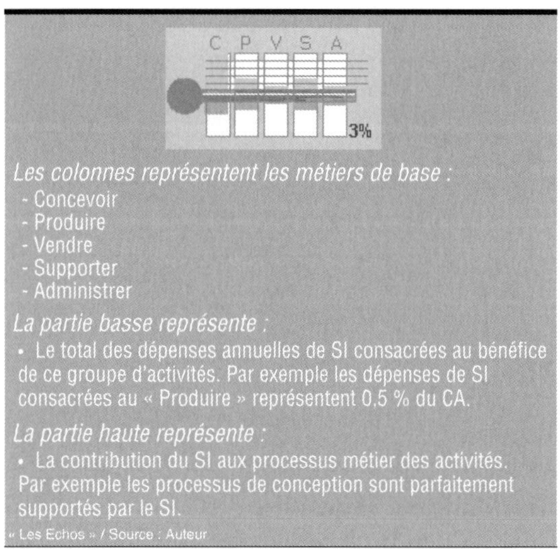

Figure III.1 – L'ITmeter, outil de mesure de l'adéquation d'un SI à la stratégie

La première question est sensiblement la plus simple. Pour y répondre, nous allons ventiler les coûts du SI dans un référentiel relativement universel. Pour toutes les entreprises à caractère industriel ou de services, on peut ventiler les activités en cinq métiers de base symbolisés par leur initiale C, P, V, S, A :

– *Concevoir* : ce sont les activités de R & D, de définition et d'industrialisation de produit et de service.
– *Produire* : les activités de fabrication de produit et d'exécution des services.
– *Vendre* : marketing, vente, logistique et distribution.
– *Support* : SAV, support apporté au client et au réseau de distribution.

– *Administrer* : activités d'administration et de gestion (hors activités opérationnelles comme l'administration des ventes, des sous-traitants de fabrication…).

Nous n'entrerons pas ici dans le détail de la méthode. En résumé il faut procéder en trois étapes :

1. D'abord délimiter le contour de l'analyse (une société, un établissement, une *business unit*…).
2. Recenser l'ensemble des dépenses de SI, c'est en général le budget de l'entité SI, auquel on ajoute les frais de sous-traitance et le prix de revient des « correspondants informatiques et maîtres d'ouvrage » situés dans les directions opérationnelles.
3. Ensuite ventiler ces dépenses par « métier » (C/P/V/S/A).

L'objectif est de ventiler l'ensemble des dépenses. On obtient ainsi un graphique qui ressemble à la figure III.2 où les zones en dessous de la barre représentent les dépenses du SI ventilées par métier de l'entreprise, l'échelle verticale étant en pourcentage du chiffre d'affaires. Ainsi dans le cas ci-contre, la société dépense environ 0,3 % de son CA en dépenses informatiques pour la conception de produits nouveaux, 0,3 % pour l'administration, mais seulement 0,05 % de son CA en dépenses informatiques pour la vente et la distribution de ses produits.

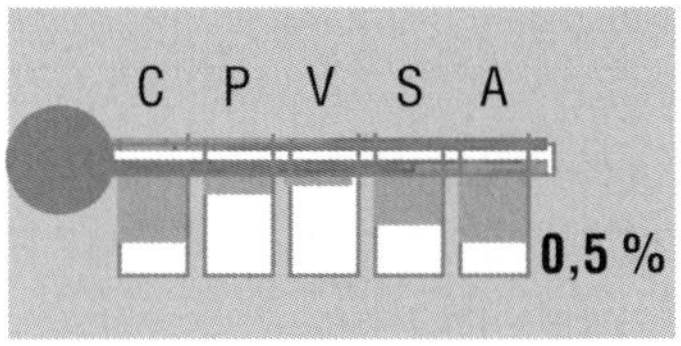

Figure III.2

Le total des dépenses informatiques représente sensiblement 1,1 % de son CA. Sans autre information sur son activité et sa position concurrentielle, il est difficile d'avoir une opinion sur le bien-fondé du volume des dépenses comme de sa ventilation.

Profil gagnant

Deuxième question que nous nous étions posée : « combien cela rapporte ? » Ou : « combien les SI contribuent-ils aux activités opérationnelles ? » Sans entrer là encore dans le détail de la méthode utilisée, l'approche s'appuie sur le découpage de l'activité de l'entreprise en processus métier :

– on recense les processus métier de conception, production, vente, etc. et on leur donne une pondération (de 1 mineur à 5 majeur) ;
– on apprécie (avec les opérationnels) la contribution du SI à la qualité de chaque processus (1 : l'informatique ne contribue pas à l'activité ; 5 : le processus est informatisé, fluide, performant) ;
– on effectue la moyenne pondérée des notes obtenues.

On obtient ainsi une note globale de 1 à 5 pour chacune des activités, la note 1 signifiant que le SI contribue peu ou pas aux processus opérationnels de l'entreprise, la note 5 signifiant que les processus opérationnels sont parfaitement intégrés dans le SI et que les utilisateurs les jugent particulièrement performants. Ainsi pour le DG comme pour le CIO et l'ensemble du comité de direction, la relation entre les dépenses informatiques par activités et le bénéfice qu'en tire chaque activité apparaissent sous la forme d'un graphique synthétique. Exemple (voir figure III.3), il s'agit d'une société de développement de prototypes technologiques pour un nombre réduit de clients. La conception des produits qui est l'activité stratégique est particulièrement bien couverte par le système d'information. La production et le service aux clients ont fait l'objet d'un effort d'automatisation. Par contre, la vente (il y a très peu de clients et ils sont déjà identifiés) et l'administration n'ont pas été automatisées. La société consacre près de 1,5 % de son CA pour ses moyens de conception et de fabrication (CAO et *manufacturing*), ce qui est raisonnable en considérant que c'est une entreprise qui a basé son avantage concurrentiel sur la conception et la fabrication rapide de prototypes technologiques. L'administration de la société ne consomme que 0,05 % de son CA dans son informatique de gestion : c'est une société familiale non cotée dans laquelle la comptabilité et la paye sont externalisées dans de bonnes conditions. Il apparaît dans ce type d'exemple qu'il n'existe pas de « bon montant des dépenses informatiques » ni de profil idéal de dépenses. Bien sûr, tous les DG souhaiteraient avoir un profil d'ITmeter dans lequel toutes les activités sont parfaitement automatisées et dont le coût d'exploitation est proche de zéro. En fait, le profil « idéal » de l'ITmeter va dépendre de deux facteurs : la nature des activités ; la situation concurrentielle par rapport au marché.

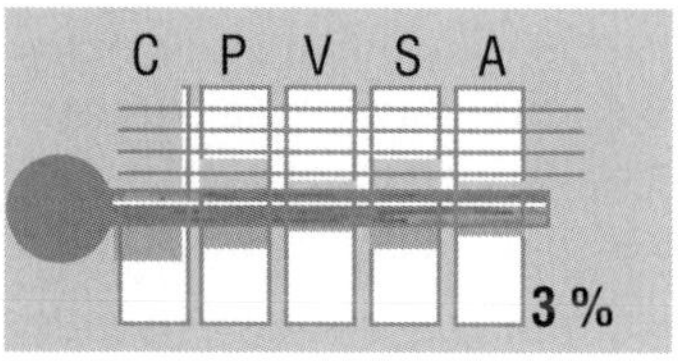

Figure III.3

La nature de l'activité

Suivant la répartition des activités entre les différents métiers de base (concevoir, produire, vendre, supporter), la priorité en termes de performance des SI et l'effort financier et humain à y consacrer seront différents. Par exemple, s'il s'agit d'une société de distribution qui a un très large catalogue de produits pour un grand nombre de clients avec des règles 80/20 habituelles, le profil de contribution de l'ITmeter doit tendre vers le graphique représenté à la figure III.4, c'est-à-dire qu'il faudra privilégier absolument la vente et le support aux clients et disposer d'une administration sans faille. Par contre, on ne consacrera pas un seul euro à des activités informatiques de conception de produit ou de production. Le total des dépenses informatiques pourra être de l'ordre de 0,2 % du CA, cette dépense étant concentrée sur la gestion des ventes et du support après-vente. Si vous exercez ce métier et que votre profil d'ITmeter est différent, vous disposez à la fois d'un diagnostic et de la liste des actions correctives pour revenir vers un profil compétitif. Il est probable que revenir à un profil compétitif va requérir des investissements de rénovation du SI, de formation des équipes et, éventuellement, de modification des processus opérationnels. Ceci aura pour effet que, pendant quelques trimestres, l'ITmeter sera moins bon, c'est-à-dire que l'entreprise va temporairement accroître ses dépenses pour en récolter les fruits plus tard.

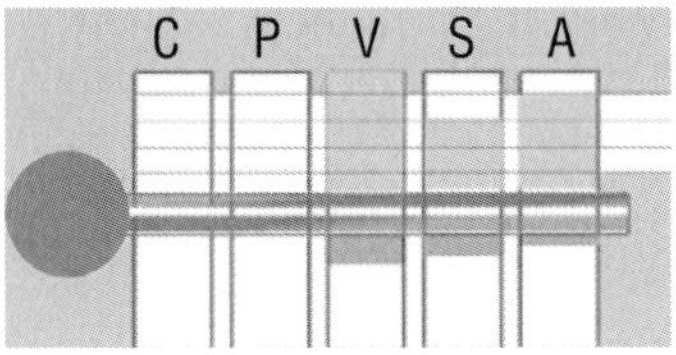

Figure III.4

La position concurrentielle

Si l'on est sur un marché à forte croissance et que l'on veut croître plus vite que le marché, diverses solutions s'offrent : étoffer l'équipe commerciale et son réseau, intensifier le marketing, lancer de nouveaux produits… Dans cette analyse, il faut aussi considérer les leviers utilisables à travers la technologie et les systèmes d'information, par exemple pour acquérir de nouveaux clients par des ventes directes à partir du site Internet, l'intégration de la logistique avec celle des clients ou des fournisseurs, etc. Dans ce cas, il faudra investir davantage dans le système d'information et cela aura un impact sur la part du CA affectée aux dépenses informatiques. Pour utiliser pleinement les ressources de l'ITmeter, il faut pouvoir situer son niveau de dépenses par métier. HEC, en partenariat avec des grands acteurs du conseil et de la presse, envisage de constituer un support d'informations des profils ITmeter sur la base d'une enquête annuelle. Les profils seront organisés suivant deux axes d'analyse : le domaine d'activité et le métier de l'entité, d'une part, et l'attitude par rapport au marché (maintien, conquête, repli…), d'autre part. Chaque entité pourra se situer dans ce référentiel par rapport à ses collatéraux ou ses concurrents, et apprécier sa position et ses axes de progrès. Par ailleurs, l'université du Management HEC organise une formation d'*executive chief information officer* qui permet de maîtriser et de mettre en pratique l'usage de l'ITmeter.

20

LA GESTION DU RÉSULTAT EST-ELLE OPPORTUNISTE ?

Thomas Jeanjean

RÉSUMÉ

La gestion comptable du résultat par les dirigeants n'a pas bonne réputation. Les régulateurs comptables et des autorités ont mis en œuvre plusieurs plans d'action pour limiter les possibilités de modulation du résultat. La gestion du résultat peut toutefois parfois servir les intérêts des actionnaires et il n'est pas sûr que ceux-ci aient systématiquement intérêt à une transparence accrue.

Les scandales financiers depuis 2002 ont largement discrédité l'information financière des sociétés cotées. Un doute persistant entache la fiabilité du résultat publié par les entreprises à tel point que Walter P. Schuetze, alors chef comptable de la SEC, déclara le 16 février 2002 lors de son témoignage devant le Congrès américain : « nous devons mettre un terme à la gestion du résultat ». Pour restaurer la confiance des marchés dans les états financiers publiés, les normalisateurs comptables (CNC en France, FASB aux USA, IASB pour l'international) et les autorités de marché (SEC aux USA, AMF en France) ont cherché à augmenter la transparence des états financiers. Cela passe par une modification des normes comptables (sur les entités *ad hoc* ou sur les stock-options par exemple) et par l'instauration de nouvelles obligations (rapport sur le contrôle interne, attestation des dirigeants sur la sincérité des comptes).

Toutes ces décisions et ces changements reposent sur les hypothèses sous-jacentes : la gestion du résultat est nuisible ; et la transparence sur les marchés financiers est bénéfique. Autrement dit, les investisseurs préféreraient toujours connaître un résultat non manipulé plutôt qu'un résultat « géré ». Cette assertion mérite une discussion approfondie.

La gestion du résultat

Avant tout, il faut préciser ce qu'est la gestion du résultat. Le résultat est une différence entre les produits et les charges d'une période donnée. Il existe de nombreuses manières légales de moduler le résultat d'une année donnée. Il est bien évidemment possible de violer les règles comptables pour créer des états financiers fictifs (ce fut le cas de Parmalat par exemple). Ces actions illégales sont coûteuses pour les actionnaires car elles peuvent entraîner la faillite de l'entreprise incriminée. Nous ne les traiterons pas dans cet article car elles sont à l'évidence nuisibles.

La technique légale la plus simple de gestion du résultat consiste à retarder (ou accélérer) l'enregistrement de certaines charges en les différant (ou en les avançant). Par exemple, un dirigeant peut décider d'annuler ou de retarder des dépenses publicitaires ou de recherche fondamentale. Une autre possibilité, plus subtile, consiste à jouer sur les options comptables offertes par les normalisateurs. Par exemple, en France et jusqu'à l'application des normes de l'IASB, les entreprises ont la possibilité d'enregistrer certains frais de recherche et développement soit en charges soit à l'actif. Dans le premier cas, les frais de R & D viennent diminuer le résultat l'année de leur engagement. Si l'inscription à l'actif est préférée, les frais ne s'imputeront sur le résultat que progressivement (au maximum sur cinq ans). Un grand constructeur automobile français a ainsi décidé de changer sa méthode de comptabilisation de la R & D : au lieu d'inscrire en charges ces frais, la société a décidé de les inscrire à l'actif, officiellement pour anticiper sur l'application des normes IAS. Accessoirement, il en résulte une augmentation du résultat l'année du changement. Une troisième voie, pour moduler le résultat, consiste à modifier certaines des estimations utilisées en comptabilité. Ainsi, Southwest Airlines a décidé en 1999 d'augmenter de vingt à vingt-cinq ans la durée de dépréciation de ses actifs (pour s'aligner sur les durées en vigueur dans le secteur), ce qui lui a permis d'accroître son résultat.

Il est à noter que les quelques techniques de modulation du résultat présentées ici (il en existe bien d'autres) sont parfaitement légales. Elles respectent les normes comptables. Elles peuvent avoir pour effet d'augmenter, de diminuer ou de lisser le résultat publié l'année où elles sont mises en œuvre. Un aspect essentiel de la gestion du résultat est son caractère intertemporel. Autrement dit, si une firme augmente son résultat une année donnée, elle doit le diminuer les années suivantes (et inversement) : il n'est pas possible d'augmenter (ou de diminuer) en permanence le résultat. En d'autres termes, à un moment ou à un autre, il faut « dénouer » la gestion du résultat. Une autre propriété de la gestion du résultat est qu'elle est difficile à détecter. Cette caractéristique est importante car, face à un résultat publié, les intervenants sur le marché ne peuvent pas savoir avec certitude l'origine de la performance (éléments opérationnels ou gestion comptable du résultat).

Pourquoi gérer le résultat ?

Il existe de nombreuses motivations à la gestion du résultat. Il est possible de distinguer des motivations contractuelles, de marché et psychologiques. Il existe plusieurs types de contrats qui utilisent des informations financières et le manager peut vouloir moduler ces informations pour optimiser les contrats. Par exemple, les emprunts de la firme sont parfois assortis de clauses contractuelles. Cette pratique est courante aux États-Unis.

En général, ces contrats peuvent prévoir des pénalités si la charge d'intérêt dépasse un certain pourcentage du résultat. Pour éviter une violation de l'engagement contractuel et les pénalités afférentes, le manager peut chercher à accroître le résultat. Il est aussi courant que la rémunération du manager soit, partiellement, liée au résultat comptable de son entreprise. Il peut alors avoir intérêt à augmenter le résultat pour accroître son bonus.

À ces motivations « contractuelles », peuvent s'ajouter des motivations de marché. Supposons par exemple que pour une firme le marché prévoit un bénéfice par action (BPA) de 2,30 euros par action. Le résultat publiable est de 2,25 euros, il y a une incitation pour le dirigeant à accroître le BPA pour atteindre le consensus. Si à l'inverse le résultat non géré est de 2,50 euros, le dirigeant à intérêt à le baisser pour dépasser un peu le consensus et garder du résultat en réserve pour les années futures. Le désir de présenter des perspectives de résultats flatteurs avant une augmentation de capital peut aussi être une motivation à la gestion du résultat.

Enfin des motivations psychologiques peuvent exister. Il est ainsi avéré que les firmes cherchent à éviter de publier des résultats légèrement négatifs. Si une firme a un BPA « avant gestion » négatif de 0,01 euro, alors son dirigeant va essayer de publier un résultat légèrement positif. Si ce n'est pas possible, il va baisser de manière plus nette le résultat de manière à créer des réserves de résultat pour les années suivantes. La même aversion pour les résultats en légère diminution a été mise en évidence.

Que penser de la gestion du résultat ?

La gestion du résultat, c'est-à-dire la possibilité pour le dirigeant de stocker pour les années futures (ou au contraire « d'anticiper » sur les résultats futurs) en diminuant (ou augmentant) le résultat de l'année en cours est-elle nuisible à l'actionnaire ? Plusieurs arguments ont été avancés par les chercheurs en comptabilité et en finance pour défendre la gestion du résultat.

Le premier argument est de bon sens. La gestion du résultat a plusieurs objectifs dont certains ne sont pas incompatibles avec l'intérêt des actionnaires. Par exemple, si le dirigeant gère le résultat pour éviter une violation des clauses contractuelles d'endettement, les actionnaires y gagnent dans la mesure où cela peut éviter des pénalités importantes à leur entreprise (augmentation du taux d'intérêt, mise sous tutelle de la firme par les créanciers). De même, publier un résultat inférieur au consensus, même de peu, a des effets importants sur le cours de Bourse et donc sur la richesse des actionnaires. Alcatel en a fait la dure expérience en 1998 : une annonce de bénéfice très légèrement inférieure aux prévisions a généré une décote de l'ordre de 33 % en quelques séances. Dès lors, gérer le résultat pour atteindre le consensus peut être une bonne chose pour l'actionnaire.

Plusieurs chercheurs ont aussi fait remarquer que certaines formes de gestion du résultat sont associées avec un rendement supérieur pour l'actionnaire. Ainsi, les firmes capables de présenter une augmentation permanente de leur résultat bénéficient d'une prime en terme de valeur de leur titre. Cette prime est d'autant plus importante que l'historique de croissance des bénéfices est important. Dès lors, les entreprises ont intérêt à gérer leur résultat pour obtenir un profil de résultat en augmentation constante.

Enfin, le dernier argument en faveur de la gestion du résultat fait appel à la nature intertemporelle de la gestion du résultat (une gestion à la hausse aujourd'hui du résultat doit être compensée par une gestion à la baisse dans le futur). Si, sur quelques années, un dirigeant réussit à gérer le résultat de manière à éviter une violation des clauses contractuelles d'endettement, à atteindre le consensus de marché ou la publication de petites pertes (ou tout autre objectif), alors il prouve à ses actionnaires sa compétence puisqu'il utilise au mieux la marge de manœuvre « comptable » autorisée par la réglementation. Imaginons que les résultats non gérés d'une société soient de 10 cette année, 8 l'année prochaine et ensuite de 12, c'est-à-dire de 30 (10 + 8 + 12) sur les trois années. Si le dirigeant publie des résultats de 9 cette année, puis 10 l'année suivante et enfin de 11 (soit 30 au total sur les trois années), alors il réussira à produire des résultats en progression constante, ce qui devrait satisfaire le marché. Il n'est (sauf quelques exceptions...) pas possible que la somme des résultats gérés soit supérieure à la somme des résultats non gérés. Sur le long terme, le dirigeant ne peut pas mentir sur la performance réelle de son entité : ainsi une performance en augmentation constante est un signe de compétence du dirigeant car il réussit à obtenir cette évolution du résultat en dépit d'une performance sous-jacente probablement plus chaotique.

Quand on reparle de gouvernement d'entreprise...

Les actionnaires peuvent bénéficier d'un certain degré de gestion du résultat car elle sert leurs intérêts (identification des dirigeants compétents, évitement d'une violation des clauses contractuelles d'endettement, lissage de la progression du résultat...) : ils n'ont donc pas forcément intérêt à une plus grande transparence de l'information financière. Il n'en reste pas moins que la gestion du résultat peut être utilisée de manière abusive : le dirigeant peut y avoir recours pour publier un résultat en augmentation avant de frauder pour atteindre la performance attendue par le marché. Toutefois, si un tel comportement existe, ce n'est pas tant la gestion du résultat (l'existence d'une marge de manœuvre sur le résultat publié) que le comportement du dirigeant qui est en cause. Dès lors, les racines d'une information financière de qualité ne sont pas à rechercher dans des règles comptables plus restrictives mais dans un meilleur contrôle du dirigeant. Faut-il supprimer la gestion du résultat au motif que des abus peuvent exister ou chercher à améliorer le gouvernement d'entreprise pour que le dirigeant puisse en tirer parti efficacement ?

21

CORPORATE GOVERNANCE : L'ÉVOLUTION DU DROIT FRANÇAIS

François Lenglart

RÉSUMÉ

L'évolution du droit français a été largement influencée ces dernières années par les normes anglo-américaines en matière de *corporate governance*. Mais il faut noter que cette introduction de norme de *common law* dans un univers de droit romano-germanique pose souvent plus de problèmes qu'elle n'en résout et il faut revenir aux concepts de base régissant le droit français pour en comprendre l'impact, aussi bien en termes d'intérêt social que de pouvoir des organes et de responsabilité des dirigeants.

Les scandales et affaires qui ont défrayé la chronique, tels qu'Enron, bien sûr, mais aussi WorldCom, Vivendi, Eurotunnel... ont montré que la prise en compte de la dimension juridique du management par les dirigeants devait devenir une réalité, faute de quoi ils s'exposent à des risques personnels importants mais exposent aussi leurs sociétés de façon souvent inconsidérée. On pensera à la disparition d'Arthur Andersen... C'est à la suite de ces affaires que se sont développés les concepts couramment appelés *corporate governance* ou gouvernement d'entreprise.

Le droit, dimension du management variable dans l'espace

Le premier élément juridique que les dirigeants doivent prendre en compte est bien entendu la variabilité du droit dans l'espace. Le fait de transposer des concepts d'un pays à l'autre, d'un système juridique à l'autre, conduit à commettre des erreurs qui peuvent avoir de graves conséquences. La *corporate governance* s'est d'abord développée dans les pays de *common law*, Grande-Bretagne et États-Unis. L'influence de ces derniers est évidemment fondamentale, étant notamment liée à l'importance des participations détenues par les fonds de pension anglo-américains dans les sociétés cotées à la Bourse de Paris. Mais certaines notions ne peuvent être transférées. C'est ainsi qu'il faut toujours se souvenir que le droit des sociétés aux États-Unis relève de la compétence des États fédérés et non de l'Union.

L'État du Delaware s'est fait une spécialité du droit des sociétés et la plupart des sociétés sont incorporées dans cet État et relèvent donc de son droit. Les concepts de *corporate governance* ont, quant à eux, été développés par le droit boursier qui, lui, est de compétence fédérale, mais ont vu leur traduction européenne faite largement par le droit des sociétés. Or, en France, seul le Code monétaire et financier contient des dispositions spécifiques aux sociétés cotées, le Code de commerce, lui, concernant toutes les sociétés, qu'elles soient cotées ou non.

Le droit du Delaware définit la corporation (Inc. ou Corp.), structure comparable à la société anonyme, et l'organisation des pouvoirs dans celle-ci de façon totalement différente du Code de commerce. Les pouvoirs de représentation et d'organisation de la corporation sont dévolus au *Board of Directors*, charge à celui-ci de les déléguer comme il l'entend en transférant au délégataire le pouvoir et la responsabilité. Cette organisation est définie dans les *by-laws*, document approuvé par les actionnaires, mais ces *by-laws* ne sont pas publics, hormis certains cas de publicité définis par le droit boursier et ne concernant donc que les sociétés cotées. Dans l'Union européenne, les statuts des sociétés sont publics et peuvent être consultés par tout intéressé et les pouvoirs des organes sont définis par la loi et ne peuvent être transférés. Il ne faut donc pas confondre président du conseil d'administration et *chairman* ou directeur général et *chief executive officer* car les pouvoirs des uns sont définis par les *by-laws* et ceux des autres, par la loi ; de la même façon, les administrateurs ne sont pas des membres *of-the-Board* !

La définition de l'objectif final de la société

Le deuxième élément juridique sur lequel il faut attirer l'attention des dirigeants est la question de savoir quel est l'objectif final de la société. Si aux États-Unis la société a fondamentalement pour objectif de servir l'intérêt des actionnaires, la question est beaucoup plus complexe en Europe. Après de nombreux débats doctrinaux qu'il serait trop long de rappeler ici, il est possible de définir l'intérêt social comme étant celui de la société prise dans son ensemble et non comme celui des seuls associés. Cette approche de l'intérêt social comme étant composé de celui des associés, certes, car cocontractant du contrat de société, mais aussi de celui des salariés, de celui des tiers tels que l'État, les fournisseurs ou dans certains cas les clients et, enfin, de celui de la personne morale est fondamentale pour comprendre ce que l'on peut appeler la « *corporate governance* à la française ». C'est de cette conception de l'intérêt social que découle notamment une grande partie de la jurisprudence en matière d'abus de biens sociaux. À ce titre, on peut citer le cas d'un gérant associé d'EURL, donc unique associé, qui a quand même été condamné en abus de biens sociaux[1], ce qui prouve bien que l'intérêt social n'est

1. Cass., crim., 14 juin 1993.

pas celui de l'associé unique. De la même façon, et pour la même raison, la ratification, le cas échéant, d'un acte par les associés ne couvre pas l'incrimination pénale.

Les dirigeants doivent donc être en mesure de prouver que leurs actions s'inscrivent dans cet intérêt et, à ce titre, les salariés vont avoir un rôle non négligeable à jouer. Cette conception française explique en partie le développement de la participation des salariés, principalement au travers de leurs instances représentatives, à la direction de la société. Les lois récentes renforçant cette participation et développant les possibilités d'accès au capital des salariés trouvent, en partie, leur fondement philosophique dans cette acception de l'intérêt social. Ainsi les dirigeants doivent pouvoir prouver cette conformité de leurs actes à cet intérêt de façon à pouvoir répondre éventuellement à une mise en cause.

Redéfinition des fonctions des différents organes

Faisant suite aux préoccupations concernant le gouvernement d'entreprise, les lois récentes, notamment la loi sur les nouvelles régulations économiques[1] ou la loi de sécurité financière[2], entre autres, ont profondément modifié les pouvoirs et responsabilités des différents organes des sociétés anonymes.

L'article L. 225-35 du Code de commerce redéfinit le rôle du conseil d'administration en stipulant : « Le conseil d'administration détermine les orientations de l'activité de la société et veille à leur mise en œuvre. Sous réserve des pouvoirs expressément attribués aux assemblées d'actionnaires et dans la limite de l'objet social, il se saisit de toute question intéressant la bonne marche de la société et règle par ses délibérations les affaires qui la concernent. » De plus, la loi LSF a ajouté un devoir à ceux incombant déjà au président du conseil : « Le président du conseil d'administration rend compte dans un rapport (...) des conditions de préparation et d'organisation des travaux du conseil ainsi que des procédures de contrôle interne mises en place par la société. » Ce rapport fait, bien entendu, partie des documents publiés au sens du Code monétaire et financier[3].

L'un des points importants, qui différencie – en application des développements ci-dessus – l'organisation française des sociétés anonymes de l'organisation des corporations aux États-Unis, est la présence de deux délégués du comité d'entreprise aux réunions du conseil d'administration ou de surveillance[4]. Ces délégués du comité d'entreprise ont droit aux mêmes documents que ceux remis aux membres du conseil[5]. La loi NRE est revenue sur l'acte dit loi du 16 novembre 1940 qui avait, dans le cadre des différentes réformes des années 1930, prévu que la direction générale de la société anonyme était exercée par le président du conseil pour obliger celui-ci à s'intéresser

1. Loi n° 2001-420 dite NRE du 15 mai 2001.
2. Loi n° 2003-706 dite LSF du 1er août 2003.
3. Code monétaire et financier, art. L. 621-18-3.
4. Code du travail art. L. 432-6.
5. Id. al. 3.

au fonctionnement de la société, suite aux scandales des années 1920, affaires Oustrick, Stavisky, Marthe Hannault…

Depuis l'entrée en vigueur de la loi NRE, « la direction générale de la société anonyme est assumée, sous sa responsabilité, soit par le président du conseil d'administration, soit par une autre personne physique nommée par le conseil d'administration et portant le titre de directeur général »[1], ce qui met fin à la spécificité française du président-directeur général. Les fonctions du président du conseil d'administration ont, en conséquence, été redéfinies et il « (…) organise et dirige les travaux de celui-ci [le conseil d'administration], dont il rend compte à l'assemblée générale. Il veille au bon fonctionnement des organes de la société et s'assure, en particulier, que les administrateurs sont en mesure de remplir leur mission ».[2]

Pouvoir et contre-pouvoirs

Les pouvoirs du directeur général sont définis à l'article L. 225-56. Il dispose des « pouvoirs les plus étendus pour agir en toutes circonstances au nom de la société… Il représente la société dans ses rapports avec les tiers… Les dispositions des statuts ou les décisions du conseil d'administration limitant les pouvoirs du directeur général sont inopposables aux tiers… ». La séparation de ces fonctions de directeur général de celles du président du conseil d'administration répond à un des objectifs de la *corporate governance* de création de pouvoirs et contre-pouvoirs dans la logique des *check and balances* chère aux juristes américains. Elle devrait permettre également d'assurer de façon plus complète le contrôle du fonctionnement de la société anonyme. Cette logique existait déjà dans la loi du 24 juillet 1966 sur les sociétés commerciales qui prévoyait la possibilité d'organiser la société anonyme dans un modèle inspiré de l'*Aktiengesellschaft* allemande en créant un directoire et un conseil de surveillance.

L'un des éléments clefs à prendre en compte dans toute réflexion sur la forme que doit prendre la société anonyme que l'on décide d'organiser est la responsabilité personnelle des différents acteurs : « Les administrateurs et le directeur général sont responsables, individuellement ou solidairement selon le cas, envers la société ou envers les tiers, soit des infractions aux dispositions législatives ou réglementaires applicables aux sociétés anonymes, soit des violations des statuts, soit des fautes commises dans leur gestion[3]. » Ce texte fonde l'action sociale en responsabilité exercée contre un dirigeant par la société elle-même ou, *ut singuli*, par un actionnaire qui conduira à l'allocation de dommages et intérêts en faveur de la société.

Mais la responsabilité des membres du conseil de surveillance est fondamentalement différente puisqu'ils « sont responsables des fautes personnelles commises dans l'exécution de leur mandat. Ils n'encourent aucune responsabilité, en raison des actes de la gestion

1. Code de commerce, art. L. 225-51-1.
2. Code de commerce, art. L. 225-51.
3. Code de commerce, art. L. 225-251, al. 1.

et de leur résultat. » Cette différence de traitement, qui subsiste alors que les pouvoirs du conseil d'administration ont été alignés sur ceux du conseil de surveillance, doit être prise en compte lors du choix de l'organisation sociale.

Qu'il s'agisse de l'intérêt social, de la mise en œuvre des pouvoirs et contre-pouvoirs ou du choix de l'organisation de la société, on s'aperçoit facilement qu'il est fondamental pour un dirigeant de prendre en compte la dimension juridique dans l'organisation et le fonctionnement de la société. Seule cette prise en compte lui permettra de protéger intelligemment ses intérêts, et les récentes réformes renforcent cette nécessité.

22

COMITÉS D'AUDIT, DE RÉMUNÉRATION OU DE STRATÉGIE : QUELLE UTILISATION PAR LES DIRIGEANTS ?

François Lenglart

RÉSUMÉ

La montée en puissance des investisseurs anglo-saxons dans les entreprises françaises ne se fait pas sans l'importation de concepts de gouvernance parfois en contradiction frontale avec les conceptions françaises. C'est le cas de l'établissement de pouvoirs et contre-pouvoirs entre le management et les actionnaires.

Les concepts en provenance des États-Unis dans le cadre de la *corporate governance* ont profondément influencé la gestion des entreprises françaises, en commençant par les sociétés cotées qui ont dû faire face à des demandes pressantes des fonds de pension anglo-américains qui représentent une part importante de la capitalisation boursière de la place de Paris.

Parmi ces exigences, figure celle de l'établissement de pouvoirs et contre-pouvoirs entre le management et les actionnaires. Le pouvoir solitaire du dirigeant hérité des conceptions de la monarchie absolue ou du Premier Empire qui imprègne fondamentalement la conception française du pouvoir doit être remis en cause. Si les scandales des années vingt avaient conduit à confier au président du conseil d'administration la direction de l'entreprise[1] pour obliger celui-ci à s'occuper de sa société et faire disparaître le paravent qui protégeait les actions du directeur général, cette évolution s'inscrivait parfaitement dans le droit fil de la conception française du pouvoir non partagé et a donc eu un succès total faisant de la spécificité du PDG une norme culturelle.

1. Acte dit loi du 16 novembre 1940 modifiant la loi de 1867 sur les sociétés anonymes.

Comités et conseils, compétences respectives

Dès la loi de 1867 sur les sociétés anonymes, il était prévu que le conseil d'administration puisse s'entourer de comités destinés à l'éclairer et à préparer ses travaux. Mais la création de ces comités n'a jamais permis un transfert de compétences, celles-ci étant attribuées par la loi du 24 juillet 1966 (actuellement le Code de commerce) et son décret d'application. Les comités n'ont donc qu'un rôle préparatoire et consultatif, le pouvoir décisionnel appartenant toujours à l'organe dans le cadre des textes qui en définissent la compétence comme le précise le texte : « Il (le conseil d'administration) peut décider la création de comités chargés d'étudier les questions que lui-même ou son président soumet, pour avis, à leur examen. Il fixe la composition et les attributions des comités qui exercent leur activité sous sa responsabilité »[1]. Le texte est encore plus clair en ce qui concerne les sociétés duales : « Il (le conseil de surveillance) peut décider la création en son sein de commissions dont il fixe la composition et les attributions et qui exercent leur activité sous sa responsabilité, sans que lesdites attributions puissent avoir pour objet de déléguer à une commission les pouvoirs qui sont attribués au conseil de surveillance lui-même par la loi ou les statuts ni pour effet de réduire ou limiter les pouvoirs du directoire. »[2]

Cet aspect du droit consacre l'une des différences fondamentales qu'il y a entre un conseil d'administration ou de surveillance et un *board of directors* et, par là, les contours de la *corporate governance* des deux côtés de l'Atlantique. Le droit du Delaware permet, en effet, au *board of directors* de déléguer ses pouvoirs à un comité et il y a donc eu lieu de régler les rapports entre comités et *board*.

L'un des aspects les plus importants de cette nécessité de traiter les questions qui se posent lors des réunions des conseils est évidemment la présence des délégués du comité d'entreprise lors de ces réunions[3], situation totalement impensable aux États-Unis. Ces représentants sont élus lors d'un vote du comité d'entreprise auquel ne participe pas l'employeur[4]. La présence de ces délégués lors de toute réunion du conseil est de droit quelle que soit la question abordée[5] : les délégués du comité d'entreprise ont droit aux mêmes documents que les administrateurs. Il faut noter que le défaut de convocation des délégués n'entraîne pas nullité des délibérations du conseil mais constitue un délit d'entrave puni d'un emprisonnement d'un an et d'une amende de 3 750 € [6], le responsable étant de droit le président du conseil qui est chargé de la convocation de l'organe. Il est donc évident qu'une décision qui serait prise dans un comité et ne ferait pas l'objet d'une délibération alors qu'elle est de la compétence du conseil pourrait être considérée comme constitutive d'un délit d'entrave.

1. Décret du 23 mars 1967 art. 90 al. 2.
2. Id. art. 115 al.2.
3. C. trav. art. L. 432-6.
4. Cass. soc. 5 mai 1983.
5. Cass. com. 17 février 1975.
6. C. trav. art. L 483-1 (peines doublées en cas de récidive).

Le deuxième aspect sur lequel il faut attirer l'attention des dirigeants est la possibilité offerte par le droit français de présence d'administrateurs représentant les salariés. Déjà, lors de la loi sur la démocratisation du secteur public, dite loi Auroux, du 26 juillet 1983, la présence de salariés dans les conseils des sociétés du secteur public était prévue. L'ordonnance du 21 octobre 1986[1] prévoit que les sociétés peuvent stipuler dans leurs statuts que le conseil comprendra outre les membres élus par les actionnaires, des membres élus par les salariés, mais cette disposition reste une faculté offerte aux sociétés. Par contre, la loi du 17 janvier 2002, dite loi de modernisation sociale, prévoit que, lorsque les salariés et ceux des sociétés contrôlées détiennent plus de 3 % du capital, « un ou plusieurs administrateurs doivent être nommés par l'assemblée générale des actionnaires » sur proposition des salariés concernés[2].

Cette participation des salariés par la nomination d'administrateurs de plein exercice est un élément qui crée également une grande différence entre les sociétés françaises et américaines. On peut rapprocher ces dispositions de la participation des salariés allemands aux conseils de surveillance des *Aktiengesellschaft*.

Comités et conseil, pouvoirs et contre-pouvoirs

La mise en place de comités entourant le conseil est, ainsi que nous l'avons mentionné, une pièce importante dans l'équilibre des pouvoirs entre les organes de la société.

Depuis les exercices ouverts à compter du 1er janvier 2003, « le président rend compte dans un rapport (...) des conditions de préparation et d'organisation des travaux du conseil ainsi que des procédures de contrôle interne mises en place par la société... »[3]. Il est évident que la mise en place de comités entourant le conseil fait partie des conditions de préparation des travaux de celui-ci. Certains comités, le comité d'audit notamment, feront partie des mesures de contrôle interne.

L'Institut français des administrateurs[4] a fait réaliser une étude par le CSA dont il ressort que des comités ne sont présents que dans 45 % des conseils et que le cas le plus fréquent sont celui des comités des rémunérations. Certes l'existence d'un tel comité peut tendre à légitimer la rémunération des dirigeants et mandataires sociaux, mais il faut rappeler que la rémunération de président[5], celle du directeur général et des directeurs généraux délégués et membres du directoire[6] et les « rémunérations exceptionnelles » des membres du conseil[7] sont de la seule compétence décisionnelle du conseil et que toute rémunération reçue par ces personnes en dehors des dispositions

1. C. com. art. L 225-27 et suiv.
2. C. com. art. L 225-23.
3. C. com. art. L. 225-37 et art L. 225-68 (Loi du 1er août 2003, dite loi de sécurité financière).
4. Institut français des administrateurs, 27 av. de Friedland 75382 Paris Cedex 08.
5. C. com. art. L. 225-47, art L. 225-81.
6. C. com. art. L. 225-53, art L. 225-63.
7. C. com. art. L. 225-44, L. 225-46, L 225-84, L. 225-85.

légales peut être qualifiée d'abus de biens sociaux[1]. L'existence d'un comité des rémunérations ne supprime donc pas la nécessité d'une délibération formelle du conseil en présence des délégués du comité d'entreprise ou à laquelle participent les administrateurs élus par les salariés. En outre, un rapport présenté par le conseil d'administration ou le directoire à l'assemblée générale « rend compte de la rémunération totale et des avantages de toute nature versés, durant l'exercice, à chaque mandataire social. Il indique également le montant des rémunérations et des avantages de toute nature que chacun de ces mandataires a reçus durant l'exercice de la part des sociétés contrôlées (...) ou de la société qui contrôle (...) la société dans laquelle le mandat est exercé[2] ». La loi LSF du 1er août 2003 a rendu cette disposition, créée par la loi NRE du 15 mai 2001, inapplicable aux sociétés non cotées ou non contrôlées par une société cotée. La possibilité de « botter en touche » en confiant la définition des rémunérations des mandataires sociaux à un organe discret a donc complètement disparu.

Le rôle du comité d'audit, qui devrait être mis en place dans toutes les sociétés anonymes de quelque importance, doit encore davantage être pris en compte. Il a un rôle majeur à jouer dans l'accomplissement de ses tâches par le conseil en concentrant et approfondissant l'ensemble des fonctions de contrôle qui constituent maintenant la principale responsabilité du conseil[3]. On a pu le qualifier de « pièce maîtresse de la nouvelle organisation »[4]. Selon cette étude : « Le conseil d'administration n'examine la qualité du contrôle interne et de la gestion des risques que dans 59 % des cas ; lorsque le comité d'audit existe, celui-ci la vérifie dans 93 % des cas. »

Mais la responsabilité des membres du conseil n'est pas affectée par l'existence ou l'inexistence, l'efficacité ou l'inefficacité d'un comité d'audit. En effet, « les administrateurs et le directeur général sont responsables, individuellement ou solidairement selon le cas, envers la société ou envers les tiers, soit des infractions aux dispositions législatives ou réglementaires applicables aux sociétés anonymes, soit des violations des statuts, soit des fautes commises dans leur gestion ».[5] L'action sociale peut être exercée par la société elle-même, ce qui sera le plus souvent le cas lors de changement de contrôle entraînant la nomination d'un nouveau représentant légal ou lors d'ouverture de procédure collective. Mais elle peut aussi être exercée, *ut singuli*, par un actionnaire ou une association d'actionnaires[6]. Il faut rappeler que les membres du conseil de surveillance ne sont pas responsables de la gestion[7].

Or, le fait d'avoir mis en place un comité d'audit et de lui avoir fait jouer son rôle dans le sens le plus plein peut être un mode de protection d'une certaine efficacité. D'une part, il sera plus facile de prouver que l'acte mis en cause ne va pas à l'encontre de l'intérêt social car il aura été contrôlé par un organe auquel le décideur ne participe pas.

1. C. Appel. Paris, 27 février 1990.
2. C. com. art. L. 225-102-1.
3. C. com. art. L. 225-35, art. L. 225-68.
4. J.-M. Pinel, « Le comité d'audit, pièce maîtresse », *Les cahiers de l'Audit*, 1er trimestre 2002.
5. C. com. art. L. 225-251.
6. C. com. art. L. 225-252.
7. C. com. art. L. 225-257.

D'autre part, l'approbation des rapports du comité d'audit par le conseil donne à cette décision un caractère collectif et partiellement public qui évitera de le faire qualifier d'acte occulte.

D'autres comités peuvent être créés par le conseil suivant les besoins de la société, comité stratégique, comité des risques… Ces comités doivent avoir pour but et pour effet de rendre les décisions du conseil le plus conforme possible à l'intérêt social qui, en France, est défini comme étant l'intérêt propre de la personne morale tenant également compte des intérêts des différentes composantes de la société. Cet intérêt social doit être en permanence la référence du dirigeant.

23

LES SURVALEURS AU CENTRE DES PRÉOCCUPATIONS COMPTABLES

Dang Pham, Christophe Marion et Carine Boiteau

RÉSUMÉ

Les survaleurs sont encore au centre des préoccupations comptables de beaucoup de groupes. La communauté financière est restée longtemps divisée sur le choix de leur traitement comptable du fait de la coexistence de multiples méthodes aux plans national et international. Récemment, de nouveaux développements réglementaires au plan international ont, semble-t-il, changé la donne : le présent article fait un état des lieux, rappelle la complexité du problème et examine les apports et limites des nouvelles normes.

On n'a pas fini d'entendre parler des survaleurs. Hier, à la fin des années 1990, leur multiplication et leurs montants gigantesques témoignaient du dynamisme de l'économie et de l'optimisme des dirigeants engagés dans la course à la croissance et au redéploiement stratégique. Aujourd'hui, les actionnaires, encore traumatisés par la « dégringolade financière », apprennent que sous forme d'amortissements exceptionnels ou de pertes pour dépréciation, leurs dirigeants sont toujours en train de purger ces bilans de leurs « scories comptables » : 54 milliards de dollars pour AOL Time Warner, 44,8 milliards de dollars pour JDS Uniphase, 15,7 milliards d'euros pour Vivendi Universal en 2001... Les survaleurs sont donc encore au centre des préoccupations comptables de beaucoup de groupes. La communauté financière est restée longtemps divisée sur le choix de leur traitement comptable rendu complexe par la coexistence de multiples méthodes au plan national et international. Mais récemment, des développements réglementaires au plan international ont, semble-t-il, changé la donne : il est temps de faire un état des lieux, de rappeler la complexité du problème et d'examiner les apports et limites des nouvelles normes.

La nature ambiguë de la survaleur

La survaleur est la différence entre le prix payé et la valeur comptable de ce que l'on acquiert, compte tenu des revalorisations de certains éléments identifiables du bilan. Comment l'interpréter ?

La différence vient d'abord de la convention fondamentale du coût historique adoptée en comptabilité, qui entraîne plusieurs conséquences. En premier lieu, pour les actifs amortissables, le coût historique est amorti sur une durée conventionnelle, non dénuée de considérations fiscales. En règle générale, on amortit sur une durée plus courte que sa durée de vie économique, ce qui entraîne rapidement une valeur comptable inférieure à la valeur économique. En deuxième lieu, la comptabilité ne tenant compte que des actifs achetés par l'entreprise, de nombreux actifs, notamment incorporels, générés en interne, ne sont pas représentés au bilan (marque, fonds de commerce, etc.). Enfin, il est normal que le coût, par hypothèse payé dans le passé, ne soit pas une bonne représentation de la valeur actuelle ou attendue dans le futur. L'approche bilantielle, privilégiée par la comptabilité, s'oppose à celle du rendement, favorisée par l'acheteur.

De plus, même si l'on supposait que la comptabilité représente correctement la valeur d'un actif, on pourrait encore admettre que cette valeur ne soit pas pertinente dans le cas d'une acquisition d'entreprise. En effet, l'ensemble des biens acquis vaut plus que la somme de leurs valeurs : « le tout vaut plus que la somme des parties ». Quitte à aller dans le sens des synergies, certains ajoutent que l'entreprise achetée vaut même plus que la valeur intrinsèque de l'ensemble de ses actifs et passifs, puisque ceux-ci sont à intégrer dans un ensemble plus grand : celui de l'acquéreur. On parle alors de synergies externes…

Plus grand choix

Enfin, les survaleurs constatées à l'occasion de regroupements d'entreprises sont souvent telles que les mathématiques et la psychologie ont aussi été avancées pour les justifier. Les mathématiques contribuent par le biais de la théorie des options réelles, qui vise à mesurer la valeur de la flexibilité dont disposent les dirigeants en situation d'incertitude. Imaginons deux usines : A, capable de produire jusqu'à 1 million d'unités avec des frais proportionnels à la production, et B, qui peut produire ces mêmes quantités, mais à un niveau constant de frais fixes. Il est assez intuitif que A vaut plus cher que B, même dans l'hypothèse d'une production de 1 million d'unités et même si les coûts de revient sont équivalents à ce niveau de production. Dans cette logique, c'est l'accès à un plus grand choix de décisions économiques qui justifie la survaleur. En plus des mathématiques, la théorie financière a recours à la psychologie et explique la survaleur par le simple orgueil (*hubris* en grec ancien). Comme l'a dit Warren Buffet, de nombreux acquéreurs se prennent pour une princesse dont le baiser va transformer le crapaud en superbe prince charmant : « on observe de nombreux baisers, mais très peu de miracles ».

Naturellement, selon l'analyse que l'on fait de la survaleur, la vision que l'on aura de son traitement comptable sera bien différente.

Les modes de traitement de la survaleur

On peut d'abord préconiser une imputation de la survaleur en déduction des capitaux propres consolidés. Plusieurs raisons sont avancées, notamment par les Britanniques qui ont été longtemps au premier rang des défenseurs de cette solution : difficulté à identifier les origines de la survaleur et à déterminer la durée d'un éventuel amortissement, ambiguïté du concept qui fait que son caractère d'actif peut être contesté (ce n'est pas un élément séparable qui peut être vendu sans céder d'autres éléments du patrimoine ou l'entreprise elle-même), cohérence avec la non-reconnaissance à l'actif du *goodwill* créé en interne. Mais ce traitement présente l'inconvénient, notamment, de voiler le montant investi et de faire disparaître toute mauvaise affaire, rendant ainsi plus difficile l'appréciation de la performance après l'acquisition. À l'extrême, il a permis le « recyclage » en résultat des capitaux propres antérieurs, par le biais de reprises de provisions constituées lors d'acquisitions. Il est aujourd'hui interdit au niveau international et son application a été rendue pratiquement impossible par les autorités comptables françaises. On peut aussi tout simplement empêcher la survaleur de naître : on aura recours alors à la méthode de mise en commun d'intérêts (*pooling of interests*) qui permet, dans le cas d'acquisitions payées principalement en actions et sous certaines conditions, de comptabiliser les regroupements d'entreprises non comme des acquisitions mais comme des mariages : on se contente alors d'agréger des valeurs comptables, les actifs et passifs acquis étant repris en coûts historiques et aucune survaleur n'étant dégagée.

Cette solution est particulièrement avantageuse dans la mesure où le résultat est non seulement allégé d'un amortissement de survaleur qui n'existe plus, mais encore « boosté » par le maintien des coûts historiques (réduction des bases d'amortissement des actifs amortissables acquis, augmentation des plus-values futures en cas de cession) alors que dans le même temps les capitaux propres sont réduits, ce qui améliore les taux de rentabilité futurs. À l'origine applicable seulement dans des situations particulières où il n'était pas possible d'identifier un acquéreur, ce mode de traitement a cependant donné lieu à de nombreux abus aux États-Unis. Reconnu en France, il est en train de devenir (pour combien de temps ?) une exception française (BNP/Paribas, Carrefour/Promodès, Total/Fina/ELF, etc.) car les nouvelles normes tant internationales (IFRS 3) qu'américaines (FAS 141 et 142) l'interdisent. On peut aussi inscrire la survaleur au bilan et l'amortir, si elle est positive, sur sa durée d'utilisation, comme tout autre actif amortissable. La survaleur semble satisfaire aux conditions de reconnaissance d'un actif : elle est source d'avantages économiques futurs pour l'acquéreur, dont la réalité est attestée par la transaction passée, sauf à remettre en question la rationalité économique des opérateurs et le caractère objectif de la mesure. Toutefois, pour certains, il est prudent de considérer que ces avantages futurs ne dureront pas éternellement et il convient par conséquent de procéder à un amortissement systématique.

La société M débourse 1 500 pour acquérir 90 % de la société F. La valeur comptable de F est de 500 à la date d'acquisition et M en détient 90 %, soit 450. Or, M a déboursé 1 500 pour les obtenir : il y a 1 050 d'écart de première consolidation. Si l'écart d'évaluation global est de 600, 90 % en revient à M, soit 540. Il reste donc 510 d'écart d'acquisition.

Les bilans de M et F, un an après l'acquisition

Bilan M			
Titres F	1.500	Capitaux propre	2 000
Autres actifs	3.500	Dettes	3 000
Total actif	5.000	Total passif	5000

Bilan F			
Actifs	1.000	Capitaux propres	500
		Dettes	500
Total actif	1.000	Total passif	.1 000

Les bilans consolidés du groupe M selon les 4 méthodes

Par hypothèse, on fixe le résultat consolidé avant traitement des écarts à 200, il est issu exclusivement de l'exploitation et toutes les dettes sont financières. Pour chacune des méthodes, trois ratios couramment utilisés en analyse financière sont calculés : le RoE (« return on equity » : résultat/capitaux propres), le RoA (« return on assets » : résultat d'exploitation/actif total) et le taux d'endettement (« gearing » : dettes financières/capitaux propres).

Imputation de la survaleur en déduction des capitaux propres consolidés			
Actifs	5.100	Capitaux propres	1.490
		Intérêts minoritaires	110
		Dettes	3.500
Total actif	5.100	Total passif	5.100
RoE : 13,4 %	*RoA : 3,9 %*	*Endettement :*	*2,3*

Méthode de la mise en commun d'intérêts (« Pooling of interests »)			
Actifs	4.50	Capitaux propres	950
		Intérêts minoritaires	50
		Dettes	3.500
Total actif	4.500	Total passif	4.500
RoE : 21 %	*RoA : 4,4 %*	*Endettement : 3,7*	

Amortissement sur vingt ans de la survaleur activée			
Actifs	5.100	Capitauxpropres	1.974,5
Ecart d'acquisition	484,5	Intérêts minoritaires	110
		Dettes	3.500
Total actif	5.584,5	Total passif	5.584,5
RoE : 8,8 %	*RoA : 3,1 %*	*Endettement :*	*1,77*

Activation de la survaleur et test de dépréciation annuel			
Actifs	5.100	Capitaux propres	2.000
Ecart d'acquisition	510	Intérêts minoritaires	110
		Dettes	3.500
Total actif	5.610	Total passif	5.610
RoE : 21 %	*RoA : 3,6 %*	*Endettement :*	*1,75*

Source : Auteurs.

Figure III.5 – Impact des modes de traitements

On peut laisser à l'entreprise le soin de fixer elle-même la durée de vie en fonction des hypothèses retenues et des objectifs fixés lors de l'acquisition (solution actuellement retenue en France) ou imposer conventionnellement des limites (vingt ans selon l'ancienne norme IAS 22, ou quarante ans autrefois aux USA). L'amortissement systématique des survaleurs a l'avantage de la simplicité et permet de respecter le principe de rattachement des coûts aux revenus (*matching principle*), central dans la comptabilité traditionnelle.

Ce mode de traitement n'est cependant plus retenu par les nouvelles normes IFRS 3 et FAS 142 qui se sont ralliées à une autre solution : inscrire la survaleur à l'actif sans amortissement et effectuer un test de valeur (*impairment test*) au moins annuel qui peut déboucher sur l'enregistrement (irréversible) de la dépréciation en résultat. Les partisans de cette solution, qui semblent donc l'emporter aujourd'hui, font valoir que l'actif incorporel acquis peut très bien avoir une durée indéfinie (comme certaines marques très anciennes qui continuent à être exploitées) et une valeur qui non seulement ne se dégrade pas mais augmente. Par ailleurs, un amortissement ferait double emploi avec la comptabilisation de charges telles que les frais de promotion, de publicité, de recherche, qui contribuent à maintenir, voire à accroître, les avantages économiques acquis. En outre, un résultat après amortissement systématique des survaleurs sur une durée arbitraire n'est pas, ainsi que diverses recherches l'ont montré (Jennings, LeClere et Thompson, 2001), d'une grande utilité pour les marchés financiers. Les analystes, souvent, « mettent de côté » cet amortissement pour retrouver un résultat plus pur. Le maintien au bilan des survaleurs, sous réserve de test de dépréciation annuel, aurait aussi le mérite de fournir une information à jour sur un incorporel et l'on sait la soif des marchés pour davantage de renseignements sur ces intangibles, de plus en plus importants dans la valorisation des entreprises.

Les quatre modes de traitement précédents ont des conséquences très différentes sur les états financiers (voir figure III.5).

Les nouvelles normes : test de dépréciation et UGT

Comment s'assurer que le montant de la survaleur globale au bilan ne s'est pas déprécié ? Par exemple, Sanofi a déboursé 55 milliards d'euros pour l'acquisition d'Aventis, dont les capitaux propres étaient de 10 à 15 milliards d'euros au 31 décembre 2003 (selon que l'on retient le référentiel comptable français ou américain). Le suivi de la survaleur ainsi dégagée, entre 40 et 45 milliards d'euros, est pratiquement impossible en l'état. D'où la nécessité de l'affecter aux différentes activités du groupe : médicaments de prescription, vaccins humains, santé animale ou aux autres métiers. Les normes internationales (IAS/IFRS) prévoient donc que la survaleur doit être affectée aux actifs sur une base assez fine : les « unités génératrices de trésorerie » (UGT). L'UGT est définie comme le plus petit groupe d'actifs générant des flux de trésorerie largement indépendants des flux générés par les autres actifs ou groupes d'actifs. Pour vérifier que les survaleurs sont comptabilisées à des valeurs satisfaisantes, il est nécessaire de mettre en place un processus en trois étapes : affectation des survaleurs, calcul de la valeur recouvrable des UGT et comptabilisation de l'éventuelle perte de valeur.

La première étape n'est pas sans problème. Par exemple, la Commission européenne donne son accord à la fusion entre Carrefour et Promodès à la condition qu'un certain nombre de magasins soient cédés afin d'éviter une position dominante sur ces marchés. La survaleur porte-t-elle sur l'ensemble des magasins de la cible, ou seulement sur ceux qui seront conservés ? Dans cette dernière hypothèse, comment affecter la survaleur si la liste des magasins à céder n'est pas encore arrêtée ? Pour se conformer à l'obligation d'affecter la survaleur, il est nécessaire de procéder à plusieurs estimations et hypothèses, qui incluent forcément toutes un certain degré de subjectivité. Ces hypothèses s'ajoutent à celles qui sont inhérentes aux UGT elles-mêmes. En effet, il convient de rappeler que la définition du périmètre des UGT est déjà le résultat d'un choix lourd de conséquences : toutes choses égales par ailleurs, des UGT au périmètre large sont susceptibles de mettre l'entreprise à l'abri de pertes de valeur significatives par le biais de phénomènes de compensation.

La deuxième étape consiste à calculer la valeur recouvrable de ces UGT définie comme le plus grand des deux montants suivants : la valeur de marché (le prix de cession net) et la valeur d'utilité. Par définition, une UGT en cours de test n'est pas à vendre, sinon des règles particulières de valorisation s'appliqueraient et elle figurerait sur une ligne à part des états financiers : activités abandonnées. Dès lors, il est difficile d'en connaître le prix de cession net. C'est pourquoi la valeur recouvrable sera le plus souvent basée sur la valeur d'utilité, c'est-à-dire la somme actualisée des flux de trésorerie attendus de l'UGT. Une certaine part de subjectivité intervient donc à cette étape également, à travers les hypothèses que ce calcul nécessite. En effet, non seulement des paramètres tels que la durée de projection et le taux d'actualisation sont susceptibles d'influer sur le résultat obtenu, mais, surtout, les prévisions sont par nature sujettes à caution. De même que certains nouveaux présidents ont pu être tentés de « passer les comptes à la paille de fer » par le biais de provisions importantes (*big bath reserve*) lors de leur prise de fonction, on peut craindre qu'une approche « pessimiste » dans l'élaboration des prévisions de trésorerie offre à la nouvelle direction un outil similaire. De plus, quelques difficultés supplémentaires d'ordre pratique sont à prévoir. En effet, du strict point de vue de la norme IAS 36, il n'est pas possible de se baser sur les plans d'activité de l'entité, car ceux-ci tiennent compte d'hypothèses pluriannuelles, comme la variation du périmètre de l'UGT. Or, la norme prévoit que la prévision de trésorerie doit porter sur un actif en l'état, c'est-à-dire compte non tenu des éventuelles réorganisations destinées à accroître la production. Ainsi, il faut prendre en compte les investissements de renouvellement, mais pas ceux de capacité.

Une fois ces difficultés surmontées, il convient – dernier temps du processus – de comparer la valeur d'utilité ainsi obtenue à la valeur nette comptable de l'UGT après affectation de la survaleur. Selon les normes IAS/IFRS, tout excédent de valeur comptable par rapport à la valeur recouvrable est affecté à la survaleur. Dans le cas particulier où la perte de valeur est supérieure à la valeur du *goodwill*, la perte est imputée sur le *goodwill* jusqu'à ce que sa valeur soit ramenée à zéro et le solde de perte non imputée est affecté aux autres actifs de l'UGT. Il s'agit d'un raccourci que les normes américaines (FAS 141 et 142) ne se sont pas permises. En US GAAP, l'excédent de valeur comptable sur la valeur recouvrable n'est que l'indicateur de la perte de valeur du *goodwill* (*triggering event*), qui doit être mesurée dans une étape complémentaire du processus que nous n'abordons pas ici.

Apports et limites des nouvelles normes

La philosophie privilégiée par les US GAAP et les IFRS comporte plusieurs avantages. Tout d'abord, elle met fin à la méthode du *pooling* très critiquée, qui masquait les montants de survaleur acquis et la réalité des transactions. Ensuite, elle s'inscrit dans un processus de convergence vers une méthode unique internationale. Par ailleurs, l'*impairment* évite l'écueil de la détermination d'une durée d'amortissement arbitraire rencontré par l'IAS 22 : dans les faits, les groupes privilégiant des durées courtes étaient pénalisés.

Enfin, selon les travaux d'Hirschey et Richardson (2002), l'annonce d'une dépréciation du *goodwill*, suite à un test d'*impairment*, apporte aux marchés financiers une information utile, perçue comme un signal de changements futurs adverses et importants pour le groupe. Cependant, sur le plan conceptuel, cette philosophie a été critiquée par certains commentateurs qui se sont interrogés sur l'intérêt d'un test de dépréciation qui ne sépare pas le *goodwill* acquis du *goodwill* interne généré par l'acquéreur avant et après l'acquisition : il peut en résulter une absence de signification réelle de la mesure, ce qui est troublant si l'on songe que, par ailleurs, les producteurs de comptes soulignent la complexité et le coût pour les entreprises de la mise en place de ce test…

Sur le plan pratique, comme nous l'avons montré, l'*impairment* implique des choix discrétionnaires. Outre l'effet de compensation, le test laisse des marges de manœuvre considérables à la subjectivité : détermination du périmètre des UGT, prévision de *cash flows*, choix du taux d'actualisation. Toutes ces possibilités sont de nature à offrir aux dirigeants une latitude non négligeable pour ne pas déprécier la survaleur ou au contraire pour « charger la barque », selon les intentions du moment.

Face à ces incertitudes, il est à craindre que les utilisateurs des documents financiers ne tiennent pas compte des éventuelles dépréciations du *goodwill*, de la même manière qu'ils n'utilisaient pas l'amortissement adopté par l'entreprise, mais employaient le leur. Toutefois, à la différence de la situation antérieure, ils ne disposent plus des informations nécessaires pour procéder à leur propre retraitement. Au total, le rapport coûts/avantages du nouveau dispositif semble incertain et même – pour l'instant du moins[1] – plutôt défavorable. Les normalisateurs n'auraient-ils pas cher payé la fin du *pooling of interests* ? Si c'était le cas, eux aussi auraient payé une… survaleur dont ils auront à assumer un jour la dépréciation.

1. En outre, le FASB et l'IASB étudient ensemble une suite qui rendrait encore plus complexe (*Business Combinations phase II*) le traitement de la survaleur (*full goodwill*).

24

CONTRE UNE SOCIÉTÉ À TRANSPARENCE ILLIMITÉE

Sophie Schiller

RÉSUMÉ

Aujourd'hui, les entreprises sont tenues de diffuser de plus en plus d'informations. Un tel développement de la transparence ne doit pas être poursuivi sans limites. Ces obligations sont nocives lorsqu'elles imposent de diffuser des informations trop fréquemment et trop largement. La communication totale est encore plus nuisible si elle concerne les rémunérations des dirigeants, car elle est inefficace et porte atteinte à leur droit au respect de la vie privée.

Un vent de transparence souffle aujourd'hui sur tout notre système juridique. Les origines de ce phénomène sont bien connues. Quelques retentissantes faillites et en particulier celle d'Enron ont sonné le glas de l'autorégulation. La confiance, fondement du capitalisme, était rompue. Une réaction s'imposait. La transparence fut avancée comme la réponse à tous ces dysfonctionnements et, dans le monde entier, la diffusion de l'information fut préconisée et développée. Parallèlement, l'évolution des technologies rendait la circulation de l'information plus aisée et favorisa cette explosion de la transparence. Désormais, doivent être communiqués non seulement les éléments comptables et strictement financiers, mais également la stratégie, les intentions… Les informations diffusées sont même si nombreuses qu'un nouvel outil de gestion s'est développé pour apprendre à les utiliser : l'intelligence économique. En dépit des nombreuses dispositions incitant ou imposant la transparence, la confiance tarde à se restaurer et les marchés restent toujours timides. Le remède serait encore insuffisant, il faudrait donc le renforcer. La tendance est de continuer à augmenter la diffusion d'informations et de contrôler davantage l'application de ces contraintes (le rapport annuel 2003 de l'AMF signale une augmentation du nombre de contrôles et des actions énergiques pour faire respecter les obligations de publication).

Les entreprises savent qu'une certaine transparence envers le public est nécessaire pour motiver les employés, attirer les clients et les investisseurs. Le plus souvent, elles s'y soumettent spontanément. La poursuite de la transparence comme un dogme a occulté les aspects négatifs des dispositions qui l'imposent. Fin 2002, Christian de Boissieu s'interrogeait sur l'opportunité de « tout dire, tout le temps » (titre d'un article paru dans la revue *Sociétal*, n° 37). Ainsi, il apparaît que la transparence doit être doublement restreinte : dans sa fréquence et dans son étendue.

L'information continue, telle qu'elle semble souhaitée aujourd'hui, peut se révéler dangereuse, tant pour la société qui la subit que pour l'actionnaire qui la reçoit. Elle compromet parfois une bonne gestion en obligeant l'entreprise à préférer une politique à court terme. En outre, elle risque d'occulter la vision de l'actionnaire et l'empêcher de faire la part entre l'épiphénomène sans conséquence et le mouvement de fond traduisant une réalité durable. Enfin, un rythme trop rapide renforce la volatilité des titres, ce qui est souvent peu souhaitable.

Cette information non continue doit être également circonscrite dans son étendue. L'existence d'une certaine opacité semble nécessaire au maintien de la performance des entreprises. En janvier 2003, Edward Johnson III, président de la société d'investissement Fidelity, et John Brennan, président du Vaguard Group, son plus grand concurrent, ont défendu cette idée dans le *Wall Street Journal*. Ils ont dénoncé les mesures prises par la SEC qui obligeait les entreprises de fonds de placement à révéler la façon dont se déroulent les votes lors des assemblées d'actionnaires. Ils avancèrent que de telles révélations constitueraient une violation de la propriété d'informations et que la connaissance d'une technologie, du marché, de la clientèle serait la base de la réussite de chaque entreprise. Dans l'intérêt de la société, l'information devrait toujours être diffusée avec réserve et retenue. D'autres voix s'élèvent aujourd'hui pour défendre le maintien d'un certain secret des affaires. Cela permettrait de garder le silence sur des échecs ou des impasses qui auraient un effet désastreux s'ils étaient révélés, alors qu'ils ne se sont parfois traduits par aucune perte réelle. De plus, il laisserait le temps de vérifier la pertinence d'une information et d'éviter ainsi la diffusion de fausses nouvelles qui auront un fort impact négatif lors de leur annonce, alors que leur démenti sera souvent tout à fait confidentiel. Pour toutes ces raisons, l'information doit être parfois réservée à des destinataires choisis.

Asymétrie d'information

Aujourd'hui, la transparence prend la forme d'une diffusion d'informations envers le public. Le plus souvent, le choix serait binaire : soit un élément est gardé secret, soit il est communiqué au grand public. Cette alternative fermée est regrettable pour plusieurs raisons. En premier lieu, les données économiques sont désormais fort complexes et le public est parfois bien en peine de construire son opinion. Le faible succès médiatique des débats politiques relatifs aux questions économiques en est la preuve. En deuxième lieu, la communication envers un très large public constitue un coût élevé pour l'entreprise. Une information plus ciblée est moins onéreuse. Enfin, en dernier lieu, dans le contexte actuel de confiance envers la *corporate governance*, cette information uniquement orientée vers le public est difficile à comprendre. Aujourd'hui, les entreprises sont fortement incitées à mettre en place des comités destinés à contrôler leur gestion. Ces organes doivent être constitués de représentants des actionnaires minoritaires ou de personnes suffisamment indépendantes pour pouvoir surveiller les dirigeants. Ne serait-il pas préférable de réserver l'essentiel des informations à ces comités ? Ayant la compétence et le temps, ils pourront en faire souvent un meilleur usage que le grand public et le nombre réduit des destinataires permettra de conserver une confidentialité souvent souhaitable. En outre, le maintien d'une certaine asymétrie d'information favorisera un bon équilibre entre les différentes parties concernées, assurera une meilleure utilisation de l'information et affermira le pouvoir de ces comités. Certaines sociétés du CAC 40 ont certainement fait ce choix. En effet, une étude a montré que lorsque ces sociétés respectaient correctement les exigences en matière de transparence, elles appliquaient souvent faiblement les recommandations relatives à la gouvernance d'entreprise. Les entreprises choisiraient soit de mettre en place des comités, soit de communiquer auprès du public, marquant le caractère potentiellement alternatif de ces deux possibilités. Récemment, lors de l'assemblée générale d'Alcatel, le président du comité des nominations et des rémunérations a exposé la politique de rémunération du groupe. Un président de comité, titulaire d'une information étendue, a ainsi fait un exposé succinct aux associés, destinataires d'une information plus réduite.

La question de la communication des rémunérations des dirigeants a concentré l'essentiel des débats sur l'opportunité et les inconvénients d'une diffusion de l'information envers le public. La communication de ces données semble être devenue indispensable tant elle s'est généralisée dans le monde entier. Les agences de notation imposent de diffuser les rémunérations des dirigeants, car ces éléments font partie de leurs critères d'analyse. Elles peuvent ainsi apprécier leur lien avec la performance, l'attribution des stock-options, la convergence des compensations financières entre concurrents et à l'international, la réelle indépendance des administrateurs… En outre, ces chiffres sont réclamés par le public qui est très friand de ce type d'information. Ils sont en général accompagnés de commentaires soulignant le caractère tout à fait excessif et injustifié des montants annoncés. La diffusion de ces informations à un très large public présente plusieurs défauts.

En premier lieu, une transparence totale sur les rémunérations des dirigeants serait inefficace, elle n'éviterait pas les excès et ne permettrait pas un meilleur contrôle. Ces dernières années, corrélativement au développement de la transparence, les rémunérations ont connu des augmentations record : les dirigeants de sociétés du CAC 40 ont vu leurs émoluments augmenter en moyenne de 36 % en 2000, de 20 % en 2001, de 13 % en 2002 et de 14 % en 2003. En avril 2004, un rapport parlementaire a expliqué cette inefficacité. Il a indiqué que la communication de ces montants « doit s'accompagner de pédagogie ; il ne suffit pas de jeter en pâture des rémunérations, généralement élevées ; encore faut-il expliquer ce qu'est la rémunération d'un dirigeant social dans une société où le modèle dominant est le salariat ou le traitement ». La rémunération d'un dirigeant est une notion complexe et, de ce fait, difficile à apprécier. Elle comprend théoriquement six niveaux. Là où le salarié n'est rémunéré qu'avec un étage (salaire) ou deux (intéressement) et, plus rarement, trois dans les entreprises où existent des systèmes de participation, de multiples éléments entrent en compte dans la détermination de la rémunération d'un dirigeant de société. Le salaire de base rémunère, en quelque sorte, sa compétence « théorique » c'est-à-dire celle qu'il est réputé avoir à partir de ses expériences professionnelles antérieures ; le bonus est fondé sur sa capacité à atteindre les objectifs annuels, qui peuvent être fort divers ; d'autres éléments servent à rémunérer la performance de l'entreprise à moyen terme ; quant à la spécificité des régimes de retraite et des indemnités de départ, elle reflète largement la précarité de la fonction, le dirigeant étant révocable ad nutum. L'appréciation de la rémunération n'est possible que si tous les éléments sont communiqués, qu'ils sont expliqués et comparés avec des références comparables. Il est nécessaire d'instaurer des critères et des chartes de présentation en commun. Or, Didier Cornardeau, président de l'Association des petits porteurs actifs (Appac), soulignait qu'« on a l'impression que nous ne parlons pas tous le même langage. Qui peut m'expliquer de manière claire la notion d'Ebitda [*Earning before interest tax depreciation and amortization*] ? Ce critère existe dans la réglementation américaine. La COB [Commission des opérations de Bourse, intégrée dorénavant dans l'AMF] a laissé les sociétés françaises communiquer sur ce critère. Mais la notion d'Ebitda, vue par les groupes français, diffère de la version américaine. » Les éléments communiqués sont souvent insuffisants pour permettre une réelle appréciation des rémunérations. Selon le rapport Proxinvest de 2002, 62 % des sociétés du SBF 120 ne communiquent pas la rémunération variable de leurs dirigeants. Ainsi, dans un tel contexte et compte tenu de la complexité de ces questions, le rapport parlementaire d'avril 2004 n'a pas souhaité reconnaître aux associés, lors de l'assemblée générale, le droit d'émettre un vote consultatif spécifique sur les rémunérations. Il a déconseillé d'introduire cette disposition existant dans les pays anglo-saxons, craignant qu'en France l'appréciation se fasse avec « une grille de lecture qui reste malheureusement trop marquée par des concepts vieux de deux siècles, tels que celui de la lutte des classes ».

Conserver une « intimité »

En second lieu, une totale transparence sur la rémunération des dirigeants a pour défaut de heurter plusieurs principes fondamentaux de notre droit civil. En droit français, depuis le XIXe siècle, le patrimoine est considéré comme indissociablement lié à la personne. Il serait une émanation et un prolongement de la personne. La révélation de la fortune constituerait alors une violation des droits de la personnalité. La Cour de cassation s'est prononcée à plusieurs reprises sur cette question, en particulier à propos d'un litige opposant Jacques Calvet, alors président de Peugeot-Citroën, au *Canard Enchaîné* qui avait publié ses avis fiscaux illégalement obtenus. Les juges français ont condamné le journal. L'affaire a été portée devant la Cour européenne des droits de l'homme qui a condamné la France au motif que « les questions patrimoniales concernant une personne menant une vie publique, tel un dirigeant d'une grande entreprise, ne relèvent pas du domaine de la vie privée ». Cette solution a été vivement critiquée par une partie de la doctrine pour plusieurs motifs. D'une part, elle serait inégalitaire, car elle refuse d'intégrer le patrimoine des riches à leur vie privée, alors que les juges ont toujours affirmé que la faiblesse des ressources ou la perception du revenu minimum d'insertion ne devaient pas être révélées au nom de la protection de la personnalité. S'il existe un droit au respect du secret de l'avoir et que l'information patrimoniale apparaît comme une information relative à l'identité des personnes, tous doivent en bénéficier, au nom du principe constitutionnel d'égalité. D'autre part, l'information relative au patrimoine des personnes fortunées porterait atteinte à leur droit au respect de leur tranquillité. Certaines décisions de tribunaux français ont ainsi justifié le rattachement du patrimoine des riches à leur vie privée sur ce fondement en invoquant les risques de vol, de séquestration pour obtenir une rançon, de racket…

Au nom de la transparence, il ne faut pas sacrifier tous les autres principes. La personne doit rester au cœur de nos préoccupations. L'entreprise comme ses dirigeants doivent pouvoir conserver une certaine « intimité ». En 2002, un célèbre avocat, membre de l'Académie des sciences morales et politiques, concluait un article sur « secret et transparence » en rappelant que « confiance, confidence et silence sont trois notions inséparables de la dignité de l'homme ».

25

LA MANIPULATION DES COMPTES : MOTIVATIONS ET PRATIQUES

Gaëtan Breton et Hervé Stolowy

RÉSUMÉ

Cet article présente les différents aspects de la manipulation des comptes : la gestion des résultats, le lissage des résultats, le nettoyage des comptes et la comptabilité créative. Nous proposons une classification de ces pratiques, fondée sur le désir des dirigeants et des actionnaires d'influencer les possibilités de transfert de richesses entre les différentes parties prenantes de l'entreprise. La manipulation se matérialise principalement à deux niveaux : le bénéfice par action et le ratio dettes/capitaux propres.

Dans son discours du 28 septembre 1998 intitulé *The Numbers Game* (« Le jeu des chiffres »), Arthur Levitt, un ancien président de la SEC, attaquait les pratiques de gestion et lissage des résultats dans certaines sociétés cotées. Avec l'affaire Enron, la question de la manipulation des comptes est apparue sur le devant de la scène de l'actualité américaine, puis internationale, notamment avec WorldCom, Ahold et Parmalat.

La « manipulation des comptes » est une expression générale englobant une série d'actions ayant des buts différents : gestion des résultats (*earnings management*), changer les résultats d'un exercice donné ; lissage des résultats (*income smoothing*), donner l'impression d'une croissance stable à moyen terme ; nettoyage des comptes (*big bath accounting*), profiter du changement de direction pour éliminer les effets des manipulations passées, notamment pour améliorer les résultats futurs. D'autres appellations plus générales existent aussi : habillage des comptes (*window dressing*) et comptabilité créative (*creative accounting*). Ces pratiques découlent de la discrétion laissée aux dirigeants en matière de choix comptables ou de structuration des opérations, afin de modifier les possibilités de transfert de richesses entre l'entreprise, d'une part, et la société, les fournisseurs de financements et les dirigeants, d'autre part.

Les acteurs et leurs motivations

L'entreprise est en relation avec de nombreuses parties prenantes (*stakeholders*). Comme le montre la figure III.6, nous considérons qu'il existe trois acteurs principaux dans le jeu des transferts de richesses provenant de la manipulation des comptes : la société, les fournisseurs de financement et les dirigeants. De tels transferts de richesses ne sont en général possibles que si les marchés de capitaux ne sont pas hautement efficients, ouvrant alors la porte à la possibilité de tromper les participants à ces marchés. Les objectifs évoqués dans la figure III.6 peuvent être associés à des cas ou des contextes particuliers : enquêtes ou surveillance par des organismes de réglementation, clauses restrictives dans les contrats de dette, et changement de contrôle.

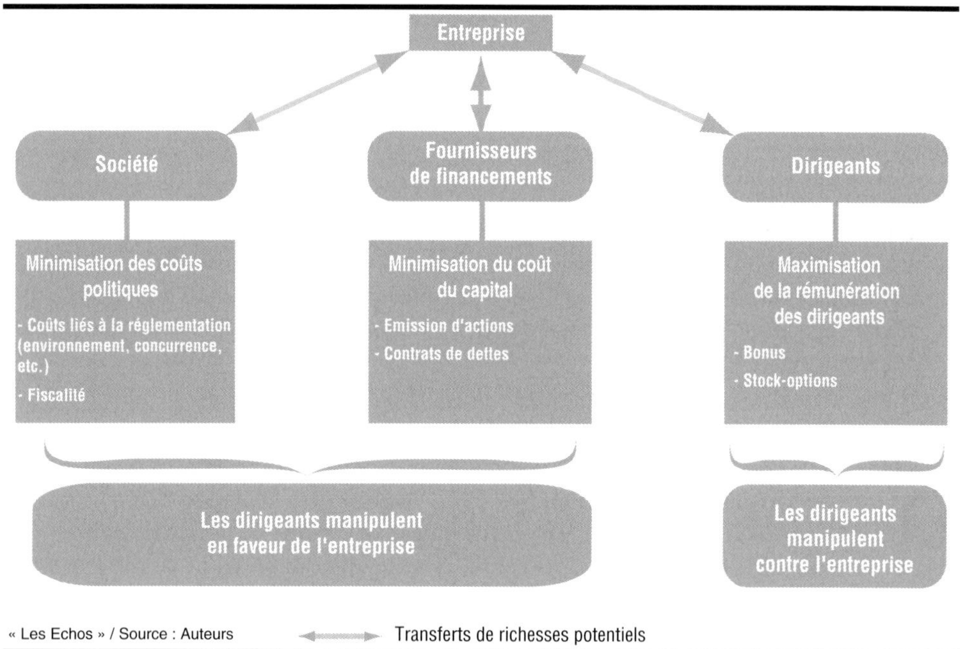

Figure III.6 – Pourquoi manipule-t-on les comptes ?

Classification des différentes formes de manipulation des comptes

La manipulation des comptes repose sur une conception de la comptabilité en tant qu'instrument de la stratégie générale de l'entreprise ou de ses dirigeants. Il faut cesser de considérer que la comptabilité serait uniquement au service de la transparence, échappant ainsi à la logique de la stratégie globale de l'entreprise ou à l'expression de l'intérêt spécifique des dirigeants en place. Notre classification se fonde sur la possibilité de transfert de richesses entre parties prenantes, résultant de l'asymétrie d'informations

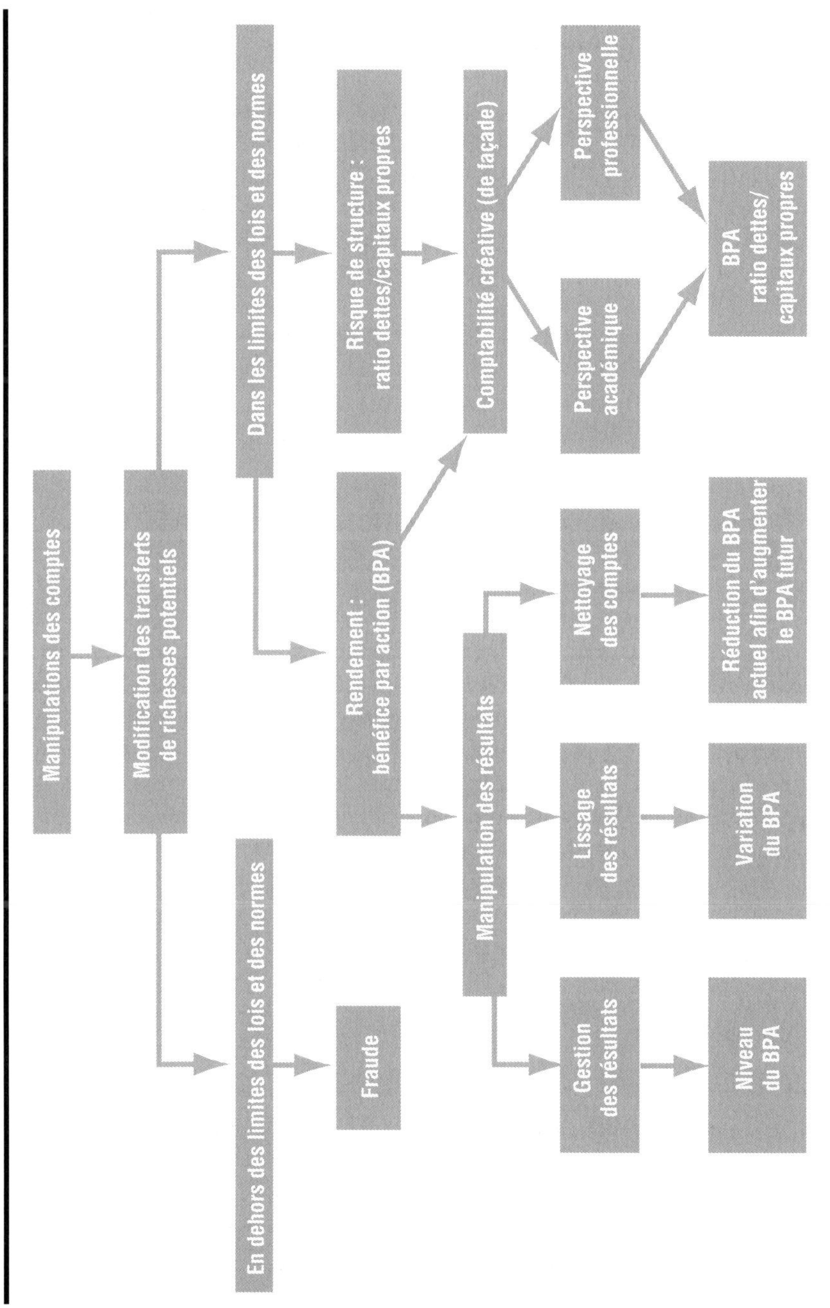

« Les Echos » / Source : Figure adaptée de Stolowy et Breton (2003)

Figure III.7 – Différentes formes de manipulation

qui existe entre les dirigeants et d'autres catégories de parties prenantes. L'objectif de ces manipulations est d'altérer deux mesures comptables qui sont fondamentales dans le cadre des transferts de richesses : le résultat (en général mesuré par action) et le ratio dettes/capitaux propres. On peut modifier le résultat par action de deux façons : soit en y ajoutant ou enlevant certains produits et certaines charges (c'est la manipulation par modification du résultat net), soit en transférant une rubrique en amont ou en aval du résultat qui sert de base de calcul pour le résultat par action (c'est la manipulation par classification). Quant au rapport des dettes aux capitaux propres, il est possible de le modifier en agissant sur le bénéfice (inclus dans les capitaux propres) ou en dissimulant certains financements par le moyen de dispositifs générant des engagements hors bilan. La figure III.7 présente les différentes techniques de manipulation.

Manipulation des résultats

Comme le montre la figure III.7, la manipulation des résultats se subdivise en trois catégories.

■ Gestion des résultats

De nombreux chercheurs ont tenté de mesurer la gestion des résultats sur la base d'études empiriques. Ils se fondent en général sur le fait que les résultats diffèrent des flux de trésorerie par les *accruals*[1] (profit = *cash flow* + *accruals*). Les flux de trésorerie étant considérés comme inaltérables, toute gestion des résultats doit donc passer par les *accruals*. Cependant, Jones (1991) montre que ces *accruals* varient en fonction du niveau d'activité et propose de déterminer la part des *accruals* ayant une relation normale avec le niveau d'activité (non discrétionnaires) et la part ouverte à la gestion (discrétionnaires). Une autre approche, initiée par Burgstahler et Dichev (1997) et Degeorge, Patel et Zeckhauser (1999), analyse la distribution statistique des résultats afin de définir des seuils. Ces auteurs démontrent que les entreprises gèrent leurs résultats pour éviter une « petite » perte.

■ Lissage des résultats

L'objectif du lissage des résultats est de produire des bénéfices qui suivent une courbe de croissance régulière. La pratique du lissage des résultats est fondée sur la conviction qu'une progression régulière dans les bénéfices déclarés trompera les participants au marché des capitaux. La principale méthode de détection utilisée consiste à comparer la variation du résultat net à celle des ventes (Eckel, 1981). Fondée sur l'idée que les ventes ne sont pas manipulables, si le résultat net varie moins que les ventes, il est

1. Le terme *accruals* est parfois appelé « variables comptables de régularisations » (VCR). Nous avons toutefois préféré conserver le terme anglais.

considéré comme ayant été lissé. Précisons toutefois que cette méthodologie est hautement discutable, si l'on constate que de nombreuses études empiriques n'ont pas réussi à démontrer la présence du lissage.

■ Nettoyage des comptes

Un des défis majeurs, dans ce cas, est de reconnaître la présence du phénomène. Les dirigeants peuvent avoir tendance à surcharger les comptes de bilan, capitalisant les dépenses ou enregistrant par avance les produits. Un nouveau directeur général pourrait profiter de son arrivée pour nettoyer les comptes ainsi surchargés et déclarer une perte, la première année, qui sera imputée à l'administration précédente. Il se donne ainsi une marge de manœuvre pour recommencer les mêmes pratiques dans les années suivantes.

Comptabilité créative

L'expression « comptabilité créative » a été développée surtout par des praticiens de la comptabilité, et par les personnes qui rapportent et commentent les activités du marché (les journalistes ou des analystes financiers, comme Smith [1992]). Ils ont compris que la motivation, derrière la comptabilité créative, est le désir d'induire des investisseurs en erreur, en leur présentant ce qu'ils ont envie de voir (par exemple, des bénéfices en croissance constante). D'un point de vue méthodologique, les chercheurs effectuent des analyses approfondies des états financiers afin de déceler des applications douteuses des procédures et normes comptables. Les résultats de ces études laissent supposer que les comptes font bien l'objet d'une manipulation, afin de donner une meilleure image de l'entreprise.

Manipulation et fraude

La manipulation des comptes est-elle légale ? Malgré l'acception relativement péjorative du mot « manipulation » en français (ce qui est nettement moins le cas en anglais), la question mérite d'être posée. Dans la plupart des pays, les principes comptables laissent un certain espace à l'interprétation. Une interprétation légale peut rester fidèle à l'esprit de la norme, ou au contraire être « tirée par les cheveux », tout en restant dans les limites de la loi. Elle peut être erronée, sans être frauduleuse.

La fraude résulte d'un acte illégal, pas d'une interprétation. La différence entre fraude et interprétation n'est pas évidente pour tout le monde. Il reste un long chemin à parcourir avant de pouvoir tracer une ligne claire séparant les concepts d'image fidèle (censée être traduite par les comptes), de manipulation et de fraude.

BIBLIOGRAPHIE

D. BURGSTAHLER et I. DICHEV, « Earnings Management to Avoid Earnings Decreases and Losses », *Journal of Accounting and Economics*, vol. 24, 1997, pp. 99-126.

F. DEGEORGE, J. PATEL et R. ZECKHAUSER, « Earnings management to exceed thresholds », *Journal of Business*, vol. 72, n° 1, 1999, pp. 1-32.

N. ECKEL, « The income smoothing hypothesis revisited », *Abacus*, vol. 17, n° 1, 1981, pp. 28-40.

J. JONES, « Earnings management during import relief investigations », *Journal of Accounting Research*, vol. 29, n° 2, 1991, pp. 193-228.

T. SMITH, *Accounting for growth - Stripping the camouflage from company accounts*, Century Business, London, 2e édition, 1996.

H. STOLOWY et G. BRETON, « La gestion des données comptables : une revue de la littérature », *Comptabilité - Contrôle - Audit*, vol. 9, n° 1, 2003, pp. 125-151.

26

LA GOUVERNANCE DES ENTITÉS FINANCIÈRES ESPAGNOLES : UN SYSTÈME DUAL

Miguel Trias

RÉSUMÉ

Le système financier espagnol est remarquable par la coexistence de deux formes institutionnelles exerçant les mêmes fonctions : d'une part les banques, firmes privées cotées en Bourse ; de l'autre les caisses d'épargne ; structures à capital partagées semi-publiques. L'article s'attache aux avantages et inconvénients de chacun de ces modèles, ainsi qu'à l'intérêt de maintenir cette diversité institutionnelle.

Banques et caisses d'épargne : deux modèles institutionnels

Les grandes firmes contemporaines ont tendance à s'orienter vers un management professionnalisé qui repose sur des structures de délégation. Dans cette forme archétypique de l'entreprise capitaliste, le propriétaire fondateur est remplacé dans la transition générationnelle par des managers sans liens de propriété. La dispersion du capital permet à ces managers d'accéder progressivement à un statut d'indépendance. Le manque de motivation des actionnaires dispersés à exercer leurs droits dans la participation aux processus de prise de décision de l'entreprise a généré un paradoxe évident : la forme la plus avancée du capitalisme moderne semble renier l'un des principes de base du système capitaliste, qui consiste en l'adoption de décisions efficaces à l'aide de l'incitation à l'appropriation privée des profits.

La théorie de l'agence a tenté de rationaliser ce paradoxe, en systématisant les mécanismes d'alignement entre les actions des managers délégués et les intérêts des personnes qui détiennent finalement des droits dans l'entreprise (les actionnaires). Ces systèmes incluent les marchés, les structures de surveillance organiques et le risque réputationnel. Toutefois, le facteur déterminant du problème demeure, comme l'ont montré les scandales financiers observés entre 2001 et 2003. Comme dans les formes prototypiques de la société ouverte à responsabilité limitée, les entreprises coloniales du XVIIe siècle, les actionnaires sont avant tout les propriétaires des actions et ont rarement le statut de propriétaires d'entreprise. Dans l'entreprise coloniale, les autorités publiques jouaient le rôle de managers des incitatives commerciales. Dans la phase initiale du capitalisme, ce manager public a été remplacé par le manager propriétaire et dans les phases finales, par le manager professionnel. Les principales banques espagnoles correspondent à ce modèle social : il s'agit de firmes cotées en Bourse, avec un capital largement distribué, et dirigées par des managers professionnalisés qui contrôlent la structure gouvernante de l'entité.

Du point de vue de ce manager, le capital permet simplement de financer des projets d'entreprise. Si, pour des raisons dialectiques, nous rejetons, comme d'autres auteurs l'ont fait, le statut des propriétaires d'entreprise par rapport aux actionnaires, nous pouvons assimiler l'entreprise avec un capital dispersé à une structure équitable autonome, assignée à une fonction commerciale. De ce point de vue, nous pourrions nous trouver confrontés à une structure très similaire à celles présentant un caractère fondateur.

En Espagne, les caisses d'épargne, un type spécifique de structure fondatrice destiné à gérer des organismes financiers, ont été créées. Au cours des dernières années, la gouvernance de ces entités a soulevé un débat animé. Les secteurs qui préconisent une économie purement libérale ont critiqué le déséquilibre créé par les caisses d'épargne dans la mesure où elles s'affranchissent du marché du contrôle d'entreprise. Ces secteurs proposent de transformer les caisses d'épargne en sociétés ouvertes à responsabilité limitée.

Les caisses d'épargne ont vu le jour au XIXe siècle sous l'impulsion d'initiatives publiques et privées, principalement destinées à encourager les citoyens à économiser leur argent à l'aide d'organismes à but non lucratif qui mettent de côté leurs profits pour des réinvestissements ou des projets sociaux. Dans les premiers temps, les managers dépendaient d'un conseil où les fondateurs exerçaient une influence décisive. Cependant, leur évolution institutionnelle a généré des structures de gestion indépendantes, basées sur des mécanismes faisant appel à la délégation, très proches de celles développées dans le cadre des sociétés ouvertes à responsabilité limitée. Sur la base de ce parallélisme, la loi de 1985 a défini une structure de gestion pour les caisses d'épargne semblable à celle des sociétés ouvertes à responsabilité limitée, avec un conseil d'administration comme entité centrale, soumise, sur un modèle hiérarchique, à l'assemblée des délégués comme organe théoriquement souverain. Dans le même temps, les organes des caisses d'épargne se sont progressivement démocratisés et un système a été fondé sur la gestion des parties prenantes. Les groupes d'intérêts représentés dans les organismes dirigeants des caisses d'épargne comprennent les clients, les institutions importantes de l'entreprise, les organismes fondateurs, les municipalités avec qui les caisses d'épargne entretiennent des relations commerciales et les salariés.

Développement et succès des caisses d'épargne espagnoles

Pendant la phase de démocratisation progressive des structures gouvernantes, la sphère d'activité des caisses d'épargne s'est libéralisée dans deux directions.

D'une part, les caisses d'épargne bénéficient à présent de la même zone opérationnelle que les banques et peuvent assumer différentes activités gérées par les banques universelles européennes en les concurrençant sur un même pied d'égalité. D'autre part, elles ont pu élargir leur cadre géographique d'origine, généralement une région, si bien que les principales caisses d'épargne fonctionnent à présent comme des entités nationales et certaines ont même une portée internationale.

Cette homogénéisation a favorisé le développement des caisses d'épargne. Elles détiennent actuellement plus de la moitié de la part de marché des dépôts, surpassant ainsi les banques qu'elles concurrencent pratiquement dans le domaine des crédits aux particuliers.

Cet essor a soulevé des doutes au niveau des banques et des secteurs idéologiques qui pensent que ce modèle institutionnel risque de déséquilibrer le système de marché libre actuellement en vigueur dans les pays occidentaux et dénoncent les problèmes qu'il soulève.

Problèmes liés au modèle institutionnel des caisses d'épargne par rapport à celui des banques

■ Sous capitalisation

En raison de leur modèle fondateur, les caisses d'épargne ne peuvent pas émettre de capitaux comme moyen de financement. En conséquence, seul le réinvestissement des profits générés par leur activité leur a traditionnellement permis de protéger leurs ressources personnelles. Dans les périodes prospères, cela ne pose aucun problème car même si elles doivent réinvestir une partie de leurs profits dans des projets sociaux (appelés *Obra Social,* travail social), elles conservent une marge de réinvestissement importante et ne subissent aucune pression pour verser les dividendes. Toutefois, en cas de crise financière, les caisses d'épargne se retrouvent submergées de problèmes, incapables de compter sur leurs propres ressources, comme l'exige par la législation bancaire.

Jusqu'à présent, les caisses d'épargne n'ont pas été confrontées à des crises majeures, en particulier par rapport à celles qui ont touché les banques espagnoles. Toutefois, l'incapacité à gérer un état de sous-capitalisation par une approche du marché a amené le Partido Popular (parti populaire espagnol) à proposer un amendement à la loi en 2002, qui a été complété début 2004, destiné à fournir un instrument financier aux caisses d'épargne afin qu'elles puissent générer leurs propres ressources sur le marché. Il s'agissait des *Cuotas Participativas* (Actions participatives). Le Partido Socialista (parti socialiste espagnol) et le secteur des caisses d'épargne ont dénoncé le fait que cet outil risquait de transformer les caisses d'épargne en sociétés à capital partagé, comme en Italie. Un accord a finalement été conclu afin de limiter à 5 % le pourcentage d'actions participatives détenues par la même personne ou groupe et de suspendre les droits de vote. Ce secteur reste toutefois méfiant quant à l'émission de ces actions et les principales caisses d'épargne ont déclaré ne pas avoir l'intention de recourir à cette forme de financement.

■ Détachement du marché

Les banques ont critiqué l'asymétrie apparente entre les banques et les caisses d'épargne en ce qui concerne d'éventuelles acquisitions. Une caisse d'épargne peut en effet prendre le contrôle d'une entité bancaire en achetant ses actions, fait observé à plusieurs reprises, mais une banque ne peut pas acquérir une caisse d'épargne en raison de sa structure fondatrice. Par conséquent, les caisses d'épargne jouissent d'un avantage inégal dans le domaine des fusions et des acquisitions par rapport aux banques traditionnelles. Cela évite d'avoir recours à des mécanismes tels que les offres publiques d'achat hostiles sur les caisses d'épargne, afin de remplacer des managers inefficaces, en permettant également aux banques d'utiliser ce même mécanisme contre d'autres entités. Il est possible que cette observation ait influencé la Comisión Nacional de la Energía (Commission nationale de d'énergie) lors de son refus de l'offre publique d'achat lancée par Gas Natural, dont le principal actionnaire était la principale caisse d'épargne espagnole (La Caixa), contre Iberdrola.

■ Politisation

Toutefois, les critiques les plus sévères adressées au système institutionnel des caisses d'épargne sont motivées par le risque perçu de politisation des caisses. Dans toutes les caisses d'épargne, les administrations publiques désignent une partie considérable de leurs organismes dirigeants. Jusqu'en 2002, lorsque ce pourcentage a été limité à 50 %, beaucoup d'entités avaient dépassé ce chiffre. Cependant, en dépit de la diminution de ce pourcentage, l'influence du secteur public reste notable. Il s'ensuit d'une part une gestion instable parce qu'elle est subordonnée aux résultats électoraux, comme cela a été constaté à plusieurs reprises, et en particulier dans la deuxième plus grande caisse d'épargne espagnole (Caja Madrid). D'autre part, la pression des autorités politiques peut entraîner des décisions d'investissement davantage motivées par des critères des choix politiques que par des critères de performances économiques. Cette situation pourrait compromettre la solvabilité des entités si ces investissements n'ont pas les retours attendus.

Le modèle futur des caisses d'épargne

En dépit des critiques adressées aux caisses d'épargne, les données empiriques subsistent obstinément. Le modèle des caisses d'épargne espagnoles a mieux résisté aux différentes crises qui ont touché le secteur au cours des trente dernières années que le secteur bancaire. Les quelques caisses d'épargne placées sous administration judiciaire ont été redressées suite à leur fusion avec d'autres caisses, avec un effet anodin sur les fonds publics, alors que les banques ont dû supporter des coûts sociaux élevés pour surmonter les crises.

Les facteurs de réussite du modèle reposent probablement sur la nature même de l'activité bancaire traditionnelle, qui nécessite une implantation marquée des banques dans l'ensemble du pays et une gestion scrupuleuse. Ces deux critères ont influencé le développement des caisses d'épargne espagnoles, outre le niveau de professionnalisation élevé de sa structure de gestion. Le dernier facteur a certainement joué un rôle décisif et permis aux caisses d'épargne de résister à la pression exercée par les autorités politiques.

Toutefois, il serait inexact de déclarer qu'il s'agit d'un modèle pérenne et insensible aux éventuels risques, notamment si l'on considère l'expérience des autres pays européens, où les entités similaires ont disparu ou été transformées en sociétés à capital partagé. Nous avons examiné certains des principaux risques qui menacent le secteur. Ces menaces peuvent évidemment compromettre n'importe quelle entité ou même l'ensemble du secteur.

Une entité peut, en raison du manque de ressources propres, vendre ses actions participatives et entraîner ainsi une pression importante de la part des détenteurs de ces valeurs afin de faire reconnaître leurs droits politiques. En effet, la solution adoptée de refuser le droit de vote aux détenteurs de ces actions est une décision politique compromettante, mais elle manque de justification d'un point de vue microéconomique. Parce que si les droits des déposants-clients à être représentés au niveau de leurs organismes dirigeants sont reconnus, il serait encore plus juste de reconnaître les droits des actionnaires au risque spécifique de l'entreprise, comme dans les sociétés à capital partagé. Toutefois, les entités espagnoles ont réussi à financer leur développement au cours des trente dernières années sans utiliser cet outil financier. En outre, elles ont pour la plupart déclaré ne pas avoir l'intention de le faire.

Le désintérêt des caisses d'épargne pour le marché des fusions et acquisitions est un fait, mais il représente simplement un problème théorique. Les caisses d'épargne et les banques peuvent effectuer des opérations amicales qui entraînent le rattachement de leurs activités. En outre, même s'il est impossible de prendre le contrôle d'une caisse d'épargne par le biais d'un mécanisme hostile, cette situation n'a jamais été observée, en pratique, pour les banques espagnoles, notamment en raison du niveau de protection élevé dont elles jouissent. Par conséquent, le détachement du marché des fusions et acquisitions est vraisemblablement une caractéristique commune aux caisses d'épargne et aux banques ou du moins jusqu'à aujourd'hui.

La politisation reste un risque latent étant donné que comme nous avons pu le constater, en dépit de la limitation de la représentation des administrations publiques dans les organes dirigeants des caisses d'épargne à 50 %, celles-ci continuent à exercer une influence considérable. Il convient toutefois de signaler qu'il s'agit d'une caractéristique qui a existé tout au long de la période de développement intense de ces entités. Nous devons donc déterminer si elle présente uniquement des risques ou si elle offre également quelques avantages.

Si nous comparons la gestion des caisses d'épargne à celle des principales banques espagnoles, nous observons que les deux types d'entités ont suivi un processus simultané de professionnalisation intense et de concentration progressive du pouvoir entre les mains des échelons supérieurs des firmes. Les quatre premières banques espagnoles (Santander, BBVA, Popular et Sabadell) sont cotées en Bourse et leur capital est largement réparti sur le marché. Il est bien connu que le marché exerce un contrôle diffus sur les structures dirigeantes de ce type d'entité. L'offre publique d'achat hostile et la course aux procurations (lorsqu'un ou plusieurs groupes ou individus cherchent à obtenir des procurations auprès des actionnaires d'une entreprise pour répondre à une tentative d'acquisition) sont les moyens dont disposent les groupes alternatifs ou les actionnaires eux-mêmes pour remplacer les administrateurs si leur gestion est inappropriée. Toutefois, en Europe occidentale, ces mécanismes ont peu de précédents fructueux. Cette situation peut permettre à des personnes peu scrupuleuses d'accéder à leurs structures dirigeantes, comme chez Banesto en 1987, et d'entraîner la crise la plus grave du système bancaire espagnol depuis les vingt dernières années.

La société ouverte avec un capital dispersé possède des conseils d'administration trop proches de l'équipe managériale et affaiblit la capacité des systèmes de surveillance à contrôler les structures de gestion hautement professionnalisées, qui sont créées au niveau des échelons supérieurs des firmes. Comme nous avons pu le constater, les caisses d'épargne, comme toutes les firmes modernes génèrent des structures de gestion sûres qui ont tendance à influencer la composition des organes dirigeants. Toutefois, contrairement aux banques traditionnelles, les autorités politiques apportent un équilibre au niveau des caisses d'épargne. L'équilibre entre les deux groupes est certainement un facteur clé du succès des caisses d'épargne. Si la balance penche en faveur des autorités politiques, la gestion souffre de la pression qu'elle subit pour prendre des décisions non justifiées d'un point de vue économique, et les performances des caisses d'épargne diminuent. Toutefois, si la structure de gestion est privilégiée, les mécanismes de l'agence sur lesquels repose le système de surveillance des managers s'affaiblissent, sans qu'elles puissent compter sur le contrôle exercé par le marché comme c'est le cas des sociétés à capital partagé.

Conclusion : un exemple de diversité institutionnelle efficace

Le système financier espagnol est un terrain d'essai intéressant où deux formes institutionnelles coexistent, exerçant la même fonction sociale dans un contexte de concurrence mutuelle acharnée.

Le succès des caisses d'épargne montre que la structure des sociétés à capital partagé n'est pas nécessairement la plus efficace en termes d'organisation de la grande firme moderne. Les récentes crises économiques ont montré les risques inhérents à ce type d'entité et nous ont amenés à considérer les facteurs clés de la réussite du système capitaliste.

Sans prétendre extrapoler le système bancaire espagnol à d'autres environnements géographiques ou secteurs d'activité, il montre selon nous que les deux facteurs clés du succès du capitalisme sont la compétitivité et la mesure des performances à l'aide du calcul rationnel des profits. La compétitivité est garantie par la grande variété d'acteurs alors que la diversité institutionnelle gêne les pratiques oligopolistiques dans la mesure où les managers des banques et des caisses d'épargne possèdent généralement des motivations et des profils différents. Dans les caisses d'épargne, la mission du manager est de rechercher les profits. Toutefois, alors que dans les banques et les autres firmes commerciales, ce profit sert à générer de la valeur pour les actionnaires, dans les caisses d'épargne, il est utilisé pour l'autofinancement et l'obtention d'avantages sociaux. Toutefois, les structures à capital dispersé ont montré que l'appropriation privée des profits n'est plus un élément central. Il est donc parfaitement logique que les entités qui n'adhèrent pas à cette appropriation privée, suivent une logique proche de celle des structures financières et parfois avec des niveaux d'efficacité supérieurs, comme le montre le cas décrit dans ce document.

PARTIE IV

PERFORMANCE ET PILOTAGE

27

FONCTION ACHATS : UN MODÈLE POUR CONDUIRE LE CHANGEMENT

Olivier Bruel

RÉSUMÉ

Dans la majorité des entreprises, les directions générales reconnaissent à la fonction achats un rôle stratégique majeur et une contribution à la création de valeur. Toutefois, si elle disposait bien de systèmes de mesure des performances à court terme, cette fonction manquait de modèles de référence pour piloter le changement sur le moyen terme : les matrices de maturité achats fournissent aujourd'hui un cadre conceptuel et opérationnel adéquat.

Que la fonction achats soit stratégique, c'est une évidence lorsque 50 à 80 % des coûts (directs et indirects) du compte de résultat, selon les entreprises – industrielles, de distribution ou de services –, sont constitués d'achats de produits, de prestations ou de services. Depuis quinze ans environ, beaucoup d'entreprises se sont recentrées sur leur « cœur de métier » en pratiquant une externalisation importante suite à l'analyse de leur chaîne de valeur, ce qui a abouti à l'augmentation du périmètre de responsabilité des achats. Ainsi, dans un contexte de concurrence aiguë et de globalisation accrue, les directions générales attendent aujourd'hui des directions achats d'abord une contribution à la compétitivité de l'entreprise (par des économies d'achats, une diminution du coût total d'acquisition incluant aussi les coûts financiers liés au besoin en fonds de roulement en amont et les coûts liés aux divers dysfonctionnements, qualité notamment).

Avec le développement de la *supply chain*, l'accent a aussi été mis sur la recherche effrénée de flexibilité et de réactivité, ainsi que sur la maîtrise parfaite de la qualité achetée.

En complément, les directions achats ont dû beaucoup contribuer à l'innovation, notamment par leur connaissance des marchés fournisseurs, des nouvelles sources d'approvisionnement (en particulier dans les pays à bas coût), des technologies actuelles et émergentes sur ces marchés, et par leur contribution effective au processus de développement des nouveaux produits.

Enfin, les achats doivent identifier et maîtriser tous les risques encourus par l'entreprise en amont de la chaîne de valeur : sécurité de l'approvisionnement, pérennité des sources d'approvisionnement, protection de l'innovation menée conjointement avec les fournisseurs et de la confidentialité des informations nécessairement partagées avec eux.

Pour toutes ces raisons, la fonction achats contribue totalement à la création de valeur, bien au-delà d'être uniquement un centre de coût axé sur des économies de court terme.

Mesurer les résultats ou les processus ?

Qu'est-ce alors que la performance des achats ? Comme pour toute fonction de l'entreprise, selon une approche très classique en contrôle de gestion, le concept générique de performance comporte cinq dimensions principales.

La première concerne les critères de performance exprimés en termes de résultats opérationnels attendus par la direction générale. À ce niveau, nous sommes dans le registre de l'efficacité (*efficiency*). Par exemple, un coût d'achat ou d'acquisition est un critère de performance ayant statut de résultat. De même pour la qualité livrée ou le taux de satisfaction des clients internes et services prescripteurs.

La seconde dimension a trait au modèle d'obtention de la performance. Ce point correspond aux variables d'action stratégiques utilisées et aux décisions opérationnelles effectivement prises. Ce modèle repose, en particulier, sur le choix de tous les processus mis en œuvre à tous les niveaux (homologation fournisseurs, processus de cotation des offres, pratiques achat-amont, etc.). Il doit y avoir nécessairement un lien de causalité entre les processus et décisions influençant les achats et les résultats constatés. Nous sommes dans le registre de l'efficience (*effectiveness*). Par exemple, le nombre de fournisseurs actifs et homologués en panel, le nombre de réponses aux appels d'offres ou le nombre de fournisseurs en juste-à-temps sont des critères de performance achats liés aux processus.

La troisième dimension concerne l'utilisation optimale des ressources mises en œuvre. Par « ressources », on entend les moyens humains, matériels et financiers mobilisés par la fonction. Cela concerne aussi les systèmes d'information et de pilotage (module achats d'un ERP, base de données marketing achat, etc.). À ce niveau, on peut parler d'efficience, mais aussi de productivité de la fonction. Par exemple, le nombre d'acheteurs associé au nombre de commandes passées est un critère de productivité, ainsi que le coût unitaire de traitement d'une commande et d'une livraison.

La quatrième dimension est constituée de tous les référentiels de situation. Par ce terme, on signifie que différentes situations sont difficilement comparables entre elles (entre différentes entreprises par exemple, aussi bien que, pour la même entreprise, du fait de contextes historiques concurrentiels ou environnementaux différents).

Le choix des indicateurs

La dernière dimension fait référence à la nécessité d'avoir un référentiel de comparaison pour juger de la performance, et en particulier de fixer des objectifs « cibles » de performance opérationnelle qui soient réalistes mais motivants. Il y a plusieurs référentiels « cibles » possibles : nous les analyserons plus loin.

Concernant les trois premières dimensions ci-dessus, elles vont toujours devoir être exprimées sous forme quantifiée et donc mesurable. Ceci donne naissance à un outil de gestion constituant le système de mesure des performances (ou tableau de bord) permettant le *reporting*. Cette question revient à celle du choix des indicateurs qui vont ainsi être regroupés en plusieurs catégories :

– La première est constituée des indicateurs de résultats en relation avec les objectifs opérationnels attendus par la direction générale.
– La seconde est constituée des indicateurs d'actions, en relation avec les décisions opérationnelles et de planification des divers processus, ou de suppression des divers dysfonctionnements.
– La troisième comporte les indicateurs de moyens (ressources mises en œuvre) et de productivité.
– La dernière enfin (non obligatoire) propose des indicateurs de comparaison (sur la base d'informations externes par exemple, comme des indices sectoriels ou de marchés).

Ainsi la performance achats doit être nécessairement multidimensionnelle, tout à la fois pour permettre à la direction générale de constater l'amélioration des résultats, mais aussi à la direction des achats pour manager les équipes et s'assurer de l'amélioration du professionnalisme achats[1].

Les référentiels de performance utilisés

Porter un jugement sur la performance et piloter une évolution des pratiques suppose des référentiels de comparaison, notamment pour fixer des « cibles » à atteindre. Comme la *supply chain* en général, les achats en utilisent classiquement trois différents.

La première approche consiste à opérer sur la base de comparaisons historiques. Approche la plus fréquente, elle consiste à exprimer un objectif par amélioration d'un résultat passé (souvent selon une fréquence annuelle de réactualisation pour des raisons budgétaires). Exemples : diminution de 5 % du taux de défauts sur les livraisons, diminuer le coût d'achat moyen de telle famille de composants de 3 % l'année prochaine, etc. Le seul commentaire à faire concerne la possibilité que certains biais

1. L'association Cesa Achats & Supply Chain a mené début 2004 une étude sur la mesure et le pilotage des performances achats. Leur étant actuellement réservés, les résultats détaillés seront disponibles fin 2004 (O. Bruel et F. Petit, ACA-HEC, juin 2004). Prendre contact avec l'auteur pour plus d'informations (bruel@hec.fr).

existent et faussent l'interprétation si l'on ne prend pas garde à la nature des causes réelles de la performance. Sur l'exemple des coûts d'achats, une diminution de 3 % peut en fait résulter de plusieurs causes :

- une meilleure mise en concurrence des fournisseurs par appel d'offres, doublée de négociations bien préparées, donc une réelle valeur ajoutée de l'acheteur ;
- une baisse du prix moyen constatée sur le marché fournisseur qui a été de 5 % (!), et dans ce cas l'acheteur a mal acheté puisqu'il n'a pas atteint la baisse constatée sur le marché ;
- une augmentation du volume acheté suite à l'augmentation des ventes, qui a mécaniquement permis une telle baisse par un effet volume, sans que l'acheteur n'ait eu à s'impliquer lourdement ;
- une évolution du taux de change qui a pu, mécaniquement, aussi permettre un effet sur le prix d'achat et, donc, l'atteinte de l'objectif.

Ainsi, l'objectif opérationnel peut être effectivement atteint par l'entreprise, mais cela n'implique pas que le résultat soit dû à une amélioration des performances des acteurs au travers des variables d'action « contrôlables » dont ils sont maîtres.

À l'inverse, un acheteur de matières premières dites « spéculatives », qui atteint une augmentation de prix de 3 % pendant une période de pénurie internationale pendant laquelle les cours et les indices ont effectivement augmenté de 6 %, réalise une performance remarquable. Et pourtant, le compte de résultat aura enregistré la hausse et, donc, une augmentation du poste matières premières !

Dans les groupes constitués de plusieurs centres de profit (*business units*), la seconde approche consiste à opérer par *benchmarking* interne sur base d'indicateurs similaires à ceux vus ci-dessus. Toutes les BU se verront fixer comme objectif les résultats de la « meilleure » d'entre elles selon un principe d'« alignement par le haut ». Les informations sont, en général, assez simples à collecter, d'autant plus facilement qu'un ERP unique existe effectivement au sein du groupe.

Il y a là aussi des limites à cet exercice : que les *business units* opèrent sur des marchés-amont dont les mécanismes sont différents et une limite logique à ce que les performances puissent être totalement alignées (par exemple parce que les filiales donneuses d'ordres n'auraient pas les mêmes attentes, ou que la structure concurrentielle et les standards des marchés fournisseurs ne seraient pas les mêmes). Toutefois, cette approche est simple et présente un réel avantage : amener les dirigeants de BU à s'interroger et à rechercher « spontanément » des causes explicatives à leur performance. En soi, pour la direction générale du groupe, ce résultat est déjà un succès. Surtout si elle demande explicitement à ses dirigeants un *reporting* périodique comparatif en comité de direction groupe les amenant à commenter et expliquer leur performance. Et aussi en confiant conjointement au directeur achats et au contrôle de gestion la mission de faire vivre le système de mesure de performances, en veillant à ce que les résultats soient publiés à fréquence rapprochée et accessibles à tous les dirigeants.

La dernière modalité de comparaison est bien sûr le *benchmarking* externe. Cela peut se faire soit par consultation de dossiers synthétiques de revues professionnelles ou académiques, soit par consultation de sites spécialisés, soit par la participation à des clubs de *benchmarking*.

Les difficultés sont de deux ordres :

– Trouver des bases de comparaison sur des critères de performance permet de se donner des objectifs de progrès, mais n'indique pas comment telle société a pu atteindre un résultat, par quel processus.
– Faire un *benchmarking* pertinent n'est pas nécessairement se comparer à des sociétés du même secteur (concurrentes), mais à des entreprises d'autres secteurs pour découvrir éventuellement d'autres niveaux de performance et d'autres façons de faire que les siennes, pour ensuite envisager l'utilité de les transférer dans son propre contexte.

Faire du *benchmarking* suppose donc, toujours, d'accepter le partage d'informations, d'expériences et surtout de solutions (à la frontière de données évidemment confidentielles). C'est un jeu donnant-donnant qui, généralement, peut difficilement fonctionner entre compétiteurs directs. Qui plus est, cette démarche peut aboutir alors à un alignement des pratiques, ce qui est antinomique avec l'idée de progrès et de différenciation stratégique.

Même utilisées conjointement, ces trois approches de la mesure et du pilotage présentent toutes néanmoins trois inconvénients majeurs :

– Elles se fondent sur des constats qui permettent de faire une observation en valeur relative (par rapport à soi-même, aux autres acheteurs du groupe voire d'autres sociétés), sans garantir que les pratiques achats mises en œuvre soient les meilleures au plan professionnel (et de ce fait « optimales »).
– Inscrites dans un cadre budgétaire donc annuel, au travers des outils de *reporting* et tableaux de bord achats, elles fournissent seulement un constat de la performance actuelle avec une vision de court terme.
– Dans ces approches, il n'est pas garanti que les actions entreprises soient spécifiques et cohérentes avec les besoins de la stratégie à moyen terme du groupe, et donc adaptées aux changements attendus par la direction générale.

Vers un modèle de progression à moyen terme

C'est pour répondre à ces carences qu'a été créé et diffusé avec succès le concept de matrice de maturité[1]. Les principes fondamentaux sont les suivants :

– On peut modéliser la fonction achats par définition de quelques principaux macrodomaines (certains concernant les choix politiques et les pratiques achats, internes

1. La première publication sur le sujet est assez récente : Jean Pilotage, « Les achats de Thomson-CSF : vers un nécessaire modèle de maturité », *Revue Internationale de l'Achat*, vol. 18, n° 2, 1998.

et externes ; d'autres, propres au management des ressources humaines, des systèmes d'information et des actions de communication interne et externe).

– Pour l'ensemble, il est possible de définir quelques niveaux de maturité – la pratique en retient généralement cinq – qui suffisent à définir autant de stades d'évolution de la fonction (d'un stade élémentaire la limitant à une fonction d'approvisionnement simple, jusqu'à un stade « idéal » où toutes les principales fonctions de l'entreprise sont « orientées achats » dans leurs choix et leurs propres décisions de gestion).
– Chaque domaine doit ensuite être parfaitement défini dans son contenu pour chaque niveau de maturité.
– Enfin, un audit permet de positionner la maturité « réelle » de la fonction achats de l'entreprise et, donc, la progression à réaliser à court terme se trouve être « naturellement » définie en visant une progression « verticale » et homogène dans tous les domaines à couvrir, sans impasse ni aucune concession.

De façon évidente, les niveaux de maturité ne peuvent être parcourus – avec qualification de tous les processus à chaque étape (au sens ISO du terme) – dans un court délai : il faut plusieurs années (entre cinq et dix au moins selon le stade de départ au vu des expériences déjà menées). Nous sommes bien dans une vision de moyen terme de nature stratégique. De plus, les objectifs de performance sur les résultats et sur les pratiques ne consistent plus à se comparer au passé dans un cadre rigide et immuable : ils sont naturellement déduits des progressions à réaliser.

Plusieurs déclinaisons

La matrice de maturité impose donc une projection sur l'avenir, et devient ainsi un véritable outil de management, qui plus est, communicable à tous les acteurs de l'entreprise. Périodiquement, des audits rigoureux doivent être menés pour valider la réalité des progressions : pour être incontestables, le plus souvent, il doit s'agir d'audits externes.

Pour la direction achats, le meilleur projet est bien sûr d'élaborer sa propre matrice, prenant en compte les spécificités du métier de la société, les évolutions nécessaires et possibles par grandes étapes, notamment en étroite relation avec les objectifs stratégiques généraux. Mais il est aussi possible de faire un travail collectif pour définir une matrice de référence – sectorielle par exemple – partagée par différents professionnels (en suivant une démarche de *benchmarking* collective) et de l'utiliser ensuite comme base de départ à personnaliser.

Pour illustrer le propos – il ne s'agit que d'un exemple et pas d'un modèle normatif –, le lecteur peut se reporter au tableau IV.1 où est présentée la matrice collective établie par les dirigeants achats de la promotion 2000 du cycle Cesa Achats dirigé par l'auteur.

Tableau IV.1 – Matrice de maturité achats : exemple de référence

	Niveaux	Contribution générale	Politique achats/leviers internes	Politique/leviers fournisseurs	Processus/Procédures/Pratiques	S.I.A. (systèmes d'information et d'aide aux décisions)	R.H. Achats (collaborateurs)	Communication interne/externe (relations utilisateurs)
Optimisation entreprise « acheteuse » (tous services)	5	Performance achat de l'entreprise « partagée » Fonction Achats « pilote » Achats reconnus et sollicités	Maîtrise de TOUS leviers clients internes et prescripteurs impliqués Stratégie achat dans la Stratégie générale	80 % Fnrs en partenariat Co-développement Innovation Alliances stratégiques	Certification (type ISO) de l'ensemble des processus achat (Dont Achats et autres services)	Système généralisé Extranet ET Internet (utilisation des applications Web)	Collaboration tous services Approche généralisée contractuelle	Plan de communication généralisé (toutes cibles DONT Fnrs « panélisés »)
	4	Intégration des achats dans la conception de produits/affaires Approche contractuelle Participation achats au « business »	Actions Leviers amont Standardisation Approche C.C.O. Make-or-Buy Participation Achats aux équipes projets Sourcing technologique Approche internationale globale e-sourcing	Idem + Plans de progrès formalisés Partenariat sur développement de produits Approche « panel » généralisée	Audits périodiques systémiques internes et externes Procédure(s) détaillée sur conception et développement produits/affaires (tous services)	Contribution à la BDD par tous les acteurs HORS Achats e-procurement	80 % des acteurs Achats au standard Formation/information des utilisateurs et prescripteurs Mise en place acheteurs Amont Mobilité interne	Chantiers-pilotes achat-amont (suite) Participation achats active aux groupes projet/affaires Plan de communication formel Actions fournisseurs de « motivations »
Optimisation « interne » des achats	3	Généralisation de l'approche achats aval Fonction achats reconnue	Segmentation (dont hors Production) Politique achat différenciée Analyse des marchés achats Globalisation externe Externalisation partielle Internationalisation progressive	Mise en concurrence systématique Construction d'un panel fournisseurs (cœur) Contrats-cadres/partenariat opération. (approche coût global) Diminution programmée des fournisseurs	Manuel achats Fiches de procédures diffusées et appliquées Audits internes Audits et pilotage fournisseurs (AQF)	BDD rationnelle généralisée (Intranet Achats) Base de données propres marchés/sourcing Utilisation sites Internet	2/3 des acteurs correspondent aux profils Formation recrutement Mise en place de marketeurs-achats	Manuel de procédures achat diffusé Politique achats diffusée (DG, utilisateurs, fnrs partenaires) « Chantiers-pilotes » sur CdCh définis avec utilisateurs
	2	Début d'utilisation de leviers aval identifiés Processus achats reproductibles	Segmentation formelle du portefeuille Définition politique d'achat générale Globalisation Planification des besoins	Mise en concurrence et contrats-cadre MT (fournisseurs cat. A) (prix, horizon, conditions de livraison)	Délégation (si OK) Règles formelles de rédaction des CdCh Suivis fournisseurs	BD centralisée interne achat (capitalisation des expériences par familles d'achats) Fichier fournisseurs	Définition et partage des principes de gestion RH (profils postes, analyse des compétences) Plan de formation acheteurs	Analyse systématique des besoins Approche « clients » contractuelle engagée
Approche « basique »	1	Gestion de l'approvisionnement Achat « passif » (execution)	Focalisation sur traitement des DA Approche achats par familles techniques Pareto 20/80 sans segmentation	Approche « approvisionnement » Négo. pour montant > X K€	Mise en place et respect procédure de DA standard Pas de relations formelles directes avec les utilisateurs	Bureautique de base Applications spécifiques/module ERP achats Traitement des DA et commandes	Identification des acheteurs (meilleure utilisation des compétences existantes)	Simple identification des clients internes

CdCh : Cahier des charges, Fnrs : fournisseurs, BDD : Base de données, CCO : Conception à coût objectif, DA : Demande d'achat, AQF : Assurance qualité fournisseurs
Source : promotion 2000 du cycle Cesa Achats.

À l'évidence, il reste essentiel de définir le tableau de bord achats constitué des indicateurs adéquats. Toutefois, il est clair ici que celui-ci devra nécessairement évoluer dans son contenu (nombre, natures et types d'indicateurs) au fur et à mesure de la progression effective de la fonction par stades d'évolution « verticale ». Pour exemple, au stade 1, pratiquement seuls des indicateurs de productivité et de flux sont utilisés et attendus de la DG. En revanche, plus on progresse verticalement, plus la batterie d'indicateurs de résultats et de processus devra se complexifier. On passera par exemple de la notion de prix d'achat à celle de coût d'achat, puis à celle de coût global d'acquisition. Le stade 4 justifiera des indicateurs d'achat-amont et de performance conjointe achats-autres fonctions, illustrant la rupture de nature liée au passage entre 3 et 4.

Un véritable outil de pilotage du changement

Ainsi dotée, la direction des achats dispose d'un véritable outil de management pour piloter le changement au sein de la fonction achats, mais aussi au niveau de toute l'entreprise. Toutes les déclinaisons sont possibles et se pratiquent : une matrice groupe sera déclinée par *business unit*, mais avec des principes de progression cohérents. En particulier, tous les choix éventuels de centralisation, coordination ou décentralisation des achats y seront intégrés. Une matrice société – niveau filiale – pourra être déclinée par segments de portefeuille achats et ainsi contribuer à l'évaluation individuelle des acheteurs. Dans tous les cas, la matrice de maturité devient la matérialisation du projet d'entreprise achats. Mais elle ne peut être en soi une garantie de succès.

Pour reprendre les termes d'Henri Irrthum, ex-VP de Global Sourcing & Logistics et CPO de DuPont[1], quelques principes clefs doivent toujours présider à un tel projet d'entreprise achats : « *Form a guiding group coalition* » (idée de groupe projet), « *Create a vision and develop strategies for achieving* » (nécessité d'une approche projet visionnaire et fédératrice), « *Take the corporate vision and apply it to procurement* » (positionnement clair des achats en contribution directe au business), « *Communicate the vision (...) Empower others to act on the vision* » (communiquer, changer les systèmes et structures « bloquants », encourager la prise de risques), « *Create short-term wins* » (démontrer, rendre visible, fédérer), et « *Consolidate improvement and produce more change* » (une fois la crédibilité établie définitivement...).

En avançant ainsi, la culture achat se diffuse dans toute l'entreprise : le directeur achats et ses équipes deviennent moins des opérationnels de façon quasi exclusive, mais les animateurs d'un plan de progrès partagé. À l'examen de beaucoup d'entreprises même importantes, il reste encore du chemin à parcourir...

1. Voir Henri Irrthum, *Eight Steps to Transforming Your Procurement Organization*, seminars and courses, Bettermanagement.com, 2003.

28

RÉGÉNÉRER LES PROCESSUS DE PLANIFICATION STRATÉGIQUE

Jean-Pierre Détrie

RÉSUMÉ

La performance d'une entreprise n'est pas son profit historique, mais sa capacité à créer des résultats futurs. Ce flux résulte du talent que l'entreprise met à constituer, gérer et entretenir, de façon originale, son panier de ressources rares (capital, personnel, système de gestion, entre autres). Gérer ces ressources requiert un système d'information anticipatif et reflétant les facteurs clefs (financiers et non financiers) du succès de l'entreprise.

Tous les jours l'actualité économique et financière nous livre le récit du dialogue difficile entre les analystes financiers et les dirigeants des entreprises, avec des conséquences parfois imprévisibles sur l'évolution des cours de Bourse. On le sait bien, celle-ci dépend de la vision du futur de l'entreprise que se seront forgée les analystes. S'ils achètent les prévisions optimistes de la direction de l'entreprise, alors la valeur de l'entreprise va s'envoler. Qu'ils doutent de la capacité de l'entreprise à tenir ses promesses et alors la chute peut être terrible !

Toute information délivrée sera immédiatement incorporée dans le modèle de prévisions de résultats qu'ils ont mis au point. Il nous est arrivé à plusieurs reprises de présenter à des cadres opérationnels d'une entreprise le contenu d'une note d'analyste, avec les prévisions à cinq ans de leur propre activité. Ils demeuraient stupéfaits que quelqu'un d'extérieur ait une connaissance aussi approfondie de leur activité et possède des prévisions qu'ils n'avaient pas eux-mêmes. Pourtant toutes les entreprises d'une certaine taille, qu'elles soient cotées ou non, se sont dotées d'un plan à trois voire cinq ans. S'il existe de telles divergences, à quoi sert la planification stratégique ? Certes, une des premières motivations est la coordination et le contrôle d'activités souvent très décentralisées. Le processus de planification donne alors l'illusion de rationalité dans sa considération du futur.

Alors, pourquoi, si ces processus fonctionnent bien, assiste-t-on à de si fréquentes bévues stratégiques ? Pourquoi, par exemple, Mercedes ne parvient pas à redresser Mitsubishi après avoir connu toutes les déconvenues lors de sa fusion avec Chrysler ? Pourquoi McDonald's a-t-il connu une telle crise ? Pourquoi a-t-il fallu si longtemps pour adapter les menus aux nouvelles habitudes de nutrition des clients ? Pourquoi Coca-Cola a-t-il dû renoncer au lancement de sa « boisson à base d'eau minérale » en Europe ? Personne dans la firme n'avait donc analysé le marché ? Pourtant ces grandes entreprises sont dotées de systèmes de gestion sophistiqués et pratiquent depuis longtemps la planification stratégique.

Il est donc temps de se poser les premières questions dérangeantes :

- Y a-t-il des décisions qui ont été prises et qui ne l'auraient pas été sans planification ?
- Si un concurrent entrait en possession du plan stratégique de l'entreprise, quel parti pourrait-il en tirer ?
- La planification est-elle vraiment utile ? Permet-elle ou empêche-t-elle des stratégies vraiment innovantes ?

Depuis une vingtaine d'années, dans les grandes entreprises, se sont mis en place des processus de plus en plus rodés qui n'ont pas toujours su éviter la dérive bureaucratique. Les outils d'analyse, les documents de travail ont été formalisés sous la forme parfois de bible de procédures, le tout dans un calendrier très précis. Il est clair que dans un tel contexte, les objectifs de la planification stratégique ont été oubliés voire détournés. Il devient alors plus important de respecter les procédures que de produire un résultat, c'est-à-dire un plan réellement innovant. On se pose des questions stratégiques parce que… nous sommes en septembre. La vraie question est peut-être arrivée en mars ! La planification devient alors un exercice de style, une démarche « politique » qui se caractérise par son insuffisance de réflexion. Comme nous le confiait un jour un dirigeant : « Nous avons besoin de votre aide : Nous sommes très bons en planification… mais nuls en stratégie. Nous avons des plans à dix ans, mais ne me demandez pas de vous expliquer comment nous réaliserons le chiffre d'affaires prévu à l'horizon de cinq ans. Les hypothèses de marché sont inexistantes ! »

C'est que, de plus en plus, on a « joué » avec les chiffres. Bien sûr il est nécessaire de chiffrer. Un plan stratégique sans chiffrage ne serait que de la littérature, mais un plan qui ne comporte que des chiffres n'a pas plus de valeur. Il faut chiffrer pour pousser la rigueur du travail, pour pouvoir prendre des décisions et surtout pour consolider. Mais l'excès de chiffres conduit trop souvent à reproduire le passé, à extrapoler, à programmer un développement purement incrémental. Dans cet exercice, le rôle des tableurs est dévastateur. Leur généralisation, leur facilité d'utilisation conduisent à pousser les chiffres du passé vers le futur, à « recopier à droite ». On cherche alors plus à expliquer les chiffres obtenus qu'à chiffrer un vrai raisonnement stratégique.

De tels plans se centrent essentiellement sur l'interne, oubliant trop souvent de se préoccuper du marché et des concurrents. On applique alors aveuglément les directives, exprimées ou supposées, de la direction générale ; on se cale implicitement sur les systèmes d'évaluation. Le résultat est, suivant les cas, un déficit ou un excès d'ambition, mais, dans tous les cas, un décalage avec une analyse pertinente du marché.

Questions fondamentales

Excès de planification, déficit de stratégie, manque d'ambition, d'ouverture, de créativité et d'innovation, c'est donc un piètre bilan. La conséquence est un détournement des critères de performance : on cherche à maintenir une rentabilité acceptable, mais les questions fondamentales ne sont pas posées : *quid* de la création de valeur, *quid* de la solidité de la position stratégique ? Il s'ensuit une grande difficulté à fixer les priorités et donc un doute sur la pertinence des décisions d'investissement. D'où une profonde interrogation : la planification stratégique est-elle vraiment utile ? Les dirigeants y croient-ils ? Ne pousse-t-elle pas à un développement purement incrémental ?

Un dirigeant a en fait trois missions fondamentales : définir le futur de l'entreprise, résoudre des problèmes complexes, prendre des décisions et s'assurer de leur mise en œuvre. Alors que ces trois missions devraient être assurées dans cet ordre avec une forte priorité accordée au futur dans l'emploi du temps des dirigeants, on constate trop souvent que l'affectation du temps des dirigeants est organisée en sens inverse, c'est-à-dire en consacrant un temps considérable au contrôle de la mise en œuvre, aux problèmes purement opérationnels. Posez-vous alors ces trois questions :

- Quelle part de votre temps consacrez-vous à des problèmes externes plutôt qu'internes ? (impact d'une nouvelle technologie versus répartition des frais généraux).
- Quelle part de ce temps (externe) est consacrée à envisager l'évolution de votre industrie à dix ans, par opposition aux soucis plus immédiats (contrats à négocier ou attaque d'un concurrent).
- Quelle part de ce temps consacré au futur est passée avec vos collègues à forger une vision commune et non un point de vue personnel ?

La réponse est souvent : 50/30/20 soit 3 % du temps consacré à construire une vision partagée du futur ! Quelles en sont alors les conséquences ? Chacun se forge sa propre idée du futur de l'entreprise... quand il en a le temps ! Comment, dans ce contexte, redonner à la planification stratégique la place qui doit lui revenir ? En faisant un peu plus de stratégie et un peu moins de planification. Les questions fondamentales sont faciles à poser : dans cinq à dix ans...

- Qui seront les clients de l'entreprise ?
- Par quel circuit les toucherons-nous ?
- Qui seront nos concurrents ?
- Sur quoi reposera l'avantage concurrentiel de l'entreprise ?
- De quelles compétences aurons-nous besoin ?
- D'où viendront les bénéfices ?

Il s'agit donc d'examiner en détail la chaîne de valeur et le *business model* actuels et d'en rechercher les limites :

- Quels clients ne sont pas touchés, quels besoins ne sont pas satisfaits ?
- Peut-on dégager du profit d'un autre maillon de la chaîne de valeur ?

– Une autre configuration pourrait-elle mieux répondre aux besoins des clients ?
– Dans quelle mesure sommes-nous menacés par de nouvelles règles du jeu ?

Mais pour accepter de se poser de telles questions, encore faut-il s'imposer quelques règles : le « code génétique du manager » lui dicte les réponses possibles face à une situation donnée. Les bonnes idées d'hier deviennent des principes d'orientation, puis demain des règles de fonctionnement, de comportement, donc de décision, incontournables. Remettre en cause les acquis (l'avenir ne sera pas une simple répétition du passé), apprendre à désapprendre (ce qui a fait notre succès hier sera différent demain) deviennent donc des conditions indispensables. Pour cela, rien de tel que de mobiliser des points de vue nouveaux dans l'entreprise ou carrément extérieurs. Ce processus de transformation, de régénération du plan stratégique doit impliquer une équipe de cadres dirigeants opérationnels dont la mission est de formuler des alternatives stratégiques crédibles, c'est-à-dire des *business models* alternatifs, d'autres configurations des ressources. L'objectif est de fournir à la direction générale, laquelle reste responsable du processus, des choix alternatifs, validés par une analyse à la fois externe (cohérence avec ce que l'on sait de la dynamique des marchés) et interne (en ayant examiné les conséquences opérationnelles précises de la batterie de choix proposés).

Ce processus consiste en fait à renverser le mode de fonctionnement classique du processus de planification stratégique. Au lieu de regarder le passé et d'imaginer comment il est possible de perfectionner le *business model* choisi, on va imaginer de nouveaux *business models*, les valider par des analyses et définir ensuite les plans de mise en œuvre. Avec une telle démarche, on pourra produire des plans cohérents. Cohérents avec les données externes et la dynamique de l'industrie, cohérents avec les ressources internes. Alors ces plans seront réellement confidentiels et mobilisateurs. Pour arriver à un tel résultat, il faudra accepter d'y consacrer du temps. Mais c'est peut-être une bonne utilisation des ressources et des compétences disponibles.

BIBLIOGRAPHIE

H. Mintzberg, *Rise and Fall of Strategic Planning*, Free Press, 1999.

G. Hamel, C.K. Prahalad, *Competing for the Future*, Harvard Business School Press, 1994 (Dunod, 1995, pour la version française).

INFORMER POUR CRÉER LA PERFORMANCE DE L'ENTREPRISE

Michel J. Lebas

RÉSUMÉ

La performance d'une entreprise n'est pas son profit historique, mais sa capacité à créer des résultats futurs. Ce flux résulte du talent que l'entreprise met à constituer, gérer et entretenir, de façon originale, son panier de ressources rares (capital, personnel, système de gestion, entre autres). Gérer ces ressources requiert un système d'information anticipatif et reflétant les facteurs clefs (financiers et non financiers) du succès de l'entreprise.

Trop souvent la performance d'une entreprise se résume à son résultat net par action. La performance est, en fait, bien plus, c'est la capacité à générer des succès théoriquement reflétés dans les cours de Bourse futurs.

Le passé n'est pas toujours un bon indicateur des résultats futurs. Si les résultats financiers de l'exercice clos découlent de l'exploitation d'une technologie qui va devenir obsolète, et qu'aucun effort ou aucune ressource n'ont été mis en œuvre en R & D pour développer une nouvelle technologie, ou de nouvelles applications de l'ancienne technologie, ces résultats peuvent n'être que le chant du cygne de l'entreprise.

Le résultat financier d'une entreprise découle d'un ensemble d'actions et d'efforts réalisés par le management et le personnel. Ceux-ci concernent tant la conduite coordonnée, efficace (atteindre le but) et efficiente (avec le minimum de ressources consommées) des processus de transformation de ressources que la gestion de la relation avec les clients et les fournisseurs.

Le capital fourni par les actionnaires n'est qu'une des ressources qui permet à l'entreprise de créer des résultats futurs. S'il est vrai que le capital est une ressource souvent rare, il est également vrai que la compétence humaine, l'imagination et la créativité, la loyauté, la capacité à travailler en équipe, ou l'aptitude relationnelle sont également des ressources rares. C'est le talent que met une entreprise à constituer ce panier de ressources rares, à le gérer et l'entretenir, qui conditionne son succès futur.

Dans ce qui suit, nous considérerons que la performance de l'entreprise se définit donc par la capacité de cette dernière à créer des résultats futurs cohérents avec son « intention stratégique »[1]. Les résultats passés, aussi bien financiers qu'humains ou décrivant la qualité des relations avec fournisseurs et clients, constituent une base de données pour l'apprentissage et pour la modélisation du monde concurrentiel dans lequel l'entreprise existe. Les résultats historiques servent aussi de référence pour mesurer l'amélioration continue de la capacité de l'entreprise à assurer un flux de succès futurs, quelle que soit la définition du mot « succès » que l'on retienne.

Triple équilibre

La performance ainsi définie ne se constate que difficilement. Elle se crée et se gère. On ne mesure pas la qualité d'un voyage par les kilomètres parcourus à ce jour mais par la capacité à gérer les kilomètres restants. Ceci suppose, bien sûr, qu'on ait eu un but précis pour ce « voyage ». Christophe Colomb a su qu'il n'était pas en Inde lorsqu'il a compris que les épices qu'il recherchait n'étaient pas là où il était arrivé. Sans destination précise, on ne peut savoir si on est arrivé ou non. Dans l'entreprise, il faut continuellement redéfinir des destinations précises, en fonction de l'évolution de la situation concurrentielle.

Gérer la performance veut dire créer les conditions pour que le succès futur soit le plus probable possible. Ceci implique de prendre, par anticipation, les mesures appropriées pour détecter par avance les besoins de changement de cap, éviter les incidents, gérer les surprises et faire toujours plus et mieux. « Toujours plus et mieux » doit être conçu dans la logique de respect des partenaires : fournisseurs de travail[2], fournisseurs de capital, fournisseurs de ressources au sens large du terme, clients, partenaires sociaux, la collectivité, l'environnement au sens large, etc. La question du développement durable est au cœur de la performance de l'entreprise sur le long terme.

Les outils traditionnels du management de la performance sont connus depuis longtemps, ce qui ne veut pas dire, nécessairement, qu'ils soient toujours bien mis en œuvre. Ils incluent les étapes suivantes :

– Structurer, c'est-à-dire répartir et architecturer les « droits à décider ».
– Partitionner la mission de l'entreprise en missions plus ciblées, en objectifs coordonnés ou tâches, assignés à chaque centre de décision.

---

1. L'intention stratégique donne la direction, le sens de l'action de chacun en communiquant des principes, et non des objectifs stricts. Comme exemple d'intention stratégique, on peut citer le fameux « SPQR » (*Senatus Populus Que Romanus*) des légions romaines (pour le [bien du] Sénat et [du] peuple) de Coca-Cola : « mettre un produit Coca-Cola à portée de main d'un humain sur trois dans les dix prochaines années ».
2. Nous définissons ici le mot « travail » comme décrivant la capacité de l'être humain à trouver des solutions appropriées et innovantes à des situations non programmées et non programmables. Nous réservons le mot « occupation » pour l'exercice de la force musculaire ou cérébrale pour réaliser une tâche programmée.

– Laisser la liberté à chaque décideur de négocier le chemin pour atteindre son morceau d'objectif.
– Fournir des informations rapides et correctes permettant à chacun et à chaque centre de responsabilité de mesurer, selon un rythme qui lui est propre, son progrès vers le succès individuel et collectif (chaque succès élémentaire n'est qu'un composant du succès collectif), afin de lui permettre de prendre, le cas échéant, les actions correctives qui s'imposent.
– Contrôler le progrès par rapport à des repères négociés à l'avance et positionnés par rapport à un modèle relationnel qui identifie tant les actions, qui sont les plus plausibles pour créer le succès de l'entreprise, que les obstacles qui peuvent entraver cette marche.
– Mesurer les déviations par rapport à ce qui était attendu pour, primo, mettre à jour le modèle relationnel du monde concurrentiel dans lequel l'entreprise évolue et, secundo, prendre les actions correctives nécessaires à court et long terme.
– Récompenser ceux et celles qui créent les conditions du succès futur. Et cela peut amener à récompenser les initiatives « déviantes » qui sont requises pour s'adapter à des situations imprévues.
– Etc.

Deux grandes difficultés perturbent la belle liste présentée ci-dessus. La première est que la notion de modèle reliant action et conséquence, cause et effet, est complexe, comme nous allons le voir. La seconde est que le futur est, par définition, impossible à connaître et donc à mesurer. Toute solution de management de la performance requiert que l'on surmonte ces deux obstacles.

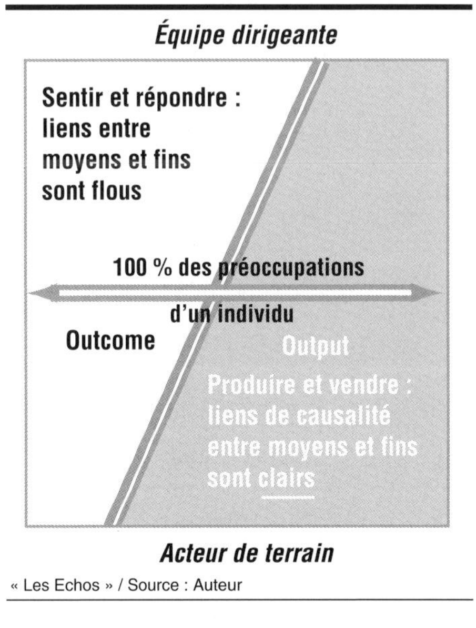

« Les Echos » / Source : Auteur

Figure IV.1

Les relations de causalité dans lesquelles opère une entreprise sont dynamiques, réactives et, souvent, discontinues. De plus, leur degré de précision dépend du niveau hiérarchique auquel on se trouve. Comme le montre la figure IV.1, plus on est proche du « terrain » plus la relation causale est claire, et plus on peut se focaliser sur un *output*, c'est-à-dire un résultat précis. Il s'agit de produire et de vendre un produit ou service connu sur un marché connu. Par contre, plus on est proche du sommet de l'organisation, là où les décisions stratégiques sont prises, moins la relation action/conséquence est claire et plus on parle d'*outcome*, c'est-à-dire d'une description complexe, selon de multiples critères qui ne sont pas nécessairement cohérents, d'états du monde, présents et futurs. Les actions à mener ne s'organisent pas autour d'un modèle mécanique et déterministe. Il s'agit de sentir l'évolution des opportunités et de se doter, par anticipation, des moyens pour y répondre. La figure IV.1 illustre le fait qu'aucun manager ou personne d'une entreprise n'est jamais totalement dans l'un ou l'autre des deux cas. Il ou elle se trouve devoir toujours faire face à un mélange des deux, qui lui est spécifique. Tout système d'information de gestion de la performance doit donc être capable de traiter des données précises (produire et vendre) et des données floues (sentir et répondre). Ce n'est pas une mince tâche, sauf à y avoir réfléchi à l'avance, collectivement.

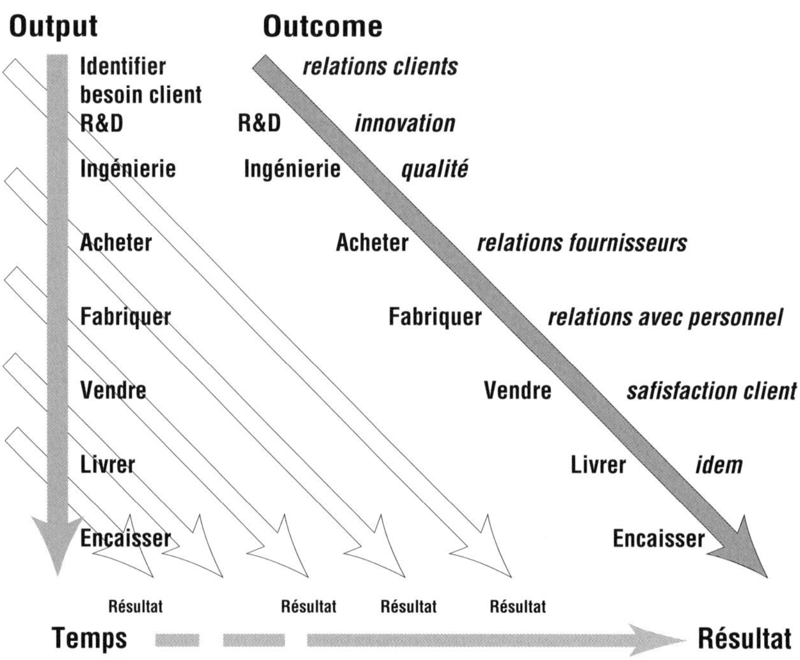

« Les Echos » / Source : Auteur

Figure IV.2

La seconde difficulté tient au fait que le futur n'est pas mesurable. Comme le montre la figure IV.2, une entreprise est une juxtaposition de « projets séquentiels » qui chacun génère *output* et *outcome*. Le système de mesure traditionnel correspond à une tranche de temps et met ensemble des éléments qui appartiennent à des projets différents. La comptabilité exprime, dans une même unité, des phases très différentes de projets qui sont, de fait, plus ou moins parallèles, et se cumulent pour donner la séquence de résultats futurs.

Cette situation exige donc un triple équilibre entre les ressources créées et celles qui sont consommées. D'une part, à l'instant *t*, il faut que les ressources permettent la survie de l'entreprise à court terme (c'est l'équilibre traditionnel, liquidité et profitabilité, dont le comptable rend compte dans le rapport trimestriel ou annuel). Par ailleurs, sur la durée de chaque projet, il faut que les étapes antérieures soient bien conçues et animées pour permettre la réalisation des étapes ultérieures. Ce second équilibre exige d'ailleurs que certains projets puissent être abandonnés s'ils n'annoncent pas les fruits attendus. Le troisième équilibre, qui est soumis au succès des deux premiers, consiste à s'assurer que les projets en cours permettront le premier équilibre, pour chacune des périodes futures.

Cartographie stratégique

L'un des moyens les plus efficaces pour surmonter ces deux obstacles est de mobiliser les énergies et les connaissances de chaque membre de l'organisation pour créer une représentation formelle et partagée des relations cause/effet, action/conséquence telles que chacun, dans l'organisation, les perçoit. La mise en commun de cette expérience permet d'abord d'assurer l'alignement, c'est-à-dire la communauté de perceptions que les acteurs ont (et, s'ils ne l'ont pas, de la créer). On obtient ainsi une sorte de cartographie du monde concurrentiel dans lequel la firme opère (concurrence, technologie, clients, valeurs, ressources humaines, etc.). En identifiant ces relations, collectivement et, en particulier, au niveau de chacun, en liaison avec son supérieur et avec ses pairs (liaisons transversales), l'entreprise permet à chacun d'identifier et de valider les « facteurs clefs de succès » de sa mission. Si cet exercice est réalisé dans le respect de la chaîne de valeur, c'est-à-dire en partant de la satisfaction des attentes client, présentes et futures, l'entreprise peut ainsi disposer d'une solide compréhension, à chaque niveau hiérarchique de ce qui est critique pour le respect des trois équilibres mentionnés ci-dessus.

L'entreprise peut ainsi, à partir de cette image, sélectionner les opportunités, identifier les risques et créer sa stratégie. Celle-ci peut alors être déployée de façon cohérente sur le continuum « stratégie mise en œuvre », comme le montre l'exemple de la figure IV.3. On y voit que, dans cet exemple, pour une stratégie d'amélioration de la rentabilité des actifs, le cheminement de déploiement est clairement sélectionné dans l'éventail des possibilités.

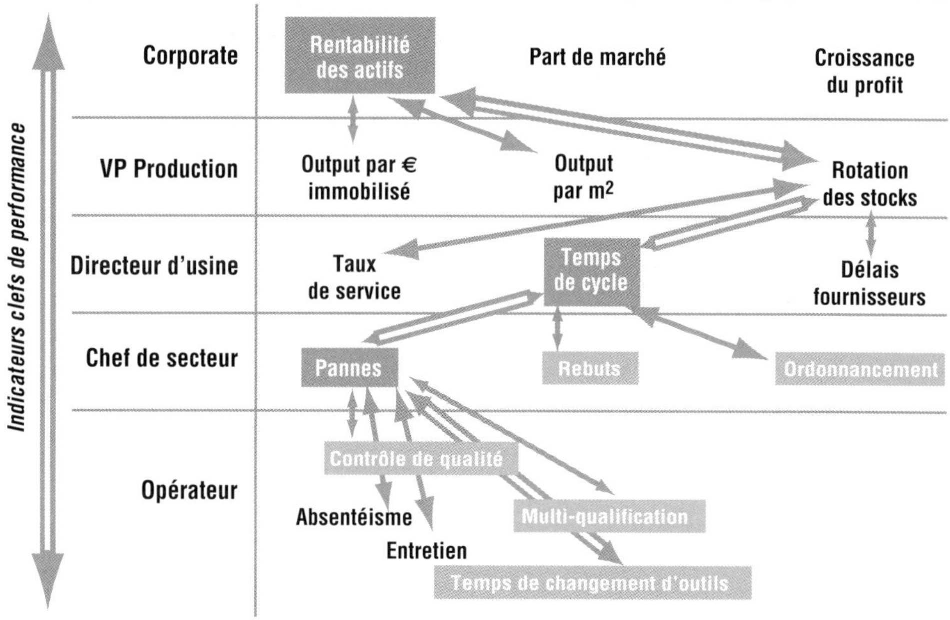

« Les Echos » / Source : Beischel et Smith, Linking the Shop Floor with the Top Floor, Management Accounting (IMA) october 1991

Figure IV.3

Ainsi le chemin de mise en œuvre de la stratégie est déployé selon une séquence RoA, rotation des stocks, temps de cycle, gestion des pannes, temps de changement d'outils.

Chaque indicateur ainsi sélectionné devient l'antécédent de son correspondant au niveau « supérieur ». En gérant son quotidien, dans son horizon temps, chaque décideur, chaque membre du personnel, contribue à créer, de façon coordonnée, le futur – et donc la performance – de l'entreprise.

Cette étape de cartographie stratégique[1] permet de résoudre les deux dilemmes mentionnés plus haut. Le développement de la carte est un outil d'alignement et de délégation des droits à décider. Les indicateurs sélectionnés reflètent la combinaison *outcome/output* de chaque niveau. De plus, comme les indicateurs de résultats de chaque niveau sont des indicateurs d'anticipation du niveau décisionnel supérieur, le second dilemme, à savoir la non-mesurabilité du futur, se trouve largement résolu.

Il suffit alors de vérifier que les grandes questions auxquelles chaque entreprise doit faire face sont effectivement prises en compte pour boucler la boucle et avoir un système de gestion de la performance.

1. Le terme est de R.S. Kaplan et D.P. Norton (« Having trouble with your strategy ? Then map it », *Harvard Business Review*, septembre-octobre 2000), neuf ans après le modèle de Beischel et Smith qui sous-tend la figure IV.3.

Ces questions sont, par exemple, les suivantes, à décliner à chaque niveau hiérarchique :

- Sommes-nous en danger de voir la concurrence faire mieux que nous ?
- Connaissons-nous nos contraintes et nos limites ?
- Nos ratios critiques financiers et de liquidité sont-ils au vert ?
- Maîtrisons-nous les facteurs qui affectent la satisfaction client selon la proposition de valeur que nous annonçons ?
- Quelle est l'évolution de nos marchés ?
- De nouveaux marchés se dessinent-ils ?
- Nos prix sont-ils en phase avec l'écart d'offre de valeur par rapport à la concurrence ?
- Comment gérons-nous les risques du business ?
- Comment sommes-nous positionnés en termes de productivité, de réactivité, d'innovation, etc. ?
- Développons-nous les compétences techniques et intellectuelles des collaborateurs ?
- Sommes-nous des destructeurs ou des créateurs de valeur pour la société ?
- Etc.

Mesurer le futur et en informer les preneurs de décision, à quelque niveau qu'ils ou elles se trouvent, est possible si on s'organise pour le faire et si on approche cette tâche de façon collective et coopérative.

BIBLIOGRAPHIE

A. BOURGUIGNON, « Peut-on définir la performance ? », *Revue Française de Comptabilité*, n° 269, juillet-août 1995.

R. S. KAPLAN et D. P. NORTON, « Having Trouble with Your Strategy ? Then Map It », *Harvard Business Review*, septembre-octobre 2000.

M. J. LEBAS et K. J. EUSKE, « A Conceptual and Operational Delineation of Performance », *Business Performance Measurement*, Ed. Andy Neely, Cambridge University Press, Cambridge, UK, 2002.

M. J. LEBAS, « Performance Measurement and Performance Management », *International Journal of Production Economics*, n° 41, 1995, pp. 23-35.

M. J. LEBAS, « Le concept de performance », *Travail*, n° 34, printemps-été 1995, pp. 137-149.

M. J. LEBAS, « Oui, il faut définir la performance », *Revue Française de Comptabilité*, n° 269, juillet-août 1995.

30

FAUT-IL « TUER » LE BUDGET DANS LES ENTREPRISES ?

Hélène Löning

RÉSUMÉ

Le budget est coûteux en temps et en énergie pour les managers, il ne réussit plus à être l'instrument de coordination et de motivation qu'on attendait… Faut-il aller jusqu'à se débarrasser d'un système de contrôle devenu trop encombrant et coercitif, pour le remplacer par d'autres outils de prévision et de pilotage de la performance, voire par d'autres systèmes incitatifs ? Telles sont les questions sur lesquelles cet article propose une réflexion, à partir de l'analyse des changements entrepris dans un certain nombre d'entreprises, en particulier scandinaves.

« Le budget est la peste des entreprises américaines. Il n'aurait jamais dû exister… Faire un budget est un exercice de minimalisation. Vous tirez toujours le moins des gens, parce que chacun négocie pour avoir le chiffre le plus bas. » Tels sont les propos de Jack Welch, ancien patron de General Electric, relayés par Bob Lutz (Chrysler), qui parle d'« outil de répression ». Faut-il en conséquence vraiment « tuer le budget » dans toutes les entreprises ? Les grandes organisations sont-elles prêtes à se débarrasser de ce qui est devenu un rituel, sclérosant peut-être mais rassurant aussi, et souvent l'unique mode de contrôle ? C'est en tant qu'instrument de motivation que le système budgétaire est décrié…

Où sont les coupables ?

Le budget est attaqué pour la perte de temps qu'il représente, « tournoi sans fin de réunions tristes et fades » qui peuvent consommer jusqu'à 30 % du temps des managers, quatre mois de travail dans l'année, estimé à 25 000 journées de travail par milliard de dollars de chiffre d'affaires[1]. Il l'est également pour son inutilité : ce vaste processus n'aboutirait qu'à des données peu fiables, et tournées vers le passé. Au-delà, le budget introduirait un manque de flexibilité dans les entreprises, dotées d'une philosophie de Gosplan particulièrement préjudiciable sur des marchés volatils et concurrentiels. Certains, dans ce tableau sombre, dénoncent aussi les effets pervers de la surenchère dans la fixation des objectifs : le développement de réflexes individualistes (« mon budget », « mes chiffres ») conduisant à des actions chaotiques et mal coordonnées, le risque d'une culture faite de « cynisme, défiance et suspicion »[2], pouvant s'étendre jusque dans les relations avec les partenaires de l'entreprise, fournisseurs, clients, actionnaires. L'éthique en est affectée (l'exemple des exigences budgétaires rigides et de la pression mise par Bernie Ebber sur ses collaborateurs chez WorldCom est souvent cité[3]), les fausses promesses, pleines d'arrière-pensées, auprès des investisseurs et de la hiérarchie se multiplient, ainsi que les exemples de « jeux interdits », irresponsables et dommageables. Qui n'a vu à l'œuvre cette mentalité du « je le dépense ou je le perds » ? Qui n'a souvenir de ces commerciaux ayant « tiré » leurs objectifs de vente à la baisse, rendant finalement l'entreprise incapable de fournir, si ce n'est dans un désordre inouï et à un coût exorbitant, certains clients à des périodes de pointe ?

Objectifs rigides

Le problème tient en partie aux systèmes incitatifs mêmes, au couplage des objectifs budgétaires avec la rémunération variable des managers : les planchers et plafonds fixés aux bonus, en particulier, poussent les responsables à « jouer » avec les chiffres en fin d'année, soit en différant des dépenses, et en augmentant artificiellement les ventes à court terme (par exemple en engorgeant les réseaux de distribution ou en faisant croire aux clients à des augmentations de prix futures), soit *a contrario* en préférant « plonger » cette année pour au moins préserver l'année suivante[4] Mais le problème est profond Ce sont les mauvaises pratiques budgétaires[5], plus que la faiblesse de l'outil de gestion en lui-même, qui sont à dénoncer. Alors que les budgets se sont répandus, à partir des années 1960-1970, pour mieux coordonner l'allocation des ressources, améliorer le dialogue et la compréhension entre les différents niveaux organisationnels, ils ont fini, dans de nombreux environnements, par devenir des contrats d'objectif rigides, élaborés dans un climat autoritaire et un cadre hiérarchique inégalitaire. L'alignement, l'obéissance, la conformité et le contrôle au sens étroit ont prévalu sur

1. J. Hope et R. Fraser, « Who needs budgets ? », *Harvard Business Review*, février 2003.
2. M. C. Jensen, « Corporate budgeting is broken : let's fix it », *Harvard Business Review*, nov. 2001. Et M. C. Jensen, « Playing people to lie : the truth about the budgeting process », *European Financial Management*, 9 : 3, 2001.
3. J. Hope et R. Fraser, « New ways of setting rewards : the beyond budgeting model », *California Management Review*, 45 : 2, 2003.
4. Voir note 2.
5. Voir notes 1 et 3.

les bénéfices potentiels de l'apprentissage organisationnel et de l'autonomie par la décentralisation.

Que peut-on faire ?

De nombreux détails pratiques peuvent être améliorés. Ils concernent tout d'abord les systèmes de motivation et d'incitation, aussi bien monétaires que sociaux. Dans le contexte nord-américain, Jensen préconise de maintenir les budgets, mais en les « déconnectant » de la rémunération et en préférant récompenser la performance absolue plutôt que la performance par rapport à des objectifs prédéterminés. De nombreuses réflexions pratiques vont dans ce sens, par exemple celles qui concernent l'EVA, *economic value added*[1]. Le souci des détails est alors essentiel dans la mise en œuvre : choix des mesures de performance (multiples ou agrégées, capacité du responsable à agir sur les critères en question), gestion des effets yo-yo sur la rémunération liés aux années fastes et années de vaches maigres successives, etc. Néanmoins, en Europe, où le couplage du système budgétaire avec un système d'incitation financière est moins fréquent qu'aux États-Unis, les questions de rigidité budgétaire se posent aussi. Le *beyond budgeting*, bien avant de se constituer aux États-Unis sous forme de « table ronde » (BBRT : *beyond budgeting round table*) réunissant les plus grandes entreprises américaines, est né en Scandinavie, promu dès 1972 par Jan Wallander, alors jeune CEO de Handelsbanken. Un certain nombre de suggestions pratiques pour un système de contrôle et de motivation performant, pour les entreprises prêtes à se défaire du budget, peuvent être formulées. D'autres groupes, essentiellement scandinaves, comme Volvo, Borealis, Ikea, etc. ont mis en œuvre, tout ou partiellement, les trois axes qui se dégagent :

– En matière de pilotage de la performance, des objectifs d'amélioration pluriannuels, plutôt que des cibles annuelles rigides, sont développés sur des indicateurs clefs de performance (KPI ou *key performance indicators*) ; ces KPI sont en petit nombre, et ils peuvent être financiers, en particulier aux niveaux hiérarchiques les plus élevés, ou plus opérationnels, non sans rappeler les démarches de tableaux de bord ou de *balanced scorecard* ; on trouve par exemple un suivi de ratios de coût sur chiffre d'affaires, d'indicateurs de trésorerie, de satisfaction client, de qualité, ou d'autres ratios de coûts.

– La fonction de planification est réalisée à travers des prévisions glissantes, constamment mises à jour, et qui ne constituent pas des engagements pour les responsables, car le but est d'obtenir des prévisions les plus réalistes et fiables possible ; là encore, on se centre sur un petit nombre d'indicateurs ; le caractère « glissant » des prévisions élimine les effets dangereux du « couperet » en fin de période budgétaire, et l'horizon temporel futur reste toujours identique. Cela peut être des prévisions mensuelles

1. Breveté et copyright Stern Stewart & Co.

pour les trois prochains mois, trimestrielles sur quatre à huit trimestres, annuelles sur trois à quatre ans, voire inclure une projection à dix ans.

– Le système de motivation ne repose plus sur l'établissement d'objectifs et de standards à respecter ou atteindre, mais sur un système très compétitif de création de visibilité interne. Les comparaisons internes et externes, dès lors que des conditions économiques comparables ont prévalu, sont directes et largement diffusées, créant une ambiance de championnat ou de ligue, où il fait meilleur faire partie des premiers de la classe que des derniers de sa division... Les « tableaux de classement » sont assis sur les possibilités nouvelles offertes par les technologies de l'information, qui génèrent des données en ligne, en juste-à-temps et en continu, et disponibles à un grand nombre.

Plus que des outils de gestion, une évolution organisationnelle et un changement culturel

Les exemples d'entreprises qui ont franchi le pas, y compris celui de Handelsbanken, soulignent l'importance de l'implication de la direction générale dans le changement. L'abandon du budget au profit d'outils plus flexibles suppose de nouveaux modes de gestion et de profondes modifications organisationnelles, dans le sens de structures aplaties et de la transformation d'un maximum de départements en centres de profit autonomes (*business units*). Au lieu de poursuivre la décentralisation pour elle-même, c'est l'autonomie des responsables qui est essentielle, offerte dès les niveaux hiérarchiques juniors, rendant ainsi de nombreux postes attractifs à de jeunes diplômés en mal de responsabilités. La possibilité d'agir et de prendre des décisions dans les entités autonomes se traduit par exemple dans l'utilisation des ressources : les BU peuvent choisir d'embaucher ou non, d'investir ou non, et réalisent elles-mêmes les arbitrages entre les indicateurs de qualité, de satisfaction client et de coûts. Il existe donc une forme d'autogestion et d'autocontrôle à travers les KPI. Il s'agit d'un véritable changement culturel qui, en pratique, peut s'opérer sans « tuer le budget », mais non sans modifier certains outils de gestion, premiers vecteurs du changement dans les organisations. En France, les entreprises semblent privilégier de faire évoluer la culture budgétaire plutôt que de « tuer le budget ». Des groupes français conscients de leurs pesanteurs, ou des groupes influencés par leur maison mère nord-américaine (Bull au début des années 1990, et plus récemment Rhodia, Alstom, Pechiney, Oracle, Sonacotra), se sont interrogés et ont remis en cause leurs pratiques budgétaires, mais nous disposons de peu de retours d'expérience à ce stade.

Compétition exacerbée

Les pratiques de *beyond budgeting* doivent-elles être limitées à certaines entreprises, à certains secteurs, en particulier ceux, comme le milieu bancaire ou des services en réseau, où la possibilité d'identifier des *business units* autonomes est immédiate ?

Quels sont les effets pervers, à moyen terme, d'une compétition exacerbée, qui n'est sans doute pas acceptable sous tous les cieux ? Existe-t-il un risque d'autocensure liée à l'autocontrôle, qui prive peut-être l'entreprise de croissance par manque d'investissements (si Handelsbanken est extrêmement performante, elle n'en reste pas moins une « petite » banque) ? On peut conclure sur ces interrogations, et sur le propos sage de Lee Iaccoca chez Chrysler, à propos des comptables et des contrôleurs de gestion : « Quand les compteurs de haricots sont trop faibles, l'entreprise risque la faillite ; quand ils sont trop puissants, l'entreprise oublie ses clients et cesse d'être compétitive. » Nous ne pouvons qu'encourager à chercher cet équilibre, bref à ne pas guillotiner le budget, mais certainement à convoquer des états généraux pour améliorer ses pratiques.

31

LA MESURE DE PERFORMANCE DANS LES ACTIVITÉS DE SERVICES

Véronique Malleret

RÉSUMÉ

L'article rappelle d'abord en quoi la mesure de performance des activités de services peut différer de l'évaluation de performances des activités industrielles. Il propose ensuite un cadre méthodologique destiné à faciliter et à structurer l'évaluation de ces activités.

Historiquement, le contrôle de gestion a été conçu dans et pour l'industrie. Or aujourd'hui, dans les économies développées, ce sont les activités de services qui dominent soit sous la forme d'entreprises de services (distribution, transport, santé, banque-assurance, etc.) soit sous la forme d'activités tertiaires au sein d'entreprises industrielles (bureau d'étude, services juridiques, direction marketing, administration des ventes, etc.). L'utilisation du contrôle de gestion dans ces activités tertiaires nécessite souvent une adaptation des outils, voire l'élaboration de concepts spécifiques, aptes à tenir compte de leurs caractéristiques. En particulier, la mesure des performances des activités de services présente quelques difficultés spécifiques :

- Le résultat est souvent difficile à mesurer, de nature qualitative autant que quantitative : comment évaluer le résultat du service juridique ou du département communication interne d'une entreprise ?
- Le rapport entre la consommation de moyens par une activité et les résultats qu'elle génère est parfois mal connu des managers : ainsi, si l'on double les ressources attribuées à la R & D, déposera-t-on deux fois plus de brevets ? Or cette méconnaissance de la relation entre moyens et résultats entraîne une incapacité à produire des mesures d'efficience ou de productivité, à calculer des coûts.
- Le service est fréquemment réalisé en coproduction entre le prestataire et l'utilisateur, que celui-ci soit un client interne (coopération entre services opérationnels et services fonctionnels par exemple) ou un client externe (coopération entre un cabinet de

conseil et l'entreprise client par exemple). Dans ces conditions, comment s'assurer de la qualité de la performance du client et comment savoir qui est réellement responsable de la (non) performance réalisée ?

Nous proposons ici un cadre méthodologique, qui, sans prétendre résoudre l'ensemble des difficultés que nous venons de mentionner, nous paraît toutefois plus pertinent que les modèles classiques de mesure de la performance pour évaluer les activités de services.

L'évaluation des performances d'une activité de services (incluant la mesure des ressources consommées, c'est-à-dire des coûts, et l'évaluation des résultats générés par l'activité) requiert l'existence de trois dispositifs distincts :

– un système de description de l'activité considérée, doté d'indicateurs de mesure ;
– un système d'agrégation, permettant d'effectuer des synthèses à partir des mesures élémentaires (ratios, moyennes…) ;
– et un référentiel, c'est-à-dire un ensemble de valeurs de référence, permettant de porter un jugement sur les résultats obtenus. Ce référentiel peut être constitué de données historiques, de définitions de missions, d'objectifs, de standards externes ou internes, etc.

Nous ne nous attarderons pas sur la construction du système d'agrégation et la fixation du référentiel, qui sont des problématiques communes à tous les systèmes de pilotage. En revanche, nous allons préciser la nature des informations qui doivent se trouver dans le système de description parce que celles-ci présentent des particularités dans le cas des activités de services. Ces informations peuvent être organisées en quatre sous-groupes :

– Des informations concernant les moyens (ou ressources) consommés par l'activité. En général, ces informations sont disponibles ; elles proviennent du système budgétaire ou de la comptabilité de gestion. Elles s'expriment le plus souvent sous la forme de temps passés quand il s'agit de personnels ou d'équipements, ou sous la forme de données monétaires (coûts).
– Des informations concernant ce que nous appellerons outputs ou réalisations. Il s'agit de la « production » du service, prise au sens matériel et immédiat du terme, mesurée « à la porte du service ». Le nombre de factures émises par un service commercial, le nombre de jours de formation réalisés, le nombre d'actes médicaux dans un hôpital sont des mesures d'*output*.
– Des informations concernant ce que nous appellerons l'impact[1]. Il s'agit ici de savoir dans quelle mesure le travail effectué par le service lui permet d'accomplir sa mission, de satisfaire ses clients, qu'ils soient internes ou externes. Par exemple, le nombre de rondes de police effectuées est une mesure de réalisation tandis que le taux de criminalité est une mesure d'impact. De même, le nombre de jours de

1. La terminologie réalisation-impact est empruntée au courant de « rationalisation des choix budgétaires » qui a travaillé sur la performance des administrations en France dans les années 1960.

formation à la qualité est une mesure de réalisation tandis que le taux de rebut des produits fabriqués est une mesure d'impact. Ou encore, le nombre de bons de commande émis par un service achat est une mesure de réalisation tandis que la satisfaction en termes de coûts/délais/qualité des unités de production utilisant les matières achetées est une mesure d'impact[1].

– Des informations concernant ce que nous appellerons les intrants, c'est-à-dire les éléments (clients, informations, demandes diverses) qui entrent dans le service mais qui sont distincts des ressources qui vont contribuer à la transformation de ces intrants. Par exemple, le nombre de demandes d'achat, le nombre de clients se présentant à un guichet, les demandes d'assistance informatique, les ordres de virement adressés à une banque sont des mesures d'intrants. Le concept d'intrant nous paraît spécifique des activités de services et doit être distingué du concept de matières premières. En effet, même si l'intrant, comme les matières premières, va être transformé par l'entreprise, il émane le plus souvent du client et non d'un fournisseur. On n'achète pas l'intrant ! Pour cette raison, le contrôle que l'on peut exercer sur lui est beaucoup plus problématique que celui que l'on peut exercer sur des matières premières. D'ailleurs, dans la plupart des activités de services, il y a à la fois des intrants et des matières premières[2].

L'ensemble du dispositif proposé pour mesurer la performance des services est représenté dans la figure IV.4. Ce schéma, confronté aux pratiques des entreprises que nous avons pu observer, suggère quelques réflexions.

– Les mesures d'intrants sont le plus souvent négligées dans les services. Leur connaissance (en termes quantitatif et qualitatif) est pourtant nécessaire pour connaître la performance d'un service. Un enseignant dont la classe obtient de mauvais résultats ne dit-il pas que celle-ci était constituée de mauvais élèves à la rentrée ? Et un responsable de projet informatique, que son client interne avait mal défini ses besoins ? De plus, l'amélioration des performances d'un service passe souvent par un travail sur les intrants. Obtenir les données plus tôt dans un service de contrôle de gestion pour pouvoir en retour présenter les résultats le plus rapidement possible, mettre en place un système de réservation pour les rendez-vous dans une agence bancaire ou encore inciter les malades à ne pas se présenter aux urgences des hôpitaux pour des motifs bénins afin de ne pas engorger ces services constituent autant d'exemples d'actions sur les intrants destinées à améliorer la performance.

1. Le dispositif proposé ici suggère deux niveaux de décomposition – réalisation et impact – de ce que l'on appelle couramment en contrôle de gestion « résultat » ; mais il est tout à fait possible d'imaginer décomposer le « résultat » en 3 ou 4 niveaux.
2. Une équipe de chercheurs britanniques utilise le terme de *transformed ressources* pour désigner les intrants (L. Fitzgerald, R. Johnston, S. Brignall, R. Silvestro et C. Voss, *Performance Measurement in Service Business*, Cima, 1991).

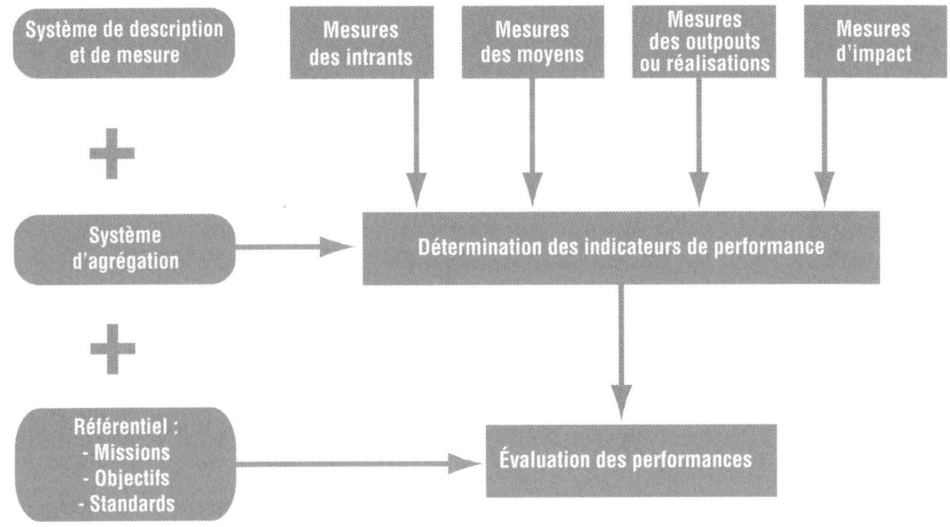

« Les Echos » / Source : Auteur

Figure IV.4 – Schéma du processus d'évaluation d'une activité de services

– Les mesures d'impact sont difficiles à réaliser, coûteuses et souvent biaisées par des événements extérieurs. Il est donc tentant de les supprimer pour les remplacer par des mesures de réalisation, voire même par des mesures de moyens. Plutôt que de chercher à évaluer l'impact d'une action de formation sur les compétences des personnels, on mesurera donc le nombre de journées de formation, voire le budget de formation. Ce faisant, on risque de perdre de vue la mission finale du service, de remplacer une vision qualitative de la performance par une vision « volumique », de privilégier le court terme au détriment du long terme.

– Les trois types de mesure (moyens, réalisation, impact) présentent des qualités différentes et complémentaires. Le développement excessif de l'une au détriment de l'autre risque de donner une image déformée de la performance du service. En particulier, nous avons souvent constaté que les entreprises privilégiaient les mesures de ressources et de réalisation, parfois même sous forme de ratios (par exemple, le nombre de bons de commande par acheteur, ou le nombre de médecins par malade ou le coût de la fonction achats rapporté au chiffre d'affaires achats). On imagine aisément les effets pervers qui peuvent découler d'une insistance excessive mise sur de tels indicateurs de mesure de performance. On peut donc conseiller aux entreprises d'essayer « d'équilibrer » leur système de description d'activités entre les quatre types de mesure plutôt que d'affecter des ressources très importantes à certaines mesures en négligeant les autres.

– Si l'évaluation des performances, dans son aspect formel, a lieu lorsque l'on compare les performances obtenues au référentiel, elle commence en réalité lors de la construction et de la définition du système de description et de mesure. En effet, il est bien difficile, en fin d'année, d'expliquer à un service qu'il n'a pas collecté les bonnes informations en vue de l'évaluation. On est donc amené, bon gré mal gré, à effectuer l'évaluation sur la base des informations disponibles, celles-ci ayant été préalablement définies par l'entité qui va être évaluée. La définition du système de description revêt donc une importance stratégique, encore accrue lorsqu'on se trouve dans une situation où la finalité du service ne fait pas l'objet d'un consensus clair dans l'organisation (pour les services internes) ou face à différentes parties prenantes (dans le cas de services tournés vers l'extérieur). La confrontation portant sur le système de mesure de performance, si elle a lieu, sert alors de substitut à une discussion sur les objectifs que l'on n'a pas nécessairement voulu expliciter.

En conclusion, nous souhaiterions rappeler que la performance d'une activité ou d'une organisation de service ne consiste pas, comme certaines batteries d'indicateurs pourraient le laisser croire, à transformer des ressources en réalisations de façon efficiente. Ceci est louable mais insuffisant. La vraie finalité d'un service consiste à transformer des intrants en impact ; il faut donc enrichir le système de mesure des performances pour qu'il reflète cette réalité et soit capable non seulement de mesurer les performances mais aussi de les améliorer.

32

VALORISER LES INNOVATIONS : LES CONFIGURATIONS DE RENTE[1]

Michel Santi

RÉSUMÉ

La notion de rente a des bases économiques lointaines et solides. Elle s'applique bien à l'innovation qui autorise l'atteinte d'un taux de profit supérieur à la norme, et ceci durablement grâce au régime des brevets dont elle bénéficie. L'auteur propose un nouveau concept qui permet de distinguer et visualiser six situations relevant de stratégies de valorisation et de protection différenciées.

Depuis ses premiers pas, la science économique a toujours intégré la notion de rente en tant que base conceptuelle. Pour le grand public, une rente est un revenu régulier et durable lié à la possession d'un actif, généralement de nature immobilière ou mobilière. Pour un manager, une rente existe dès lors qu'une entreprise est capable de se créer un avantage compétitif, durable et défendable, et de capter le taux de profit, supérieur au taux normal de l'activité (on parle de surprofit), qui en résulte. Pour les économistes, le concept est naturellement un peu plus complexe et surtout hétérogène. Évitant de rentrer dans un débat de spécialistes, nous privilégierons la typologie d'Hayek qui distingue deux situations de marché auxquelles peuvent être liées des natures de rente différentes : équilibre versus déséquilibre.

Les rentes d'équilibre constituent un paradoxe pour les tenants de l'économie néoclassique qui, assimilant équilibre et concurrence parfaite, concluent à l'impossibilité de leur constitution. Mais si l'on définit l'équilibre comme une situation d'absence prévisible de changement, et donc de besoin d'adaptation et de mouvement, on peut concevoir des rentes de type ricardien ou marshallien – lié à la possession d'un actif rare et

1. Cet article est le deuxième d'une série de trois, développés dans *L'Art du Management*, qui présentent les résultats novateurs d'une recherche sur la valorisation des innovations cofinancée par l'Inpi que l'auteur a dirigée en 2003.

recherché dont l'offre ne peut être accrue de manière significative dans un délai court – ou des rentes de monopole résultant d'un bon lobbying auprès des autorités.

Les rentes de déséquilibre, ou rentes stratégiques car elles naissent en situations d'incertitude et requièrent une analyse et un pari stratégiques, paraissent plus saines et à la portée de ceux qui ont peu de ressources et savent les risquer. C'est la raison pour laquelle elles concernent surtout les rentes entrepreneuriales qui résultent soit de la saisie d'une opportunité non identifiée auparavant (école autrichienne), soit de la découverte d'une nouvelle combinaison de ressources (école schumpeterienne) créant un avantage pour son « inventeur ». Inconvénient majeur de ces rentes, elles sont très souvent copiables et purement temporaires.

C'est là que l'innovation prend toute sa valeur. Elle est par nature entrepreneuriale, puisqu'elle déséquilibre une situation et les acteurs en place, mais elle est en plus *de jure* protégeable et défendable grâce au régime des brevets qui lui est propre. L'innovation cumule donc toutes les qualités d'une rente : elle génère un taux de profit « a-normal », fruit d'un avantage concurrentiel, et ceci de manière durable car elle est protégeable. Reste à estimer l'amplitude de la rente générée par l'innovation. On peut, assimilant l'innovation à un projet, utiliser les formules de calcul de rentabilité des investissements. La rente, et donc la valeur d'une innovation, serait égale à la somme des *cash flows* futurs générés par cette innovation, actualisés à un taux adéquat, moins le montant des investissements consentis pour élaborer, protéger et mettre sur le marché la dite innovation. C'est d'ailleurs la méthode la plus recommandée, en particulier par Breese et Kaiser, pour valoriser les brevets qui « couvrent » une innovation à l'occasion de leur cession ou de l'estimation de leur valeur bilantielle. Précisons que dans ces évaluations de brevet c'est le surplus de *cash flow*, par rapport à une situation concurrentielle normale, qui est pris en compte. Cela confirme que c'est bien le surprofit, correspondant au concept de rente, qui donne toute sa valeur à l'innovation.

Mais cette approche financière de la valorisation des innovations comporte hélas de nombreuses failles, approximations et incertitudes. Nous ne nous étendrons pas sur le dilemme du taux d'actualisation à pratiquer, ou taux de risque de l'innovation, lié à la fois à son degré d'avancement et à la situation de marché et de concurrence à laquelle elle devra faire face. Plus délicate encore est l'estimation de la durée de calcul de la rente. Certes un brevet « couvre » vingt années mais l'innovation aura-t-elle cette durée de vie ? Cela dépendra de la qualité de la protection obtenue et de l'intensité innovatrice du secteur d'application ; dans l'agroalimentaire, par exemple, une innovation a une durée de vie moyenne inférieure à trois ans. Estimer le montant des investissements déjà réalisés et qui restent à engager pour porter l'innovation sur son marché paraît simple mais, nous le verrons, reste sujet à question. Reste l'estimation des *cash flows* futurs – revenus moins coûts d'exploitation – qui est par nature profondément incertaine ; d'autant que l'on traite d'une innovation, produit à risques, et d'autant plus que l'on se situe en amont de la phase de commercialisation.

Investissement préalable

Sans méconnaître les mérites de cette approche, il nous a semblé que sa rigueur s'adaptait mal aux situations d'incertitude, caractéristiques des phases amont de l'innovation. Nous avons donc cherché à construire un outil, moins quantitatif mais permettant d'« estimer » vite et sainement la valeur de la rente d'une innovation. Simplicité et pertinence économique ont été nos deux mots d'ordre. Nous faisons tout d'abord l'impasse sur le taux d'actualisation, peu utile dans une simple approche d'estimation. Les investissements réalisés sont considérés comme des *sunk costs*. Trois raisons à cela : il est parfois difficile de les estimer, il existe des cas (essaimage de centres de recherche par exemple) où l'investissement préalable est volontairement sous-valorisé et, enfin, parce que déjà engagés ils sont *a priori* irrécouvrables, hors valorisation de l'innovation. Quant aux investissements à engager par la suite, la solution de bon sens est de les considérer comme de purs coûts.

Et donc de les intégrer dans le calcul des *cash flows* que l'on a décidé de résumer à une simple formule où :

$$\text{Rente de l'innovation} = \text{Volume d'affaires potentiel} \times \text{Taux de profit} \times \text{Durée d'exploitation}$$

AVORTON
(Ex : Avantime, Bibop)

	--	++
Volume	--	
Taux	--	
Durée	--	

ROI DU PÉTROLE
(Ex : carte à puce, Prozac)

	--	++
Volume		++
Taux		++
Durée		++

GADGET
(Ex : Trottinettes, Hulla Hop)

	--	++
Volume	--	
Taux		++
Durée	--	

JOKER
(Ex : Pax Michelin, Poêle Tefal)

	--	++
Volume		++
Taux	--	
Durée		++

MIROIR AUX ALOUETTES
(Ex : Jeux pour console vidéo)

	--	++
Volume		++
Taux	--	++
Durée	--	

OASIS
(Ex : Polaroïd)

	--	++
Volume	--	
Taux	--	++
Durée		++

Figure IV.5 – Les 6 configurations de rente stratégiques

Dans notre approche, le *volume potentiel de la rente* est lié au spectre et à la taille des marchés d'application et le *taux de profit* et la *durée d'exploitation de la rente* sont les deux piliers qui valorisent l'importance de l'avantage compétitif (une profitabilité supérieure aux concurrents) stratégique (durable et défendable) que génère l'innovation. L'étape suivante consiste à élaborer le concept de configuration de rente stratégique. Il résulte de la simple manipulation et combinaison des trois composantes de la rente que nous venons de formuler. En procédant par élimination des cas inintéressants et réduction des cas par trop similaires, on aboutit à six types de configuration baptisés à notre manière (voir figure IV.5). La disposition des configurations que nous proposons oppose volume et durée de la rente et permet ainsi un véritable échange entre stratèges, pour lesquels la durée et le taux ont plus de valeur que le volume d'affaires, et investisseurs et hommes de marketing qui prêtent en revanche plus d'attention au potentiel des marchés. On a peu de mal à imaginer l'utilité d'un tel concept. À chaque configuration, correspondent des recommandations, en termes de stratégies de valorisation et de protection. La figure IV.6 – réutilisant les dimensions de la typologie développée dans notre premier article (voir p. 93) – présente un résumé de ces conseils dans le cas d'une innovation portée par une start-up innovante. Quant aux méthodes permettant d'évaluer la configuration de la rente d'une innovation, nous les présenterons dans un troisième article (voir p. 412) explicitant notre démarche complète de valorisation des innovations.

	Marché existant	Marché à créer
Avorton	Abandon, sauf dans le type modulo-architecturale si l'innovation séduit l'architecte.	*Abandon* (sans intérêt face aux risques)
Gadget	**Innovation isolée :** une configuration intéressante pour une *valorisation autonome* rapide. **Innovation systémique :** adaptée à une *valorisation partenariale* difficile : une durée de rente courte, une action rapide indispensable alors que créer/gérer un réseau est difficile et long.	
Oasis	**Innovation isolée :**une configuration intéressante et favorable à une *valorisation autonome* **Innovation systémique :** la configuration idéale de *valorisation partenariale* assumer le leadership si la dépendance complémenteurs est faible, le transférer au partenaire clef dans le cas contraire.	
Miroir aux alouettes	Ne pas y mettre les doigts – *la cession ou la licence* sont les seules options possibles et saines.	Dans une première phase tactique, jouer la *valorisation coopérative ou autonome,* pour créer l'offre, le standard et le marché puis *licencier ou céder* à un complémenteur/copétiteur majeur ; si impossible *abandonner*
Joker et Roi du pétrole	Ne pas toucher...*licencier ou céder* immédiatement à un « grand » acteur existant, complémenteur ou concurrent.	Démarrer, pour « démonter », par une *valorisation autonome ou partenariale* puis *céder/licencier* en cas de manque de moyens.

Source : Auteur

Figure IV.6 – Stratégies de valorisation et configurations de rente (cas des start-up)

IV. PERFORMANCE ET PILOTAGE

33

BENCHMARKING, MEILLEURES PRATIQUES ET PRATIQUES COHÉRENTES

Hughes Boisvert

RÉSUMÉ

Le *benchmarking* permet à une entreprise la recherche des meilleures pratiques d'affaire par l'évaluation de ses processus correspondants et l'analyse de la performance de ses pratiques comparativement à ses concurrents. Pour cela, un point clef est l'identification et le développement d'indicateurs de performances.

Votre entreprise a-t-elle les meilleures pratiques d'affaires ? Il est intéressant de se demander, en premier lieu, comment une entreprise peut évaluer ses propres pratiques d'affaires et, en dernier lieu, si elle a les meilleures pratiques.

L'évaluation de ses pratiques

À la manière d'un ingénieur industriel qui évaluerait les pratiques de fabrication et d'assemblage d'une usine, un gestionnaire, pour évaluer ses pratiques d'affaires, doit analyser les processus correspondant. Ce qui signifie : dresser la liste de toutes les activités des processus ainsi qu'établir les diverses relations entre elles ; autrement dit documenter les pratiques de façon systématique : en identifiant les ressources utilisées par les activités, en évaluant divers volets de la performance (efficacité ; efficience ; délais et qualité) ainsi qu'en déterminant les raisons explicatives de la performance. Donc, l'évaluation de pratiques d'affaires passe par une véritable analyse des processus associés aux pratiques.

Connaissez-vous bien vos processus d'affaires, pouvez-vous répondre à des questions du type : Que faites-vous ? Comment le faites-vous ? Quelles ressources humaines et matérielles sont requises par les activités ? Comment évaluez-vous la performance du processus ? Quels sont les facteurs qui influent sur la performance ? Que faudrait-il faire pour améliorer la performance ?

Prenons par exemple quelques processus courants comme : la réduction du délai de publication des états financiers à la fin d'une période ; il y a des entreprises qui le font en deux mois, d'autres en deux jours, l'amélioration du service à la clientèle ; il y a des entreprises qui ont du succès et d'autres qui en ont moins, ou encore la stimulation de la performance des gestionnaires ; il y a des entreprises qui semblent avoir une bonne recette et d'autres qui ne semblent pas y arriver.

Seule une bonne évaluation de ses pratiques de manière systématique permettra de bien connaître le fonctionnement de son entreprise.

L'analyse comparative des pratiques au niveau des opérations d'exploitation

Pour déterminer si elle a les meilleures pratiques de fonctionnement, une entreprise doit comparer la performance de ses pratiques avec celles d'autres entreprises tout en s'assurant qu'elle compare bien des pommes avec des pommes. Par exemple, pour le processus *Gérer la paie d'un employé*, étude menée auprès de 554 entreprises au Canada, la Chaire internationale CMA a établi qu'il en coûtait moins de 90,54 $ par employé par année pour 25 % des entreprises de moins de 200 employés, mais qu'il en coûtait plus de 497,48 $ par employé par année à 25 % des entreprises de cette même classe. Les écarts observés sont énormes et significatifs. Ayant calculé les écarts, la question qui vient immédiatement à l'esprit est : Comment expliquer qu'il en coûte 600 $ par employé par année à une entreprise alors qu'il en coûte 50 $ par employé par année à une autre entreprise pour payer un employé pendant un an ? La raison des écarts observés ne peut se retrouver que dans les pratiques des unes et des autres. Il faut donc : dresser la liste des activités, identifier les ressources requises par les activités et en mesurer la performance (dans cet exemple, uniquement en termes de coûts) ainsi qu'identifier les raisons pour lesquelles les pratiques des unes nécessitent plus de ressources pour certaines.

Les meilleures pratiques peuvent être une combinaison des éléments suivants : les éléments structurels d'une entité (la délégation des responsabilités aux divers services impliqués ; l'utilisation de la sous-traitance ; etc.), l'utilisation originale d'une technologie (l'utilisation d'un logiciel intégré ; l'utilisation du Web ; etc.), des éléments de politique organisationnelle (l'enregistrement et le contrôle des heures travaillées) ou de pratiques d'affaires (le mode d'accessibilité des employés à leur dossier ; la standardisation des pratiques dans les diverses unités d'affaires ; etc.). Pour *Gérer la paie*, nous avons pu clairement identifier et décrire une dizaine de *meilleures* pratiques telles que : avoir un système intégré *Ressources humaines* et *Paie* ; responsabiliser les employés dans la gestion de leur dossier ; éliminer le calcul des heures de travail comme base de calcul de la paie et, dans le cas où l'entreprise tient à comptabiliser des heures travaillées, recueillir les données uniquement sur les exceptions ; standardiser les cycles de paie ; avoir un paiement unique par cycle de paie ; payer par dépôt direct ; rendre disponible un compte rendu électronique de paiement ; sous-traiter les paiements et s'assurer d'un rapport positif valeur/coût des services connexes.

Les pratiques « stratégiques »

Dans le cas de processus « stratégiques » comme *Déployer la fonction finance dans les organisations*, on ne peut pas utiliser l'expression de « meilleures pratiques » car les pratiques diffèrent par leur gestion et sont fortement influencées par la culture de l'organisation. On utilisera alors l'expression « pratiques cohérentes ». On identifiera donc plutôt des orientations qui se distinguent les unes des autres suivant l'angle sous lequel est abordée la gestion ainsi que les méthodes utilisées pour stimuler la performance dans l'organisation. On évoquera le coût en ressources, mais également le succès à atteindre les objectifs fixés.

Dans le cas du déploiement stratégique de la fonction finance, les orientations se distinguent d'abord par les efforts déployer dans des activités transactionnelles et statutaires, par la manière d'aborder le contrôle de gestion ainsi que par l'implication de la fonction finance dans la gestion de la performance organisationnelle.

Ainsi, dans une étude de 17 entreprises canadiennes d'envergure, deux d'entre elles ne traitaient que les transactions financières et les rapports financiers statutaires sans aucune implication dans la gestion de la performance organisationnelle ; deux autres consacraient plus de 35 % du temps des professionnels de la fonction finance à la gestion de la performance future de l'entreprise, incluant l'analyse des facteurs de coûts et des facteurs de succès, l'analyse des concurrents et la performance des gestionnaires. Le contrôle budgétaire connaît deux grands courants de pensée ; un tendant vers une surveillance des opérations d'exploitation de type *établissement d'un plan – identification d'une déviation – correction* et un autre misant plus sur une plus grande responsabilité des gestionnaires, une influence par l'information rendue disponible et une incitation à la performance au moyen d'un système de rémunération compensatoire. La recherche de la cohérence des pratiques se fait en comparant le succès global des organisations et leur environnement d'affaires.

La recherche des meilleures pratiques d'affaires au niveau des opérations d'exploitation et des pratiques cohérentes au niveau de l'orientation de la gestion se fait par l'analyse comparative (*benchmarking*). Cette méthodologie consiste à analyser les processus associés aux pratiques d'affaires, c'est-à-dire à les mesurer et les évaluer ; mais aussi développer pour ces processus des mesures de performance et identifier, en déterminant les raisons de succès de certaines pratiques, celles à privilégier selon les indicateurs de performance développés.

PARTIE V

STRATÉGIE ET MANAGEMENT

34

AUTOMOBILE : SORTIR DE L'IMPASSE GRÂCE AU PARTENARIAT[1]

Bernard Garette

RÉSUMÉ

Pour survivre dans l'industrie automobile, les constructeurs et les équipementiers du monde entier sont condamnés à l'innovation. Pour innover, ils doivent coopérer avec des « complémenteurs » qui sont parfois leurs propres concurrents. Ces alliances de complémentarité créent à la fois des opportunités de développement attractives et des risques importants. Cet article analyse ces opportunités et ces risques avant de formuler des recommandations sur la stratégie et le management des coopérations.

L'industrie automobile est un magnifique exemple d'impasse stratégique. À première vue pourtant, les constructeurs ont fait de leur mieux pour améliorer continuellement la compétitivité du secteur et de la filière. Les survivants sont ceux qui ont réussi, au prix d'efforts gigantesques, à comprimer leurs coûts, à améliorer la qualité de leurs produits et à s'internationaliser. Le résultat est excellent du point de vue des clients : on peut désormais acheter des voitures quasi parfaites, belles, fiables et bon marché. Rêvons un peu : peut-être qu'un jour les voitures ne pollueront même plus l'air de notre planète. Du point de vue stratégique, cette « perfection » a en revanche un énorme inconvénient pour les concurrents eux-mêmes : comme la plupart des constructeurs font peu ou prou les mêmes voitures, au même coût et avec les mêmes équipements, ils se retrouvent constamment en concurrence frontale entre eux. La compétition est donc très rude pour capter des clients qui ne perçoivent plus de différence sensible entre les produits. Du coup, la seule solution est de baisser les prix et donc de vendre ces bijoux technologiques avec des marges extrêmement faibles. Autrement dit, aucun constructeur généraliste n'a véritablement d'avantage concurrentiel :

1. Les arguments développés dans cet article doivent énormément à des travaux menés en collaboration avec Carole Donada que l'auteur tient à remercier chaleureusement pour sa contribution.

fabriquant au même coût des produits pratiquement identiques, ils ne parviennent pas à se différencier et ont une profitabilité faible.

Certes, il existe quelques exceptions à cette règle : certains spécialistes, comme Mercedes-Benz ou Porsche arrivent à conserver une position concurrentielle forte sur un segment particulier, les berlines de luxe pour l'un, les coupés sportifs pour l'autre. Il est d'ailleurs piquant de constater que de nombreux experts prédisent régulièrement la mort de ces spécialistes, tant l'originalité de leur positionnement contredit les idées reçues sur la nécessité d'une stratégie exclusivement axée sur les coûts, l'efficience opérationnelle et le gigantisme. Il est vrai que les stratégies de différenciation, les seules qui permettent de générer des marges élevées, sont aussi les plus dangereuses et les plus risquées. Porsche a connu de grandes difficultés et a failli disparaître à plusieurs reprises. Vu l'étroitesse de sa gamme et l'importance de ses coûts de développement, le caprice de quelques clients peut conduire à sa ruine. C'est pour réduire ce risque que Mercedes-Benz a cru bon de croître significativement et de devenir généraliste, en élargissant sa gamme de produits et en fusionnant avec Chrysler. Autre exemple, Matra Automobile, après avoir battu pendant plus de dix ans les records mondiaux de rentabilité grâce à l'Espace (produite par Matra et commercialisée par Renault) a été incapable de se renouveler et a disparu avec la déroute de l'Avantime, éphémère véhicule commercialisé sans beaucoup de conviction par le réseau Renault. Dans l'automobile, les faits contredisent donc les vieilles théories de la stratégie. Ces théories stipulaient que, pour construire un avantage compétitif et assurer une profitabilité aussi durable que régulière, il fallait choisir entre stratégie de volume et stratégie de différenciation. Dans l'automobile, la stratégie de volume conduit à des marges trop faibles et la stratégie de différenciation, à des risques trop grands.

Innover et coopérer pour sortir de l'impasse

La voie est étroite pour sortir de l'impasse. Il faut en effet arriver à conserver un positionnement de constructeur généraliste, pour assurer la pérennité de l'entreprise, tout en parvenant à différencier fortement certains produits par rapport à ceux de la concurrence, pour faire de la marge. C'est la seule issue. Les faits le montrent bien : chez General Motors, par exemple, la plupart des profits en Amérique du Nord proviennent actuellement d'un seul et même produit : le Hummer qui est tout sauf une voiture banale et « parfaite ». Au milieu des années 1990, Renault était dans la même situation en Europe : l'essentiel de ses profits provenait d'un seul produit, l'Espace, produit à 70 000 unités par an seulement sur un total de plusieurs millions de voitures. Pour se différencier, les constructeurs doivent donc inclure des produits exceptionnels dans une offre qui reste généraliste. Pour concevoir ces produits exceptionnels, ou pour les doter de fonctions originales, les constructeurs généralistes doivent absolument innover. Or, toutes les recherches sur l'innovation arrivent à une conclusion très simple : on n'innove jamais seul. L'innovation naît de la fertilisation croisée des connaissances et des technologies, parce que les connaissances et les technologies sont par essence combinatoires. Les constructeurs automobiles, les fournisseurs et les équipementiers doivent donc nouer des collaborations avec des « complémenteurs », c'est-à-dire des partenaires avec lesquels il est possible de combiner des compétences complémentaires pour générer des innovations. Ces complémenteurs peuvent être des concurrents (nous parlerons alors d'alliances), ou des entreprises non concurrentes (nous parlerons alors de partenariats). Par exemple, la coopération entre Michelin et Goodyear sur le système de roulage à plat est une alliance, car elle associe les technologies complémentaires de deux équipementiers concurrents. Par contre, la collaboration de General Motors et Microsoft – ou celle de DaimlerChrysler et Matsushita – sur les systèmes de navigation embarqués est un exemple de partenariat de complémentarité, car les entreprises concernées opèrent dans des secteurs différents.

En matière d'alliances et de partenariats, la complémentarité devient donc le modèle dominant. Naguère orientés vers la qualité et la réduction des coûts, les partenariats clients-fournisseurs évoluent vers des relations de codéveloppement, fondées sur l'innovation et la complémentarité. Quant aux alliances entre concurrents (constructeurs ou équipementiers), elles subissent la même évolution, même si les alliances de capacité continuent de se développer, comme par exemple le joint-venture Sevelnord qui associe PSA et Fiat pour produire ensemble des utilitaires légers et des monospaces (Peugeot 807, Citroën C8, Fiat Ulysse et Lancia Phedra).

Alors que les collaborations de complémentarité sont plus que jamais nécessaires pour innover dans l'industrie automobile, comme d'ailleurs dans de nombreux autres secteurs, nombreuses sont les entreprises qui hésitent à mettre en œuvre ce genre de stratégie parce qu'elles craignent leurs conséquences à long terme. En effet, si la coopération permet de créer de nouvelles opportunités, elle présente également des risques importants qu'il s'agit de gérer correctement.

Coopérations de complémentarité : risques et opportunités

Distinguer risques et opportunités est assez artificiel. En effet, toute opportunité comporte également un risque. On peut en revanche identifier quatre zones d'opportunité et de risque qui caractérisent les collaborations de complémentarité :

- l'opportunité de développer de nouvelles compétences, liée au risque de surinvestir ;
- l'opportunité de rééquilibrer le rapport de force en sa faveur, liée au risque d'un mauvais partage des résultats ;
- l'opportunité d'apprendre, liée au risque de subir des fuites technologiques ;
- l'opportunité d'améliorer sa position concurrentielle, liée au risque de créer ou de renforcer un concurrent.

Examinons-les successivement.

Développement de nouvelles compétences et surinvestissement

Pour devenir de véritables partenaires des constructeurs, les équipementiers doivent sortir de leur rôle classique de fournisseur ou de sous-traitant et développer de nouvelles compétences, ce qui renforce leur compétitivité. Le risque est évidemment de surinvestir, sachant que les investissements effectués par les fournisseurs sont bien souvent des investissements forcés par leurs puissants partenaires constructeurs.

Ainsi, en parallèle avec le développement des partenariats, l'effort de recherche des équipementiers a augmenté de 60 % entre 1995 et 2000[1] et le nombre des brevets déposés par les équipementiers ne cesse de croître. À l'heure actuelle, c'est plus d'un tiers du coût de développement de chaque nouveau modèle de voiture qui est assuré par les équipementiers.

Dans la filière de production, la part des investissements effectuée par les équipementiers augmente rapidement aux dépens de celle des constructeurs. Cette augmentation est en grande partie liée au développement des PIF (parcs industriels fournisseurs) auxquels les fournisseurs se doivent d'accéder pour devenir partenaires des constructeurs. C'est ainsi que le financement intégral des installations du parc industriel de la Smart, à Hambach, a non seulement augmenté le ticket d'entrée pour les fournisseurs, mais a aussi contribué à la fragilisation de leur économie alors que la voiture connaissait des débuts difficiles.

Pour travailler en partenariat, les fournisseurs doivent également adopter les systèmes d'information EDI des constructeurs, ce qui permet de diminuer les coûts de transaction (rapidité, simplification des procédures, etc.). Dans l'industrie automobile, 93 % des entreprises utilisent l'EDI contre seulement 63 % pour les autres industries manufacturières. Or, le coût d'entrée d'un EDI pour les fournisseurs a constitué un obstacle d'autant plus grand que, durant les deux dernières décennies, il n'existait pas de système de transmission de données qui soit commun à tous les clients. Les fournisseurs ont donc dû investir dans autant de systèmes qu'ils avaient de clients, alors même que les évolutions technologiques poussaient à changer fréquemment de système.

Enfin, les fournisseurs doivent investir pour suivre leurs partenaires constructeurs dans leur démarche de délocalisation alors qu'ils sont loin d'avoir la même assise financière. Ces délocalisations « forcées » ont bien sûr des conséquences positives : elles ont permis aux fournisseurs français d'augmenter leurs exportations et elles les poussent à prendre les devants sur la scène internationale (notamment dans les Peco, le Mercosur et la Chine).

Les conséquences des surinvestissements se font durement sentir dans les comptes des fournisseurs, avec des charges financières élevées qui plombent le résultat net. Ainsi en 2000, pour les équipementiers de plus de 2 000 salariés, les charges d'intérêt des emprunts et des dettes représentent 44 % de l'EBE. Asphyxiés par le poids des immobilisations et de la dette, les équipementiers fragilisent leur capacité d'investissement et leurs bases économiques…

Rapport de force et partage des résultats

Le développement des partenariats provoque une montée en puissance des équipementiers, tant sur le plan industriel que technologique, qui devrait leur permettre de

1. Les données citées dans cette partie sont extraites de P. Brocard et C. Donada, *La chaîne de l'équipement automobile*, publication du Sessi, ministère de l'Industrie, 2003.

rééquilibrer le rapport de force traditionnellement défavorable vis-à-vis des constructeurs. Ainsi le chiffre d'affaires et la productivité des équipementiers n'ont-ils cessé d'augmenter au cours de la dernière décennie. De plus, la structure de la filière automobile est en train de se modifier d'une manière qui s'avère favorable aux équipementiers. L'organisation traditionnelle en pyramide où les constructeurs dominaient les fournisseurs de rang 1 qui dominaient eux-mêmes les fournisseurs de rang 2, etc. a tendance à disparaître[1]. À cause du développement des coopérations et de la création de réseaux d'entreprises, la pyramide se mue en une organisation « moléculaire », beaucoup moins hiérarchique, où chaque entité peut collaborer avec n'importe quelle autre, du moment qu'il s'agit d'un complémenteur pertinent.

Ces évolutions favorables ne doivent toutefois pas masquer la dure réalité économique. En effet, même si, stratégiquement, les équipementiers améliorent leur position face

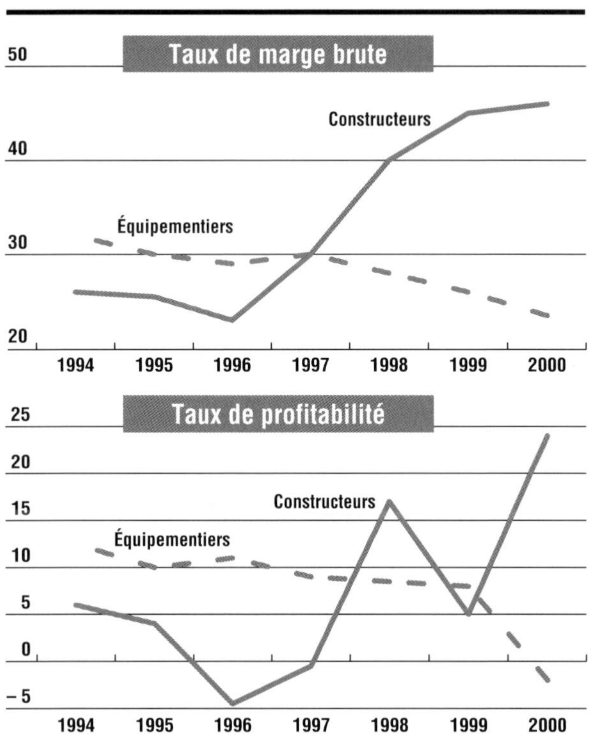

« Les Echos » / Source : P. Brocard et C. Donada , « La chaîne de l'équipement automobile », publication du Sessi ministère de l'Industrie, 2003

Figure V.1 – Érosion des marges pour les équipementiers

1. C. Donada, « Fournisseurs partenaires ou sous-traitants de second rang : quel groupe choisir ? », *Gestion 2000*, n° 4, juillet-août 2003.

aux constructeurs[1], ils ne parviennent pas à capter une part plus importante des profits. Ce serait même plutôt l'inverse. Alors que la marge des constructeurs a eu tendance à s'améliorer, celle des équipementiers montre une tendance à l'érosion (voir figure V.1).

Apprentissage et fuites technologiques

Les coopérations de complémentarité permettent d'accéder à des compétences différentes et complémentaires détenues par des « complémenteurs ». Mais au lieu de se contenter d'accéder à ces compétences externes pour les combiner avec leurs compétences internes, les entreprises peuvent être tentées d'internaliser les savoir-faire apportés par leurs complémenteurs, c'est-à-dire d'apprendre les technologies ou les méthodes qui leur font défaut. Les coopérations de complémentarité créent donc des opportunités d'apprentissage et de transfert de compétences entre les entreprises alliées. Il est de notoriété publique que c'est à travers leurs alliances avec leurs concurrents japonais que les constructeurs automobiles américains ont appris, dans les années 1980, les méthodes de management industriel – juste-à-temps, qualité totale, etc. – qui faisaient la supériorité des pratiques industrielles japonaises à l'époque. Réciproquement, c'est grâce aux mêmes alliances que les constructeurs automobiles japonais ont appris comment produire et vendre leurs voitures sur le sol américain, ce qui leur a permis par la suite de s'implanter de manière autonome en Amérique du Nord. Le cas de Nummi, joint-venture de GM et Toyota, est un exemple bien connu de cette stratégie.

Par rapport aux traditionnelles alliances de capacité (usines communes pour atteindre la taille critique sur certaines fabrications, comme par exemple l'usine Sevelnord de PSA et Fiat ou la Française de Mécanique de Peugeot et Renault), où les problèmes de « fuites de compétences » d'un allié au profit de l'autre sont assez rares, les alliances de complémentarité se caractérisent par des phénomènes importants de « course à l'apprentissage ». Dans le cas de Nummi par exemple, Toyota semble avoir mieux compris qu'une course de vitesse s'engageait avec son partenaire pour la captation des compétences. Dans la mesure où c'est par les hommes que s'effectue l'apprentissage, le partenaire japonais a fait passer beaucoup plus de ses cadres que GM dans des postes opérationnels du joint-venture Nummi. Ensuite, Toyota a réutilisé ces cadres « nummisés » pour gérer ses propres implantations aux États-Unis, où il se retrouvait en concurrence avec GM.

Protection et transparence

Des recherches récentes montrent que, statistiquement, les transferts de savoir-faire sont effectivement plus fréquents et plus rapides dans les alliances de complémentarité que dans les autres types de collaboration. Ils démontrent également que ces transferts

1. C. Donada, « Generating cooperative gain in a vertical partnership : a supplier's perspective », *Canadien Journal of Administrative Sciences*, 2002.

s'accompagnent de changements dans l'organisation et la répartition du travail entre les entreprises alliées : devenant capable d'effectuer une tâche qui était au départ confiée à son partenaire, l'entreprise fait pression pour réorganiser l'alliance et s'attribuer une partie du travail qu'elle ne faisait pas jusque-là[1]. C'est ainsi que des alliances où le développement était confié à un seul allié évoluent vers des situations où les deux partenaires développent les nouveaux produits en commun, voire où le second partenaire se met à développer le même type de produit tout seul. Dans les alliances de complémentarité, les transferts de savoir-faire au profit d'un partenaire et au détriment de l'autre peuvent avoir des conséquences cruciales sur la situation des entreprises alliées.

Dès lors, l'apprentissage, qui peut apparaître à première vue comme un avantage des alliances de complémentarité, peut se muer en piège redoutable : l'entreprise qui collabore est peut-être en train de nourrir un ennemi en son sein. D'un autre côté, le désir de se protéger contre les dangers de fuite technologique, ou de transmission involontaire de toute autre sorte de compétence, incite chaque partenaire à réduire son exposition, à filtrer les informations transmises d'une manière excessive, à priver l'alliance de ses savoir-faire les plus avancés, ce qui peut nuire considérablement à l'efficacité de la coopération. Le dosage optimal entre protection et transparence est donc difficile à trouver : un degré trop faible de collaboration risque de nuire à la réalisation des objectifs communs, mais trop de transparence peut aboutir à l'affaiblissement de la position de l'une ou l'autre des firmes partenaires.

Amélioration ou détérioration de la position concurrentielle des partenaires

Les transferts de savoir-faire entre partenaires peuvent conduire au renforcement d'un allié aux dépens de l'autre, voire à une spirale de dépendance de l'un vis-à-vis de l'autre. Ce phénomène est général dans les coopérations de complémentarité et il est évidemment particulièrement crucial dans le cas des alliances où les alliés sont en même temps des concurrents.

L'exemple de l'alliance Matra-Renault autour de la Renault Espace montre bien les conséquences dramatiques de la dépendance d'un allié envers l'alliance. Bien que les transferts de savoir-faire aient été assez limités (Renault n'a pas acquis la technologie plastique de Matra et Matra n'a jamais atteint le niveau de Renault en marketing et distribution automobile, loin s'en faut), la situation de dépendance de Matra vis-à-vis de Renault a conduit à la disparition de Matra Automobile quand le contrat sur l'Espace s'est arrêté. C'était malheureusement prévisible : s'il était envisageable dès le départ que Renault puisse un jour développer seul un successeur de l'Espace en optant pour une carrosserie en métal, comme cela a fini par se produire, il était totalement

1. P. Dussauge, B. Garrette et W. Mitchell, « Learning from competing partners : outcomes and durations of scale and link alliances in Europe, North America and Asia », *Strategic Management Journal*, n° 21, 2000.

exclu que Matra se dote d'un réseau de distribution autonome pour commercialiser ses propres voitures.

Des données plus générales sur les évolutions et les issues des alliances corroborent les conclusions que nous venons de présenter sur la base d'exemples. Il apparaît ainsi que les alliances de complémentarité conduisent plus souvent que les autres à des issues déséquilibrées, comme par exemple la reprise du joint-venture par un des partenaires[1]. Une recherche sur l'industrie automobile a même montré que les parts de marché relatives des partenaires varient davantage dans le cas des alliances de complémentarité que dans les cas d'alliances de capacité[2].

Recommandations

L'innovation est la seule issue pour les entreprises de l'industrie automobile, constructeurs et équipementiers réunis. Or, innover seul étant très difficile, il faut coopérer avec des « complémenteurs » pour innover. Mais, comme nous l'avons vu, les coopérations de complémentarité présentent un certain nombre de dangers contre lesquels les entreprises doivent se prémunir.

Contrairement à ce que l'on pourrait croire, ce n'est pas en négociant pied à pied et de manière tatillonne les contrats de coopération ou de joint-venture que l'on peut résoudre ces problèmes. Certes, un bon contrat, équilibré et suffisamment protecteur, est toujours utile. Mais l'expérience montre que les clauses du contrat ne sont relues et utilisées qu'en cas de conflit, c'est-à-dire quand il est déjà trop tard. Dans les coopérations qui fonctionnent bien, tout comme dans les mariages heureux, plus personne n'ouvre le contrat une fois qu'il a été signé. En effet, un contrat de mariage ne parle que de ce qui se passerait en cas de divorce, il ne dit rien sur la manière de développer une relation harmonieuse entre les partenaires.

La réponse est plutôt dans la réflexion stratégique en amont de la négociation de l'alliance et dans les mécanismes organisationnels mis en place par la suite pour la gérer. De manière non exhaustive, nous recommandons donc de :

- Bien définir, expliciter et communiquer ses objectifs tout en amenant le partenaire à faire de même. Dans la coopération, rien n'est pire que les intentions cachées.
- Se mettre d'accord avec le partenaire sur les critères de succès et les échéances de l'alliance. Les malentendus sur la mesure de la performance et l'horizon de temps sont à éviter.
- Réfléchir à l'avance à la manière dont le rapport de force va évoluer au cours du temps.
- Faire un scénario d'évolution de la coopération, de ses issues possibles et de ses conséquences prévisibles.

1. *Ibid.*
2. P. Dussauge, B. Garrette et W. Mitchell, « Asymetric Performance : the market share impact of scale and link alliances in the global auto industry », *Strategic Management Journal*, n° 25, 2004.

– Évaluer les contributions des partenaires et anticiper leur évolution au cours du temps.
– Concevoir et mettre en place les mécanismes organisationnels d'apprentissage et de protection des compétences.
– Capitaliser et centraliser le savoir-faire sur le management des coopérations. Il a été en effet démontré que les entreprises qui se dotent d'une fonction « alliance » centralisée obtiennent de meilleurs résultats en matière de collaboration que celles qui se contentent de gérer chaque coopération de manière spécifique et décentralisée[1].

BIBLIOGRAPHIE

B. Garette, P. Dussauge, *Les Stratégies d'alliance*, Éditions d'Organisation, 1995.

P. Brocard, C. Donada, *La chaîne de l'équipement automobile*, Publication du Sessi, ministère de l'Industrie, 2003.

R. Boyer, M. Freyssenet, *Les Modèles productifs*, La Découverte, 2000.

M. Freyssenet, A. Mair, K. Shimizu, G. Volpato, *Quel modèle productif ? Trajectoires et modèles industriels des constructeurs automobiles mondiaux*, La Découverte, 2000.

1. P. Kale, J. H. Dyer et H. Sing, « Alliance capability, stock market response and long-term alliance success : the role of the alliance function », *Strategic Management Journal*, n° 23, 2002.

35

LES ENJEUX STRATÉGIQUES DE LA *SUPPLY CHAIN*

Laoucine Kerbache et Olivier Bruel

RÉSUMÉ

La recherche du coût total minimum et l'obtention de la meilleure flexibilité sont au cœur des enjeux de la *supply chain*. Sa conception est donc loin d'être neutre et nécessite, en particulier, une adaptation importante selon la segmentation du portefeuille produits. Pour des produits standardisés, il faut en priorité une *supply chain* efficiente, alors que pour les produits innovants ou à durée de vie courte, une *supply chain* réactive s'impose. Il existe néanmoins des approches de conception permettant de réaliser ce compromis flexibilité/productivité.

Dans tous les secteurs, les modèles traditionnels de stratégie industrielle et logistique se sont complexifiés avec le développement de la compétition et la globalisation. De l'approche dichotomique classique de l'avantage concurrentiel – domination par les prix (et donc les coûts) OU différenciation –, nous sommes entrés dans l'ère du compromis prix ET différenciation. Il faut maintenant être « performant partout », dans tous les domaines – prix, qualité, délai, flexibilité, réactivité et niveau de service.

■ Les prix, les coûts

La pression permanente sur les prix oblige les producteurs à améliorer régulièrement leur productivité et à revoir en conséquence leur organisation industrielle. Cette tendance les a amenés à agir sur tous les coûts, qu'ils soient directs usine (main-d'œuvre, machines…), indirects usine ou frais généraux siège, selon l'approche de la production « au plus juste » (*lean production*).

■ La qualité des produits

La qualité n'est plus vraiment un objectif dans la mesure où elle se présente comme un prérequis pour pouvoir être compétitif. L'unité de mesure utilisée reflète bien les progrès réalisés dans ce domaine : d'une unité exprimée en pourcentage(s), le niveau de qualité est passé au « pour mille » puis, plus récemment, au PPM (pièces défectueuses par million). La question ne se pose plus sous la forme du niveau de qualité à atteindre, mais plutôt de la qualité totale et du coût pour y parvenir.

■ Le délai de service au client

Le délai se définit comme le temps s'écoulant entre la demande du client et la réception du produit commandé. Dans l'entreprise industrielle, de services ou de distribution, pour l'utilisateur, il est plus souvent perçu comme le temps entre la constatation de son besoin et le moment où il peut commencer à le satisfaire. Cet écart intègre des opérations réalisées par le fournisseur (préparation de la commande, expédition, etc.) mais également des tâches internes (constatation du besoin, contact avec le service achats, passation de la commande, puis réception et contrôle).

■ La flexibilité

La flexibilité, ou capacité à réagir à des variations de la demande, se présente sous deux aspects : volume ou mix-produits. Le premier indique la capacité de l'entreprise à s'adapter aux variations de la demande en quantité. Le second précise le délai nécessaire, lorsque l'on a prévu de fabriquer un produit donné (ou une gamme de produits différents), pour modifier son plan de fabrication, réorganiser tous ses processus et passer à un autre article (ou à un autre programme de production).

■ Le niveau de service

On entend par niveau de service la probabilité de satisfaire la demande dans un délai donné. Si le concept se comprend aisément, son application pose quelques difficultés, en particulier dans le choix des variables. Faut-il en effet comparer les livraisons effectuées au nombre total de commandes, ou plutôt choisir le nombre de lignes de commandes satisfaites, les tonnes ou encore le chiffre d'affaires ?

À ces critères de performance logistique traditionnels, sont venus s'adjoindre plus récemment le management des risques, le potentiel de progrès, la synchronisation[1], etc.

La réponse actuelle à ce défi est appelée le management de la chaîne logistique globale (ou *supply chain management*). C'est une approche qui consiste non pas à optimiser chaque stade du processus indépendamment des autres mais, au contraire, à rechercher une performance globale au profit du client final, par conception et pilotage d'un système intégré ou coordonné, où la priorité est donnée à l'optimisation de l'ensemble plutôt qu'à chacun de ses éléments pris séparément. Comme on ne peut atteindre tous les objectifs stratégiques simultanément, pour un niveau de qualité déterminé, il faut

1. D. Anderson, *Synchronized Supply Chains : The new frontier*, 2004, Ascet.com.

souvent faire le choix fondamental entre la recherche du coût total minimum et l'obtention de la meilleure flexibilité.

La segmentation du portefeuille produits

Une stratégie logistique globale n'est pas neutre : elle ne doit servir qu'à satisfaire des objectifs de stratégie générale, en particulier ceux en relation avec les choix marketing faits sur la gamme des produits proposés aux différents segments de marché, notamment en matière de positionnement et de différenciation. Développons les idées clefs de ce postulat.

D'une façon générale, en simplifiant et avec la vision du logisticien, toute entreprise est susceptible de concevoir une gamme de produits qu'on peut très souvent décomposer schématiquement en deux grands types :

- Des produits relativement standardisés, caractérisés par une faible variété et des volumes importants – dont les technologies sont stabilisées – et conçus pour une durée de vie longue sur le marché.
- Des produits plus innovants et/ou à durée de vie courte et limitée dans le temps, intégrant souvent une part importante d'adaptation aux demandes du client (variantes, fabrication à la commande), de plus intégrant parfois des technologies non stabilisées.

Le tableau V.1 illustre de façon comparée et détaillée ces deux types de produit.

Tableau V.1 – *Analyse duale des produits vendus*

	Produits standardisés	Produits innovants
Demande	Prévisible et plutôt stable dans le temps	Demande imprévisible – Nombreux facteurs exogènes
« Valeur » attendue par le client	Prix bas – Coût d'acquisition minimum	Délais courts – Flexibilité – Services
Fiabilité des prévisions	Elevée (erreur < 10 %	Forte (30 % < < 100 %)
Degré de standardisation	Elevé – produits à gros volume de vente	Différenciation importante – Besoins ponctuel/ « sur mesure » – Produits « de mode »
Variété	Faible (quelques variantes)	Elevée (produits customisés, options possibles)
Durée de vie	Longue (années)	Courte (plusieurs mois)
Risques de gestion des invendus	Faibles	Forts
Cycle d'approvisionnement	Long (mois)	Court (jours/semaines)
Besoins planifiables par le client	Oui	Non

Prenons un exemple concret. Analysons la gamme de produits d'une grande entreprise de confection. Il y a plusieurs façons de segmenter son portefeuille de produits : selon la nature des vêtements (dessus, dessous et lingerie, *homewear*, sportswear, etc.), selon le sexe (hommes, femmes, enfants, premier âge), selon la saison (été, hiver), selon le taux d'exportation, etc.

Toutefois, en relation avec l'approche *supply chain*, une seule est vraiment pertinente :

– D'une part, les articles permanents : classiques et « basiques », dont les patronages sont stables et limités dans le temps d'une année sur l'autre, produits de faible variété et de forte vente, pour lesquels les clients mettent l'accent sur le prix (au standard de qualité spécifié) quel que soit le réseau de distribution concerné.
– D'autre part, les articles de « mode » ou « tendance », où la créativité du style est importante, dont la période de vente est courte (de quelques semaines à deux mois) et souvent déconnectée de la notion de saison, à faible volume pour chaque produit dans chacun des tissus et patronages proposés, et pour lesquels la prévision est extrêmement délicate.

Il est clair qu'une telle entreprise devra concevoir deux systèmes logistiques parallèles « focalisés » et organisés très différemment l'un de l'autre.

Nécessité d'une *supply chain* focalisée

Ainsi, *a priori* dans l'approche industrielle traditionnelle, l'organisation et les systèmes de pilotage de la chaîne logistique devront être conçus de façon adaptée selon les situations[1]. Pour les produits standardisés à durée de vie longue, la priorité sera donnée à une chaîne logistique visant un niveau élevé de productivité, donc une maîtrise du coût global, avec la recherche conjointe d'une diminution des incertitudes liées notamment à la prévision. Pour les produits innovants et à durée de vie courte, la logique voudra qu'on privilégie la flexibilité et le taux de service au client. Le tableau V.2 en présente les principes directeurs respectifs pertinents selon les objectifs stratégiques fixés.

Tableau V.2 – Principes directeurs des *supply chain* respectives

	Système à minimisation du coût	Système flexible
Principe prioritaire	Satisfaire une demande prévisible au coût le plus bas	Répondre très rapidement à une demande imprévisible sans stockage
Objectif industriel	Viser le meilleur taux d'utilisation des équipements - Maximiser le Taux de Rendement Global	Maintenir un potentiel de « sécurité » - Priorité aux solutions flexibles
Politique de stocks multi-niveaux	Minimisation des stock – Planification coordonnée des flux multi-niveaux	Stocks de sécurité stratégiques uniquement (stades peu différenciés du produit)
Planification prévisionnelle	Forte (multi-niveaux) sur base prévisionnelle de la demande finale	Faible (priorité aux solutions juste-à-temps)
Objectif de cycle global	Minimisation du cycle (sous contrainte de coût)	Investissements de réduction du cycle global
Amont de la chaîne (fournisseurs)	Priorité coût/qualité – Monosource possible	Priorité flexibilité – Multisource à analyser
Structure du système de distribution	Possibilité de multi-niveaux	Circuit court impératif
Conception des produits	Priorité coût/performance – Standardisation	Rechercher (si possible) une conception modulaire – Différenciation retardée du produit

1. Déjà en 1997, Marshall Fisher écrivait à ce sujet un article resté célèbre à propos des typologies de chaîne logistique globale : « What is the right supply chain for your product ? », Marshall L. Fisher, *Harvard Business Review*, Mars-Avril 1997.

Il est clair qu'une entreprise disposant en catalogue des deux types de produit simultanément peut rarement mettre en place deux organisations – industrielle et logistique – totalement indépendantes en parallèle, ne serait-ce qu'en raison des investissements cumulés nécessaires. Il est donc impératif de rechercher sous quelles conditions le compromis productivité/flexibilité devient possible avec une seule organisation.

Trois axes à privilégier

La réflexion académique et la pratique professionnelle démontrent que trois domaines vont devoir être approfondis simultanément :

- Tout d'abord, une démarche R & D aboutissant à une conception modulaire de l'ensemble des produits, avec l'objectif prioritaire de standardisation pour une majorité des fonctions ou composants (ainsi tout produit fini sera l'addition de modules standards – en plus grand nombre – et de constituants spécifiques).
- Ensuite, une nouvelle conception conjointe du produit et des processus de production selon les principes de différenciation retardée des produits (consistant à reporter le plus en aval possible du système industriel leur différenciation, ce qui favorisera en effet la productivité globale tout en minimisant les risques de prévision).
- Enfin, une action orientée sur les principes de pilotage des flux *push-pull* dans la *supply chain*. Celle-ci ne sera vraiment possible que si les deux points précédents ont été développés avec succès. Développons ce dernier point plus spécifiquement logistique.

Une *supply chain* – dont fait partie d'ailleurs le client – est généralement constituée de nombreuses boucles. Pour simplifier à l'extrême, comme le montre la figure V.2, il y a toujours trois boucles principales, et l'on peut positionner la limite de différenciation du produit au niveau industriel (par exemple juste en amont du stade d'assemblage final).

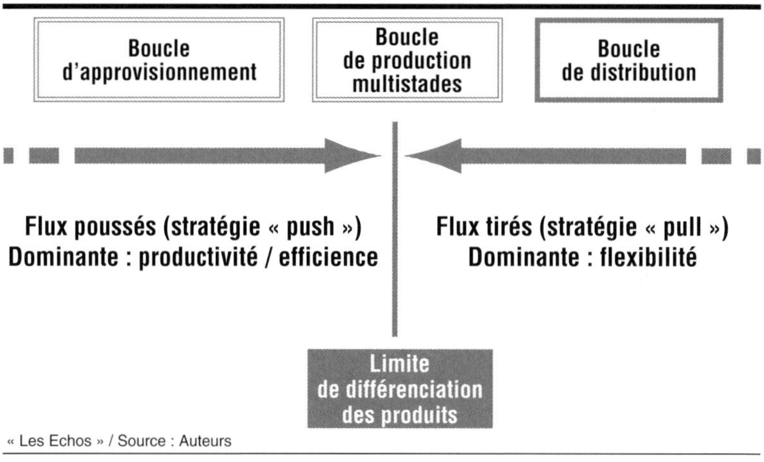

Figure V.2 – Pilotage des flux : organisation *Push/Pull*

Classiquement, livrer les clients avec un délai très court suppose la constitution de stocks de produits finis dans la majorité (voire toutes) des références commerciales, qui doivent alors être approvisionnées et fabriquées sur prévision (stratégie *push*). Ceci se traduit souvent par des surstocks ou des ruptures de stock liés aux erreurs de prévisions, donc à des coûts de non-qualité associés au mauvais taux de service, tout en imposant un besoin en fonds de roulement élevé.

En revanche, si l'on parvient à organiser la partie « aval » du processus de façon très réactive (montage final et distribution par exemple), il sera possible de « remonter » les stocks à un niveau de produits semi-finis pour exécuter montage final et distribution à la commande client (sous réserve que le délai technique soit compatible avec le délai accepté par les clients). On parle alors de stratégie *pull*. La partie « amont » du processus devra toujours être planifiée et gérée sur prévision, mais la standardisation et la différenciation retardée permettront de limiter fortement les conséquences des erreurs de prévision, et donc d'abaisser les coûts associés. Coûts directs d'achat et de fabrication, ainsi que coûts de surplus et coûts financiers liés au besoin en fonds de roulement plus faible.

La *supply chain* globale peut ainsi atteindre un bon compromis d'ensemble : la partie amont est en adéquation avec une *supply chain* efficiente alors que la partie aval est en adéquation avec une *supply chain* flexible et réactive.

Quels leviers d'efficience et de flexibilité ?

Le tableau V.3 résume ainsi les leviers de performance à actionner dans le processus de décision pour l'élaboration d'une *supply chain* en fonction de la stratégie d'entreprise.

Tableau V.3 – Leviers de performance de la *supply chain*

Leviers	« Supply chain » efficiente	« Supply chain » réactive
Stocks multi-niveaux	Coût de détention	Disponibilité
Transport/Distribution	Consolidation	Vitesse
Usines et entrepôts	Consolidation/Dédiés	Proximité/Flexibilité
Systèmes d'information	ERP/APS	ERP/Temps réel

■ *Supply chain* efficiente

La prévision fiable au niveau du client final permet une planification prévisionnelle des besoins jusqu'au niveau des fournisseurs. Les stocks à tous les niveaux (matières premières, produits finis usine, ou dans le réseau de distribution) seront maintenus à un niveau minimal par la planification globale. Le réseau de distribution est plutôt centralisé et le transport est optimisé à travers l'ensemble de la chaîne. Un ERP et, éventuellement, un APS (*advanced planning system*) sont nécessaires.

Supply chain flexible

Dans ce cas, priorité absolue à la flexibilité et à la proximité. Les productions pourront être maintenues en local avec disponibilité de stocks à travers de simples plates-formes d'éclatement, ou bien préparation et livraison des commandes directement à partir du magasin usine. On privilégiera un suivi de la demande au jour le jour au niveau des magasins pour engager des « recomplètements » en petites séries selon les besoins. Un ERP et des capacités de traitement en temps réel sont nécessaires.

Revenant sur la segmentation produits présentée plus haut, il est alors très clair que la différenciation des systèmes doit porter en priorité sur l'aval (circuit court réactif ou non), mais que l'amont peut alors permettre une productivité et un taux de rendement global excellents, puisque partagé par tous les produits. La décision stratégique associée pour la direction générale est de savoir si l'on répercute dans la politique de prix les différences éventuelles de coûts directs des deux circuits respectifs (et donc si le client accepte de payer la flexibilité du circuit court).

Des entreprises comme Wal-Mart, Dell, Coca-Cola, Hewlett-Packard et bien d'autres ont déjà bien compris l'avantage concurrentiel que peut offrir une *supply chain* adaptée. Ces décisions sont fondamentales : sinon la meilleure des stratégies produits ne sera pas concrétisée par des résultats opérationnels visibles et pérennes.

36

RÉUSSIR LE DÉVELOPPEMENT D'UNE OFFRE DE SERVICE DANS LES PMI

Gérard Baglin et Véronique Malleret

RÉSUMÉ

L'article rappelle les facteurs susceptibles d'expliquer la croissance des services dans les PMI et propose une typologie de ces services. Il termine par des recommandations.

Pour éviter aux entreprises industrielles une confrontation directe sur les prix dans des marchés de produits banalisés, le développement d'une offre de service est souvent présenté comme une stratégie de différenciation susceptible de conforter la position de l'entreprise. Cependant, comme nous avons pu le constater lors d'une recherche financée par l'Union européenne[1], la mise en œuvre de cette stratégie ne s'improvise pas et nécessite une politique clairement établie.

Pourquoi développer une offre de service dans une entreprise industrielle ?

En proposant des services qui accompagnent la vente des produits, l'entreprise poursuit certains objectifs qui vont déboucher de façon plus ou moins directe sur l'accroissement du chiffre d'affaires et de la rentabilité.

1. Recherche s'inscrivant dans le 5e programme cadre européen de recherche conduite en coopération avec Ceforalp. Une partie des résultats est présentée dans le cahier de recherche du Groupe HEC n° 800/2004.

■ S'adapter aux attentes des clients

Ceux-ci cherchent à gagner du temps, à réduire la complexité et les coûts de leur gestion administrative (par exemple en traitant avec un fournisseur offrant une prestation complexe plutôt qu'avec de multiples fournisseurs) et, d'une façon plus générale, à acquérir non pas un produit, mais une solution à leurs problèmes, si possible disponible dans une logique de « guichet unique ».

Ils souhaitent également bénéficier d'un apport de connaissances, de savoir-faire qu'un fournisseur spécialisé est plus à même de détenir qu'eux, et ce d'autant plus que le fournisseur est en contact avec des clients différents qui élèvent son niveau d'expertise par des suggestions ou des exigences différentes.

Les clients désirent également réduire et contrôler les risques, par exemple grâce à un contrat de maintenance dans lequel le fournisseur s'engage à effectuer les réparations sous un certain délai.

Enfin les clients veulent transformer des coûts fixes en coûts variables et consacrer l'essentiel de leurs ressources à ce qu'ils estiment être leur cœur de métier.

■ Se différencier par rapport à la concurrence

Cette différenciation de l'offre s'obtient beaucoup plus facilement et à coût moindre par l'adjonction de services (par exemple la livraison au poste de travail) que par la différenciation des produits. De plus, la comparaison d'offres complexes de différents fournisseurs combinant des produits et des services est plus difficile. La compétition sur les prix sera donc moins frontale et la rentabilité de l'entreprise sera améliorée.

■ Fidéliser les clients

La délivrance de services aide l'entreprise prestataire à transformer une relation ponctuelle en relation durable. En multipliant les occasions de contact entre le producteur et le client, la prestation de services permet de mieux connaître l'évolution des besoins du client et place le fournisseur dans une bonne position pour proposer d'autres produits ou services.

■ Lisser le chiffre d'affaires

La vente de biens, en particulier quand il s'agit de biens d'équipement, est souvent une opération ponctuelle, qui ne se répétera que quelques mois ou quelques années plus tard, et dépend fortement des cycles économiques. La vente de services, elle, peut se faire de façon récurrente (par exemple contrat de maintenance ou fourniture de consommables). Elle génère un chiffre d'affaires régulier qui facilite la gestion de trésorerie et compense les cycles économiques défavorables.

Quels services proposer ?

Les services qu'une entreprise industrielle peut proposer sont multiples et variés (voir tableau V.4). Chacun présente des avantages en termes commerciaux mais aussi des difficultés de mise en œuvre. On peut distinguer deux grandes catégories de services : ceux relatifs à une amélioration de l'offre de produit que l'on peut qualifier de « services périphériques » et ceux qui constituent des « services complémentaires ». Les premiers ne sont pas dissociables des produits et sont souvent mis en œuvre dans les entreprises industrielles sous l'appellation de « qualité de service ». À l'inverse, les services complémentaires ne sont pas forcément liés à l'offre de produit, ce qui veut dire à la fois que l'entreprise peut vendre ses produits sans proposer ces services, mais aussi qu'elle peut commercialiser ces services indépendamment de l'offre de produits.

Tableau V.4 – Services périphériques et services complémentaires

Service destiné à :	
Services périphériques	
Produit/équipement	Réduction des délais de livraison Livraison en une fois Livraison sur rendez-vous Livraison directe à l'utilisateur final Mise à disposition de contenants (palettes, barils, fûts...) Prêt de matériel avant achat/échantillons
Utilisateur	Réduction des délais de réponse (devis) Personnalisation du produit Conseils à l'achat
Services complémentaires	
Service destiné à :	
Produit/équipement	Installation d'équipements Maintenance Dépannage, assistance Prêt de matériel de remplacement Gestion et mise à disposition de pièces de rechange Vente de fournitures et consommables Mise à jour/mise à niveau des matériels et logiciels
Utilisateur	Formation Conseils d'utilisation Documentation technique Gestion du stock (et des besoins) pour le compte des clients Reprise de produits ou de déchets Maîtrise d'ouvrage d'un système complet Aide à la conception des produits
Financement	Location des matériels Financement de l'achat Rachats d'anciens équipements

Source : auteurs

Un changement de mentalité

De plus, au sein de chacune de ces deux catégories, on peut classer les services en fonction de la cible, c'est-à-dire du destinataire du service. Ainsi, pour l'amélioration de l'offre de produit, on peut distinguer les services concernant le produit ou l'équipement et ceux concernant l'utilisateur-acheteur. Pour les services complémentaires, nous distinguons les services portant sur le produit ou l'équipement, de ceux destinés à l'utilisateur et de ceux destinés au financeur du projet.

Quels sont les facteurs de réussite ?

Le passage d'une organisation exclusivement industrielle à une organisation délivrant des « packages produits-services » ne s'improvise pas et l'entreprise doit veiller particulièrement aux points suivants.

■ Mettre en place une organisation adaptée

Le service implique une relation directe entre le prestataire et le client, tâche qui était jusqu'alors réservée aux commerciaux. De plus, le service sera souvent réalisé hors de l'enceinte de l'usine. Une gestion des ressources humaines spécifique doit être mise en place pour recruter et former des opérateurs disposant d'une large autonomie et ayant un sens commercial aussi bien qu'une compétence technique. L'obtention de ces qualités suppose un changement dans les mentalités du personnel qui devient un personnel de contact et doit toujours satisfaire un client exigeant. Il faut aussi souvent développer des compétences pour gérer du personnel distant voire un réseau de sous-traitants. Il faut mettre en place des procédures de suivi particulières car les critères de performance utilisés à l'intérieur de l'usine ne sont plus adaptés. Il faut enfin se doter d'outils de mesure de la qualité de service car rien ne peut devenir plus désastreux pour l'image de l'entreprise que des services mal rendus.

■ Éviter les erreurs stratégiques

Le développement de services, en amont ou en aval de l'offre de produit, se fera nécessairement au détriment d'acteurs qui réalisaient ces services auparavant : les clients, les distributeurs, d'autres entreprises de services, etc. La position relative des acteurs dans la chaîne de valeur va être modifiée : des partenaires peuvent devenir d'un seul coup des concurrents, de nouveaux concurrents auxquels l'entreprise n'avait pas l'habitude de prêter attention peuvent apparaître. Il est donc fondamental d'anticiper l'évolution de la position concurrentielle de l'entreprise avant de mettre en jeu l'équilibre existant par une nouvelle offre de service.

■ Facturer les services

Les avantages économiques liés au développement de l'offre de service, bien que logiques, ne sont pas nécessairement prouvés. En effet, nous avons pu constater que la plupart des petites entreprises ne calculaient pas le coût de leurs services. Or, la différenciation générée par les services ne sera un facteur de compétitivité que si l'entreprise est capable de produire des services différenciés à un coût raisonnable.

Bien plus, les entreprises sont souvent incapables d'isoler le chiffre d'affaires généré par les services, ces derniers ne faisant pas toujours l'objet d'une facturation. La rentabilité des services n'est donc pas facile à apprécier et la politique de tarification des services doit être soigneusement pensée pour que les services ne détériorent pas la rentabilité de l'entreprise.

■ Choisir les bons services

Si l'on est convaincu que le développement d'une offre de service est un vecteur essentiel pour assurer la pérennité et le développement de l'entreprise, il faut choisir la bonne cible : il n'est pas envisageable de développer des services tous azimuts. L'entreprise devra commencer par un petit nombre de services choisis parmi ceux de la liste proposée. Selon quels critères ?

En premier lieu, il faut tenir compte des attentes des clients, quelques enquêtes et quelques entretiens avec des clients potentiels apporteront rapidement la réponse à cette question. On sélectionnera ensuite les services pour lesquels il existe déjà des compétences en interne ou des compétences que l'on peut acquérir facilement ; il s'agit en général de services périphériques dont la proximité avec l'activité industrielle de l'entreprise est plus forte. On évitera les services qui supposent un investissement trop élevé ou qui présentent des risques en termes opérationnels ou stratégiques. Enfin, on choisira en priorité des services facilement « matérialisables », c'est-à-dire visibles par les clients, ce qui permet de faire accepter plus facilement leur facturation et donc d'assurer leur rentabilité.

En conclusion, il faut donc rappeler que le développement d'offres de service accompagnant la vente de produits ne pourra tenir ses promesses – améliorer la compétitivité et la rentabilité de la PMI, fidéliser les clients, sauvegarder l'emploi – que si elle est précédée par une réflexion stratégique et accompagnée de changements significatifs dans l'organisation opérationnelle et les compétences des salariés.

37

L'ÉCONOMIE DES MARCHÉS DE PLATES-FORMES

Eloïc Peyrache

RÉSUMÉ

Sur tout marché de plates-formes, les intermédiaires ont pour objet de coordonner offres et demandes de divers groupes d'agents afin de permettre la réalisation d'un service donné. La politique de tarification mise en place par ces intermédiaires, essentiellement basée sur une discrimination par les prix entre les divers groupes, sera souvent la clef de la réussite de leur entreprise.

Quel lien y a-t-il entre le site de rencontre sur Internet Meetic, une console de jeux vidéo Sony, une agence immobilière Century 21 et un système d'exploitation Windows ? Rien à première vue et pourtant, chacun constitue une plate-forme ou lieu de rencontre entre différents groupes d'agents économiques. Alors que vont se rencontrer sur Meetic des hommes et des femmes soucieux de créer des liens, une agence Century 21 tentera de mettre en relation des vendeurs et des acheteurs de biens immobiliers. De même, par l'intermédiaire d'une PlayStation ou de Windows, vont se rencontrer des développeurs de jeux ou d'applications et des utilisateurs. Sans la présence de l'une ou l'autre des parties, le service n'a aucune valeur. Il n'y a pas de console de jeux sans jeux (ou sans joueurs), pas de rencontre sur Meetic sans personnes cherchant l'âme sœur, pas d'agences immobilières sans vendeurs (ou acheteurs). Parvenir à rassembler sur une même plate-forme chacune des parties prenantes constitue alors l'enjeu fondamental du bon fonctionnement de telles entreprises. Celles-ci trouvent leur raison d'être dans leur capacité à mettre en relation deux ou plusieurs groupes distincts d'agents économiques et à coordonner leurs offres et leurs demandes. Mais comment attirer chacun de ces groupes sachant qu'ils conditionneront leur participation à la présence des autres ? C'est sur la problématique de l'œuf et de la poule que doit se pencher tout décideur soucieux de la réussite de son entreprise et sa politique de tarification en sera la clef de voûte.

Plates-formes et structure de prix

Les développements récents de la théorie économique montrent que les raisonnements à l'œuvre sur ces marchés diffèrent sensiblement de ceux utilisés sur les marchés standards. La détermination du prix repose traditionnellement sur deux principes. Premièrement, l'entreprise procède à une évaluation du coût auquel elle ajoute une marge qui dépend principalement de la pression concurrentielle et de la sensibilité de la demande au prix. Deuxièmement, le prix est payé par celui qui génère le coût. Chacun de ces deux principes ne s'applique plus sur les marchés de plates-formes et notre analyse se doit de distinguer le niveau général de tarification du service par la plate-forme, de sa ventilation entre les différents groupes d'agents (la structure de prix). Plus encore que le simple fait de réunir en un même lieu (potentiellement virtuel) chacune des parties, c'est l'absence de neutralité de la structure de prix sur la demande qui constitue un enjeu de l'existence de tels marchés. L'analyse stratégique des entreprises multiproduits a déjà mis en exergue l'importance de la structure de prix sur les comportements du consommateur. La subvention des rasoirs par les lames en constitue l'illustration la plus communément utilisée. Il y a toutefois une différence et elle est centrale. L'utilisation d'un rasoir et de ses lames constitue un acte de consommation isolé qui n'implique que le consommateur. À l'inverse, la valeur attachée à l'utilisation du bien ou du service par chacun sur les marchés de plates-formes dépend essentiellement de l'ampleur de la participation des autres parties prenantes. Les économistes parlent alors d'existence d'externalités de réseaux. Tout joueur sera d'autant plus satisfait qu'un grand nombre d'éditeurs de jeux collaborent avec leurs fournisseurs de console tout comme ceux-ci seront d'autant plus enclins à proposer des jeux compatibles avec ladite console que sa part de marché est importante.

Quelles sont alors pour l'entreprise les implications stratégiques ? Chaque plate-forme devra tout d'abord identifier le groupe d'agents le plus sensible à la présence de l'autre partie prenante. Ainsi, si nous appliquons notre analyse à la presse, les publicitaires sont sans doute plus sensibles au nombre de lecteurs du journal que ces derniers à la présence de publicité. Les lecteurs constitueront alors le groupe cible. Ensuite, l'entreprise devra accroître l'attractivité de la plate-forme aux yeux du groupe cible afin de remporter son adhésion. Ce n'est qu'alors que pourra s'enclencher un effet boule de neige qui verra chacune des parties se coordonner sur une même plate-forme.

Pour ce faire, ces entreprises ont principalement deux outils à leur disposition. Elles vont tout d'abord mettre en place une politique de discrimination par les prix. Il est vrai que la SNCF ou la plupart des salles de cinéma ont déjà recours à une telle politique. Une fois de plus, la logique économique est différente. Alors que la SNCF ou les salles de cinéma mettent en place une politique de discrimination en s'appuyant sur les différentes sensibilités aux prix des agents économiques (étudiants, retraités...), les plates-formes vont subventionner le groupe de consommateurs dont la seule présence générera, du fait de l'existence d'externalités de réseaux, un accroissement de la demande des autres groupes (non subventionnés) nécessaire à la réalisation du service. Ce n'est alors plus nécessairement l'agent qui génère le coût qui est facturé et, de plus, si le niveau global des prix doit bien entendu être lié au coût d'exploitation de la plate-forme, la ventilation entre les différents groupes de consommateurs, elle, répond à une logique différente. Le tableau V.5 illustre notre propos.

Tableau V.5 – Représentation de quelques *business models*

Produit	Groupe subventionné	Groupe générateur de profit
Consoles de jeux vidéo	Consommateur	Editeurs de jeux
Journaux	Consommateur	Publicitaires
Cartes de crédit	Consommateur	Vendeurs
Centres commerciaux	Consommateur (parking gratuit, essence à bas prix...)	Boutiques
Agences immobilières	Acheteurs (visites gratuites...)	Vendeurs
Portails	Utilisateurs	Publicitaires
Sites de rencontre	Femmes (enregistrement gratuit)	Hommes, publicitaires

Source : Jean Charles Rochet et Jean Tirole (2004) *Platform Competition in two-sided markets*, « Journal of the European Economic Association », Vol 1, n°4.

Politique de tarification

À titre d'illustration, nombreux sont les observateurs qui, devant l'échec relatif du mode de paiement Moneo, ont avancé l'idée qu'il aurait fallu proposer gratuitement la carte aux clients et faire montre de plus de souplesse dans les tarifs imposés aux commerçants. Preuve que l'origine d'un échec commercial peut résider essentiellement dans une structure de prix sous-optimale. Les entreprises peuvent également investir afin de diminuer les coûts de participation d'un groupe ciblé de consommateurs. L'option stratégique prise par Microsoft est par exemple de mettre gratuitement à la disposition des développeurs d'applications pour Windows tout un ensemble d'outils (*software development kits* : SDK) et de supports en ligne (Microsoft Developer Network : MSDN) afin d'encourager leurs contributions. Ainsi, sous une forme différente, la partie subventionnée se trouve alors être le développeur d'applications alors que le groupe générateur de profit est principalement le consommateur final.

Concurrence entre plates-formes et *multi-homing*

La prise en compte de la dimension concurrentielle a tout d'abord comme conséquence de renforcer l'importance accordée à la mise en place de la politique de tarification. Les divers concurrents peuvent alors converger vers une structure de prix identique. C'est en effet le cas sur le marché des systèmes d'exploitation où les principaux acteurs ont tous décidé de cibler les développeurs d'applications. Mais ils peuvent également adopter des politiques différentes. Ce fut le cas des cartes de paiement Visa et American Express au cours des années 1990. La part de marché de cette dernière sur le segment des cartes d'entreprise lui permettait en effet d'imposer des prix plus élevés aux vendeurs. Une autre conséquence de la prise en compte d'une offre concurrentielle réside dans la possibilité pour les agents économiques d'utiliser plusieurs plates-formes en parallèle (*multi-homing*). Ainsi, si l'utilisateur final de carte de paiement ne possède souvent qu'une seule carte, les vendeurs ont des terminaux compatibles avec plusieurs cartes de paiement. Sans surprise, cette possibilité pour les agents de s'engager sur diverses plates-formes génère une pression concurrentielle qui affecte le niveau général des prix. Mais cette possibilité de *multi-homing* a également une incidence sur la structure de prix mise en place par les entreprises générant également une pression à la baisse des prix sur le segment du groupe cible (groupe subventionné). En procédant ainsi, les entreprises limitent la propension des groupes ciblés à s'engager sur des plates-formes concurrentes. Inversement, elles augmenteront leurs marges sur le groupe non subventionné.

Plates-formes et politique de la concurrence

Instrument essentiel de l'arsenal des politiques de régulation de la plupart des pays développés, l'évaluation par les autorités de la concurrence de ce que serait une position (ou un abus de position) dominante sur un marché passe successivement par la définition du marché pertinent, une mesure du niveau de concentration et enfin l'existence (ou non) de stratégies de monopolisation du marché au travers, par exemple, d'une dissuasion à l'entrée ou de la mise en place de prix de prédation. Chacun de ces éléments présente un enjeu tout particulier sur les marchés de plates-formes.

La définition du marché pertinent par l'autorité compétente passe traditionnellement par une évaluation des effets sur la demande de toute modification de prix. Le marché pertinent correspond alors à un ensemble de produits présentant un fort degré de substituabilité. Mais, comme nous l'avons vu, tout changement de prix sur un segment du marché a, du fait de la présence d'externalités de réseaux, de lourdes conséquences sur l'attractivité de la plate-forme vis-à-vis d'autres groupes générateurs du service. Toute mesure du niveau de concentration sur le marché pertinent ne peut alors exclure de l'analyse ces effets croisés et une analyse partielle par les autorités de la concurrence serait lourde de conséquences. De plus, l'analyse du pouvoir de marché d'une entreprise se base en général sur sa capacité à tarifer durablement au-dessus de son coût marginal. Il est alors clair qu'en concentrant son analyse sur le groupe générateur de profit (groupe non subventionné), les autorités auraient alors une vision particulièrement erronée de la réalité du marché. De même, une analyse basée sur la partie subventionnée pourrait pousser les autorités à condamner l'entreprise pour monopolisation du marché au travers de prix de prédation, à savoir la fixation d'un prix faible en vue de forcer un concurrent à renoncer à produire afin de pouvoir exercer, dans l'avenir, un pouvoir de marché.

38

QUEL *BUSINESS MODEL* POUR LA BANQUE DE DÉTAIL ?

Olivier Klein

RÉSUMÉ

Le modèle de la grande distribution a beaucoup servi d'exemple à la banque de détail. Il a permis de souvent séparer la distribution des usines de production, induisant ainsi une industrialisation indispensable des *process*. Mais, parce qu'a la banque de spécifique, elle nécessite une relation longue et de proximité avec tout ou partie de ses clients. C'est alors le bon compromis entre industrialisation et personnalisation et proximité de la relation qui définit le modèle pertinent de la banque de détail.

Depuis plusieurs années déjà, afin de maximiser la création de valeur des banques de détail, un modèle s'est imposé, au moins partiellement, à leurs responsables comme à leurs conseils, celui de la grande distribution ou celui de la séparation distributeur/producteur. La première brique du raisonnement consiste ainsi à découpler les fonctions de distribution assurées par l'ensemble des « magasins » – c'est-à-dire le réseau d'agences bancaires – des fonctions de production assurées par des fournisseurs d'assurance-vie, de crédit à la consommation, d'assurance IARD ou d'OPCVM, par exemple. Que ces fournisseurs soient ou non intégrés au sein des groupes bancaires. Ainsi la banque de détail peut être mieux à même de se concentrer sur l'optimisation du chiffre d'affaires par client, par salarié bancaire, comme par mètre carré de surface commerciale. La grande distribution est en cela d'un enseignement très utile eu égard à son fort savoir-faire historique.

De cette démarche découlent les grands progrès dans l'approche du client, qui s'est fortement « industrialisée » ces dernières années. Non par une uniformisation de la gestion du client, mais, au contraire, par une segmentation de la clientèle plus fine et plus opérationnelle ; par une gestion systématique des bases de données client, afin d'obtenir entre autres des scores de potentiel et/ou d'appétence aux différents produits qui permettent de « dépenser » du temps commercial à coup plus sûr ; par une mise à disposition auprès des commerciaux, grâce à des systèmes automatisés de gestion événementielle, des informations nécessaires permettant de mieux suivre le client, en lui vendant davantage car mieux à propos (ces événements systématiquement signalés aux commerciaux sont, par exemple, la date prochaine d'un remboursement de crédit à la consommation, l'échéance d'un produit d'épargne, l'anniversaire qui donne droit à de nouveaux produits ou qui va éteindre la possibilité de profiter d'une fiscalité avantageuse…) ; par un meilleur merchandising au sein de l'agence, etc.

Cette « industrialisation » est réalisée également – et le processus est loin d'être abouti – par le développement et l'optimisation de leur combinaison, de tous les canaux de distribution : agences, guichets automatiques de banque, serveurs vocaux, plates-formes téléphoniques, Internet, voire télévision interactive ou plates-formes courrier… Certains canaux, tels les GAB, les plates-formes téléphoniques (avec le traitement des appels entrants et/ou sortants) ou celles traitant le courrier, par exemple, permettent d'industrialiser certains processus préexistants, tandis que d'autres ajoutent de nouveaux modes de communication avec les clients. De nouveaux métiers sont ainsi nés au sein des sièges des banques de détail, aux côtés des responsables marketing : les responsables des canaux de distribution, chargés de l'organisation et du fonctionnement efficace de chacun d'entre eux, mais aussi du choix du meilleur canal, par segment de clientèle et par produit à vendre, pour optimiser le couple chiffre d'affaires/coût de la commercialisation et de la vente.

Parallèlement, les opérations de service sans valeur ajoutée sont de plus en plus automatisées, ce qui permet de gagner fortement en productivité, donc d'abaisser les coûts. Les opérations de retrait et de dépôt d'argent liquide, les consultations de soldes des comptes, comme les virements de compte à compte, sont de plus en plus souvent réalisés par les clients eux-mêmes, à partir des automates ou par Internet. L'analogie peut être faite ici avec les super ou hypermarchés dans lesquels les fruits et légumes, par exemple, sont choisis et emballés par les consommateurs eux-mêmes, quand ils ne sont pas préemballés comme la viande ou le fromage, ces différents rayons s'étant largement transformés en libres-services. Mais, la banque, quant à elle, y ajoute un service plus qu'elle n'en retranche, car ses produits et services étant dématérialisés, ce self-service bancaire apporte un avantage réel à forte valeur d'usage pour le client : celui de pouvoir opérer à toute heure et/ou à distance.

Le meilleur travail des banques de détail sur leur propre système de distribution, qui a conduit à une amélioration de leur rentabilité grâce, on l'a vu, à une optimisation de la relation avec la clientèle et à une meilleure gestion des coûts de distribution est sans aucun doute un résultat favorable à porter au crédit du modèle distinguant nettement la distribution de la production.

Un juste équilibre

Parallèlement, l'industrialisation de la distribution s'est également portée sur les *back offices* bancaires afin d'engranger, ici encore, une meilleure productivité. C'est la deuxième brique de l'application du modèle. Aussi, de très nombreux services de gestion des activités bancaires liés à la clientèle, depuis plus longtemps déjà, ont-ils été informatisés, engendrant des gains de productivité décisifs mais aussi une qualité de traitement additionnelle indispensable. En outre, les *back offices* ont changé de dimension, par regroupement interne ou à la suite d'opérations de fusion, pour atteindre la taille critique permettant ici encore de procurer une meilleure productivité. La tendance naturelle à désirer pousser le modèle le plus loin possible a conduit certaines banques et conseils à mettre en place de très grandes « usines » de *back offices*, à effectifs très importants, cherchant toujours de plus forts effets d'économie d'échelle, afin d'accroître au maximum la productivité et de réduire ainsi encore davantage le coût de gestion unitaire des produits et services vendus. Mais de telles initiatives se sont parfois heurtées à des déséconomies d'échelle, au-delà de certains seuils. L'agrégation de très nombreux employés sur de mêmes sites, souvent éloignés des réseaux d'agences, produit en effet des dysfonctionnements liés notamment à une moindre proximité, tant physique que relationnelle, des commerciaux. Peuvent ainsi apparaître, en conséquence, une moindre motivation des fonctionnels de ces *back offices* pour assurer une rapidité et une qualité de bon niveau et, du côté des vendeurs eux-mêmes, un moindre dynamisme commercial, dès lors qu'ils situent moins aisément le dossier dans la chaîne de traitement et perdent ainsi en capacité d'intervention, donc en réactivité et en satisfaction de la clientèle. Sans doute, au-delà de certains seuils, les bénéfices de l'effet de taille sont-ils plus rapidement contrebalancés par les inconvénients de la non-proximité dans le cas des *back offices* traitant des produits complexes et adaptés à chaque client que dans ceux chargés des produits très standardisés. En outre, les systèmes dits de *workflow*, qui sont censés faciliter les traitements successifs des dossiers impliquant des services différents et permettre la gestion du suivi à distance, bien que très utiles, se sont révélés jusqu'à aujourd'hui insuffisants et trop onéreux pour certains types de traitement, pour rendre inutiles le dialogue direct et la proximité entre les fonctionnels et les commerciaux. La technologie pourra progresser encore et parvenir à en abaisser le coût, mais il reste à vérifier qu'elle puisse permettre de supprimer le caractère aujourd'hui indispensable de la proximité relationnelle.

Un juste équilibre doit ainsi être trouvé entre l'industrialisation de la chaîne de traitement, indispensable à la banque de masse, et la nécessaire réactivité du système, afin de protéger la qualité et la rapidité du service, facteurs clefs de l'appréciation et de la satisfaction du client. Cependant, le juste équilibre n'est pas aisément repérable. C'est sans doute par un mélange de connaissances, de réflexion et d'expérimentation que l'on peut y tendre progressivement. On peut également avancer raisonnablement que cet équilibre évolue avec le temps, en fonction des changements technologiques et des comportements de la clientèle. Mais un invariant semble certain : les bons modèles ne sont pas les plus beaux d'un point de vue ingénieriste, mais les plus pragmatiques et les plus pertinents en termes d'optimisation des coûts certes, mais aussi, et dans le même temps, en termes d'optimisation de l'efficacité commerciale, donc du PNB (produit net bancaire, équivalent de la valeur ajoutée comptable). Il s'agit, *in fine*, d'accroître durablement le résultat net par l'amélioration conjointe de ses deux composantes, en veillant à ce que la poursuite trop systématique de l'une ne conduise pas à la détérioration de l'autre, ce qui n'est pas si facile, car si l'économie théorique de coût se mesure facilement ex ante, ce n'est pas le cas du PNB potentiellement perdu. Ajoutons enfin que la recherche trop poussée de l'automatisation a montré déjà à plusieurs reprises qu'elle créait en outre des risques opérationnels importants et le plus souvent largement sous-estimés en amont.

La logique de la séparation entre la distribution et la production a été également mise en place dans le domaine de la distribution de crédit. C'est la troisième brique. Elle a permis de développer fortement notamment le crédit revolving à la consommation, grâce à l'industrialisation du *process* d'octroi par la mise en place d'un *scoring* des risques clients bien piloté, comme par un service très professionnel de recouvrement. Cette démarche a facilité la prise de risque des commerciaux bancaires et la gestion du crédit elle-même.

La question de *scoring* est intéressante à l'égard de la problématique distributeur/producteur. L'idéal, du point de vue de l'industriel de la distribution, serait de pouvoir automatiser l'octroi de tout type de crédit, pour éviter l'erreur humaine et pour gagner encore en productivité. Mais le cas du crédit *revolving* n'est pas aisément duplicable. D'une part, la marge pratiquée, aujourd'hui *de facto* très élevée, permet d'absorber un niveau de risque plus fort. Ce n'est absolument pas le cas du crédit immobilier par exemple, dont les marges sont extrêmement faibles en France. Ce dernier type de crédit, de par son caractère très concurrentiel comme de par sa durée, très significativement plus élevée que pour le crédit à la consommation, nécessite une étude et un montage plus précis, plus « cousu main », pour s'adapter aux besoins du client, mais aussi pour mieux couvrir le risque encouru par le prêteur. Un *scoring* est cependant tout à fait utile, mais il est alors une aide à la décision pour le banquier et non une expertise automatisée qui l'exonère de la sienne propre. Ajoutons encore que le marché du crédit immobilier français, tel qu'il fonctionne aujourd'hui, est particulièrement atomisé, et qu'un même client n'obtiendrait pas le même taux d'intérêt dans deux quartiers différents de la même ville, sans même évoquer deux régions distinctes. D'ailleurs, les candidats à l'emprunt ne s'y trompent pas ; beaucoup font le tour des agences bancaires proches de chez eux pour gagner quelques centimes de coût d'assurances ou d'emprunt. Les commerciaux bancaires doivent donc garder la main et être particulièrement réactifs, tant sur les garanties demandées que sur la marge. La question ne se pose pas du tout dans les mêmes termes jusqu'à présent pour le crédit à la consommation.

Si l'on s'intéresse au marché des professionnels ou à celui des PME, le même type de constats peut être réalisé ; mais il convient de souligner un élément essentiel d'analyse. Si les notations ou les systèmes de scores sont ici encore de précieux outils d'aide à la décision, ils perdent un peu en pertinence du fait de la population analysée statistiquement. D'une part, elle est en plus faible nombre et, d'autre part, elle est beaucoup plus difficile à caractériser simplement par quelques critères quantitatifs, donc nettement moins aisée à regrouper en familles homogènes de niveau de risque semblable. C'est pour cela qu'ici, à un niveau encore supérieur à celui du marché des particuliers, le savoir-faire spécifique du commercial bancaire doit intervenir et se marier habilement avec une expertise modélisée et automatisée. Le calcul de ratios standardisés permet de rattacher une entreprise à telle ou telle classe de risque, c'est-à-dire à tel ou tel niveau de défaillance probable. Le banquier doit, tout en se servant du résultat de ce calcul et avec l'aide de systèmes experts appropriés, mettre en évidence, grâce à son analyse et à son expérience conjointes qui fondent son intuition, ce qu'il y a de spécifique dans l'entreprise étudiée, c'est-à-dire d'irréductible à toute mise en équation. C'est d'ailleurs l'optimisation de ces analyses complémentaires qui in fine fait la différence et rend telle ou telle banque plus ou moins rentable sur ces marchés. C'est également ce qui fonde l'un des rôles économiques essentiels et spécifiques de la banque face aux marchés financiers, sur le marché des PME : réduire l'asymétrie d'information intrinsèque aux rapports entre prêteurs et emprunteurs et permettre ainsi l'octroi de crédit que ne pourraient réaliser les marchés, grâce à une acquisition (automatisable et non automatisable) de connaissances spécifiques (quantifiables et non quantifiables) sur les entreprises. Et ce, de par la relation longue entretenue avec elles, comme avec leurs dirigeants, et de par la gestion de leurs flux, ce qui est par construction impossible pour les marchés. Contrairement aux grandes entreprises, les PME n'ont en effet ni une communication ni une notoriété suffisantes, ni la taille justifiant l'investissement en recherche des analystes financiers ou des agences de notation.

L'ensemble des éléments ci-dessus constitue une limite fondamentale à la comparaison en tout point avec la grande distribution et aux modèles trop systématiques qui pourraient en découler. La banque, contrairement à la grande distribution, a la nécessité pour vendre certains de ses produits de connaître son client spécifiquement. Même la connaissance isolée de son segment d'appartenance ne suffit pas. Comme nous l'avons vu, elle doit mobiliser, et interpréter, tout ce qu'elle sait sur lui, quel qu'en soit le moyen. La vente réalisée par la grande distribution est, quant à elle, anonyme, donc n'a pas besoin de commerciaux. En outre, c'est la capacité de laisser s'exprimer le savoir-faire du commercial bancaire – s'appuyant utilement sur les systèmes industrialisés mis à sa disposition, mais avec sa part propre d'analyse irréductible à la mise en équation – et avec la responsabilité allant de pair, qui permet de motiver efficacement et durablement la force commerciale. D'ailleurs, la gestion événementielle, qui est une aide indispensable aujourd'hui au développement commercial et qui doit structurer pour partie le travail en agence, ne peut sans risque conduire à une taylorisation complète de la tâche du vendeur, sous peine de lui enlever toute initiative et toute part d'implication personnelle dans la relation clientèle. Une gestion de portefeuille de clients performante doit ainsi, sur les segments porteurs, combiner une proactivité induite par le système de gestion événementielle et par les actions ou campagnes commerciales et une proactivité « dynamique », qui naît d'une démarche initiée par le chargé de clientèle lui-même, afin d'apporter un conseil à valeur ajoutée (optimisation fiscale ou allocation d'actifs par exemple), en fonction de sa connaissance et de ses objectifs sur ses clients. Toutes choses qui font la différence en termes de PNB, en fin d'année.

Ainsi, que ce soit pour la gestion du risque de crédit comme pour le développement commercial, la banque de détail entretient une relation personnalisée avec ses clients, certes de façon différenciée en fonction de la segmentation et de leur intérêt réciproque. Ce qui n'est en aucun cas la réalité d'un super ou d'un hypermarché. La relation personnalisée qui s'établit ainsi avec la clientèle, nécessaire à la banque, est également indispensable du point de vue du client. Un produit d'épargne comme de crédit (notamment à moyen et long terme) n'est pas, en effet, un bien de consommation procurant une satisfaction immédiate. Il n'est pas davantage comparable à un bien d'équipement, du type réfrigérateur ou lecteur de DVD, qui doivent uniquement être fiables, donc avoir une bonne garantie et un service après-vente de qualité. Au-delà du service de paiement, les produits d'épargne ou de crédit représentent pour toute personne physique les supports de « l'argent ». Et les liens qui unissent tout un chacun à l'argent sont beaucoup plus chargés psychologiquement que ne le sont les biens et services. Sans doute parce que l'argent est la quintessence même de la capacité d'acquisition de tous les biens et services possibles. Mais aussi parce que, pour tous, l'argent est une projection vers l'avenir, un pont entre le présent et le futur, comme le remarquait déjà Keynes. Il est projet de vie, d'entreprise... pour le crédit comme pour l'épargne. Il est aussi capacité à se protéger soi-même et les siens (contre les accidents de la vie ou économiques, pour se garantir une retraite suffisante...) à l'avenir. C'est ainsi que la banque n'est pas qu'un fournisseur de produits ou de services. C'est avant tout une « institution », de proximité, qui doit donner confiance, avec laquelle la personne noue une relation durable, puisque l'épargne comme le crédit sont des liens avec le futur. De ce point de vue d'ailleurs, peu importe qu'ils soient produits ou non par la banque elle-même, pour le particulier, la banque s'en porte « garant », en tant qu'institution. Ainsi, parce que leurs produits principaux incorporent par essence du temps, si, sans aucun doute, les banques doivent être industrialisées dans leurs *process*, elles ne peuvent et ne pourront exclure la personnalisation et la gestion dans le temps de la relation avec chaque client et, par là même, le conseil approprié et pertinent que ce dernier attend d'elle. Et ce, quel que soit le développement, d'ailleurs certain, de la banque à distance au sein même des banques de détail complètes. C'est sans doute ce besoin relationnel fort qui explique le très faible développement, voire l'échec, des banques sans agences. Ce besoin est d'ailleurs également vrai pour les professionnels ainsi que pour les PME. C'est probablement pourquoi la grande distribution n'a pas encore réussi de façon significative à se développer sur le marché bancaire. À l'exception du marché du crédit à la consommation, notamment revolving, pour des raisons liées à la possibilité de réaliser un *scoring* (*cf.* supra) et parce que ce type de crédit constitue un simple prolongement de l'acte d'achat et de consommation. Pour des raisons de même nature, la grande distribution ou d'autres acteurs non bancaires peuvent sans doute acquérir des parts de marché dans le domaine de la gestion des moyens de paiement (cartes).

Les points présentés ci-dessus différencient fortement et structurellement les banques de détail de la grande distribution et fondent la spécificité bancaire. Les prochaines histoires à succès dans le monde bancaire seront certainement celles des banques qui auront su le mieux et le plus rapidement appliquer le modèle de la grande distribution et séparatif distribution/production là où il est pertinent de le faire, tout en conservant ou, mieux encore, en développant la qualité de la relation personnalisée et de proximité avec le client, avec ce que cela peut induire, en termes de *process*, comme compromis indispensable avec le modèle sus-cité.

39

L'APPRENTISSAGE COMME MOTIVATION DE L'EXTERNALISATION

Frédéric Dalsace

RÉSUMÉ

L'externalisation reste sur l'agenda de toutes les entreprises. Pourtant les motivations des entreprises évoluent : à la traditionnelle recherche d'une plus grande efficience économique, et à la nécessité de se concentrer sur un petit nombre de savoir-faire, s'ajoute désormais chez certaines entreprises la volonté d'apprendre de ses fournisseurs. Pour autant, deux études récentes mettent en avant des dangers potentiels. Les entreprises devront savoir faire preuve de discernement.

La révolution des rapports entre les entreprises par l'externalisation (*outsourcing*) est en marche. Il ne se passe pas une semaine sans qu'une entreprise ou une organisation n'annonce son intention de confier à une autre entreprise la responsabilité d'une partie de ses activités ; cette année, Alcatel, Peugeot, Schneider Electric, BNP Paribas en France, Deutsche Bank, Capital One ou GE à l'étranger ont toutes initié des mouvements importants dans ce sens pour leurs services informatiques, leurs achats ou la fabrication d'une partie de leur production. Selon certaines estimations, le marché de l'externalisation aux États-Unis aura plus que triplé en cinq ans pour atteindre le chiffre de 316 milliards de dollars en 2001[1]. Peu de secteurs sont épargnés, y compris l'activité non marchande : l'informatique de l'administration fiscale britannique a été prise en charge en 2004 par un consortium constitué de Capgemini, British Telecom et Fujitsu pour un montant de 4 milliards d'euros sur dix ans[2]. Autre exemple : la guerre en Irak a été l'occasion de découvrir qu'avec un total de 20 000 hommes, le deuxième contingent de la coalition n'était pas les Britanniques, mais bien les *private military firms*, ces entreprises privées à qui le Pentagone a externalisé des pans entiers de son

1. M. C. Anderson, « A primer in measuring outsourcing results », *National Productivity Review*, n° 17, 1997, pp. 33-41.
2. *Les Échos*, 12 décembre 2003.

intervention militaire, depuis la logistique et le renseignement jusque et y compris au combat[1].

Cet essor s'accompagne d'un changement qualitatif important : alors que les activités traditionnellement externalisées étaient les activités à plus faible valeur ajoutée (services généraux, logistique, service de paie...), le mouvement atteint désormais des activités clefs comme les achats, la production, les ventes ou même la recherche et développement. Alcatel a ainsi évoqué pendant un moment de devenir une entreprise *fabless* : sans usine. Est-ce un effet de mode ? Les indicateurs semblent montrer que cette tendance amorcée il y a plus d'une décennie se poursuit, voire s'accélère. D'après un récent sondage réalisé par la Cegos auprès de DRH, 23 % des entreprises françaises pensent recourir davantage à l'externalisation[2]. La concurrence entre les entreprises cède le pas à la concurrence entre « chaînes industrielles » ou « réseaux interorganisationnels ». « L'économie de stocks » fait ainsi progressivement place à une « économie de flux (tendus) entre les entreprises », et ces dernières semblent y trouver leur compte.

Comment expliquer un tel mouvement ? Faut-il le regretter ? Des voix se font entendre allant dans ce sens. Des syndicats s'alarment, et parlent – malheureusement, parfois, non sans raison – de « salariés Kleenex », « vendus avec les meubles » et de fuite en avant de certaines entreprises qui abandonnent leurs activités, pan après pan. Des économistes dénoncent le danger à moyen terme d'un tel désengagement massif au profit de concurrents actuels ou futurs[3] et d'un risque de déclin économique pour les pays concernés lorsque externalisation est synonyme de délocalisation dans des pays à plus faibles coûts (*offshoring*). Qu'en est-il réellement ? La Bourse a-t-elle raison de saluer les annonces d'externalisation par une augmentation de la valeur des actions correspondantes ? Deux études menées conjointement avec des chercheurs d'universités américaines ou européennes contribuent à éclairer ce débat – au risque d'en montrer un peu plus sa complexité.

Une première étude porte sur les motivations qui conduisent les entreprises à externaliser certaines de leurs activités[4]. Pourquoi externaliser ? Les objectifs sont multiples, mais trois grandes motivations apparaissent, qui ne sont d'ailleurs pas toujours compatibles. Que les entreprises soient à la recherche, au travers de l'externalisation, d'une plus grande efficience économique ne surprendra personne. Le gain est clair lorsque l'entreprise à qui l'activité est confiée bénéficie d'une structure de coûts plus favorable, par exemple parce qu'elle dispose d'économie d'échelle dans le domaine ou parce que ses installations sont situées dans des pays à plus faibles coûts de main-d'œuvre. On pense ici par exemple aux spectaculaires contrats d'infogérance récemment signés entre Bank of America et EDS ou Deutsche Bank et IBM, respectivement pour 4,5 et 2,5 milliards d'euros[5],

1. *Le Monde*, 8 mai 2004.
2. *Le Monde*, 31 mars 2004.
3. Bettis, Bradley et Hamel, « Outsourcing and economic decline », *Academy of Management Executive*, 1992, 6, 1, pp. 7-22.
4. Dragonetti, Dalsace et Cool, « A comparative test of the efficiency, focus ans learning perspectives of outsourcing », *Cahier de Recherche du Groupe HEC*, n° 776, 2003.
5. *Les Échos*, 30 décembre 2003.

ou à la délocalisation d'activités vers la Chine, pays dont la main-d'œuvre est environ quinze fois moins chère qu'en France. Une conséquence implicite du recours à cette « externalisation d'efficience » est que la décision peut être revue à tout moment, si l'équation coûts/bénéfices évolue. Il peut s'agir soit de réintégrer l'activité, soit de faire appel à tout instant à un nouveau partenaire. On se demandera plus loin si la possibilité de réintégration de l'activité au sein de l'entreprise existe bien dans les faits.

Approche validée

Une deuxième motivation, classique elle aussi, concerne la nécessaire focalisation de l'ensemble des ressources des entreprises sur un petit nombre d'activités, dénommées « savoir-faire clefs ». Cette motivation peut-être appelée « externalisation de recentrage ». Après tout, est-il vraiment stratégique pour Rossignol d'investir dans la maintenance de ses systèmes d'information ? N'est-il pas plus judicieux pour cette entreprise de focaliser ses ressources sur le développement de nouvelles gammes de produits, de manière à concurrencer Quicksilver et Burton, les nouveaux venus sur le marché de la glisse ? Notons que – à la différence de l'externalisation d'efficience – suivre cette logique jusqu'au bout conduit à externaliser des activités même si le prix du marché est supérieur à la réalisation de l'activité en interne : ce qui compte ici est d'optimiser l'allocation des ressources en termes de capitaux et d'attention managériale.

Ces deux logiques d'efficience et de recentrage expliquent largement l'externalisation d'activités routinières et non stratégiques. Elles arrivent difficilement à expliquer pourquoi certaines entreprises externalisent vente ou R & D par exemple. Notre recherche a permis de confirmer l'existence d'une troisième motivation plus novatrice, déjà suggérée par une étude qualitative[1] : l'externalisation « d'apprentissage ». L'externalisation – qui a longtemps consisté à se débarrasser d'activités jugées « indésirables » – peut en effet paradoxalement aussi se transformer en occasion d'apprendre de nouvelles compétences. L'idée est que travailler avec des fournisseurs permet à l'entreprise de multiplier les sources d'apprentissage. Ce concept prend toute son importance à une époque où la vitesse d'apprentissage relative demeure la seule réelle source de différenciation durable[2]. Dès lors, en effet, la question se pose : comment apprendre plus vite que ses concurrents ? Toutes les pistes sont bonnes. Les entreprises savent depuis longtemps qu'elles peuvent – et doivent – apprendre de leurs clients, en particulier dans le domaine de l'innovation[3]. Après tout, pourquoi ne pas tourner la tête de 180° ? Et chercher de l'autre côté de la chaîne industrielle pour essayer d'apprendre au contact des fournisseurs ? Dans ce cadre, une réponse peut consister à multiplier les sources d'apprentissage… en externalisant

1. Lorenzoni et Lipparini, « The leveraging of interfirm relationships as a distinctive organizational capability : a longitudinal study », *Strategic Management Journal*, n° 20, 1999, pp. 317-338.
2. Teece, Pisao et Shuen, « Dynamic capabilities and strategic management », *Strategic Management Journal*, n° 18, 1997, pp. 509-533.
3. Von Hippel, *The Sources of Innovation*, New York University Press, 1988.

une partie de la production. Externaliser permet alors de s'assurer, par exemple, que la partie de l'activité qui reste intégrée à l'entreprise est – et reste – compétitive par rapport aux évolutions du marché.

Externaliser pour apprendre ne peut cependant pas s'appliquer d'une façon indifférenciée. Cette motivation n'est pertinente qu'à deux conditions. Premièrement, il faut que le jeu en vaille la chandelle. Le domaine externalisé doit ainsi être suffisamment important pour l'entreprise. Est-il bien utile à une entreprise automobile de dépenser des ressources pour apprendre à mieux gérer le nettoyage de ses centres de production si d'autres entreprises peuvent le faire à moindre coût ? Ensuite, l'activité doit connaître des incertitudes importantes, au niveau technologique ou au niveau de la demande des clients finaux. C'est cette incertitude qui donnera à l'apprentissage tout son sens. Deuxièmement, cet apprentissage ne s'improvise guère. Il est impératif qu'il soit organisé, notamment en mettant en place les conditions d'échange d'informations entre les deux entreprises et en y allouant des ressources. En particulier, l'entreprise fournisseur doit y trouver son compte.

Cette troisième motivation déplace la problématique traditionnelle de l'externalisation ; le « quoi externaliser ? », question clef dans la logique de l'efficience économique ou du recentrage des activités, fait place ici au « comment externaliser ». Il ne s'agit plus tant de savoir s'il faut ou non externaliser que de se poser la question de la manière dont l'externalisation doit s'effectuer. Quel degré d'externalisation est « optimal » pour une activité donnée ? Comment s'assurer d'un flux d'information avec les fournisseurs, qui aille au-delà des informations traditionnellement disponibles sur le marché ? Comment intégrer cette information au sein de l'entreprise ?

La présence d'une telle motivation a été testée avec succès sur un échantillon de 132 entreprises industrielles françaises de moyenne dimension appartenant à 11 secteurs d'activité de la base de données Sesame de la Banque de France. L'apprentissage semble bien être une raison pour externaliser une activité. Une manière supplémentaire de valider cette approche a été de regarder les conséquences de l'externalisation sur la rentabilité des entreprises, en contrôlant l'impact d'autres facteurs comme les pouvoirs de négociation des fournisseurs et des clients, le degré d'intensité concurrentielle et la stratégie suivie par l'entreprise. En présence d'incertitude technologique et de flux d'information élevés avec les entreprises sous-traitantes (sous-échantillon de 37 entreprises), un plus fort taux d'externalisation semble en effet avoir un impact positif sur la rentabilité des entreprises.

La deuxième étude[1] approfondit le sujet des conséquences de l'externalisation. Puisque l'état de santé financier des entreprises à un instant donné est souvent sujet à caution, le parti pris de cette étude réalisée dans le domaine des semi-conducteurs a été de chercher à comprendre l'impact de l'externalisation sur la performance technologique de l'entreprise, une mesure plus stable dans le temps. La base de données utilisée consiste en une série de 714 décisions de production prises par 176 entreprises dans le

1. Leiblein, Reuer et Dalsace, « Do make or buy decisions matter », *Strategic Management Journal*, septembre 2002, pp. 817-834.

monde entier recensées dans un document publié annuellement aux États-Unis. À chaque fois, l'entreprise pouvait soit décider de réaliser la production en interne, soit de l'externaliser. La performance technologique est mesurée par la densité du semi-conducteur en transistors, relativement à la densité moyenne pour la catégorie de produits considérée. En première lecture, les résultats montrent qu'un plus fort degré d'externalisation a en effet un impact positif sur la performance technologique. La logique serait ici à la fois une logique d'efficience et de recentrage qui permettrait aux entreprises qui externalisent de consacrer leurs ressources au développement d'une meilleure performance technologique. Cette analyse semble ainsi confirmer la montée en puissance des entreprises *fabless* (ne produisant plus rien par elles-mêmes) dans le secteur des semi-conducteurs, au détriment des « fonderies » (entreprises spécialisées dans la fabrication). Le problème d'une telle étude est que l'échantillon dont nous disposons est par essence biaisé en faveur de l'externalisation (les statisticiens appellent ce problème le problème d'autosélection). En effet, lorsqu'on prend en considération ce biais d'une façon statistique, l'impact disparaît : il ne semble pas qu'externaliser permette en tant que tel d'améliorer la performance technologique des entreprises dans cette industrie.

Cette conclusion rejoint la théorie des coûts de transaction[1] qui offre une vision contingente de l'utilisation du marché (externalisation) par rapport à l'intégration : selon cette théorie, l'externalisation n'est par essence ni une « bonne » ni une « mauvaise » pratique managériale. Le maintien de l'activité au sein de l'entreprise se justifie lorsque les relations entre les deux entités sont complexes, parce qu'elles nécessitent des investissements spécifiques ou que l'incertitude technologique ou celle liée au marché est importante. L'utilisation de contrats d'externalisation dans de telles circonstances peut se révéler délicate, voire dangereuse : ces contrats ne peuvent raisonnablement prévoir l'ensemble des situations, ils sont coûteux à rédiger, et ils risquent d'aboutir à des situations de « prise d'otage » d'un des deux partenaires si les conditions changent rapidement ou si une entreprise décide de faire preuve d'opportunisme. *A contrario*, si les relations sont plus simples, c'est-à-dire si elles ne nécessitent pas des investissements spécifiques et si l'incertitude est raisonnable, le recours au marché par l'externalisation permet théoriquement des gains de flexibilité importants.

Message de prudence

Selon cette théorie, le risque de *misfit* (non-alignement) existe des deux côtés ; soit que l'entreprise décide d'externaliser alors que les conditions étaient plutôt réunies pour réaliser l'activité en interne, soit qu'elle conserve l'activité en interne, alors que le recours au marché *via* l'externalisation semblait plus indiqué. Nous avons testé l'existence d'un tel risque en utilisant la même base de données des semi-conducteurs. Contrairement aux attentes, les résultats laissent apparaître une nette asymétrie dans les risques : avoir une stratégie trop prudente vis-à-vis de l'externalisation n'a pas

1. Williamson, *The Mechanisms of Governance*, Oxford University Press, 1986.

d'impact négatif sur la performance de l'entreprise. En revanche, avoir recours à l'externalisation dans des cas où le maintien de l'activité au sein de l'entreprise est théoriquement indiqué pénalise la performance technologique d'une façon significative. « En cas de doute, abstiens-toi » semble être ici le mot d'ordre...

Il est frappant de voir que les hypothèses liées à la théorie des coûts de transaction ne sont que faiblement validées dans l'étude utilisant la base de données Sesame. Cette théorie a été initialement développée pour comprendre la question de l'intégration verticale d'une activité au sein d'une entreprise, et non pas pour expliquer l'aspect inverse, l'externalisation d'une activité préalablement intégrée à l'entreprise. Ces deux questions sont-elles bien structurellement équivalentes ? Il se pourrait que non. Cette possibilité nous a amenés à formuler l'hypothèse de l'existence au sein de l'entreprise d'un sentiment proche vis-à-vis de l'activité externalisée de celui que ressentent les personnes récemment amputées d'un membre. Appelé « syndrome du membre fantôme », cette sensation consiste pour les individus à se déplacer dans l'espace comme si le membre amputé était toujours présent. Pour les entreprises, ce sentiment consisterait à croire à la rémanence des savoir-faire spécifiques liés à l'activité externalisée, alors que ces savoir-faire ont bel et bien disparu avec la décision d'externalisation. Ce syndrome du membre fantôme pourrait alors amener l'entreprise à surestimer ses compétences dans le domaine externalisé, et à croire ainsi à la possibilité d'un retour en arrière, comme le suppose la motivation de l'externalisation d'efficience. Cette illusion est trompeuse, et le retour en arrière – si réintégration il y a – risque fort d'être difficile...

Les conclusions de ces études doivent bien sûr être prises avec toute la prudence nécessaire relative aux études académiques, ne serait-ce que parce qu'il sera important de répliquer ces résultats dans d'autres contextes pour en évaluer leur degré de généralité. Néanmoins, il est possible de tirer deux grands enseignements de ces nouveaux éclairages. D'abord, l'externalisation est un phénomène qui est destiné à durer, en partie parce qu'il répond à des motivations fort diverses, qui en sont à des stades de mise en œuvre différents. L'externalisation de recentrage est largement entamée dans les grandes entreprises des économies développées ; les achats représentent par exemple 70 à 80 % des prix de revient industriels pour les constructeurs automobiles européens, et il sera difficile d'aller beaucoup plus loin. Les vagues d'externalisation à venir correspondant à cette motivation viendront sans doute de leurs fournisseurs, et des fournisseurs de leurs fournisseurs (fournisseurs de « rang un et deux »). L'externalisation d'efficience, elle, reste – et restera – un moteur central, par vagues successives d'*offshoring*, hier en Corée ou à Singapour, aujourd'hui au Vietnam ou aux Philippines, demain en Chine ou en Inde. En revanche, l'externalisation d'apprentissage n'en est qu'à ses débuts ; il faut s'attendre à une multiplication de tels accords par des développements d'un nouveau type de relations clients-fournisseurs, encore plus étroites que par le passé. Les entreprises qui prennent la tête dans ce domaine pourraient développer un avantage concurrentiel important. Ces deux études distillent ensuite en filigrane des messages de prudence à destination des entreprises : les risques pris semblent asymétriques, pénalisant l'externalisation trop hâtivement décrétée. Une étude détaillée réalisée par le cabinet de conseil de directions générales McKinsey dans le domaine bancaire en Europe[1] a ainsi montré que, dans plus de la moitié des cas, l'externalisation n'avait pas apporté les gains escomptés. De plus, si le passage à l'externalisation se révèle effectivement contre-productif, notre étude suggère que la difficulté de la réintégration de l'activité à l'entreprise semble largement sous-estimée par les entreprises. Somme toute, l'externalisation semble être encore un domaine où l'on demande aux managers d'appuyer à la fois sur l'accélérateur et sur le frein.

1. McKinsey & Company, *ICT and operations outsourcing in banking*, juin 2002.

40

LA MODÉLISATION DU RISQUE

Hervé Thiriez

RÉSUMÉ

La gestion du risque est une problématique en développement au sein des entreprises. L'auteur s'intéresse ici à un de ses aspects particulier : la modélisation du risque. Il présente une méthode probabiliste relativement simple à mettre en œuvre : la simulation de Monte-Carlo.

La gestion du risque est une activité en fort développement dans le monde de l'entreprise, d'une part à cause d'obligations croissantes – légales ou simplement managériales – de *reporting* du risque, d'autre part, et ces obligations en découlent, grâce à la prise de conscience de plus en plus répandue des multiples aléas qui impactent directement ou indirectement le résultat de l'entreprise.

Il me semble intéressant de développer dans cet article un aspect particulier de la gestion du risque, celui de la modélisation du risque. Dans certaines situations, on est à même d'évaluer un risque de façon analytique, c'est-à-dire d'élaborer les formules nécessaires pour calculer celui-ci de façon précise. Hélas, la réalité se comporte rarement aussi bien, et la situation se révèle le plus souvent trop complexe pour permettre une évaluation analytique. Dans ce cas, il faut créer un modèle spécifique pour évaluer ce risque ; dans la plupart des situations, ce modèle est un modèle de simulation probabiliste, dite aussi simulation stochastique ou simulation de Monte-Carlo.

Trop souvent encore aujourd'hui, face à un avenir incertain, les managers se réfugient dans une simple analyse en trois scénarios : pessimiste, probable et optimiste. Pourtant, dès 1968, Hertz publiait dans la *Harvard Business Review* un article fondateur dans lequel les limites de la méthode des scénarios étaient clairement identifiées ; l'auteur de cet article montrait en revanche l'intérêt de la simulation de Monte-Carlo. Nous avons d'ailleurs pu constater une des limites de l'analyse en trois scénarios au moment de la bulle Internet : la grande majorité des entreprises créées à cette époque ont vécu une réalité bien pire que celle du scénario le plus pessimiste de leur *business plan* de l'époque.

La simulation probabiliste présente l'avantage de pouvoir être mise en œuvre très facilement, d'autant plus qu'il existe depuis plus de 10 ans des *add-ins* permettant d'ajouter à votre tableur un outil de simulation à la fois puissant et convivial.

Un cas simple : lancement de produit pharmaceutique

Prenons le cas d'un modèle de lancement de produit pharmaceutique. Le groupe Pharma-6 envisage le lancement d'un nouveau produit, sur un marché national qui est actuellement de 10 millions de médicaments par an.

Pharma-6 ne sait pas encore quand il parviendra à sortir le médicament. Selon ses estimations, compte tenu de l'état d'avancée des recherches et du temps pris par l'agrément de la Sécurité sociale, Pharma-6 estime qu'il y a :

– 2 chances sur 10 de sortir le produit l'année 1 ;
– 7 chances sur 10 de sortir le produit l'année 2 ;
– 1 chance sur 10 de sortir le produit l'année 3.

Sur ce marché, Pharma-6 a deux concurrents possibles : Pharma-6 peut donc arriver le premier sur le marché, le second ou le troisième, avec des probabilités respectives de 50 %, 30 % et 20 %. Mais, comme il y a d'autant plus de chances d'être bien placé sur le marché que le produit a été lancé rapidement, il y a une corrélation de 80 % entre le rang d'arrivée sur le marché et la date de sortie du produit de Pharma-6.

Le tableur en A4 : K7 (voir tableau V.6) indique, pour chaque année depuis le lancement du produit, et selon le rang de sortie, la part de marché prévue. À partir de la cinquième année, les pourcentages sont stabilisés

Le taux de croissance du marché suit une loi Normale avec une moyenne de 2 % et un écart type de 0,5 %. Il y a une corrélation de 70 % entre le taux de croissance d'une année et celui de l'année précédente.

Sachant que l'investissement pour ce produit a été de 3 M€, la question qui se pose est donc : « Quelle est la valeur actuelle nette du lancement de ce produit ? » Avec bien entendu le corollaire : « Quel est le risque que cette VAN soit négative ? »

Nous voyons ci-contre (tableau V.6) le résultat de la modélisation de ce problème avec Excel et Crystal Ball[1] pour un tirage particulier des paramètres aléatoires.

En simulant ce modèle durant 30 000 itérations, et en paramétrant le graphe de prévision (le graphe de fréquence des valeurs de la VAN) pour mettre en relief les VAN positives, on obtient le résultat ci-contre (voir figure V.3), qui indique que le risque de perte est de 22,15 %.

1. Un *add-in* d'Excel pour la réalisation efficace de simulations de Monte-Carlo.

Tableau V.6 – Modélisation du cas Pharma-6

	A	B	C	D	E	F	G	H	K
1	Année lancement	2		Marché	10,0 M	Tx actualis.	10%		
2	Rang d'arrivée	2		Prix	3,00 €	Coût	2,35 €		
3									
4	Part de marché	Prod 1	Prod 2	Prod 3	Prod 4	Prod 5	Prod 6	Prod 7	Prod 10
5	Sors en 1er	5,0%	12,0%	18,0%	18,0%	19,0%	19,0%	19,0%	19,0%
6	Sors en 2nd	3,0%	5,0%	10,0%	10,0%	10,0%	10,0%	10,0%	10,0%
7	Sors en 3me	2,0%	2,0%	2,0%	2,0%	2,0%	2,0%	2,0%	2,0%
8									
9		An 1	An 2	An 3	An 4	An 5	An 6	An 7	An 10
10	Part de marché	0,0%	3,0%	5,0%	10,0%	10,0%	10,0%	10,0%	10,0%
11	Tx croissance	2,45%	1,74%	1,98%	2,42%	2,61%	2,49%	2,02%	2,37%
12	Marché	10,2 M	10,4 M	10,6 M	10,9 M	11,2 M	11,4 M	11,7 M	12,5 M
13	Chiffre d'affaires	0 €	938 023 €	1 594 351 €	3 265 792 €	3 351 101 €	3 434 543 €	3 503 835 €	3 737 715 €
14	Recherche & développ.	3 000 000 €							
15	Résultat d'exploitation	0 €	203 238 €	345 443 €	707 588 €	726 072 €	744 151 €	759 164 €	809 838 €
16	Valeur actuelle nette	179 613 €							

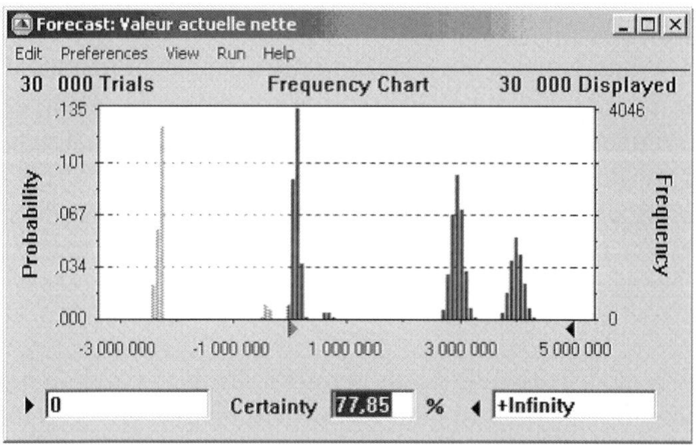

Figure V.3 – Graphe de fréquence des valeurs de la VAN

On peut noter que les valeurs des VAN sont tri-modales : il y a en effet un groupe de résultats pour chacun des trois cas où le produit sort le premier, le second ou le troisième sur le marché. En effet, ces trois cas entraînent des parts de marché très différentes, ce qui impacte directement la VAN. En utilisant l'ensemble des fonctionnalités de Crystal Ball, on peut aller bien plus loin, par exemple disposer de statistiques détaillées sur la VAN et identifier les facteurs clés de la VAN, c'est-à-dire les variables dont l'influence sur la valeur finale de la VAN est la plus importante.

Ainsi, contrairement à une opinion largement partagée, ce n'est pas parce que l'on fait un grand nombre d'itérations que la courbe de fréquence résultante se rapproche forcément d'une loi normale. Sur un tel exemple, il est clair qu'une analyse en trois scénarios ne nous aurait pas laissé prévoir une telle distribution des résultats possibles. En outre, une analyse par scénario ne permet pas d'évaluer la probabilité de tel ou tel résultat, ni *a fortiori* la sensibilité du résultat à telle ou telle variable explicative.

Utilisation de la simulation probabiliste

La richesse des possibilités d'une modélisation avec Excel et Crystal Ball est impressionnante. Pour ma part, je l'ai utilisée dans des cas aussi variés que la simulation du système de tri des bagages à Roissy, l'évaluation d'entreprises pour des fusions/acquisitions ou des entrées en bourse, le calcul du coût d'une plate-forme pétrolière, ou l'analyse de l'impact d'une tarification téléphonique, pour ne prendre que quelques exemples[1].

La simulation probabiliste trouve cependant ses limites dans l'appréciation des probabilités liées à des événements très rares. Si en effet un événement a une probabilité très faible, par exemple de l'ordre de grandeur de 0,01 % (soit 10^{-4}), combien faudra-t-il d'itérations pour obtenir un résultat fiable ? 100 000 itérations ? 500 000 itérations ?

Le problème se pose fréquemment. Ainsi, travaillant depuis maintenant plusieurs années sur les risques dans les centrales nucléaires, en équipe avec des ingénieurs d'EDF, je me trouve face à des événements à (heureusement !) très faible probabilité, allant jusqu'à 10^{-14} ou même moins. Même une simulation probabiliste avec un milliard d'itérations, qui prendrait plusieurs heures à plusieurs jours de calcul, ne suffirait pas dans un tel cas.

Heureusement, il existe pour ces situations particulières des méthodes (FORM et SORM, par exemple) qui permettent une évaluation rapide – analytique – de l'ordre de grandeur d'une probabilité très faible.

Il y a aussi d'autres méthodes de modélisation du risque : la théorie des jeux, les arbres de décision, les processus stochastiques, les options réelles… Le grand avantage de la simulation de Monte-Carlo est sa simplicité de mise en œuvre et sa capacité à modéliser n'importe quelle situation aléatoire.

En conclusion, la modélisation du risque permet d'aller bien plus loin que là où l'expérience et le bon sens seuls peuvent nous mener ; elle permet, en intégrant de multiples facteurs entretenant parfois des relations complexes, d'apprécier quantitativement à la fois les conséquences d'événements risqués et leurs probabilités.

---

1. Pour plus d'informations, consulter http://ite.pubs.informs.org/Vol4No2/Thiriez/

41

PLAIDOYER POUR L'ESSAIMAGE STRATÉGIQUE

Frédéric Iselin

RÉSUMÉ

Pour une entreprise, l'essaimage – ou création de nouvelles entreprises par ses employés – peut se faire à « chaud », dans une logique de réduction d'effectif, ou à « froid », il est alors qualifié de stratégique. Malgré une mauvaise image, c'est dans le premier cas qu'il est le plus souvent pratiqué par les entreprises françaises. Paradoxalement, l'essaimage stratégique a le plus grand potentiel comme source de création de valeur.

L'essaimage consiste, pour une société ou un organisme public, à favoriser la création de nouvelles entreprises par des collaborateurs issus de ses rangs[1]. Il convient de distinguer l'essaimage « à chaud » de l'essaimage « à froid », également qualifié de « stratégique ».

L'essaimage « à chaud » correspond souvent à une logique de réduction d'effectifs, raison pour laquelle l'essaimage, en général, souffre d'une mauvaise image. Il conduit, la plupart du temps, à des créations sans grand rapport avec l'activité de l'entreprise d'origine (restaurant, bar-tabac, chambres d'hôtes) etc. Notons que la plupart des projets d'essaimage sont « à chaud ».

L'essaimage « à froid », lui, est une pratique non directement corrélée aux aléas de la conjoncture. Il résulte d'une volonté stratégique de la direction générale, qui la considère comme un outil permettant de créer de la valeur. De fait, l'essaimage stratégique s'accompagne souvent de transferts d'actifs (propriété intellectuelle, savoir-faire, etc.), de prises de participation, voire de financement en *cash*. Il concerne donc plutôt des grandes entreprises de technologie (et des grosses PME), qui peuvent mobiliser des ressources, en interne ou avec un cabinet spécialisé, pour gérer le dispositif.

1. Pour une information complète sur l'essaimage en général, on trouve d'excellentes ressources sur le site de l'Association pour la création d'entreprise (www.apce.com), en tapant « essaimage » dans le moteur de recherche.

Les structures les plus actives sont regroupées dans l'association DIESE (Développement de l'Initiative et de l'Entrepreneuriat chez les Salariés de l'Entreprise). Elle compte aujourd'hui une douzaine de membres, dont EADS, EDF, L'Oréal, Renault et Sanofi-Synthélabo.

Dans le présent article, nous nous intéresserons essentiellement à l'essaimage stratégique, le plus difficile à mettre en place mais aussi le plus créateur de valeur.

L'essaimage stratégique se pratique trop peu en France

Très peu d'entreprises pratiquent aujourd'hui l'essaimage « à froid », alors que certains organismes publics sont très actifs. Ainsi par exemple, le CEA (Commissariat à l'énergie atomique) a-t-il déjà mené depuis 1986 plus de cent projets[1] de création d'entreprises technologiques par essaimage.

Si ces tentatives sont aujourd'hui timides, c'est parce que l'essaimage à chaud est presque toujours considéré comme prioritaire : comportant des enjeux financiers et humains plus critiques, il concerne un personnel infiniment plus nombreux. Ajoutons qu'au-delà des aléas de la conjoncture, les entreprises sont, en permanence, confrontées à des réductions d'effectifs, puisqu'elles réalisent en permanence des gains de productivité.

En termes stratégiques, la principale objection à l'essaimage « à froid » réside dans l'*a priori* qu'ont beaucoup d'entreprises qui estiment que créer des start-up n'est pas leur métier. Elles ne souhaitent pas affecter des ressources, prendre des risques ou perdre le contrôle de certains actifs, même s'ils ne sont pas optimisés dans leurs opérations.

Les freins opérationnels proviennent du fait que l'essaimage est souvent géré par la R & D, qui a du mal à vendre sa politique d'essaimage aux patrons de *business units*. Il faut dire que ces derniers ne voient pas toujours d'un très bon œil le départ de collaborateurs, « les meilleurs partant les premiers… ».

Si les grandes entreprises technologiques sont donc encore timides en matière d'essaimage, des initiatives pourraient aussi venir des salariés. En effet, parmi les mesures annoncées dans le cadre de la loi Dutreil [2] (fin 2003), figure une tentative d'« institutionnaliser » l'essaimage, puisque, désormais, chacun aura la possibilité de consacrer du temps à un projet personnel sans que l'employeur puisse s'y opposer.

Bien évidemment, et nous le verrons à la fin de cet article, un essaimage stratégique réussi ne peut se concevoir qu'en étroite collaboration entre l'entreprise d'origine et le porteur de projet.

1. Entretien avec Guy Crespy, Directeur délégué à l'essaimage du CEA.
2. Cette loi permet, entre autres, la reconnaissance officielle du statut de créateur d'entreprise (et donc son indemnisation) par les Assédic.

L'essaimage stratégique est pourtant un dispositif qui crée de la valeur pour les acteurs

En premier lieu, il y a l'intérêt d'optimiser le portefeuille de brevets. En effet, toutes les recherches n'aboutissent pas à des applications industrielles, loin s'en faut. L'essaimage peut ainsi permettre de créer une entreprise autour d'une technologie qui n'a pas d'application parce que, par exemple, elle est issue d'un « brevet dormant ».

Notons que le secteur public, lui aussi, cherche de plus en plus à favoriser les transferts de technologie, notamment depuis l'application des lois Allègre[1].

L'essaimage stratégique permet aussi aux entreprises de lancer de nouvelles activités en limitant les risques en cas d'échec. Sur le plan financier, tout d'abord :

- En faisant appel à des capitaux extérieurs. Choisir de développer un projet en interne obligerait naturellement l'entreprise à le financer elle-même. Les investisseurs ne financent ni des centres de profit, ni des start-up contrôlées majoritairement par des grands groupes. Ainsi, créer une nouvelle entreprise permet d'ouvrir le capital à de nouveaux actionnaires.
- En réduisant les frais de recherche, transformant des charges fixes en charges variables, grâce à l'externalisation de tout ou partie de la R & D.
- En étant, le cas échéant, placée aux premières loges pour racheter certaines start-up issues de l'essaimage, lorsque le succès est avéré.

Sur le plan de l'image, enfin, les risques peuvent être également limités, en évitant l'amalgame entre l'entreprise et la start-up éventuellement déchue.

L'essaimage stratégique peut aussi créer de la valeur comptable pour l'entreprise qui essaime. La participation dans la nouvelle société trouvera sa place dans l'actif du bilan de l'entreprise d'origine (« participations minoritaires dans de jeunes sociétés »).

L'essaimage stratégique est par ailleurs un excellent moyen pour développer une veille technologique sur le secteur d'activité de la start-up, en faisant remonter les informations provenant d'une structure plus réactive, en contact plus étroit avec le marché.

Grâce à l'essaimage stratégique, les entreprises peuvent également attirer et, au risque de paraître contradictoire, retenir des talents. Si un collaborateur a envie d'entreprendre et si l'entreprise ne propose pas d'accompagnement, il risque de partir vers d'autres cieux, au mieux en volant de ses propres ailes, au pire vers la concurrence. Une entreprise qui essaime peut ainsi mettre en avant un véritable dynamisme en matière de gestion des ressources humaines.

Enfin, la création d'entreprise est dans l'air du temps, puisque 50 % des jeunes de 18 à 24 ans ont envie d'entreprendre[2]. Communiquer sur une volonté politique d'essaimage peut donc être intéressant en terme d'image.

---

1. Cette loi a permis, entre autres, aux chercheurs du secteur public d'entreprendre sur la base de technologies qu'ils ont contribué à développer, ainsi qu'à la naissance d'une trentaine d'incubateurs publics.
2. Sondage IFOP du 15 janvier 2002.

Rappelons, pour conclure sur ce point, que l'essaimage stratégique comporte aussi de nombreux avantages, pour les entrepreneurs qui portent le projet, comme pour les éventuels investisseurs en fonds propres. En effet, qu'il s'agisse des transferts d'actifs, de savoir-faire ou de clientèle captive (du moins dans les premiers temps), les nombreuses fées qui se penchent sur le berceau de ces start-up les dotent ainsi d'avantages concurrentiels très significatifs.

Principaux paramètres pour la réussite d'un dispositif d'essaimage stratégique

Nous l'avons dit, un essaimage stratégique réussi ne peut se concevoir qu'en parfaite complicité entre l'entreprise d'origine et le porteur du projet. Les rapports de force entre les parties et les intérêts des uns et des autres ne sont pas toujours correctement évalués. De fait, le processus comporte de nombreux pièges.

En nous basant sur notre expérience de l'accompagnement de porteurs de projet en essaimage, notamment dans le cadre du programme de formation-action « Challenge + »[1], nous avons tenté de dégager quelques bonnes pratiques :

Tableau V.7 – Bonnes pratiques d'essaimage.

Pour l'entreprise d'origine	Pour le porteur de projet
Dispositif à gérer au plus près de la Direction Générale.	Posséder le savoir être (*leadership*, opiniâtreté, charisme, etc.) ; acquérir le savoir-faire.
Travailler en interne sur l'état d'esprit : réhabiliter l'essaimage (syndicats), faciliter l'éclosion des projets (détection).	Identifier l'opportunité (actifs).
Concevoir un dispositif réellement incitatif (temps alloué, droit à l'erreur).	Savoir vendre son projet en interne.
Mettre en place un collège pour sélectionner les projets et déterminer le niveau d'accompagnement requis.	Fédérer des compétences complémentaires (marketing-commercial, par exemple).
Accompagner le créateur (former, coacher), acheter des compétences externes si besoin.	Négocier le maximum d'aides (temps, conseil, etc.).
Évaluer raisonnablement les actifs transférés.	Évaluer raisonnablement sa start-up.
Proposer des conditions justes pour la start-up (prise de participation très minoritaire ; royalties sur le CA généré).	Respecter les échéances, montrer sa capacité à délivrer en toutes occasions.
Se donner la possibilité d'investir dans le projet (fonds de *venture capital*).	Ne pas surestimer sa position dans le rapport de forces avec l'entreprise d'origine.
Se comporter comme un actionnaire, pas comme un patron, ni comme un client tout puissant.	Savoir conserver de bonnes relations pour le futur avec son ancien employeur, bien au-delà du processus d'essaimage.

1. www.hec.fr/start-up

Plus globalement, pour ces deux acteurs majeurs d'un processus d'essaimage stratégique, deux conditions sont requises pour réussir. Il faut d'abord que, de part et d'autre, l'on soit prêt à prendre des risques. Il faut ensuite savoir (ou pouvoir) prendre en compte un retour sur investissement à moyen ou long terme.

Mettre en regard ces deux conditions avec la tension sur le marché du travail d'une part, et la culture actuelle du management à court terme d'autre part, nous conduit à un optimisme très mesuré dans la conjoncture que nous connaissons. En la matière, l'État a sensiblement évolué ces dernières années. L'impulsion doit désormais venir des grandes entreprises technologiques.

Créer des entreprises est (enfin) aujourd'hui considéré comme une cause nationale. L'essaimage stratégique est un excellent moyen d'y contribuer, avec des start-up aussi solidement dotées que prometteuses !

PARTIE VI

DÉVELOPPEMENT PERSONNEL DES DIRIGEANTS

42

L'ENTREPRENEUR ET L'ÉCHEC : UNE RELATION THÉRAPEUTIQUE ?

Alain Bloch

RÉSUMÉ

En France, le droit à l'erreur de l'entrepreneur fait débat : si, de l'avis général, l'échec est aujourd'hui le plus souvent lourdement sanctionné, la réforme de la loi sur le traitement des difficultés des entreprises présentée par le gouvernement semble vouloir infléchir cette tendance. Aux États-Unis, l'échec peut aller jusqu'à constituer un atout, notamment aux yeux du capital-risque américain qui considère fréquemment qu'il est non seulement formateur mais bénéfique : sur quoi se fonde une telle différence d'appréciation ? Pourquoi et jusqu'où peut-on considérer qu'un échec peut avoir des vertus pour un entrepreneur ?

En France, l'image de l'entrepreneur est ambivalente. Adulé ou suspecté au gré des circonstances, tour à tour héros et paria, on loue aussi haut ses *success stories* que l'on vilipende ses échecs. Ambivalent également, son statut d'agent économique, entre création de richesse et accumulation de profits. Pourtant, comme nous avons déjà eu l'occasion de le souligner[1] avec d'autres, l'entrepreneur risque gros, son patrimoine comme sa réputation. Et d'autant plus en France où il n'existe pas, à la différence des États-Unis notamment, de culture entrepreneuriale dans laquelle l'échec est vécu comme une expérience porteuse d'enseignements. En France, comme l'illustre l'image extrêmement négative attachée au dépôt de bilan, c'est comme une faute que l'échec est le plus souvent vécu. Or, ne pas reconnaître le droit à l'erreur de l'entrepreneur, c'est non seulement prendre le risque de tarir la dynamique entrepreneuriale, mais aussi priver l'individu d'une part essentielle de son apprentissage. Le projet de loi sur la sauvegarde des entreprises présenté par le gouvernement semble aller toutefois dans le sens d'une reconnaissance accrue de la valeur de l'entrepreneur et de la nécessité de

1. In « Psychopathologies entrepreneuriales », *Les Échos*, 17 au 18 octobre 1997.

préserver sa capacité entrepreneuriale en cas d'échec. « Je suis un véritable entrepreneur parce qu'avant de faire fortune j'ai fait deux faillites retentissantes » : c'est ainsi qu'Howard Stevenson, le premier titulaire d'une chaire d'entrepreneuriat à Harvard Business School introduit son cours de MBA ! Peu imaginable en France, la réflexion du professeur Stevenson fait pourtant écho au comportement du capital-risque américain qui considère que l'entrepreneur qui a connu l'échec, s'il est prêt à repartir, peut faire un meilleur candidat à sa deuxième tentative. À l'heure où le législateur va se pencher sur le droit à l'erreur de l'entrepreneur, il paraît donc opportun d'approfondir les raisons pour lesquelles l'échec du créateur d'entreprise devrait non seulement être limité dans ses conséquences négatives mais pourrait au-delà avoir des vertus bénéfiques.

L'entrepreneur, un décideur singulier

Qu'on le considère avec Gilder comme une sorte de « dieu » connaissant les lois cachées de l'économie ou, de manière plus pragmatique, comme une personne spécialisée dans la prise de décisions relatives à la coordination de ressources rares, l'entrepreneur est un décideur, dont une des qualités premières est la capacité de jugement (Verstraete, 1999).

Visionnaire, en ce sens qu'il est le premier à avoir l'idée et à agir à partir de cette idée, l'entrepreneur s'engage dans l'action par un acte fondateur, une décision entrepreneuriale. Selon les écoles et selon les courants de pensée, la nature de cette décision et le moment où elle intervient pourront être interprétés différemment. S'agit-il de l'idée ou bien plutôt de la traduction de celle-ci en projet après confrontation de l'intuition originelle à la réalité du marché, de l'état des technologies, des ressources disponibles ? Quand et pourquoi intervient ce basculement dans l'action ? Il faut convenir, avec Kirzner, que cette intuition originelle de l'entrepreneur n'est jamais que le fruit de son expérience et de sa vigilance, cette position d'écoute qui le différencie radicalement des autres, lesquelles lui permettent de saisir des opportunités en exploitant des asymétries d'information.

Mais vient un moment où cette vigilance accrue à l'environnement socio-économique se traduit par une décision : celle de créer, de se lancer et d'entreprendre de réunir les ressources et les hommes qui permettront au projet d'exister. Il y a alors, pour reprendre le modèle de Timmons (1977), décision d'allocation de ressources vers une opportunité. Entreprendre, nous dit Timmons, « c'est percevoir une opportunité là où les autres ne voient que chaos, contradiction et confusion ». Si la littérature, anglo-saxonne notamment, sur l'entrepreneuriat consacre de longs développements à la genèse de l'idée et à la mise en œuvre du projet qui en découle, la nature de la décision entrepreneuriale fondatrice reste en revanche peu explorée[1].

---

1. Y compris dans les approches évolutionnistes de la théorie de la firme, ce qui ne laisse pas de surprendre : avant d'évoluer, il semblerait en effet que l'entreprise doive naître !

La nature de la décision entrepreneuriale fondatrice : avoir raison contre le plus grand nombre ? Une approche constructiviste

Ce n'est pas tant le « pourquoi devient-on entrepreneur » qui nous intéresse ici que le « comment » – et, tout aussi important pour notre propos, l'impact de ce mode de décision initial sur les décisions ultérieures que l'entrepreneur sera amené à prendre au cours de la vie de l'organisation qu'il a créée.

Visionnaire sans doute, pionnier sûrement, l'entrepreneur va se construire une représentation de la réalité future de son organisation. Si l'idée constitue déjà en elle-même un « nouveau possible », le cheminement par lequel l'entrepreneur va réussir à la mener à bien est lui aussi source d'une puissante construction mentale (Von Glaserfeld, 1988). Car l'entrepreneur, il faut s'en souvenir, s'il réussit à lancer son idée, a par nature le sentiment d'avoir eu raison contre tous les prophètes de malheur qui n'ont pas manqué d'essayer de le dissuader au moment où il a pris cette décision. Il est le seul à avoir vu l'opportunité, le premier aussi à y avoir cru. Quand on a vécu les difficultés qui sont le plus souvent associées à une création d'entreprise – tant au plan professionnel qu'au plan personnel ou familial – on conçoit mieux l'importance de cette alchimie mystérieuse dans le mental de l'entrepreneur : il a non seulement vu avant mais le plus souvent contre les autres. Cette vision de l'opportunité va à la fois être reconnue par le marché – couronnant la réussite de l'entrepreneur – mais aussi peser d'un poids considérable sur la culture et le fonctionnement de l'entreprise créée. Puisque, non content de persévérer dans son idée, l'entrepreneur parvient également, en construisant du sens autour de sa conviction, à fédérer d'autres acteurs autour d'elle. Pettigrew notait déjà que c'est la vision de l'entrepreneur qui donne à son organisation consistance et cohérence. Dès lors, cette décision fondatrice, que nous croyions d'une nature tout à fait singulière en économie, s'apparente pour l'organisation à une sorte de mythe fondateur, de récit des origines, dont le véritable « pouvoir » viendra en irriguer et en justifier nombre de comportements. « J'agis ainsi aujourd'hui parce que je sais que ça a déjà marché hier et que c'est notre façon à nous de faire », ce que Brunsson (1985) appelle une « idéologie conclusive », forme de pensée organisationnelle qui évite de s'enliser dans de laborieuses procédures de choix et qui facilite le passage à l'action.

Dans une autre perspective, celle de l'économie des conventions « l'accord entre individus n'est pas possible sans cadre commun, sans une convention constitutive ». Une convention peut ainsi être définie comme l'organisation sociale au travers de laquelle la communauté se dote d'une référence commune, produit d'une représentation collective extériorisée, qui se fonde sur les anticipations individuelles. Dans le cas qui nous préoccupe, on peut considérer que l'accord entre individus se fait autour de cette règle plus ou moins tacite que constitue la décision fondatrice de l'entrepreneur (Verstraete, 1999). Il ne saurait être question, naturellement, d'expliquer l'intégralité du comportement décisionnel de l'entrepreneur au prisme de ce seul acte fondateur. Une piste de recherche consisterait également à utiliser les typologies d'entrepreneurs existantes pour tenter d'identifier si certaines catégories échappent mieux que d'autres à ce travers. Il apparaît néanmoins, sur la base de l'observation empirique de nombreux créateurs d'entreprise, que, une fois son idée validée par le marché et l'environnement en général, l'entrepreneur y trouve une source de réassurance importante, notamment face à des difficultés. En dernier recours, c'est ce « j'ai eu raison contre le plus grand nombre » qui, par un mécanisme similaire à celui de la construction cautionnante ou de l'heuristique de représentativité, fera pencher la balance décisionnelle d'un côté ou d'un autre.

Le dysfonctionnement de la construction de sens autour du mythe fondateur : ancrage du décideur et paralysie stratégique de l'équipe

L'entrepreneur, donc, bravant les menaces et triomphant des obstacles semés sur son chemin, a su transformer une opportunité en projet économique viable, fédérant autour de lui hommes et ressources. Sa décision, tout en le propulsant dans le jeu économique, l'inscrit dans une forme de statut « hors normes » : son « histoire » est unique, par essence. Et elle constitue, pour lui et pour ses troupes, un référent puissant. Comme le suggère le modèle narratif de la prise de décision, d'inspiration naturaliste, la connaissance relative au passé borne les décisions et, partant, influence ce que le décideur fera à l'avenir.

Le fonctionnement de l'équipe au cours des premiers mois est à cet égard particulièrement révélateur. Extrêmement soudée et réactive, portée par la vision du fondateur, l'équipe se dévoue corps et âme à faire vivre l'idée, n'obéit souvent qu'à peu de règles formalisées, animée par la volonté de perpétuer le mythe fondateur.

La convention originelle, l'idéologie conclusive fondatrice et leurs représentations associées construisent ainsi le sens à travers l'entreprise, alors même que celle-ci se développe et croît, tandis que son environnement, et les défis dont il est porteur, évoluent : la concurrence opère, les premières difficultés surgissent, l'euphorie s'estompe pour laisser la place à un fonctionnement plus « classique ».

L'entrepreneur, détecteur d'opportunités, bâtisseur de sens et attracteur de ressources : le modèle de Timmons

Timmons fournit avec son modèle un outil de diagnostic dynamique de la création d'activité. Un projet doit trouver un « équilibre » entre le potentiel de l'opportunité qu'il exploite, les compétences qu'il fédère et les ressources qu'il va attirer. Ainsi une équipe surdimensionnée peut-elle être une source d'échec aussi probable que des ressources financières sous-dimensionnées. Mais le surdimensionnement des ressources comme source de défaillance a été pour ainsi dire validé empiriquement par la fameuse « bulle » Internet ! Au-delà de son modèle, ce que Timmons suggère implicitement c'est que l'entrepreneur n'est pas seulement un détecteur d'opportunités, c'est aussi un bâtisseur de sens (Weick, 1995) comme un attracteur de ressources. Le « miracle » de la création

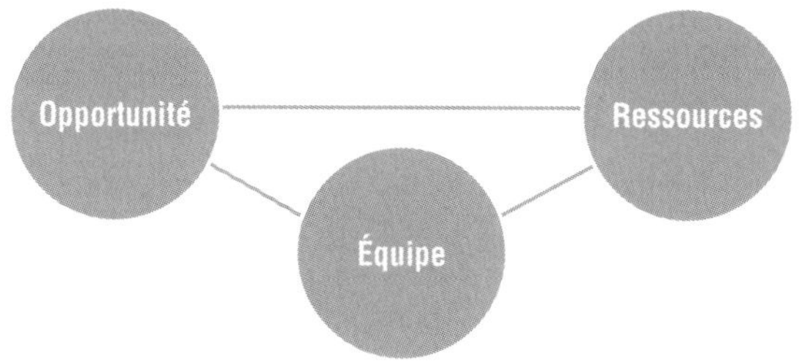

« Les Echos » / Source : Timmons & Spinelli, « New Venture Creation », 6e éd., Mc Graw Hill, 2003

Figure VI.1 – Le modèle de Timmons

d'entreprise se situe en effet au moins autant dans la capacité que l'entrepreneur développe d'être un « médiateur » vers le marché d'une innovation que dans celle de « vendre » cette innovation (Bird, 1988) à des investisseurs, prudents par nature, et à ses futurs collaborateurs, souvent sceptiques par expérience. On pourrait même suggérer que c'est parce qu'il bâtit du sens autour d'une opportunité que l'entrepreneur devient un attracteur de ressources : « Mets-les au pied d'une tour à bâtir », écrivait Saint-Exupéry...

C'est aussi dans ce deuxième temps que la notion d'équilibre telle que définie par Timmons (voir encart) prend un sens plus contraignant : le fondateur et son équipe devraient s'inscrire dans une complémentarité de compétences, de rôles, voire de vision, qui permette à l'entreprise d'avancer dans une direction définie ensemble. Or, c'est presque tout l'inverse que l'on observe. Nourrie de la vision du fondateur, et ayant triomphé de ce premier combat qu'a constitué la création de l'entreprise, l'équipe, soudée dans une pensée de groupe (Janis, 1982) de plus en plus néfaste, semble avoir perdu tout esprit critique et accepté en particulier l'idée que le domaine stratégique relève de cette seule vision de l'entrepreneur. Dans une forme particulière de mimétisme, il se crée un habitus consistant à considérer que l'allocation de ressources est le domaine réservé du dirigeant. Plus personne n'est là pour remettre en cause des choix qui non seulement ne reposent plus que sur ce qu'il convient d'identifier comme un « ancrage » (Schein, 1985) du décideur mais ne vont pas toujours dans le sens du meilleur intérêt de l'entreprise.

Il peut apparaître ainsi une forme de névrose organisationnelle (Kets de Vries, 1985) caractérisée par la concomitance d'un trouble du leadership charismatique de l'entrepreneur et d'un dysfonctionnement de l'apprentissage organisationnel (Argyris, 1995) de son équipe.

Ce que nous suggérons c'est que l'entrepreneur s'ancre en effet dans l'idée qu'il a raison contre tous les autres : nous avons ainsi vérifié qu'il peut prendre le contre-pied systématique de ce que collaborateurs ou proches pouvaient lui objecter. Comme s'il ne pouvait plus dévier de la réalité qu'il s'est construite sans renier son « identité narrative », c'est-à-dire sans se renier lui-même. Nous retrouvons là, dans une forme pathologique, une caractéristique qu'Herbert Simon fut le premier à mettre en lumière : la prise de décision dans les organisations est fortement influencée par la structure et la norme de l'organisation et le décideur n'envisage pas tout l'éventail des possibles. On conçoit que ce qui est vrai d'un décideur le soit bien plus encore de l'entrepreneur, celui qui a fondé l'organisation, qui incarne à lui seul cette norme et cette structure. De son côté, l'équipe se comporte comme si elle était paralysée dans sa capacité à interroger les principes qui sous-tendent les pratiques décisionnelles du fondateur. Nous pensons que l'attitude du dirigeant dans son opposition quasi systématique crée une dissonance cognitive et praxéologique qui ne peut que conduire à la mise en place de cette forme de délire de l'identité narrative du groupe : « Il n'y a pas moyen de se faire entendre, mais c'est sans importance puisque les événements ont toujours donné raison au patron… »

Les conséquences de l'échec : salutaires si…

Ce genre d'attitude est naturellement très dangereux, le succès de la décision initiale ne présageant en rien de l'infaillibilité de son auteur et les « routines » décisionnelles ainsi développées devenant des obstacles à l'évolution (Aldrich, 1999). L'incapacité d'évoluer ayant elle-même été identifiée comme le premier facteur menaçant la pérennité des PME, on voit sur quelles pentes risque d'être entraînée l'entreprise affectée par ce phénomène.

Comme aveuglé, l'entrepreneur s'entête donc dans des décisions qui n'ont plus d'autre sens que celui de reproduire le « mythe fondateur ». Enfermé dans la réalité qu'il s'est construite, et sourd aux signaux d'alarme, il ne sait plus qu'aller « contre ». Ce faisant, il s'expose à des erreurs dont les plus graves pourront conduire à la défaillance de l'entreprise.

Nous avons pu constater lors de plusieurs « observations participantes » sur le terrain que ces dysfonctionnements cognitifs pouvaient impacter des situations managériales relativement banales : ainsi de l'ouverture du deuxième point de vente pour un entrepreneur commerçant, dont les statistiques des tribunaux de commerce suggèrent qu'elle est une source importante de défaillances. L'entrepreneur cherche à reproduire les ingrédients du succès du premier point de vente et peut rester sourd aux mises en garde de son équipe ou de son entourage sur la non-transposabilité (du fait de la différence de l'environnement urbain ou de bien d'autres facteurs) de cette première expérience : les franchiseurs connaissent bien cette situation et nous avons pu vérifier expérimentalement que les atouts de ce mode de création d'entreprise, particulièrement en matière d'appui de la part du réseau, ne permettent pourtant pas toujours aux franchisés de parvenir à la surmonter.

Plus surprenant, la prégnance de ce mythe fondateur et la « paralysie stratégique » de l'équipe dirigeante qui en est la conséquence paraissent pouvoir survivre au retrait ou à la disparition du fondateur : c'est le « mythe de l'âge d'or » que nous avons fréquemment constaté, avec d'autres, lors de scénarios de transmission d'entreprises. Dans une forme de mélancolie destructrice, l'équipe dirigeante renvoie de façon névrotique à l'époque « bénie » où le créateur donnait le sentiment de ne jamais faire d'erreurs, sur le mode « à l'époque de M. X, cela ne se serait pas passé ainsi », ou encore « du temps de M. Y, nous n'aurions jamais eu ce problème », sans pour autant proposer la moindre contribution positive : un véritable cauchemar pour le repreneur...

Sans aller jusqu'à souhaiter l'échec de l'entrepreneur affecté par cet enfermement cognitif, on peut néanmoins affirmer qu'il constituera dans de nombreux cas une étape salutaire dans son parcours. Salutaire en ce sens que cet échec aura un effet dégrisant et qu'il sortira l'entrepreneur d'un dysfonctionnement psychologique dangereux dans un processus de « recadrage ». Il reprendra contact avec la « vraie » réalité et s'extraira de l'histoire dans laquelle la décision entrepreneuriale fondatrice, au caractère potentiellement rigidifiant, l'avait plongé.

Une remise en cause profonde peut alors s'opérer, sous réserve naturellement que l'échec soit surmonté. J'ai ainsi été le témoin du changement de comportement de Marcel Dassault et de ses collaborateurs à la suite de l'échec commercial du Mercure qui n'a probablement pas été sans conséquence sur les choix stratégiques de la firme dans le domaine des avions civils : comme Pascale le notait à propos des difficultés initiales de Honda et Toyota aux États-Unis, l'échec n'a pas sanctionné l'organisation, il l'a enrichie.

Convient-il dès lors, et armé de cette connaissance « actionnable » du phénomène, de laisser l'entrepreneur « foncer dans le mur » ? Non, car un recadrage reste possible sans qu'il soit besoin d'aller jusqu'à l'extrémité constituée par l'échec et un professionnel expérimenté de l'accompagnement de dirigeant pourra y parvenir. Une piste de recherche est également constituée par le rôle éventuel de l'interaction famille-entreprise, qui caractérise le *family business*, dans le processus préventif ou thérapeutique : nous avons ainsi constaté empiriquement que le conjoint du fondateur travaillant dans l'entreprise paraissait pouvoir atténuer voire éviter le phénomène et ce point mériterait d'être approfondi.

Un nouvel objectif pour la loi ?

Un entrepreneur ainsi « averti » par un premier échec en vaut-il deux ? Rien ne nous permet, bien sûr, de l'affirmer dans tous les cas. Mais si l'on souhaite préserver et favoriser la dynamique entrepreneuriale – et nous nous plaçons cette fois du point de vue du législateur – il importe à tout le moins que l'échec ne soit pas synonyme d'anéantissement. L'entrepreneur joue un rôle unique et il faut que l'environnement, juridique notamment, lui donne une deuxième chance. Le projet de loi que nous évoquions en introduction semble vouloir y contribuer. Pourquoi, dès lors, ne pas introduire dans ses objectifs de principe aux côtés des notions traditionnelles de « sauvegarde de l'entreprise » et de « maintien de l'activité et de l'emploi », qui relèvent d'une vision exclusivement économique, celle de « sauvegarde de la capacité entrepreneuriale du dirigeant », certes plus subjective, mais que la jurisprudence des juges consulaires saura progressivement objectiver ?

Une façon, en tout cas, pour la loi de reconnaître le rôle clef de l'entrepreneur, son droit à l'erreur et, au-delà, les vertus au moins pédagogiques sinon thérapeutiques de celle-ci.

L'entrepreneur et ses troubles du comportement décisionnel

Comprendre les logiques d'action et les ressorts mentaux qui conduisent à l'acte d'entreprendre est un des champs traditionnels de la recherche académique en entrepreneuriat. En contrepoint, élucider comment le même individu conduit, par des décisions inappropriées, sa « création » à la disparition peut fournir également des pistes importantes, non seulement de compréhension de la création d'entreprises mais des voies pour favoriser leur pérennité. Ainsi solitude, stress, responsabilités amènent-ils parfois l'entrepreneur à développer certains comportements psychopathologiques qui peuvent mettre en péril son avenir et celui de l'entreprise. « Saut » professionnel s'il en est, la création d'une entreprise sollicite en effet énormément l'entrepreneur, souvent sur de longues périodes et sur tous les fronts, pour reprendre l'image de l'homme-orchestre qui lui est souvent associée. Les particularités du « métier » d'entrepreneur étant ce qu'elles sont, le créateur développe un certain nombre de troubles du comportement typiques et récurrents – qui peuvent s'analyser comme autant de psychopathologies distinctives. La mégalomanie en est la plus souvent décrite, avec son corollaire éventuel, l'imposture (Kets de Vries, 1995). L'exaltation en est une autre, qui se manifeste en particulier dans le manque de précaution, tout à fait incompréhensible *a posteriori*, que l'on constate chez de nombreux créateurs-entrepreneurs au moment du lancement de leur projet. On citera enfin, pour terminer ce rapide tour d'horizon, la dépression, favorisée par la combinaison des facteurs anxiogènes mentionnés plus haut. Elle est le plus souvent déclenchée par une situation de crise, qui s'accompagne elle-même d'une aggravation de ces facteurs anxiogènes, créant un cycle du type « impuissance-solitude-désespoir » qui peut contribuer à précipiter l'entreprise dans une issue fatale (Bloch, 1998).

BIBLIOGRAPHIE

H. ALDRICH, *Organizations Evolving*, Sage Publications, 1999.

C. ARGYRIS, *Savoir pour agir : surmonter les obstacles à l'apprentissage organisationnel*, InterÉditions, 1995.

N. BRUNSSON, *The Irrational Organization*, J. Wiley & Sons, Chichester, 1985.

I. L. JANIS, *Groupthink*, Houghton Mifflin, Boston, 1982.

M. KETS DE VRIES et D. MILLER, *L'Entreprise névrosée*, McGraw Hill, 1985.

E. H. Schein, *Organizational Culture and Leadership*, Jossey-Bass, 1985.

J. A. Timmons, *New Venture Creation*, 1re éd., McGraw Hill, 1977.

T. Verstraete, *Entrepreneuriat : Connaître l'entrepreneur, comprendre ses actes*, L'Harmattan, 1999.

E. Von Glaserfeld, « Introduction à un constructivisme radical », in *L'Invention de la réalité*, dir. P. Watzlawick, Le Seuil, 1988.

K. E. Weick, *Sensemaking in Organizations*, Sage Publications, 1995.

43

LA DÉFORMATION CONTINUE DES MANAGERS

Fabien de Geuser et Michel Fiol

RÉSUMÉ

En étudiant les modes de raisonnement mis en jeu par les managers face à une situation complexe, nous avons constaté que, dans l'immense majorité des cas, ils réagissent à l'aide de quelques réflexes mentaux. Ainsi, ils ont tendance à considérer leurs croyances comme des vérités absolues, à répliquer des solutions qui ont précédemment fonctionné sans s'interroger sur l'adaptation de ces solutions. Notre propos n'est pas de remettre en question cette simplification car nous savons combien elle est nécessaire à la prise de décision et à l'action mais plutôt d'en montrer les éventuels dangers.

On parle de plus en plus aujourd'hui de la validation des acquis professionnels au sein des entreprises. Ce faisant, on fait le postulat que ces acquis constituent toujours une formation positive. Nous proposons dans cette communication d'examiner les aspects éventuellement négatifs de cette formation en entreprise, effets négatifs que nous qualifierons de « déformation professionnelle ». Cette perspective est mise en évidence à travers l'étude des modes de raisonnement mis en jeu par les managers lorsqu'ils ont à prendre une décision face à une situation complexe. Nous avons constaté que, dans l'immense majorité des cas, ces managers avaient tendance à considérer leurs croyances comme des vérités absolues, à répliquer des solutions qui ont précédemment fonctionné sans s'interroger sur la pertinence et l'adaptation de ces solutions, à limiter leurs analyses à un champ socio-temporel très restreint et, plus généralement, à simplifier le monde de manière inconsciente. C'est ce refoulement, cet oubli de la simplification qui se manifeste par des sortes de « réflexes mentaux », que nous définissons comme la « déformation professionnelle ». Notre propos n'est pas de remettre en question cette simplification car nous savons combien elle est nécessaire à la prise de décision managériale. Tous les réflexes mentaux recensés présentent deux facettes, l'une formatrice, l'autre déformatrice. C'est la facette déformatrice qui nous intéresse ici. Pour nous, un cadre déformé n'est pas un cadre qui simplifie les situations auxquelles il se confronte, mais quelqu'un qui a oublié qu'il les a simplifiées. Ce texte vise à présenter les principaux réflexes mentaux identifiés et à en comprendre le rôle et les limites.

Réflexes mentaux

La mise en évidence des réflexes mentaux des managers face à une situation difficile s'est organisée autour de plusieurs expériences de recherche et de formation de managers qui se sont déroulées sur les huit dernières années. De nombreux théoriciens ont réfléchi à la façon dont les dirigeants prennent leurs décisions. Parmi eux, le prix Nobel Herbert Simon met en garde contre la tendance qu'ont de nombreux managers à négliger la phase d'identification du problème et à privilégier celle de sélection de la solution. Il distingue les décisions programmées des décisions non programmées. Pour cet auteur, « les décisions sont programmées dans la mesure où elles sont répétitives et routinières, et où l'on a établi une procédure déterminée pour les effectuer, de façon à ne pas avoir à les reconsidérer chaque fois qu'elles se présentent ». Simon propose la facturation des commandes ordinaires des clients ou le renouvellement des fournitures de bureau comme des exemples de ces décisions programmées. « On peut parler de décisions non programmées, poursuit-il, dans la mesure où elles sont nouvelles, non structurées et se présentent de façon inhabituelle. Il n'y a pas de méthode toute faite pour régler le problème, parce qu'il se pose pour la première fois, ou parce que sa nature et sa structure précises sont mal définies ou complexes, ou bien encore parce que son importance est telle qu'il mérite une solution sur mesure. » Mais, cette classification ne prend en compte que la décision, à peine le processus de décision et pas du tout la situation dans laquelle le manager doit prendre une décision.

Nous faisons l'hypothèse, quant à nous, que dans la prise de décision des managers, il faut considérer à la fois leur mode d'appréhension de la situation et le processus de décision. C'est pourquoi nous pensons que, face à une situation complexe, les dirigeants simplifient à la fois cette situation et le processus de décision, et qu'ils n'ont pas conscience de ces deux simplifications. Ce faisant, ils construisent les réflexes mentaux de leur déformation professionnelle. Au total, près de trois mille managers ont contribué à enrichir notre connaissance des modes de raisonnement mis en jeu dans des situations difficiles. Cette expérimentation continue aujourd'hui. Jusqu'ici, nous avons identifié huit de ces réflexes mentaux : ceux visant à simplifier la situation et ceux visant à simplifier le processus de décision.

Les réflexes visant à simplifier la situation

■ Le repli sur ses certitudes

Lors d'un processus de décision, les managers ont tendance à prendre pour des faits objectifs et validés leurs postulats, leurs impossibles, leurs hypothèses, leurs certitudes, leurs convictions, alors même que la complexité de la situation devrait les amener à remettre en question ces derniers. Le manager se donne ainsi l'illusion qu'il est sûr de quelque chose et atténue ainsi son angoisse face à l'incertitude.

■ La vision étroite de la situation

Confrontés à une situation complexe, les dirigeants se construisent une paire de lunettes qui biaise et déforme leur représentation. Ces lunettes sont constituées essentiellement par les enjeux, le rôle organisationnel et la fonction, mais aussi par le milieu social, la formation, l'expérience professionnelle, etc. de chaque manager. Tel dirigeant raisonnera en termes de « contrôleur de gestion », tel autre analysera la situation en tant que « représentant de la division Amérique latine », etc. Seuls le rythme, les acteurs, l'espace d'action et les conséquences liés à ce rôle sont ainsi pris en considération. Ceci contribue à une spécialisation croissante des dirigeants et donc à un rétrécissement de leur horizon. Leur vision devient de plus en plus particulière, locale et perd le point de vue de la totalité. Ce travers fonctionne pour le manager comme une défense face à la possible inadéquation de son mode de raisonnement, fondé avant tout sur le paradigme fonctionnaliste, pour analyser des situations complexes. Pouvant être conscients de cette problématique, les managers ont plutôt tendance à renforcer la « précision » de leurs lunettes, c'est-à-dire à approfondir leur rôle et les opinions qui en découlent, qu'à multiplier les lunettes et les croisements de points de vue. Ces lunettes ne peuvent aboutir qu'à un enfermement progressif des dirigeants dans le monde que celles-ci leur construisent.

■ Le filtre réaliste

Dans le même temps, les dirigeants semblent avoir été formés, voire formatés dans un mode de pensée réaliste qui les amène à appréhender le monde comme une donnée extérieure à eux : cet héritage intellectuel nous paraît empêcher ou du moins freiner l'appréhension de cette complexité, constituant une sorte de « filtre réaliste ». Celui-ci, qui n'est pas condamnable en soi, nous semble plus adapté pour des faits objectifs ou « objectivés ». Il est en outre accentué par une démarche de raisonnement analytique, séquentielle et linéaire, qui empêche la prise en considération de la totalité de la situation en fixant la focale davantage sur l'analyse des éléments que sur la compréhension des relations et de la forme générale de la situation. Dans le même esprit, le concept de problème est dangereux, car il se confond avec celui d'exercice. Le même énoncé objectif est proposé à tous les élèves, de façon à ce qu'il n'y ait aucune ambiguïté dans sa compréhension : ce qui est demandé est de résoudre le problème correctement, c'est-à-dire d'arriver à la bonne solution. En conséquence, on a pris l'habitude de considérer que tout problème de management, comme ceux de mathématiques élémentaires, existe en dehors de l'observateur et peut être identifié sans ambiguïté dans les mêmes termes par tous ceux qui l'analysent. C'est une conséquence de l'approche dite réaliste qui postule qu'il existe une réalité objective face aux managers qu'il convient de toujours plus et mieux connaître afin de pouvoir s'y adapter.

■ La logique d'opinions et de jugements de valeurs

Les managers, comme toute personne, considèrent les situations à travers un filtre constitué par leurs certitudes, leurs visions, leurs envies... Plus généralement par leurs valeurs. Ceci est bien sûr inévitable. La difficulté est que les jugements de valeurs qui en découlent renforcent la vision de certains aspects de la situation étudiée et, en même temps, rendent aveugle à certains autres. De plus, puisque les valeurs, par définition, sont incomparables les unes avec les autres, les managers ne peuvent arbitrer entre les différentes opinions qui s'expriment sur la situation. Il ne peut y avoir de discussion : on est dans la logique du conflit d'opinions. Or celui-ci, selon nous, ne peut se régler, précisément parce qu'il est basé sur des valeurs, que par l'imposition d'une opinion sur une autre. Cette imposition se fait par le déni du droit des autres à exprimer leur opinion (« vous n'êtes pas qualifié », « je dirige, donc mon opinion prime »...). En conséquence, il semble qu'il soit alors difficile pour les dirigeants de constituer un collectif riche en diversité de points de vue. En effet, ils peuvent avoir tendance à homogénéiser par la contrainte les opinions de leurs collaborateurs pour éviter les conflits ; ils peuvent aussi progressivement, et pas forcément de manière consciente, les amener à ne plus exprimer un point de vue différent du leur.

Les réflexes visant à simplifier le processus de décision

■ La mentalité solution

On pourrait attendre des dirigeants qu'ils adoptent, face à ces situations, une démarche consistant à effectuer un diagnostic, et à cerner le problème avant de rechercher une solution. Cependant, on constate que la démarche est renversée : les managers que nous avons pu observer raisonnent d'abord en termes de solution et essaient ensuite de trouver un « problème » qui corresponde à cette solution. Ainsi, s'ils disposent d'une compétence particulière, d'un outil précis, d'une grille de lecture spécifique, ils vont les plaquer sur la situation et déclarer que « c'est un problème d'informatique », de « communication »... Au point même que, pour certains, ils créent des problèmes là où ceux-ci n'étaient pas évidents. Le raisonnement n'est même pas celui de trouver le problème, mais de trouver un problème. La question n'est donc plus celle de l'adaptation des solutions à des situations mais de l'adaptation des situations à des solutions. Les solutions ne tirant plus leur source ni leur légitimité dans la particularité des problèmes rencontrés, elles ne sont plus que reproduites ; elles deviennent des solutions révélées à des problèmes artificiels. Cette mentalité se matérialise alors par la faible définition pratique de ce qu'est le problème, par la confusion entre la logique du « que faire ? » et celle du « quelle solution ? », et surtout par la confusion entre la situation, le problème, les causes, les manifestations, les symptômes, les solutions...

■ La fuite dans l'action, dans l'agitation

Face au caractère inépuisable des situations complexes et à l'impossible perfection de la décision, le dirigeant peut aussi se replier sur l'action immédiate, directe. C'est la logique du fonceur pour qui le problème s'éclairera dans l'action. Cependant, sans appréhension de la situation dans sa totalité ou du moins sans un point de vue, on peut craindre que le manager s'agite plus qu'il n'agisse réellement. Il est cependant assez fréquent que des démarches rationnelles linéaires soient sollicitées par les managers ; curieusement, celles-ci ne sont jamais appliquées dans leur intégralité. Ainsi, par exemple, la démarche de l'arbre de décision est utile pour recenser un ensemble d'options possibles, mais elle devient paradoxalement trop compliquée, et trop simplificatrice à la fois, lors de l'exploration des sous-options ; elle est donc rapidement abandonnée. De même, toute démarche du type « diagnostic de la situation, identification du problème, détection de possibles solutions, sélection de la solution la plus pertinente » est pervertie dès la première phase ; des propositions de solutions, appréhendées comme des éléments du diagnostic et induisant implicitement chacune un problème sous-jacent, émergent assez rapidement, rendant ainsi caduques les autres phases. Ces démarches sont sécurisantes au début ; mais elles ne passent pas l'épreuve des faits.

■ La recherche du consensus

Les situations complexes engendrant une multitude de points de vue possibles, elles sont donc sources de conflits perpétuels. C'est ce que nous venons d'appeler la logique d'opinions. Or, il apparaît que les managers semblent mal vivre ces oppositions et se sentent alors obligés de rechercher à tout prix le consensus unanime. Cependant, celui-ci est forcément réducteur et simplificateur puisqu'il suppose que l'on peut ramener une situation complexe à une seule opinion, même partagée par tous. Cette réduction par le consensus peut prendre deux formes : la réduction du champ et la réduction du sens. La réduction du champ est la tendance à ne se mettre d'accord que sur un élément particulier de la situation, que l'on isole du reste et qu'on « dé-contextualise ». C'est le « on est au moins d'accord sur ceci ». La réduction du sens est le consensus sur des interprétations vides de contenu prescripteur ou normatif. On peut ainsi qualifier les accords sur des stratégies comme celle du « gagnant-gagnant » ou du « client roi ». Chacun est d'accord car cela ne veut rien dire ou alors parce que cela peut vouloir dire n'importe quoi. Ces réductions nient précisément la conflictualité inhérente à la complexité des situations, leur ôtant leur potentiel dialectique de créativité

■ La paralysie de décision

Face à ces situations difficilement appréhensibles, le manager peut avoir tendance à fuir son obligation de décision en la repoussant. Le mécanisme le plus fréquent que nous ayons observé est celui de la paralysie par la quête infinie de l'information et du raisonnement parfaits. Le dirigeant va multiplier les réunions, les demandes d'information, les communications, les conseils… Or, comme on l'a vu, le propre de ces situations est qu'elles sont inépuisables. Par conséquent, l'information et le raisonnement parfaits sont des mythes, une illusion que se construit le dirigeant pour se permettre une fuite de ses responsabilités et une protection face à sa difficulté à appréhender l'incertitude. Le dirigeant va alors toujours considérer l'analyse comme insuffisante, chercher la synthèse impossible des opinions, le consensus absolu et, bien sûr, l'objectivité. Bien entendu, ces réflexes mentaux ne sont pas tous présents dans toutes les situations. Mais, ils apparaissent les uns et les autres très régulièrement dans nos expériences. Lorsque, en tant que chercheurs, nous mettons en évidence ces réflexes mentaux à la fin de chaque expérimentation, nous constatons toujours la surprise des personnes concernées. Par exemple, dans l'exposé d'une situation d'entreprise à laquelle l'un des participants est confronté, celui-ci introduit presque à chaque fois une solution, matérialisant ainsi le réflexe que nous avons appelé « mentalité solution » : quand nous restituons ce fait à la personne concernée, elle marque toujours un grand étonnement.

Quelques interprétations

Pourquoi ces réflexes ne sont-ils plus réinterrogés ? Nous proposons cinq niveaux de compréhension de ce phénomène.

■ La blessure narcissique et la fonction ataraxique des réflexes mentaux

Les situations auxquelles doivent faire face les managers mêlent des temporalités, des logiques, des natures, etc. Différentes à tel point qu'elles ont pu être qualifiées d'hétérogènes, floues, incommensurables ou même inépuisables. Ceci met alors les managers dans la situation paradoxale de devoir maîtriser quelque chose qui ne peut l'être. Nous avons ainsi pu trouver une preuve de cette injonction paradoxale dans le fort « désarroi méthodologique » de la plupart des managers observés. Cette injonction paradoxale crée, selon nous, une « blessure narcissique » chez le manager qui voit son image d'omniscience et d'omnipotence remise en cause. Ce retour angoissant de la situation sur le manager peut être rapproché de ce que la psychanalyse appelle le contre-transfert. Pour se protéger de l'angoisse liée à ce contre-transfert, il existe deux modes de protection : la simplification de la situation et la simplification de soi-même. Ces deux simplifications ont une fonction qualifiée d'ataraxique (rassurante, tranquillisante). Les réflexes mentaux auraient donc à la fois un rôle directement productif (faciliter le travail du manager) et ataraxique. Or, les personnes ont tendance à dénier leur propre angoisse, à refouler le rôle ataraxique des outils et des méthodes qu'ils utilisent, et ainsi à oublier l'aspect simplificateur de ces derniers. Ces outils et ces méthodes (ici les réflexes mentaux) ne sont alors plus réinterrogés.

■ La contrainte de sentier et la fixation fonctionnelle : l'absence de pensée technique en management

Comme tout outil, les réflexes mentaux auxquels nous faisons référence peuvent présenter les deux risques classiques de la technique : la contrainte de sentier et la fixation fonctionnelle. La contrainte de sentier est le nom donné à la tendance des personnes à n'utiliser que les outils ou méthodes qu'ils savent utiliser tandis que la fixation fonctionnelle est la tendance à ne voir le monde qu'au travers des outils et des méthodes, ici les réflexes mentaux, qui ont conduit au succès auparavant sans s'interroger s'ils s'appliquent encore. C'est le paradoxe du succès : les entreprises ont tendance à persister dans les stratégies qui ont été gagnantes dans le passé, même lorsque l'environnement externe a changé. Ces deux risques témoignent de la faiblesse de la pensée technique en management, c'est-à-dire d'une réflexion sur le rôle structurant des outils, même cognitifs, dont disposent les managers.

■ Le déni des contraintes des managers et l'absence d'une ergonomie du travail de management

Cette faiblesse technologique se double d'une autre lacune : il existe très peu d'études depuis celle, fondatrice, de Mintzberg sur la réalité du travail des managers. Il manque un corpus de connaissances théoriques et pratiques que l'on pourrait qualifier d'ergonomie appliquée au travail managérial, qui s'intéresse au travail réel, et non uniquement au travail prescrit, des managers et qui tienne compte des multiples contraintes auxquelles ils sont soumis. Comme de nombreux dirigeants, et une grande partie de la littérature managériale, ne se préoccupent que du travail prescrit, niant ainsi les contraintes, les managers ont tendance à adopter un comportement mécanique. Ces mécanismes, qui ignorent les contraintes, apparaissent comme uniquement défensifs, et donc de moins en moins productifs.

■ La solitude du manager

Une des particularités du métier des managers est leur solitude. Celle-ci peut paraître paradoxale, car les managers sont entourés de supérieurs, collaborateurs et collègues souvent nombreux, et participent à de nombreux comités de travail. Cependant, il nous est apparu qu'il n'y a pas, pour autant, de construction de collectif de managers, dans lesquels ceux-ci partageraient leurs expériences et leurs difficultés. Le développement des centres de profit amène leurs dirigeants à être de plus en plus autonomes, mais aussi, par voie de conséquence, de plus en plus seuls. De même, dans les groupes de travail, les managers semblent plus être en représentation qu'en coopération. Or, la réinterrogation critique des réflexes suppose l'existence d'espaces et de moments de « communication » liés directement à des actions concrètes. Les structures et les pressions temporelles auxquelles ont à faire face les managers semblent aller contre la pérennisation de tels espaces et de tels moments. En outre, si l'on définit le métier comme une mise en commun de pratiques et de « règles de l'art » par rapport auxquelles chacun peut se situer et évaluer son propre savoir-faire, le collectif de métier est une manière de réduire cette solitude. Cela est d'autant plus important que les effets directs d'une décision de manager ne sont pas immédiatement lisibles ; la remise en question des réflexes mentaux passe, selon nous, plus facilement par le regard des autres que par l'évaluation de l'efficacité propre de ces réflexes qui reste toujours problématique. Or, les cadres ne peuvent pas se replier sur un véritable corps de métier. Ils sont donc isolés par rapport au reste de l'entreprise ; mais ils sont aussi dépourvus de référence à un collectif organisé autour de la profession de manager.

■ La faiblesse éthique

Le réflexe mental pose enfin la question du statut du non-prévu, du non-programmable, et plus généralement du différent et de l'anormal. Cette question est par conséquent profondément éthique. Selon que le non-prévu est une faute de gestion ou une ressource de management, et qu'il est valorisé comme tel dans les outils de gestion, le manager refoulera ou réinterrogera ses réflexes mentaux. Cette perspective éthique se double d'un véritable enjeu de contrôle, c'est-à-dire non seulement d'instrumentation mais de compréhension plus générale de ce qui fait la valeur de l'acte de management. Or, on sent bien que les instruments de gestion reposent en général sur un rejet du non-prévu, c'est-à-dire sur la projection de l'existant dans le futur, et donc sur un renforcement des réflexes mentaux.

En conclusion, nous avons essayé de montrer que les managers s'appuient sur des réflexes mentaux pour simplifier à la fois les situations complexes auxquelles ils sont confrontés et les processus de décision inhérents. Mais ils ont tendance à oublier ces simplifications, courant ainsi le risque de « programmer » leurs décisions et leurs activités en général. En conséquence, si l'expérience de management en entreprise est formatrice, elle est aussi « déformatrice », et cela tout au long de la vie. Cette question des réflexes mentaux interroge donc les structures actuelles de la formation permanente. On peut en effet se demander dans quelle mesure les instituts de formation continue reconnaissent l'existence de ces réflexes et en tiennent compte dans leurs programmes, voire de quelle manière ils peuvent contribuer à leur renforcement. À l'instar de l'entreprise, ils risqueraient de devenir à leur tour des centres de « déformation » continue des managers.

44

COACHING : ACCOMPAGNER L'HOMME AU CŒUR DE L'ORGANISATION

Michel Giffard

RÉSUMÉ

Le coaching arrive au bon moment. Au moment où la perte de sens dans l'entreprise diminue à la fois l'efficacité du management et le plaisir au travail. Au moment où le changement rapide sans repères stables devient la règle du jeu dominante des entreprises. Le coaching représente une réponse pertinente à cette nouvelle donne car il permet de réconcilier la recherche pragmatique de résultats opérationnels concrets et celle de relations humaines plus authentiques.

Le coaching au bénéfice de l'homme et de l'entreprise

L'humain, à la fois ressource et finalité de l'entreprise. Les systèmes de production et d'échange : des processus au service de l'homme. Une telle vision de l'entreprise est en décalage par rapport au constat actuel des forces en présence : l'économie impose sa loi à l'homme sans état d'âme. Mais jusqu'à quand ?

Le coaching se situe dans ce vaste mouvement historique et sociologique de rééquilibrage de l'humain et de l'économique dans l'entreprise. En effet, développer uniquement l'autonomie de production des personnes ne signifie nullement humaniser leur travail. Bien au contraire, la capacité d'initiative individuelle, associée aux diverses pressions économiques dont le dumping social, entraîne souvent une intensification du stress psychique. Dans ce contexte, le coaching redonne priorité à la personne et à la qualité de ses relations interpersonnelles. Coacher une personne, c'est d'abord s'intéresser à lui avant de chercher à améliorer ce qu'il fait, c'est l'aider à évoluer et non décider à sa place. Le sujet qui agit prend alors autant d'importance que l'objet de son action.

Par ailleurs, les meilleures entreprises ont vite perçu le bénéfice qu'elles peuvent retirer en proposant un coaching à leurs collaborateurs :

- compléter les compétences des responsables en communication interpersonnelle afin d'accroître les performances et de mieux conduire le changement (même le coaching de crise connaît une croissance importante) ;
- fidéliser les managers par une meilleure reconnaissance de leur potentiel (il sera bientôt difficile d'avouer n'être pas coaché !) ;
- faire évoluer la culture de l'entreprise vers davantage de leadership et d'intelligence collective (le coaching d'équipe complète souvent le coaching individuel) ;
- renforcer la cohésion sociale dans une tentative de réconcilier les objectifs d'entreprise et les objectifs individuels.

En outre, le changement d'état d'esprit du personnel bénéficie également aux relations commerciales en améliorant notamment la capacité d'accueil et d'écoute.

Le coaching existe sans doute depuis que l'homme est capable de dialoguer. C'est une méthode vivante qui s'adapte aux besoins de son époque. Certes, le coaching est aussi une mode : le grand public se l'approprie, la télévision s'en empare, le mot est vendeur. À l'extrême, aujourd'hui tout consultant ou expert doit se dire également coach afin de mieux séduire ses clients.

Indépendamment de cet effet de mode, le coaching se développe aussi fortement, et selon toute probabilité dans la durée, car il apporte des réponses pertinentes aux nouvelles contraintes des managers et des entreprises.

■ L'exigence de résultats et de maîtrise des activités

Le droit à l'erreur s'amenuise avec l'augmentation de la pression des exigences souvent contradictoires imposées aux managers ou qu'ils s'imposent eux-mêmes. Satisfaire à la fois l'actionnaire, le client, le patron, le collaborateur et soi-même, dans une perspective de développement durable, peut être perçu comme un défi insurmontable par un nombre croissant de managers. L'expérience d'un coach s'avère souvent une aide pour relever ce défi avec succès.

■ L'accélération des progressions de carrière

La mode du jeunisme se conjuguant aux nouvelles technologies crée de plus en plus souvent une situation inédite : le manager est promu avant d'être prêt à assumer pleinement ses nouvelles responsabilités. L'entreprise ne lui accorde plus suffisamment de temps pour se préparer, grandir et faire face seul. Il lui faut un interlocuteur pour l'enrichir, le relancer et lui faire prendre du recul. Il y a quinze ans, ce processus d'adaptation se faisait naturellement. À l'heure actuelle, la vitesse peut entraîner des défaillances dues à l'environnement et non à la compétence ou à la personnalité du manager. Le coaching aide le manager soit à répondre à l'accélération de ses responsabilités, soit à trouver en lui les ressources pour construire une autre carrière.

La solitude accrue du manager

Les nouveaux outils de communication mal utilisés renforcent l'isolement. Par exemple, le courriel se substitue souvent à l'entretien en face à face, même pour l'annonce d'un licenciement. Le modèle mécaniste et taylorien montre ses limites : centrage unique sur le rationnel, priorité au cerveau gauche, optique à court terme privilégiée, recherche du résultat au détriment du chemin pour y parvenir. Le coach aide ainsi le manager à réinvestir ses relations personnelles, à donner priorité à l'humain, à se réapproprier les dimensions intuitive, affective et symbolique. Le coaching facilite aussi le travail sur la recherche de sens, excellent remède au sentiment de solitude.

La recherche personnelle de bien-être au travail et d'équilibre de vie

La motivation actuelle du manager est de s'accomplir, de réussir sa vie, de ne pas passer à côté de l'expérience et de la réalisation de son œuvre, de sa légende personnelle chère à Paolo Coelho. Chacun souhaite un travail ainsi qu'un itinéraire personnel enrichissant, comme le témoigne l'attitude des « jeunes mercenaires » cherchant à retirer le maximum de l'entreprise qui les emploie à un moment donné. Cette évolution sociologique est profonde et durable. Le coaching y répond, au bénéfice du manager et de l'entreprise, même si le risque est de placer l'individu sous la tyrannie de la recherche du moi idéal.

Conclusion

Le coaching arrive au bon moment. Au moment où la perte de sens dans l'entreprise diminue à la fois l'efficacité du management et le plaisir au travail. Au moment où le repli sur soi dans la vie quotidienne est érigé en mode de communication, où l'individualisme transforme la prise en compte de l'autre en luxe aléatoire. Au moment où le changement rapide sans repères stables devient la règle du jeu dominante des entreprises.

Le coaching représente une réponse pertinente à cette nouvelle donne du management. Il réconcilie la recherche pragmatique de résultats opérationnels concrets et celle de relations humaines plus authentiques. Il nous aide à redonner du sens aux actes mécaniques que nous posons au quotidien, dans notre vie professionnelle ou personnelle. Il nous encourage à nous intéresser à notre espace intérieur et à celui des autres.

Par ailleurs, le fort développement du coaching montre qu'il s'applique à la fois comme moyen de reconnaissance des managers et comme méthode pour les aider à progresser. Le coaching comporte aussi des risques pour les personnes. Par exemple, l'entreprise peut utiliser le coaching comme moyen de pression supplémentaire, l'individu peut chercher à se construire un moi idéal conforme aux attentes de la société et destructeur de soi à moyen terme.

Le coaching tiendra donc ses promesses s'il nous aide à progresser harmonieusement dans trois directions complémentaires : vers soi, vers l'autre et vers la recherche du sens de la vie. En effet, mieux se connaître et s'aimer vraiment soi-même sont une conquête permanente, l'expérimentation de notre valeur unique et irremplaçable dans l'univers. Se centrer vraiment sur l'autre et l'écouter avec empathie transforment les relations professionnelles et le climat social. Enfin, renforcer notre maturation personnelle facilite la recherche de sens et permet de mieux évoluer dans son contexte.

Alors, tous coachs et tous coachés ? Oui, car le coaching enrichit les relations humaines et représente un progrès majeur dans les méthodes de management. Non, car le coaching ne constitue pas une finalité mais reste bien un outil, aussi séduisant et efficace soit-il.

Comment se former au coaching ?

Pour mieux communiquer ou enrichir son style de management par le coaching, un manager peut suivre des séminaires d'entraînement de quelques jours, en inter ou en intra-entreprise[1].

Par ailleurs, les formations au métier de coach se professionnalisent et différencient leur offre. Les écoles reconnues formant des coachs professionnels en entreprise articulent en général leur programme sur trois axes de compétences : la connaissance de soi (et des autres), la connaissance de la méthode de coaching (et de la psychologie) et la connaissance de l'entreprise (et de la relation commerciale). Devenir coach professionnel implique une recherche et une réflexion constantes qui prennent du temps, en travail et en délai. Le délai de maturation est également un facteur de réussite, quelle que soit la voie choisie. En effet, le coach est partie prenante de l'expérience de coaching. De ce fait, il conditionne fortement sa réussite. Seule une maturité personnelle, acquise par un travail psychologique et un nombre d'années suffisant d'expérimentation sur soi, peut garantir à la fois le plaisir et la fiabilité de la relation avec le client.

Dans un contexte en évolution rapide, les coachs confirmés et les managers à haut potentiel ont également besoin, dans la durée, de confronter leur pratique avec celle de leurs pairs, de bénéficier de l'éclairage des meilleurs praticiens du moment et de partager les résultats des dernières recherches sur le coaching[2].

Les formations proposées par l'Université du Management HEC Executive Education sont consultables sur le site hec.fr.

1. Le séminaire « Coachez vos collaborateurs et vos équipes » répond à cette attente.
2. Les CESA *Coaching* I et II s'adressent respectivement aux coachs débutants et aux praticiens confirmés du *coaching* en entreprise.

Exemple d'intervention de coaching

Un patron d'une PME de 200 personnes intégrée dans un groupe national de services aux collectivités est confronté au malaise de ses collaborateurs qui lui reprochent ses excès d'autorité et sa communication parfois blessante. Cet homme de 45 ans, de formation grande école scientifique, admet ses difficultés de management mais ne comprend pas ces réactions qu'il qualifie d'excessives. Lors d'un entretien individuel de management avec son directeur régional, tous deux décident de faire appel à un coach.

Après un an et sept séances de coaching de trois heures, ce patron apporte son témoignage dans un séminaire de formation de managers au coaching :

« À l'issue du coaching, j'ai réussi à identifier et à contrôler quelques-uns de mes pièges affectifs dans mes prises de décisions : par exemple, choisir le plus difficile pour paraître le plus fort, aller le plus vite possible pour ne pas me laisser influencer par le rythme des autres... Je relativise mieux la perception de mon image quand je m'adresse aux autres en prenant du plaisir à exprimer tranquillement ce que j'ai à dire. J'ai pu diminuer mon sentiment d'orgueil et mieux respecter mes interlocuteurs. Par ailleurs, et ceci n'était pas envisagé au départ du coaching, j'ai réussi à donner davantage de sens à mon action, à trouver la lucidité et la force de relancer mon entreprise et ainsi éviter de licencier. »

45

COMMENT LES DIRIGEANTS DÉCIDENT-ILS ?

Andreu Solé

RÉSUMÉ

Il ressort des recherches présentées que la stratégie de l'entreprise est un « paquet de choix » éminemment personnels, ceux du dirigeant d'entreprise – que celui-ci décide, non en fonction de son information, d'une analyse de la réalité (du marché, de la concurrence, etc.), mais avec ses possibles et impossibles. Le pouvoir du dirigeant est tel que, dans une société qui se veut démocratique, se pose plus que jamais la question du contrôle de ses décisions.

Il se lève de son fauteuil et, désignant le siège, clame : « N'importe qui, qui se poserait là-dessus, prendrait les mêmes décisions. C'est le fauteuil qui décide. » Plusieurs mois durant, combinant entretiens, observations et étude de documents, j'ai exploré ses décisions, celles prises depuis le moment où, quelques années plus tôt, il prit ses fonctions de PDG. Telle est sa réaction – théâtrale.

Le travail de recherche exposé ici (de manière très schématique) constitue une critique de la vision du dirigeant d'entreprise ainsi exprimée. Le point de départ de ces investigations est l'idée, simple et forte, formulée par H. A. Simon (prix Nobel d'économie 1978), selon laquelle diriger, c'est décider.

La stratégie de l'entreprise : les décisions éminemment personnelles d'un homme

Qu'est-ce que notre PDG entend par « fauteuil » ? Il est fermement et sincèrement convaincu que, placé dans tel environnement, face à tels problèmes, le dirigeant – quel qu'il soit, dès lors qu'il est compétent – prendra, pour l'essentiel, les mêmes décisions. Selon lui, celles-ci sont dictées par la réalité dans laquelle se trouve plongée l'entreprise (la réalité de l'environnement, du contexte, des problèmes, des enjeux) – réalité signifiant contraintes extérieures.

Pourtant, on peut remarquer que le changement de dirigeant entraîne – toujours, ou presque – un changement de stratégie de l'entreprise (le changement peut être brusque ou mené en douceur). La stratégie change alors qu'aucune modification significative de l'environnement (de la concurrence, du marché, de la technologie, de la législation…) ne survient. Aussi, à l'évidence selon laquelle les décisions du dirigeant sont fonction des contraintes auxquelles il est en butte (le marché, par exemple), sommes-nous en droit d'opposer l'hypothèse générale qu'elles dépendent, d'abord et surtout, de la personne à la tête de l'entreprise, que la stratégie de l'entreprise est un « paquet de choix » éminemment personnels.

« L'entreprise a décidé que…», « Nous avons décidé de… ». Ce type de phrases (avec un sujet impersonnel ou collectif) peut faire oublier que les décisions majeures d'une entreprise sont celles d'un homme. Les autres membres du comité de direction sont bien placés pour savoir que, même lorsqu'il est ouvert et à l'écoute des autres, « c'est le patron qui tranche ». Une entreprise n'est pas une organisation démocratique.

La vision selon laquelle le dirigeant décide à partir d'une analyse de la réalité, et vise constamment à adapter l'entreprise à la réalité, peut être qualifiée de réaliste. Si les décisions sont essentiellement fonction de la réalité de l'environnement, des contraintes de la situation, y a-t-il « décision » ? Décider, c'est exercer sa liberté. Parler de décision, c'est postuler la liberté du « décideur ». Symptomatique est le succès des expressions « marge de liberté » et « marge de manœuvre » dans la bouche des dirigeants – une manière de tenter de faire croire aux autres, de se convaincre eux-mêmes, que leur liberté est marginale, que leurs possibilités de manœuvres sont minimes. Le langage réflexe des PDG tend à nier la liberté, et par conséquent la décision du dirigeant d'entreprise. C'est le « fauteuil » qui décide, non le dirigeant, explique le nôtre. Nier sa liberté, ses décisions, n'est-ce pas nier sa responsabilité ?

La décision n'est pas fonction de l'information

Les fondements conceptuels de notre théorie de la décision, nous allons les présenter en faisant un détour - en revenant sur trois événements historiques.

Le 7 décembre 1941 au matin, les radars d'Oahu détectent une masse d'avions à 200 kilomètres de Pearl Harbour. Pourtant, l'alerte n'est pas donnée. L'officier de veille, ses supérieurs ont beau avoir l'information sous les yeux, ils ne voient rien venir… Très vite après les attentats du 11 septembre de 2001, il est apparu que les services américains de renseignement possédaient des informations qui auraient dû les alerter. Dans ce cas également, on a l'information, mais on ne voit rien venir… Dans les ultimes jours de la campagne électorale pour le premier tour des dernières élections présidentielles françaises, les proches conseillers de Lionel Jospin prennent connaissance de sondages signalant que l'écart entre leur candidat et Jean-Marie Le Pen s'est tellement réduit que l'on ne peut pas savoir lequel passera devant l'autre. Quelle est la réaction de l'équipe de L. Jospin, de ce dernier ? Eux également possèdent l'information, eux également ne voient rien venir…

Que font ressortir ces trois événements (et bien d'autres) ? Nos décisions ne sont pas déterminées par nos informations, l'information n'est pas essentielle dans la prise de décision. Cette idée est très difficile à accepter, voire inadmissible, pour l'esprit moderne. Nous avons du mal à nous rendre compte à quel point nous sommes collectivement prisonniers de la « vision informationnelle du monde » – vision selon laquelle la société moderne est une société d'information, société dans laquelle la vie des humains, leurs relations sont de plus en plus une affaire d'information et de communication. On croit que la décision dépend de l'information ; d'où, le besoin de recueillir toujours plus d'informations, de rechercher l'« information pertinente », de disposer de celle-ci le plus rapidement possible... Cette croyance, elle aussi, aide le dirigeant à nier sa responsabilité : qui n'a pas entendu l'argument « je ne savais pas », « nous n'avions pas l'information », « nous ne pouvions pas prévoir » ?

Le « modèle de la boîte noire »

Notre besoin d'information (si prégnant, si naturel dans notre société) est volonté de réduire, désir d'éliminer l'incertitude. Concernant l'attitude des dirigeants des entreprises à l'égard de celle-ci, les réflexions de Richard Cantillon dans son *Essai sur la nature du commerce en général*, écrit aux alentours de 1720, nous paraissent particulièrement éclairantes. Rappelons que ce livre contient la première théorie de l'« entrepreneur », l'auteur définissant celui-ci comme « une personne vivant à l'incertain ». Ce texte suggère que la compétence majeure, distinctive, du dirigeant d'entreprise est non pas sa faculté d'analyse de la réalité, sa capacité à s'informer, sinon son acceptation de l'incertitude, sa tolérance à celle-ci. L'incertitude inhérente à la direction d'une entreprise n'est-elle pas – toujours – totale (peut-on, sérieusement, prévoir les réactions des clients, du personnel et des concurrents, les événements sociaux ou géopolitiques affectant le marché) ? Pour diriger une entreprise, n'est-il pas, plus que jamais, hautement nécessaire de savoir résister (intellectuellement et physiquement) à cette incertitude ?

Cette approche s'oppose au modèle d'enseignement et de recherche qui prévaut dans les écoles de gestion partout sur la planète – celui importé des États-Unis.

Décider, c'est imaginer

La vision « réaliste » et la vision « informationnelle » du dirigeant d'entreprise s'articulent et se complètent. C'est le « modèle de la boîte transparente » : on croit que la décision est fonction de la réalité, qu'elle est déterminée par l'information que l'on recueille sur celle-ci ; nous parlons de « boîte transparente » car on suppose que la décision est indépendante du « décideur », que la personne qui décide est transparente. C'est ce schéma que défend notre PDG.

La conception de la décision que nous proposons est visualisée par le « modèle de la boîte noire ». La décision dépend du décideur. C'est la « boîte noire » personnelle du dirigeant qui prend les décisions essentielles de l'entreprise : lorsqu'on change de « boîte noire », la stratégie de l'entreprise change.

Que fait la « boîte noire » ? Elle n'analyse pas la réalité, elle ne traite pas de l'information. Elle imagine. Comme tout être humain, le dirigeant d'entreprise est essentiellement un être « imagineur ». C'est d'abord et surtout avec son imagination que le dirigeant dirige l'entreprise.

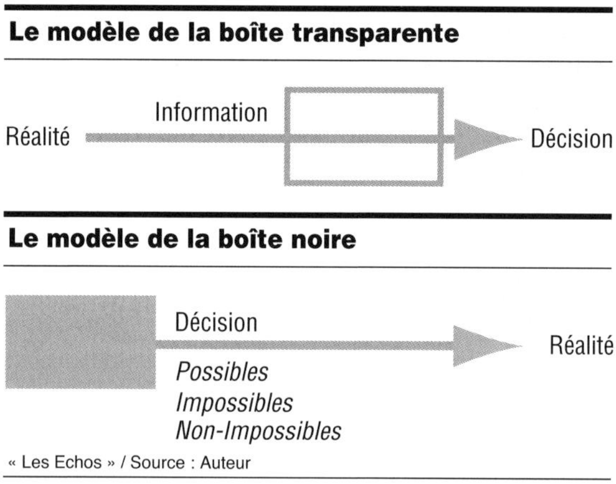

Figure VI.2 – Boite noire et boite transparente

Pearl Harbour : pas une seconde l'officier de veille américain et ses supérieurs n'imaginent qu'il puisse s'agir d'une attaque aérienne japonaise (le Japon n'a pas déclaré la guerre). *11 septembre* : personne dans les services américains de renseignement n'est capable d'imaginer les attentats qui vont avoir lieu. *Élections présidentielles françaises* : L. Jospin, ses conseillers, la plupart des Français n'imaginent pas le scénario qui va se produire. Pour pouvoir voir, et donc pouvoir tenir compte de l'information que l'on a sous le nez (sur des radars, dans un rapport…), il faut imaginer l'événement annoncé par cette information. Nous ne pouvons pas anticiper, prévenir les événements que nous n'arrivons pas à imaginer. C'est l'imagination, et non pas l'information, qui est première et essentielle dans les décisions humaines.

La théorie des possibles-impossibles

Imagination : mot positif pour certains, négatif pour d'autres, notion ambiguë dans tous les cas. Aussi convient-il de la préciser. Imaginer, c'est se créer des « possibles », « impossibles », « non-impossibles ». Tel est, présenté de manière très synthétique, notre principal postulat. Issue de nos travaux de recherche, la théorie des possibles-impossibles comprend donc trois concepts.

Pour l'officier de veille américain et sa hiérarchie, une attaque aérienne japonaise est un impossible ; pour les personnes des services américains de renseignement, faire exploser des avions de ligne sur des tours et des bâtiments publics est un impossible ; pour les conseillers de L. Jospin, celui-ci et la plupart des Français, J.-M. Le Pen devançant le candidat socialiste, c'est un impossible. Un impossible est un événement exclu, inconcevable, inimaginable (pour la personne ou le groupe considéré).

Afin de préciser et d'illustrer les deux autres concepts, faisons un autre détour. Pour les Aztèques, il est possible que le Soleil ne se lève pas demain. D'où la nécessité de sacrifier des humains, le sang humain étant, dans leur vision du monde, le fluide que réclament les dieux pour perpétuer la course du Soleil. Un possible est un événement qui – pour le monde, la personne, le groupe considéré – peut se produire ou non. Pour nous, pour notre monde, impossible que le Soleil ne se lève pas chaque matin (tout au moins, pendant plusieurs milliards d'années encore). Un non-impossible (un impossible couplé à une négation) est un événement tenu pour certain, inévitable, obligatoire : pour le monde, la personne, le groupe en question, il ne peut pas ne pas se produire.

Il n'y a pas ce qui est possible ou impossible, il y a les possibles et impossibles que nous nous créons – ce qui est très différent. Comme ils respirent – sans s'en rendre compte –, les humains se créent des possibles (P), impossibles (I), non-impossibles (N-I). Il s'agit d'un processus personnel et collectif, permanent, spontané, non-conscient dans une large mesure. Nous réfléchissons, analysons les situations, rêvons à l'intérieur de nos P, I, N-I, que nous ne voyons pas, car ce sont nos évidences. Décider, c'est d'abord se créer des P, I, N-I ; nos décisions premières et essentielles sont nos P, I, N-I. Manifestation de notre liberté, nos P, I, N-I peuvent, à tout moment, basculer : ce qui est impossible pour nous aujourd'hui peut, demain, devenir possible, et inversement. Telle est, très fortement résumée, la théorie anthropologique qui fonde notre approche de la décision.

Les décisions « stratégiques » ne sont pas essentielles

Le dirigeant dirige l'entreprise avec sa « boîte noire » (très personnelle), avec son imagination – plus précisément avec ses possibles, impossibles, non-impossibles. Telle est la conception du dirigeant sur laquelle débouchent nos travaux de recherche.

Impossible de vendre l'entreprise, impossible que le produit « marche » dans tel pays, possible de changer le comportement des clients, impossible que l'organisation en place ne soit pas la meilleure. Aujourd'hui, dans le même secteur, avec la même information, pour tel dirigeant il est impossible que la Chine ne soit pas le marché de demain, pour tel autre il est possible que le marché chinois soit un piège, un risque majeur pour l'entreprise. Tirés de nos enquêtes, ces rapides exemples de P, I, N-I ne résultent pas d'une analyse de la réalité (du marché, de la concurrence…) réalisée par le dirigeant, ils ne découlent pas de son information. Ce sont des décisions *a priori*. C'est sur la base de ces convictions préalables, de ces préconceptions que le dirigeant perçoit l'environnement, considère la situation, ressent les enjeux, élabore des solutions, voit l'avenir. Les P, I, N-I du dirigeant sont économiques, technologiques, sociaux, politiques, esthétiques, moraux. Ils expriment ses croyances, ses peurs, ses rêves intimes – sa vision du monde. Il est beaucoup question d'éthique aujourd'hui à propos des décisions dans les entreprises. Une manière d'éviter les pièges de ce mot à la mode, d'être précis, est, pour ce qui concerne le dirigeant, de se demander, par exemple : pour lui, est-il possible ou impossible d'« arranger » les comptes de l'entreprise ?

Une décision essentielle étant une décision de laquelle procèdent les autres, il s'avère que les décisions « stratégiques » ne sont pas essentielles : les décisions qui fixent la stratégie de l'entreprise (choix des produits, du marché...) expriment les P, I, N-I personnels du dirigeant, elles découlent de ceux-ci. Par exemple, ne croyant plus, malgré les études du secteur, en l'avenir de l'entreprise, pour ce PDG il est impossible de ne pas chercher à vendre l'entreprise le plus vite possible, d'où un brusque changement de stratégie, l'objectif étant de tenter de faire valoir les ultimes points forts, selon lui, de celle-ci. Lorsque le dirigeant change, les P, I, N-I qui dirigent l'entreprise changent et, par conséquent, la stratégie.

Un « créateur de réalité »

Nous croyons – il s'agit d'une telle évidence pour nous – que nos décisions sont contraintes par la réalité. Pourtant, cette évidence est mise à mal par bien des travaux scientifiques. Par exemple, lors des grands débats liés à la fondation de la physique quantique, Niels Bohr souligne que la réalité observée par le savant est construite par l'observation – par les instruments et les concepts utilisés par l'observateur.

Considérons la célèbre expérience réalisée par David L. Rosenhan, aux États-Unis[1]. Après leur avoir appris à simuler la schizophrénie, il envoie huit humains « normaux » dans différents hôpitaux. Les faux malades se plaignent d'entendre des voix. À part l'invention des noms, des professions et des adresses de travail, rien n'est modifié (notamment pas le passé des personnes, leurs relations avec leurs parents, frères, sœurs). Une fois le diagnostic établi (tous, sauf un, sont déclarés schizophrènes), après avoir réussi à faire croire au médecin et personnel soignant qu'ils ont pris les médicaments prescrits, ils se comportent normalement. Leur changement de comportement ne change rien pour les autres : personne dans l'hôpital ne remarque qu'ils n'ont rien d'anormal. Pour les médecins et les soignants, impossible que ces personnes ne soient pas schizophrènes ; en outre, impossible que les médicaments administrés (des tranquillisants très puissants) les guérissent ; donc, impossible que leurs comportements – quels qu'ils soient – soient normaux.

Ce que nous appelons « réalité » n'est pas une contrainte extérieure qui s'impose à nous ; nous ne nous rendons pas compte que la réalité, nous la créons constamment avec nos possibles, impossibles, non-impossibles. Nous voyons, entendons, sentons ce que nos P, I, N-I nous font voir, entendre, sentir.

---

1. D. Rosenhan, « Être sain dans un environnement malade », in *L'Invention de la réalité,* dir. P. Watzlawick, Éditions du Seuil, 1988, pp. 131-160.

Le dirigeant d'entreprise se perçoit et se présente volontiers comme un être réaliste, pragmatique. Mais c'est un « créateur de réalité » : avec sa « boîte noire », avec ses P, I, N-I, il crée la réalité du marché, du client, de la concurrence. Par exemple, pour tel dirigeant il est impossible que le marché..., possible que tel concurrent... La stratégie de l'entreprise découle de la réalité que se construit le dirigeant. C'est pourquoi, lorsque le dirigeant change, la réalité à laquelle est confrontée l'entreprise change. Le pouvoir de réalité, n'est-ce pas le pouvoir suprême ?

Nos enquêtes font apparaître l'absence de différences significatives entre les patrons, autodidactes, créateurs de PME, et les PDG, hautement diplômés, à la tête des multinationales. Dans tous les cas, ce sont les P, I, N-I personnels du dirigeant qui portent et orientent l'entreprise. La différence se situe au niveau du discours, les dirigeants issus des grandes écoles maîtrisant des rhétoriques sophistiquées (le discours stratégique notamment) leur permettant de mieux justifier leurs décisions – et, finalement, de mieux nier leur responsabilité personnelle.

Le contrôle du dirigeant

Le dirigeant crée la réalité (du marché et de la concurrence notamment), il dirige l'entreprise avec ses P, I, N-I personnels. Dans une société qui se veut démocratique, le pouvoir de ce personnage peut apparaître comme problématique. Surtout que, comme en témoignent les énormes scandales qui se sont succédé (Enron, Vivendi Universal...), les dispositifs juridiques et organisationnels existants – que ce soit aux États-Unis, en France et ailleurs – ne garantissent pas le contrôle de ses décisions. Comment contrôler les décisions du dirigeant d'entreprise, faut-il les contrôler, qui doit les contrôler, au nom de quoi, de qui ? Nous parlons d'un personnage, non des personnes.

Les débats sur le « gouvernement d'entreprise » se sont concentrés sur les relations entre actionnaires et dirigeants salariés, ils ont renforcé l'idée que le contrôle du dirigeant doit être envisagé du point de vue des actionnaires, pour le compte de ceux-ci. Leurs décisions – personnelles – façonnant notre monde (emploi, salaires, conditions de vie, environnement) nous affectant tous directement ou indirectement, n'est-il pas légitime de se demander : comment les décisions des dirigeants des entreprises pourraient-elles être contrôlées par la société ? Les notions de « bien général », de « bien public » ne devraient-elles pas être au centre des débats ?

Cette interrogation, cette suggestion peuvent être reçues comme une remise en cause de ce qu'il est convenu d'appeler le « libéralisme », autre notion ambiguë. Rappelons, simplement, qu'Adam Smith, un des pères fondateurs de cette vision du monde, présente, en 1776, dans *La Richesse des nations*, ceux qu'il appelle les « maîtres manufacturiers » et les « marchands » comme « une classe de gens dont l'intérêt ne saurait jamais être exactement le même que l'intérêt de la société, qui ont, en général, intérêt à tromper le public et même à le surcharger et qui, en conséquence, ont déjà fait l'un et l'autre en beaucoup d'occasions »[1].

1. Adam Smith, *La Richesse des nations*, Éditions Flammarion, vol. 1, p. 336, 1991.

BIBLIOGRAPHIE

A. SOLÉ, *Créateurs de mondes. Nos possibles, nos impossibles*, Éditions du Rocher, coll. Transdisciplinarité, 2000.

A. SOLÉ, « Une journée particulière sur les hauteurs de la Bièvre », in *Peut-on former les dirigeants ? L'apport de la recherche*, B. MOINGEON, Éditions L'Harmattan, 2003, pp. 17-97.

46

L'APPRÉCIATION ANNUELLE DES SALARIÉS : UN *MUST* DIFFICILE

Georges Trepo et Fabien de Geuser

RÉSUMÉ

Quelle appréciation pour l'entretien d'appréciation ? Cet instrument est souvent réduit à un simple rituel et perd la dimension participative qui pourtant le fondait. Cela est en partie dû aux multiples contradictions qui le taraudent : autonomie et contrôle, objectifs individuels et collectifs... L'entretien d'évaluation ne peut alors engendrer que des compromis face à ces contradictions et donc automatiquement des frustrations.

Souvent partiellement ritualisé ou devenu un jeu d'esquive ou de dupes, l'entretien annuel d'appréciation du personnel (EAAP) perd alors quelquefois son utilité. On peut se demander pourquoi cet instrument de gestion qui semble au premier abord parfaitement adapté à un management responsabilisant et participatif pose tant de difficultés dans sa mise en œuvre et laisse un tel sentiment partagé de frustration ?

L'entretien d'évaluation actuel est un des aspects clefs de la DPO (direction par objectifs). Comme elle, il suscite les mêmes espoirs et les mêmes contradictions. Il a été popularisé aux USA, dans les années 1950, par P. Drucker. Il découle d'une volonté de décentralisation avec fixation préalable d'objectifs, de moyens et de règles du jeu explicites. Cette idée relayée en France par Octave Gélinier[1], à la fin des années 1960, s'est progressivement généralisée à la quasi-totalité des organisations.

La DPO repose entre autres sur :

– Une logique contractuelle d'engagement mutuel entre le manager et son supérieur, ce dernier devant fournir les moyens des objectifs du premier.
– Une négociation : la DPO s'oppose, en théorie, à l'argument d'autorité sur lequel se fondaient les organisations centralisées de type bureaucratique ou paternaliste.

1. Président d'honneur de la Cegos, décédé fin août 2004.

Elle reconnaît à chaque employé une légitimité de négociation de par sa connaissance locale des contraintes. Les objectifs et les moyens sont donc négociés et les résultats discutés en face-à-face.

– L'existence formelle ou informelle d'un droit d'appel qui suppose une médiation par un tiers (contre-signature du supérieur, la DRH...). L'esprit de cette méthode est donc de négocier ce que l'on va faire, de « tout dire » de ce que l'on a fait et d'être jugé explicitement sur les résultats et la façon de les atteindre.

Ceci traduit, d'une part, un objectif organisationnel de justice « procédurale »[1], d'objectivité et de transparence et, d'autre part, une volonté de responsabilisation, d'individualisation et d'équité des récompenses. Si la DPO est la technologie organisationnelle, l'entretien d'appréciation en est la pierre de touche : 90 % de l'efficacité du dispositif s'y joue.

Or la DPO, par sa visée autonomisante et responsabilisante, constituait un espoir d'autonomie pour de nombreux managers, non seulement de disposer d'une marge d'autonomie suffisante mais aussi d'être jugés de manière juste, différenciée et objective. On aurait pu s'attendre à ce que ce dispositif emporte l'adhésion des managers. Et pourtant nos enquêtes[2], ainsi que la plupart de celles consacrées à ce sujet aux USA, montrent une frustration résignée des directions générales, une montée du cynisme, le désenchantement de très nombreux managers opérationnels et beaucoup de frustration chez les fonctionnels RH qui, tel Sisyphe, essayent continuellement d'améliorer le fonctionnement du processus sans pour autant être toujours convaincu de son utilité. Plus qu'à l'accoutumée dans l'organisation, règne ici double langage et déni de réalité.

L'entretien annuel d'appréciation : une démarche taraudée par les contradictions

Les contradictions n'ont pour nous qu'une signification systématiquement négative. Elles sont même à la base de tous les phénomènes de créativité et d'évolution. En effet, c'est parce que les personnes doivent faire face à une contradiction – par exemple celle qui oppose le monde tel qu'il est et le monde tel que l'on souhaiterait qu'il soit – que ces dernières déploient leurs efforts pour transformer leur environnement. Ces contradictions sont autant porteuses d'opportunités que de dangers selon la façon dont les individus les envisagent ou les utilisent pour justification (d'inaction, d'incapacité à les assumer, etc.).

Elles sont de trois ordres :

1. Celles générales à toute entreprise.
2. Celles propres aux outils de gestion.
3. Celles propres à l'évaluation annuelle du personnel.

---

1. « État de droit » spécifique à l'entreprise.
2. Enquêtes basées sur les réponses de 130 DRH issus des 700 premières entreprises françaises. Voir G. Trepo, N. Estellat et E. Oiry, *L'Appréciation du personnel*, Éditions d'Organisation, 2002.

Les contradictions classiques de toute organisation

La plupart des phénomènes biologiques organisationnels, économiques ne peuvent être analysés qu'avec une pensée dialectique qui fait coexister des logiques opposées : la « solution » n'est ni 100 % blanche, ni 100 % noire, elle est située quelque part dans la gestion de cette tension. La solution n'est pas forcément un « juste milieu » mais parfois la poursuite simultanée des deux alternatives... Comme le dit Oscar Wilde, « la vérité est rarement "pure" et jamais simple ».

- La première contradiction, et de loin la plus fondamentale, est l'hypothétique convergence des intérêts et des buts de l'individu et de l'organisation au sens de l'institution employeur (dimension juridique). L'EAAP a justement pour mission d'assurer au maximum cette convergence. Mais incantation normative des directions ne veut pas dire réalité organisationnelle pour tous. Mission impossible à 100 %, à 80 %, à 50 % ? On sait bien que cette convergence des buts est une utopie gestionnaire, fort loin des réalités organisationnelles. Chacun a des enjeux personnels qui ne coïncident que très rarement avec les vues de l'organisation. Toute démarche coopérative est donc prisonnière de chocs de logiques qui ne peuvent s'intégrer parfaitement. L'entretien est alors taraudé par la contradiction construite par l'irréductibilité des différences entre intérêts.
- La deuxième est la tension entre la perspective de l'individu et son groupe d'appartenance (équipe de travail, service, établissement, etc.) : global-local. Le discours managérial vante le collectif, l'équipe, mais les décisions découlant de l'EAAP sont surtout individuelles. En outre, la performance elle-même est de plus en plus collective.
- La troisième, classique, oppose les temporalités des acteurs : certains ont des perspectives à court terme ; d'autres à moyen ou à long terme. Les efforts et les actions de chacun seront quelquefois divergents quant à leurs rythmes. Comment concilier ces perspectives ?
- Le changement et l'adaptation permanente, qui sont les nouveaux impératifs de la gestion, ne peuvent se passer d'une certaine dose de stabilité. Personne ne peut accepter de vivre dans des situations en constante évolution. De même, l'apprentissage des nouvelles conditions de travail et des nouveaux modes de production nécessite du temps et de la stabilité.
- La décentralisation et l'autonomisation nécessitent paradoxalement le renforcement du contrôle. En effet, pour être au plus proche des besoins des clients, les managers doivent être de plus en plus libres de leurs mouvements et leurs initiatives locales deviennent des facteurs clefs de succès. Cependant, pour assurer la continuité de l'intention stratégique globale, il faut que ces initiatives restent cadrées. Or ce cadrage d'actions autonomes est contradictoire. Dans ce même registre, on peut aussi penser à la difficulté existante à faire cohabiter l'ordre (indispensable) et le « chaos » nécessaire à l'implication et à la créativité des individus. On pourrait encore penser à de nombreuses oppositions : construction/destruction ; analyse/action, etc.

Les contradictions propres à tous les outils de gestion et à la DPO

Les outils de la gestion simplifient à l'extrême des réalités organisationnelles extrêmement subtiles, complexes, mouvantes (et dont chaque acteur ne perçoit qu'une (sa) « faible partie »), pour tenter de les rendre relativement « gérables ». Pour ce faire, en général, est privilégié le quantifiable et souvent le financier. Le collaborateur ne considère pas que trois à cinq objectifs ou ratios utiles au *reporting* et à la consolidation reflètent entièrement la réalité d'une année de travail. On navigue ainsi entre la naïveté, la mauvaise foi, le ritualisme, la « langue de bois », etc.

Un outil très simple comme la DPO risque par conséquent de dénaturer la « réalité » vécue par les acteurs, et ce, surtout pour celui dans le rôle d'évalué. De plus, tous les outils de gestion présentent une double face : ils sont à la fois des outils pour soutenir les managers dans leurs actions et des outils pour cadrer ces managers. Ainsi le budget sert à la fois au manager pour « savoir où il en est » mais aussi pour rester « dans les clous ». L'outil de gestion doit donc aider et contraindre. Nombre d'outils de gestion sont alors vécus comme frustrants ou inefficaces (les budgets, les réunions, etc.) mais, pourtant, on a du mal à s'en passer.

Les contradictions/tensions propres au processus d'évaluation annuelle

Ce processus poursuit sans doute trop d'objectifs en même temps, certains d'entre eux étant de plus contradictoires.

Les trois grands objectifs sont, rappelons-le :

- évaluer les résultats de l'année écoulée et discuter le « nouveau contrat » ;
- juger le collaborateur en vue des décisions de rémunération de formation et d'évolution professionnelle, tenter de rapprocher ses objectifs avec ceux de l'organisation ;
- l'aider à mieux réussir et à se développer.

Les tensions sont nombreuses entre des dimensions incontournables et nécessaires :

- Être juge, chef et coach dans le même entretien. Ces trois comportements peuvent paraître incompatibles, en tous cas aux yeux de la personne évaluée, et engendrer alors une tension difficile à réguler.
- Améliorer la performance individuelle et collective (la DPO se centrant sur l'individu).
- Garantir la cohérence avec le reste de l'organisation en utilisant des objectifs standards tout en s'adaptant aux spécificités locales.
- Objectivité/subjectivité : l'entretien vise à diminuer la subjectivité de l'évaluation, et pourtant de nombreux évalués ont l'impression que cette subjectivité s'est maintenue. Comment l'expliquer ? L'écart entre l'objectif et le résultat ne s'explique pas que par un écart d'efficacité mais aussi par des non-prévisibilités. Le supérieur est alors confronté à une contradiction entre le cadre général et l'objectif de l'entretien qui doit donner lieu à un *reporting* d'un côté et, de l'autre, de la singularité et des

> situations qui « ne rentrent pas » dans ce cadre. Il relève alors de sa compétence propre de manager de juger cet écart, de faire le lien entre l'idiosyncrasie locale et le général. Ce jugement implique l'engagement personnel du supérieur qui doit alors traduire ces deux dernières logiques et en tirer un compromis. Il doit formuler des phrases comme « je pense que tu as raison », « non, cela n'est pas suffisant comme justification »... Et ainsi faire sens de cet écart, lui donner une valeur. On voit apparaître alors le paradoxe lié à cette question de l'objectivité : pour que l'entretien soit objectif, il nécessite la subjectivité du supérieur à travers son jugement. D'où la frustration des collaborateurs qui ont l'impression de retrouver la subjectivité qu'ils redoutaient et celle des supérieurs qui se trouvent à juger un travail dont la décentralisation leur ôte la connaissance intime.

Équité « procédurale » et équité tout court comme le montre une caricature de Pesin (un patron mettant sa main sur l'épaule de son collaborateur et lui disant : « nous allons trouver ensemble ce que je vous reproche »). La contre-signature par le numéro 2 et le droit d'appel (extrêmement risqué) ne changent pas vraiment la réalité sous-jacente d'une situation où le responsable est juge et partie à la relation, même si l'explicitation des règles du jeu et la contextualisation des objectifs et des moyens constituent déjà un pas en avant par rapport aux pratiques antérieures.

Quelles conséquences ?

Ces contradictions, ces tensions amènent les managers à construire des compromis un peu boiteux, largement bricolés et la plupart du temps insatisfaisants. Ils ne peuvent satisfaire les différents pôles des contradictions et chacun en ressort alors frustré, alors même que cet instrument portait les espoirs d'un management responsabilisant et participatif. En outre, ces compromis, au lieu d'être « mis sur la table » et assumés par les deux parties, sont souvent masqués sous un discours de justice procédurale et d'objectivité. Il y a donc un hiatus entre la forme, propre, lisse de toutes ces contradictions et la réalité de l'EAAP. On observe alors une double frustration : celle liée aux contradictions notées plus haut et celle entre le discours et la réalité de l'instrument.

Or, il faut vivre et travailler « le lendemain » de l'EAAP, c'est-à-dire assumer les frustrations engendrées par ce système. Les évalués ne sont pas satisfaits de leur évaluation et peuvent estimer que, d'une part, les instruments du management ne sont qu'une promesse non tenue et que, d'autre part, maintenant tout est négociable. Le management perd alors trois fois sa crédibilité : il n'est pas juste ; il n'est pas fiable ; il n'est pas définitif. On comprend alors que certains managers finissent par vider entièrement le sens de l'EAAP et en faire un simple rituel annuel, à expédier le plus vite possible. Le risque n'est-il pas plus grand que l'opportunité ?

Reprenant la conclusion du livre *L'Appréciation du personnel* cité plus haut, on peut penser que l'entretien d'appréciation devrait permettre de « parler », de faire connaître et reconnaître les contradictions ressenties par les acteurs et de les accepter comme inévitables. Dans ces conditions, l'entretien doit alors viser la construction collective d'un compromis sur au moins trois points comme le dit Pierre Louart[1] :

– Accordons-nous sur ce que nous pouvons contrôler.
– Dédramatisons ensemble ce que nous ne pouvons contrôler et ce qui est discordant. L'humour est essentiel.
– Recadrons les perspectives de chacun : le point de vue local de l'évalué doit être réinscrit dans la stratégie générale. Tandis que le point de vue de l'évaluateur doit être traduit dans les contingences locales de l'évalué.

Les managers, face aux contradictions inhérentes aux entreprises, doivent les reconnaître et les assumer, passer d'une logique du « ou… ou » à une logique du « et… et ». Ils se doivent de faire le deuil de la perfection, du contrôle absolu, de l'objectivité totale et accepter l'à-peu-près, l'ambiguïté en se rappelant un autre aphorisme de Wilde : « la cohérence [ici la non-contradiction] est l'alibi de ceux qui n'ont pas d'imagination ».

1. P. Louart in *Repenser la GRH*, J. Brabet, Economica, 1993.

47

LES ASPECTS ESTHÉTIQUES DU MANAGEMENT

Rafael Ramirez

RÉSUMÉ

Ici, nous surveillons cinq études sérieuses sur « l'art du management » par des chercheurs en sciences sociales, italiens, suédois et français. L'article compare les cinq approches, qui proposent des relations fort différentes entre « l'art » et « le management ». Les différentes formes de compréhension artistique (philosophiques – par l'esthétique – ou sociologiques) nous proposent des visions sur l'activité managériale qui défient des conceptions classiques sur l'activité des gestionnaires.

Depuis le début du XXe siècle, et plus particulièrement depuis les travaux de Frédéric Taylor, Max Weber et Henri Fayol, le management a été perçu comme une discipline « scientifique ». Ainsi, Taylor pensait que les efforts du manager pour optimiser les résultats opérationnels dépendaient de l'application d'une méthode scientifique. La science étant objective, les vues subjectives de tel ou tel individu seraient donc confrontées à un savoir objectif. Taylor se présentant lui-même comme un détenteur de ce savoir, le besoin de science du management lui conférait une autorité sans égale.

La notion d'objectivité scientifique a également séduit Henri Fayol. Formé en tant qu'ingénieur, il aimait à penser que la tâche des managers – l'organisation du travail – pouvait être abordée scientifiquement. Cette notion est encore très présente dans les organisations d'aujourd'hui, qui sont fréquemment dirigées par des ingénieurs. Parce qu'ils ont une formation scientifique, ils pensent qu'ils n'ont pas à écouter les points de vue « non scientifiques » – c'est-à-dire différents des leurs – sur leurs activités. Pour le sociologue allemand Max Weber, les managers étaient légitimes aux yeux de ceux dont ils organisaient la tâche, dans la mesure où ils permettaient d'assurer que la « rationalité » gouverne l'entreprise commune. La rationalisation du travail a été perçue par Weber comme une meilleure source de légitimité que la tradition ou le charisme. La rationalité devait produire un type d'organisation basé sur des règles qui se refléteraient dans les rôles joués par chaque acteur. Le modèle organisationnel qui incarne le mieux cette rationalité est la bureaucratie. Weber voyait dans la bureaucratie une forme de management permettant d'échapper aux abus incontrôlés des modèles traditionnels et charismatiques. Les intuitions de ces précurseurs et des nombreux experts en « science du management » qui les ont suivis ont indéniablement porté leurs fruits. Le management bureaucratique, sous-tendu par une rationalité (et un discours « rationnel ») qui se proclame scientifique, s'est répandu partout, des hôpitaux aux organisations multilatérales, fabricants de biens, syndicats, écoles de commerce, associations ou organisations non gouvernementales.

Mais l'art du management a néanmoins survécu...

Et pourtant, à l'intérieur de ce cadre scientifique dominant, nous sommes invités ici par l'un des principaux journaux économiques européens à dire quelque chose sur « l'art du management ». Pourquoi parler d'« art » du management si la perspective scientifique a triomphé dans l'approche de cette discipline ?

Mon point de vue, qui est basé sur les études que je mène depuis vingt ans, est que la dimension esthétique de la vie ne peut être prise en compte par les perspectives « scientifiques » qui ont si puissamment contribué à façonner la société occidentale. J'ai donc identifié cinq tentatives différentes menées par des philosophes et des chercheurs en sciences sociales européens pour faire de l'esthétique un thème de réflexion dans le champ des études du management.

Un premier effort émane de Pasquale Gagliardi, chercheur italien qui, dans son livre *Symbols and Artefacts of the Corporate Landscape*, étudie les objets présents sur les lieux où s'exerce le management : les meubles, équipements de bureau, matériaux de communication présents dans les bureaux, les salles de réunion, les centres de conférence, les halls d'entrée, les points de vente. Gagliardi remarque la quantité d'effort investie pour rendre le « paysage » du management attrayant. Ainsi, architectes, décorateurs et paysagistes sont sollicités pour faire ressortir une image séduisante de l'entreprise à travers ses locaux et son ameublement. Dessinateurs industriels et stylistes sont employés pour embellir les produits achetés et vendus par l'entreprise. Aucune dépense n'est épargnée pour mettre de l'éclat dans les conférences, les rapports annuels et les plaquettes, les assemblées d'actionnaires, les démonstrations de nouveaux produits dans les salons, et autres événements de la vie des entreprises. Beaucoup d'entreprises, en plus, collectionnent des œuvres d'art et les exposent dans leurs halls d'entrée, ou dans les bureaux de la direction générale. Gagliardi note que la manifestation physique du travail – y compris du travail des gestionnaires – est systématiquement utilisée pour mettre en évidence sa dimension esthétique. Ainsi, sous une couverture scientifique, le management révèle des préoccupations d'ordre artistique.

Comment l'art du management survit-il dans un monde organisationnel dont la légitimité reste dominée par la science ? Antonio Strati, un sociologue italien, a envisagé la question sous un angle différent. Il constate que même dans les organisations les plus rationnelles, personne ne fait complètement abstraction de ses sentiments ou de ses intuitions. Au contraire, ceux-ci sont utilisés quotidiennement dans le cadre du travail. Antonio Strati étudie la façon dont les couvreurs s'y prennent pour savoir si un de leurs collègues est compétent. Il démontre que les ouvriers du toit ne se livrent pas à des vérifications de qualification, pas plus qu'ils ne conduisent d'études scientifiques sur les qualités structurelles du travail des uns ou des autres. En revanche, ils savent très vite si la personne avec laquelle ils travaillent en équipe « sent » le toit comme eux, et se fait une idée exacte de ses caractéristiques. Il suggère que cette forme de savoir – que Weber avait lui même étudiée – n'a jamais disparu, même si elle a perdu de sa légitimité face au savoir scientifique dans le management. Par ailleurs, dans un chapitre fameux sur les chaises, son livre *Aesthetics and Organisation* souligne comment les caractéristiques du management d'une entreprise sont perceptibles dès l'entrée dans une pièce, soit en fonction de la manière dont les chaises ont été choisies et arrangées, soit par l'observation de la manière dont les personnes s'y asseyent les unes par rapport aux autres. Pensez-y la prochaine fois que vous serez reçus dans un bureau ou une salle de réunion que vous ne connaissez pas. Ce sont nos premières impressions qui vont servir de fondation à notre relation avec l'organisation et son management. Elles font appel à des connaissances auxquelles nous donnons, par la suite, des noms d'ordre esthétique : élégant, confortable, prétentieux, accueillant, austère…

Ma collègue d'HEC, Ève Chiapello, étudie l'art du management sous un troisième angle. Dans un premier temps, son livre *Artistes versus Managers* montre à travers l'exemple d'entreprises du monde artistique, telles que maisons d'édition et orchestres, comment l'artiste et le manager, malgré de nombreux heurts, réussissent à coexister et même à collaborer. Dans l'optique de ce livre, l'artiste finit par être assujetti aux méthodes du management, à mesure que la consommation de masse est acceptée comme le prix nécessaire à payer pour diffuser une œuvre. De leur côté, les managers ne peuvent se passer du pouvoir innovant des artistes pour réussir sur le marché.

Plus récemment, dans son livre *Le Nouvel Esprit du capitalisme*, coécrit avec le sociologue Luc Boltanski, Ève Chiapello reprend la distinction de Bourdieu entre la « critique sociale » et la « critique artistique » pour suggérer que la critique artistique a été absorbée dans le contexte d'un nouvel ordre économique émergent, ou le travail est basé sur les réseaux et les projets. La critique artistique se rapporte aux notions d'authenticité, de créativité et de liberté. Le livre défend la thèse selon laquelle avec la transformation des employés en actionnaires, l'individualisation du travail, la fin du système de classes, le remisage de la négociation collective à l'histoire, le nouvel esprit du capitalisme a étouffé toute la critique artistique qui constituait un contre-pouvoir avant 1968.

Le pessimisme de cette thèse n'échappe pas à certains critiques du livre de Chiapello et Boltanski[1]. Ainsi : « L'horrible de la nouvelle situation c'est que les managers, les cadres supérieurs se prennent pour des artistes et des intellectuels et se donnent les moyens, en stipendiant ce genre de personnes, de récupérer la critique avant même qu'elle ait le temps de finir d'être émise. » Dans la perspective posée par Chiapello et

1. Anne Querrien, « Le capitalisme à la sauce artiste », *Multitudes*, n° 15, hiver 2004 ; http://multitudessamizdatnet/articlephp3 ? id - article=1287

Boltanski, c'est peut-être la critique encore plus que le capitalisme qui se trouve en crise. En tout état de cause, l'imbrication de l'art dans le management est pour eux indiscutable – la séparation entre l'art et la gestion scientifique, les vues de Taylor, Weber et Fayol sont pour eux bel et bien obsolètes.

Pierre Guillet de Monthoux, professeur de management à l'université de Stockholm, où il dirige le Centre européen du management des arts, a publié récemment un livre intitulé *The Art Firm*. Comme Ève Chiapello dans *Artistes versus Managers*, il s'intéresse aux entreprises dont la vocation est clairement artistique, telles que le Festival de Bayreuth ou la compagnie des Ballets russes de Diaghilev. S'appuyant sur les travaux de Gadamer, Guillet de Monthoux propose un schéma simple et efficace : un carré au centre duquel se trouve l'art. Dans l'angle supérieur gauche se trouve le technicien, dans l'angle supérieur droit, l'artiste. Le triangle qu'ils forment avec l'art constitue les « coulisses ». Les angles inférieurs sont occupés par le public, à gauche, et la critique à droite. Le triangle qu'ils forment avec l'art constitue « l'avant-scène ».

Dans leurs différentes configurations, ces cinq éléments doivent négocier un difficile équilibre entre le banal et le totalitaire – les deux ennemis de l'art dans la société contemporaine. Hitler et Staline ont incarné la tendance totalitaire, la publicité et le packaging illustrent la tendance à la banalité.

Dans l'optique de Guillet de Monthoux, la firme artistique et ses participants esthétiques sont disposés de telle manière que le technicien sert d'interface entre les exigences macromarketing des financiers et celles micromanagériales de la production. De son côté, le public se situe entre les exigences du management et de la consommation, la critique entre la culture et le marketing, et l'artiste entre les médias et le design. Guillet de Monthoux perçoit une tension entre le rationnel et l'artistique qui peut être créative et donner lieu à des succès tels que la transformation du Guggenheim en une franchise globale.

Dans la conclusion de son livre, il étend son analyse au-delà des organisations à vocation culturelle, pour s'attaquer aux travaux sur « l'économie de l'expérience », où les sociétés sont invitées à augmenter l'aspect émotionnel de leurs offres pour vendre davantage, conception à la mode en particulier dans le marketing nord-américain. Il pense que ces concepts sont trop simplistes, car ils ignorent la tension créatrice entre la rationalité et l'art qui fait qu'une organisation tout entière peut produire de l'art comme le fait une compagnie de théâtre ou un orchestre symphonique. Pour Guillet de Monthoux, la tension entre l'art et la rationalité doit aboutir à une synthèse – synthèse que toute organisation pourrait obtenir. Mais la synthèse passe par la reconnaissance de cette tension. Voici donc une vision de l'art du management qui n'est pas une victoire du management sur l'art, ni de l'art sur le management, mais qui reconnaît une tension qui, bien gérée, peut devenir créatrice.

Dans mes propres travaux, j'ai essayé de comprendre pourquoi les « belles » solutions, les solutions élégantes – que ce soit en sciences ou en management ou même en finance – sont préférées à celles qui sont simplement efficaces. Pensez un instant à une « belle équipe » dans un sport que vous aimez... C'est quand même mieux qu'une équipe qui est simplement « efficace », non ?

J'ai essayé de comprendre ce qui se cache derrière des expressions telles que « connaître la musique » dans une organisation, « une belle opération » lors d'une acquisition réussie, ou en anglais « *it is working beautifully* », expressions qui reflètent la manière dont les individus ressentent une action managériale bien conduite. J'en suis arrivé à la conclusion, dans mon livre *The Beauty of Social Organization*, que c'est la FORME et la manière dont nous la percevons qui est au cœur du phénomène organisationnel. C'est aussi la forme qui est au cœur des expériences que nous cataloguons comme relevant du domaine esthétique : parce que les managers réalisent des performances, parce qu'ils réforment et transforment leurs organisations – qui doivent « être en forme » –, parce qu'ils forment leur personnel et leur font porter un uniforme qui représente la forme unique que l'entreprise veut projeter à ses clients. Pour toutes ces raisons, il m'est apparu que le travail managérial et la forme qu'il prend sont d'abord et surtout perçus comme une expérience esthétique.

Cet aspect de la perception est confirmé par les recherches d'Antonio Damasio (voir le livre *The Feeling of What Happens*) et d'autres neurologistes et psychologues cognitifs. Ainsi, le travail managérial est d'abord ressenti par notre esprit comme une expérience d'ordre esthétique, et c'est sur cette base que se construisent les aspects rationnels.

D'autres, dans d'autres domaines, sont arrivés à des conclusions similaires aux miennes sur le rôle primordial que joue l'esthétique dans la compréhension de l'art du management, et dans la détermination de comportements qui, au premier abord, semblent purement rationnels. Ainsi, Pierre Schlag, dans un article paru en 1991 dans la *Harvard Law Review* sur la justice américaine, concluait que « Le Droit est une entreprise esthétique. Avant même que les rêves d'éthique et les ambitions politiques puissent être formulées... l'esthétique a déjà donné une forme au cadre qui sous-tend ces projets (de lois). Ce que je recherche, c'est la description de ces formes récurrentes qui façonnent la création, l'appréhension et l'identité de la loi. L'enjeu, c'est de révéler l'esthétique dans laquelle est moulée la loi américaine. » De la même manière, l'esthétique a été utilisée pour explorer les processus de décision qui, à la Nasa, ont conduit à la tragédie, ou encore les décisions de planification et les politiques forestières.

Il est apparu que même le management scientifique est sous-tendu par l'esthétique. Dans ce qui est peut-être la plus prestigieuse revue de management, l'*Administrative Science Quarterly*, le professeur Mauro Guillén, de la Wharton School, a publié en 1997 un article titré « Scientific Management's Lost Aesthetic : Architecture, Organization, and the Taylorized Beauty of the Mechanical ». (« L'esthétique perdue du management scientifique : architecture, organisation, et la beauté taylorienne du mécanique »). Mes propres travaux ont ensuite analysé les systèmes symboliques utilisés pour véhiculer la perception esthétique des organisations, systèmes qui ne sont pas discursifs, mais plus proches de la musique, de la sculpture et de la peinture.

En conclusion

Les cinq approches esquissées dans cet article nous apportent cinq éclairages différents sur la dimension esthétique du management :

- Le management fait toujours et partout appel à des objets physiques qui sont d'ordre artistique.
- À travers nos sentiments, notre intuition, la dimension esthétique du management est vécue comme un aspect essentiel de l'organisation – nous ne pouvons pas comprendre le management sans des sentiments que nous qualifions esthétiquement.
- La relation entre l'artiste et le management, entre la critique artistique et le capitalisme, est plus complexe et imbriquée que le management scientifique pourrait le laisser croire.
- Le management des arts requiert une tension constructive pour atteindre un équilibre entre le banal et le totalitaire
- Enfin, l'esthétique est au cœur de notre expérience des organisations, car nous nous informons de leurs activités, dont leur management, à partir de notions d'ordre esthétique, que cela nous plaise ou non.

Envisager le management comme un art plutôt que comme une science permet de mettre en évidence certains aspects des pratiques managériales ignorés par la science, malgré toute la puissance et la réussite de son objectivité supposée. Ces aspects sont souvent considérés comme très importants, voire essentiels. Cependant, assimiler tout ce qui est le management à un art poserait autant de problèmes que de le réduire à une science.

BIBLIOGRAPHIE

L. Boltanski et E. Chiapello, *Le Nouvel Esprit du capitalisme*, Broché, 1999.

E. Chiapello, *Artistes versus Managers*, Broché, 1998.

P. Gagliardi, *Symbols & Artefacts : Views of the Corporate Landscape*, 1992.

P. Guillet de Monthoux, *The Art Firms : Aesthetic Management and Metaphysical Marketing*, Stanford University Press, 2004.

R. Ramirez, *The Beauty of Social Organization*, Accedo, 1991.

A. Srati, *Organization and Aesthetics*, Sage Publications Ltd., 1999.

48

LE « SAVOIR RELIER » ET SON IMPORTANCE DANS LA FORMATION AU MANAGEMENT

Valérie Gauthier

RÉSUMÉ

Au-delà des compétences techniques, les entreprises attendent aujourd'hui de leurs managers une capacité à s'intégrer dans l'organisation, à mettre en relation et en perspective : le « savoir relier ». Ce concept doit donc devenir partie intégrante des programmes de formation des managers.

Les entreprises sont à la recherche de managers capables de gérer des situations complexes, de s'intégrer dans des équipes pluridisciplinaires et multiculturelles ou de les piloter. Cette demande renvoie à des capacités dont l'apprentissage ne repose pas sur des techniques, mais sur des compétences touchant à un savoir-faire relationnel. Ce savoir-faire relationnel peut se définir comme une capacité de communication au sens large, qui permet de faire le lien entre des situations, des variables, des domaines et des personnes différents. Pour les formations au management, ce n'est donc pas la maîtrise des techniques qui est en cause : celle-ci est acquise, parfois même à un degré de spécialisation très poussé ; si les techniques sont nécessaires, elles ont toutefois tendance à fragmenter, et donc simplifier la réalité, et ainsi à empêcher d'approcher les problèmes dans leur complexité.

Comme nous l'expliquions dans un chapitre de *l'École des Managers de Demain*, ouvrage publié en 1994 et regroupant un ensemble de réflexions des professeurs d'HEC sur le management :

> « La capacité personnelle des managers à faire ce lien entre ces variables, à mettre en relation et en perspective ces éléments hétérogènes nous semble la plus urgente des priorités. C'est cette capacité que nous appellerons *le savoir relier*.
>
> Parmi les voies à explorer pour mieux vivre la complexité, il faut privilégier d'abord une attitude d'identification et d'acceptation de la complexité préalable à la résolution

> des problèmes. Ceci repose essentiellement sur le développement de comportements d'écoute, de liaison et de communication entre tous ceux qui participent à cette complexité.[1] »

Or, un certain nombre d'études récentes et convergentes sur les attentes des recruteurs (Booz Allen Hamilton à l'automne 2003 par exemple)[2] montrent que les entreprises se plaignent de recruter des individus bien formés techniquement, mais s'intégrant mal dans l'organisation.

Les attentes de ces entreprises ne sont ainsi pas satisfaites en matière de dimension sociale et de comportement. Des chartes ou codes de conduite sont alors développés tant dans les entreprises que dans les écoles de management où l'on voit émerger également des cours et des séminaires sur l'éthique, la responsabilité sociale, la conscience et la morale dans le but de prévenir ces dérives éthiques qui font tant de bruit dans les médias, la presse et le monde du management en général.

Mais ces réponses ne s'attaquent pas à la racine du problème : l'être humain dans sa relation aux autres.

L'être humain est individualiste par nature. La dimension interpersonnelle et collective n'est pas innée ; elle émane d'un développement social et émotionnel chez l'enfant dès la naissance et en particulier autour de 6-7 mois avec le *stade du miroir*, « sorte de révélation qui permettrait à l'enfant d'échapper au caractère morcelé que présentait auparavant sa vie psychique et qui tiendrait à la vue d'un soi entier et complet. »[3] La capacité à interagir passe tout d'abord par une connaissance de soi qui se construit par l'objectivation et la différenciation au contact d'autrui, en premier lieu celui de la mère. Cette connaissance et reconnaissance de soi permettront l'organisation du moi, une fois dépassée la « peur de l'inconnu » ou de l'étranger avec « l'établissement d'un lien relationnel nouveau avec la mère, autrement qu'en termes de fusion ou de symbiose, mais en tant que partenaire social privilégié… qui est distingué des autres et reconnu comme tel, implique une construction intellectuelle »[4]. Et c'est par l'échange et la communication que l'individu devient social et que d'autres relations s'ensuivent et se construisent tout au long de la vie.

L'individu doit donc apprendre à être autrement, c'est-à-dire avec d'autres lorsqu'il a accepté d'être avec lui-même. Ce processus naturel chez l'enfant fait l'objet d'un réapprentissage constant au cours de la vie dans différentes situations de socialisation où se développe progressivement ce que l'on a appelé plus haut le « savoir relier ». Mais pour réussir à développer des relations interpersonnelles constructives et équilibrées, il faut avant tout être capable de se parler à soi-même, de se connaître et de s'aimer. Quelqu'un qui est en conflit avec lui-même ne pourra être en harmonie avec les autres.

---

1. V. Gauthier, J.-P. Larçon et J. Lendrevie, « Le savoir relier » dans *L'École des Managers de Demain*, Economica, 1994.
2. Booz Allen Hamilton, *What recruiters need*, 2003.
3. Référence à la conception de Lacan du stade du miroir dans *Le Développement psychologique de l'enfant de 0 à 1 an*, Jean-Pierre Dufoyer, 1979, PUF.
4. *Ibid.* p. 132.

Aujourd'hui, ce concept de « savoir relier » est au cœur de nombreuses réflexions sur la formation des managers et des leaders, inscrivant la problématique du management des hommes comme un élément-clef de la réussite de l'entreprise. En effet, les préoccupations autour des relations humaines, du management d'équipes, du *team building* ou du leadership se rattachent à cette notion qui apparaît de plus en plus cruciale dans les organisations.

Cette problématique doit être au cœur des réflexions sur la formation au management. La seule participation des étudiants à des séminaires ou des cours ne suffit pas à développer les compétences touchant à ce « savoir relier ». Au MBA d'HEC, les participants apprennent à comprendre ces concepts et à les travailler aussi bien dans le quotidien et dans la pratique que par la réflexion. La structure même du programme a été revue en 2002 pour intégrer cette dimension, aménageant des temps de pause à des moments clés du curriculum pour amener cette réflexion.

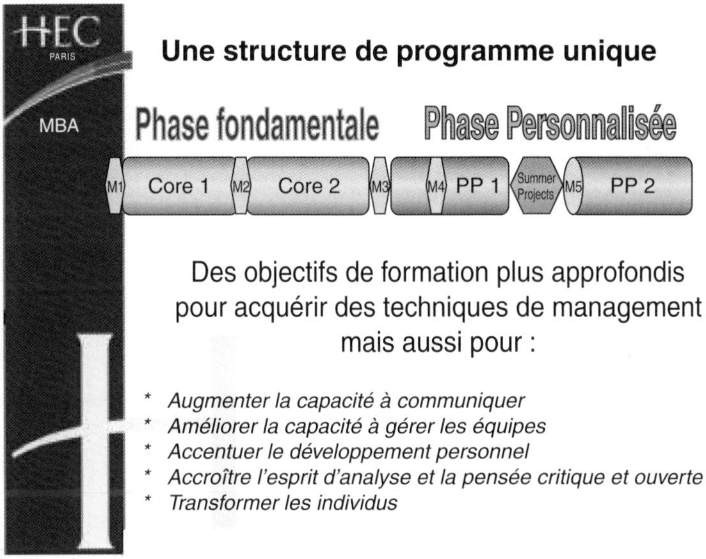

Figure VI.3 – Programme MBA HEC

Ce que nous appelons dans notre jargon les *Milestones* (que l'on pourrait traduire par « les jalons » du programme MBA) sont des périodes conçues pour intégrer les connaissances techniques dans un contexte transversal s'assimilant à la réalité du terrain dans sa complexité. Ainsi est introduite dans le programme une dimension de synthèse permettant de prendre du recul par rapport à l'apprentissage des techniques et de mettre en application ses connaissances. C'est aussi le moment du bilan personnel et professionnel : au niveau MBA, ce type d'approche est d'autant plus pertinent que l'expérience terrain déjà acquise (en moyenne six années d'expérience en entreprise) peut se révéler comme un éclairage ou une mise en relief d'un vécu confronté à de nouvelles théories et techniques fraîchement assimilées. Les *Milestones* s'organisent autour de trois axes : 1. le bilan de connaissance mis en application à travers les séminaires pluridisciplinaires ; 2. le projet de carrière mis en relief grâce au processus d'évaluation de compétences et à l'évolution du projet professionnel ; il conduit à une prise de conscience réaliste par rapport à son propre potentiel ; 3. le développement personnel qui se concentre sur ces compétences transversales inhérentes au savoir relier que sont l'intégration d'un environnement multiculturel, la communication, le leadership, l'esprit d'équipe et la responsabilité sociale.

	M1 Orientation	M2 Coaching	M3 Leadership	M4 Team Building	M5 Integration
Knowledge	Negosim Communication skills Crosscultural awareness	Project Management	Visions of Leadership Negotiation skills	CEO Week & Cross-disciplinary seminars	CSR seminar
Career building	Self-assessment	Career plans Alumni workshops	Training for job search	London Fair Interviewing techniques	Business decisions
Personal development	Integrate a new culture and environment	Public speaking	Leadership	Team Building MBAT	CSR

Figure VI.4 – Les trois axes des *Milestones*

Une des richesses fondamentales de la formation MBA repose sur la capacité d'échange des participants entre eux, ces participants ayant une expérience professionnelle certaine, pour une moyenne d'âge de trente ans et représentant plus de cinquante-cinq nationalités dont quatre-vingts pour cent de non-Français. Cette diversité est à la fois une source de complexité inhérente à l'apprentissage et représente une des forces de cet apprentissage par le vécu. En effet pendant les huit premiers mois du programme, le *core*, les participants travaillent en groupes de cinq à six personnes, de nationalités et de profils différents, pour tous leurs cours, qu'il s'agisse de finance, de marketing, de comptabilité ou de stratégie, etc. Les groupes sont formés avant leur arrivée et reconfigurés entre les deux parties du *core* pour créer deux expériences différentes.

Le fonctionnement des groupes va alors dépendre de la capacité des participants à s'entendre, à s'écouter, à se compléter, à échanger leurs compétences pour être plus efficaces, à apprendre les uns des autres afin de mieux répondre aux exigences des professeurs, pour résoudre les problèmes posés, etc. Chaque groupe est accompagné par un professeur qui donne au départ les grands principes du travail en équipe et les réunit régulièrement pour faire un point sur leur fonctionnement, tout en restant à disposition pour répondre aux problèmes éventuels afin de les aider dans l'analyse et la résolution de ces problèmes.

De plus, des exercices sont proposés pour aider ceux qui en ont le plus besoin à s'ouvrir, à « tomber les masques ». Il leur faut apprendre à se connaître et se définir soi-même avant de pouvoir le faire dans une relation à l'autre, afin de parvenir à évoquer et partager qui l'on est, puis à accepter l'autre dans sa différence. Il s'agit d'exercices de réflexion, de rédaction et d'échanges construits autour de portraits de soi et d'autres, puis de *conversations* mettant en relief les différences et touchant aux racines de ce qu'est l'individu.

En travaillant avec Theodore Zeldin, philosophe et historien britannique, et son concept de « conversation »[1], nous avons choisi une approche plus humaniste de la formation au management qui devrait permettre à tous ceux qui passeront par le MBA d'HEC d'être plus ouverts et mieux à même de comprendre l'autre, quel qu'il soit, en faisant le pas nécessaire pour réduire l'écart qui sépare les individus.

Ainsi les bases du management en entreprise seront plus fortes, plus solides, sources d'équilibre et donc de productivité. Certaines entreprises (Southwest Airlines ou Télé2 par exemple) prônent ce type de relations ouvertes, où les équipes travaillent réellement ensemble dans l'échange et le partage. Ce n'est pas nécessairement facile d'adhérer ou de s'intégrer à ce type de fonctionnement, mais il s'avère efficace et source de croissance et de profit. Une formation au management préparant les managers à un fonctionnement d'entreprise plus humaniste est un des objectifs prioritaires du MBA d'HEC.

1. Theodore Zeldin intervient au sein du programme MBA dans le cadre d'un séminaire propose aux participants et reposant sur le concept et la mise en œuvre du concept de conversation, *Conversation*, The Harvill Hill Press, 1998.

49

PEUT-ON CRÉER UNE IDENTITÉ COLLECTIVE DANS LES ENTREPRISES ?

Roland Reitter

RÉSUMÉ

Peut-on créer une identité collective dans les entreprises ? Trois livres récents relancent le débat… et permettent d'entretenir la réflexion sur le leadership, en particulier en s'interrogeant sur l'importance de tenir une promesse.

En juillet, j'ai accepté d'écrire un article sur la possibilité de créer une identité collective dans les entreprises. Le hasard de cette actualité estivale m'a beaucoup aidé : trois livres récents abordant ce thème (mais dans des registres fort différents) font parler d'eux dans les médias et me fournissent un point de départ idéal.

Dans *Bonjour paresse*[1], Corinne Maier, cadre d'EDF, constate le désengagement croissant des salariés français envers leur entreprise. Elle expose donc l'art d'en faire le moins possible, c'est-à-dire de tirer, avec bonne conscience, son épingle du jeu, éventuellement au détriment de l'employeur. Dans cette optique, il peut peut-être se créer une identité collective centrée sur la paresse et l'opportunisme au détriment de celle d'avant le désenchantement. Mais très éloignée de celle voulue par les dirigeants et exposée dans leur discours sur l'entreprise…

The Company of Strangers[2], de l'économiste Paul Seabright, fait grand bruit outre-Atlantique. Dans une perspective très darwinienne, il montre comment, au long de son histoire, l'espèce humaine a tiré profit de son aptitude à engendrer des actions collectives grâce à la coopération entre « étrangers », c'est-à-dire entre individus qui n'appartiennent pas nécessairement à la même famille biologique. On peut effectivement s'émerveiller de cela : agir en commun nécessite un immense effort pour contrecarrer toutes sortes de forces centrifuges bien connues et qui triomphent quelquefois : que ce

1. Corinne Maier, *Bonjour paresse*, Éditions Michalon.
2. Paul Seabright, *The Company of Strangers*, Princeton University Press.

soit la paresse prônée par le livre précédent, ou les conflits d'intérêts qui ne manquent pas de surgir entre les membres d'une même équipe – ou entreprise, ou nation, ou espèce…

Le défi historique a donc été de créer des forces centripètes suffisamment fortes pour qu'une coopération entre humains ne soit ni limitée à un petit nombre, ni limitée à une transaction ponctuelle et sans lendemain. L'intérêt du livre de Seabright me semble être là : il a bien vu que pour que la coopération entre humains soit durable, il faut se donner des règles, des normes de conduite, des valeurs garantissant que les fruits de l'engagement individuel dans la coopération ne seront pas annulés par les comportements opportunistes des « passagers clandestins ». En quelque sorte, il faut créer des êtres collectifs suffisamment forts pour que tout individu puisse avoir confiance durablement en eux et puisse envisager une rétribution équitable à un engagement qui ne peut qu'avoir des aspects altruistes. En un mot : le garant de la coopération durable, c'est l'institution qui transcende les individus et donc s'impose à eux et crée la confiance qui permet de coopérer.

Dans le présent article, j'oserai aller un pas plus loin que Seabright, avec l'espoir d'être, de ce fait, cité comme lui par le *Financial Times*. Mon argument est le suivant : cette institution, qui permet la coopération, a aussi une dimension psychologique. Il est difficile de jouir de ses bienfaits en pur *homo economicus*. On s'identifie à elle (on s'y investit affectivement), on est prêt à la défendre, on se sent solidaire de ses membres, alors même, Seabright l'a bien vu, qu'ils sont biologiquement étrangers. Une vraie identité collective engendre des identifications. C'est ce qui fait sa force et, comme on le sait, sa fragilité, parce que ces liens affectifs peuvent devenir un frein au changement.

Il faut bien comprendre ce qu'est l'identification. Une des clefs de notre condition humaine est biologique : nous naissons prématurés, incapables de survivre par nous-mêmes. L'insuffisance de nos facultés motrices nous rend totalement dépendants d'autrui. Mais, en même temps, notre appareil sensoriel est tel que nous ressentons intensément le plaisir et la souffrance. Nos rapports avec ceux dont nous dépendons ne peuvent donc être qu'affectifs, et leur inscription dans notre cerveau est indélébile. Cela favorise l'acquisition du langage qui, à son tour, nous inscrit dans une société.

Il importe de relever que l'identification n'est pas un mécanisme passif : s'identifier à son père ou à sa mère n'est pas simplement les prendre pour modèle et les faire vivre en soi : c'est aussi aller vers eux. L'identification est une sorte de contrat implicite. C'est une relation d'amour – mais aussi, nécessairement, une relation ambivalente amour/haine. C'est aussi un ciment fort dans la constitution d'une collectivité partageant les mêmes objets d'identification. La matrice en est la famille : mais, grâce au langage, lequel permet la transmission de valeurs qui transcendent l'individu, les hommes peuvent être amenés à aimer autre chose que leur parentèle et donc à créer des institutions ou des organisations qui, par la coopération, leur permettent d'accroître richesse et bien-être… C'est ainsi que se constituent les identités collectives.

La mémoire et la promesse

À quoi peut-on s'identifier dans l'entreprise – qu'est-ce qui peut créer l'acteur collectif ? D'abord, bien sûr, un chef. C'est la relation identificatoire la plus naturelle, parce que la filiation est au cœur de l'expérience humaine. Les chefs interprètent le monde et disent la loi (font de la stratégie, si vous préférez). S'ils le font bien, ils cumulent légalité et légitimité pour créer du pouvoir – mais aussi, pour mobiliser les énergies, réguler les rapports sociaux, donc créer des capacités collectives. Quelle que soit sa forme, l'entreprise est une chaîne hiérarchique. Mais, déjà, dans sa fable intitulée *Totem et Tabou*, Freud avait pressenti que les collectivités soudées autour d'un chef ne pouvaient constituer le seul modèle d'identité collective. Les chefs meurent ou sont tués. Et le social fabrique d'autres ciments : une idéologie des valeurs, un projet collectif, une histoire mythifiée, un ennemi commun. Je ne rentrerai pas ici dans ces multiples formes, pour revenir à mon argument central : les acteurs organisationnels collaborent quand leurs intérêts individuels ne priment pas sur le collectif, ce qui est facilité par l'existence d'une identité collective, quel qu'en soit le ciment.

Diderot le disait clairement : « faire partie d'une communauté, c'est se poser la question suivante : que dois-je aux autres ? » J'ajouterai : et pas seulement, que puis-je en attendre ? S'ils me lisent, les apologues de la paresse du passager clandestin auront beau jeu à ce point de me rétorquer que je suis victime d'un leurre ou d'une illusion : seuls les crétins croient encore dans le discours des institutions car ils ne profitent qu'aux oligarchies cyniques qui les dirigent. De Enron à Daewoo l'actualité quotidienne le montre bien. Ils ont en partie raison, et c'est probablement l'explication de ces succès estivaux de librairie. Les identités collectives sont fragiles parce qu'elles sont incarnées par des détenteurs de pouvoir et que le pouvoir corrompt. Ils peuvent détourner les institutions, se les approprier et leur faire perdre toute légitimité. Comment croire en une direction qui trahit les valeurs qu'elle professe et au nom de quoi elle voudrait qu'on s'engage ?

C'est pourquoi je voudrais recommander à tout lecteur à même de participer à la construction d'identité collective de lire le très court, très récent et très limpide texte du philosophe Paul Ricoeur, intitulé « La promesse d'avant la promesse »[1]. Il y est rappelé que toute identité a deux modalités : la mêmeté et l'ipséité. La mêmeté : c'est-à-dire la continuité dans le temps, la mémoire qui permet d'être identifié, reconnu. L'ipséité : la différence, la capacité de continuer à être soi, d'agir, de s'engager, de promettre. Ma promesse est crédible si on peut avoir confiance en mes capacités et en ma volonté d'être demain conforme à ce que j'étais hier, et qui a permis à d'autres de bénéficier de mon commerce ou de mes actions. Il y a mémoire de ma volonté (la promesse d'avant la promesse). Je ne peux pas promettre d'aimer, ni de triompher de tous les aléas de l'action dans le monde. Mais je peux promettre de faire ou de donner. Je peux aussi m'engager, par mon action, à rendre ce que l'on m'a donné.

1. Paul Ricoeur, « La promesse d'avant la promesse », *La philosophie au risque de la promesse*, sous la direction de Marc Crépon et Marc de Launay, Bayard, 2004.

Ces idées peuvent paraître abstraites. Mais elles conduisent à des principes d'action simples. Un détenteur de pouvoir formel n'est efficace à terme que s'il est légitime aux yeux de ses troupes. Pour cela, il doit pouvoir parler au nom et dans le cadre d'institutions légitimes, c'est-à-dire d'institutions collectives qui, par leurs actions, construisent et défendent leur légitimité chaque fois que celle-ci est en cause. Mais lui-même doit être crédible. On doit savoir qu'il assume la responsabilité de son acte. Entre autres, cela implique :

- de ne pas tolérer les passagers clandestins ;
- de reconnaître les collaborateurs qui jouent honnêtement le jeu collectif et s'effacent devant l'intérêt collectif ;
- de prohiber les discours auxquels on ne croit pas ;
- de s'interdire de déconnecter les moyens et les fins ;
- de mettre en valeur la spécificité de l'entreprise ;
- de donner cohérence à son histoire ;
- d'expliquer sa stratégie.

Paul Ricoeur peut paraître lointain au lecteur souhaitant simplement motiver les « ressources humaines » de son entreprise. À moi, il me semble que penser l'agir humain en termes de mécanique managériale ou de mythologie managériale produit les conditions qui rendent possible le cynisme de *Bonjour paresse*. Comprendre, comme Seabright, cette action à partir du calcul d'acteur, à court terme, suivant leur intérêt ou, à long terme, créant des institutions, est indispensable. Mais il est encore plus utile de comprendre que la permanence et la légitimité de ces institutions reposent sur la mémoire et la promesse, sur la capacité de les reconnaître et de nous y reconnaître, c'est-à-dire sur une identité collective. Sinon, cher lecteur, vos efforts de motivation seront reçus par un poli « cause toujours, tu ne nous intéresses pas ».

PARTIE VII

VALEUR ET VALEURS

50

CRÉATION DE VALEUR ET RESSOURCES HUMAINES

Charles-Henri Besseyre des Horts

RÉSUMÉ

Les ressources humaines créent-elles de la valeur pour l'entreprise ? Cette question est récurrente dans les entreprises qui doivent de plus en plus choisir entre faire soi-même ou externaliser. La thèse défendue ici est celle de la valeur créée par les ressources humaines à partir d'un élargissement de la notion de création de valeur et des travaux de recherche en stratégie. Un modèle établissant la relation entre création de valeur et ressources humaines est discuté dans la conclusion.

Dans un livre au titre particulièrement évocateur, *Valeur cachée, comment créer de la valeur avec des personnes ordinaires*[1], deux professeurs reconnus de l'université de Stanford en Californie démontrent avec une forte conviction que la source la plus importante de création de valeur pour l'entreprise se trouve au sein de son personnel. Pour appuyer leurs propos, ils analysent des cas d'entreprises exemplaires dans des secteurs aussi différents que le transport aérien ou l'édition de logiciels informatiques. Comment expliquer autrement que par des ressources humaines exceptionnelles le succès de Southwest Airlines, modèle aujourd'hui de toutes les compagnies *low cost* comme EasyJet ou Ryanair en Europe ? Quelle autre compagnie aérienne de plus de 30 000 collaborateurs peut en effet se prévaloir d'une situation où croissance et profit sont au rendez-vous depuis plus de trente-deux ans ? De même, le leader mondial des logiciels d'analyse des données et de traitement statistique, SAS Institute, ne pourrait sans doute pas jouir de sa position dominante dans ce secteur si ses ressources humaines n'avaient pas des caractéristiques étonnantes de stabilité et d'implication dans une industrie où guerre des talents et attitudes mercenaires sont monnaie courante.

Ces entreprises et de nombreuses autres, comme Danone et Lafarge en France, ont mis en avant le principe d'un équilibre entre l'économique et le social dans une logique qui s'exprime dans la formule suivante : des collaborateurs heureux font des clients

1. C. O'Reilly et J. Pfeffer, *Hidden Value*, Harvard Business School Press, 2000.

heureux qui rendent les actionnaires heureux... La question centrale est ici de savoir dans quelle mesure la gestion des ressources humaines (GRH) est susceptible de créer de la valeur pour les différentes parties prenantes (clients, actionnaires...) de l'entreprise. Si la conviction d'une relation entre création de valeur et GRH est partagée par de nombreux praticiens et chercheurs, il n'en reste pas moins qu'elle n'est pas dominante si l'on en juge par la priorité donnée encore aujourd'hui à la dimension financière dans les décisions stratégiques, comme celles des délocalisations, qui font actuellement l'objet d'un débat houleux. Néanmoins peut-on affirmer, aussi bien sur un plan théorique que pratique, que de plus en plus d'arguments militent en faveur de cette relation, que ce soit par l'élargissement de la notion de création de valeur ou la prise en compte des ressources humaines dans la recherche en stratégie.

D'une vision financière à une approche élargie

La création de la valeur est, depuis toujours, au cœur des différents courants théoriques qui ont marqué le développement du champ de la stratégie. La fameuse « chaîne de la valeur » proposée par Michael Porter[1] en est l'une des manifestations les plus évidentes. Néanmoins, ce n'est qu'avec l'intérêt suscité par le concept de valeur ajoutée économique (ou EVA : *economic value added*), au début des années 1990, que l'on a commencé à fortement s'intéresser à la valeur créée principalement pour l'actionnaire. Le concept de valeur a en effet deux acceptions : « ce qui peut être mesuré » et « ce qui a une utilité », la finance s'inscrit dans la première tandis que la GRH s'ancre dans la seconde. Dans cette perspective, il est facile de comprendre pourquoi les points de vue sont difficilement réconciliables, et ceci d'autant plus que la priorité donnée à la vision financière pour satisfaire l'actionnaire s'inscrit dans le mouvement plus global du gouvernement des entreprises (ou *corporate governance*).

Georges Charreaux[2] propose la définition suivante du gouvernement des entreprises : « qui recouvre l'ensemble des mécanismes qui ont pour effet de délimiter les pouvoirs et d'influencer les décisions des dirigeants, autrement dit, qui *gouvernent* leur conduite et définissent leur espace discrétionnaire ». L'intérêt pour le phénomène du gouvernement des entreprises ne doit pas dissimuler le fait que ce dernier est une réalité depuis le début du capitalisme moderne, mais ce n'est qu'au début des années 1990 que chercheurs et praticiens ont identifié dans le gouvernement des entreprises un phénomène durable susceptible de constituer un mode nouveau de fonctionnement des entreprises. Mais ce sont aussi les scandales ayant marqué la vie des affaires en France et à l'étranger qui ont appelé un renforcement du pouvoir des actionnaires sur le pilotage de l'entreprise. Les affaires du début des années 2000 (Enron, WorldCom, Vivendi, Parmalat...) ont cependant bouleversé ces certitudes sur les modalités effectives de gouvernement des entreprises. Ce renforcement du pouvoir des actionnaires,

1. M. Porter, *Competitive Advantage*, Free Press, 1985.
2. G. Charreaux, *Le Gouvernement des entreprises, corporate governance, théorie et faits*, Economica, 1995.

depuis une quinzaine d'années, ne doit cependant occulter le fait que de plus en plus d'autres parties prenantes (ou *stakeholders*) attendent de l'entreprise d'autres formes de création de valeur. De nombreux auteurs[1] défendent une conception élargie de la création de valeur aux investisseurs, clients, salariés et/ou leurs représentants, fournisseurs, autorités de régulation... Si, pour les investisseurs, la mesure de valeur créée est constituée par l'EVA, des mesures de la valeur client ou la valeur salariée peuvent être proposées : la valeur client est l'écart entre la qualité perçue d'un produit et son prix, la valeur salariée est constituée par l'excédent de la rétribution perçue sur la contribution. Un autre signe tangible de cet élargissement du champ de la création de valeur est constitué par l'intérêt croissant porté au développement durable dans lequel la valeur sociétale devient un élément important de choix de l'investissement socialement responsable.

L'enjeu principal pour la GRH est donc d'être reconnue comme contribuant au processus global de création de valeur, une reconnaissance qui devrait être facilitée par un positionnement que de nombreux observateurs reconnaissent comme étant de plus en plus stratégique, comme le montre l'évolution de la recherche dans le champ de la stratégie.

L'apport de la recherche en stratégie

L'étude de la relation entre la création de valeur et la GRH ne fait l'objet de l'attention des chercheurs et des praticiens que depuis quelques années, dans le prolongement des travaux sur l'avantage concurrentiel. L'évolution du champ de la stratégie montre, en effet, le basculement progressif qui s'est opéré, depuis une dizaine d'années, d'une représentation externe de l'avantage concurrentiel vers une analyse interne des compétences, capacités et plus généralement des ressources difficilement construites et imitables. La théorie des compétences centrales organisationnelles (*core competencies*), proposée par Prahalad et Hamel[2], constitue l'un des premiers courants de recherche qui donnent une place prépondérante à l'organisation. Ces auteurs définissent ainsi ces compétences centrales : « elles sont l'apprentissage collectif dans l'organisation, particulièrement pour la coordination des diverses compétences de production et l'intégration de technologies multiples ». Ces compétences sont centrales lorsqu'elles procurent un accès à un grand nombre de marchés, apportent une valeur réelle aux clients et sont difficiles à imiter.

Dans une perspective très proche, une autre théorie en vogue actuellement, la théorie des ressources, élaborée par Jay Barney[3], défend l'idée que certaines ressources procurent à la firme un avantage concurrentiel durable si elles créent de la valeur, sont uniques

1. R. Ramirez et J. Wallin, *Les Inventeurs de stratégie*, Village Mondial, 2001.
2. C. K. Prahalad et G. Hamel, « The core competence of the corporation », *Harvard Business Review*, n° 68, 3, 1990, pp. 79-91.
3. J. Barney, *Gaining and Sustaining Competitive Advantage*, Addison-Wesley, 1997.

ou rares, difficiles à imiter, et non substituables. Les ressources décrites incluent tous les actifs, capacités, processus organisationnels, attributs de la firme, informations, connaissances, etc. contrôlés par une firme et qui lui permettent de concevoir et mettre en œuvre des stratégies qui améliorent son efficacité et son efficience. Ces ressources se classent en trois catégories : ressources en capital physique (usines, équipements, matières premières, technologies, localisations...), ressources en capital humain (formation, expérience, jugement et intelligence des managers et employés de la firme), ressources en capital organisationnel (structures, systèmes de planification, de contrôle et coordination, relations informelles entre groupes...). Sur la question des implications de la théorie des ressources pour la GRH, Charles-Henri d'Arcimoles[1] souligne que : « Les quatre caractéristiques pointées par Barney peuvent être celles des ressources humaines. Plusieurs remarques utiles (...) l'ambiguïté causale est particulièrement forte en gestion des ressources humaines. De nombreux phénomènes sociaux, individuels ou collectifs, sont en effet d'une complexité telle qu'il est difficile de les expliquer, et plus encore de les diriger. Dans ce contexte, un avantage concurrentiel par les ressources humaines ne se laisse pas facilement comprendre, ni imiter... »

Ce positionnement central des ressources humaines, reconnu par la recherche en stratégie, ne peut aller qu'en se renforçant dans un contexte où le capital humain et intellectuel devient de plus en plus déterminant comme le montrent Bartlett et Ghoshal[2] : « La connaissance rare et l'expertise permettent le développement de nouveaux produits, et les relations personnelles avec les clients clefs sont au cœur d'une capacité flexible de réponse aux besoins du marché. En bref, les personnes sont la ressource stratégique clef, et la stratégie doit être construite sur une base ressources humaines. »

Création de valeur et ressources humaines : une relation qui reste à établir

Un numéro spécial d'une grande revue scientifique de management, consacrée il y a quelques années au lien entre GRH et performance, soulignait dans son article introductif[3] : « les recherches présentées dans ce numéro confirment nettement la relation entre GRH et performance, suggérant le fait que les décisions RH influencent réellement la création de valeur », et pourtant on peut lire quelques lignes plus haut « il est difficile de saisir les mécanismes précis par lesquels l'interaction entre les pratiques et politiques RH crée de la valeur ». Ces citations montrent les difficultés auxquelles sont

1. C. H. d'Arcimoles, « Développement durable et création de valeur : des relations à découvrir », in *Le Développement durable, des enjeux stratégiques pour l'entreprise*, G. Férone et coll., Éditions d'Organisation, 2001, partie 2, pp. 85-171.
2. C. A. Bartlett et S. Ghoshal, « Building competitive advantage through people », *Sloan Management Review*, Winter 2002, pp. 34-41.
3. B. Becker et G. Gerhart, « The impact of human resource management on organizational performance : progress and prospects », *Academy of Management Journal*, n° 39, 4, 1996, pp. 779-801.

confrontés les praticiens et les chercheurs pour analyser la relation entre création de valeur et ressources humaines.

Pour établir cependant cette relation, le modèle (voir figure VII.1) proposé par Charles-Henri d'Arcimoles[1] apporte une clarification qui permet de mieux comprendre comment les ressources humaines sont susceptibles de créer de la valeur pour l'entreprise. Des processus RH (par exemple : management de la performance, gestion des hauts potentiels...) créent un avantage concurrentiel lié à la stratégie et à l'environnement. Cet avantage concurrentiel est à la source de la création de valeur en augmentant le rendement et en diminuant les risques.

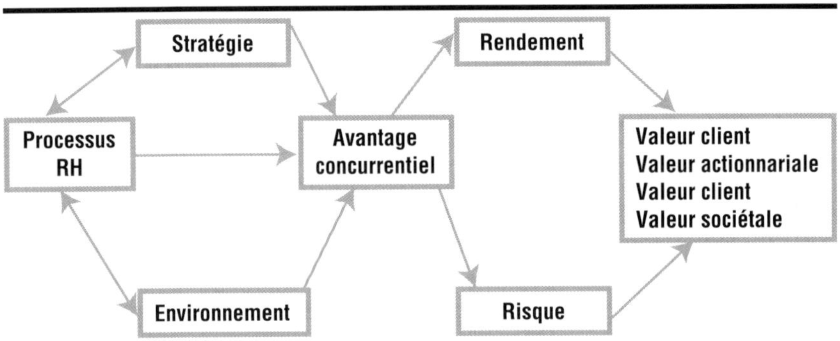

« Les Echos » / Source : Auteur

Figure VII.1 – Création de valeur et ressources humaines

Les cas cités au début de cet article (Southwest Airlines, SAS Institute) sont des illustrations de ce modèle : les processus de recrutement, de rémunération, de carrière et de formation créent un avantage concurrentiel déterminant qui permet à ces deux entreprises d'avoir un rendement (productivité) exceptionnel et un personnel impliqué, diminuant ainsi considérablement les risques sociaux. Ce qui est vrai pour ces entreprises peut l'être aussi pour n'importe quelle autre entreprise, encore faut-il que les dirigeants soient convaincus de l'importance décisive du facteur humain dans la bataille concurrentielle. La pénurie des talents, que de nombreux observateurs prédisent à l'horizon 2010, ne pourra que renforcer l'importance grandissante du capital humain, y compris aux yeux de ceux pour lesquels les ressources humaines ne constituent aujourd'hui que la cinquième roue d'un carrosse dominé par la finance, le marketing-ventes, la R & D et la technique...

1. C. H. d'Arcimoles, *Les DRH, nouveaux gérants des fonds d'investissement*, Communication présentée à l'atelier de l'Anvie (Association nationale pour la valorisation interdisciplinaire de la recherche en sciences de l'homme et de la société auprès des entreprises), le 21 mars 2002, 6 p.

51

VALEUR DE L'OFFRE : UNE RENTABILITÉ FORTE ET DURABLE

Henri de Bodinat

RÉSUMÉ

Une rentabilité élevée peut être obtenue grâce à un modèle de domination, à la Microsoft, ou de séduction, à la Coca-Cola. Mais il existe un troisième modèle, incarné par Toyota, Dell, Hermès, Lidl ou Southwest, qui consiste à optimiser la valeur de l'offre pour le client, c'est-à-dire à lui fournir une valeur maximale à un coût minimum. Complexe à mettre en œuvre, le modèle de la valeur est le plus rentable : il maximise l'écart entre prix et coûts. Et le plus robuste : l'intérêt du client et celui de l'entreprise convergent, d'où loyauté et duralité positive.

Il existe trois modèles pour obtenir une profitabilité élevée. Le premier est celui de la domination. Être le seul ou le principal concurrent sur un marché, comme Microsoft sur les systèmes d'exploitation de PC, permet d'en extraire une rente. Même si la valeur délivrée au client est médiocre par rapport au prix demandé, le client est obligé d'acheter. La domination peut d'ailleurs être conjointe entre plusieurs concurrents, comme dans l'industrie pétrolière ou la banque de détail. Elle peut être rendue possible par des protections juridiques, comme les brevets (pharmacie) ou les copyrights (musique). Dans le modèle de la domination, l'entreprise va essayer d'écarter toute concurrence, soit par des attaques ciblées, comme Microsoft, soit en obtenant du régulateur une protection prolongée, comme Air France, soit en gérant l'équilibre entre pressions du régulateur et niveau de marges, comme les opérateurs de mobile. Dans tous les cas, l'objectif est la préservation de la rentabilité en maintenant la domination. Quand les barrières à l'entrée sont suffisantes pour maintenir naturellement le monopole ou l'oligopole, l'entreprise cherchera à maximiser sa rentabilité, non en délivrant la meilleure valeur au client au moindre coût, mais en cherchant à en extraire le maximum de revenus tout en maîtrisant raisonnablement ses coûts, comme dans la banque.

Le deuxième modèle de rentabilité est la séduction. Dans la séduction, l'entreprise déconnecte la réalité du produit de la promesse faite pour le vendre. Elle peut promettre au client, ou faire pression sur lui, ou le faire rêver, pour le convaincre d'acheter. C'est la stratégie de Danone, qui capitalise sur la préoccupation santé des consommateurs en l'incorporant dans sa communication à défaut de l'intégrer réellement dans son offre (Actimel, Bio). C'est la stratégie de Citroën, produisant des voitures au design attractif, multipliant les introductions de nouveaux modèles, sans remédier à ses faiblesses sur la fiabilité ou le service des concessionnaires. C'est la stratégie d'Universal Music, surmarketant grâce à la télévision des produits musicalement quelconques, comme les albums de la Star Academy.

Un prix compétitif

Il existe enfin un troisième modèle, plus robuste, pour atteindre une rentabilité élevée et durable : le modèle de la valeur. Une entreprise suivant cette stratégie se concentre sur l'optimisation de la valeur de son offre pour son marché. Elle attire des clients en leur offrant une valeur supérieure à un prix compétitif. Elle est intelligemment généreuse. Ce modèle de la valeur, s'il est utilisé face à des entreprises pratiquant le modèle de la domination ou de la séduction, révèle toute sa puissance. C'est Toyota débarquant au pays de General Motors, Zara au pays d'Etam, iTunes au pays des majors du disque, Virgin Mobile au pays de British Telecom, ou Lidl au pays de Carrefour. Le modèle de domination expose en effet l'entreprise au risque de désertion du client quand apparaît une offre plus pertinente, comme Microsoft face à Linux. Une entreprise que ses clients n'aiment pas est une entreprise menacée. Aux États-Unis, les *low cost* ont fait apparaître en creux certains éléments insatisfaisants de l'offre des grandes compagnies aériennes, non seulement le prix, mais aussi la ponctualité, les délais d'enregistrement, le surbooking, etc. D'où les difficultés des opérateurs historiques. L'autre risque du modèle de la domination est l'intervention du régulateur, faisant pression sur les entreprises pour les forcer à réduire leurs marges, pour introduire ou renforcer la concurrence, voire décidant de démanteler l'entreprise trop dominante, comme l'a été AT & T ou comme pourrait l'être Microsoft.

Le modèle de séduction a lui aussi ses limites. L'entreprise est vulnérable au dévoilement de la réalité, soit par un usage décevant du produit, soit par l'irruption de concurrents axés sur la valeur. Ils nous ont fait rêver mais le produit ou le service est médiocre. Ils nous chouchoutent pour nous attirer, et nous abandonnent ensuite. Par exemple, ils nous ont dit que nous étions libres de nous désabonner, mais dans la pratique ils font tout pour nous bloquer (Free). Quand la réalité balaie la promesse, suivent la déception, la déloyauté, le bouche à oreille négatif, et la perte de part de marché à terme. Les ventes des disques de la Star Academy sont en chute car le public est lassé de se faire flouer. Plus généralement, le modèle de « séduction », du client-pigeon, risque de s'effriter avec la montée en puissance du consommateur averti, réfléchi, lucide, bien décidé à ne pas « se faire avoir », comparant systématiquement prix et prestations.

Le modèle de la valeur de l'offre

Ce modèle est le plus robuste mais aussi le plus difficile à mettre en œuvre. L'offre d'une entreprise est un paquet complexe d'attributs mélangeant produits physiques et services. Une automobile, par exemple, c'est beaucoup plus qu'un châssis, un moteur, une carrosserie et un intérieur. C'est aussi le service de concessionnaires, la fiabilité, le coût d'entretien, la garantie, etc.

Dans le modèle de valeur, l'entreprise est très performante sur tous les attributs importants pour le client. Les constructeurs automobiles japonais semblent ainsi avoir mieux compris que leurs concurrents que la fiabilité des véhicules et la qualité du service des concessionnaires étaient des attributs aussi importants que l'attractivité du design ou la tenue de route. Toyota a probablement un des meilleurs niveaux de service concessionnaire au monde. Résultat : les études JD Power classent régulièrement Toyota ou Honda loin devant les constructeurs européens pour la satisfaction d'utilisation.

L'entreprise doit valoriser en temps réel les attributs importants pour le client, mais aussi les produire à un coût minimum. L'hôtesse Ryanair nettoie l'avion car le client veut des avions propres et non des avions nettoyés par une société spécialisée. Les entreprises suivant ce modèle pilotent leurs coûts par la valeur client : elles taillent par exemple dans les attributs secondaires pour le client ou les dépenses sans effet sur la valeur de leur offre comme les frais de siège ou les dépenses marketing. Elles inventent parfois un processus nouveau permettant de fournir des attributs importants à un coût faible, comme Dell l'a fait pour la customisation, Wal-Mart avec son système de réapprovisionnement piloté par ses fournisseurs, ou Ikea en faisant monter ses meubles par ses clients.

La combinaison de ces deux éléments, maximisation de la valeur/optimisation des coûts est indispensable au succès d'une stratégie de valeur de l'offre. C'est d'ailleurs la combinaison de ces deux éléments qui est à l'origine de la rentabilité exceptionnelle des entreprises mettant en œuvre ce modèle : Toyota, BMW ou Nissan sont plus rentables que Volkswagen ou PSA, Zara ou Diesel plus que Naf Naf ou Etam. Southwest et Jet Blue beaucoup plus que Delta ou Air France, et Lidl et Wal-Mart plus qu'Auchan ou Casino.

Connaissance du client

Une connaissance précise des clients est une condition essentielle à la mise en œuvre réussie du modèle de valeur. Elle permet de valoriser les attributs de l'offre et de prévoir le comportement d'un client face à un certain profil d'attributs. Mais la nature et la valeur des attributs d'une offre sont mouvantes et difficiles à appréhender, même pour des entreprises jugées excellentes. IBM il y a une quinzaine d'années et General Motors ou McDonald's plus récemment ont trébuché faute d'avoir su diagnostiquer rapidement la dégradation de la valeur de leur offre face à une évolution du marché. McDonald's n'avait pas compris que les attributs de goût et de santé, sur lesquels sa performance était médiocre, allaient devenir importants non seulement pour quelques yuppies californiens mais pour une majorité de la population américaine.

Trop souvent l'entreprise croit connaître le client sans le connaître réellement. On connaît le client d'hier et non celui d'aujourd'hui. La vision du client est filtrée à travers des études faussées par la nature des questions, le scénario des interviews, les méthodes statistiques de traitement. Comme le disait récemment le COO de General Motors, Bob Lutz : « Les *consumer clinics* organisées par nos services marketing ne servent qu'à produire des voitures de consensus mou. Elles nous éloignent de nos clients... »

Cette méconnaissance du client, liée à de fausses certitudes ou à des études biaisées, peut conduire à l'échec des entreprises pourtant dotées de services marketing pléthoriques, comme McDonald's ou Coca-Cola. Elle conduit également à de faux diagnostics des problèmes vécus par l'entreprise. C'est ainsi qu'Unilever a récemment attribué son recul à un sous-investissement marketing, ou que Nokia a cru trouver une solution miracle à sa baisse de part de marché avec des campagnes de publicité mondiales. Dans les deux cas, la racine du problème vient probablement d'une dégradation de la valeur de l'offre, mais la méconnaissance du client réel bloque tout diagnostic réaliste. La connaissance des clients peut être intuitive, émaner du fondateur ou du dirigeant, comme pour Zara ou NRJ. Elle peut être consolidée par des méthodes en apparence hétérodoxes, comme celle de Michael Dell, remplaçant un jour par mois une employée de la *hot line*, celle du patron de Harley-Davidson allant aux rassemblements Harley, ou comme les visites aux ménagères du président de Colgate. Mais elle peut aussi être validée et approfondie par des méthodes rigoureuses. Alors qu'une technique comme l'analyse conjointe a une marge d'erreur de 300 %, il existe des outils opérationnels beaucoup plus précis pouvant aider une entreprise à mettre en œuvre une stratégie de valeur, comme par exemple la segmentation de l'offre, la hiérarchisation des attributs grâce au CAMM[1], ou la synthèse graphique du positionnement. (Voir l'exemple simplifié et illustratif de McDonald's aux États-Unis illustré à la figure VII.2)

Un paradigme différent

Une entreprise utilisant le levier de la valeur de l'offre se différencie de plusieurs façons de ses concurrents. Son cadre temporel est différent. Elle ne considère pas que la relation client se boucle avec la vente, mais au contraire que l'histoire commence à la vente. La clef du succès est la satisfaction à long terme du client, qui commande à la fois sa loyauté et un bouche à oreille positif. Un client loyal est un client qui ne coûte rien à recruter. Et le bouche à oreille, ou marketing viral, est la forme la plus efficace et la moins coûteuse de communication. Zara ne fait pas de publicité. Ses produits

1. CAMM ou *customer attributes management method*, méthode d'évaluation des attributs d'une offre reposant sur des interviews en profondeur de clients auxquels sont proposés des arbitrages simples, ce qui permet par chaînage de quantifier avec précision la valeur relative d'attributs à différents niveaux de qualité et de prévoir le comportement de l'utilisateur face à différentes offres *(multi-attribute utility theory)*.

Illustration : évolution de la segmentation en attributs dans le marché américain du fast-food

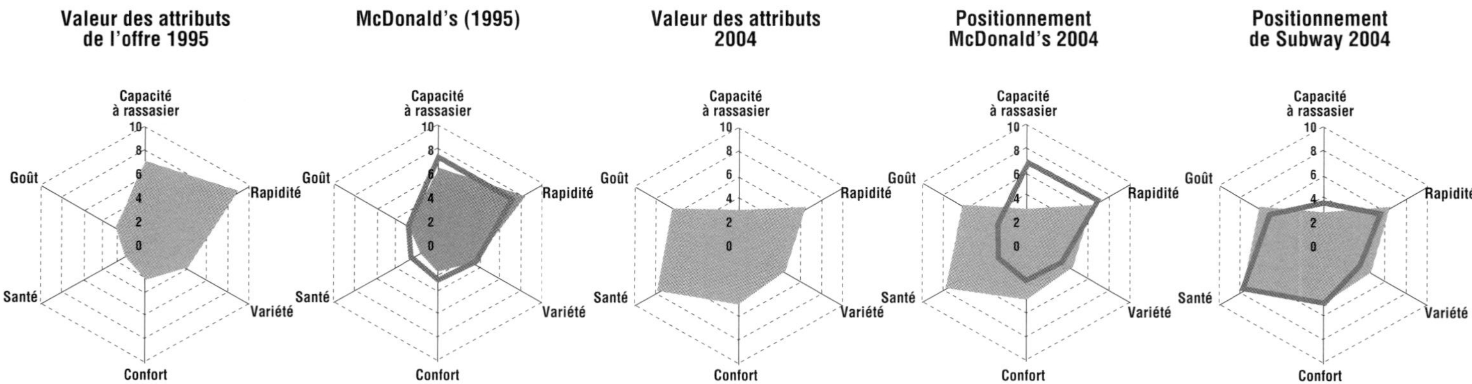

En 1995, les attributs dominants étaient la rapidité, la capacité à rassasier et le prix.	Le positionnement de McDonald's coïncidait avec cette échelle de valeur.	En 2004, le marché s'est déplacé vers la santé et le goût.	L'offre de McDonald's n'est plus alignée avec son marché.	Alors que de nouveaux entrants comme Subway ou Starbucks sont alignés.

« Les Echos » / Source : Auteur

Figure VII.2 – La courbe de valeur de l'offre

parlent. L'entreprise suivant un modèle de valeur n'a d'ailleurs pas de « clients ». Elle a des « utilisateurs » de son produit ou de son service qu'il importe de satisfaire en permanence. C'est ce que Michael Dell résume en disant « nous ne vendons pas des produits mais une *expérience client* ». Ou ce que veut exprimer Harley-Davidson en disant « nous ne vendons pas des motos mais une *ownership experience* ». Le modèle de valeur suppose une vision à long terme, une volonté farouche de satisfaire l'utilisateur, une conviction que la générosité procure des dividendes et que la pingrerie est destructrice. Neuf Telecom a bien compris que la liberté totale de sortir d'un abonnement accès Internet avait une vraie valeur pour le client et affirme sa supériorité sur Wanadoo ou Free sur cet attribut clef.

Conclusion

Pourquoi une entreprise est-elle durablement rentable ? Quel est le secret d'Essilor ou de Toyota ? Pourquoi des entreprises apparemment en bonne santé basculent-elles brutalement dans les pertes, comme Moulinex, IBM, Delta Airlines, Tati ou Universal Music ? Et pourquoi des entreprises jeunes comme Swatch, Zara, NRJ, Ryanair, Diesel ou Lidl sont-elles nettement plus rentables que leurs concurrents historiques ?

Dans ces exemples, les succès s'expliquent par une volonté et une capacité à apporter en permanence de la valeur au client, avec lucidité, générosité, frugalité et souplesse. Les échecs viennent d'un enfermement dans la domination, ou de séduction, ou d'une incapacité à comprendre réellement le client et son évolution. C'est ainsi que Coca-Cola ou Microsoft, ces icônes du capitalisme américain, sont menacés s'ils ne reviennent pas à une stratégie de valeur et s'ils s'enferment, l'un dans la domination, l'autre dans la séduction. À la différence des modèles de séduction ou de domination, la valeur de l'offre fait converger l'intérêt de l'entreprise et celui des clients, et donc l'efficacité et la moralité. D'où sa robustesse et sa durabilité.

BIBLIOGRAPHIE

H. DE BODINAT, *Un pavé dans le marketing*, Lattès, 1988.

H. DE BODINAT, Dougan et Urdl, « Product Alignment : a Key Driver of Profit and Growth », *Prism*, 1er semestre 2004.

52

CRÉER ET CAPTURER LA VALEUR : L'ESSENCE DE LA STRATÉGIE

Jean-Pierre Détrie

RÉSUMÉ

Créer de la valeur est devenu une préoccupation majeure des dirigeants. Trop souvent, cela conduit à une caricature : réduction d'effectifs, délocalisations... Bref, un ensemble de traumatismes. L'approche proposée consiste à réconcilier la finance et la stratégie. La valeur se crée, puis se capture et enfin se partage. Cela nous ramène aux fondamentaux.

La valeur est au cœur des préoccupations des analystes et des observateurs de la vie des entreprises. On s'interroge sur la capacité de Sanofi-Synthélabo de créer la valeur promise après le rachat d'Aventis autant que sur la capacité de Daimler de cesser de détruire de la valeur en investissant chez Mitsubishi ou chez Chrysler. Depuis quelques années, le concept a été monopolisé par la sphère financière. À tel point que parler aujourd'hui de valeur fait immédiatement référence aux marchés financiers. Pourtant le concept n'est pas nouveau. Souvenons-nous des méthodes d'analyse de la valeur qui ont précédé le mouvement vers la qualité totale. Et la valeur ajoutée reste un solde comptable très utilisé (notamment parce qu'il est taxé !).

Comment créer de la valeur ? C'est simple répondront les financiers : il suffit de dégager un profit supérieur au coût du capital ! Certes, mais si la valeur de L'Oréal a été multipliée par six en dix ans, c'est peut-être aussi grâce à la qualité de ses produits et de son management ! Il nous faut donc revenir aux bases : l'entreprise crée de la valeur parce qu'elle a réussi à proposer à ses clients des produits ou des services que ceux-ci sont prêts à payer plus cher que le coût de revient. C'est donc la valeur accordée par les clients à l'offre de l'entreprise qui est le point de départ. Déduisons les coûts de ce qui est acheté à l'extérieur et nous obtenons la valeur créée par l'entreprise. Pour accroître la valeur créée, deux voies sont alors possibles : accroître la valeur client ou diminuer les coûts fournisseurs. La première voie privilégie l'innovation, la seconde le rapport de force. Force est de constater que cette dernière est la plus largement utilisée. (Que font les hypermarchés pour créer de la valeur ?)

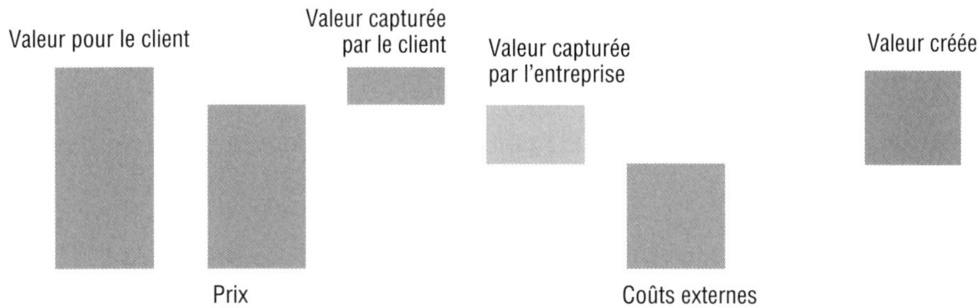

« Les Echos » / Source : Auteur

Figure VII.3 – Comment créer de la valeur ?

Mais attention, on a trop souvent tendance à confondre valeur et prix. C'est en effet au moment de la négociation du prix que se réalise la capture de la valeur, mais la création elle-même apparaît au moment de la proposition de l'offre. Prenons un exemple : une entreprise de pneumatiques met au point un nouveau produit avec lequel on peut rouler à plat sur une longue distance, à une vitesse raisonnable. Ce faisant, elle élimine le besoin d'une roue de secours, et donc, au passage, diminue de 20 % le marché de la première monte ! À quel prix proposer ce nouveau produit ? Une première approche, simpliste, consisterait à calculer le coût de revient et à ajouter une marge raisonnable. Mais ce nouveau produit peut-il être vendu plus cher que le produit traditionnel ? Si oui de combien ? Pour répondre à cette question, il est nécessaire de comprendre et d'évaluer la valeur que le client va accorder à cette nouvelle offre, c'est-à-dire le prix maximum qu'il est prêt à payer. Deux points de vue doivent alors être considérés : la place de la roue de secours devenue disponible peut-elle être utilisée par le constructeur automobile pour accroître la valeur de son produit ? Combien le client final est-il prêt à payer pour éliminer les inconvénients de la crevaison ? Les techniques disponibles d'analyse de comportement du consommateur doivent pouvoir répondre à cette seconde question. Mais répondre à la première demande de faire preuve d'une dose de créativité supplémentaire. Une fois ces réponses apportées, un premier partage de la valeur créée va s'opérer par le truchement de la négociation du prix. Bien sûr, ce prix devra être inférieur au prix maximum imaginé par le client. Mais si l'entreprise a effectivement créé de la valeur grâce à cette innovation, c'est au moment de la négociation commerciale qu'elle va pouvoir en capturer une partie plus ou moins importante. C'est cette valeur créée, puis capturée, par l'entreprise qui sera ensuite partagée entre les différents intéressés, dont les actionnaires.

C'est donc bien la valeur de l'offre pour le client qui est à la base de la création de valeur. Et c'est une bonne analyse de cette valeur qui va permettre à l'entreprise de capturer la valeur qu'elle a créée.

Pour comprendre et estimer la valeur de l'offre pour le client, deux pistes de réflexion doivent être explorées :

– Mon offre va permettre au client de faire des économies (en accroissant sa productivité par exemple). Dans ce cas, la valeur de l'offre pour le client correspond au niveau des économies réalisées.
– Mon offre permet au client d'accroître ses revenus, d'améliorer sa propre offre, de toucher des clients qu'il ne touchait pas jusqu'à présent... Dans ce cas, la valeur de l'offre pour le client correspond à la marge supplémentaire potentiellement dégagée.

Donc, en principe, la fixation du prix devrait tenir compte de la valeur de l'offre pour le client, mais aussi permettre un partage équitable de cette valeur, c'est-à-dire réserver au client une partie de la valeur créée. Ce partage est, bien sûr, fortement influencé par la situation concurrentielle.

Il est fréquent que des entreprises mettent sur le marché des innovations et laissent les clients capturer la majorité de la valeur ainsi créée. La raison apparente en est leur faible pouvoir dans la négociation (quand une entreprise moyenne s'adresse à un grand groupe, par exemple). Mais la véritable raison sous-jacente réside dans la non-analyse et donc l'incompréhension de la réelle valeur de l'offre pour le client. Ces erreurs d'analyse sont très fréquentes. La plus emblématique est certainement celle commise par Apple dans les années 1980, lorsque la société fit le choix de fermer son système d'exploitation. Tous les adeptes d'Apple vous diront que ce qui fait la valeur de ce matériel réside dans la facilité d'utilisation de son système d'exploitation et la convivialité de son interface, autrement dit dans le software, pas dans le hardware. Si Steve Jobs avait fait cette analyse et avait ouvert son système d'exploitation aux autres fabricants de hardware, Microsoft n'aurait peut-être pas été créé !

Toute stratégie gagnante doit donc prendre en compte deux préoccupations :

– Construire une offre qui permette de créer le maximum de valeur.
– Organiser le système de manière à capturer une bonne part de la valeur créée : conserver les tâches qui sont les plus génératrices de valeur et externaliser ou sous-traiter les autres.

53

ÉVALUATION FINANCIÈRE : A-T-ON ENCORE BESOIN DU WACC ?

Bruno Husson

RÉSUMÉ

Avec les nouvelles normes comptables IAS-IFRS, l'évaluation financière et tout particulièrement la méthode DCF rentrent en force dans le processus d'élaboration des comptes consolidés. Une perspective préoccupante compte tenu de l'absence de consensus sur la détermination du taux d'actualisation, un paramètre clef de la méthode DCF bien connu des financiers sous le sigle anglo-saxon de WACC.

La pratique de l'évaluation d'entreprises a beaucoup évolué ces dix dernières années. Il suffit, pour s'en convaincre, d'observer l'éventail des méthodes utilisées dans les retraits obligatoires en Bourse. Il y a moins de dix ans, les évaluations reposaient encore fréquemment sur des modèles actuariels de dividendes (Gordon Shapiro, tables de Bates). Aujourd'hui, ces méthodes traditionnelles ont été largement supplantées par une approche plus sophistiquée fondée sur l'actualisation des flux de trésorerie disponibles, que les financiers dénomment couramment méthode DCF pour *discounted cash flows*.

Devenue incontournable, cette méthode requiert notamment la détermination d'un taux d'actualisation. Paramètre clef de la méthode, ce taux est défini dans les manuels de finance d'entreprise comme le coût moyen pondéré du capital ou WACC (*weigthed average cost of capital*). Dès lors, la question posée dans le titre du présent article apparaît pour le moins incongrue, mais en réalité pas tant que cela. Certes, tout le monde s'accorde sur la définition générale du concept : le WACC est la moyenne, pondérée par les valeurs de marché, entre le coût des capitaux propres et le coût après impôt de l'endettement. Pour autant, il n'existe aucun consensus sur les modalités de calcul, si bien que le WACC recouvre dans la réalité des pratiques très diverses. En témoigne la très large fourchette de WACC observés dans les opérations de retrait de la cote initiées depuis trois ans (environ 6 % à 16 %), qui traduit manifestement au moins autant des désaccords méthodologiques chez les évaluateurs que des écarts de risque ou de structure financière dans les sociétés évaluées. Bien plus, avec la prochaine entrée en vigueur des normes IAS-IFRS qui imposent l'évaluation périodique des *goodwill*, les entreprises européennes cotées en Bourse, et par ricochet leurs commissaires aux comptes, vont eux aussi devenir des utilisateurs réguliers du WACC. Après les scandales liés à des malversations comptables et à un moment où tout est fait pour restaurer la confiance des investisseurs, il n'est pas concevable que le désordre méthodologique actuel sur le WACC soit source d'incertitude et de volatilité sur les valeurs comptables.

Le WACC n'est pas la panacée universelle

Un large consensus existe chez les évaluateurs sur les déterminants de la valeur : la rentabilité et la croissance de l'activité (qui conditionnent les flux de trésorerie futurs), le loyer de l'argent (qui traduit la rémunération temporelle de l'argent), le degré de risque systématique de l'activité (qui exclut cette fraction du risque total éliminée par la diversification des portefeuilles individuels) et la structure financière (qui détermine les économies fiscales résultant de la déductibilité des frais financiers du résultat imposable des entreprises). Tous ces paramètres doivent être intégrés de façon explicite dans le processus d'évaluation.

Or, cet impératif se trouve extraordinairement simplifié par le WACC, ce qui explique la grande popularité de l'outil chez les évaluateurs. En effet, le WACC permet d'intégrer simultanément tous les déterminants de la valeur à l'exception de ceux relatifs aux flux de trésorerie futurs, soit trois des cinq paramètres identifiés ci-dessus :

- le loyer de l'argent sous la forme d'un taux sans risque ;
- le coût du risque non diversifiable sous la forme d'une prime de risque ;
- l'impact de l'endettement à travers une pondération du coût des financements utilisés.

Cette incomparable efficacité du WACC n'a pour autant rien de miraculeux : elle va de pair avec des hypothèses restrictives, notamment sur le risque et la structure financière, qui s'accommodent rarement de la complexité du monde réel. Or, s'agissant du risque et de la structure financière, ces deux paramètres peuvent tout aussi bien être intégrés dans l'évaluation d'une activité par un ajustement du taux d'actualisation, ce que propose la méthode usuelle du WACC, que par un ajustement des flux de trésorerie eux-mêmes, ce que proposent les deux méthodes évoquées ci-après, la méthode de l'équivalent certain (pour l'intégration du risque) et la méthode de la valeur actuelle nette ajustée (pour la prise en compte de la structure financière).

La prise en compte du risque

Du seul fait du mécanisme de l'actualisation, l'utilisation du WACC suppose implicitement que le risque augmente avec le temps, car la rémunération du risque qui est mécaniquement intégrée dans l'évaluation (*via* l'utilisation d'un taux intégrant une prime de risque) croît avec le temps. À titre d'illustration, considérons l'évaluation d'un projet supposé générer des flux sur une très longue période (concession autoroutière par exemple). L'utilisation d'un taux de 7,3 %, intégrant un taux sans risque de 4,3 % et donc une prime de risque modique de 3 %, conduit implicitement à appliquer au seul titre du risque un abattement de 24 % sur le flux de la dixième année. Ce coefficient d'abattement aura doublé quatorze années plus tard pour s'établir à 48,9 % et même triplé pour atteindre 72,9 % si on laisse encore passer vingt et un ans.

Plusieurs scénarios

Dans la pratique, de tels abattements sont rarement justifiés par les caractéristiques des projets et des activités évalués, et cela d'autant moins que le risque pris en compte dans le taux d'actualisation est le risque systématique (ou risque non diversifiable) du projet, le risque spécifique (ou risque diversifiable) étant déjà intégré dans les flux espérés à travers la construction de plusieurs scénarios probabilisés (typiquement hypothèses haute, moyenne et basse). D'où l'intérêt de la démarche consistant à intégrer le risque systématique dans les flux en abattant les flux espérés pour obtenir ce que la théorie financière appelle des « flux équivalents certains » (voir encart ci-dessous).

Le risque peut être intégré dans le taux d'actualisation ou dans les flux de trésorerie

La méthode usuelle ajuste le taux d'actualisation *via* l'adjonction d'une prime de risque au taux d'intérêt sans risque ; les paramètres risque et temps sont intégrés simultanément dans un seul taux d'actualisation risqué (chemin (a) de la figure VII.4). Une méthode alternative ajuste les flux de trésorerie eux-mêmes

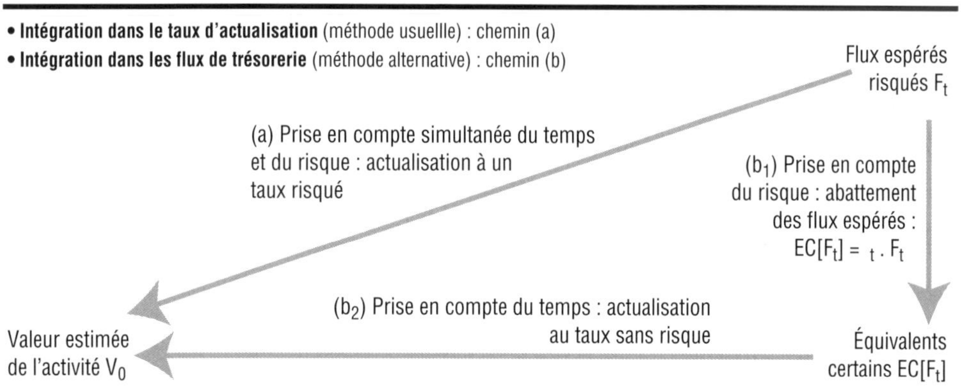

« Les Echos » / Source : Auteur

Figure VII.4 – Méthodes d'intégration du risque

en calculant des flux équivalents certains ; les paramètres risque et temps sont intégrés successivement et selon des méthodologies distinctes (chemin (b) de la figure VII.4). Concrètement, la méthode usuelle revient à actualiser des flux « raisonnablement optimistes » (les flux espérés) à un taux d'actualisation risqué, tandis que la méthode alternative revient à actualiser des flux « pessimistes » (les flux équivalents certains) à un taux sans risque.

Sur un plan purement théorique, cette méthode alternative semble plus fondée que la méthode du WACC, car elle évite tout amalgame en traitant séparément les problématiques relatives à l'intégration du temps, d'une part, et à l'intégration du risque, d'autre part. Sur le plan pratique, cette méthode, qui ne fait aucune hypothèse *a priori* sur l'évolution du risque dans le temps, contraint l'évaluateur à s'interroger sur le profil de risque de l'entité évaluée. Pour autant, la réponse apportée à cette question est subjective et conduit rarement à la détermination précise de coefficients d'abattement. Par la suite, l'évaluation d'une activité selon cette méthode alternative revient le plus souvent à actualiser les flux donnés par une hypothèse basse (assimilés aux équivalents certains) à un taux logiquement égal ou voisin du taux sans risque.

L'impact de la structure financière

L'utilisation du WACC conduit d'abord à reconnaître que l'endettement a un impact positif sur la valeur des actifs financés. Depuis les deux articles fondateurs de Modigliani et Miller (1958 et 1963), le sujet a été largement débattu dans le milieu académique. Or aujourd'hui, si un timide consensus émerge, c'est pour affirmer la neutralité de la structure financière sur la valeur des actifs, et ceci en raison de deux éléments non pris en compte dans l'analyse traditionnelle du WACC :

- La fiscalité personnelle de l'actionnaire qui, à l'opposé de la fiscalité sociale, est plus favorable au revenu des actions qu'au revenu de la dette.
- Les coûts de faillite et plus généralement les coûts de gestion de la dette qui, à mesure de l'augmentation du levier financier, viennent tôt ou tard contrebalancer les éventuelles économies fiscales.

Par ailleurs, nonobstant cette controverse académique sur le fond, l'utilisation du WACC va de pair avec deux hypothèses gênantes en pratique. Tout d'abord, la structure financière est supposée constante en valeur sur toute la durée de vie de l'entité évaluée, ce qui paraît d'autant moins probable que la structure financière de départ est endettée (situation des LBO en phase de démarrage par exemple). Ensuite, seules les économies fiscales générées par les frais financiers sont prises en compte, si bien que sont ignorés d'autres impacts (positifs ou négatifs) des financements mis en place comme par exemple une bonification de taux d'intérêt ou encore les coûts d'un appel au marché financier ou bancaire. Pour pallier ces deux lacunes du WACC, la méthode de la valeur actuelle nette ajustée se refuse tout simplement à intégrer l'impact du financement dans le taux d'actualisation en proposant un processus d'évaluation en deux étapes :

– Estimation de la valeur économique stricto sensu de l'activité évaluée en actualisant les flux générés au taux de rentabilité requis par les actionnaires en l'absence d'endettement (ci-après dénommé « coût d'opportunité du capital »).
– Détermination de l'impact des modalités de financement en estimant séparément la valeur des différents éléments précités (économies fiscales, frais d'émission...).

Ainsi, tant pour la question du risque que pour la question du financement, il existe bien des alternatives au WACC. Pour autant, le WACC reste le taux de référence des praticiens de l'évaluation, car c'est un instrument d'autant plus commode qu'il est aisément manipulable en raison des nombreux pièges réservés par son estimation et qui sont à l'origine du désordre méthodologique relevé plus haut.

Le WACC repose sur des choix méthodologiques multiples et souvent contestables

La détermination usuelle du WACC procède d'une démarche en deux étapes, intégrant d'abord le prix du temps et le coût du risque pour déterminer le coût d'opportunité du capital, puis l'impact du financement pour obtenir le WACC.

La première étape s'appuie traditionnellement sur le modèle d'équilibre des actifs financiers (Médaf ou CAPM pour *capital asset pricing model*), et ceci en dépit des critiques adressées à l'encontre de ce modèle d'évaluation monopériode (par exemple, légitimité d'une utilisation dans un cadre multipériode pour l'évaluation d'actifs). D'après le Médaf, la prime de risque à ajouter au taux sans risque pour obtenir le coût d'opportunité du capital d'une activité est égale à la prime de risque moyenne anticipée sur le marché boursier (ci-après « prime de marché ») multipliée par le coefficient bêta (ci-après « bêta ») de l'activité concernée, lequel mesure le risque non diversifiable de cette activité (*in extenso* sa contribution au risque global du marché). En raison des nombreuses difficultés soulevées par l'estimation de ces deux paramètres, prime de marché et coefficient bêta, cette première étape est la plus délicate du long processus conduisant à la détermination du WACC (voir encart ci-dessous).

La détermination du WACC

1. Détermination du loyer de l'argent (ou taux d'intérêt sans risque).

2. Estimation usuelle du bêta de l'activité évaluée selon la démarche analogique suivante :

– constitution d'un échantillon de sociétés cotées « comparables » dont les activités sont similaires à l'activité évaluée ;
– estimation du bêta des actions des sociétés comparables à partir des cours boursiers ;

- estimation du bêta de l'activité en « désendettant » les coefficients bêta précédents, ce qui implique de formuler une hypothèse à propos de l'impact de l'endettement sur la valeur des actifs.

3. Estimation de la prime de risque moyenne anticipée sur le marché boursier.

4. Calcul du coût d'opportunité du capital.

5. Choix d'une structure de financement cible exprimée en valeur de marché.

6. Calcul du WACC :

- calcul direct *via* un ajustement à la baisse du coût d'opportunité du capital conformément à l'hypothèse formulée à l'étape 4 ;
- calcul indirect à partir de la formule traditionnelle du coût moyen pondéré du capital, ce qui requiert au préalable d'estimer le coût des capitaux propres en réendettant le coefficient bêta obtenu à l'étape 4.

La prime de marché

Définie par l'écart entre la rentabilité anticipée sur le marché des actions et le taux sans risque, la prime de marché n'est pas directement observable. Dans la pratique, elle fait l'objet d'estimations concurrentes dans le cadre de deux démarches distinctes, l'une historique et l'autre prospective. La démarche historique consiste à mesurer l'écart de rentabilité annuellement observé dans le passé entre un portefeuille d'actions et un portefeuille d'emprunts d'État. Comme dans toute démarche visant à estimer une variable anticipée à partir de données historiques, la fiabilité de l'estimation fournie par la moyenne des primes de marché ainsi observées dépend au premier chef de la stabilité de cette prime dans le temps. Or, une recherche empirique récente portant sur la totalité du siècle dernier montre à la fois une forte volatilité des primes de marché annuelles et une baisse tendancielle de la prime sur la seconde moitié du siècle[1], deux phénomènes qui rendent peu significatives les moyennes obtenues.

Ces faiblesses de la démarche historique confortent *a priori* la légitimité de la démarche prospective. Celle-ci consiste à déterminer le taux de rentabilité attendue sur un échantillon de sociétés cotées sur la base des cours boursiers actuels et des flux futurs espérés. La pertinence de l'estimation ainsi obtenue dépend principalement des deux conditions suivantes :

- consistance entre l'information reflétée dans les cours boursiers et celle effectivement intégrée dans les prévisions ;
- qualité des prévisions à court terme et surtout caractère réaliste des extrapolations à moyen-long terme.

Difficiles à appréhender dans la pratique, ces deux éléments sont à l'origine de la variabilité et de la relative dispersion des primes de marché calculées mensuellement par certains bureaux d'étude. Une étude académique fait néanmoins exception en

1. Elroy Dimson, Paul Marsh et Mike Staunton, *Triumph of the Optimists*, Princeton, 2002.

affichant un niveau de prime voisin de 3 % et remarquablement stable dans le temps[1], ceci à partir d'un modèle d'évaluation fondé sur la notion de superbénéfices qui a l'avantage d'éviter la forte sensibilité des modèles classiques de dividendes au taux de croissance à l'infini.

Il reste que l'approche prospective directe, fondée sur l'utilisation de données prévisionnelles à court terme et l'extrapolation de ces données sur le moyen-long terme, est particulièrement lourde à mettre en œuvre. De plus, l'information donnée par les bureaux d'études utilisant cette approche ne permet généralement pas d'apprécier la pertinence des estimations publiées en s'assurant notamment du bon respect des deux conditions exposées plus haut. Mais surtout, l'estimation de la prime de marché donnée par cette approche dépend très largement du niveau relatif des cours boursiers et plus généralement de la psychologie ambiante du marché à la date de l'estimation. Autrement dit, on ne peut écarter l'hypothèse que la prime de marché enregistre de fortes variations sur courte période. Ainsi, nul doute que la baisse significative des marchés boursiers enregistrée au lendemain du 11 septembre 2001 ou encore dans les semaines précédant le déclenchement des hostilités en Irak au printemps 2003 traduit une augmentation sensible de la rentabilité exigée par les investisseurs. Symétriquement, après que les périls redoutés ont été ramenés à leur juste proportion, la remontée des indices traduirait alors une réduction des exigences des investisseurs. De telles variations de la prime de marché sur des périodes limitées à quelques semaines ou quelques mois ne doivent pas être confondues avec la tendance de long terme.

Dans le contexte spécifique de l'évaluation d'une activité, il apparaît souhaitable de privilégier une estimation de la prime de marché sur le long terme plutôt que les estimations « spot » de l'approche prospective. Une telle estimation peut être obtenue en ajustant les primes de marché historiques. Les études récentes ayant adopté cette troisième approche convergent vers une estimation de la prime de marché d'environ 4 %[2], soit un niveau notablement inférieur à celui donné par l'approche historique et similaire à celui retenu aujourd'hui par la plupart des analystes *sell side* des banques d'affaires.

Le coefficient bêta

Le bêta de l'entité évaluée est traditionnellement estimé selon une approche analogique[3] avec les trois étapes suivantes :

– identification de sociétés cotées engagées dans des activités comparables à l'activité évaluée ;

1. J. Claus et J. Thomas, « Equity premia as law as three percent », *Journal of Finance*, October 2001.
2. Voir par exemple Eugene F. Fama et Kenneth R. French, « The equity premium », *Journal of Finance*, April 2002 et Robert D. Arnott et Peter Bernstein, « What risk premium is *Norma* ? », *Financial Analysts Journal*, March-April 2002.
3. Une démarche alternative, plus rarement mise en œuvre, consiste à estimer le bêta de l'entité évaluée à partir de critères qualitatifs prédéfinis (sensibilité à la conjoncture économique générale et degré de levier opérationnel, par exemple).

- estimation du bêta des actions émises par ces sociétés ;
- estimation du bêta économique des activités sous-jacentes en « désendettant » les coefficients bêta précédents.

La mise en œuvre de chacune de ces étapes soulève de réelles difficultés, parfois perçues comme autant de sources de flexibilité permettant d'obtenir le bêta et ensuite le WACC requis pour attribuer à l'entité évaluée un niveau de valorisation défini *a priori*.

Première étape, la constitution d'un échantillon de sociétés comparables exige la définition de critères de sélection. L'appartenance au même secteur d'activité est le premier critère retenu dans la pratique, car ce critère intègre *a priori* le mieux la plus ou moins grande dépendance du volume d'affaires de l'entité évaluée à la conjoncture économique générale. Mais un premier écueil surgit immédiatement : comme les sociétés cotées sont généralement des entreprises ayant atteint un certain stade de maturité, il est rare qu'elles soient restées des *pure players* engagés dans un seul secteur d'activité. Bien plus, à supposer que de vrais comparables aient été identifiés, il est fréquent que les stratégies de développement au sein d'un même secteur d'activité diffèrent notablement d'une entreprise à l'autre. À titre d'illustration, une première entreprise aura pu opter pour une intégration poussée de sa production vers l'amont, tandis qu'une seconde aura jugé préférable de sous-traiter la majeure partie de la fabrication de ses produits. Dans le premier cas, l'existence d'un levier opérationnel élevé viendra amplifier les fluctuations de la conjoncture (bêta élevé), alors que dans le deuxième cas la flexibilité de la structure de coûts permettra sans doute de les atténuer (bêta plus modéré).

Deuxième étape, l'estimation du bêta des actions des sociétés comparables, qui s'appuie sur une régression linéaire réalisée à partir de séries historiques de cours boursiers et d'indices de marché, soulève de nombreuses questions : durée de la période de référence (un, deux, trois ans ou plus), fréquence des données historiques de cours (journalière, hebdomadaire, mensuelle), choix de l'indice de marché de référence (régional, international). Or, force est de constater que les estimations obtenues et leur degré de pertinence (mesuré statistiquement par le coefficient R2 de la régression) varient fortement en fonction des options retenues. Les manuels de finance d'entreprise recommandent plutôt l'utilisation de données mensuelles sur une période de trois à quatre ans. Mais une telle recommandation rentre elle-même en contradiction avec une autre observation relevée dans les mêmes manuels et portant sur l'instabilité des coefficients bêta dans le temps, phénomène d'autant plus troublant qu'il ne semble pas seulement résulter de l'évolution des caractéristiques de l'entreprise (modification du périmètre d'activités, de la structure financière...).

Troisième et dernière étape, le désendettement des bêtas obtenus à partir des cours boursiers est une étape obligée pour estimer le bêta économique des activités sous-jacentes, car le bêta d'une action est nécessairement impacté par le levier financier. Mais dans quelle proportion ? Cette question renvoie à la controverse évoquée plus haut à propos de l'impact de l'endettement sur la valeur des actifs, la diversité des réponses apportées se traduisant par la multiplicité des formules de désendettement disponibles.

Au total, la grande confusion qui règne dans la pratique permet au bout du compte de cautionner une fourchette de bêtas (et donc de WACC) d'autant plus large que le calcul peut s'appuyer sur une palette étendue de formules (dont les fondements ne sont pas toujours connus des utilisateurs) et de structures financières judicieusement sélectionnées parmi les sociétés comparables.

Quand les comptables interpellent les financiers

Et finalement que reste-t-il du WACC, après cette analyse plutôt critique tant des fondements méthodologiques que des modalités de calcul ? À l'instar des modèles actuariels de dividendes aujourd'hui supplantés par la méthode DCF, il ne faut pas craindre d'affirmer que le concept et sa force didactique demeurent, mais que l'outil d'évaluation a vécu.

Grâce au WACC, les étudiants en finance d'entreprise comprennent que la politique de financement est un jeu à somme nulle qui ne crée pas de valeur : la rentabilité exigée sur les actifs correspond simplement et logiquement à la moyenne pondérée des rentabilités exigées par les différentes catégories de bailleurs de fonds (actionnaires, porteurs d'obligations convertibles, banquiers juniors et seniors…) en fonction des risques contractuellement encourus. En revanche, à cause du WACC, les praticiens de l'évaluation peuvent commettre des erreurs d'appréciation d'autant plus larges que le risque et/ou le levier financier de l'entité évaluée sont élevés (et mouvants dans le temps), ce qui n'est pas le moindre des paradoxes pour un outil d'évaluation précisément destiné à intégrer ces deux paramètres de la façon la plus simple qui soit.

Il reste que la méthode DCF requiert un taux d'actualisation et que cette question revêt aujourd'hui une importance accrue en raison du rôle central que cette méthode est amenée à jouer dans l'élaboration des comptes consolidés selon les nouvelles normes IAS-IFRS. De manière inattendue, et sans que l'on puisse vraiment dire si l'intention était préméditée ou non, le normalisateur comptable s'interroge lui aussi sur la légitimité du WACC. S'agissant du risque, la norme IAS 36 relative à la dépréciation des actifs insiste sur la cohérence nécessaire qui doit exister entre les flux de trésorerie et le taux d'actualisation ; elle met ainsi en garde contre un double comptage du risque en précisant que « le taux d'actualisation utilisé pour mesurer la valeur d'usage d'un actif ne doit pas intégrer des risques pour lesquels les flux de trésorerie estimés ont été ajustés » (& 56). En ce qui concerne la structure financière, la même norme est encore plus explicite dans sa remise en cause du WACC en affirmant que « le taux d'actualisation est indépendant de la structure financière de l'entreprise (…), car les flux de trésorerie attendus d'un actif ne dépendent pas de la façon dont l'entreprise a financé cet actif » (& A19).

Le WACC comme outil d'évaluation a donc vécu. Bien plus, on aurait tort de lui chercher un substitut universel, tant il est vrai que l'évaluation financière est plus un art qu'une science avec la nécessité de définir à chaque fois la démarche et les méthodes appropriées au cas d'espèce analysé.

54

CROISSANCE RENTABLE, CROISSANCE SOUTENABLE ET LEVIER FINANCIER

Antoine Hyafil

RÉSUMÉ

Une croissance est rentable lorsque l'entreprise crée de la valeur pour ses actionnaires. Elle est soutenable lorsque son financement n'implique pas des recours répétés à ces derniers. La rentabilité des capitaux employés a un impact direct sur la création de valeur et sur le taux de croissance. En dehors d'effets fiscaux aujourd'hui minimisés, et dans les limites que la prudence impose, le levier financier n'a qu'un impact indirect sur la valeur, à travers la façon dont il peut accélérer la croissance.

Pour chaque classe de risque, les exigences de rentabilité des bailleurs de fonds résultent de la confrontation entre la demande de fonds par les porteurs de projets et le désir des épargnants de différer leur consommation présente afin de se ménager un patrimoine, dont dépendra partiellement leur capacité à consommer dans le futur.

Dans la plupart des pays industrialisés, la souscription à un emprunt d'État est considérée comme un placement sans risque. La rentabilité que l'épargnant est en position d'exiger d'un tel placement dépend à la fois de l'ampleur des besoins de financement de l'État et du degré d'inquiétude des épargnants quant à la retraite dont ils disposeront dans le futur. Plus le déficit budgétaire est important, plus l'État doit proposer une rentabilité importante pour attirer les épargnants. Plus l'inquiétude des épargnants est forte, moins la rentabilité qu'ils sont en position d'exiger est élevée. L'hypothèse traditionnelle de « préférence pour la liquidité » suppose qu'ils sont en position d'exiger une rentabilité sans risque excédant le taux d'inflation. Si le déséquilibre des régimes de retraite dans les pays industrialisés s'accentue, une « préférence pour la solidité » pourrait apparaître, qui amènerait les épargnants à accepter une rentabilité sans risque inférieur à l'inflation.

Les épargnants peuvent également accepter de différer leur consommation présente pour investir dans des placements risqués. Ils n'orienteront cependant leur épargne vers ces derniers que s'ils en escomptent une rentabilité supérieure à celle d'un placement sans risque. Comme précédemment, la prime de risque que les épargnants seront en position d'exiger dépendra de la confrontation entre une demande de fonds (celle des entreprises envisageant d'investir dans des projets risqués) et une offre de fonds (celle des épargnants acceptant un certain degré d'incertitude quant au niveau potentiel de leur consommation future).

Cette prime de risque sera plus ou moins élevée au fil du temps selon l'abondance des projets, les perspectives de rentabilité de ces derniers, et la perception par les épargnants du risque qu'ils encourent.

Les exigences de rentabilité des épargnants ne sont donc pas le reflet de leurs espérances les plus folles, mais le résultat d'un rapport de force, déterminé par des conditions économiques objectives, et par l'évolution de la perception du risque encouru. Dans les principaux pays industrialisés, avec des taux d'intérêt sur les obligations d'État proches de 4 %, et une prime de risque moyenne sur les actions de sociétés cotées sur les premiers marchés de 5 % à 6 %, la rentabilité qu'un épargnant est en position d'exiger sur un portefeuille bien diversifié d'actions de ces sociétés ne saurait excéder 10 % par an, soit un chiffre très inférieur aux 15 % souvent évoqués.

La création de valeur

À tout moment, la rémunération qu'un employé est en position d'exiger dépend de l'équilibre du marché du travail pour des personnes de même qualification. La capacité d'une entreprise à se développer sur le long terme dépend de sa capacité à dissuader ses meilleurs employés de le quitter.

Pour ce faire, la théorie du « salaire d'efficience » implique que les entreprises ont intérêt à pratiquer des rémunérations supérieures à celles que leurs employés sont en position d'exiger. Elles créent ainsi de la valeur pour leurs employés. L'intérêt qu'ont leurs dirigeants à adopter une telle pratique dépend bien entendu du degré de qualification des employés en question, et du degré de tension qui existe, pour cette qualification, sur le marché du travail.

Lorsque le travail peut être assimilé à une marchandise indifférenciée, l'intérêt qu'ont les dirigeants à créer de la valeur pour leurs employés est faible, voire inexistant. Lorsque, au contraire, le contrat de travail s'apparente à un investissement en « capital humain », la création de valeur pour les employés devient une condition d'un développement durable. L'un des enjeux les plus importants des décennies à venir est évidemment de créer les conditions pour que tout contrat de travail puisse être considéré comme un investissement en capital humain.

Créer de la valeur pour le client procède de la même démarche : une entreprise assure son avenir à long terme dès lors qu'elle est capable de proposer le produit qu'elle fabrique pour un prix inférieur à celui pratiqué par les concurrents, ou un produit de qualité supérieure à celle qu'offrent les concurrents pour le même prix que celui de ces derniers.

« Plus que le minimum », tel est donc le socle de la création de valeur : et l'on pense irrésistiblement à telle publicité pour une barre de chocolat où un coup de coude donné à celui qui verse les cacahuètes ou les noix de cajou résulte immanquablement en un surplus de ces dernières. Ce qui est vrai pour les salariés et les clients est vrai, dans certains cas, pour les fournisseurs (lorsque les fournisseurs sont étranglés, la consolidation du secteur amont qui s'ensuit inverse le rapport de force). C'est vrai pour l'environnement (les clients se détournent d'une entreprise qui endommage ce dernier). C'est enfin vrai pour les actionnaires : si ces derniers ne sont pas en position d'exiger une rentabilité supérieure à celle qui résulte de l'équilibre entre l'offre et la demande de fonds, il est néanmoins utile pour le développement à terme de l'entreprise qu'ils bénéficient d'un surcroît de rentabilité. Ce surcroît augmente la valeur des actions, ce qui protège l'entreprise de l'appétit des prédateurs et lui permet de battre sa propre monnaie lors de l'acquisition d'un concurrent.

La mesure de la création de valeur pour l'actionnaire

Plusieurs mesures de la création de valeur pour l'actionnaire sont envisageables. Lorsque l'on considère un projet d'investissement, la plupart des entreprises calculent un taux de rentabilité interne (TRI) qu'elles comparent au coût du capital (CoC) résultant des exigences de rentabilité des bailleurs de fonds.

La différence mesure, en pourcentage, la création de valeur anticipée pour les actionnaires pendant la durée de vie du projet. Une mesure plus appropriée est la valeur actuelle nette (VAN). Cette dernière mesure la différence entre le prix maximum que les bailleurs de fonds seraient disposés à débourser pour acquérir les droits sur les flux de liquidités engendrés par le projet au fil du temps, et le montant qu'il faut d'abord investir pour engendrer ces flux. Ce dernier correspond à des immobilisations ou des stocks, enregistrés, en comptabilité, pour leur valeur d'acquisition : c'est donc la valeur comptable de l'investissement. Le prix maximum que les bailleurs de fonds sont disposés à payer pour acquérir les droits sur les flux futurs représente la valeur de marché de l'investissement.

La VAN représente donc la différence entre une valeur de marché et une valeur comptable. Cette différence (ou le ratio valeur de marché/valeur comptable) est parfois également utilisée pour mesurer la création de valeur au niveau de l'entreprise dans son ensemble : on parle alors parfois de *market value added* (MVA) ou de *market to book ratio*. Cette extension à l'entreprise tout entière d'une mesure traditionnellement utilisée dans le cadre de l'évaluation des investissements n'est pas inintéressante conceptuellement, mais présente peu d'intérêt opérationnel : les dirigeants des unités opérationnelles ont en effet du mal à évaluer l'impact de leurs actions sur une valeur de marché qui fluctue souvent en raison de facteurs sur lesquels ils n'ont guère prise. Quant à l'impact qu'ils pourraient avoir sur la valeur comptable, certains scandales récents confirment qu'il est préférable qu'ils y regardent à deux fois ! Le concept a néanmoins un intérêt lorsqu'on le relie à une autre mesure de la création de valeur : le profit économique.

Le profit économique mesure la création de valeur au cours d'une période donnée, compte tenu des capitaux employés au cours de la période. Il est égal à la différence entre le résultat d'exploitation engendré ou anticipé (auquel on applique un impôt normatif) et le résultat minimum qu'il eût fallu ou qu'il faudra engendrer pour tout juste satisfaire les exigences de rentabilité des bailleurs de fonds. Ce résultat exigé est égal au coût du capital (CoC) multiplié par le montant des capitaux employés (CE). Le résultat engendré ou anticipé est souvent désigné par les initiales NOPAT (de l'anglais *net operating profit after tax*). Le profit économique, ou création de valeur au cours d'une période, est donc égal à : (Nopat – CoC) × CE. Fréquemment, on fera apparaître explicitement la rentabilité des capitaux employés (RoCE = Nopat/CE). La création de valeur au cours d'une période ou profit économique s'écrit alors : (RoCE – CoC) × CE.

L'intérêt de cette mesure comptable et ponctuelle du profit économique est double :

– Il est facile de montrer que la différence entre valeur de marché et valeur comptable est égale à la somme actualisée des profits économiques. La mesure globale de la création de valeur est donc une fonction des créations de valeur périodiques.
– Un dirigeant d'unité opérationnelle comprend comment, en maximisant ses marges ou en gérant mieux ses capitaux, il peut augmenter la rentabilité de ces derniers, et donc, à coût du capital donné, le profit économique engendré par son unité. Il peut donc être évalué et récompensé (sous réserve d'un certain nombre de précautions) en fonction de sa contribution à la création de valeur.

La croissance

Pour la plupart des entreprises, et c'est là un progrès, la croissance n'est plus un objectif en soi. On recherche désormais la croissance rentable. Cette quête a un rapport étroit avec l'évaluation de la valeur créée. Une entreprise envisageant une expansion de ses activités par croissance interne ou externe doit évidemment évaluer la VAN du projet d'expansion. Compte tenu de ce qu'une promesse de création de valeur importante, mais lointaine, est accueillie avec scepticisme par les marchés financiers (et il serait arrogant de le leur reprocher), les dirigeants sont désormais attentifs à ce que la croissance recherchée ne dégrade pas significativement l'écart entre rentabilité engendrée et rentabilité exigée (le *spread*) au cours des premières années du projet. Dans cette perspective, une croissance rentable est celle qui s'appuie sur l'avantage concurrentiel construit par l'entreprise, et qui permet donc d'augmenter les capitaux employés tout en maintenant le *spread*. Dans certains cas, une décroissance rentable peut être envisagée. C'est le cas lorsque l'élagage des activités peu rentables permet d'augmenter le *spread* suffisamment pour que soit compensée la diminution du niveau des capitaux employés. La dictature du RoCE, c'est d'abord RoCE > CoC, c'est ensuite l'analyse des effets à moyen terme de la croissance ou de la décroissance sur le produit (RoCE – CoC) × CE.

La croissance ne doit pas seulement être rentable, elle doit être soutenable. On peut donner plusieurs sens à ce terme. L'un des sens possibles est que cette croissance soit autofinancée, c'est-à-dire que les flux engendrés par les opérations (investissements compris) soient positifs. En reprenant la terminologie utilisée précédemment, il est facile de montrer que ce résultat est atteint lorsque le profit opérationnel après impôt est supérieur à la variation des capitaux employés : Nopat > var CE, ou, de façon équivalente, en divisant chaque terme de l'inégalité par le montant des capitaux employés, RoCE > taux de croissance.

L'augmentation de la rentabilité ne permet pas seulement d'augmenter la valeur de l'entreprise : elle permet également d'augmenter la vitesse avec laquelle l'entreprise est susceptible de croître sans faire appel à des financements externes.

L'impact du levier financier

La définition de la croissance soutenable donnée ci-dessus est conservatrice : une entreprise dégageant un profit économique positif doit pouvoir augmenter son endettement tant que le ratio dettes financières/capitaux propres ne s'en trouve pas dégradé. Une définition moins conservatrice de la croissance soutenable consiste à exiger que l'entreprise ne sollicite pas de façon répétée ses actionnaires. Bien sûr, dans un monde sans frictions, le recours à des augmentations de capital, même fréquentes, ne devrait pas être écarté s'il s'agit de financer des projets rentables. Dans la pratique, les frictions existent, et l'endettement est une source de financement externe plus accessible que l'émission d'actions. Il est facile de montrer que, lorsque l'entreprise accroît son endettement sans dégrader son ratio d'endettement, la limite à la croissance n'est plus fixée par la rentabilité des capitaux employés (RoCE), mais par celle des capitaux propres (RoE). Dans le cas d'une entreprise qui dégage un profit économique positif, l'effet de levier de la dette joute favorablement : RoE > RoCE. Depuis la contribution célèbre de F. Modigliani et M. Miller, chacun sait, en dehors d'effets fiscaux d'ailleurs aujourd'hui minimisés, que le recours a l'endettement a beau augmenter le RoE, il n'augmente pas significativement la valeur de l'entreprise, et peut même, en cas d'endettement déraisonnable, la diminuer. Pratiqué avec modération, le recours à l'endettement accélère cependant la vitesse avec laquelle l'entreprise peut faire croître ses capitaux employés, sans avoir besoin de lever des fonds auprès de ses actionnaires. Parce qu'il permet une accélération du taux de croissance et à condition que cette croissance soit rentable, un endettement raisonnable permet donc, à coût du capital inchangé, d'augmenter la valeur de l'entreprise.

55

CRÉONS-NOUS DE LA VALEUR OU DES VALEURS ?

Daniel Michel

RÉSUMÉ

La création de valeur financière a fait l'objet de nombreuses publications puisqu'elle est devenue un objectif incontournable pour les entreprises, tant du point de vue technique que de celui des comportements humains et sociaux qui lui sont associés. Vouloir évaluer la contribution des acteurs de la performance financière implique certes la mise en œuvre d'un système de gestion approprié. Mais associer la création de valeur à la création de valeurs personnelles et collectives, c'est aussi vouloir vouloir.

Faut-il le rappeler, la création de valeur n'est pas chose nouvelle. Elle est depuis longtemps une nécessité vitale pour toute entreprise qui veut assurer sa pérennité. Il n'est guère nouveau non plus que l'objectif d'une création de valeur financière compétitive ne peut être atteint sans prendre en considération les composantes humaines inhérentes à toute action humaine. Si science sans conscience n'est que ruine de l'âme, de même finance sans transcendance ne serait-elle pas que débâcle sociale. Nous nous proposons dans cet article de nous interroger sur le management de cet éternel compromis au sens de Paul Ricoeur[1].

Les vraies sources de la création de valeur

À l'évidence, la création de valeur financière n'est que la traduction en termes de comptabilité financière des réalisations concrètes et opérationnelles de l'entreprise. Sans entrer dans les détails de son évaluation, souvenons-nous que la création de valeur financière – autrefois le résultat résiduel, aujourd'hui l'EVA[2] – correspond tout simplement au « solde de résultat » obtenu en déduisant du résultat opérationnel le

1. Paul Ricoeur, *Soi-même comme un autre*, Le Seuil, 1990.
2. EVA : *economy value added*, Sternstewart.com.

coût des capitaux investis par les actionnaires et les financeurs permanents. Selon ce calcul, le résultat résiduel dépend donc du résultat opérationnel, de l'importance des capitaux employés pour obtenir le résultat, et du taux de rémunération des capitaux, dividendes pour les actionnaires et taux bancaires pour les financeurs. Si le résultat résiduel est positif, l'entreprise crée de la valeur, s'il est négatif on dira qu'elle détruit de la valeur : plus elle vend et moins elle est rentable. Du point de vue purement managérial on voit bien les dangers possibles d'un management dit « par la création de valeur » : une trop grande demande de rémunération des capitaux pourra conduire l'entreprise à diminuer drastiquement les coûts avec les conséquences sociales que l'on connaît, voire limiter ses efforts de recherche ou de formation. Ce faisant, elle mettra en question sa pérennité. C'est pourquoi le management par la création de valeur a pu être mis en cause car elle peut favoriser une gestion à court terme des entreprises.

Gestion analytique

C'est également pourquoi cet objectif doit être piloté de manière équilibrée grâce à des systèmes de gestion permettant l'analyse des « vraies » sources de création de valeur. Ces systèmes reposent sur un découpage opérationnel de la mesure de la création de valeur selon les centres de responsabilité œuvrant dans l'entreprise. On pourra par exemple distinguer :

- Les centres de responsabilité créateurs de valeur, c'est-à-dire produisant un résultat et employant des capitaux pour l'obtenir (secteur de vente).
- Les centres de responsabilité de support (usine) dont on pourra mesurer la création de valeur grâce à la mise en place d'un système de prix de cession internes.
- Les centres de responsabilité de soutien (ressources humaines, contrôle de gestion) dont les coûts diminuent le résultat sans contrepartie apparente de celui-ci et dont on dit qu'ils détruisent comptablement de la valeur…

Cette gestion analytique de la création de valeur, associée à un processus de reprévision proactif a pour ambition de connaître les processus de création de valeur dans l'entreprise et de tenter de donner une « valeur » à des activités porteuses de développement et de pérennité (recherche et développement). Créer de la valeur n'est donc pas uniquement un concept financier et comptable.

Mais qu'est-ce donc que « créer une valeur » ? Créons-nous de la valeur ou des valeurs ? Comme l'a écrit Nietzsche, créer une valeur, ne serait-ce pas découvrir par où passe une solution heureuse ? Mais heureuse pour qui ?

Créer des valeurs ?

Beaucoup a été écrit sur ce sujet : Paul Valadier sj[1] a délivré un article remarquable sur le sujet. Peut-on en déduire des leçons de management par la valeur ?

---

1. « Penser la morale en termes de valeurs », revue *Études*, mai 1999.

Suivant Éric Weil[1], « en l'absence de morale philosophique, toutes les valeurs *se valent*, ce qui signifie qu'aucune ne vaut rien ».

Il poursuit avec la métaphore : « De l'homme nu et vide qui entrerait dans un magasin de valeurs sans savoir ce qui fera ou non son affaire… »

Penser par la valeur serait donc une exposition au scepticisme et au relativisme, c'est-à-dire à la justification de tout ce qui est par le seul fait que « c'est » !

Selon Paul Valadier sj, créer une ou des valeurs est donc un concept ambivalent, c'est-à-dire un croisement entre, d'une part, le respect rationnel de normes, de règles, de principes d'une société ou d'une sphère humaine et, d'autre part, la construction d'un choix qu'un sujet (nous parmi d'autres) « veut vouloir faire ». Créer une valeur est un acte qui fait donc corps avec une philosophie de la subjectivité.

Toujours suivant Paul Valadier sj, et dans le cas d'une entreprise[2], créer une valeur est l'aboutissement d'un processus de décision tenant compte d'un champ de normes régulatrices, d'un jugement sur ce qu'il faut ou non « vouloir faire » en fonction de finalités propres ou imaginaires. Créer une valeur, c'est donc « vouloir une valeur » : se donner les moyens d'affronter une situation qui se dégraderait sans l'intervention humaine.

En termes concrets et vécus, créer de la valeur financière est d'abord le résultat de la création de valeurs qui, toujours concrètement, aboutissent par exemple à l'obtention d'une commande salvatrice pour le personnel, les fournisseurs et… les actionnaires, mais grâce à la cohésion des équipes dont la mise en œuvre est une « création de valeur » en fonction d'une finalité d'intérêt général.

Toujours en termes concrets, l'objectif de création de valeur financière, sur le papier « financier », peut faire apparaître la nécessité d'une diminution des coûts, principalement les coûts de personnel dans nos pays riches de sécurité sociale. Mais la question essentielle serait plutôt de se demander comment la « solution heureuse »[3] peut être découverte. La pensée par la valeur est donc solidaire d'une morale comme une référence évolutive.

En créant des valeurs pour résoudre des problèmes, ne ferait-on pas évoluer la morale sauf à considérer qu'elle est avant tout l'expression d'une transcendance sans laquelle les valeurs s'éteignent[4].

Concrètement encore, la chronique des affaires a été abondamment remplie « d'affaires » pour lesquelles la création de valeur financière s'est avérée tout simplement truquée, pour le moins[5].

La comptabilité dite créative employée dans ces cas n'a-t-elle pas été tout simplement une création de valeurs sans relation avec une transcendance morale sans laquelle

1. *Philosophie morale*, Vrin, 1969.
2. Interprétation de l'auteur de cet article.
3. « Penser la morale en termes de valeurs », revue *Études*, mai 1999.
4. Raymond Bourdon, *Le Juste et le Vrai*, Fayard, 1995.
5. Les « cas » Enron, etc.

les valeurs s'éteignent ? Le fondement de la création de valeurs[1] ne trouverait-il pas sa véritable origine dans « la volonté de cette volonté même » de faire des choix avec le désir d'une morale « bonne » ? La création de valeur ne serait-elle donc pas un terme de compromis[2], mais un « heureux compromis »[3] ?

LA performance des entreprises

Les entreprises, tout à la fois suspectées d'immoralité et respectées en termes économiques, sont donc confrontées à cette ambivalence de la création de valeurs : que peuvent-elles faire ?

Deux pistes de réflexion (au moins) sont possibles :

- soit considérer la création de valeur financière comme une fin en soi sans autre volonté de vouloir d'autres finalités ;
- soit vouloir reconnaître et gérer la création de valeurs, chacun des membres de l'entreprise étant un créateur de valeurs, ce qui implique la construction permanente d'une morale.

Rôle contributif

L'expérience et l'observation de nombreuses entreprises donnent à penser que la seconde possibilité est la seule porteuse d'espoir. Bien sûr, nous devons faire face au processus bien « naturel » de création de valeur financière, dont la « mise en valeur » est incontournable en tant que principe de management.

Mais LA performance d'une entreprise n'est-elle pas aujourd'hui de penser SA performance en ajoutant des perspectives plus subtiles que celles de la *balanced scorecard* (satisfaction des actionnaires, satisfaction des clients, processus de travail interne, développement des compétences des personnes) ? Cela est bien, mais doit être complété par une perspective « création de valeurs », ce qui implique que les organisations aient conscience de leur rôle contributif à l'évolution d'une morale.

Mais quelle morale ? À chacun ses choix, mais ne devrait-on pas penser que la seule vraie création de valeur est celle qui consiste à chercher sans cesse le compromis positif pour l'autre ? Certaines entreprises, mues par des responsables ayant intégré ce concept, ont été pérennes et le seront longtemps.

Et la valeur financière leur sera donnée de surcroît… !

---

1. Paul Valadier, sj, *Société de Jésus.*
2. Paul Ricoeur.
3. Paul Valadier, sj.

Pour conclure

Monsieur Moussa, ancien PDG de Paribas, disait lors d'une interview pour le quotidien *La Croix*[1] : « La plus subtile des tentations pour le dirigeant d'entreprise, c'est de se mettre au service de l'intérêt général. »

Et Montesquieu, après Pascal, écrivait : « La liberté consiste à pouvoir faire ce qu'on DOIT VOULOIR et à ne pas être contraint de faire ce qu'on NE DOIT PAS VOULOIR. »

Le dilemme entre force, droit et valeurs n'est donc guère nouveau et toujours aussi difficile à gérer pour nous tous. Mais comme le dit Octave Gélinier[2] : « Pratiquer l'éthique dans les affaires ne serait-il pas *le luxe des forts* ? »

1. *La Croix*, 14 octobre 1999.
2. Président d'honneur de la Cegos, *La Stratégie de l'éthique*.

56

RACHATS D'ACTIONS : LES RAISONS DU DÉVELOPPEMENT

Pascal Quiry et Yann Le Fur

RÉSUMÉ

De moins en moins exceptionnel, le rachat d'actions est une opération normale de réallocation des liquidités de secteurs et de groupes à maturité vers de nouveaux secteurs ou vers des entreprises en plein développement. Le lecteur doit aujourd'hui considérer que la réduction de capital est une opération qui « signale » que les dirigeants se préoccupent de l'intérêt des actionnaires et que, faute d'opportunités intéressantes, ils distribuent exceptionnellement aux actionnaires un flux de trésorerie important. Ils évitent ainsi de détruire de la valeur. Opération financière médiatisée, elle a sans doute plus d'impact qu'un accroissement de dividendes qui pourrait de plus signaler une modification durable de la politique de dividendes.

Un quidam qui se serait endormi il y a vingt ans et se réveillerait aujourd'hui serait tout ébahi de lire dans *Les Échos* un article consacré aux rachats d'actions. À une ère de pénurie de capitaux propres qui caractérisait les années 1980 a succédé une période où la gestion des capitaux propres, en particulier par le biais des rachats d'actions, est devenue quasiment aussi normale que la gestion du risque de change ! Que l'on en juge : en 2003, les sociétés du CAC 40 ont consacré 7,9 Md à des rachats d'actions, soit 56 % du montant des dividendes qu'elles ont versés. Depuis 1999, Total, le champion français des rachats d'actions, a consacré 14,5 Md à cet effet, soit autant que la capitalisation boursière actuelle de Saint-Gobain. Toujours en 2003, les 20 champions européens du rachat d'actions cotés en Bourse ont ainsi rendu 27,7 Md à leurs actionnaires (voir tableau VII.1). De la même façon, l'affectation préférée par les gestionnaires de fonds des cash-flows disponibles de l'entreprise est devenue l'actionnaire, devant le désendettement et l'investissement. On ne peut donc manquer de s'interroger sur les raisons de ce phénomène, sur ses modalités pratiques et sur ses effets (voir figure VII.5).

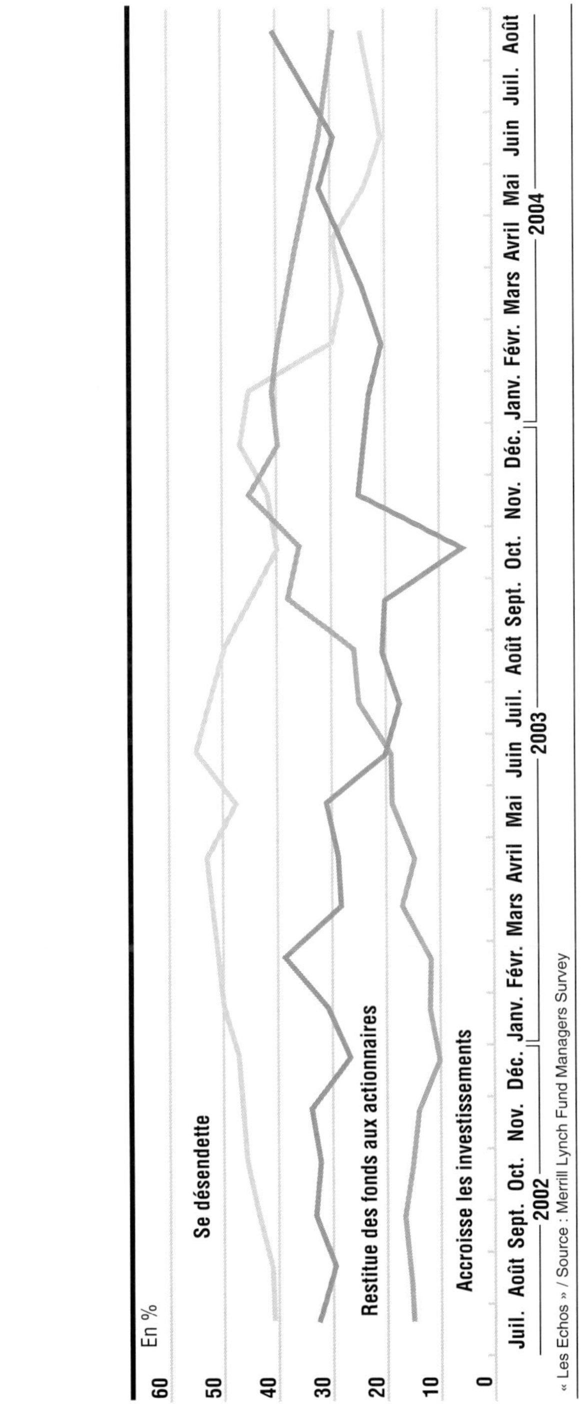

Figure VII.5 – Que souhaitez-vous que l'entreprise fasse de ses *cash flows* disponibles ?

Tableau VII.1 – Liste des 20 premières Opra lancées en 2003 en Europe

	(En millions d'euros)
UBS	4.694
Total	3.994
Deutsche Bank	2.075
BP	1.864
GlaxoSmithKline	1.504
Nokia	1.355
Diageo	1.307
ABN AMRO	1.258
AstraZeneca	1.076
British American Tobacco	1.071
Sanofi-Synthélabo	1.003
AWG	938
BNP Paribas	825
Land Securities	784
Aventis	736
Boots Group	714
Riunione Adriatica	709
Danske Bank	673
Next	601
Royal Bank of Scotland	558

Source : Datastream

Pourquoi racheter ses actions ?

Il n'y a de politique d'autofinancement intéressante que si l'entreprise investit ses fonds à un taux de rentabilité supérieur ou égal au coût moyen pondéré du capital, qui est le coût de l'argent mis à la disposition de l'entreprise. Poussons le raisonnement jusqu'au bout de sa logique : tout euro sécrété par l'entreprise ne doit y être réinvesti qu'à un taux de rentabilité au moins égal à celui exigé par les pourvoyeurs de fonds, le coût moyen pondéré du capital, sinon il y a destruction de valeur et il vaut mieux alors restituer cet euro. D'un point de vue théorique, lorsque l'entreprise n'a plus de projets suffisamment rentables, elle doit non seulement distribuer tous ses bénéfices, mais aussi restituer tout ou partie de son capital. C'est la « décapitalisation ». En outre, le financement du risque de l'entreprise doit être assuré par des capitaux propres. Sinon, l'entreprise prend le risque d'une crise de trésorerie grave au premier retournement de conjoncture. Par contre, lorsque l'entreprise a acquis une position stratégique suffisante sur son marché pour conserver une rentabilité et une valeur, il devient normal de réduire le financement par capitaux propres et d'accroître l'endettement. Les flux de trésorerie disponibles sont devenus assez sûrs pour pouvoir supporter les échéances fixes et régulières de l'endettement. Les capitaux propres servent à prendre le risque de l'entreprise : il est normal que, lorsque celui-ci paraît maîtrisé, le relais soit pris partiellement par des capitaux d'endettement. Microsoft illustre parfaitement ces éléments.

Avec un flux de trésorerie disponible de 12 Md$ par an et une trésorerie nette de tout endettement bancaire et financier au 30 juin 2004 de 56 Md$, le groupe était devenu la caricature de la mauvaise gestion financière. L'actionnaire de Microsoft n'attendait pas de Bill Gates qu'il se comporte aussi comme un gestionnaire de sicav de trésorerie ! D'où l'annonce en juillet 2004 d'un dividende exceptionnel de 32 Md$, d'un plan de rachat d'actions pour 30 Md$ et d'un doublement du dividende annuel à 3,5 Md$ purgeant ainsi Microsoft de 75 Md$ sur les quatre prochaines années.

Le rachat d'actions est le moyen technique le plus simple pour atteindre ces deux objectifs. Face à ces deux principales motivations du rachat d'actions : rendre aux actionnaires des fonds devenus excédentaires et adapter la nature des financements à l'évolution du risque de l'actif économique, il existe une multitude d'autres explications contingentes :

- Offrir une liquidité aux actionnaires que le marché boursier (si l'entreprise est cotée) ne peut parfois plus offrir. C'est ainsi que, depuis 1999, Chargeurs a procédé à trois reprises à des rachats d'actions pour un total de 304 M portant sur 49 % de son capital initial. À l'extrême, une société pourra quitter ou presque la Bourse en proposant à ses actionnaires un rachat de leurs actions à l'instar de l'opération menée en 2003 par Brioche Pasquier.
- Conforter la participation d'un actionnaire qui ne participe pas à la réduction de capital. C'est ainsi que la famille Peugeot s'est reluée dans le capital du constructeur éponyme de 22,7 % en 1997 à 29,2 % actuellement, compensant ainsi les effets dilutifs sur son niveau de contrôle de l'augmentation de capital de 1987 qu'elle n'avait pas pu suivre et qui avait achevé de restaurer la structure financière du groupe.
- Annuler les effets dilutifs du capital et/ou couvrir les plans de stock-options prenant la forme d'options d'acquisition d'actions. Ce fut, jusqu'il y a peu, la principale raison pour L'Oréal des rachats d'actions portant en moyenne sur 400 M par an.
- Verser des liquidités aux actionnaires à moindre coût fiscal. En effet, en France, les dividendes sont plus lourdement taxés pour les personnes physiques (34 % au maximum à partir de 2005, la moitié du taux marginal plus 10 % de cotisations sociales et assimilées) que les plus-values (26 % sur la plus-value et non sur le flux perçu). Jusqu'à la réforme fiscale de l'an passé, la situation était identique aux États-Unis, ce qui était l'une des principales explications à la forte progression depuis le début des années 1980 des rachats d'actions dont le volume en 1999 était devenu supérieur à celui des dividendes.
- Verser des liquidités aux actionnaires à moindre coût pour les dirigeants détenteurs de stock-options. Le versement d'un dividende fait mécaniquement baisser le cours de l'action du montant du dividende et donc abaisse d'autant l'espérance de gain sur les stock-options dont le prix d'exercice reste fixe. Le rachat d'actions n'a pas cet effet négatif sur la valeur des stock-options et laisse même croire aux naïfs qu'il fera monter le cours de l'action (puisque l'on en rachète !), oubliant que l'actionnaire peut avoir besoin de liquidités et que celui-ci devra vendre des actions pour en obtenir.

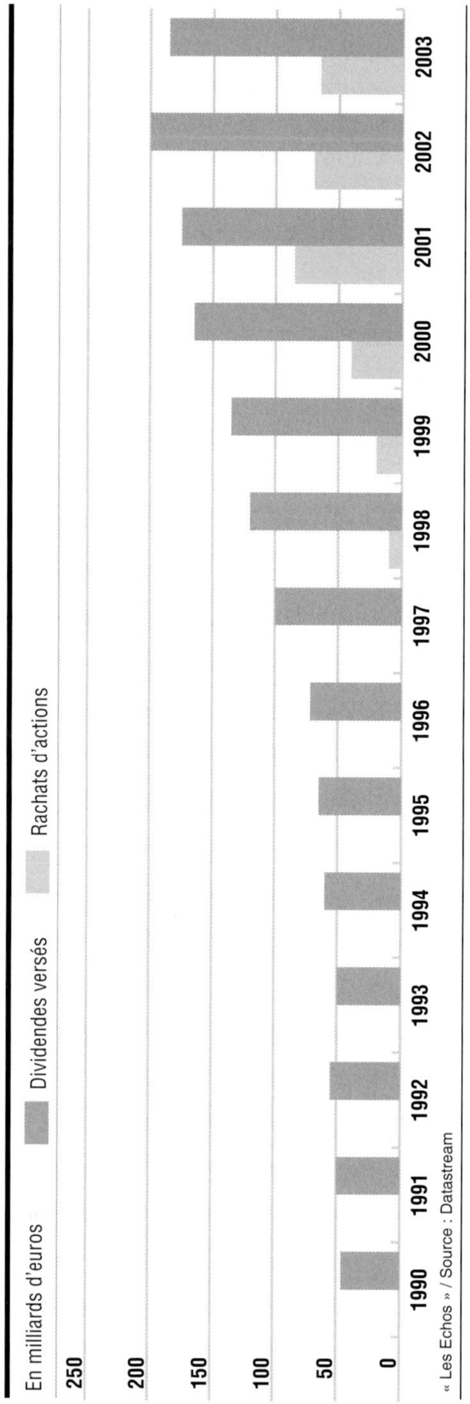

Figure VII.6 – *Dividendes et rachats d'actions en Europe*

Pour atteindre ces objectifs, le dividende est moins approprié car il est synonyme de régularité, alors que le rachat d'actions est discrétionnaire, ponctuel, sans récurrence marquée, comme l'illustre le graphique des évolutions comparées depuis 1990 des dividendes et des rachats d'actions des principales sociétés européennes cotées (voir figure VII.6).

Après un pic en 2001, et dans une conjoncture économique dégradée, le volume des rachats d'actions se réduit en 2002 et 2003 mais pourrait bien repartir à la hausse en 2004 avec le retour d'une meilleure situation. En revanche, les dividendes versés ont à peine marqué le pas en 1993 et en 2003 et sont en progression constante depuis 1994.

Comment racheter ses actions ?

Deux techniques principales s'offrent à l'émetteur français :

- Pour les sociétés cotées uniquement, le rachat sur le marché (au fil de l'eau) dans la limite de 10 % du capital et dans le cadre d'un programme de rachat d'actions approuvé par l'assemblée des actionnaires[1]. La société doit avoir préalablement publié une note d'information visée par l'Autorité des marchés financiers ; la durée maximale du programme est de dix-huit mois. Les actions acquises peuvent être annulées (dans la limite de 10 % tous les vingt-quatre mois) et le prix de rachat s'impute d'abord sur le nominal des actions rachetées, l'excédent réduisant alors les réserves distribuables. Elles peuvent également être conservées par l'entreprise pour servir de monnaie dans le cas d'une acquisition ou être remises aux salariés en cas d'exercice de stock-options ; enfin elles peuvent être revendues sur le marché, la technique sert alors pour réguler le cours de l'action. Cependant, si les actions ne sont pas annulées, on ne pourra réellement parler de réduction de capital. Comptablement, les actions acquises figurent dans les comptes consolidés en valeurs mobilières de placement à l'actif du bilan si elles ont été rachetées pour régulariser le cours de Bourse ou en vue d'attribution aux salariés dans le cadre de stock-options. Elles sont déduites pour leur prix d'achat des capitaux propres dans les autres cas. Selon les normes IAS/IFRS et américaines, elles sont, dans tous les cas de figure, déduites du montant des capitaux propres consolidés.
- L'offre de rachat ouverte à tous les actionnaires. Si la société est cotée, on parle alors d'offre publique de rachat (Opra) par la société de ses propres actions[2]. Dans la pratique, le conseil d'administration, utilisant une autorisation qui doit lui avoir été donnée par l'AGE, propose à tous les actionnaires de leur racheter tout ou partie de leurs actions à un certain prix, et ce pendant une certaine période (de l'ordre du mois). Si trop de titres sont présentés à l'offre, la société procède à une réduction

1. Une offre publique d'achat simplifiée peut également être lancée pour racheter des actions dans le cadre d'un programme de rachat.
2. Notons qu'il est possible pour une société de procéder à un rachat de ses propres titres payé en titre d'une de ses filiales, on aboutit alors à une opération de scission partielle ou totale. Un exemple est la transaction Infosources/IXO.

proportionnelle des demandes de rachat. Si, au contraire, un nombre insuffisant de titres est présenté, elle rachète et annule alors toutes les actions proposées. Mentionnons que dans certains pays européens, le rachat d'actions peut être réalisé par remise à chacun des actionnaires d'un bon de rachat d'action permettant de vendre à l'entreprise une action à un certain prix. Il s'agit d'une option de vente émise par l'entreprise. Cette solution du bon de rachat d'action (BRA) n'a jamais été mise en pratique en France, principalement pour des raisons fiscales. L'entreprise peut aussi restituer à ses actionnaires des fonds par le biais d'une réduction du nominal des actions ou par remboursement de primes. Mais dans ce cas, il s'agit d'une opération qui concerne nécessairement tous les actionnaires et qui n'est donc pas susceptible de modifier l'actionnariat. Notons enfin que, s'il est possible en droit français de procéder à des augmentations de capital réservées, l'inverse n'est possible qu'à l'unanimité des actionnaires et est, de ce fait, impossible pour une société cotée. Cependant, dans le cadre d'un programme de rachat d'actions, l'entreprise peut racheter un bloc à un actionnaire important, c'est ainsi que la Seita avait racheté la participation de 5 % de Bolloré dans son capital. Nexans a également facilité la sortie d'Alcatel de son capital en lui rachetant 4,9 % de son capital. La réduction de capital induit une modification de la structure financière et donc une augmentation du risque des créanciers. Afin de les protéger, la loi leur confère la faculté, non de s'opposer à l'opération, mais d'obtenir le cas échéant la constitution de garanties supplémentaires ou le remboursement anticipé de leurs créances.

Quels sont les effets des rachats d'actions ?

Les rachats d'actions ont de nombreux impacts, outre ceux sur l'actionnariat et la liquidité de l'action déjà mentionnés :

■ Impact sur la valeur de l'action

La plupart des études académiques ou professionnelles montrent que l'annonce d'un rachat d'actions s'accompagne d'une progression du cours de l'action supérieure de quelques pour cent à ce qu'elle aurait dû être sans cet événement. Ainsi Citigroup[1] chiffre cet excès de rentabilité à 6 % quatre mois après l'annonce du rachat d'actions.

Comment expliquer cette évolution ? Principalement par un effet signal et par un effet agence[2].

Le signal envoyé par un rachat d'actions est clair. Les dirigeants de l'entreprise, qui ont plus d'information que le marché sur l'état actuel et les perspectives de celle-ci, procèdent à des rachats d'actions, parce qu'ils pensent, au vu des informations que n'a pas le

1. *Dividends and stocks buybacks*, juillet 2003.
2. Pour plus de détails sur les thèmes de l'agence et du signal, voir Pierre Vernimmen, *Finance d'entreprise*, Dalloz, 2002, chap. 35.

marché, que l'action est sous-évaluée. Cette information est perçue comme crédible car on ne comprend pas pourquoi les dirigeants procéderaient à des rachats d'actions qui limitent leurs marges de manœuvre (par réduction de la trésorerie ou accroissement de l'endettement) si la situation de l'entreprise allait se dégrader à l'avenir.

L'effet agence s'explique par la réduction de la marge de manœuvre dont disposent les dirigeants. L'argent rendu aux actionnaires par le biais du rachat d'actions est autant de fonds oisifs en moins, c'est-à-dire rapportant le taux de l'argent sans risque (placements de trésorerie) et non le coût du capital, ou qui auraient pu être consacrés à des diversifications hasardeuses ou à des investissements à valeur actuelle nette négative.

Bref, l'annonce d'un rachat d'actions est perçue soit comme porteuse de bonnes nouvelles à venir ou comme un soulagement !

■ Impact sur le coût moyen pondéré du capital

Après plus de quarante-cinq ans de recherches académiques intensives dans le domaine de la structure financière idéale, le seul consensus qui se dégage est qu'il n'y a pas de consensus. Pour notre part, nous ne pensons pas qu'en modifiant le partage du financement de l'actif économique entre dettes et capitaux propres, le rachat d'actions soit susceptible de modifier de façon sensible, et plus concrètement d'abaisser le coût du capital de l'entreprise. Sinon pourquoi tant d'entreprises aux excellentes performances opérationnelles et qui ne craignent pas la faillite comme Nestlé, General Electric, Toyota, L'Oréal… très faiblement endettées n'ont-elles pas déjà procédé à des rachats d'actions massifs ?

■ Impact sur le bénéfice par action

Le rachat d'actions par l'entreprise entraîne une augmentation (relution) du BPA lorsque l'inverse du PER est supérieur au taux d'intérêt de l'endettement (ou des placements) après impôt. Dans le cas contraire, il y a dilution du BPA. Ceci est totalement mécanique.

Le calcul de l'évolution du bénéfice par action est certes intéressant, mais ce n'est pas un indicateur de création de valeur. Le problème n'est pas de savoir si la réduction de capital va entraîner ou non une dilution du BPA, qui est mécanique, mais de savoir :

- si le prix auquel elle est réalisée est inférieur ou non à la valeur estimée de l'action ;
- si l'accroissement du poids de la dette va se traduire par de meilleures performances des dirigeants ;
- si les fonds ainsi rendus aux actionnaires avaient une rentabilité marginale dans l'entreprise inférieure au coût du capital.

Ce sont les trois sources de création de valeur d'une réduction de capital.

■ Impact sur la rentabilité des capitaux propres

Le rachat d'actions n'a naturellement pas d'effets sur la rentabilité de l'actif économique mais conduit à une amélioration de la rentabilité des capitaux propres tant que le coût de l'endettement après impôt contracté pour financer le rachat d'actions reste inférieur à la rentabilité économique. On retrouve ici le concept de l'effet de levier[1].

■ Impact sur la solvabilité

Mis à part le cas extrême du LBO, qui est un rachat d'actions massif financé par endettement avec un changement d'actionnaire contrôlant, le rachat d'actions porte rarement sur des montants tels que la solvabilité de l'entreprise soit significativement affectée. Des chercheurs[2] ont montré que seuls les obligataires d'entreprises notées en dessous de BBB (c'est-à-dire non *investment grade*) pouvaient supporter des pertes visibles à l'annonce d'un rachat d'actions.

1. Pour plus de détails sur l'effet de levier, voir Pierre Vernimmen, *Finance d'entreprise*, Dalloz, 2002, chap. 18.
2. W. Maxwell, C. Stephens, « The wealth effects of repurchases on bondholders », *Journal of Finance*, octobre 2003.

CONSTRUIRE SON STATUT, UN ATOUT STRATÉGIQUE

Rodolphe Durand

RÉSUMÉ

Les entreprise sont soumises à un nouvel enjeu majeur lié à l'internationalisation des pratiques et des critères d'évaluation de leur stratégie. Les éléments constitutifs de la réputation ne suffisent plus à se prémunir d'un phénomène de hiérarchisation sociale qui, poussé par des agences de notation et d'accréditation variées, touche les entreprises et détermine leur « statut » dans leur champ d'activité.

Les entreprises ont pris conscience de l'importance de leur réputation, mais pas encore de la valeur stratégique de leur statut. De plus en plus, les entreprises sont évaluées non seulement par leurs actionnaires mais aussi par d'autres acteurs de l'environnement économique international. Les syndicats ou les associations de consommateurs participent de l'environnement social et politique immédiat de l'entreprise. Mais d'autres organisations jouent un rôle déterminant dans la construction du statut de l'entreprise : certaines ONG, des agences d'accréditation, et autres médias opèrent des classements, donnent des notes et distribuent les bons points. Ces évaluations externes par des acteurs plus ou moins légitimes peuvent au cours du temps faire perdre son statut à une entreprise ou au contraire lui permettre de se hisser dans la catégorie privilégiée, source d'opportunités stratégiques.

Ratings, classements, et accréditations

Parmi les plus célèbres agences de *rating* se trouvent Moody's et Standard & Poors. Ces deux agences, sont officiellement reconnues pour étudier et noter la performance financière des entreprises, des états, voire de certaines collectivités publiques. Les fameuses notes AAA, A+ ou B déterminent la capacité d'une entreprise à trouver du financement sur les marchés, et à quel prix. La discipline financière imposée par les règles de notation de ces agences est extrêmement puissante, et conditionne par là même de nombreux choix d'investissements industriels. Enron a ainsi été poussé à la faillite lorsqu'il est apparu que son rating allait descendre en dessous de BBB-. Le secteur hôtelier doit modifier lui aussi sa stratégie de détention d'actifs en fonction du changement de notation appliqué par les agences de rating. Pendant longtemps, elles n'intégraient pas le coût de location des hôtels au coût de la dette, ce qui a favorisé l'externalisation de ces actifs. Aujourd'hui, elles révisent cette position, obligeant les groupes hôteliers à envisager de nouveaux modes de gestion.

Dans le cas des agences de notation financière, l'impact d'une valorisation se fait sentir immédiatement en points de base, c'est-à-dire en coût de la dette. Il existe toutefois d'autres agences de classification pour lesquelles les conséquences d'une notation sont moins immédiatement sensibles parce qu'elles sont moins immédiates et touchent à des ressources moins tangibles qu'un taux d'intérêt. Pour illustrer ce point, prenons les classements établis par des médias grand public sur la qualité des soins hospitaliers ou la performance de l'enseignement universitaire. Les conséquences d'une position défavorable dans ces classements, indépendamment de la rigueur méthodologique utilisée (les critères retenus, leur pertinence, et leur mesure) peuvent être violentes. Des patients préfèrent avoir recours aux services d'un hôpital plus éloigné et mieux classé, des étudiants ne remplissent plus des filières disponibles et surchargent des amphithéâtres ailleurs.

Dans certains secteurs, en plus des classements, des agences d'accréditation établissent une sélection des acteurs. Par exemple, dans l'univers de l'enseignement supérieur en gestion, en plus des classements dispensés par *USNews*, *Business Week* ou le *Financial Times*, des agences spécialisées délivrent des accréditations qui garantissent la qualité de l'enseignement et de la recherche : l'EFMD et l'AACSB sont les deux plus importantes agences. Chaque institution d'enseignement doit donc se positionner selon le système d'accréditation correspondant le mieux à sa culture et aussi à sa stratégie.

Réputation et « statut » social de l'entreprise

À partir d'une étude sur l'internationalisation de l'AACSB, restée pendant presque un siècle exclusivement américaine, j'ai montré que les agences d'accréditation développaient elles-mêmes des stratégies auxquelles les écoles de commerce ne devaient pas rester indifférentes. Ceci implique que non seulement les entreprises doivent prendre en considération les critères d'évaluation mais aussi les inflexions stratégiques des agences de notation et d'accréditation. Il y a donc un double niveau de compréhension et d'actions à entreprendre pour les entreprises. D'une part, se poser la question de sa conformité stratégique à ces critères de notation et ces classements. D'autre part, s'interroger sur sa capacité à anticiper les évolutions des instances de notation et de classement. La réponse à ces deux questions, et les actions qui s'ensuivent, sont stratégiques parce qu'elles engagent l'entreprise de manière durable, et difficilement réversible, dans un processus de hiérarchisation sociale.

Qu'entendons-nous par un processus de hiérarchisation sociale ? À ce stade, il convient de distinguer deux notions importantes, celle de réputation par rapport à celle de statut.

La réputation est le résultat d'un processus historique d'accumulation de prouesse technique et de satisfaction des clients. Plus simplement, Intel a su au cours des années 1980 et 1990 développer des processeurs de qualité supérieure, fiable, à un rythme supérieur à la plupart de ses concurrents. Intel a donc construit au cours des années un avantage concurrentiel, une réputation, auprès de ses clients directs (IBM, Toshiba...) et finaux (les utilisateurs). En quelque sorte, de manière objective, Intel a mieux maîtrisé que ses concurrents certaines connaissances techniques, des compétences de marketing et logistique. Le résultat de ce processus d'accumulation de prouesse technologique et de satisfaction des clients est une réputation solidement établie, gage de nouveaux déploiements.

La sociologie nous apprend que le statut correspond à quelque chose de distinct de la réputation en ce qu'il n'appartient pas complètement au registre de la performance technique et économique. Il est le résultat d'un processus de structuration sociale qui repose sur des éléments moins tangibles et objectifs que des facteurs techniques (consommation d'énergie, vitesse, capacité de traitement, etc.) ou des indicateurs marketing (satisfaction des clients). Le statut dépend principalement 1) de la hiérarchisation du « champ social » opérée par des acteurs légitimes et 2) des relations entre entreprises et organisations au sein d'un même « champ social ».

En ce qui concerne le premier point, des chercheurs américains ont montré l'effet du statut d'un club sur le fait d'être invité à participer au tournoi national universitaire de basket-ball. Cette décision, prise par un comité *ad hoc* (le *National Collegiate Athletic Association Selection Committee*), concerne environ la moitié des équipes engagées dans le tournoi, c'est-à-dire une trentaine chaque année. Bien qu'encadrée par un ensemble de procédures extrêmement serrées, la décision d'invitation ne tient qu'imparfaitement compte des performances sportives réelles récentes des équipes, mais intègre l'histoire et la gloire passée des clubs, et l'importance sociale de leur université de rattachement. Le second point mentionne l'importance d'entretenir des liens entre entreprises ou organisations de statut comparable ou supérieur. Par exemple, les équipes de basket-ball qui ont joué contre des clubs prestigieux s'approprient une part de ce prestige, indépendamment du score final, et accroissent donc leur chance d'être invités dans le futur. Une autre étude montre que les alliances stratégiques entre les entreprises exploitant le vignoble californien reposent sur la structure sociale de l'industrie. Les vignobles de prestige ne s'associent qu'avec d'autres renforçant ainsi la structure horizontale de l'industrie.

La réputation procure à l'entreprise certains avantages tels que la loyauté des clients ou la possibilité de positionner le prix de ses produits à un niveau supérieur à ses concurrents. Toutefois, la réputation est sensible à une dégradation de la qualité ou du service. Le statut, en tant que constitutif de la structure sociale permet à une entreprise de résister plus longtemps à une baisse relative de qualité et de service. Parvenir à établir le statut de l'entreprise constitue donc une protection stratégique contre les agressions des concurrents et des nouveaux entrants. Le statut n'est cependant pas éternel, et en l'absence de réaction stratégique adaptée se dégrade. Les cas d'anciens leaders industriels nationaux soumis à la dérégulation (industrie aérienne, énergie), d'innovateurs historiques en panne de renouveau (Polaroïd ou Kodak), ou d'entreprises au cœur des systèmes capitalistes nationaux (Compagnie générale des eaux) permettent d'illustrer ce phénomène de déclin du statut social de l'entreprise.

Le statut d'une entreprise ne s'oppose pas à sa réputation. Selon les industries, les deux notions peuvent même se confondre. Plus l'industrie se distingue par des caractéristiques technologiques marquées où les critères de qualités sont objectifs et comparables d'un produit à l'autre, plus la réputation peut être assimilée au statut. Ainsi, la réputation d'Intel peut au cours du temps s'assimiler à son statut de leader industriel. En revanche, plus le contenu du produit ou du service repose sur des dimensions subtiles difficiles à apprécier, plus le statut se distingue de la réputation. Les industries culturelles en sont un exemple. La haute cuisine, la mode, le luxe, le cinéma, la santé, ou encore l'enseignement sont des industries où les critères de qualité sont difficiles à évaluer pour des non experts. Dans ces secteurs, les agences d'accréditation, de notation, et de classements jouent donc un rôle crucial pour l'établissement du statut des entreprises. Le *guide Michelin*, le *guide Parker*, les classements de la presse spécialisée influencent le comportement des clients, mais aussi des professionnels souhaitant travailler pour ces entreprises (chercheurs, stylistes, designers, grands chefs, professeurs...).

Conclusion

La stratégie ne se joue donc pas que sur le champ de la qualité et du service, mais aussi sur la compréhension des règles de structuration sociale d'une industrie. L'internationalisation ne diffuse pas que des technologies, mais aussi des symboles, des critères et des valeurs. La stratégie se doit d'intégrer à son analyse des acteurs d'un nouveau genre (associations, ONG, médias et agences de notation et d'accréditation). L'entreprise qui réfléchit stratégiquement à la valeur de son statut social est confrontée à trois grands questionnements : 1) Doit-elle accepter de se soumettre aux processus de classement/notation ? et si oui lesquels ? 2) Les organisations et autres agences qui établissent ces notations et classements sont-elles légitimes et durables ? Quel type de stratégie suivent-elles ? Leurs objectifs et les critères qu'elles utilisent sont-ils susceptibles d'évoluer ? et 3) Y a-t-il une possibilité pour l'entreprise d'influer sur la légitimité de ces « agences de légitimation », de provoquer un changement de critères, ou de soutenir d'autres agences rivales ?

PARTIE VIII

MARKETING ET COMMUNICATION

58

QUELS FACTEURS DE SUCCÈS POUR LES MARQUES, DEMAIN ?

Jean-Noël Kapferer

RÉSUMÉ

Contrastant avec les optimistes évaluations financières des grandes marques publiées chaque année par la presse économique, l'ensemble des places boursières vient de recevoir comme une douche froide les *profit warnings* de toutes les marques stars jusqu'alors jugées hors d'atteinte. Il est vrai que les conditions économiques se tendent à nouveau avec l'émergence de phénomènes durables inconnus jusqu'alors à cette échelle tels que la montée du modèle économique *low cost* ou l'arrivée sur les marchés internationaux de marques chinoises non bas de gamme. Les grandes marques nées grand public, marché de masse, vont-elles pouvoir le rester ? Ne vont-elles pas *de facto* devenir le haut de gamme de tous les marchés, laissant aux marques de distributeur et aux premiers prix les deux tiers du volume pour se concentrer sur une stratégie de valeur ?

Les récents *profit warnings* émanant d'entreprises aux marques les plus réputées dans les sondages et évaluations financières internationaux indiquent un durcissement de la concurrence par l'arrivée d'acteurs nouveaux qui déstabilisent les schémas habituels de pensée et d'action. Quelles en sont les conséquences à long terme pour cette source de valeur ajoutée appelée marque ?

La logique des marchés matures

Six traits saillants caractérisent nos pays occidentaux :

– Bien des marchés sont saturés et ne croissent plus en volume.
– Bien des marchés sont fragmentés et posent un problème aux marques qui ne peuvent plus financer leurs budgets médias.

– Bien des marchés sont confrontés à l'émergence et à la croissance de circuits de distribution *discount* et surtout *hard discount.*
– La globalisation des marchés fait que de nouveaux acteurs ne cessent de sonner aux portes de nos marchés pour y proposer une offre moins chère et de bonne qualité : qu'il est loin le temps où les produits coréens étaient mal jugés. Samsung est aujourd'hui une marque très prisée aux États-Unis et en Europe. Après le coréen LG, on devra compter avec la concurrence des marques chinoises : Haier dans l'électroménager fait une percée au Japon et bientôt aussi en Europe.
– La technologie Internet bouscule les circuits de distribution et les modes traditionnels d'achat.
– Enfin, la demande de responsabilité sociale traverse l'ensemble des secteurs et devient une composante durable des attentes de nos sociétés matures, du moins des sentinelles de la réputation que sont devenus les médias, les agences de notations, les ONG, etc.

L'analyse approfondie des clients dans le monde entier enseigne que ceux-ci sont situationnels : ils désinvestissent psychologiquement et donc financièrement ici pour se réinvestir là. Les statistiques de consommation répètent à l'envi que la part des dépenses alimentaires dans l'ensemble de celles des ménages ne cesse de décroître au profit des dépenses de loisir et de communication par exemple. On économise sur Danone en achetant un produit Auchan pour acheter Nike ou Ralph Lauren. Cela pose la question de l'avenir économique des marques hier dites marques de grande consommation et qui, par l'écart de prix qui ne cesse de s'agrandir, deviennent *de facto* le haut de gamme des marchés, passant donc d'un *business model* de type fort volume à faible marge au *business model* inverse.

On a pris pour déroute des marques ce qui est en réalité lutte concurrentielle : les grandes marques de demain seront pour certaines des marques de distributeur, car leur business model les rend plus adaptées au nouveau contexte de concurrence mondialisée par les prix. Peu de personnes par exemple savent que Décathlon, né à peine il y a vingt-cinq ans, est déjà dans le petit groupe des huit plus gros fabricants mondiaux d'articles de sport. Ryanair, EasyJet sont aussi des marques au même titre que Bic ou Formule 1 : des marques réunissant prix et sécurité. Déjà les leaders du secteur des médicaments génériques prennent conscience que leur nom doit faire marque.

Le comportement *discount* : un mouvement de fond multisectoriel

En Europe, le facteur qui pèse le plus sur la stratégie des marques est bien la montée du *discount*, voire du *hard discount*. Ce mouvement va bien au-delà de l'extension des formats de distribution dits *hard discount* dans l'alimentaire ou dans le vêtement. Les uns après les autres, les pays découvrent les Aldi et Lidl, les Leader Price qui proposent aux clients sur une surface réduite (500 à 800 m^2) un assortiment réduit, centré sur des « unités de besoin ». Cette surface réduite apporte quatre avantages clefs aux clients :

– c'est beaucoup moins cher (jusqu'à 60 % de moins que les produits à marque) ;

– faire ses courses va plus vite et devient facile, sans le stress habituel des déambulations dans les rayons hyperchargés des hypermarchés ;
– le montant global du ticket de caisse est mieux contrôlé par le client ;
– le magasin est souvent en centre ville, ou du moins n'oblige pas à faire des kilomètres en voiture comme c'est le cas pour l'hypermarché.

À la grande différence des magasins *discount* traditionnels (Centres Leclerc, Intermarché...), la force du *hard discount* est d'être progressivement associé à une image valorisante de l'acheteur et non à une image paupériste. On peut parler de « *discount* attitude ». Il y a donc une dimension intangible valorisante dans l'achat en *hard discount*.

Or, ne l'oublions pas, ces magasins reposent essentiellement sur un *business model* éprouvé depuis cinquante ans par leurs créateurs en Allemagne : le *low cost*. À quelques exceptions près, ils ne proposent pas (encore ?) de grandes marques (à part les incontournables Mars, Pepsi ou la Vache qui rit). On comprend le problème posé aux marques mais aussi, surtout, aux hypermarchés par cette forme de commerce qui a su proposer une vraie alternative à des millions de ménages cherchant à économiser sur l'alimentaire pour faire face par exemple aux nouvelles dépenses liées à la téléphonie, à l'Internet, à la vidéo, aux loisirs, etc. Ce n'est pas un hasard si le profil du client au plus haut panier moyen en hard discount est celui d'une famille avec des enfants adolescents. Mais fait intéressant aussi, les nouveaux clients se recrutent chez les jeunes : ils y prendront ici des habitudes qui laisseront des traces.

Cette même population est celle qui a délaissé la première les grands noms de la téléphonie pour acheter moins cher chez les *discounters* téléphoniques ou fournisseurs d'accès Internet.

De même chez ceux-ci, la démarche de la recherche du gratuit devient une seconde nature : c'est le syndrome Napster sur lequel butent les grandes compagnies, majors de la vente de disques, Fnac et Virgin.

En matière de voyages, la montée du *discount* est illustrée par la réussite de Ryanair, et autres compagnies aériennes dites *low cost*. Elle se concrétise aussi dans les modes d'achat en direct au moins-disant, au dernier moment, dans des sites présentant les offres des meilleures marques pour un départ immédiat.

Il est intéressant de voir qu'une partie, néanmoins, de l'offre *discount* a du mal à croître sans la pression forte sur les patients des pouvoirs publics, des sociétés d'assurances ou des mutuelles : les médicaments génériques. Cela tient probablement au fait que le client n'ayant pas le sentiment de payer, il n'exerce pas la même attention. De plus, il s'agit d'un sujet à implication forte : sa propre santé. Le sujet du plus haut risque perçu.

Recréer du risque perçu ?

La première fonction de la marque est, on le sait, de réduire le risque perçu. C'est la première attente des consommateurs d'une marque : qu'elle garantisse la provenance, donc la qualité. Dès lors qu'une situation d'achat comporte un risque aux yeux des consommateurs, ceux-ci cherchent à le réduire, cela est naturel. Ce risque peut être financier, d'où l'importance croissante de la marque avec son prix unitaire. Il peut être aussi physique, d'où le besoin de marques rassurantes dans le domaine alimentaire. On comprend aussi le plus grand besoin de marques dans les services (variables et intangibles).

Le risque perçu par le consommateur croît aussi avec la technologie du produit : il faut des marques à forte réputation pour rassurer le client qui achète un téléviseur ou une machine à laver pour une certaine durée. Enfin les marques répondent à un risque perçu psychologique : partout où l'on consomme moins la marque qu'on ne la porte. C'est pourquoi la marque est omniprésente dans le prêt-à-porter, le parfum, la cosmétique, le sport, dans l'univers des montres, des montures de lunettes, des spiritueux… Enfin le risque est devenu social : les marques sont des badges d'appartenance à des communautés.

Revenons sur le risque lié à la qualité. On n'en parlait plus guère, comme si cela était acquis, voire suranné. Il est vrai qu'en Occident, du moins, le nombre de contrôles et l'effet de la sélection par la concurrence ont en théorie fait disparaître des rayons les mauvais produits. Vend-t-on par exemple en France de mauvais pneus quelle que soit la marque, même de distributeur ? Non.

Mais les événements récents (crise de la vache folle, Listeria, affaire du sang contaminé…) ont révélé les défaillances des organismes publics de contrôle. C'est-à-dire en fait de toute la filière agroalimentaire. Comme pour d'autres scandales (tel celui du sang contaminé), là où le citoyen se croyait protégé par la puissance tutélaire de l'État et l'efficacité de son administration, on a mis au grand jour des inefficacités structurelles quand elles ne sont pas coupables. D'où l'extrême sensibilité du corps social et la facilité avec laquelle les suspicions se muent en crises médiatiques : Buffalo Grill en fit les frais récemment.

Restimuler le désir

Néanmoins un des traits dominants de nos sociétés matures est la menace liée à la saturation des besoins. Il faut donc en permanence activer le moteur du désir, tout ce qui fait que nous achetons des produits que nous avons déjà. Nous n'en avons pas vraiment besoin, mais l'envie nous vient, stimulée par le marketing, nourrie par les innovations.

La fonction de la marque moderne ne saurait être seulement de protéger mais aussi d'encourager les consommateurs à prendre des risques :

- En osant les nouvelles technologies, numériques dans la TV, la hi-fi ou les ingrédients biologiques dans la lessive ou les cosmétiques.
- En osant des comportements alimentaires nouveaux, disruptifs (Baccardi Breezer).
- En osant les modes vestimentaires nouvelles.
- En remettant le plaisir comme facteur central d'achat, une fois la sécurité et la qualité du produit assurées. C'est ainsi que s'explique la croissance exceptionnelle de Peugeot-Citroën (+ 57 % en cinq ans) suite à un repositionnement stratégique

et une politique d'innovation et de nouveaux modèles où le design de marque a joué un rôle clef.

Aujourd'hui la marque se doit de stimuler, d'explorer de nouveaux besoins, de nouvelles envies, de nouveaux produits. C'est pourquoi le trait essentiel du management de marques moderne est l'extension de marque. À quoi sert le nom de famille, connu, sur lequel repose la confiance si ce n'est faciliter et encourager l'exploration d'autres univers par le consommateur. Par ailleurs, l'extension a souvent comme corollaire la politique du *double branding*, c'est-à-dire un double niveau de marquage. En « prénommant » l'extension, on lui donne un territoire d'autonomie, d'expression identitaire, donc quelques degrés de liberté d'expression. Cette liberté est nécessaire pour capter des essayeurs qui veulent eux-mêmes s'exprimer à travers l'innovation ainsi proposée.

Rechercher l'innovation de valeur

Face à la panne du désir, et à la stagnation des volumes, l'avenir des marques passe par ce qu'il est convenu d'appeler une « innovation de valeur », c'est-à-dire une proposition de valeur inattendue, par le fait même qu'elle va maximiser la valeur apportée par une caractéristique, quitte à supprimer tout simplement des caractéristiques jugées jusque-là comme indispensables. Les compagnies *low cost* sont un exemple d'« innovation de valeur » : on accède à un prix ridiculement bas en supprimant tout service. Hôtel Formule 1, déjà, avait préfiguré ce mouvement en offrant la nuitée au plus bas prix grâce à la suppression de la salle de bains dans la chambre, jusque-là considérée comme un élément sine qua non du confort de base. Dyson ou Nespresso sont des innovations de valeur qui ont maximisé le plaisir et conduit les clients à accepter des prix bien supérieurs aux produits concurrents (Dyson en supprimant enfin le fameux sac des aspirateurs et Nespresso en offrant à domicile la vraie qualité du café expresso).

Typiquement, l'innovation de valeur ne s'adresse pas à un client cherchant un bon produit moyen, mais à un client qui veut optimiser une valeur en particulier, quitte à en abandonner certaines autres. Dans tous les états-majors, il importe de remettre en cause les conventions du secteur, autoentretenues, pour explorer précisément ce à quoi personne ne pense.

Fleury Michon, dans l'alimentaire, est un modèle de PME innovante : en remettant en cause les allant-de-soi du secteur. Cette entreprise familiale vendéenne est soumise à la loi d'airain de la grande distribution et à la croissance de ses marques propres dans les marchés banalisés. Or, quoi de plus banalisé *a priori* que le jambon ? De fait, la part de marché des produits premier prix et des marques de distributeur y est de loin prédominante : Fleury Michon a répondu en remettant en cause l'équation jambon = porc. Répondant aux attentes latentes d'un nombre croissant de ménages, Fleury Michon a inventé et diffusé le jambon de poulet, de dinde, le hamburger de poulet, mélangés à des légumes pour assurer l'équilibre alimentaire clef dans une conception moderne de la qualité. Quinze années auparavant, l'entreprise avait lancé les plats cuisinés frais sous vide, remettant en cause la norme de l'époque liée à la suprématie du surgelé, une technologie dure pour la finesse de l'aliment.

Remettre le prix au cœur de l'innovation

Face aux écarts de prix qui se creusent entre les produits premiers prix et les produits des entreprises à marques, la première réponse est tactique : on multiplie les promotions, les mises en avant au prix choc. Tout doit être fait pour ne pas être cantonné au fond de rayon. D'autres ont opéré des baisses de prix durables pour accentuer leur domination concurrentielle. D'autres, enfin, ont mené des campagnes de communication pour créer une brèche dans le stéréotype piège dans lequel les nouveaux entrants, moins chers, veulent les enfermer : Air France serait toujours le plus cher, comme EDF ou France Télécom. Air France a réagi par l'offre très médiatisée « petits prix » par exemple.

Mais il faudra bien aussi remettre le prix au cœur de l'innovation. Il est frappant de voir combien de secteurs n'ont pas encore intégré la culture du coût. On y pinaille sur des centimes mais on néglige les millions. De ce point de vue, l'industrie automobile a réussi une mutation exemplaire en produisant des voitures offrant toujours plus de confort, de sûreté, de respect de l'environnement, tout en pesant sur les prix de revient.

Remettre le prix au cœur de l'innovation ne concerne pas uniquement les *process* : on peut réduire les prix de revient tout en accroissant la valeur perçue. La déroute des vins français à l'étranger, en Grande-Bretagne par exemple, résulte des innovations qui ont apporté plus de valeur gustative aux clients tout en réduisant fortement les coûts de revient.

La marque postglobale : idéal de la globalisation ?

Un curieux retournement semble s'opérer dans les discours des multinationales. Partout, les managers de marques globales n'ont de cesse de produire des chiffres prouvant que leur marque est perçue comme locale. De fait, des marques ayant remarquablement réussi leur globalisation, et de longue date, sont prises pour des marques locales : Danone est une marque totalement espagnole pour les Espagnols (l'histoire de Danone n'a-t-elle pas commencé en Espagne ?), aux États-Unis Dannon est bien américain, etc. Mais le phénomène est tout aussi vrai pour Bic, Nivea, ou pour Aspro ou même Kodak, Ariel… Ce souci d'apparaître local est-il une concession à la mode, à Porto Allegre, ou reflète-t-il une prise de conscience de fond ?

Tout d'abord, reconnaissons que ce mouvement ne concerne pas toutes les marques, mais celles qui se veulent marques d'accès, donc populaires, touchant un public large partout dans le monde. Par définition, le *high tech* n'est pas local, ou alors il est perçu comme *low tech*. C'est la technologie qui unifie le monde, qui est le facteur essentiel de la globalisation et de la standardisation qui l'accompagne, en créant chez des consommateurs du monde entier le même désir pour tel ou tel équipement nouveau. De même le *high touch* est international : ses clients achètent en partie une valeur fondée sur l'idée que, si elles voyageaient à Paris, New York ou Tokyo, elles trouveraient le même produit, intact. C'est pourquoi le luxe ne cherche pas à apparaître local : sa valeur ajoutée tient à son internationalité ou à ses racines étrangères.

En revanche, la recherche du succès populaire mondial conduit à reconnaître que la proximité du client est un facteur clef de succès. L'Oréal l'a bien saisi : au sein de son portefeuille de marques très diversifié, l'ancienne marque bien française Laboratoires Garnier n'est pas devenue Garnier par hasard. Ce changement de nom récent facilitera bien plus son appropriation par les pays de quelque continent qu'ils soient. L'adaptation des produits, des ingrédients, des packagings, des publicités aussi. C'est ainsi que Garnier intègre dès l'amont la diversité culturelle.

Si la marque internationale cherche à s'intégrer au plus près dans le pays, c'est que l'on a pris conscience que la marque globale était avant tout une conséquence de la recherche d'économies d'échelle et de l'avantage concurrentiel qu'elles confèrent. On a jamais vu des consommateurs demander des marques globales. Par ailleurs, les recherches les plus récentes montrent que l'atout clef de la marque locale était la confiance : or en ces périodes de doute, de scandales alimentaires, la valeur de confiance est un atout.

Les responsabilités de la marque

Finalement, un mouvement de fond est en train de saisir le monde des marques : l'impatience croissante du public face à des comportements non éthiques. De partout les signes convergent : si les consommateurs acceptent le jeu des signes et des imaginaires, ce qui fait que la marque est plus qu'un produit, en revanche ils n'acceptent plus que la mise en scène créatrice du désir et moteur de la consommation cache des pratiques que l'on tait. Sous prétexte qu'elles sont réalisées dans quelque lointain pays où l'entreprise a délocalisé, voire par des sous-traitants de nos entreprises désormais sans usines. Elle n'admet plus que son développement se fasse hors préoccupation environnementale, ou sans contrepartie équitable avec les pays d'accueil et leur développement durable.

La « marqu'éthique » deviendra-t-elle une facette nécessaire si ce n'est essentielle du management des marques ?

Que l'on ne s'y trompe pas : il ne s'agit pas d'une mode passagère. Puisque les marques ont pris la place des idéologies et se parent désormais de valeurs, de slogans moraux, d'injonctions comportementales, elles s'exposent désormais plus à la contradiction entre le dire et le faire. Certes, on a toujours dit qu'une marque ne devait pas surpromettre, mettre en avant des performances que le produit ne pouvait réaliser. Là où il y a nouveauté, c'est le retour de l'entreprise et de ses agissements dans le champ de l'exigence de la marque.

Rappelons-le en effet, pendant des décennies, le management n'a eu de cesse de bien séparer les deux au point qu'il y avait un directeur de la communication *corporate* et des directeurs des marques. Pour le public, il y a une porosité totale entre les deux, *a fortiori* si l'entreprise a pris le nom de sa marque la plus connue pour bénéficier de l'effet de halo. La marque sert alors de vitrine à l'entreprise.

BIBLIOGRAPHIE

J.-N. KAPFERER, *Ce qui va changer les marques*, Éditions d'Organisation, 2001.
M. PORTER, *Choix stratégiques et concurrence*, Economica, 1982.

59

SENS DU CLIENT ET NÉOMARKETING : NOUVEAUX DÉFIS POUR L'ASSURANCE

Michel Badoc

RÉSUMÉ

Au-delà du « sens du client », le marketing doit faire acquérir aux sociétés d'assurances le « sens du réseau ». Plus stratégique que dans le passé, il s'oriente vers l'élaboration des politiques et organisations tournées vers la gestion de la relation client, la stratégie de distribution multicanal, l'image de marque, l'innovation, la diversification, le développement durable, l'intégration d'Internet dans les réseaux... Un néomarketing revendiquant un rôle et une place au comité de direction apparaît dans cette profession.

Au-delà des discours sur « l'importance primordiale du client » et sur le « rôle central joué par les canaux de distribution pour contribuer au développement », les directions générales des sociétés d'assurances seront conduites, à l'optique 2010, de mettre leurs actions en totale conformité avec leurs déclarations. Aidé par un recours intensif aux NTIC (nouvelles technologies de l'information et de la communication), le client, déjà considéré comme roi, est en passe de devenir dictateur.

Pour faire face à cette évolution sans précédent des techniques et des mentalités, dans un contexte de concurrence exacerbée émanant des banques, de la grande distribution, des canaux et portails divers, les sociétés d'assurances ont besoin de faire appel à un marketing rénové. Le pouvoir de cette fonction doit être étendu et sa place évoluer pour se situer au niveau du comité de direction. Son défi : transformer l'entreprise pour faire acquérir à l'ensemble de ses services le « sens du client » et celui du réseau. Préparer rapidement les collaborateurs, en particulier ceux chargés du développement commercial à l'avènement du néomarketing.

Du sens de l'actuaire, de l'informaticien et du financier au sens du client et du réseau

Longtemps prioritairement préoccupées par les impératifs imposés par l'actuariat – l'informatique et la finance – les sociétés d'assurances doivent accorder une importance accrue au « sens du client » et à celui des réseaux de distribution.

Pour y parvenir, les réflexions convergent dans deux directions :

- Mieux fidéliser la clientèle acquise et augmenter sa valeur potentielle à partir de la GRC (gestion de la relation client).
- Créer une stratégie de distribution claire et cohérente à travers un dispositif multicanal.

■ La GRC, une incontournable réalité pour demain

La GRC (gestion de la relation client), en anglais CRM (*customer relationship management*), constitue un domaine d'organisation permettant de fidéliser le client et d'augmenter sa valeur. Les banques semblent avoir dans ce domaine une avance sur les sociétés d'assurances, à quelques exceptions près. C'est en particulier le cas de la Société Générale avec le projet 4D (Dispositif de Distribution de la Banque de Détail de Demain) mais également du Crédit Lyonnais, de BNP Paribas et de certaines autres institutions.

Le marketing de l'assurance doit contribuer à combler le retard et permettre aux compagnies d'agir rapidement dans plusieurs directions :

- Créer un système de GRC permettant de mettre à la disposition des sièges et des réseaux une connaissance intime et complète des clients en évitant d'élaborer un dispositif démesuré et coûteux relevant de « l'usine à gaz ».
- Concevoir le système pour apporter des réponses rapides aux attentes prioritaires que se posent les clients et les réseaux plutôt que de vouloir faciliter le fonctionnement des services internes.
- Intégrer dans le dispositif de la GRC une approche globale du client à partir de ses besoins et non des produits et services proposés. Le système doit pouvoir s'adapter en facilitant l'intégration des diversifications à venir telles que l'assur-finance ou l'assur-immobilier.
- Permettre un partage d'informations à travers l'ensemble des réseaux appartenant à une même marque dans le cadre de la gestion multicanal.

■ Acquérir un véritable « sens du réseau » vers l'élaboration de stratégies multicanaux

Alors que les banquiers n'ont pas hésité en 2003 à recréer des agences physiques, les assureurs sont encore en réflexion sur l'avenir de leurs réseaux et en particulier sur celui des agents généraux.

Le développement du « sens du réseau » après le « sens du client » constitue une priorité pour le marketing de demain. Le GPA (Groupe Generali) a montré qu'avec un réseau spécifique considéré par de nombreuses sociétés comme « obsolète », il est possible de trouver des sources de croissance et de profit en redécouvrant le « sens du réseau ».

Pour y parvenir, à l'image de ce qui se fait dans la banque, le marketing des sociétés d'assurances est conduit à investir dans plusieurs domaines :

- Mettre en place une stratégie multicanal permettant au client de choisir les réseaux de contacts qu'il préfère à partir des offres multiples qu'il a à sa disposition (voir figure VIII.1), selon ses besoins et ses désirs.
- Se soucier des attentes et besoins du réseau autant que de celles et ceux des clients. Des études barométriques comparatives collectives, telles que celles réalisées auprès des clients par TNS-Sofres, doivent permettre de connaître avec régularité les goûts, besoins, attentes et problèmes des réseaux envers leur société d'assurances. Elles doivent de surcroît pouvoir comparer les images des enseignes entre elles, perçues par les mêmes types de réseaux. Certaines sociétés européennes avancées sur ce sujet songent à mettre en place un 360° à partir de la perception de leurs réseaux. Il est appelé à constituer une base d'évaluation des collaborateurs internes en relation avec les canaux de distribution.

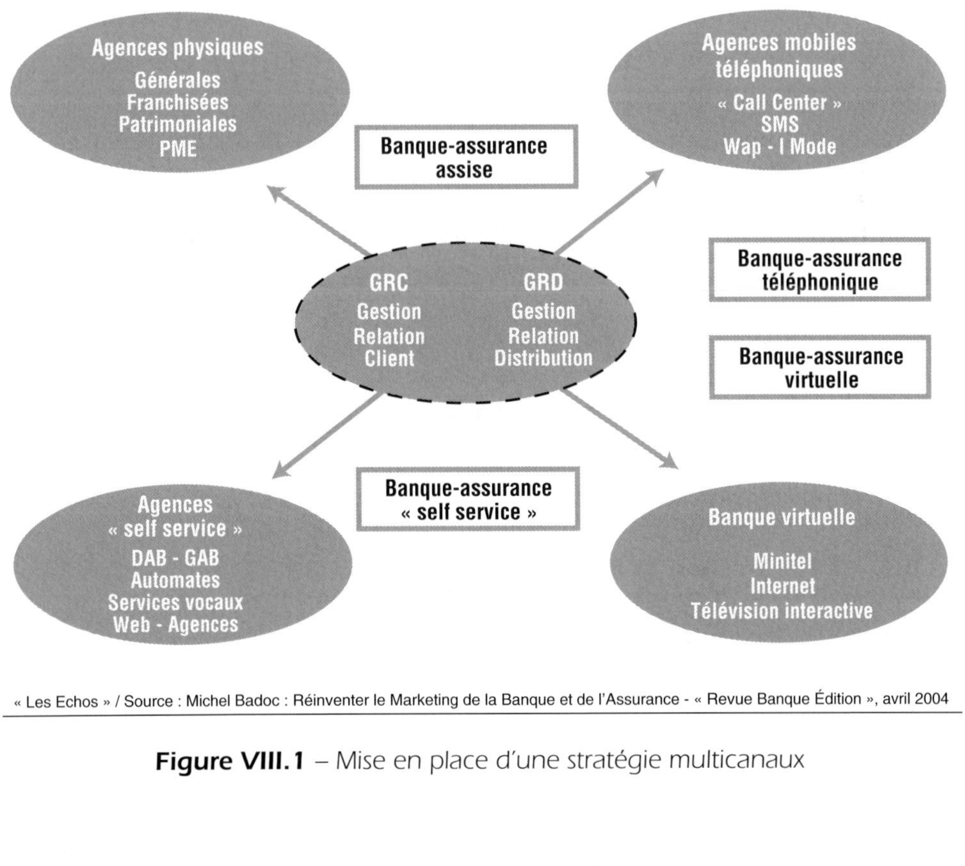

« Les Echos » / Source : Michel Badoc : Réinventer le Marketing de la Banque et de l'Assurance - « Revue Banque Édition », avril 2004

Figure VIII.1 – Mise en place d'une stratégie multicanaux

Une GRD (gestion de la relation distribution) conçue dans une optique comparable à celle qui a présidé à l'élaboration de la GRC apparaît également souhaitable. Elle favorisera l'intégration de l'ensemble des dispositifs de distribution. Une harmonisation entre le dispositif de la GRD et celui de la GRC complétera l'importante structure formant le pilier informationnel d'une politique de distribution multicanal performante.

Au-delà de la fidélisation : la conquête

Face à des marchés saturés liés en grande partie à une pyramide des âges déclinante et fortement équipée, les sociétés d'assurances sont contraintes de conquérir de nouveaux clients. La conquête est d'autant plus indispensable que des *outsiders* au-delà de La Poste et des banques, telle la grande distribution, risquent de s'attaquer aux clientèles détenues par les sociétés traditionnelles. Pour faire face à ces défis, le marketing s'engagera dans plusieurs voies susceptibles de renforcer la force compétitive des sociétés d'assurances :

- Les doter d'une image de marque spécifique et distinctive.
- Redécouvrir le sens de l'innovation.
- Utiliser les outils du néomarketing pour améliorer leur politique de développement.

■ Doter les sociétés d'une marque spécifique et distinctive

Après des années de quasi-indifférence sur ce sujet, les sociétés d'assurances européennes s'aperçoivent qu'au-delà de la notoriété, rares sont celles qui bénéficient d'une marque auprès du public. Les dirigeants intéressés par la conquête de nouveaux clients commencent à se soucier de ce problème. Une réponse à la question simple « pour quelles raisons, en dehors de la proximité ou du tarif le plus bas, un client s'adressera demain à un agent d'AXA, des AGF, du GAN, plutôt qu'à un point de vente Groupama, ACM, à celui de La Poste ou à une agence bancaire ? » interpelle désormais les états-majors. Faute de pouvoir apporter une réponse claire et rapide à cette interrogation, les gagnants du futur sont faciles à identifier. Ce seront soit les réseaux les plus implantés vendant de l'assurance : La Poste, les chaînes de supermarchés, le Crédit Agricole, les Caisses d'Épargne ; soit les réseaux proposant des produits moins coûteux comme les assurances directes à partir d'Internet et des nouveaux médias. Seul l'attrait d'une marque distinctive donnant aux consommateurs des raisons objectives de s'adresser à une enseigne – comme cela est le cas dans la grande distribution : Darty, Fnac, Leclerc... – peut se révéler capable de briser cette dangereuse logique. Certaines sociétés commencent à s'engager dans cette voie. AXA a entrepris d'importants efforts pour se doter d'une image de marque mondiale susceptible de porter ses valeurs. La Maif s'est présentée comme une société accordant une priorité à l'éthique et au militantisme. Les MMA se positionnent comme l'assureur sans problème alors qu'une importante campagne publicitaire présente la MAAF comme « la référence qualité/prix ». Pour louables que sont les importants efforts de communication, ils ne pourront créer une marque que le jour où l'ensemble de la politique marketing (produit, prix, distribution, qualité du règlement des sinistres...) se révélera capable de tenir mieux que ne le fait la concurrence, les promesses formulées. Si tel n'est pas le cas, la signature de la marque restera au niveau du simple slogan relevant davantage du vœu pieux que de la stratégie d'entreprise.

■ Redécouvrir la capacité d'innovation de l'assurance

Faute de ne pouvoir trouver d'importantes sources de développement dans le renouvellement de la population européenne, les sociétés d'assurances se voient contraintes d'ouvrir le spectre de leurs offres. Cette voie de diversification n'est pas antinomique avec le souci des clients qui se situe davantage au niveau des besoins globaux : préparer sa retraite, se prémunir contre les risques qui les préoccupent, partir en vacances sans souci... qu'à celui des produits et services offerts. Les sièges et les réseaux doivent se préparer à cette diversification qui, au-delà de la fidélisation, constitue une importante source de conquête. Le Crédit Mutuel du Centre-Est Europe, créateur des ACM, se targuait il y a quelque temps d'avoir autant de clients assurés que bancarisés. La diversification vers l'assur-finance et demain l'assur-immobilier apparaît probable.

Au-delà de la diversification, certains responsables n'hésitent pas à avancer que l'assurance pâtit de ne pas retrouver son niveau créatif qu'elle avait il y a de nombreuses années. Pour certains d'entre eux, la plupart des innovations se limitent à copier les sociétés de biens de grande consommation ou des télécommunications à partir de « packs marketing ». La nostalgie de noms de société ou de techniques tels que : Affer, Ticket 1000, GMF, AG2R, April, Mapfré, Cardif... sont pour eux évocateurs de créations qui ont permis aux sociétés d'assurances de remporter des succès fondés sur leurs capacités innovantes. Ils regrettent que la majorité de ces créations remontent à plus de vingt ans. Redécouvrir le sens des innovations fondamentales représente une voie permettant d'attirer de nouveaux clients. Plusieurs orientations apparaissent porteuses d'avenir. Parmi elles, l'immense marché de la dépendance, la possibilité d'augmenter les revenus des retraités en liquidifiant la valeur de leur résidence principale... Le marketing doit se pencher sur cette question. Retrouver un esprit d'innovation apparaît indispensable pour réussir sur les marchés de l'assurance du futur. La recherche créative concerne de nouvelles techniques mais également de nouvelles « niches » du marché et de nouvelles formes de distribution.

■ Mettre à profit le néomarketing à partir des NTIC (nouvelles technologies de l'information et de la communication)

Les NTIC avec le phénoménal développement d'Internet bouleversent l'ensemble des approches du marketing traditionnel. Elles entraînent une reconsidération en profondeur des méthodes d'étude et de conquête du client. L'avènement du e-marketing dans l'assurance apparaît comme inéluctable. Le classique « marketing mix » reposant sur les 4 P (*product*, *place*, *price*, *promotion*, en français : produit, distribution, prix, promotion) cher au « pape » international de cette discipline, Philip Kotler, se voit interpellé. Un « e-marketing mix » centré autour de nouvelles variables que sont : l'information, la technologie, les hommes, la logistique est en voie d'émerger.

Les sociétés d'assurances ont à relever rapidement plusieurs défis face à l'arrivée massive des nouvelles technologies :

- Les mettre à profit pour diminuer les coûts et augmenter la productivité tout en gagnant en qualité. Un directeur du marketing d'AXA, Pierre-Yves Durand, faisait remarquer, lors d'une conférence, « demain les gagnants seront les compagnies qui se révéleront capables de proposer des produits moins chers et de meilleure qualité ».
- Les sociétés d'assurances anglo-saxonnes développent l'utilisation d'Internet pour réduire le coût des expertises liées aux sinistres à partir de webcams et de logiciels appropriés.
- Automatiser les agences, former et équiper rapidement les collaborateurs des réseaux. En particulier les agents généraux et les commerciaux des canaux de distribution afin qu'ils puissent avoir une relation directe avec leur client *via* Internet. Permettre au client de réaliser en permanence certaines opérations avec sa compagnie à partir de ce média comme cela se fait avec sa banque. Au-delà des sociétés d'assurances directes, l'ensemble des dispositifs des réseaux doit permettre de contacter sa société et ses interlocuteurs à partir de ce média. Une véritable course liée à l'équipement est déjà engagée notamment face à la concurrence des investissements bancaires dans les nouvelles technologies.
- S'assurer que les contacts électroniques avec les clients ne se transforment pas en une importante déshumanisation de la relation. Les internautes ne sont pas obligatoirement des « cyberfanas ». Ils souhaitent pour la plupart, au-delà de l'appel d'un site, pouvoir rencontrer ou entendre des personnes physiques. Trop nombreux sont encore les centres d'appels, ou *call centers*, répondant davantage aux préoccupations de l'organisation interne qu'à celles des clients et des réseaux. Une importante refonte de leur fonctionnement actuel avec le souci de mieux les adapter aux attentes de ces derniers est fréquemment devenue nécessaire.
- Mieux coordonner les canaux technologiques avec l'ensemble du dispositif de distribution de la marque. En particulier avec les réseaux physiques dans le cadre de la politique multicanaux. Une stratégie d'intégration doit se substituer à celle d'empilage et de concurrence interne entre les canaux distribuant des offres sous une même enseigne. Lorsque l'étanchéité entre les canaux d'une même société est souhaitée, le choix de marques différentes devient incontournable.

Le marketing ne peut mener l'ensemble de ces projets à bon terme, en particulier lorsque sa contribution est fondamentale dans les importants projets stratégiques (CRM, marque, développement durable…) que si son pouvoir de persuasion et son rôle de coordination sont réévalués. Sa place auprès du comité de direction, comme c'est déjà le cas dans un nombre accru d'entreprises industrielles orientées vers le client, s'imposera aux sociétés d'assurances. À cette place, il se trouvera en position confortable pour harmoniser les relations entre les départements en charge de la distribution, de l'actuariat et de l'informatique dont la collaboration est indispensable pour mener à bon terme tout projet important lié à la fidélisation et à la conquête des clients.

BIBLIOGRAPHIE

M. BADOC, en collaboration avec E. TROUILLAUD, *Réinventer le marketing de la banque et de l'assurance*, Éditions La Revue Banque, 2004.

M. BADOC, B. LAVAYSSIÈRE et E. COPIN, *E-Marketing de la banque et de l'assurance*, Éditions d'Organisation, 2e édition, 2000.

60

ASSORTIMENT : L'APPORT DU *CATEGORY MANAGEMENT*

Anne-Sophie Bayle-Tourtoulou

RÉSUMÉ

La politique d'assortiment d'un distributeur est un élément majeur dans la définition de son positionnement. L'actualité récente de la grande distribution a mis en exergue 4 enjeux fondamentaux de l'assortiment : son évolution dans le temps, sa déclinaison sur un parc de magasins de tailles différentes, son degré d'adaptation locale et sa taille au sein de chaque catégorie. Le *category management* peut constituer une aide précieuse face à ces enjeux.

La politique d'assortiment d'un distributeur consiste à choisir les produits ou services que l'enseigne souhaite offrir aux consommateurs dans ses points de vente. Elle est un élément majeur dans la définition de son positionnement. Elle établit à partir de deux dimensions fondamentales que sont la largeur et la profondeur de l'assortiment, à quel format de distribution l'enseigne compte appartenir (grandes surfaces alimentaires ou spécialisées, *hard discount*, grands magasins) et indique par ses singularités (priorité aux nouveaux produits, à certaines catégories, accent mis sur le haut ou le bas de gamme…) les partis pris que l'enseigne souhaite développer pour asseoir sa différenciation au sein de son format d'appartenance. Dans la majorité des cas, l'assortiment se définit par la nature des produits vendus ; dans d'autres, il se construit autour d'un thème que tous les produits offerts nourrissent (exemple : la chaîne Nature & Découvertes). Construire l'assortiment d'une enseigne, c'est répondre à deux questions essentielles : quelles catégories de produits vendre et quelles références offrir au sein de chacune d'elles ? La problématique de l'assortiment doit être abordée dans le cadre plus vaste de la création de chiffre d'affaires pour un magasin. Pénétration de la zone de chalandise, panier moyen et fréquence de visite par client sont les trois leviers majeurs de croissance de ce chiffre d'affaires, à la lumière desquels doivent s'opérer les choix d'assortiment. Ces derniers augmentent-ils l'attractivité du magasin et génèrent-ils du trafic, contribuent-ils à l'accroissement des dépenses représentées par Caddie, et/ou fidélisent-ils la clientèle ? À défaut, sont-ils apporteurs de marge ? L'actualité récente a mis en exergue quatre enjeux de la politique d'assortiment d'un distributeur. Ils concernent son évolution dans le temps, sa déclinaison sur un parc de magasins de taille différente, son degré d'adaptation locale et sa taille au sein de chaque catégorie.

Déclin des hypermarchés et évolution de l'assortiment dans le temps

La perte de part de marché des hypermarchés et l'ascension du *hard discount* nourrissent des interrogations sur la pérennité de la formule du « tout sous le même toit ». Elles posent la question de la déclinaison de l'assortiment des enseignes dans le temps face à l'émergence de nombreux nouveaux marchés et à l'obsolescence d'autres, le tout dans un contexte de mètres linéaires quasi constants (loi Raffarin de 1996). Quelle est la légitimité d'une enseigne à offrir telle ou telle catégorie de produits ? Le processus de sélection des catégories nécessite une analyse fine de l'identité du distributeur et de son positionnement concurrentiel. Le choix des catégories à offrir repose sur une étude de leur contribution respective au renforcement de ce positionnement, complétée par une analyse économique de l'apport en chiffre d'affaires et en marges, des prévisions de croissance, des stocks, du retour sur investissement et de la concurrence. Dans le cadre de l'hypermarché, au positionnement généraliste par définition, c'est l'analyse économique qui prédomine et qui a tôt fait de diversifier son offre vers des marchés porteurs comme les loisirs ou l'informatique. Cette diversification de l'assortiment ne saurait toutefois s'opérer au détriment du fonds de commerce de l'hypermarché que demeurent les produits alimentaires.

Concentration et déclinaison de l'assortiment à des magasins de taille différente

Les mouvements de concentration des années 1990 ont accru l'hétérogénéité en taille du parc des magasins des enseignes concernées. Il n'est pas rare aujourd'hui de voir des hypermarchés moyens (de 5 000 m^2 à 8 000 m^2) côtoyer, sous le même nom d'enseigne, de grands hypermarchés (de 8 000 m^2 jusqu'à 25 000 m^2). Comment adapter l'assortiment à des surfaces de ventes différentes ? Concernant le choix des catégories à offrir, deux options majeures se présentent : adopter des déclinaisons homothétiques où le choix des catégories reste identique dans le cadre d'espaces de vente réduits ou préférer un assortiment restreint dans les petits magasins où ne sont référencées que les catégories que l'enseigne juge essentielles à son identité ? La seconde option a généralement la faveur des enseignes car elle évite un appauvrissement inévitable de l'offre de chaque catégorie, inhérent à la première. Quant au nombre de références à offrir par catégorie, les enseignes privilégient une structure d'assortiment gigogne reposant sur des sous-ensembles définis en fonction du nombre de références qu'ils proposent. Le plus petit établit l'assortiment minimal commun à tous les magasins offrant la catégorie. Le second est constitué des références du premier auxquelles sont adjoints de nouveaux produits qui enrichissent l'offre en termes de variétés, parfums, tailles de packaging, marques disponibles. Le dernier offre par définition l'assortiment le plus complet et inclut toutes les références des sous-ensembles précédents. Cette organisation gigogne permet d'assurer une cohérence d'assortiment entre les magasins d'une enseigne et de réduire le coût d'acquisition de l'assortiment en fédérant les achats des magasins au niveau de la centrale nationale.

Contexte économique et degré d'adaptation locale de l'assortiment

Une croissance économique difficile caractérisée par l'atonie de nombreux marchés souligne l'importance de la dimension locale comme source potentielle de « poches de croissance ». Comment exploiter ces poches dans le cadre d'enseignes ayant opté, pour beaucoup d'entre elles, pour une centralisation accrue de leurs modes de management avec une homogénéisation grandissante de l'assortiment des magasins ? Grâce au marketing local qui plaide pour une meilleure adéquation de l'offre aux conditions de consommation et de concurrence de chaque magasin, par définition différentes de l'un à l'autre. Le marketing local implique de considérer dans le choix des sous-ensembles non seulement la taille du magasin mais aussi les particularités de celui-ci en termes de clientèle et de concurrence. Ainsi, un petit magasin peut opter dans le cas de certaines catégories de produits, identifiées comme prioritaires dans sa zone de chalandise, pour des sous-ensembles de taille moyenne ou grande que la seule considération de sa surface lui aurait interdits. Cette adaptation au local souligne l'importance des outils de géomarketing pour une connaissance plus fine du potentiel de chaque catégorie par zone de chalandise. Elle sous-tend également des enjeux de pouvoir importants. Qui exploite les données locales et surtout qui décide des adaptations à faire ? Il peut s'agir du personnel local dans les deux cas, d'un mix entre le personnel national et le personnel local où le premier se charge de l'exploitation des données et où le second, aidé de ces analyses, décide, ou uniquement du personnel national qui gère à distance l'adaptation de chaque magasin sur la base de données locales à l'exemple du leader mondial Wal-Mart. Ces alternatives impliquent des différences dans le transfert du pouvoir entre le national et le local et dans la facilité à assurer une cohérence dans la politique d'assortiment de l'enseigne.

Foisonnement de nouvelles références et taille de l'assortiment

Le foisonnement de nouvelles références dans les linéaires des grandes surfaces contribue à réactiver le débat sur le nombre et la nature des produits à proposer par catégorie. Il est intéressant de constater que ce foisonnement résulte aussi bien des marques nationales et de leurs nombreuses innovations que des marques de distributeurs et de leur portefeuille très élargi ou des premiers prix récemment mis en avant. L'enjeu pour les distributeurs est la recherche d'une perception maximale de choix par les consommateurs, atout indéniable des enseignes généralistes par rapport au hard discount. Ceci légitime la présence de marques variées, la difficulté étant de trouver le juste équilibre entre ces produits. Au-delà de la nature des produits, c'est aussi leur nombre qui est en jeu. Or, plus que le nombre, c'est la lisibilité qui prime dans la perception de choix. Ainsi, un assortiment restreint, auquel ont été enlevés des produits mineurs, apparaît comme plus riche que la version originale : les références offertes bénéficient d'un espace linéaire plus grand qui améliore leur impact visuel. Ceci plaiderait pour un durcissement de la règle affichée du « un produit entré pour un produit sortant » et souligne avec acuité l'importance du merchandising ou de la mise en valeur des produits. La répartition du magasin en zones chaudes et froides, l'utilisation de planogrammes pour définir la place de chaque produit dans le linéaire participent de ces efforts de valorisation de l'offre où des critères de rotation des ventes et de jours de stocks sont combinés à des critères plus esthétiques, de séduction du regard.

Face à ces enjeux, les enseignes misent sur le *category management*. Considérant chaque catégorie comme une unité stratégique distincte, celui-ci part du constat que les consommateurs cibles des enseignes sont différents. Les choix d'assortiment devraient donc refléter ces différences et les catégories de produits pourraient être à terme une base privilégiée de différenciation des enseignes. Le *category management* s'interroge sur le rôle à attribuer à chaque catégorie (développer le trafic, fidéliser, augmenter le panier moyen ou le profit, renforcer l'image de l'enseigne) et propose une classification selon le potentiel des catégories à développer la stratégie de l'enseigne. Quatre grandes classes sont ainsi définies avec des rôles propres :

- Les catégories de destination, au rôle prioritaire, qui ont pour mission d'être porteuses de l'image de l'enseigne et de développer le trafic ; elles deviennent les points forts de l'enseigne qui la rendent incontournable pour le consommateur.
- Les catégories préférées ou de routine, au rôle important, qui développent la fidélité et le panier de l'enseigne sur la catégorie. L'enseigne est le fournisseur privilégié de ces catégories.
- Les catégories occasionnelles ou saisonnières qui sont porteuses d'image et génèrent du trafic de manière périodique.
- Les catégories de commodité, au rôle de première nécessité, qui correspondent à toutes les autres catégories que le consommateur doit pouvoir trouver en magasin et qui développent le profit.

Chaque catégorie est donc classée dans l'une de ces familles qui n'est pas nécessairement la même d'une enseigne à l'autre. Des priorités s'imposent ensuite naturellement grâce à cette typologie : les catégories de destination, par exemple, bénéficient de gammes complètes, de fortes parts de linéaire, d'actions promotionnelles nombreuses tandis que les catégories de commodité se contentent d'une gamme, d'un linéaire et d'une animation plus faibles.

Ainsi, le *category management* aide chaque enseigne dans la démarche d'identification de ses catégories prioritaires, celles qui devront être suivies dans le temps et quelque soit la taille des magasins et qui recevront les plus gros investissements en marketing local et merchandising. Des stratégies propres à chaque catégorie avec définition des objectifs poursuivis et des moyens assignés viennent compléter les premières orientations données par cette typologie.

À terme, c'est une plus grande différenciation des enseignes qui est en jeu. Certaines en ont déjà pris le pas, à l'exemple de Monoprix, qui affiche des partis pris assez forts dans son assortiment, aidé, il est vrai, par un cœur de cible plus typé.

LE MARKETING EXPÉRIENTIEL : UN NOUVEAU DÉVELOPPEMENT

Yves Evrard

RÉSUMÉ

Comprendre le vécu et les significations des expériences de consommation revêt une importance déterminante pour une entreprise centrée sur le consommateur. L'expérience occupe en effet une place centrale entre l'acte d'achat puis la satisfaction et la fidélisation. L'objet de cet article est de présenter brièvement les principaux éléments d'une démarche visant à intégrer l'analyse de l'expérience de consommation dans l'action marketing : « le marketing expérientiel ».

La compréhension du comportement du consommateur en vue de son application aux décisions de marketing s'est d'abord intéressée au processus de choix et à l'acte d'achat (marketing transactionnel). Ensuite, de nombreux travaux ont porté sur la satisfaction des consommateurs et ses conséquences sur la fidélisation (marketing relationnel). Ce n'est que plus récemment que l'analyse de l'expérience de consommation, telle qu'elle est vécue par le consommateur, a été développée et que ses implications pour l'action marketing ont été systématisées (marketing expérientiel). L'objet de cet article est de présenter brièvement les principaux éléments de cette démarche.

La place de l'expérience dans le processus de consommation

Une évolution majeure de la recherche sur le comportement du consommateur et de ses applications en marketing a été le passage d'une approche centrée sur la question du choix (la formation des attitudes et des préférences et le processus d'achat) à l'étude des « phénomènes post achat ». L'étude de ce qui se passait après l'achat s'est développée sous deux angles principaux : d'une part, sous la double pression du consumérisme et du mouvement de la qualité, la satisfaction des consommateurs et ses conséquences positives sur la fidélité, d'autre part, à la suite des apports convergents du marketing des services et du marketing industriel, un intérêt particulier pour la relation qui associe le client au fournisseur et à la marque, et sa traduction en termes de fidélisation et des profits qui en résultent. Est apparue ainsi l'idée, dans une relation d'opposition/complémentarité avec le « marketing transactionnel » (centré sur l'acte d'achat), d'un « marketing relationnel » (centré sur la relation durable que l'entreprise tente d'établir avec ses consommateurs). Cependant, entre l'achat puis l'évaluation et ses conséquences subsistait un chaînon manquant : « l'expérience de consommation » (voir figure VIII.2). La façon dont cette expérience est vécue par le consommateur peut influer sur ses consommations futures et met en jeu un ensemble de dimensions (utilitaires, mais aussi cognitives, affectives ou sociales).

« Les Echos » / Source : Auteur

Figure VIII.2 – La place de l'expérience dans le processus de consommation

Vers une économie de l'expérience

Au niveau de l'économie dans son ensemble, il a été proposé[1], en allant au-delà des analyses prédisant l'avènement généralisé d'une société de services, que l'expérience constituait une quatrième phase du développement économique, succédant aux matières premières (*commodities*), aux biens de grande consommation (*goods*) et aux services, pour une extension de la sphère de l'économie marchande et la création corrélative de valeur ajoutée. Cette évolution se caractérise par une différenciation croissante de l'offre accompagnée d'une augmentation de sa valeur (voir figure VIII.3). Pour illustrer cette évolution, on peut prendre l'exemple du café, tout d'abord matière première vendue en vrac, puis mis en paquet et différencié par un nom de marque, puis vendu tout préparé au comptoir d'un bistro (service) et enfin « mis en scène » dans un lieu dédié où l'environnement est étudié pour façonner le vécu de l'expérience de consommation (exemple de la chaîne Starbucks). L'expérience n'est pas l'ultime étape de cette évolution puisqu'une cinquième phase est annoncée qui serait celle des biens de « transformation de soi », marquant ainsi l'horizon de l'extension du domaine de l'expérience : le consommateur lui-même. Cette dernière catégorie comprend des expériences dont le consommateur sort différent de ce qu'il était au départ ; on peut prendre comme exemple les soins de soi ou la chirurgie esthétique, mais aussi l'éducation et la formation.

1. J. Pine et J.H. Gilmore, *The Experience Economy*, Harvard Business School Press, 1999.

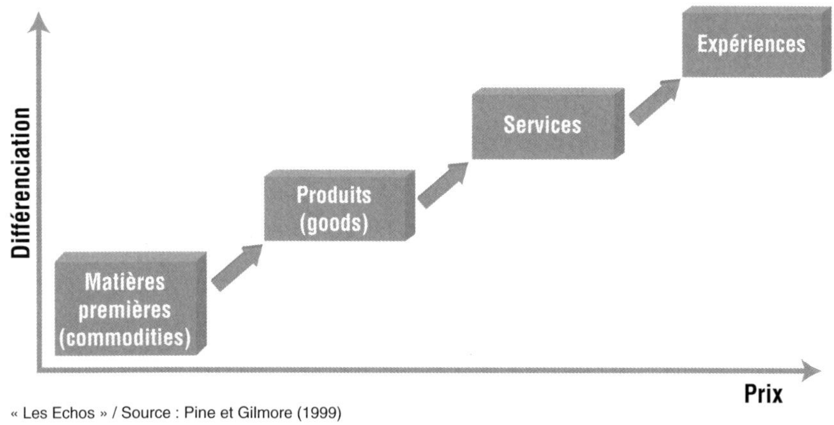

Figure VIII.3 – Évolution de la valeur économique

Les caractéristiques de l'expérience de consommation

L'étude de l'expérience vise à comprendre la construction de la signification (le sens que le consommateur donne à ses consommations) au cours du processus de consommation. Elle contribue ainsi plus généralement à l'analyse du rôle de la consommation comme force structurante des sociétés contemporaines (modernes ou post modernes) où la façon de consommer (la constellation des expériences) devient plus importante que la place dans le processus de production (objet central de la sociologie marxiste) dans la constitution de l'identité individuelle et sociale.

Quelques traits spécifiques de l'expérience de consommation méritent d'être soulignés :

- La « singularité » de l'expérience, allant au-delà de la simple technologie d'utilisation d'un produit standardisé pour inclure son investissement par des significations, l'expérience ne peut se confondre avec la situation (subie), elle existe dans la mesure où un sujet prend conscience de la situation, lui donne du sens : la singularité naît de la subjectivité.
- La place centrale de l'expérience de consommation peut rapprocher les approches transactionnelle et relationnelle en s'interrogeant sur les interdépendances des transactions ; la réussite d'un épisode expérientiel aura des conséquences sur les consommations suivantes ; le caractère « mémorable » d'une expérience est considéré comme un facteur clef de succès, la mémorisation d'un épisode pouvant, pour certaines catégories, être renforcée par l'achat de souvenirs ou produits dérivés ; les secteurs les plus typiquement expérientiels peuvent être considérés comme « addictifs ».
- L'extension du domaine de l'expérience tend à accroître la part d'« hétéroproduction » dans la fonction de production domestique (cela va de la substitution des plats préparés à la cuisine familiale, au fait d'écouter un disque au lieu de jouer soi-même

de la musique) ; cette évolution est à la source des critiques sur la « marchandisation » de la vie sociale et les risques d'aliénation qu'elle fait peser sur le consommateur.

– Une réponse, au moins partielle, à ces critiques peut être trouvée dans la « construction de l'expérience » par l'offreur qui devra résoudre ce que l'on pourrait qualifier de « double oxymoron de la construction de l'expérience » ; quoique construite, elle doit garder un caractère d'authenticité qui permet son appropriation par le consommateur ; parce que construite, elle doit préserver le consommateur des conséquences du risque qui peut être intimement associé à l'expérience (on pense par exemple aux loisirs de sports extrêmes), on parlera alors de risque sûr (*safe risk*) particulièrement important dans des sociétés où le principe de précaution est érigé en dogme.
– Enfin le consommateur reste le « coproducteur » de l'expérience, ce qui a été reconnu et analysé de longue date par le marketing des services (en particulier la nécessité de sa compétence pour que la coproduction soit réussie) ; il cherchera ainsi à préserver son autonomie et sa part de liberté, ce qui devra être pris en compte par le marketing expérientiel tant au stade de la construction qu'à celui du contrôle de l'expérience.

Champ d'application et démarches

Le domaine initialement privilégié par l'approche expérientielle a été celui des loisirs et en particulier le champ culturel, qu'il s'agisse des consommations artistiques ou de la culture de masse (*entertainment*). Ces catégories étaient même qualifiées de « produits expérientiels » pour lesquels seule la consommation peut apporter des informations vraiment pertinentes, les critères d'évaluation *a posteriori* pouvant différer des critères de choix initiaux. Un second domaine majeur d'application a été la distribution, dans la perspective post moderne du « réenchantement » de la consommation, pour enrichir l'acte d'achat, au-delà de son rôle strictement fonctionnel, notamment par la théâtralisation du point de vente (*retailtainment*). Cette théâtralisation signifie que la valeur de l'expérience ne réside plus seulement dans les caractéristiques du bien, mais dans sa mise en scène et la valeur que le consommateur lui apporte au travers de son interprétation. On peut prendre comme exemple de ce type d'application la démarche suivie par la grande distribution pour transformer les hypermarchés en « lieux de vie ». Du point de vue de l'entreprise et de son management, l'analyse de l'expérience et sa prise en compte pour la décision marketing ont été largement développées, en particulier dans le domaine des services[1]. Ce n'est cependant qu'assez récemment qu'une démarche formalisée et systématique du marketing expérientiel a été élaborée[2].

1. Voir *Décisions Marketing*, octobre-décembre 2002.
2. B.H. Schmitt, *Experimental Marketing*, Free Press, 1999, et *Customer Experience Management*, Wiley, 2003.

Un exemple d'instrument opérationnel élaboré à cette fin est la grille expérientielle (tableau VIII.1) visant à mettre systématiquement en relation les dimensions du vécu du consommateur (ou modules expérientiels) et les modalités d'actions de l'entreprise (ou supports d'expérience) de façon à assurer la cohérence des expériences vécues par un consommateur avec une entreprise ou une marque.

Tableau VIII.1 – La grille expérientielle

1/ Modules expérientiels

- Sentir
- Ressentir
- Penser
- Agir
- Mettre en relation

2/ Supports d'expérience

- Communication
- Identité (verbale/visuelle)
- Produit
- Cobranding
- Environnement
- Sites Web
- Personnes

Source : Bernd Schmitt, 1999

62

LA FIDÉLITÉ À LA MARQUE DES CONSOMMATEURS ÂGÉS

Raphaëlle Lambert-Pandraud et Gilles Laurent

RÉSUMÉ

Les consommateurs âgés constituent un enjeu économique croissant dans les pays développés. Sur un marché important, celui des voitures neuves, ils sont aussi beaucoup plus fidèles à la marque que les jeunes. Comment interpréter ces résultats ? Après avoir éliminé quelques explications potentielles, nous évoquons quatre perspectives théoriques : le déclin biologique, le déclin cognitif, la sélectivité socioémotionnelle et l'aversion à la décision.

L'importance démographique et économique des personnes âgées ne fait que s'accroître dans les pays développés. En France, les 60 ans et plus, qui représentent 20 % de la population aujourd'hui, achètent 29 % des voitures neuves. On caractérise souvent ce segment de consommateurs par une plus grande fidélité à la marque, par exemple dans une étude Secodip de 1998 sur 60 marchés et 600 marques. Mais d'autres études aux États-Unis montrent que les consommateurs âgés de 50 ans et plus ne sont pas plus attachés à leurs marques de savon, de shampooing, de déodorant ou de téléphone portable. Compte tenu de ces résultats divergents, nous avons réalisé une étude empirique à propos d'un achat important, celui des voitures neuves. Nous en présentons les résultats objectifs, avant de proposer des interprétations théoriques.

Les ventes de voitures neuves en France représentent un marché de 2,2 millions d'unités, achetées pour la plupart par des particuliers. Grâce au groupe PSA, nous avons pu accéder à certaines questions d'une enquête réalisée entre juillet 1997 et juin 1998, auprès de plus de 30 000 acheteurs de voitures neuves. Le questionnaire, envoyé au domicile des acheteurs en moyenne trois mois après l'achat, les interroge sur les caractéristiques de la nouvelle voiture et de la voiture remplacée, sur la satisfaction vis-à-vis de l'ancienne voiture, sur les caractéristiques sociodémographiques de l'acheteur (âge, niveau d'études, genre, lieu d'habitation, actif ou retraité, profession, statut marital).

Définition rigoureuse

Avant d'analyser ces données, il est important de retenir une définition rigoureuse des consommateurs « âgés ». On définit souvent en pratique les « seniors » par un âge limite de 50 ans. Ceci nous paraît trompeur, car les plus de 50 ans ne sont pas homogènes. Pour la littérature de psychologie et de gérontologie, les 40-59 ans sont au faîte de leur maturité psychologique et sociale, et une limite de 60 ou 65 ans semble plus appropriée, en particulier par référence à l'âge de la retraite. De plus, la psychologie cognitive traite à part les 75 ans et plus, parce que le ralentissement cognitif mesuré vers 60 ans devient visible dans la vie quotidienne. Nous distinguons ainsi les acheteurs « âgés » (60-74 ans) des « très âgés » (75 ans et plus). Nous comparons ces deux groupes à la référence constituée par les acheteurs « mûrs » (40-59 ans) et les acheteurs « jeunes » (jusqu'à 39 ans). Dans notre analyse statistique, nous avons bien entendu tenu compte, en plus de l'âge, des caractéristiques sociodémographiques des acheteurs, de leur satisfaction vis-à-vis de leur voiture précédente et de leur garagiste, et de différentes caractéristiques de leur situation. Nous pouvons cependant résumer nos principales conclusions par les graphiques présentés dans cette page, qui illustrent les différences de comportement entre nos quatre tranches d'âge. Les acheteurs de 60 ans et plus se distinguent effectivement des plus jeunes par une fidélité à la marque significativement plus grande. Le taux de rachat de la marque précédente est de 42 % pour les jeunes, 54 % pour les acheteurs mûrs, 66 % pour les acheteurs âgés, 72 % pour les très âgés (voir figure VIII.4). Un processus d'achat extrêmement fidèle consiste à ne considérer qu'une seule marque avant l'achat, celle de la voiture précédente. C'est le cas sur notre

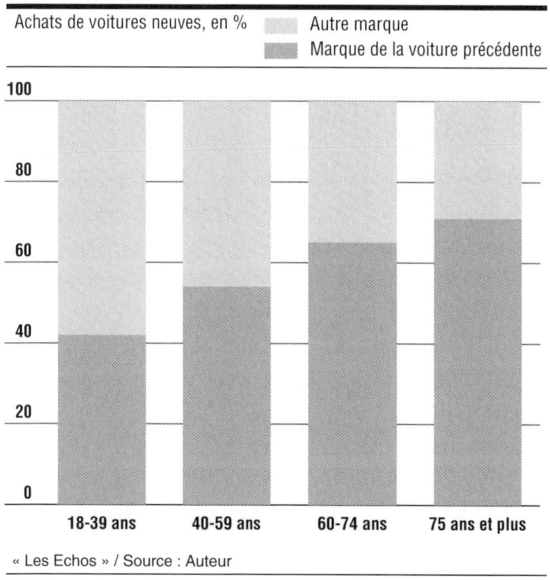

Figure VIII.4 – Les consommateurs âgés rachètent la marque précédente

enquête de 21 % des acheteurs âgés et de 27 % des très âgés, contre 6 % seulement pour les jeunes et 11 % pour les acheteurs mûrs. De façon liée, les consommateurs âgés sont aussi plus fidèles au garage qui avait vendu la précédente voiture : c'est le cas de 44 % des acheteurs âgés et de 49 % des très âgés, contre 21 % pour les jeunes et 44 % pour les acheteurs mûrs. Cette fidélité des consommateurs âgés n'est pas due au fait que les consommateurs âgés seraient plus satisfaits de la voiture précédente : nos analyses montrent qu'à satisfaction égale envers la voiture précédente, les 60 ans et plus ont une probabilité de rachat significativement plus importante que celle des moins de 60 ans.

Deuxième aspect du comportement des 60 ans et plus, une moindre recherche d'information avant l'achat. Le nombre de marques considérées avant l'achat décroît avec l'âge : 2,24 pour les jeunes, 2,16 pour les acheteurs mûrs, 1,92 pour les acheteurs âgés, 1,77 pour les très âgés (voir figure VIII.5). Même tendance pour le nombre de modèles considérés, qui baisse régulièrement de 2,37 à 2,26, 2,00 et 1,83 (voir figure VIII.6). Enfin, les acheteurs plus âgés sont plus nombreux à ne visiter qu'un seul garage avant l'achat : 47 % pour les jeunes, 53 % pour les acheteurs mûrs, 66 % pour les consommateurs âgés, et 79 % pour les très âgés (voir figure VIII.7).

Dernière particularité du processus d'achat des 60 ans et plus, une préférence plus marquée pour les marques établies depuis longtemps, qui sont aussi les grandes marques nationales (Peugeot, Renault, Citroën). Ce phénomène découle en partie des effets de fidélité décrits plus haut, mais il se vérifie même lorsqu'on n'analyse que les acheteurs qui changent de marque. Parmi ceux-ci, 49 % des jeunes, 56 % des acheteurs mûrs, 69 % des acheteurs âgés et 74 % des très âgés optent pour une marque nationale.

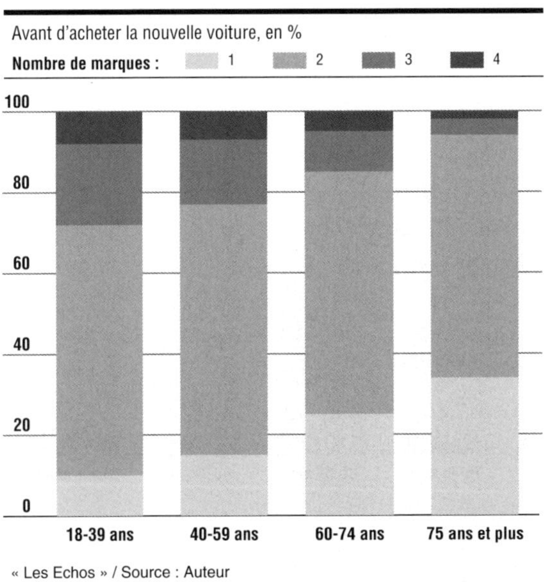

Figure VIII.5 – Les consommateurs âgés considèrent moins de marques

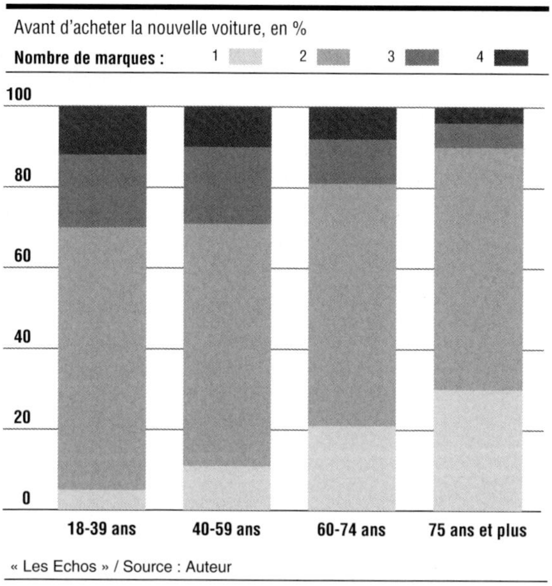

Figure VIII.6 – Les consommateurs âgés considèrent moins de modèles

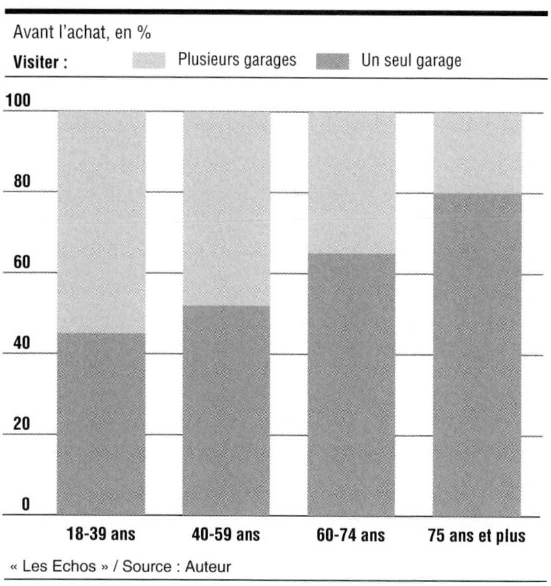

Figure VIII.7 – Les 60 ans et plus considèrent plus fréquemment un seul garage

Quelles explications proposer à ces résultats ? Nous avons d'abord éliminé, par des analyses statistiques, quatre hypothèses suggérées par les publications sur le « comportement du consommateur ». La première hypothèse invoquerait une moindre implication des consommateurs âgés envers l'automobile. Il s'avère que l'intérêt pour les voitures n'est pas corrélé à l'âge. Une deuxième explication serait que l'expérience et donc l'expertise des acheteurs augmenteraient avec l'âge, ce qui rendrait plus efficace la recherche d'information et permettrait de la réduire. Nous infirmons également cette hypothèse : s'il est vrai que les acheteurs se sentent plus experts avec l'âge, l'automobile présente cette caractéristique particulière que les experts recherchent plus d'information avant l'achat, à l'inverse de ce qu'on observe dans de nombreuses catégories de produits. L'âge proprement dit s'accompagne bien d'une recherche d'information réduite. Par ailleurs, peut-on raisonnablement penser que les connaissances acquises lors des précédents achats d'automobiles soient encore valables alors que, d'un achat sur l'autre (en moyenne, tous les quatre à cinq ans), l'offre s'est renouvelée très largement ? Une troisième hypothèse serait une croissance de la préférence nationale avec l'âge, mais ceci n'est pas confirmé par les données. Enfin, on aurait pu penser que les acheteurs âgés de voitures neuves comporteraient une plus grande proportion de femmes, comme dans la population française, et que les femmes seraient plus fidèles et rechercheraient moins d'information avant l'achat. Mais, en fait, la proportion d'acheteurs masculins est plus forte dans les tranches d'âge élevé que chez les plus jeunes, en raison d'évolutions sociologiques profondes.

Nous nous tournons donc, pour expliquer nos résultats, vers quatre facteurs identifiés dans la littérature de psychologie et de gérontologie. Le vieillissement biologique et le déclin cognitif rendent plus difficile la considération de nouvelles options, tandis que la sélectivité socioémotionnelle et l'aversion à la décision rendent les options familières plus attirantes.

Le déclin biologique est « l'ensemble des modifications se produisant dans l'organisme avec l'âge, qui réduisent sa résistance et son adaptation à l'environnement ». Il faut distinguer ici les consommateurs âgés des très âgés. Entre 60 et 74 ans, une majorité déclare faire les courses souvent ou tous les jours, ne pas avoir de problème pour marcher, et aller partout. Par contre, à partir de 80 ans et plus, seules 34 % des personnes interrogées déclarent aller partout. Le vieillissement physique peut réduire le nombre de garages visités pour les acheteurs de plus de 75 ans, mais pas pour les 60-74 ans. Le vieillissement physique explique donc seulement le petit nombre de concessionnaires et de marques visités par les acheteurs très âgés.

Le déclin cognitif lié à l'âge est mis en évidence par de nombreux tests psychométriques. Les techniques d'images à résonance magnétique montrent un déclin des fonctions activées dans le cortex préfrontal dorsolatéral, fonctions impliquées dans la mémoire de travail. Cette mémoire permet un encodage des informations dans la mémoire à long terme, et une extraction volontaire d'informations récemment encodées. Ainsi, la mémoire explicite, extraction volontaire d'informations récentes, décline avec l'âge. Il est donc plus difficile de se rappeler les marques et modèles auxquels on est exposé depuis peu, et plus aisé de se remémorer les marques connues depuis longtemps, comme les marques nationales établies depuis un siècle. La mémoire de travail évoquée ci-dessus permet aussi de comparer les différentes informations relatives aux options envisagées. Avec l'âge, les acheteurs ont davantage tendance à se reposer sur des méthodes facilitant le choix, comme de choisir la première option satisfaisante, de racheter la même marque ou de s'en remettre à l'avis d'un tiers. Ces heuristiques se traduiraient aussi par un plus petit nombre de modèles et de marques envisagés avant l'achat. Le déclin cognitif pourrait donc expliquer l'ensemble de nos résultats.

La troisième interprétation théorique possible est celle de la sélectivité socioémotionnelle de Carstensen. Les personnes âgées, confrontées à un horizon temporel perçu comme limité, privilégient les contacts proches, bien connus et sources d'émotions au détriment des contacts nouveaux apportant des informations objectives. Les acheteurs âgés de voitures neuves privilégieraient ainsi le contact proche déjà établi avec leur garagiste. Un deuxième effet de la sélectivité socioémotionnelle serait une mémorisation plus positive par les personnes âgées de leurs choix passés. Effectivement, le pourcentage d'acheteurs très satisfaits de leur voiture précédente augmente significativement avec l'âge : 56 % des jeunes, 67 % des acheteurs mûrs, 78 % des acheteurs âgés et 86 % des très âgés.

Une quatrième explication est celle de la plus grande prudence dans la décision des personnes âgées. Des gérontologues comme Botwinick ont montré lors d'expérimentations portant sur des choix de la vie courante (changer de travail, déménager, se marier, contracter un investissement financier) que les personnes plus âgées choisissent plus fréquemment de ne pas changer, quelle que soit la probabilité de succès en cas de changement. Des publications récentes discutent si ceci résulte d'une aversion proprement dite au risque, ou plutôt d'une aversion à la décision. Dans les deux cas, cela serait cohérent avec les résultats que nous observons.

Pour les achats de voitures neuves, l'âge est donc associé à des différences significatives dans la fidélité à la marque, le nombre d'options considérées, et le rôle joué par les marques établies de longue date. La psychologie et la gérontologie proposent plusieurs interprétations possibles, que nous nous proposons d'analyser dans des recherches futures, pour d'autres produits et services.

BIBLIOGRAPHIE

R. Lambert-Pandraud, G. Laurent et E. Lapersonne, « Repeat Purchasing of New Automobiles by Older Consumers : Empirical Evidence and Interpretations », *Journal of Marketing*, 2005.

J. Botwinick, « Cautiousness in Decision », *Aging and Behavior*, 1978.

Laura L. Carstensen, Derk M. Isaacowitz et Susan T. Charles, « Taking Time Seriously. À Theory of Socioemotional Selectivity », *American Psychologist*, mars 1999.

Timothy A. Salthouse, *Theoretical Perspectives on Cognitive Aging*, Lawrence Erlbaum Associates, 1991.

63

LES TENDANCES DU MARKETING : DE L'EFFICACITÉ À LA GOUVERNANCE

Laurent Maruani

RÉSUMÉ

Le marketing, qui a fait ses preuves d'efficacité dans les années de croissance, affronte un triple enjeu : son adaptation à des situations économiques locales très contrastées, des comportements des consommateurs en grand changement et, enfin, un enjeu éthique mal identifié dans la gouvernance d'entreprise. Miroir et anticipatif de la société, l'organisation du marketing trouve une place nouvelle fondée sur la valeur, le risque et le temps du client.

Pour aborder la question des tendances actuelles du marketing, nous nous appuierons principalement sur l'expression des besoins des entreprises, c'est ainsi que s'exprime véritablement le principe de réalité. La première de ces tendances, la plus fondatrice, est une rénovation de la définition même du marketing. L'essentiel des définitions actuelles est de nature descriptive. Elles mettent en valeur la variété des champs d'application du marketing : grande consommation, industriel, politique, public, humanitaire, sociétal, des fonctions internes... Ou encore des méthodes : segmentation, ciblage et, plus généralement, les variations autour du mix marketing (offre, communication, prix, distribution). Ces définitions, appliquées aux pays développés, sont désormais trop limitatives et ne permettent pas la valorisation stratégique, économique et managériale de cette discipline. En effet, la réussite économique de la société industrielle marque le passage d'une économie de manque, de rareté, vers une abondance des offres. Le marketing s'adapte alors en considérant que l'élément le plus rare n'est plus le bien ou le service offert mais le client acheteur. Le marketing du client devient donc logiquement, et non idéologiquement, l'axe principal d'attention non seulement du marketing mais de l'ensemble de la firme.

Pour ces raisons, nous proposons une définition du marketing qui tente de traduire la double dynamique du client et de l'entreprise : « Le marketing est tout processus, qu'il soit organisationnel, méthodologique, psychologique, scientifique..., qui permet d'optimiser le rapport de la valeur au risque pour le client et son évolution dans le temps. »

Quelques définitions du marketing

1. « Le marketing est le mécanisme économique et social par lequel individus et groupes satisfont leurs besoins et désirs au moyen de la création et de l'échange avec autrui de produits et services de valeur » P. Kotler ; B. Dubois, D. Manceau, *Marketing Management*, 11e édition, Pearson Education, 2004.

2. Les mêmes auteurs donnent une deuxième définition, plus technique et traditionnelle : « Le marketing consiste à planifier et mettre en œuvre l'élaboration, la tarification, la communication et la distribution d'une idée, d'un produit ou d'un service en vue d'un échange mutuellement satisfaisant pour les organisations comme pour les individus. »

3. Nous proposons la définition suivante : « le marketing est la conception, la mise en œuvre et le contrôle de tout processus, quelle que soit sa nature – psychologique, technique, commerciale, matérielle ou immatérielle, scientifique, organisationnelle... –, qui optimise pour la firme la valeur pour le client rapportée au risque qu'il encourt par l'acquisition du bien ou service qui lui est proposé par la firme, et ce dans le temps. Il y a donc trois domaines du marketing, un marketing de la valeur, un marketing du risque pour le client et un marketing du temps. »

Nous avons donc trois champs d'application du marketing (voir figure VIII.8) :

– Un marketing qui donne au client de la valeur V à notre offre : s'y rattachent la qualité de l'offre, la satisfaction du client, l'image et la promesse.
– Un marketing, plus nouveau, qui minimise le risque R encouru par le client : risque individuel de déception mais aussi risque collectif de nature environnementale ou même préjudice éthique.
– Un marketing du temps t : *time to market*, intégration des brevets, de la technologie et de l'innovation...

La dynamique du marketing prend alors sa valeur stratégique. Mais le marketing connaît des tendances et de fortes inflexions parce qu'il est le reflet de la société, par essence même, à ce titre il permet des avancées originales et de plus il constitue par ses développements une annonce du futur.

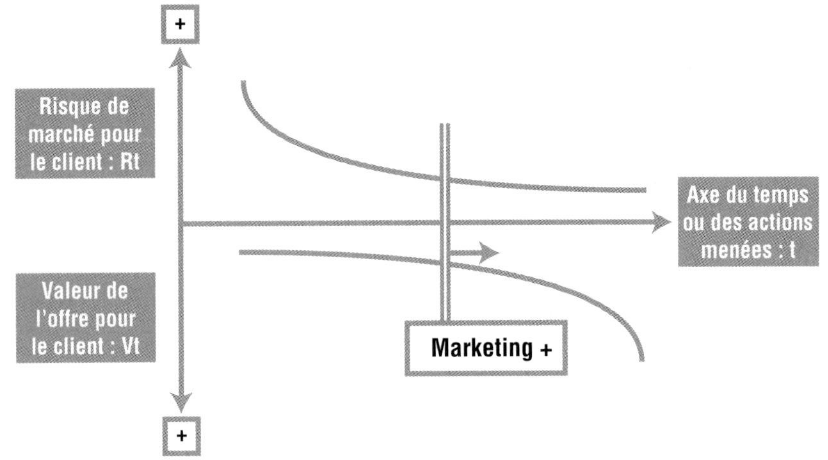

« Les Echos » / Source : Auteur

Figure VIII.8 – Une approche nouvelle du marketing

Le marketing reflète la société

Le marketing, actuellement, a surtout une signification pour ce que nous appelons « le quart-monde le plus riche ». En effet, la planète se répartit aujourd'hui, et très approximativement bien sûr, entre trois groupes de pays : un petit quart de la population mondiale, et sans doute plutôt 20 %, habite dans un pays considéré comme riche (zone OCDE), même si la pauvreté y demeure pour certains. Près de 30 % des habitants du monde sont sous 500 dollars par personne et par an (Inde, Myanmar, Éthiopie…) soit un dollar par jour. Enfin, la moitié de la planète (Chine, Inde, Brésil…) est l'enjeu terrifiant de l'économie et aussi du marketing au XXIe siècle : que vont-ils devenir, vont-ils s'enrichir en imitant les plus riches ou régresser économiquement vers la paupérisation ?

La réponse à cette question fondatrice implique des scénarios de développement marketing extrêmement contrastés. Si les 3/4 de la planète accédaient au XXIe siècle à un niveau de vie permettant l'existence d'une classe moyenne relativement aisée, correspondant au pouvoir d'achat que génèrent aujourd'hui 15 000 euros de PIB par habitant dans les pays développés, nos économies sont assurées d'un développement phénoménal du marketing qui deviendra la culture dominante dans les entreprises internationales. Mais dès aujourd'hui, et dans les pays développés, le marketing représente une forme de connaissance par anticipation des orientations de notre société pour qui veut bien se détacher d'une vision étriquée, idéologique, hostile à un marketing ramené à la seule communication publicitaire de la grande consommation, qui d'ailleurs porte beaucoup de messages sur ce que nous sommes.

Tendances de la société : consommateurs, luxe, postglobale

Parmi toutes les tendances émergentes ou affirmées concernant la société, nous en retiendrons trois, sans doute à cause de leur force, de leur présence, mais aussi en raison de leur représentativité et de leurs incidences marketing. Il s'agit des comportements du consommateur, du luxe et de l'entrée de notre société dans la postglobalisation.

■ Le consommateur exerce ses pouvoirs

La rareté de l'offre s'estompe au profit de celle d'accès au client ou du pouvoir d'achat. En plus de la part de marché, l'entreprise surveille sa « part de client », à savoir ce qu'elle réalise dans le potentiel d'un client ou d'un segment de clientèle. Le consommateur, enfant « gâté » du capitalisme et en tout cas de sa législation, adopte des comportements d'exigence, d'infidélité, d'instantanéité de la relation économique. La force de la marque, et toute action, matérielle ou immatérielle, qui amènera le client à nouveau vers l'offreur prennent alors de l'importance. Pour ce nouveau consommateur, tout doit être facile : choix, livraison, service, échange de produit, garantie, qualité. Le pouvoir du consommateur est contrebalancé par la puissance de la distribution, qui a l'intelligence marketing d'être à l'écoute et d'innover en réponse aux nouvelles expressions des besoins, ce que nous désignions précédemment par « principe de réalité ».

■ Le luxe : de la convoitise à la banalisation

Le luxe est, par définition, un bien économique car il est marqué par la rareté. Or, culturellement, les paroles sur le luxe s'interdisent pratiquement d'évoquer cette rareté qui va de soi et préfèrent mettre en avant la qualité, le goût, le confort. Un bien de luxe ne se paie pas, il se mérite. Aujourd'hui l'industrie du luxe semble comme frappée par un mauvais sort qui trouve ses origines dans deux causes principales. D'abord, l'achat de luxe accentue sa composante de dépense presque superflue lorsque le chômage occupe les esprits et cristallise les inquiétudes. Ensuite, parce que le vent de la contestation antimarque et antilogo, dans l'air du temps depuis quelques années, touche probablement aussi le secteur et atteint en plein cœur son *brand equity*, sa valeur de marque. Il reste que le luxe se banalise par ses produits et par sa clientèle et devra trouver un marketing qui, selon la marque, choisira si c'est le produit, le client ou la marque qui sera luxueux.

■ Une société postglobale

Cette notion est une extension de ce que Jean-Noël Kapferer a qualifié de « marque postglobale ». La globalisation de l'économie est un fait dû à une normalisation technique générale (Internet, pièces automobiles…). Ce mouvement présente de nombreux avantages de coûts, de sécurité, de réduction de risques économiques. La mondialisation concerne tout autre chose. Il s'agit d'une vision du monde dans laquelle une idéologie économique libérale tient lieu de doctrine. La mondialisation concernant la production se poursuit au rythme des délocalisations et de la recherche permanente de la productivité. La postglobalisation, à l'inverse, désigne la volonté des consommateurs à être traités au plus près de leurs envies et non comme des individus perdus dans la multitude consumériste. Après la division internationale du travail, la division internationale de la consommation se met en place. Les années de transition vers l'inconnu ont commencé, le marketing viendra-t-il réduire le hasard et l'erreur ?

La société économique : environnement et éthique, femmes, jeunes, *grey power*

Le marketing est dans la société économique et les tendances qui affectent cette dernière sont principalement une préoccupation du marketing.

■ L'environnement et l'éthique comme source de croissance et de marketing

L'écologie n'est plus une curiosité marginale comme dans les années 1970 et 1980 mais devient un mode de pensée et de consommation. Produire propre, consommer biodégradable, agir dans le respect de l'environnement ne sont plus le domaine des seules entreprises chargées de la production des « commodités » telles que l'eau ou l'électricité, mais bien une contrainte qui non seulement s'impose à tous par la loi mais s'affirme comme un élément de fierté du personnel et comme un affichage d'image vers les clients. Le marketing non seulement prend en compte le poids croissant des environnements, qu'ils soient de nature juridique, politique, sociale ou comportementale, mais il se développe un marketing de l'environnement naturel. Ce marketing visera aussi à rééquilibrer les avantages anticoncurrentiels que certains pays se donnent en ne respectant pas l'environnement.

L'inverse de l'éthique, dans les affaires économiques, désigne la malhonnêteté individuelle, la fraude en réseaux, la corruption en chaîne, l'abus, le vol et parfois la prison. Mais à l'opposé du commerce équitable, il n'y a tout simplement que le commerce normal ! Le commerce équitable est essentiellement un label, c'est-à-dire la garantie d'observation de normes et de règles, et rarement une marque, qui engagerait la responsabilité entière d'une entreprise sur l'offre de biens ou de services. Un commerce équitable encore modeste et qui semble, par nature hélas, limité pour deux raisons. La première c'est qu'aujourd'hui la plus grande inégalité économique entre les pays riches et les pays pauvres réside dans la capacité à être une référence monétaire plutôt que d'ordre commercial. Plus que le coût des choses, c'est celui de l'accession aux monnaies fortes qui prime, et c'est à cette aune que l'on jugera la Chine économique. La deuxième raison à cette limitation est que le consommateur cherche en premier lieu des produits de qualité qui ne soient pas plus chers que ceux des concurrents. Le marketing éthique est à inventer.

■ La référence féminine

Les images traditionnelles de la femme persistent, mais de fait se superposent nombre de représentations de la femme dans la société. La féminisation des attitudes masculines, après la masculinité féminine, nous fait passer d'une différenciation sexuelle à une différenciation de genre. Le marketing devra prendre au sérieux cette tendance qui n'est pas récente mais qui s'exprime dans ce qui apparaît complexe et même paradoxal et qui n'est peut-être que la représentation de notre incapacité à comprendre ce qui se passe au fond. Les firmes qui effectueront ce travail de marketing, quel que soit leur secteur d'activité, et au-delà des cosmétiques (voyages, loisirs, informatique, automobile, assurance et banque...), auront l'avantage comparatif qu'elles recherchent aujourd'hui et souvent à grands frais. Ignorer cette tendance est non seulement dommage mais risqué, nous pensons au boycott féminin.

■ Des jeunes aux générations courtes

Trois préoccupations dominent et constituent « l'AME » des jeunes : l'Argent, le Moi, et l'Environnement. Si un marketing peut s'appuyer sur ce constat, il ne doit pas oublier qu'un changement générationnel n'est plus de vingt ans mais plutôt de cinq ans et que toute politique marketing vers les jeunes doit valider constamment ses fondements.

■ Le *grey power*

Le pouvoir gris s'appuie sur deux piliers. L'allongement de la durée de vie fait que les pays riches vont vers une population « grise » plus nombreuse que les jeunes, et leur pouvoir d'achat et – déjà présent – de contestation. Cela est aussi la société postglobale.

La société politique : séduction et fidélisation, pathologies, paradoxes

Le monde politique n'a pas actuellement une image compatible avec le marketing. Pourtant ce dernier fascine les responsables politiques. Cette situation est due à une mauvaise compréhension du marketing et de ses tendances. La politique doit inventer son propre marketing en le contraignant par son éthique – le bien public, la justice... – et en le développant par son apport aux citoyens. Après tout, la démocratie passant par l'élection, et préalablement la désignation des candidats, il s'agit bien de séduire, de fidéliser l'électorat. Hélas, de véritables pathologies se sont développées et constituent ni une avancée de la politique ni de celle du marketing, ce sont des sortes d'imposture que nous oublierons. Mais, effectivement, le marketing politique doit dépasser son paradoxe : gagner sans se déjuger, sans propagande, mais bien en utilisant aux mieux ses ressources pour se faire comprendre et, finalement, bien écouter « son marché ». Malheureusement, même un propos aussi mesuré amène des réactions d'hostilité préhistorique dans certains milieux convaincus que le marketing est l'école du diable.

Dans la société, le marketing se permet des avancées originales

Les avancées du marketing précèdent parfois les mouvements sociaux ou du moins les annoncent.

■ Le marketing partout

Au départ exclusivement domaine de l'entreprise, le marketing va partout, politique, humanitaire et jusqu'au marketing personnel, individuel (« je me vends »).

Prise comme un ensemble de techniques uniquement, cette attitude ne peut qu'échouer car elle ignore que le marketing s'inscrit dans un système de codes, de réactions.

Les firmes qui se croiraient trop sûres d'elles auraient sans doute intérêt à développer un marketing de recherche et de management des talents individuels, éventuellement déviants, que de vouloir imposer un modèle culturel qui, souvent de façade, risque parfois d'être un handicap lorsqu'il devient un facteur de rigidité.

■ Les trois marketings

Augmenter la valeur par segments de clients, mais savoir réduire le risque clients et surtout savoir que la fenêtre d'opportunité temporelle est étroite sont les trois règles de base de notre nouvelle définition du marketing : la valeur, le risque, le temps.

■ Techniques et méthodes : *datamining*, analyses cliniques

Le passage du macro au micro est permis par l'extraordinaire potentiel du *datamining*, de la gestion des données même nombreuses et éparpillées. Les questions éthiques sur les libertés et la confidentialité apparaissent, sur les « fichiers positifs » en particulier.

Des analyses « cliniques », qualitatives, fondées sur un nombre limité d'entretiens très approfondis destinés à comprendre les fondamentaux comportementaux sont d'un grand avenir.

■ Domaines : organisation marketing, distribution, e-marketing, marketing des fonctions internes

La conformité aux standards professionnels que nous proposons d'appeler *marketing compliance*, en référence au juridique et financier, est un domaine complémentaire aux plans et contrôles marketing. Sans figer les choses, ces procédures et méthodes établies au sein d'une firme doivent unifier et rendre plus efficaces les actions menées en marketing.

La distribution est en tête de pont des évolutions du marketing client, cette tendance majeure se poursuit mais la réponse des industriels par le marketing devrait se renforcer.

Le e-marketing, enfin honorable et rigoureux, et son corollaire logistique entrent dans l'âge de la maturité économique.

Enfin, le marketing des fonctions internes vise au renforcement du leadership de ces fonctions (finance, RH, juridique, système d'information, communication, secrétariat général, logistique…) en travaillant sur la mise en valeur de leur légitimité managériale et stratégique.

Tendances futures

Le marketing comme référentiel dans les grandes organisations

Les grandes firmes cherchent à établir des normes et des standards dans leurs organisations marketing qui se sont souvent développées dans une certaine anarchie. Le marketing des grandes entreprises établira ses codes. Ils seront articulés sur des organisations *customer centric*, le client sera le centre de focalisation de l'organisation interne de la firme.

■ Le dilemme marketing et commercial

Marketing et commercial apprendront à plus travailler ensemble et moins dans l'opposition interne entre les directions institutionnelles. La dépendance du marketing envers le commercial est rarement une bonne idée. Cette question souvent taboue dans les entreprises doit être abordée de front. Elle nuit actuellement à la bonne ambiance managériale.

■ Le développement de l'international : l'international comme un quotidien et non une exception

Le développement international est déjà très engagé. Les enjeux se déplacent : la véritable discrimination sera-t-elle entre des pays qui sauront gérer intelligemment les externalités, le développement durable, et des pays où circuleront, rêve de constructeur, des centaines de milliers de voitures bon marché mais dont les conséquences sociales et urbaines seront laissées à la charge de collectivités dont nous savons qu'elles ne pourront pas les affronter correctement.

En fait, nous passons ainsi d'une vision conquérante et valorisée d'entreprises se lançant à l'assaut des marchés émergents au constat de risques de dysfonctionnements écologiques et sociaux de nouveaux pays industriels, y compris en Europe. Mais à qui appartient ce problème ?

■ La sophistication des stratégies de prix : de la customisation client à la customisation *pricing*

Trois stratégies de prix dominent selon la référence aux coûts, aux valeurs clients ou à la concurrence. La postglobalisation fera du prix un élément central de différenciation et de communication. Beaucoup de firmes ont encore des politiques de prix rustiques et très en retard par rapport à la technologie ou la publicité.

■ L'innovation et la technologie

C'est désormais plus le marché que la science qui régule les inventions à destination des firmes. Les firmes qui continuent de considérer le marketing des produits technologiques comme inutile ou luxueux soit ont de la chance, soit sont en péril majeur.

Il faut encore beaucoup de volonté, dans des firmes à culture dominante technique, pour faire admettre que le marketing n'est ni un danger, ni une forme de publicité comprise entre la réclame et la propagande. Encore faut-il apporter des nuances à cette affirmation, selon les niveaux hiérarchiques et les maturités sectorielles.

■ Ne pas tomber dans la tentation de créer l'anxiété de l'offre intrusive

Les mobiles aux contrats détestables car inflexibles, ou les caisses d'hypermarché ou de files de cinéma réservées aux titulaires de cartes maison sont à terme de mauvaises idées marketing car elles sont contraires à certains refus de la société. Le marché est ainsi qu'il ne doit pas contraindre par l'artifice, la discrimination abusive.

Conclusion

Le marketing ne bénéficie pas d'une bonne image publique. Pourtant nous savons que l'on n'en finit jamais avec le désir. C'est nos budgets et non nos aspirations qui nous contraignent. Dès lors, le consommateur ne veut plus être sollicité car son désir se transforme en frustration. Pour autant, le marketing n'est pas ce tentateur décrié. Les offreurs prennent leurs risques, mais le consommateur veut rêver mais ne pas être frustré. L'affirmation éthique du marketing est sans doute une voie à explorer pour limiter ces risques. Pourtant, même le mouvement très fort de gouvernance d'entreprise ignore l'apport d'un marketing novateur, et si les conseils d'administration se sont ouverts à des personnalités indépendantes, le marketing n'y est pas. Espérons qu'à côté des scientifiques, des économistes et des philosophes, les conseils, comités et, plus généralement, la gouvernance sauront associer un contrôle et un enrichissement marketing au plus haut niveau de surveillance et sans en faire le recours à un tribunal éthique, vision négative du domaine. Le marketing tiendra de plus en plus son rang.

64

GRANDE DISTRIBUTION : CLIENT FIDÈLE, CLIENT VOLAGE

Marc Vanhuele

RÉSUMÉ

Comment peut-on segmenter ses clients à la base de leur comportement de changement de magasin ou « zapping » ? Une nouvelle méthodologie appliquée à des données panels répond à cette demande et donne un panorama de la multifidélité aux magasins en France.

Dans beaucoup de secteurs d'activité les clients font des achats répétés dans le temps et ont le choix lors de chaque achat entre plusieurs fournisseurs (par exemple, les services financiers, le transport aérien, l'hôtellerie). On constate souvent qu'ils changent de fournisseur d'un achat à l'autre, mais reviennent à terme aux mêmes fournisseurs. On les appelle multifidèles. Les stratégies marketing des fournisseurs se sont donc souvent réorientées de l'acquisition client vers la fidélisation de la clientèle. Si cette nouvelle orientation est bien acceptée, sa mise en œuvre pose souvent des problèmes à cause de la complexité de l'analyse des différents comportements de zapping. Cet article résume un projet de recherche que j'ai mené avec Xavier Drèze, professeur à la Wharton School, dans lequel nous avons développé une méthodologie pour segmenter des clients à la base de leur comportement de zapping. Cette approche a été développée, en collaboration avec TNS Secodip, dans le contexte d'un marché particulièrement complexe, celui de la grande distribution alimentaire, mais elle est aussi bien applicable dans les autres secteurs caractérisés par une multifidélité de la clientèle.

Le problème crucial pour toutes les stratégies marketing de fidélisation est qu'elles sont les plus performantes quand elles traitent les clients différemment en fonction de leur comportement de fidélité, mais qu'en pratique il est très difficile de faire une segmentation adéquate. Déjà il faut avoir des données sur le zapping. Les bases de données des transactions des clients détenteurs d'une carte de fidélité ne sont pas adéquates pour l'analyse, car elles ne montrent pas les achats des clients chez la concurrence. Les données de panels de clients donnent l'historique de tous les achats, mais faire une analyse du zapping était loin d'être évident et nous avons dû développer une nouvelle approche.

Les données que nous avons utilisées sont issues du panel consommateur Consoscan de la société d'études TNS Secodip. Consoscan relève par technique de *home scanning* les achats de 8 000 ménages représentatifs de la population française. La base de données que nous avons utilisée comporte plus de 600 000 actes d'achat au total, relevés sur une année entière. Les consommateurs font leurs achats dans quatre circuits de magasins différents : les hypermarchés (plus de 2 500 m^2, notés HM), les supermarchés (entre 400 et 2 500 m^2, notés SM), les supérettes (entre 120 et 400 m^2, notées SP), et les *hard discounters* (notés HD). Les données sont détaillées acte d'achat par acte d'achat, permettant ainsi une analyse précise du phénomène de changement de magasin. Nous avons constaté que 57 % des visites représentent des changements de magasin. Dans une année, 48 % des Français visitent entre 6 et 10 magasins, et 7 % en visitent même davantage. Cinquante pour cent visitent trois circuits de distribution et 15 % visitent les quatre circuits. Le zapping est donc clairement un phénomène très répandu. On sait d'ailleurs qu'il est un phénomène préoccupant pour les distributeurs, qui investissent fortement dans des stratégies de fidélisation, souvent de nature promotionnelle. Les fabricants sont aussi, indirectement, concernés par le phénomène, car les opérations pratiquées par les distributeurs en magasin sont souvent en partie financées par les fabricants.

Dans le contexte de cet article, je ne peux que donner les grandes lignes de notre méthodologie[1]. Elle est basée sur deux idées fondamentales. Une première est que pour comprendre la concurrence entre magasins, du point de vue d'un client donné, il faut d'abord regarder l'appartenance des magasins aux circuits de distribution. Les circuits de distribution ont chacun un positionnement différent sur des dimensions comme l'assortiment produit, l'accessibilité, le service, etc. Il en résulte que pour développer une segmentation des clients, il faut d'abord regarder le(s) circuit(s) avec le(s)quel(s) on est en concurrence pour chaque client. Prenons comme exemple le point de vue d'un HM. Il doit d'abord diviser ses clients en fonction des circuits qu'ils fréquentent (y compris les autres HM) et qui captent une partie substantielle de leur budget. Quand on est en concurrence avec un autre HM pour une part de client, il faut clairement développer une autre politique de fidélisation que lorsqu'on est en concurrence avec un HD. Nous regardons ensuite la distribution des dépenses pour chaque ménage (dans le jargon du secteur : les taux de nourriture) à travers les magasins visités par circuit. La deuxième idée de base est qu'il faut, pour une analyse correcte du zapping, différencier les visites en fonction du montant du ticket. Nous avons fait la distinction entre paniers d'appoint et chariots d'approvisionnement, en définissant le chariot d'approvisionnement d'un foyer comme celui qui contient cinq jours d'approvisionnement, relatif à son taux de consommation habituel.

1. Les détails sont disponibles sur le site : http://campus.hec.fr/profs/vanhuele

Segmentation

Le résultat final de notre analyse est une segmentation des consommateurs français à plusieurs niveaux hiérarchiques. En fonction des besoins, le niveau de détail approprié peut être choisi. La segmentation la plus fondamentale consiste en quatre groupes : les « fidèles » à un magasin principal (36 % de la population ; ménages effectuant en moyenne 90 % de leurs dépenses dans un magasin principal), les « alternants entre 2 magasins » (les A2M ; 15 % de la population ; ménages alternant environ 85 % de leurs achats entre 2 magasins d'un même circuit, comme par exemple 2 hypermarchés ou 2 supermarchés), les « alternants entre 2 circuits » (A2C ; 29 % de la population ; individus alternant environ 85 % de leurs achats entre 2 circuits de distribution, comme un hypermarché et un *hard discounter* par exemple), et enfin les « ménages volages » (20 % de la population ; individus fréquentant au moins trois magasins de différents circuits pour 80 % de leurs dépenses). Le niveau suivant de la segmentation, le plus intéressant pour faire une analyse de la compétitivité d'une enseigne, identifie les circuits de distribution visités. On apprend, par exemple, que 20 % de la population sont classifiés comme fidèles à un HM, et 15 % à un SM. Neuf pour cent des ménages français sont des A2M pour des HM et 6 % des A2M pour des SM. Des analyses plus détaillées de leur comportement montrent que ce sont eux qui choisissent souvent leur magasin en fonction des actions promotionnelles et qui sont donc au cœur de la bataille entre enseignes. Les HD sont bien représentés comme deuxième magasin parmi les A2C. Douze pour cent des Français ont soit un HM ou un SM comme premier magasin et un HD comme deuxième. Les HD sont aussi bien présents parmi les clients volages, comme premier ou deuxième magasin.

Le niveau le plus détaillé de notre segmentation introduit, en plus de la segmentation à la base des taux de nourriture, une analyse probabiliste du zapping. En gros, nous déterminons si le zapping d'un ménage se fait d'une façon purement aléatoire, avec une intensité plus qu'aléatoire ou en enchaînant des périodes d'inertie, coupées par du zapping. Cette analyse est faite en tenant compte de notre distinction entre paniers d'appoint et chariots d'approvisionnement. Nous constatons que la moitié des fidèles ne zappent pas du tout au sein de chaque type de visite. Leur zapping est entièrement dû au fait qu'ils ont un magasin pour les paniers et un autre pour les chariots. Une spécialisation des deux circuits pour paniers ou chariots est aussi typique pour les A2C. Les volages sont caractérisés par leur comportement de visite aléatoire. Il est difficile de déterminer ce qui motive exactement leur zapping, car ils profitent peu des promotions. En effet, les fidèles achètent un plus grand pourcentage de produits en promotion que les volages. L'introduction du zapping pour la segmentation est particulièrement utile pour la sous-classification des A2M afin d'identifier les ménages qui sont « fidélisables » même pour des durées limitées.

Si l'objectif de notre projet était de développer une méthodologie de segmentation comme point de départ d'une stratégie poussée de fidélisation du client, nous avons aussi fait un certain nombre de constats d'un intérêt plus général. Un premier constat est que si le consommateur français est volage au niveau de ses visites de magasin, il reste casanier dans ses dépenses. L'illustration la plus claire de ce phénomène est donnée par les fidèles qui concentrent 90 % de leurs dépenses dans leur magasin principal, mais qui pour la plupart connaissent bien l'offre de la concurrence car 30 % d'entre eux visitent 4 ou 5 magasins au cours de l'année et 26 % en visitent même 6 ou plus. De l'autre bout du spectre, même les volages dépensent encore entre 60 et 65 % de leur budget dans leurs deux magasins principaux. Un deuxième constat est que le profil sociodémographique des ménages a un faible pouvoir prédictif pour leur comportement de zapping, même s'il a quelques différences significatives (les seniors sont par exemple surreprésentés parmi les fidèles, et les ménages avec enfants en dessous de 14 ans sont surreprésentés parmi les volages). Troisième constat : contrairement à des idées reçues, nous n'avons pas pu identifier des catégories de produits qui à travers des promotions déclenchent mieux le zapping que d'autres. Un dernier constat a été fait tout au début du projet : les données panels sont une source extrêmement riche d'information pour le développement et le perfectionnement des stratégies marketing, mais ce potentiel reste largement inexploité. Notre étude était la première à analyser les visites de magasin du consommateur dans le temps.

BIBLIOGRAPHIE

« Mesure et analyse de la multifidélité aux magasins », *Décisions Marketing*, n° 32, octobre-décembre 2003. Le projet décrit dans cet article a été mené en collaboration avec TNS Secodip.

65

LE NIRVANA DU MARKETING

Jacques Nantel et Abdel Mekki Berrada

RÉSUMÉ

Internet a fourni au professionnel du marketing un nouvel outil : les *spywares* (littéralement « logiciels espions »). Ces petits programmes qui s'installent avec les logiciels gratuits – comme ceux servant à télécharger de la musique – enregistrent toutes les activités de votre ordinateur et permettent des actions publicitaires toujours plus ciblées... Au détriment de l'éthique et du bien-être du consommateur ?

Fatigués de recevoir des messages non sollicités que ce soit au milieu de votre émission de télé favorite, dans votre boîte aux lettres, au téléphone, dans vos courriels et bientôt sur votre cellulaire à messagerie texte ? Prenez votre mal en patience, il y a maintenant pire.

Si vous, ou quelqu'un de votre entourage, avez récemment téléchargé sur votre ordinateur un logiciel gratuit, possiblement l'un de ces logiciels qui permettent d'obtenir gratuitement de la musique, vous avez probablement installé, à votre insu, un logiciel espion, communément appelé *spyware*. Ces petits logiciels, pratiquement indétectables, espionnent le contenu de votre ordinateur et ce que vous y faites. L'information est par la suite revendue à des entreprises qui, vous l'aurez deviné, envahissent votre ordinateur afin de vous bombarder de publicité. De tels *spywares* sont souvent introduits sur votre ordinateur à votre insu et généralement sans votre permission. Ce sont des programmes actifs (contrairement aux *cookies*) qui enregistrent tous vos « déplacements sur le Web » et qui peuvent, en principe, récupérer tout ce que vous saisissez sur le clavier, tels que nom, prénom, adresse, mots de passe, etc. Ce sont les distributeurs de logiciels « gratuits », tels que le très populaire Kazaa, qui introduisent ces logiciels espions sur votre ordinateur. Si vous vous demandiez encore comment Kazaa, ce logiciel qui vous permet de télécharger « gratuitement » de la musique, se finance, vous avez la réponse. Comme on dit, « *there is no such thing as a free lunch* »[1]. Lorsque vous téléchargez

1. « On a rien sans rien ». *NdE.*

un tel logiciel des conditions apparaissent à l'écran. En principe, dans ces conditions, que nous sommes censés lire mais que moins de 2 % de la population regarde, on mentionne le fait qu'un *spyware* va être téléchargé sur votre machine. Rarement on explique clairement ce à quoi va servir le *spyware* que l'on va télécharger. Pire encore, ce n'est en fait que la partie visible de l'iceberg qui est affichée à l'utilisateur. En effet, sur une série de tests effectués dans le laboratoire de la chaire RBC en Commerce électronique nous avons constaté qu'à l'installation du logiciel Kazaa plus de dix *spywares* s'installent alors que le site ne fait référence qu'à deux. Si on sait, qu'en date de juin 2003 le seul logiciel Kazaa avait été téléchargé 228 millions de fois et qu'à chaque semaine 2,5 millions de téléchargements supplémentaires se rajoutent, on réalise l'ampleur du phénomène.

Du strict point de vue marketing cette approche pourrait être qualifiée de géniale puisqu'elle permet, en espionnant les agissements des consommateurs, de leur proposer, en temps réel et sur le champ, exactement ce qu'ils recherchent Ainsi, si votre ordinateur renferme un tel *spyware*, attendez-vous à voir apparaître, au fur et à mesure où vous naviguez, des publicités très ciblées mais non sollicitées. Vous cherchez un hôtel à Paris et utilisez un moteur de recherche afin de vous aider ? Ne soyez pas surpris de voir apparaître à votre écran, avant même les résultats de votre recherche, la publicité d'un grand hôtel Parisien. Vous tapez l'adresse du site de votre marque de voiture favorite ? Vous risquez de voir apparaître à l'écran la publicité de son principal concurrent. En espionnant, en temps réel, les comportements des consommateurs, les *spywares* arrivent à ajuster l'offre publicitaire comme jamais auparavant. En principe, un publicitaire pourrait désormais interpeller un internaute de manière très personnalisée « Cher monsieur Tremblay, depuis 42 minutes et 18 secondes vous avez parcouru 27 sites à la recherche d'information sur les terrains de golf en Arizona. Ne cherchez plus, nous avons une offre imbattable à vous proposer ». Cette approche, qui constitue en quelque sorte le nirvana du marketing, n'est pas sans soulever quelques interrogations.

En premier lieu arrive la question d'éthique découlant de l'envahissement de la vie privée des consommateurs. Puisqu'une telle approche publicitaire revient, à titre d'exemple, à voir apparaître dans votre cuisine, au moment où vous feuilletez une recette de poulet au cari, un vendeur d'épices fines, il y a tout lieu de se demander jusqu'à quel point les consommateurs se sentiront confortables devant une telle invasion de leur intimité, aussi bien adaptée et bien intentionnée soit-elle ? Qui plus est, cet envahissement de la vie privée ne tient pas compte du fait que de telles procédures peuvent causer beaucoup de tort : ralentissement de l'ordinateur, ralentissement de la connexion Internet, affichage abusif de messages publicitaires, destruction de certains fichiers systèmes nécessaires au bon fonctionnement de votre ordinateur.

En second lieu se pose la question de la nature même des stratégies marketing de l'avenir. Jusqu'à la fin des années 1970 le marketing et la publicité de masse dominaient. Puis est apparu le marketing direct ou marketing relationnel. Dans cette forme de marketing l'on cible de manière plus précise les clients qui nous intéressent. Des fichiers clients sont alors utilisés afin de parfaire les stratégies commerciales qui souvent prennent la forme de télémarketing ou encore de courriels. Dans tous ces cas les consommateurs étaient toujours vus comme des cibles passives que l'on cherchait à atteindre, à stimuler, à provoquer. Puis est venu le Web où les rôles se sont renversés. Soudain le consommateur devient actif, il peut naviguer afin de trouver le produit ou le service qui lui convient. Conscients que désormais le contrôle reviendrait aux consommateurs certains publicitaires se sont ainsi adaptés aux processus de recherche des consommateurs en insérant, entre autres, des publicités sur les moteurs de recherche. Cette approche offre le mérite de proposer une publicité adaptée aux processus décisionnels des consommateurs visés plutôt que de la leur imposer de manière plus ou moins opportune. Cependant, alors que sur de tels moteurs de recherche le consommateur qui donne de l'information quant à ce qu'il recherche le fait en connaissance de cause et le fait sur un site précis (Google, la Toile du Québec, Alta Vista, Yahoo, etc.), les *spywares*, pour leur part, capturent davantage d'information et le font à l'insu des consommateurs.

Les *spywares* représentent une occasion intéressante pour un grand nombre d'annonceurs qui voient en ce type d'application une meilleure façon de suivre les consommateurs à la trace et donc une meilleure façon de les influencer. Plusieurs grands noms figurent parmi les clients des sociétés éditrices de ces logiciels, tel que Dell, eBay, American Express ou encore Hotel.com. À titre d'exemple la firme Dell, a vendu en septembre dernier, près de 4 millions $US de ses ordinateurs à l'aide du *spyware* n-Case. Dans ce cas, à chaque fois qu'un utilisateur saisissait un mot-clé, faisant référence à du matériel informatique, sur un moteur de recherche, et qu'il cliquait sur le résultat, une fenêtre s'affichait alors automatiquement annonçant l'offre de Dell court-circuitant ainsi l'affichage des résultats de la recherche. Si cette pratique n'est pas en soit illégale elle est toutefois questionnable. Cette pratique trouve sa légitimité du simple fait qu'elle postule que les consommateurs qui se « laissent » solliciter par de tels *spywares* le font en toute connaissance de cause. Tel est le cas, à titre d'exemple du logiciel n-Case qui s'installe entre autres par le biais de Kazaa. Ce programme espion, développé et commercialisé par la firme 180 Solutions.com est, au dire même de la compagnie, actif sur plus de 16 millions d'ordinateurs, 30 millions selon d'autres sources. Pourtant à peine 3 % des consommateurs ainsi espionnés savent qu'ils ont un espion dans leur ordinateur. En 2003 seulement la firme 180 Solutions.com, par le biais de son logiciel n-Case, a généré des revenus de 18 millions $US et ses revenus croissent de 10 % par mois. Ces revenus, comme c'est généralement le cas dans l'industrie, se basent sur le nombre de consommateurs qu'une publicité peut rejoindre donc sur le nombre d'ordinateurs infectés. Contrairement aux autres approches publicitaires, celle-ci est particulièrement pernicieuse car elle amène les consommateurs à se livrer aux publicitaires et ce, à leur insu.

Si l'on se place du point de vue des professionnels du marketing, l'avènement des logiciels espions est une bénédiction. En effet cette approche permet désormais de ne cibler que les consommateurs les plus intéressants et possiblement les plus payants. Si par contre on se place du point de vue du consommateur le phénomène est différent. Voilà que désormais, sur le Web, chacun de nos gestes peut être épié, les sites que l'on visite, les mots, noms et adresses que l'on écrit peuvent être interceptés et ce en toute « légalité ».

Si, en principe, cette violation de l'intimité peut être profitable aux consommateurs en les amenant plus rapidement là où ils souhaiteraient aller, elle n'en demeure pas moins consternante puisqu'en fin de compte ces mêmes consommateurs auront perdu pratiquement tout le contrôle d'une information qui est la leur. À terme, faute d'une prise de conscience majeur de la part des internautes, le nirvana du marketing pourrait bien devenir l'enfer des consommateurs.

PARTIE IX

IMMATÉRIEL

66

LE *LEARNING MIX* : UN MODÈLE POUR L'ENTREPRISE APPRENANTE

Bertrand Moingeon

RÉSUMÉ

Si le partage et la création de connaissances ou encore le développement de l'innovation constituent des enjeux affichés par de nombreuses entreprises, rares sont celles qui adoptent une démarche concrète et opérationnelle permettant de relever ces défis. Se limiter à des considérations technologiques ne saurait suffire. Il s'agit de prendre en compte également les dimensions stratégiques, organisationnelle et culturelle. C'est précisément ce que propose le modèle du *learning mix*.

Si le partage et la création de connaissances, l'enrichissement du capital intellectuel collectif ou encore le développement de l'innovation constituent des enjeux affichés par de nombreuses entreprises, rares sont celles qui adoptent une démarche concrète et opérationnelle permettant de relever ces défis.

Fréquemment, des initiatives parcellaires coexistent : mise en place d'un outil de partage des connaissances, nomination d'un *chief knowledge officer*, évolution de l'organigramme afin de décloisonner les différents services, etc. La difficulté consiste à articuler ces différentes actions, à les inscrire dans une démarche intégrée permettant de capitaliser sur ces initiatives. Il s'agit ainsi de mettre en place une véritable politique de gestion des connaissances. L'engouement récent pour les thèmes du *knowledge management* et de l'entreprise apprenante est lié à une prise de conscience des limites d'une approche centrée sur la maîtrise d'une technologie comme principale source d'avantage concurrentiel. Ce n'est plus la technologie en tant que telle qui est la ressource stratégique, ce sont les processus organisationnels, technologiques et cognitifs qui sous-tendent les capacités à innover et à apprendre. Dans cet article, un modèle intégrateur est proposé : le *learning mix*. Il comprend quatre facettes en interaction. Les difficultés rencontrées par les entreprises souhaitant devenir « apprenantes » et cherchant à adopter une approche efficace de la gestion des connaissances s'expliquent par une non-prise en compte de l'une ou de plusieurs de ces facettes.

Le *learning mix* : un modèle intégrateur

Une entreprise apprenante se caractérise par son efficacité en matière de *knowledge management*, c'est-à-dire par la capacité collective de ses membres à capitaliser sur l'expérience acquise, à partager les connaissances, à en acquérir de nouvelles, à résoudre les problèmes rencontrés, notamment lorsqu'ils sont perçus comme embarrassants, et ce au lieu de chercher à les dissimuler. De façon opérationnelle, ceci nécessite de gérer les différentes dimensions du *learning mix* (voir figure IX.1) :

- La dimension technologique : gérer les systèmes d'information, et notamment les outils dédiés au partage de connaissances.
- La dimension organisationnelle : mettre en place et faire fonctionner une structure apprenante, c'est-à-dire une organisation et des modes de fonctionnement favorisant la création et le partage de connaissances.
- La dimension stratégique : identifier et gérer le portefeuille de connaissances de l'entreprise.
- La dimension culturelle : développer une identité apprenante, ce qui requiert, dans bien des cas, un travail complexe sur les valeurs et les modes de raisonnement des salariés, et notamment des dirigeants de l'entreprise.

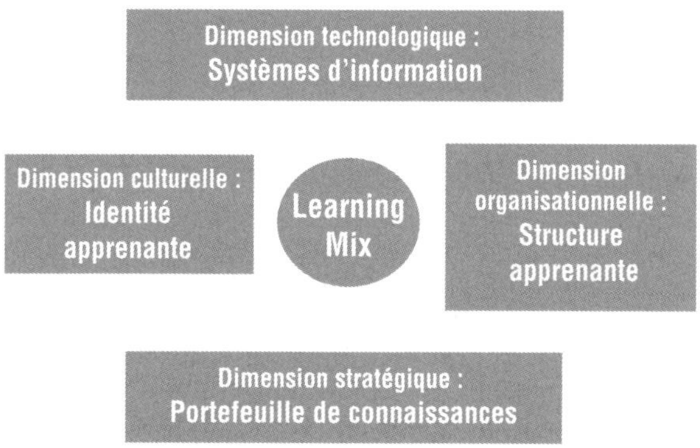

« Les Echos » / Source : Auteur

Figure IX.1 – Le *learning mix*

La dimension technologique : les systèmes d'information

Cette dimension du *learning mix*, la plus tangible, est celle qui a davantage retenu l'attention des entreprises ces dernières années. De nombreuses sociétés ont en effet alloué des ressources importantes à la mise en place de systèmes d'information. Les évolutions technologiques récentes ont permis un accroissement spectaculaire à la fois des capacités de traitement et de stockage des ordinateurs ainsi que des possibilités de communication entre acteurs. À titre d'illustration, la pratique du CRM (*customer relationship management*) basée sur la collecte et l'exploitation informatiques d'un nombre très important de données relatives aux consommateurs (qui sont-ils ? quelles sont leurs pratiques d'achat ? etc.) permet aux spécialistes du marketing d'acquérir de nouvelles connaissances et, ainsi, accroître l'efficacité de leurs actions. Par ailleurs, Internet entraîne un accroissement sans précédent des possibilités de communication et son utilisation permet de s'affranchir en partie des contraintes de temps et d'espace. Les systèmes d'information jouent donc un rôle clef dans le partage de connaissances. Toutefois, l'importance de la technologie varie en fonction du type de stratégie de gestion des connaissances adopté par l'entreprise. Hansen, Nohria et Tierney, dans un article publié en 1999 dans la *Harvard Business Review*, ont mis en évidence l'existence de deux stratégies : la codification et la personnalisation.

Dans le premier cas, le système d'information ainsi que les salariés chargés de le faire fonctionner sont au centre de la démarche de *knowledge management*. L'enjeu principal va consister à identifier les connaissances, les codifier et les rendre disponibles *via* l'outil. Cette stratégie correspond à des contextes dans lesquels le savoir est facilement explicitable. Dans une stratégie de personnalisation, le système d'information joue un rôle beaucoup moins central. L'enjeu est de disposer de structures et modes de fonctionnement propices au partage de connaissances à dominantes tacites : nombreuses réunions, équipes projets transversales, etc. Toutefois, même lorsque l'entreprise a opté pour une stratégie de codification, l'outil de gestion des connaissances doit rester au statut d'outil et ne pas devenir une finalité. En d'autres termes, le *knowledge management* ne saurait en aucun cas être réduit à sa dimension technologique.

La dimension organisationnelle : une structure apprenante

Qui fait quoi en matière de *knowledge management* ? Quels sont les modes d'organisation propices au partage et à la création des connaissances ? Cette dimension du *learning mix* s'intéresse à ces questions. Les publications consacrées à l'organisation de la fonction *knowledge management* sont assez peu nombreuses et s'inspirent fréquemment du modèle des *knowledge intensive organizations* (par exemple, les sociétés de conseil). C'est en effet dans ces organisations, pour lesquelles la gestion des connaissances constitue la raison d'être, que l'on trouve une plus grande formalisation et spécialisation des rôles en la matière. Depuis le début des années 1990, on a ainsi vu apparaître les fonctions de *chief learning officer*, *chief knowledge officer*, directeur du capital intellectuel, etc. Selon les entreprises, ces dénominations renvoient à des réalités différentes. Dans une acception réductrice, le *chief learning officer* s'occupe des programmes de formation, le *chief knowledge officer* de l'outil de partage des connaissances, et le directeur du capital intellectuel de la gestion des brevets. Dans une vision plus large de ces rôles, il s'agit d'impulser et coordonner les actions concernant la création et le partage des connaissances (par exemple, mise en place d'un outil dédié, amélioration de l'identification et de l'exploitation du patrimoine existant, enrichissement de ce patrimoine par repérage et formalisation des « meilleures pratiques »), éviter les « pertes de connaissances » (qui ont pu se produire dans le passé suite au départ de salariés : retraite, licenciement, départ volontaire), etc.

En complément de la formalisation de rôles dédiés au *knowledge management*, c'est en fait l'ensemble de la structure et des modes de fonctionnement de l'entreprise qui doivent être repensés afin de faciliter création et partage de connaissances. Une structure apprenante présente plusieurs caractéristiques dont :

- un fonctionnement en équipes transversales autour de projets ;
- peu de niveaux hiérarchiques (structure plate) ;
- un nombre limité de procédures formalisées ;
- un décloisonnement des entités avec des salariés organisés en réseau ;
- l'existence de communautés de pratique.

Ces communautés rassemblent sur la base du volontariat des individus partageant une même passion (pour un métier, un produit, une technologie, etc.). Adoptant un fonctionnement proche de celui constaté dans des organisations associatives, elles sont des lieux propices au *knowledge management*. Les membres d'une communauté définissent leurs propres règles de fonctionnement ainsi que leurs objectifs. Ils n'attendent de l'entreprise qu'un soutien logistique et l'autorisation de consacrer une partie de leur temps à l'animation de la communauté. À titre d'exemple, dans le groupe Capgemini, les spécialistes en architecture de systèmes d'information ont créé à leur initiative leur propre communauté. Cette communauté dispose d'un journal interne et d'un espace dédié sur l'intranet du groupe dans lesquels ses membres partagent leurs expériences, indiquent les meilleures pratiques qu'ils ont pu observer, font connaître les démarches et outils qu'ils ont développés. Ils organisent également différentes manifestations, notamment des séminaires et des conférences.

La dimension stratégique : gestion d'un portefeuille de connaissances

Le portefeuille de connaissances est constitué à la fois de celles détenues actuellement par l'entreprise (son patrimoine de connaissances) et celles qu'elle peut acquérir (notamment en mobilisant ses capacités à apprendre). La gestion du portefeuille doit être guidée par la recherche d'un équilibre entre exploitation et exploration : l'exploitation permettant de capitaliser sur le patrimoine acquis, l'exploration conduisant à acquérir de nouvelles connaissances. Concernant l'existant, il convient tout d'abord de souligner la difficulté que représente l'identification des connaissances disponibles. L'expression « si mon entreprise savait ce qu'elle sait » est fréquemment utilisée par les dirigeants qui appellent de leurs vœux une meilleure « connaissance des connaissances », un repérage précis et fiable du patrimoine existant. Cette difficulté à identifier ce que l'entreprise sait a pour conséquence le gaspillage de connaissances par non-utilisation. À la différence d'autres ressources, l'utilisation d'un savoir n'a pas pour effet d'en diminuer la qualité ou la quantité. Bien au contraire, elle peut conduire à la création de nouvelles connaissances. Mais à l'inverse, leur non-utilisation peut entraîner une diminution du patrimoine disponible. Ceci se produit par exemple à l'échelle individuelle lorsque l'on ne pratique pas une langue ou un sport pendant une longue période.

Toutefois, la logique d'exploitation des connaissances a des limites. L'entreprise peut se retrouver piégée par ses compétences. Elle va avoir tendance à mobiliser celles qu'elle maîtrise le mieux même si celles-ci ne sont pas les plus efficaces. Ces phénomènes se trouvent fréquemment confortés par l'existence du syndrome du « non inventé ici », les salariés de l'entreprise refusant d'apprendre de l'extérieur, ce qui a pour conséquence de limiter le portefeuille de connaissances au patrimoine existant.

La création de nouvelles connaissances organisationnelles peut se faire de plusieurs façons : en combinant des savoirs et savoir-faire disponibles dans l'entreprise, en intégrant et en s'appropriant des connaissances extérieures, voire en remettant en question les valeurs, hypothèses de base, normes qui façonnent les connaissances disponibles dans l'entreprise (apprentissage en double boucle). Cette forme d'apprentissage n'est possible que si l'entreprise dispose d'une identité apprenante.

La dimension culturelle : développer une identité apprenante

Cette facette est incontestablement la plus difficile à appréhender car elle renvoie aux aspects les moins tangibles d'une entreprise[1]. En effet, étudier l'identité d'une organisation, c'est s'intéresser à tout ce qui contribue à la rendre spécifique, différente des autres. Au-delà de l'identification des pratiques managériales, des modes de comportement adoptés par les salariés et de l'ensemble des productions symboliques (rituels, organisation du temps et de l'espace, etc.), il s'agit de mettre à jour les systèmes de dispositions et de valeurs (systèmes dont les acteurs n'ont pas nécessairement conscience) qui en expliquent l'existence, c'est-à-dire accéder aux racines de l'identité.

Gérer l'identité, c'est non seulement identifier les pratiques et expliciter les valeurs, mais décider quelles sont les valeurs qu'il convient de modifier ou d'acquérir, et quelles sont les pratiques à mettre en place à cette fin. En effet, une identité ne change pas par décret. C'est en identifiant les racines de l'identité, et en étant exposés de façon prolongée à de nouvelles règles du jeu et modes de fonctionnement que les membres d'une organisation vont progressivement désapprendre certains comportements (ainsi que les dispositions qui les produisent) et incorporer de nouvelles valeurs.

L'observation des pratiques et des comportements d'une entreprise apprenante indique l'existence :

- d'une motivation pour apprendre et progresser ;
- d'une volonté de faire des choix informés sur la base d'informations et de connaissances valides ;

1. Pour une présentation détaillée de cette facette et de la manière dont il est possible de la gérer, voir B. Moingeon, « Gestion des connaissances et entreprise apprenante : apprendre à gérer le *learning mix* », in *Peut-on former les dirigeants ? L'apport de la recherche*, B. Moingeon (ed.), L'Harmattan, 2003, pp. 191-213.

– d'une propension à partager les connaissances ;
– d'une capacité à réaliser des apprentissages en double boucle, remettant en question les valeurs, hypothèses de base et connaissances existantes afin d'en acquérir de nouvelles ;
– d'une capacité des salariés à porter un regard critique sur eux-mêmes, à identifier la part de responsabilité qui peut leur incomber dans une situation ;
– d'un niveau élevé de confiance interindividuelle : cette confiance est double, elle porte à la fois sur les intentions (par exemple : « Quand je partage des connaissances avec des collègues, je ne suis pas inquiet, je sais qu'ils ne vont pas chercher à les exploiter à mon insu, contre mon intérêt »), et sur les compétences (par exemple : « Je peux lui dire de rencontrer de ma part des grands comptes que je gère, je sais que tout va bien se passer. Il a un excellent relationnel. ») ;
– d'une capacité collective à aborder de façon productive les « vrais problèmes », c'est-à-dire ne pas adopter un mode de raisonnement défensif quand le problème discuté est potentiellement embarrassant ;
– d'un droit à l'erreur et d'un climat de « sécurité psychologique » en cas de problème.

Sur le chemin d'une identité apprenante, les obstacles à surmonter peuvent être nombreux. Par exemple, les salariés peuvent présenter le syndrome du « non inventé ici » sans en avoir conscience. Ceci va les conduire à refuser toute connaissance externe (à leur entreprise, voire à leur département ou équipe). Ce syndrome peut être lié à une trop forte valorisation de l'excellence technique qui rend difficilement acceptable la reconnaissance d'une expertise extérieure. Certaines sociétés ont décidé de lutter contre ceci en valorisant l'utilisation de connaissances venant d'autres entreprises ou entités (par exemple : British Petroleum avec la remise du prix du *thief-of-the-year* – ou voleur de l'année – pour celui qui aura importé dans l'entreprise une innovation provenant d'une autre société).

Il ne suffit pas de fixer des objectifs relatifs au *knowledge management* (par exemple : utiliser la base de connaissances pour répondre à un appel d'offres, ou encore : contribuer à l'enrichissement de cette base), pour que la gestion des connaissances soit efficace. Encore faut-il que les salariés soient convaincus de l'intérêt d'une telle démarche. En effet, ceux-ci peuvent parfaitement donner l'illusion d'un partage de connaissances en contribuant à la base tout en gardant pour eux les informations les plus importantes afin de ne pas perdre de pouvoir.

Si toute initiative prise séparément a ses limites, la gestion de l'identité d'une entreprise passe par la mise en place d'un ensemble de dispositifs et de pratiques : intégration du *knowledge management* dans les objectifs et la politique de rémunération (notamment en cherchant à valoriser ceux qui acquièrent de nouvelles connaissances et en font bénéficier les autres), reconnaissance du droit à l'erreur à condition que l'on en tire des enseignements, obligation pour les principaux dirigeants de montrer l'exemple (le comité exécutif devrait être reconnu par tous comme un lieu de partage et de création de connaissances), etc.

Les dispositifs et pratiques évoqués ci-dessus sont des conditions nécessaires mais non suffisantes. Pour que l'identité d'une entreprise soit qualifiée d'apprenante, ses salariés doivent également faire évoluer leurs compétences interindividuelles. Ces compétences renvoient par exemple à la manière dont ils interagissent lorsqu'ils sont en réunion. La capacité à partager, acquérir et créer des connaissances est intimement liée à la qualité des interactions et, en amont, aux modes de raisonnement des salariés.

Conclusion

Les lecteurs qui ont eu l'occasion d'être impliqués dans des démarches de *knowledge management* ou dans des initiatives visant à rendre l'entreprise apprenante s'accorderont pour reconnaître qu'il s'agit là incontestablement de projets ambitieux. Nous pensons que les difficultés rencontrées s'expliquent dans bien des cas par le morcellement des approches et l'absence de vision intégrative. Les investissements importants qu'ont pu réaliser des entreprises dans des outils de *knowledge management* qui n'ont jamais véritablement été adoptés par leurs salariés montrent que se focaliser sur la dimension technologique est une erreur. Dans ce contexte, le modèle du *learning mix* répond à un véritable besoin. Il identifie en effet les différentes dimensions devant être prises en compte : technologique, organisationnelle, stratégique et culturelle. C'est incontestablement en adoptant une telle démarche que les entreprises parviendront à mettre en œuvre une gestion des connaissances efficace leur permettant de devenir apprenantes.

BIBLIOGRAPHIE

C. ARGYRIS, *Savoir pour agir : surmonter les obstacles à l'apprentissage organisationnel*, Dunod, 2003.

C. ARGYRIS et D. SCHÖN, *Apprentissage organisationnel : théorie, méthode et pratique*, DeBoeck, 2001.

B. MOINGEON et A. EDMONDSON (eds.), *Organizational Learning and Competitive Advantage*, Sage, 1996.

I. NONAKA et H. TAKEUCHI, *La Connaissance créatrice : la dynamique de l'entreprise apprenante*, DeBoeck, 1997.

P. SENGE, *La Cinquième discipline : l'art et la manière des organisations qui apprennent*, Ed. First, 1991.

67

LES PILIERS DE L'ÉVALUATION D'UN PROJET INNOVANT[1]

Michel Santi et Véronique Nguyen

RÉSUMÉ

Pour estimer les chances de réussite d'un projet innovant, il faut en décrypter le « génome ». Est-ce que les neuf constituants de base sont présents et dans la qualité requise ? Observe-t-on des carences fatales ? La méthodologie préconisée est une synthèse originale de la littérature académique et des pratiques des fonds de capital-risque. Un système-expert, Provaluor®, s'en inspire directement et permet aux porteurs de projet de s'autoévaluer. Il est consultable gratuitement sur le site d'HEC : www.hec.fr/provaluor.

En France, près de 40 % des entreprises créées disparaissent au cours de leurs cinq premières années d'existence. Et ce taux d'échec est bien supérieur dans le cas des entreprises technologiques et innovantes, comme il l'est pour les projets innovants développés au sein des entreprises. Car l'innovation, source d'avantage concurrentiel potentiel, est aussi synonyme de risque accru ; une contrepartie économique naturelle : « *high risk, high profit potential* » disent avec raison nos collègues américains. Toute méthode ou tout outil qui permettrait de diminuer ce taux d'échec serait donc d'une utilité majeure, tant pour les porteurs de ces projets que pour l'économie en général. Mais comment apprécier objectivement les chances de réussite d'un projet innovant ? Et peut-on aider les entrepreneurs, les investisseurs et les organismes parapublics, dispensateurs d'aides ou de prêts garantis, à gagner en clairvoyance et à investir sur les « bons chevaux » en délaissant les « canassons et autres haridelles » ?

1. Cet article est le dernier d'une série de trois, développés dans les cahiers de « L'Art du Management 2004 », qui présentent les résultats novateurs d'une recherche sur la valorisation des innovations cofinancée par l'Inpi que l'auteur a dirigée en 2003.

Ce n'est certes pas en pratiquant les méthodes traditionnelles d'évaluation des investissements (VAN, TRI, *payback*) qui n'ont qu'un intérêt très limité pour cette nature de projet. Si l'exercice financier reste obligatoire dans le cadre d'un *business plan*, qu'il faudra bien construire à un moment ou un autre, les flux de trésorerie futurs sur lesquels s'appuient ces méthodes financières présentent une telle incertitude que le travail d'évaluation repose non pas sur le calcul de ces flux mais sur l'analyse de leurs conditions de génération. Pourquoi, à quelle vitesse et avec quelle amplitude le projet générera-t-il du chiffre d'affaires ? Pourquoi le niveau des marges sera-t-il élevé ? Quel est le potentiel de croissance de ce chiffre d'affaires et de ces marges ? Quelle en est la pérennité ?

Évaluer un projet innovant consiste donc à anticiper les raisons et les ressorts de la performance future. Il est essentiel d'identifier les points de force qui constituent les drivers de la réussite et de repérer les points de faiblesse qui peuvent faire dérailler le projet de la trajectoire initialement prévue. Lorsque l'on parle de projets innovants, trois expertises complémentaires sont généralement privilégiées et mises à contribution : celle des académiques qui se sont spécialisés sur les innovations et les start-ups, celle des investisseurs en *seed capital* (financement d'entreprises-projets technologiques) et celle des organismes, spécialisés dans l'innovation, dispensateurs de financements ou de subventions comme l'Anvar. Les académiques recommandent plus particulièrement de s'intéresser aux caractéristiques des marchés (système concurrentiel et demande), de *blinder* la proposition de valeur et de soigner tant la politique commerciale que les choix technologiques. Les investisseurs en *seed capital* privilégient, si on les écoute, l'équipe dirigeante, la stratégie d'entrée (« route *to market* ») et la valeur des protections de la technologie propriétaire. Plusieurs recherches ont cependant montré que la taille et le potentiel du marché constituaient un critère déterminant dans leurs décisions : ils visent des projets à fort potentiel dans des activités jugées valorisantes car prometteuses en termes de plus-value et de sortie. Les pourvoyeurs d'aides et de crédits se font, quant à eux, les chantres des atouts technologiques, des compétences opérationnelles (prouvez-leur que vous saurez « délivrer ») et des plans financiers sains comportant des risques réduits.

Au-delà de ces approches complémentaires et des expériences vécues ou rapportées sur les causes de la réussite ou de l'échec de tel ou tel projet, il est clair qu'une démarche systématique est nécessaire. La réussite d'un projet innovant est manifestement multifactorielle. Elle tient autant à des facteurs humains, qu'à des facteurs de marché, qu'à l'élaboration d'une stratégie et de politiques adaptées et pertinentes, qu'à la capacité à mettre en œuvre ces plans et à trouver des financements. Au final, pour résumer tant les recherches académiques qu'ils ont lues ou développées que l'expérience de quarante années cumulées d'évaluation et de suivi de start-ups innovantes qu'ils ont engrangée, les auteurs recommandent que tout projet innovant soit jaugé selon neuf dimensions qui sont présentées dans le tableau IX.1, chaque dimension pouvant elle-même être subdivisée en plusieurs sous-catégories qu'il conviendra d'examiner avec soin. Dans la suite de cet article nous passerons systématiquement en revue les éléments saillants dans chaque dimension.

Tableau IX.1 – Les 9 dimensions d'un projet innovant

Le dirigeant/le leader	Le système concurrentiel	La technologie
L'équipe	L'offre et l'avantage compétitif	Les opérations
Le marché	Le marketing et le commercial	L'intérêt financier

Un dirigeant/leader performant

Les critères discriminants au sujet du dirigeant portent sur :

- Le fait qu'il ait eu une expérience préalable et réussie du management. Cela réduit certainement les chances des jeunes diplômés de grandes écoles mais, dans ce domaine, la valeur « attend » le nombre des années. Sur ce plan, les investisseurs en capital-risque sont redevenus intraitables depuis la fin de la bulle Internet. Ils recherchent les « *serial* entrepreneurs » à succès, même s'ils examinent avec bienveillance les profils du type patron de division ou de grosses *business units* de grands groupes. Les moins exigeants vont s'intéresser à ceux qui ont déjà géré de belles équipes projet. Dans tous les cas, une formation au management ayant une forte valeur perçue est devenue un plus, voire un must.
- Quel que soit son profil, et cela d'autant plus qu'il est moins aguerri, il lui faudra démontrer qu'il a su faire preuve dans son passé de fortes capacités de leader et de commercial (savoir convaincre, mobiliser, négocier, vendre, repérer des opportunités, apprendre de ses erreurs…), et qu'il possède les aptitudes naturelles d'un dirigeant-entrepreneur (non-aversion au risque, résistance au stress, remise en cause permanente, persévérance, curiosité, etc.).
- Et enfin, *last but not least*, l'importance de son investissement personnel, et surtout l'ampleur et la solidité de son réseau professionnel, tout particulièrement dans le secteur concerné par le projet.

Une équipe adéquate

Pour ce qui est de l'équipe, on s'interrogera successivement sur :

- La présence d'un leader clair et reconnu. Il faut certes une équipe dirigeante mais le mythe du « patron » subsiste toujours. Y a-t-il un patron reconnu et accepté dans l'équipe ? Et ceci se traduit-il clairement dans la répartition du capital ? On s'attend en effet à ce que le leader en détienne la « part du lion ».
- Au-delà de ces deux questions, l'existence d'une équipe métissée (formation, âge, expérience) et complémentaire (combinant des spécialistes à la fois du secteur et fonctionnels) est considérée comme un bien, sous réserve que la mayonnaise prenne entre les membres de cette équipe.
- Ce qui conduit à analyser sa cohésion, sa motivation, sa convergence sur la vision de l'entreprise et son partage des objectifs. Rien de pire qu'une équipe qui aurait des vues et des ambitions contradictoires.

– Pour finir, le concept de l'équipe élargie, englobant des acteurs extérieurs mais très impliqués dans la vie du projet : conseils, experts, personnalités influentes susceptibles d'apporter beaucoup de valeur lors du développement du projet.

Un marché à potentiel

Dans cette partie on s'attachera :

– À vérifier le potentiel de croissance du marché en se fondant sur des trends et non sur des effets de mode et à s'assurer que l'on bénéficie bien d'une fenêtre d'opportunité au sein du marché (voir figure IX.2).

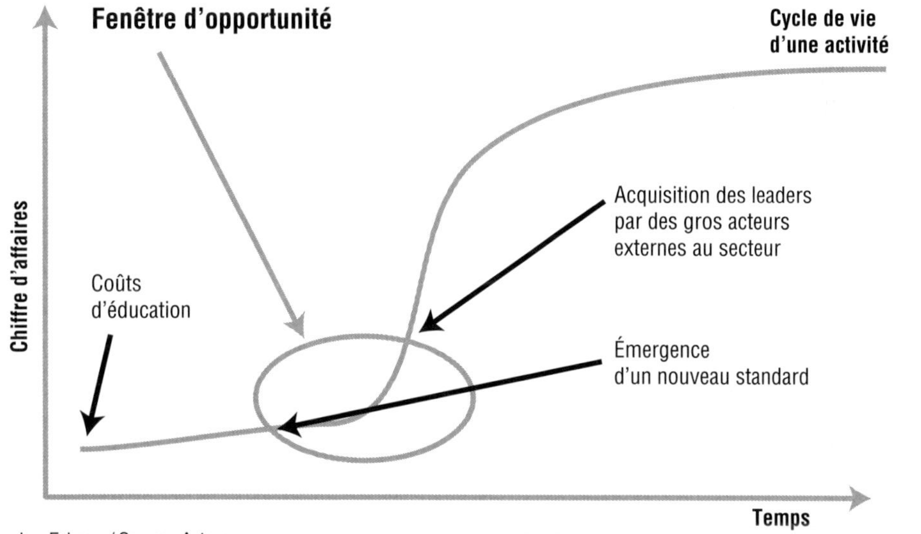

« Les Echos » / Source : Auteur

Figure IX.2 – La fenêtre d'opportunité

– À valider l'intérêt du marché en termes de taille – ni trop petit pour permettre des croissances et des valorisations suffisantes, ni trop gros pour éviter un combat mortel de nain contre des géants –, de granulosité – éviter aussi bien les marchés avec peu de gros clients que ceux correspondant à une multitude de petits comptes – et de possibilités de segmentation – seule situation autorisant des stratégies de niche et de différenciation et facilitant l'entrée en permettant des stratégies de tête de pont à la japonaise.

– À la solvabilité – les financiers apprécient tout particulièrement les projets dont les clients se retrouvent dans les secteurs et entreprises *deep pockets*, comme les laboratoires pharmaceutiques – ainsi qu'à l'accessibilité des clients (pas d'aversion aux innovations de leur part, pas d'intermédiaires ou prescripteurs incontournables, absence de relation privilégiée avec des fournisseurs existants, faiblesse des coûts de transfert ou de sortie combinée à des coûts d'acquisition acceptables).

– Un système concurrentiel favorable

On analysera avec attention le système concurrentiel sous les angles suivants :

– L'information est-elle imparfaite ? Cette situation est très souhaitable car cela augure de l'existence d'opportunités difficiles à identifier pour le commun des mortels.
– Est-il possible d'y déployer une logique de spécialisation – pas d'offre de référence claire, des positionnements stratégiques possibles nombreux, une forte sensibilité à la différenciation, une structure de coûts complexe, un secteur où le prix ne constitue pas l'élément déterminant du choix des clients... – par opposition à une pure et triste logique de coûts sur un marché transparent et sensible au volume ?
– Existe-t-il des barrières à l'entrée faibles mais perçues comme fortes et que l'on pourrait renforcer à terme (voir tableau IX.2) ? Si elles sont réellement puissantes, le projet peut-il malgré tout les franchir parce qu'il maîtrise des ressources et des compétences spécifiques qui en réduisent l'importance ?

Tableau IX.2 – Le diagnostic des barrières à l'entrée

Barrières à l'entrée	Perçues fortes	Perçues faibles
Réelles fortes	**Forteresse** **+** Intéressant, surtout si l'équipe projet détient des compétences réduisant l'importance des barrières	**Miroir aux alouettes** **– –** À éviter absolument car les barrières réelles ne font pas leur office de protection
Réelles faibles	**Trompe-l'œil** **++** Très intéressant, surtout si on peut en ériger en plus. L'opportunité « cachée » ouverte aux curieux	**Tout venant** **–** Business à éviter bien que facile à pénétrer car ne présentant aucun potentiel de rentabilité à terme.

– Le jeu des forces concurrentielles est-il favorable ? Michael Porter nous conseille d'examiner si le pouvoir de négociation des clients et fournisseurs vis-à-vis des acteurs du maillon concurrentiel est faible, si le risque d'émergence de substituts est réduit, et si l'impact tant des forces institutionnelles que des complémenteurs est limité afin que ces forces « extérieures » ne viennent pas capter une part significative de la valeur créée.

Une offre pertinente et compétitive

Dans ce domaine on vérifiera :

– L'existence d'une proposition de valeur (la valeur que l'entreprise apporte au client) claire, facilement perceptible (pouvant par exemple s'exprimer clairement en une seule phrase de 10 mots) convaincante parce qu'elle suscite facilement l'intérêt et si possible mesurable, satisfaisant un besoin réel, jusqu'alors totalement (création) ou partiellement négligé (substitution), porté par des trends favorables et au scope géographique le plus large possible.

– La pertinence des fondements de cette proposition de valeur pour le client, selon la nature (création versus substitution versus combinaison des deux) du besoin satisfait. Dans les situations de substitution, par exemple, on s'attachera tout particulièrement, à mesurer les différentiels de performance et de coût/prix de la nouvelle offre par rapport à l'offre de référence qu'elle vise à remplacer.
– La clarté du positionnement stratégique et de l'avantage compétitif sous-jacent. Quelle stratégie (rupture, différenciation, coût) est envisagée pour le projet ? Cette stratégie est-elle cohérente compte tenu de la proposition de valeur pour le client et des caractéristiques concurrentielles de l'activité visée ? Ses implications opérationnelles sont-elles clairement comprises par les porteurs du projet ?
– La solidité et la « défendabilité » de l'avantage concurrentiel. Quelle est l'origine de l'avantage concurrentiel ? Plus il s'appuiera sur des compétences et pas seulement des ressources, plus il intégrera d'éléments intangibles et de savoir-faire, plus il sera lié à un bouleversement de la chaîne de valeur… et plus ses bases seront solides. Et quelle en est la « défendabilité » enfin ? La théorie des ressources nous éclaire sur ce point : plus les compétences qui le sous-tendent seront rares, imparfaitement imitables, non substituables et non transférables… et plus il sera durable.

Une approche marketing et commerciale solide

D'un point de vue marketing et commercial, un projet innovant augurera d'autant mieux que :

– Le marché pertinent à adresser aura été clairement défini, référencé, informé, analysé et segmenté. Cela paraît simple mais très rares sont les projets respectant ces règles de bon sens sans lesquelles aucune politique marketing ne peut avoir de chance de succès.
– Le choix des cibles des phases de démarrage et de début de croissance – en nombre limité (1 à 3 maximum segments verticaux) et ordonnées en fonction de leur valorisation de l'offre proposée – aura été clairement défini et les premiers clients cibles (sites *beta* inclus) bien identifiés (leur utilisation en tant que références est clé dans les premiers succès commerciaux) ; ceci grâce à une politique permanente d'intelligence commerciale sur les clients et les cibles. Le projet doit proposer une « route *to market* » claire et pertinente.
– Le mix marketing retenu (distribution, communication, promotion, fidélisation) sera adapté à la fois aux caractéristiques du marché, aux points forts de la proposition de valeur et aux moyens disponibles. Quand on dispose de peu de ressources, il est indispensable de chercher à déployer les moyens les plus efficaces parmi ceux qui sont les moins coûteux (un attaché de presse est généralement, s'il est compétent,

extrêmement pertinent pour des projets qui ont besoin d'acquérir de la crédibilité et du *mindshare*) et il ne faut pas hésiter à utiliser des moyens originaux et innovants.

– Le *business model*, sous son aspect modèle de revenus, sera intelligemment conçu et permettra, en particulier, de générer rapidement (le critère n° 1 des financiers aujourd'hui) des revenus récurrents et diversifiés, ce qui réduit le risque et accroît la valeur du projet.

Une technologie de valeur et pérenne

Sur le plan technologique, qui est l'élément distinctif des projets innovants, une analyse approfondie s'impose, malgré l'opacité apparente de ce domaine pour les profanes :

– La technologie mise en œuvre dans le projet repose-t-elle sur une innovation à forte valeur potentielle ; c'est-à-dire ayant une capacité à générer une rente dont le taux et la durée sont élevés ? On s'attachera en particulier à en analyser les fondements technologiques et le mode de génération afin d'évaluer si sa maîtrise est unique ou, à l'inverse, assez largement répandue.

– L'innovation est-elle protégeable et pérenne ? On analysera si et comment l'entreprise contrôle la ressource détenant la compétence technologique, le degré de difficulté pour des concurrents de copier ou de maîtriser la ou les technologies employées, la possibilité de protéger juridiquement l'innovation, la valeur réelle de cette protection et enfin le système d'intelligence technologique mis en place ou prévu par l'entreprise.

– L'entreprise a-t-elle la capacité à imposer un nouveau standard ? Et, particulièrement dans ce cas, un système d'alliance et de partenariat est-il en place ou prévu afin d'accroître, à peu de frais, tant son effort R & D que ses chances de réussite ?

Une réelle maîtrise des opérations

Cette dimension correspond au plan opérationnel d'un *business plan*, une partie souvent négligée par les porteurs de projet lors de son écriture mais qui est capitale dans le processus de décision des investisseurs qui se poseront toujours les questions suivantes :

– Cette équipe est-elle capable de « délivrer », comme l'on dit aujourd'hui, en temps et en heure ? On valorisera fortement un projet comportant un *milestone planning* bien conçu et suivi, avec un découpage du projet en phases distinctes et successives ainsi que pour chaque phase, la détermination des hypothèses à tester, des objectifs et jalons à atteindre et l'estimation d'une enveloppe budgétaire. L'historique du projet et de l'équipe comptera également pour beaucoup sur ce plan.

– Les opérations sont-elles sous contrôle ? On analysera surtout s'il existe (et quelle est sa valeur) un système de contrôle de qualité des opérations de production, de sous-traitance et de logistique, un système de suivi de la satisfaction client, un système de pilotage financier et non financier et une fonction ressources humaines performante.

– L'équipe, enfin, a-t-elle déjà fait preuve de sa capacité à intégrer des nouveautés, à modifier profondément l'organisation lors des passages de phases et à s'adapter rapidement aux aléas que tout projet connaîtra obligatoirement au cours de son développement ?

Un fort intérêt financier

Last but not least, on s'intéressera, enfin diront certains qui n'ont pas encore saisi que la finance n'est jamais que la traduction monétaire des choix faits sur toutes les dimensions précédentes, aux données financières du projet et à son intérêt en tant qu'investissement. Selon nous, cet intérêt financier doit tenir compte :

– Des fondamentaux économiques du projet : rapidité d'atteinte du point mort comptable et de trésorerie, marges et rentabilité escomptées, faiblesse des capitaux engagés, envergure de l'activité et valeur stratégique à 5 ans.

– Mais aussi de sa liquidité à terme : la valorisation est-elle raisonnable aujourd'hui ? Les perspectives de sortie existent-elles clairement et laissent-elles présager des plus-values significatives (TRI nettement supérieur à 30 %) ?

– Et enfin du niveau de risque et de la latitude stratégique que comporte le projet : les risques sont-ils maîtrisés (analyse approfondie des risques, scénarios alternatifs) ? Le projet bénéficie-t-il d'une véritable latitude commerciale (flexibilité de l'offre, durée réduite du développement, absence de dépendance forte par rapport à un nombre réduit de clients, fournisseurs ou complémenteurs...) et financière (taux de marge brute important, externalisation maximale des coûts, faiblesse du BFR et des besoins en capitaux, intégration possible dans des programmes européens) ?

Après ce passage en revue des 9 haies composant le parcours de saut d'obstacles de tout projet innovant, il convient d'aboutir à un diagnostic synthétique et à des recommandations. Points forts, points faibles, fautes fatales et profil sont les 4 mots clés de cette synthèse. Il va de soi qu'un projet aura d'autant plus de chances de réussir qu'il accumulera des points forts indiscutables. Qu'il comporte quelques points faibles ne surprendra toutefois personne. En clair, un projet dont le profil est contrasté s'imposera bien plus facilement qu'un projet au profil moyen sur toutes les dimensions car il sera mieux équipé pour convaincre des partenaires financiers et commerciaux et surtout pour trouver et fidéliser des clients. Sous réserve bien entendu que ces points faibles ne correspondent pas à des défauts fatals pour les investisseurs, comme par exemple un manque d'ambition, des clients non identifiés, une proposition de valeur trop compliquée et non mesurable, une technologie non réellement contrôlée, des prévisions irréalistes...

Cette démarche, ces 9 dimensions et ces synthèses (voir figure IX.3) vous pourrez les retrouver dans l'assistant Provaluor® que nous avons mis au point et qui a été intégré au sein du site Internet Provaluor®, ouvert depuis le 1er octobre et dédié aux projets innovants. L'assistant permet aux porteurs de projet de s'autoévaluer et d'obtenir le profil de leur projet, tant synthétique que détaillé, sur nos neuf dimensions clés. Le profil obtenu constitue un bon indicateur des chances du porteur de projet d'intéresser des fonds de capital risque.

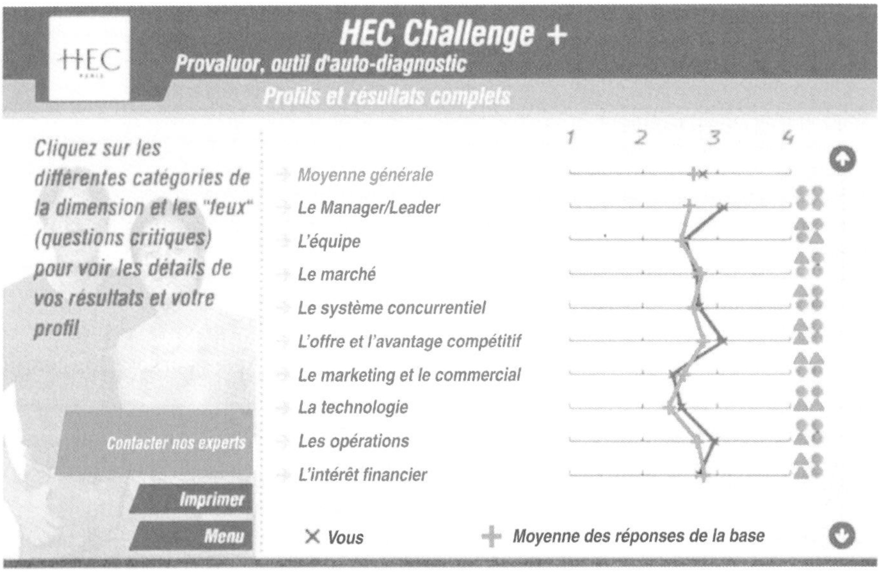

« Les Echos » / Source : Auteur

Figure IX.3 – Profil synthétique d'un projet avec l'outil d'autodiagnostic Provaluor®

Entre début mai, date de mise ligne de l'assistant, et fin septembre 2004, sur les 8 000 utilisateurs de Provaluor®, plus de trois cents personnes ont complété la quasi-intégralité du questionnaire (environ 350 questions fermées) et réalisé le diagnostic de leur projet. Ceci permet aux nouveaux venus non seulement d'obtenir leur profil absolu mais surtout de pouvoir se comparer avec une base statistiquement saine et représentative d'autres entrepreneurs et projets innovants. Le site est consultable à l'adresse : www.hec.fr/provaluor

68

L'UTILISATION DU SAVOIR TACITE DANS UN CONTEXTE CULTUREL

Piotr Ploszajski, Alfonso Sauquet et Michael Segalla[1]

RÉSUMÉ

Beaucoup se demandent si le secret de la réussite ne découlerait pas du savoir tacite. L'importance d'un bon QI ne fait aucun doute, mais sans ce savoir tacite, le succès n'est pas garanti. Rassurez-vous, le savoir tacite est à la portée de chacun – enfin, à condition de savoir où le chercher et comment le reconnaître. Malheureusement, si le commun des mortels parvient à comprendre intuitivement ce à quoi il correspond, les experts éprouvent de grandes difficultés à le définir avec précision.

Les experts en management se demandent souvent comment il est possible que certaines personnes présentant un QI et un diplôme universitaire moyens parviennent au sommet de la hiérarchie de certaines entreprises. Lorsqu'ils devancent des collègues affichant un QI et des diplômes en tous points supérieurs, leur succès devient encore plus singulier. Et cette singularité peut parfois s'étendre à des entreprises entières. Ce phénomène surprenant fait l'objet d'un nombre croissant d'études. On a ainsi délimité deux types de savoir. D'un côté, celui que l'on apprend à l'école ou dans le cadre de stages de formation, que nous appellerons savoir explicite. De l'autre, un savoir plus secret, plus flou, que l'on acquiert par soi-même, parallèlement à l'expérience, nommé savoir tacite.

Beaucoup se demandent si le secret de la réussite ne découlerait pas de ce savoir tacite. L'importance d'un bon QI et d'un diplôme prestigieux ne fait aucun doute, mais sans ce savoir tacite qui permet de les utiliser à bon escient, le succès n'est pas garanti. Rassurez-vous, le savoir tacite est à la portée de chacun – enfin, à condition de savoir

1. Les auteurs remercient M. Marc Jullienne, de Boyden Global Executive Search, M. Mohamed Saad, Mme Mary Jane Peters, Mme Jarjaval et M. Roger Bell pour leur aide et leurs précieux conseils.

où le chercher et comment le reconnaître. Malheureusement, si le commun des mortels parvient à comprendre intuitivement ce à quoi il correspond, les experts éprouvent les plus grandes difficultés à le définir avec précision.

Michael Polanyi, pour sa part, estimait que « nous en savons plus que ce que nous pensons savoir »[1]. Selon lui, notre savoir proviendrait de plusieurs sources de savoirs plus ou moins bien compris pouvant être combinés afin de nous aider à comprendre notre environnement[2]. Robert Sternberg et Richard Wagner ont proposé une définition plus restreinte du savoir tacite (qu'ils appellent intelligence pratique) en précisant qu'il doit s'acquérir sans formation particulière, concerner la manière de travailler et être utile sur le plan pratique[3]. Ainsi, les individus les plus doués dans l'acquisition et l'exploitation du savoir tacite sont probablement ceux qui réussissent le mieux.

Dans ses recherches sur le développement de nouveaux produits au Japon, Ikujiro Nonaka fustige les sociétés qui ignorent l'importance du savoir tacite de leurs employés[4]. Selon lui, il est extrêmement ardu de codifier le savoir tacite car celui-ci consiste, d'une part, en une expertise technique développée pendant des années d'expérience et, d'autre part, en des modèles mentaux considérés comme allant de soi. Ainsi, sans un questionnement sérieux mené par des experts, le détenteur du savoir tacite n'est pas conscient de ce qu'il sait.

Savoir caché

La réussite professionnelle est le fruit d'un « secret » qui pourrait bien être aussi important que les éléments qui lui sont traditionnellement associés. Si vous pouviez vous servir une cuillerée dans le pot de savoir tacite, vous pourriez vous aussi avoir la réussite que vous méritez. Seriez-vous surpris d'apprendre que les anciens PDG de Hewlett-Packard et Texas Instruments ainsi que le grand philosophe du XVIIIe siècle Emmanuel Kant auraient tous dit quelque chose comme « ... si seulement nous savions ce que nous savons, nous pourrions être plus intelligents » ? Autrement dit, capturer le savoir tacite présent dans les couloirs et les bureaux de votre lieu de travail n'a rien d'évident. Si nous mettons l'accent sur « *si seulement nous savions* ce que nous savons, nous pourrions être plus intelligents », le problème de la définition du savoir tacite paraît tout bonnement insoluble. « Ce que nous savons » est hors de notre portée et ne sera peut-être jamais suffisamment identifié pour pouvoir être partagé. Par exemple, la plupart d'entre nous savons faire du vélo, mais personne n'a dû lire un livre pour l'apprendre. On aura beau comprendre et expliquer les principes

1. M. Polanyi, *The Tacit Dimension*, Anchor Books, 1967.
2. M. K. Smith, « Michael Polanyi and tacit knowledge », 2003 in *The Encyclopedia of Informal Education*, www.infed.org/thinkers/polanyihtm.
3. R. Wagner et R. Sternberg, « Practical Intelligence in Real-World Pursuits : The Role of Tacit Knowledge », *Journal of Personality and Social Psychology*, 1985, 49, 2, pp. 436-58.
4. I. Nonaka, « The Knowledge-Creating Company », *Harvard Business Review*, nov.-déc. 1991, pp. 96-104.

de l'énergie gyroscopique, on ne peut pas apprendre à ses enfants à faire du vélo en restant dans son salon. La recherche de l'équilibre est un exercice individuel nécessitant une multitude d'essais et presque autant de chutes. En ce sens, le caractère tacite renvoie au côté artistique de chaque métier, au tour de main, à l'efficacité, à ce moment où tout prend sa place dans une douce harmonie. Ce scénario est particulièrement pessimiste puisqu'il anéantit tout espoir de tirer profit du secret de la réussite des autres. En effet, ceux-ci n'auront jamais le niveau de conscience nécessaire pour partager leur savoir tacite.

Changeons d'angle et concentrons-nous sur « si seulement nous savions *ce que nous savons*, nous pourrions être plus intelligents » : la perspective paraît déjà plus optimiste pour ceux d'entre nous qui cherchent le fameux « secret ». Il existe un savoir caché dans l'entreprise, à nous de le découvrir et de le codifier. Il suffit donc d'identifier le capital intellectuel d'une société ou ses pratiques d'excellence. Le problème est alors de trouver un bon outil. Ce qui n'est pas forcément évident car les chercheurs mènent souvent leur enquête en se fondant sur leurs propres systèmes de référence, qui peuvent s'avérer inappropriés pour mesurer le savoir tacite.

Ikujiro Nonaka, relatant le développement par Matsushita d'une machine à fabriquer le pain, montre comment les chercheurs peuvent identifier le savoir tacite. Après d'innombrables échecs avec leurs prototypes, l'équipe de développement a décidé d'effectuer une analyse comparative aux rayons X du pain fabriqué par leur machine et du pain fait main. Mais les techniciens n'allaient comprendre leur erreur que quand l'un d'eux eut l'idée de demander à un boulanger de leur apprendre à faire du pain. Après une année de tentatives infructueuses, l'équipe a finalement découvert le « secret ». Et ce n'est pas le boulanger qui le leur a dévoilé (un geste classique de pétrissage par lequel le boulanger étire et tord la pâte), mais l'un des ingénieurs, qui a découvert ce mouvement banal en travaillant à ses côtés. La machine à fabriquer le pain a ensuite été redessinée pour reproduire ce geste et elle a établi des records de vente pour un nouvel appareil électroménager.

Enfin, si l'on reporte notre attention sur « si seulement nous savions ce que nous savons, *nous pourrions être* plus intelligents », le point de vue change. Il ne s'agit plus de conscience ou de codification, mais bien de capacité à transmettre efficacement le savoir tacite à la bonne personne, au bon endroit et au bon moment. Certains chercheurs prétendent que quand le savoir tacite ne peut être identifié et codifié correctement, il faut déplacer non pas le savoir mais les hommes[1]. En résumé, l'expatriation peut s'avérer un recours utile voire indispensable pour gérer efficacement le réservoir de savoir tacite d'une entreprise.

Au bout du compte, nous sommes confrontés à trois questions : Le savoir tacite est-il mesurable ? Comment peut-on le mesurer ? Peut-on le transférer ? Les réponses à ces questions sont aussi variées que le nombre de spécialistes qui se sont penchés sur la question. Polanyi semble affirmer que le savoir tacite ne peut être mesuré. À l'opposé,

1. Nancy M. Dixon, *Common Knowledge : How Companies Thrive by Sharing What They Know*, Harvard Business School Press, 2000.

Sternberg et Wagner estiment non seulement qu'il est possible de le mesurer mais aussi que c'est une donnée capitale. Nonaka, quant à lui, est convaincu que le savoir tacite peut être mesuré, qu'il doit l'être et qu'il peut être transféré. En tant que chercheurs, nous relevons volontiers le défi de découvrir et de comprendre les morceaux de savoir caché que les sociétés utilisent pour accroître leurs compétences, leur efficacité et, en dernière instance, leur profitabilité. C'est une question de principe : même le savoir le plus flou vaut mieux que l'ignorance la plus totale. Par ailleurs, nous pensons que le savoir, et plus particulièrement le savoir tacite, est influencé par le contexte culturel de chacun. Dans une étude sur le style cognitif dans un groupe multiculturel[1], les chercheurs ont conclu que la culture influence l'orientation de la cognition vers le rationnel-analytique ou vers le sentimental-intuitif. Puisque le savoir est à la fois de l'information et un moyen d'évaluer l'information, on peut raisonnablement penser que le savoir tacite est non seulement influencé par l'expérience mais aussi par la culture de chacun.

Influences plus vastes

Bien décidés à analyser plus en profondeur cette idée selon laquelle la culture influence directement le savoir tacite, nous avons entrepris de poser une question simple. Si le savoir tacite est enraciné dans une expérience et un environnement spécifiques (comme le suggèrent Polanyi, Sternberg et Wagner, et Nonaka), est-ce que les solutions associées à des problèmes classiques de management faisant appel au savoir tacite diffèrent d'un pays à l'autre ? Si oui, cela prouve que le contexte de l'expérience joue un rôle dans la réussite des cadres. Les dirigeants apprennent (ou pas) à réagir de façon appropriée dans un environnement spécifique, mais leur expérience peut s'avérer inutile dans un nouveau contexte. En revanche, si des gens plongés dans des contextes différents adoptent les solutions adéquates pour résoudre un même problème, c'est qu'une partie du savoir tacite peut être saisie et partagée entre plusieurs personnes. Ainsi, ces solutions adéquates sont liées à des contextes plus larges qu'une entreprise spécifique. Elles peuvent trouver leur source dans des influences plus vastes, comme par exemple la culture nationale, la religion ou la classe sociale.

Pour tester cette hypothèse, nous avons recouru aux travaux de Sternberg et Wagner, et plus particulièrement à leur test d'intelligence tacite pour managers (TKIM)[2]. Le TKIM est un questionnaire proposant neuf problèmes de management qui interpellent le savoir tacite. Ces problèmes peuvent se regrouper en trois catégories : se gérer soi-même, gérer les autres et gérer une tâche. Pour chaque problème, sont proposées dix ou douze actions différentes que les personnes interrogées doivent juger à l'aide d'un

---

1. C.W. Allison et J. Hayes, « Cross-national differences in cognitive style : implications for management », *International Journal of Human Resource Management*, fév. 2000, (11 : 1) pp. 161-170.
2. Le TKIM a été utilisé avec l'autorisation de R. Sternberg et modifié pour s'adapter au contexte européen. Il a été traduit en français, allemand, italien et espagnol. Vous pouvez le retrouver à l'adresse suivante : www.tacit-knowledge.org.

barème à sept points. Ce questionnaire a été complété par 512 étudiants en gestion de deuxième et troisième cycles originaires de 33 pays. Celui-ci a également été soumis à 10 managers seniors, dont les réponses faisaient office de référence.

Avant de présenter les résultats, signalons des différences considérables chez les répondants au niveau de la notation des actions. Nous en concluons qu'il y avait peu d'actions de qualité manifestement inférieure ou supérieure pour chaque problème. Les classements par groupe culturel (Amérique du Nord, Europe de l'Ouest, Europe centrale, et Inde/ Asie), genre et expérience du secteur ont enregistré autant de différences dans la qualité des actions. Mais revenons à notre questionnement initial, celui de savoir s'il existe des différences culturellement induites quand il s'agit de noter la qualité des actions. Pour ce faire, nous avons analysé les réponses d'un point de vue statistique et déterminé le degré de correspondance des actions à entreprendre dans chaque cas. Ainsi, nous avons calculé l'écart type de la qualité de notation moyenne dans chaque type de problème par origine culturelle, genre et niveau d'expérience.

Nouvel environnement

Si nous analysons le tableau IX.3, nous observons que l'expérience est intrinsèquement liée à la notation de la qualité des actions. Pour chaque catégorie de problème, les désaccords les plus importants sont dus aux différences en termes d'expérience, l'origine culturelle et le genre étant relégués à un second plan. Ce résultat suggère l'existence d'une solution universellement plébiscitée pour résoudre des problèmes faisant appel à un savoir tacite. Ainsi, plus que l'expérience spécifique, c'est l'expérience générale qui permet d'évaluer la qualité des réponses à apporter à des problèmes classiques. Par conséquent, le savoir tacite acquis dans une entreprise peut s'appliquer à des problèmes rencontrés dans une autre société. Cette interprétation implique que les solutions de promotion externe utilisant des candidats recrutés par des cabinets de ressources humaines ne présentent pas de risques particuliers. En effet, le savoir explicite de la recrue est couplé à un savoir implicite parfaitement transposable. Par conséquent, la difficulté revient à faire correspondre le plus possible l'ancien et le nouvel environnement de telle sorte que le savoir tacite puisse s'appliquer au nouveau contexte.

Tableau IX.3 – Écart type des notations de la qualité des actions

N = 522	Expérience	Culture	Genre
Tâche	0,61	0,41	0,12
Autres	0,51	0,33	0,10
Soi-même	0,47	0,41	0,08

Les chiffres les plus élevés traduisent un taux de désaccord plus élevé ; les plus bas, un taux moindre. Un zéro voudrait dire qu'il n'y a pas de désaccord

Néanmoins, les entreprises ont intérêt à se montrer prudentes lorsqu'elles s'engagent dans des transferts entre pays. En effet, tel que l'indique le tableau IX.3, l'origine est également une source de désaccord sur la qualité des actions. Pour les problèmes de gestion personnelle, l'origine culturelle a une influence comparable à celle de l'expérience. Bref, l'expatriation et les recrutements internationaux ne sont pas dénués de risques au regard du savoir tacite. Nous avons ensuite comparé l'écart type de la moyenne des notations dans tous les pays avec l'écart type de chaque groupe culturel. Nous avons trouvé que la variation était moindre au sein d'une même culture qu'entre plusieurs cultures différentes. Nous en concluons qu'il existe une certaine homogénéité dans chaque groupe culturel sur la qualité des actions. En résumé, si l'expérience de gestion est très importante, la culture nationale a elle aussi une influence non négligeable.

Enfin, nous remarquons que le genre n'a pas d'impact particulier sur la notation moyenne de la qualité des actions. L'expérience et l'origine culturelle influencent autant les femmes que les hommes.

Notre étude est une modeste tentative d'analyse des facteurs interculturels liés à l'utilisation du savoir tacite. Nous avons réussi à démontrer que le savoir tacite est fortement influencé par les origines culturelles et par l'expérience dans le domaine de la gestion. Ainsi, le savoir tacite dérive autant de l'expérience générale du monde de l'entreprise que de facteurs indépendants de ce contexte. Nous pensons que cette conclusion corrobore la proposition selon laquelle le savoir tacite peut être défini et la personne détenant le savoir, sinon le savoir lui-même, peut être transférée vers d'autres contextes sans pour autant rendre ce savoir inutilisable. Après tout, il est peut-être possible à la fois d'apprendre et d'utiliser le « secret »…

69

CRÉATIVITÉ ET INNOVATION : DES COMPROMIS INSTABLES

Françoise Chevalier

RÉSUMÉ

L'étude de la littérature et des pratiques sur la créativité et l'innovation montre, au-delà de l'engouement renouvelé pour ces thèmes, un manque fréquent d'articulation entre les deux. L'auteur met en garde contre l'injonction paradoxale du « tous créatifs, tous innovateurs » et des désillusions qu'elle entraîne. Pour l'auteur, relier le « savoir imaginer » au « savoir innover » passe par une réflexion sur les orientations stratégiques de l'entreprise et se traduit par des compromis toujours instables.

Dirigeants et cadres d'entreprises lancent aujourd'hui de vibrants appels à la créativité et à l'innovation : priorités pour l'Europe et conditions de survie des entreprises. De toutes les ressources, ce sont les idées nouvelles qui feront la différence : la créativité doit devenir permanente et l'innovation totale.

Pour l'observateur extérieur, il est frappant d'assister à ce grand retour de thèmes, déjà forts en cour dans les années 1970. Publications, ouvrages et articles se succèdent, écrits pour la plupart soit par des consultants, soit par des chercheurs. Sur le terrain, conférences, séminaires et *creativity workshop* se multiplient. Enjeux vitaux pour les uns, slogans publicitaires pour les autres, ou encore gadgets à la mode, créativité et innovation donnent lieu à des déclinaisons multiples et variées. Il en ressort souvent une masse d'informations qui peut paraître décousue et parfois confuse.

Les idées : entre nécessité et plaisir

Aujourd'hui, des entreprises[1] aussi différentes que Danone, 3M, Apple ou Renault déclarent trouver un avantage concurrentiel clef dans la créativité. N'est-ce pas en

1. Les informations concernant les entreprises citées sont tirées du dossier paru dans *Les Échos*, « Innovation : une démarche collective », novembre 2003.

grande partie grâce aux voitures « monospaces » que Renault a pu racheter Nissan, acteur d'envergure mondiale ? Nestlé se déclare convaincu que les deux tiers de sa croissance, à l'avenir, viendront de l'innovation alors que dans le passé, ils provenaient d'acquisitions. Hewlett-Packard annonce que 60 % de son chiffre d'affaires proviennent de produits ayant moins de deux ans. La créativité et l'innovation apparaissent au cœur des stratégies d'entreprise. La plupart des grandes entreprises peuvent citer dans leur portefeuille un produit totalement nouveau, particulièrement rentable ou un nouveau procédé de fabrication, ou encore une nouvelle forme d'organisation qui leur a donné un avantage considérable sur leurs concurrents.

Dans leurs travaux, Hamel et Prahalad[1] soulignent qu'une société a beau être en pleine forme, elle a toujours besoin de « la fusion des intelligences et des imaginations qui se trouvent à tous les niveaux », et d'ajouter que « dans le monde de l'entreprise, comme dans l'univers de l'art, ce qui distingue le leader du traînard, la grandeur de la médiocrité, c'est l'aptitude à imaginer le possible de façon originale ». De son côté, J. Kao développe la thèse selon laquelle l'avantage compétitif d'une entreprise se mesure à son niveau de créativité, allant jusqu'à considérer que la créativité définit la nature même du monde actuel[2]. Michael Porter montre bien également comment les entreprises recherchent une création de valeur croissante par l'innovation permanente[3]. Et l'on pourrait ainsi multiplier les références. Dans tous les cas, les travaux s'accordent pour montrer combien les modifications de l'environnement concurrentiel sont autant de facteurs qui conduisent à rechercher des idées et des solutions pour survivre et se développer.

Les entreprises cherchent à insuffler le goût de l'exploration, à distiller un état d'esprit où les idées sont les bienvenues, les comportements innovateurs mis à l'honneur et les innovations valorisées. L'Oréal, « entreprise génétiquement innovante », avec 3 000 nouveaux produits par an (nouveaux produits ou nouvelles formules), a lancé dernièrement des ateliers de créativité. Décathlon développe une approche créative originale. L'enthousiasme de ceux qui participent à ces manifestations est symptomatique de l'engouement actuel : les cadres de référence des participants évoluent, leurs visions des problèmes aussi. Faire de la créativité, c'est faire l'inventaire de ses richesses cachées, de ses potentiels multiples, c'est découvrir « le plaisir des idées »[4]. L'expérience laisse, pour ceux qui s'y engagent, des empreintes cognitives mais aussi affectives certaines. Libérer l'expression imaginaire génère du plaisir et développe un climat de convivialité, voire d'euphorie, où l'affect joue un grand rôle. Par ailleurs, le fait qu'à cette occasion des individus venant d'horizons différents soient réunis et échangent librement, améliore nettement la communication. Le métissage des compétences et des profils, qu'ils soient professionnels ou hiérarchiques, produit une socialisation accrue.

---

1. G. Hamel et C.K. Prahalad, *La Conquête du futur*, Interéditions, 1995.
2. J. Kao, *Organiser la créativité*, Village Mondial, 1998.
3. M. Porter, *L'Avantage concurrentiel*, Dunod, 1997.
4. L. de Brabandère et A. Mikolajuzak, *Le Plaisir des idées*, 3e éd., Dunod, 2004.

L'injonction paradoxale

Au-delà des prises de position et de leur vertu mobilisatrice, le déploiement des idées ne va toutefois pas de soi et les difficultés sont nombreuses. L'imagination dans l'entreprise a ses prosélytes, elle a aussi ses détracteurs. « Démontrez-moi que la créativité est utile ! » s'interrogent, dubitatifs, plusieurs responsables. N'y a-t-il pas en effet, au-delà des pratiques, beaucoup de déclaratif et d'incantatoire ?

Est-il bien réaliste de vouloir que, dans l'entreprise tous deviennent innovateurs et créatifs ? Le « tout créatif » rappelle une autre mode, celle du « tout participatif » dans les années 1990 et ses déboires. Tout comme le participatif a pu donner lieu à des dérives quasi « mystiques », on peut se demander si le « tous innovateurs », dans sa volonté œcuménique, ne risque pas, lui aussi, d'aboutir aux mêmes déconvenues. Vouloir rendre chaque acteur participatif ou innovateur, n'est-ce pas là le même vœu pieux ? N'encoure-t-on pas les mêmes désillusions ?

Le « soyez imaginatif » a tous les accents d'une « injonction paradoxale ». Le message largement délivré contient des informations contradictoires : il demande « un effort délibéré pour réaliser un état dont l'essence est la non-délibération »[1]. Ce phénomène, bien étudié par l'École dite de Palo Alto, est propre à générer chez les individus, mais aussi dans les groupes et les organisations, de la confusion, des tensions et des conflits, voire de véritables situations pathologiques.

Les illusions perdues

Si l'art de « la pensée latérale » et de la combinatoire, sans jugement *a priori*, est au cœur des dispositifs de sensibilisation et de formation, ils sont rarement aussi développés dans l'entreprise. L'espace des « possibles »[2], la philosophie du « et si », et « pourquoi pas », se heurtent aux cultures locales et aux routines organisationnelles, aux règles et aux procédures. Combien de fois le manque de temps, le court terme, les impératifs de production et les impératifs hiérarchiques, la gestion des priorités, ne sont-ils pas venus contrecarrer les porteurs d'idées fraîchement convertis ? Le « et si » s'oppose aux « oui mais » polis mais rédhibitoires, et l'esprit de convivialité fait de tolérance et de réciprocité est mis mal à parti.

Créativité et organisation ne vont pas toujours de pair. Organiser un groupe humain, c'est mettre en place un certain nombre de moyens, règles, procédures, normes ou encore valeurs visant à assurer la coopération de ses membres. C'est chercher à canaliser les actions individuelles, à réduire l'incertain et l'imprévisible pour façonner des collectifs en vue d'une efficacité et d'une performance recherchée. Or, la créativité et l'innovation favorisent la déviance et bousculent l'ordre établi. Vue comme un mode de « pensée magique », la créativité risque fort d'éloigner ses adeptes de la réalité et des

1. P. Watzlawick, *L'Invention de la réalité*, Éditions du Soleil, 1998.
2. A. Solé, *Créateurs de mondes. Nos possibles, nos impossibles*, Éditions du Rocher, 2000.

contraintes de l'organisation. Et ce, d'autant plus que l'entraînement à la recherche d'idées s'accompagne souvent d'une « illusion groupale », au sens où Didier Anzieu[1] l'entend, c'est-à-dire cette fausse impression vécue par un groupe où tout le monde « s'aime bien », « est égal », où les pulsions agressives et les désaccords sont refoulés. Les individus, les groupes et les organisations qui privilégient l'imaginaire, en viennent parfois à oublier le retour au concret et à l'opérationnel ; ils risquent fort d'être « désenchantés » et leurs idées peu écoutées, voire rejetées.

Autre écueil de taille : le filtrage des idées. Même dans un contexte organisationnel favorable et réceptif aux idées nouvelles, le chemin est semé d'embûches. Avoir des idées ne suffit pas, encore faut-il être en mesure de les trier, les sélectionner puis de les mettre en œuvre. C'est tout le problème de la conversion des mots en actes. Le tri, c'est passer d'une logique de la quantité à une logique de choix. La question n'est plus tant alors d'avoir des idées (parfois on en a trop !) mais d'être capable de les analyser, les comparer, pour, *in fine*, retenir celle(s) que l'on adoptera. Comment les filtrer ? Quels acteurs doivent filtrer ? Comment reconnaître une idée gagnante quand on la rencontre ? Le tri est stratégique et les entreprises les plus performantes n'échappent pas à ce problème : d'un côté on demande beaucoup d'idées et de l'autre beaucoup de rigueur. Là aussi, au moment d'inscrire les idées dans des critères de coûts, de faisabilité technique, de temps, d'aléas et d'incertitude, d'acceptation sociale et, de nos jours, sociétale, bien des illusions s'évanouissent…

La concrétisation et la diffusion des idées s'avèrent tout aussi problématiques. On peut avoir l'impression que la mise en œuvre sera aisée, alors qu'elle est longue et difficile. Les travaux de sociologues tels que Akrich, Callon et Latour[2], mais aussi Alter ont bien montré que la diffusion relève d'une action collective qui engage de plus en plus d'acteurs, chacun ayant ses logiques et ses enjeux propres. De multiples résistances se manifestent de la part de ceux qui, touchés par le processus, se sentent mis en question. Problèmes de ressources, enjeux et luttes de pouvoir viennent freiner la concrétisation. S'en suivent découragement, conflits et frustration de ceux qui, souvent fortement motivés, s'étaient lancés dans le projet (lorsqu'ils ne s'en trouvent pas tout simplement dépossédés !). Aux coûts psychologiques s'ajoutent des coûts financiers et l'impression d'un éparpillement des énergies tant au niveau individuel qu'organisationnel.

Bref, la trajectoire qui va d'un ensemble d'idées hétéroclites à des idées vendables, sources d'avantages compétitifs pour l'entreprise, ne va pas de soi. Elle s'insert dans des contextes sociologiques, organisationnels et économiques, dont les agencements sont délicats.

Le « savoir imaginer » et le « savoir innover »

Si les questions portant sur le « pourquoi » rechercher des idées nouvelles appellent des réponses relativement aisées, celles portant sur le « comment » le sont nettement moins.

---

1. D. Anzieu et coll., *Le Travail psychanalytique dans les groupes*, Dunod, 1972.
2. M. Akrich, M. Callon et B. Latour, « À quoi tient le succès des innovations ? », in *Gérer et Comprendre* n° 11 et 12, 1998.

Les confusions fréquentes entre créativité et innovation n'en sont-elles pas en partie responsables ?

Le mot « créativité » traduction du *creativity* américain est utilisé indifféremment soit pour désigner l'aptitude à créer, à faire ou penser quelque chose de nouveau, soit par extension pour désigner l'ensemble des techniques qui visent à produire cet effet. Deux principes de base innervent ce « savoir imaginer » : d'une part, la création d'un état d'esprit, d'une attitude positive faite de liberté et de curiosité, d'écoute d'autrui, potentiellement accessible à tous ; d'autre part, la recherche d'idées qui sortent de l'ordinaire par l'utilisation de différentes méthodes et outils qui facilitent les associations d'idées. Elle concerne un individu ou le plus souvent un petit groupe, animé d'une motivation intrinsèque : le désir de trouver[1]. Les travaux théoriques sur la créativité, ceux de psychologues et psychosociologues[2], portent sur le processus d'émergence des idées et la production de la nouveauté.

Or, la nouveauté, en tant que telle, n'est guère efficace pour l'entreprise. Elle demande à être convertie en production « vendable », en une innovation utile. Innover, c'est introduire dans le système économique, technique ou social l'idée nouvelle et ne pas se contenter de conjectures. L'innovation porte sur le processus qui va de l'idée au marché. Elle procède de jeux d'acteurs plus nombreux, aux logiques souvent contradictoires et aux ressources limitées. Préoccupation des gestionnaires, objet d'étude des économistes et des sociologues[3], l'innovation se présente ainsi comme l'alliance de deux facteurs : la nouveauté et l'utilité ou pertinence.

Dans son dernier ouvrage, Alain Dumont suggère de définir l'innovation comme « ce qui permet de créer des valeurs nouvelles pour le client, à tous les stades de sa chaîne de valeur, grâce à un effort constant de veille et de créativité, dans le but de renforcer son avantage concurrentiel »[4]. L'innovation, au cœur des stratégies d'entreprise[5], se décline sous de multiples formes : les innovations dites *push* (produits d'avancée technologique), et les innovations dites *pull* (tirées par le marché) ; les innovations produits (le monospace) et les innovations *process* (le système d'assemblage des ordinateurs de Dell Computer) ; les innovations perçues par le client (le système d'airbag sur une voiture) et les innovations non perçues par le client (les matériaux utilisés tels que les

1. T.M. Armabile, « Motivating creativity in organization : on doing what you love and loving what you do », *California Management Review*, vol. 40, 1997.
2. Bien des travaux s'inspirent de la psychologie analytique développée par C.G. Jung, pour qui les mouvements entre l'inconscient et le conscient sont permanents. Les techniques de la créativité visent à multiplier les incursions dans l'inconscient, à stimuler les assemblages inédits d'idées et d'informations.
3. Signalons à ce titre, deux ouvrages, réunissant les contributions d'économistes, de gestionnaires et de sociologues : *Management de l'innovation, management de la connaissance*, coordonné par H. Dumez, L'Harmattan, 2001 ; et *Les logiques de l'innovation. Approche pluridisciplinaires*, sous la direction de N. Alter, La Découverte, 2002.
4. A. Dumont, *Innover dans les services. De l'évident à l'impensable*, Village Mondial, 2001.
5. J.A. Christiansen, *Competitive Innovation Management, Technics to improve performance*, Éditions Mac Millan, 2000.

structures et les ouvrants en aluminium pour une voiture) ; les innovations radicales (le téléphone mobile) et les innovations mineures (le système d'ouverture des boîtes de conserve) ; les innovations induites par des décisions stratégiques et qui font l'objet d'un processus formel de développement ou d'acquisition, et les innovations spontanées et émergentes hors de tout processus volontaire ; les innovations à vocation d'augmentation du chiffre d'affaires et les innovations de réduction des coûts… On le voit, l'innovation se prête à toutes sortes de classements : par ses sources et domaines d'application, par son degré de perception par les clients finaux, ou encore par son degré de radicalité, par les objectifs poursuivis ou par son mode de pilotage…

La génération d'idées relève du processus de créativité, la concrétisation réussie relève du processus d'innovation. La créativité ou le « savoir imaginer » est un moyen au service d'une finalité. Rappeler ces distinctions n'est pas sans conséquence car, en fonction des finalités poursuivies, et de la culture organisationnelle de l'entreprise, la gestion du « savoir imaginer » et celle du « savoir innover » se feront de manière différente. Faut-il vouloir engager tous les acteurs ou seulement certains ? À quels moments ? Sur quels types de problèmes ? Avec quels types de contraintes ? Avec quels types de filtres ? À quel rythme ? Quelles ressources prévoir ? Quelles résistances anticiper ? Quelles compétences développer ? Quelles modes de valorisation mettre en place ? Bref quelle organisation choisir pour mieux innover ? Autant de questions qui se posent et qui, faute d'attention et de recherche suffisante, risquent de perpétuer les désillusions ou livrer recherche et concrétisation à d'heureux hasards.

Des compromis instables

Arrivé à ce point, la question ne serait-elle pas de savoir relier le « savoir imaginer » et le « savoir innover » ? À titre d'exemple, les innovations dites *pull* ne sollicitent-elles pas plus particulièrement le marketing et les acteurs plus directement en contact avec les clients finaux, ne s'inscrivent-elles pas dans des problématiques mieux cernées, avec des filtres plus précis ? *A contrario*, une innovation dite *push* sollicitera la R & D dans un temps de totale liberté, ou encore les « marginaux » convaincus de leur idée ; persévérance et obstination seront alors les ingrédients de la réussite. Si l'objectif de l'entreprise est la compétitivité par la diminution de ses coûts, il est probable que l'innovation se centre plus sur l'interne, sur la réduction des coûts de ses métiers de conception, de fabrication et de gestion ; de nouvelles méthodes de contrôle de gestion, de nouveaux procédés de fabrication seront autant de moyens susceptibles d'améliorer l'efficience. En revanche, si les orientations stratégiques visent plutôt l'augmentation du chiffre d'affaires, ne conviendra-t-il pas alors de proposer des produits ou services à des clients qui en percevront la valeur et seront prêts à y mettre le prix[1] ? Cela requiert toujours du « savoir imaginer », mais canalisé au niveau des priorités, des actions et des acteurs. Bref, la valeur que l'on attribue à l'innovation ne va-t-elle pas induire des modes de management du « savoir imaginer » et du « savoir innover » différents ?

---

1. R. Durand, dans « La vraie valeur de l'innovation », *L'Expansion Management Review*, juin 2003.

Ces comparaisons sont certes rapides et simplificatrices, car un examen plus approfondi des leaders mondiaux montre qu'ils innovent dans plusieurs directions simultanément. Néanmoins, avoir en tête ce jeu de questions et les différents concepts qui s'y rapportent, ne fournit-il pas une aide précieuse pour gérer l'action et la comprendre ? Le risque, bien sûr, serait de tomber dans une vision mécaniste de l'organisation. Or de la même manière qu'« on ne change pas la société par décret », on n'innove pas par décret. Créativité et innovation sont au cœur du management des contradictions et de systèmes en perpétuelles tensions : plus d'idées et moins de ressources, plus de liberté et une rationalisation croissante, plus d'individualisme et plus de mutualisation… À ne s'intéresser qu'à la créativité, à l'émergence des idées, on risque de perdre de vue l'innovation. *A contrario*, à ne s'intéresser qu'à l'innovation et sa gestion, on risque de tuer la créativité. Trop d'improvisation, c'est s'exposer aux dérives d'une production d'idées hasardeuses et désorganisée, c'est générer des désillusions. À l'inverse, trop de formalisme, c'est courir le danger de décourager l'intuition et les facultés d'imagination. Tout le défi est de chercher à combiner l'action de la raison et celle de l'imagination. Et là, plus qu'ailleurs, le *one best way* n'existe pas.

70

SLOGAN PUBLICITAIRE ET RISQUES JURIDIQUES

Nicole Ferry-Maccario

RÉSUMÉ

Les slogans publicitaires font courir de réels risques juridiques aux entreprises. Ils peuvent entraîner une condamnation à une amende pénale s'ils contiennent des indications fausses ou de nature à induire en erreur. Des actions civiles entraînant le paiement de dommages et intérêts sanctionnent des slogans déloyaux ou parasitaires. Seule une bonne coopération entre les juristes et les gens de marketing permet d'équilibrer efficacité commerciale et risque juridique raisonnable.

Un slogan publicitaire est une devise publicitaire qui complète la marque d'un produit ou d'un service afin de développer sa notoriété. Il est en général constitué d'une phrase courte, facilement mémorisable, utilisé dans les différentes communications publicitaires de façon répétitive. Certains slogans sont restés très célèbres comme par exemple « Je l'ai rêvé, Sony l'a fait », « Wonder, la pile qui ne s'use que si l'on s'en sert » ou encore le fameux « Parce que je le vaux bien » de L'Oréal. La recherche du « bon slogan » qui doit être à la fois intemporel pour durer et original pour retenir l'attention mobilise toujours beaucoup d'énergie dans les entreprises et, une fois trouvé, constitue un réel investissement protégé juridiquement par un dépôt de marque ou le régime juridique du droit d'auteur. Dans ce deuxième cas aucun dépôt n'est bien sûr requis, mais le slogan doit comporter une réelle originalité pour bénéficier d'un droit de propriété intellectuelle comme toute création de l'esprit. Qu'il soit ou non déposé, tout slogan fait courir à son propriétaire de réels risques juridiques comme en attestent les nombreux procès de nature civile ou pénale qui se déroulent aujourd'hui. On peut regrouper ces risques autour de trois pôles : le slogan mensonger, le slogan déloyal et le slogan parasite.

Le slogan mensonger

Le Code de la consommation interdit « les allégations, indications, ou présentations fausses ou de nature à induire en erreur ». Un slogan qui contiendrait une affirmation fausse de façon directe ou indirecte peut constituer un délit pénal de publicité mensongère puni d'une amende pouvant atteindre un montant élevé (jusqu'à la moitié du budget publicitaire). Ces procès démarrent souvent sur plainte d'un concurrent, qui sont les premiers censeurs des nouveaux slogans surtout si ces derniers sont percutants. On constate d'ailleurs que le nombre des plaintes est d'autant plus important que le marché est concurrentiel !

Il convient donc d'éviter toute phrase faisant référence à une composition de produit ou à une origine non respectée comme par exemple : « de la ferme à la table » pour des œufs produits dans des poulaillers industriels. De la même façon un aliment pour animaux ne doit pas promettre un résultat certain en matière d'allongement de la durée de vie de l'animal car un aléa existe toujours. L'humour est souvent invoqué comme moyen de défense. Deux affaires célèbres illustrent cela. La première visait le slogan : « La pile Wonder ne s'use que si l'on s'en sert ». Or, pris au pied de la lettre, ce slogan est mensonger car une pile au bout de plusieurs années sans utilisation ne marche plus... Le tribunal saisi d'une plainte a considéré que le caractère humoristique de la phrase lui enlevait le caractère mensonger. Toutefois, le même argument n'a pas été retenu pour défendre le slogan qui vantait la modicité du prix du fioul en ces termes : « On n'a pas fait moins cher depuis la chaleur humaine ». L'humour est une notion bien relative.

Le slogan déloyal

Les affirmations du slogan ne doivent pas dénigrer indirectement un concurrent. Un syndicat professionnel de pharmaciens d'officine avait imaginé le slogan « En pharmacie, des produits sûrs ». Ce slogan fut envoyé aux pharmaciens afin d'être installé dans les vitrines sous forme d'un panneau. Ces derniers vendant des médicaments et des cosmétiques, les parfumeries proches s'estimèrent dénigrées et intentèrent une action en concurrence déloyale qui aboutit. L'action en concurrence déloyale est une action de nature civile qui permet à l'entreprise qui s'estime dénigrée d'obtenir des dommages et intérêts compensant le préjudice subi. Elle permet aussi de faire cesser la communication du slogan litigieux. Elle est la simple application à un domaine particulier du mécanisme général de responsabilité civile délictuelle que l'article 1382 du Code civil a énoncé en 1804. Elle nécessite la coexistence d'un préjudice, d'une faute et d'un lien de causalité entre les deux. Chacun de ces éléments doit être prouvé. L'entreprise dénigrée doit être directement visée soit nommément, soit de façon indirecte, mais sans ambiguïté. Enfin, le montant du préjudice doit être chiffré avec précision, ce qui est difficile en matière commerciale.

Le slogan parasite

Les tribunaux sanctionnent de plus en plus fréquemment ce qu'ils nomment la concurrence parasitaire. Les sanctions sont sous forme de dommages et intérêts compensant le préjudice subi du fait du parasitisme et les exemples en matière de slogans se multiplient.

Une des premières affaires où l'expression « concurrence parasitaire » fut employée concerne le slogan : « Sans parfum la peau est muette ». Cette phrase fut exploitée avec succès pour promouvoir le parfum par une fédération professionnelle. Après plusieurs années d'utilisation elle fut déposée comme marque pour dix ans, puis cessa d'être utilisée. C'est alors que pour l'anniversaire des radios libres, le slogan suivant fut utilisé : « Sans radio la vie serait muette », imaginé par une agence de publicité. Ce second slogan se situait dans un domaine différent mais proche du premier, sans toutefois en être la contrefaçon. Les propriétaires du premier slogan argumentèrent qu'ils avaient été sinon copiés du moins spoliés. Ils avaient perdu leur investissement publicitaire car le second slogan avait vidé le leur de sa substance : il ne pourrait plus l'utiliser… Il avait perdu sa nouveauté, sa force, son efficacité. Considérant avoir perdu leur investissement, ils demandaient en dommages et intérêts une somme équivalente au budget de création. Les tribunaux furent convaincus mais réduisirent le montant demandé. Plus récemment, le slogan : « La Côte d'Azur, l'autre pays des tulipes » fut jugé parasitaire d'un slogan connu : « La Hollande, l'autre pays du fromage ». Cette notion de concurrence parasitaire est intéressante car elle protège un investissement publicitaire, mais elle est aussi dangereuse car son champ est imprécis et susceptible d'interprétation extensive. Elle ne doit pas englober la protection d'une idée publicitaire qui doit continuer à circuler sans entrave. Les entreprises craignent beaucoup cette action civile dont elles cernent mal les contours. L'analyse des risques juridiques des slogans publicitaires permet de mettre en évidence les relations nécessaires du droit et du marketing. Ces relations sont de plus en plus étroites et nécessitent une réelle collaboration des juristes et des gens de marketing. Le cadre juridique du marketing est de plus en plus complexe en raison de la multiplication des règles applicables : aux règles protectrices du consommateur, s'ajoutent aujourd'hui les règles protectrices de la concurrence d'origine nationale et européenne. Cette complexification de l'environnement ne doit pas décourager les entreprises mais au contraire susciter plus de coopération entre les différentes équipes.

Les juristes doivent être consultés le plus tôt possible dans le processus de création et, en tout état de cause, avant la publication du slogan. Ils doivent connaître tous les éléments du dossier, à charge pour eux de ne pas s'opposer à tout au nom du fantasme du risque juridique « zéro ». L'objectif de tous devant être un bon équilibre entre efficacité commerciale et risque juridique… raisonnable.

Étude de cas

Une société exploite à Paris plusieurs boutiques dans lesquelles elle commercialise des parfums artisanaux. Pour les fêtes de Noël, elle décide de créer un coffret qui permet à son acheteur de composer lui-même son parfum à partir de cinq poudres présentées comme une palette d'aquarelliste. Sur chaque coffret figure le slogan : « Dessine-moi un parfum ». Ce produit connaît un succès certain et environ 3 000 coffrets sont vendus pendant le mois de décembre. Elle est alors contactée par les héritiers d'Antoine de Saint-Exupery qui la menace d'une action judiciaire estimant que cette phrase est inspirée du livre *Le Petit Prince*, dont le personnage principal répète plusieurs fois la phrase : « Dessine-moi un mouton ».

Cette action a-t-elle des chances d'aboutir et si oui, sur quel fondement ? Par ailleurs, comment évaluer l'éventuel préjudice ?

Réponse :

L'affaire n'est pas simple car il s'agit non pas d'une copie mais d'une libre inspiration. En l'espèce les tribunaux ont considéré qu'il y avait agissement parasitaire car la société avait tiré profit de la notoriété de l'œuvre de Saint-Exupery. Le préjudice a été évalué au prorata des coffrets vendus, en fonction de ce qu'il est d'usage de payer au titre des droits d'auteur.

(Source : décision inédite de la cour d'appel de Paris)

71

L'EFFICIENCE DU MARCHÉ DE L'ART MODERNE : LES OBSTACLES JURIDIQUES

Nicole Ferry-Maccario

RÉSUMÉ

Paris occupe aujourd'hui la 3e place du marché de l'art moderne, loin derrière New York et Londres. Pour reconquérir sa première place historique une modification profonde du régime juridique des droits d'auteur et des incitations fiscales au mécénat doivent être mise en œuvre pour compléter la récente libéralisation du marché.

Paris a été la capitale incontestée du marché de l'art moderne jusqu'au lendemain de la seconde guerre mondiale. Aujourd'hui elle est loin derrière New York et Londres, même si la très médiatisée vente de la collection Breton en 2003 a atteint la somme globale de 46 millions d'euros. Dans cette vente deux toiles ont été adjugées 2,4 millions d'euros chacune : une huile de Miro et un bois peint de Arp. On reste néanmoins encore très loin des prix atteints à New York où une toile de Léger intitulée *La femme en rouge et vert* a été adjugée 20 millions de dollars…

Le marché de l'art en général est détenu pour 41,6 % par les États-Unis, pour 28 % par la Grande-Bretagne, la France arrive en 3e position avec 9,3 % du marché (source Artprice). Le dernier rapport 2003 du conseil des Ventes (organisme français qui contrôle les ventes publiques) note avec beaucoup d'optimisme que « certains signes permettent d'espérer que la France redevienne le marché de référence des œuvres d'art » et relève qu'en 2003 le montant total des ventes atteignait en France 1,74 milliard d'euros. Les ventes de tableaux modernes et contemporains ne représentent toutefois que 6,5 % de ce chiffre…

Les raisons avancées pour expliquer cette situation sont en général de nature économique (le marché s'est déplacé vers les États-Unis où les acheteurs potentiels sont plus nombreux), artistique (beaucoup d'artistes contemporains travaillent à New York) mais elles sont aussi de nature juridique surtout en ce qui concerne les œuvres d'artistes modernes.

Sur le plan juridique, deux contraintes fortes ont pesé sur ce marché : l'interdiction faite aux grandes sociétés internationales de ventes d'exercer leur activité sur le territoire français et le régime français de droits d'auteur qui instaure sur les œuvres des artistes vivants ou morts depuis moins de 70 ans un droit de suite pénalisant les vendeurs.

Si la première contrainte est levée, la seconde demeure, aggravée par un régime fiscal du mécénat complexe. Sans une réforme complète du cadre juridique de l'achat d'œuvres d'art Paris aura bien du mal à retrouver sa place historique.

La libéralisation des ventes d'art

Les ventes publiques étaient depuis plusieurs siècles le monopole en France des commissaires-priseurs. Cette profession, très encadrée détenait l'exclusivité des ventes aux enchères faites sur le territoire français. Ce monopole privait la France de la vente de grandes collections pour deux raisons : la première tenait à l'interdiction faite a des sociétés comme Sotheby's ou Christie's d'organiser directement des ventes publiques sur le territoire (elles les organisaient donc ailleurs) et la seconde était directement liée à la réglementation des commissaires-priseurs. Ils ne pouvaient par exemple moduler le montant des frais de vente fixés impérativement à 15 % ou garantir un prix minimum aux vendeurs.

En 1995 à la requête de Sotheby's, la Commission européenne demanda à la France de modifier sa législation. Ce fut fait par la loi du 10 juillet 2000. Désormais le marché de l'art est libéralisé et les ventes publiques sont organisées par des sociétés commerciales appelées « sociétés de ventes volontaires ». Un conseil des Ventes volontaires doit les agréer. Il y en a aujourd'hui 358 parmi lesquelles Sotheby's, Christie's et de nombreux anciens commissaires-priseurs. Tous peuvent fixer librement leurs tarifs, garantir un prix de vente minima et consentir une avance sur le futur prix d'adjudication. L'organisation de grandes ventes peut se faire avec le même professionnalisme que de l'autre coté de l'atlantique. Une nouvelle loi vient compléter ces dispositions en clarifiant le statut très controversé des experts : ils ne peuvent plus désormais acheter ou vendre dans les ventes où ils interviennent.

Malheureusement, malgré ces modifications réelles et indispensables des règles de fonctionnement du marché de l'art, le marché français a peu progressé et parmi les 100 plus fortes enchères faites en 2003 on ne peut que constater que 58 ont été faites à New York, 37 à Londres et 2 à Paris lors de la vente Breton précité. Cette reforme était à l'évidence nécessaire mais insuffisante.

Le droit de suite

Le régime français des droits d'auteur instaure au profit de ceux-ci et de leurs héritiers des droits de propriété intellectuelle qui comportent des droits patrimoniaux destinés à protéger le monopole du créateur et des droits moraux, protecteurs de la personnalité de l'artiste dont l'œuvre est une extension. Cette dualité se retrouve dans tous les systèmes juridiques d'Europe continentale mais est absente des droits de *common law* qui connaissent le régime du copyright. Les droits patrimoniaux sont cessibles et limités dans le temps, les droits moraux incessibles, inaliénables et, pour certains illimités. Parmi eux, le droit de suite occupe une place particulière tant par sa nature que par son fonctionnement. Son existence en France est une des causes de la délocalisation des grandes ventes d'art moderne.

Tableau IX.4 – Les droits d'auteur en France

		Durée	Détenteur
Droits patrimoniaux	**Droit de représentation**	Vie de l'auteur et 70 ans après sa mort	L'auteur (personne physique), les cessionnaires ou les héritiers
	Droit de reproduction	Vie de l'auteur et 70 ans après sa mort	L'auteur (personne physique), les cessionnaires ou les héritiers
Droits moraux	**Droit au respect du nom de l'auteur, de sa qualité, de son œuvre**	Perpétuel, inaliénable, imprescriptible	L'auteur et ses héritiers ou un tiers en vertu d'un testament
	Droit de divulgation	Vie de l'auteur et ses héritiers ou légataires (une seule génération)	Auteur, ses héritiers, légataires
	Droit de repentir	Vie de l'auteur	L'auteur
Droit « mixte »	**Droit de suite**	Vie de l'auteur et 70 ans après sa mort	L'auteur et ses héritiers

À titre d'exemple, le Directeur Général de l'Unicef, qui hérita de la célèbre collection Gaffe composée de toiles très rares des artistes Arp, Braque, Léger, Magritte, Miro et Picasso confia au journal *Le Monde* : « Ces tableaux modernes, soumis au droit de suite, seront vendus à New York où ce prélèvement ne s'exerce pas ». Il précisait que le montant des droits se serait élevé à 1,7 million d'euros... qu'il préférait conserver à la section française de l'Unicef.

Le droit de suite permet aux auteurs d'œuvres graphiques et plastiques de percevoir sur chaque vente publique (par vente aux enchères) ou privée dès lors qu'elle est effectuée par un professionnel (galeriste ou marchand) une somme correspondant à 3 % du prix de vente. Cette somme sera perçue sur toutes les ventes successives faites en France pendant la vie de l'artiste et 70 ans après sa mort par lui, puis ses héritiers. Toutes les œuvres sont soumises à ce droit : tableaux, sculptures, gravures, photographies. La somme est prélevée sur le prix de vente et donc, de fait, à la charge du vendeur. Ce droit de nature patrimoniale emprunte aux droits moraux sa nature inaliénable : l'artiste et ses héritiers ne peuvent y renoncer. Il a été conçu pour protéger les artistes qui, encore inconnus au début de leur carrière, auraient vendu à bas prix des œuvres revendues ensuite fort chers. Ce droit existe dans d'autres pays européens mais son montant diffère (de 2 à 5 %).

Une directive européenne adoptée en 2001 prévoit de généraliser ce droit de suite à tous les pays de l'union européenne selon un taux dégressif : de 4 % pour les ventes inférieures à 50 000 euros à 0,25 % pour celles supérieures à 500 000 euros. Les pays membres de l'union qui n'avaient pas de droit de suite peuvent bénéficier de délais (10 ans pour la Grande-Bretagne).

Cette généralisation du droit de suite lorsqu'elle sera transposée dans les systèmes juridiques européens (ce qui n'est pas le cas) aura le mérite de mettre les capitales européennes sur un pied d'égalité (en particulier Londres et Paris) mais ne restaurera pas l'égalité entre New York et Paris ! Faut-il le supprimer complètement ? Sans doute pas, mais il serait intéressant d'en limiter la durée à la vie de l'artiste. Cette limitation aurait le mérite de maintenir un intéressement des artistes au succès de leur œuvre sans trop pénaliser les vendeurs. Bien compris il pourrait même devenir un élément de marketing d'un marché européen protecteur des artistes contemporains.

Pour une réforme de l'achat d'œuvre d'art

L'efficience du marché de l'art moderne nécessite deux réformes fondamentales : l'une concerne le régime des droits d'auteur, l'autre la fiscalité française du mécénat.

La réforme des droits d'auteur doit consister en la mise en place d'un régime universel, commun à tous les pays qui permettra ainsi une localisation objective des ventes et non une sorte de *forum shopping* des lieux juridiquement jugés plus favorables.

Une directive européenne du 22 mai 2001 propose une harmonisation européenne de certains aspects du droit d'auteur. Elle aurait dû être transposée avant la fin de 2002… À ce jour, le projet français de loi de transposition devrait être prochainement soumis au parlement…

L'harmonisation proposée reste encore timide et l'existence des droits moraux, par exemple n'est pas abordée. Malgré tout, la transposition est loin d'être effective et les avancées proposées très critiquées. La prudence du texte n'a pas permis une mise en œuvre très rapide ! !

La proposition du bureau du conseil économique et social de confier à l'Unesco l'élaboration d'une charte universelle des droits d'auteurs est très intéressante et va dans le sens d'une nécessaire mondialisation des régimes de propriété intellectuelle que la France pourrait initier. La seconde réforme est de nature fiscale.

En effet, la présence d'acheteurs justifie la localisation des ventes et le mécénat peut fortement contribuer à leur augmentation. De nombreuses entreprises situées en France achètent des œuvres souvent contemporaines et en achèteraient certainement plus si la fiscalité était plus incitative. La loi du 1er août 2003 sur le mécénat a amélioré la situation en augmentant sensiblement le montant des déductions. L'article 238 bis O A permet par exemple aux entreprises qui participent à l'achat par l'État d'œuvres présentant un intérêt majeur pour le patrimoine national de bénéficier d'une réduction d'impôts de 90 % des versements faits. L'achat d'œuvres d'artistes vivants peut aussi bénéficier de déductions si elles sont exposées au public.

D'autres mesures existent mais dans tous les cas, une limite à la déduction est prévue et le formalisme mis en place quelque peu rébarbatif.

Ces mesures sont insuffisantes pour rendre le marché français plus attractif. Toute action de mécénat destinée à l'acquisition d'œuvre d'art encore protégée par les droits d'auteur devrait être entièrement déductible. Cet allègement fiscal, dont les modalités doivent bien sûr être définies avec précision contribuerait à convaincre le monde de l'art que Paris peut redevenir une place essentielle du marché international de l'art.

72

ÉQUIPES VIRTUELLES : ENTRE CONTRAT ET RÉSEAU

Bruno Lemaire et Bruno Decroocq

RÉSUMÉ

Le concept d'entreprise éclatée souligne le brouillage des frontières historiques des entreprises. Les nouvelles coordonnées spatio-temporelles épousent, au-delà des murs de l'organisation et de la scansion des pointeuses, les flux changeants de processus à géométrie variable. L'impact sur le management est considérable. Du pouvoir à la responsabilité, de l'opacité à la transparence, la mise au net, au contrat ou au réseau, de la participation de chacun offre de nouvelles réponses à cette « virtualisation » des échanges.

À mesure de la croissance des entreprises, leurs coordonnées spatio-temporelles n'ont cessé de se redessiner. En amont, dans le souci permanent d'une gestion optimisée des coûts de production au plus près des ressources (naturelles, main-d'œuvre), et en aval, pour la conquête de nouveaux marchés, les stratégies de développement territorial des entreprises ont, en permanence, modifié l'unité de temps et de lieu qui fondait sur la coprésence l'articulation et la pertinence du réseau humain des organisations. La mondialisation et les technologies de l'information et de la communication se développent et se nourrissent réciproquement, accentuant de manière inédite la déterritorialisation des entreprises. Ce nouveau tropisme du réseau développe son propre potentiel et dégage des opportunités qui dépassent la seule superposition, par les flux virtuels, de la carte « physique » des organisations. Les concepts d'entreprise étendue, sinon éclatée, soulignent le brouillage des frontières historiques des entreprises dont les qualités de connectivité portent les nouveaux défis de la performance. L'objet de l'article est de mesurer l'impact spécifique sur le management de cette « virtualisation ».

Nous souhaitons faire la démonstration que la « publicisation » des échanges sur les réseaux x-net (Inter/intra/extranet) des processus est la clef de voûte du nouveau management et que s'accentue ici le passage d'une logique de pouvoir et d'opacité à une logique de transparence et de responsabilité. Notre argumentation insistera sur le « cocktail » pertinent entre contrat et réseau, lesquels montent en puissance de manière concomitante et offrent des combinaisons pertinentes pour répondre aux nouveaux défis du management. L'entreprise refermant par le contrat ce qu'elle ouvre par le réseau...

Du cocon... au réseau : une autre toile...

Complexification et accélération des processus, brouillage des frontières entre les figures « canoniques » des acteurs des affaires, du client-fournisseur au partenaire-concurrent, « transnationalisation », autant de facteurs qui bouleversent l'espace et le temps de l'entreprise. Le constat est suffisamment patent pour n'avoir pas besoin d'insister davantage. L'historisation des relations dans la durée et dans le cocon de l'entreprise a vécu. De nouvelles formes collaboratives plus vivantes, plus flexibles lui succèdent. Le réseau s'impose comme métafigure gommant les frontières entre entreprise et marché(s), dessinant le nouvel écosystème relationnel des organisations. L'impact sur les entreprises est considérable et requiert une adaptation fondamentale des modes managériaux.

Si l'entreprise « physique », avec les limites rassurantes d'un environnement familier, est bousculée par les nouveaux impératifs de collaboration, alors il est nécessaire d'inventer des espaces inédits « d'objectivation » d'une relation de moins en moins fondée sur le « temps de présence », aisément contrôlable par la pointeuse, mais davantage sur la valeur ajoutée de chacun. La « virtualisation » des processus de « l'entreprise éclatée » perturbe le protocole managérial, il n'en annule pas pour autant le besoin fondamental. La valeur ajoutée de chacun doit pouvoir faire l'objet d'une « imputabilité » fine permettant sa responsabilisation. Qu'on ne s'y trompe pas, cette division « scientifique » du travail et le « paiement à la pièce » (résultats, objectifs, etc.) rappellent les approches tayloriennes de l'usine fordiste qui trouvent là une recombinaison *extra muros*. Contrairement à ce que d'aucuns pourraient croire, le management fonctionne en boucles actualisées de principes connus de tous et depuis bien longtemps.

Alors comment le management s'est-il accommodé de cette « bride relâchée » sur des processus qui échappent de plus en plus aux contrôles directs et classiques ? Comment mesure-t-il la valeur ajoutée de chacun à l'heure des entreprises éclatées ? Comment garantir la permanence du lien de loyauté entre projets personnels et projets collectifs ? Comment démultiplier la puissance de l'organisation ?

La pertinence de ces questions d'apparence traditionnelle nous semble renouvelée par le passage, voire la dialectique, entre quantitatif et qualitatif, que l'on peut rapprocher de l'accent mis de plus en plus sur l'obligation de résultats plutôt que sur celle de moyens. En effet, autant il est facile de garantir le temps de présence de quelqu'un et la durée de son travail, autant il apparaît plus difficile, à l'heure de la mobilité et surtout des exigences de participation mesurable, d'objectiver la participation de chacun. Deux outils se développent simultanément depuis les années 1990, se renforçant l'un l'autre : le contrat et le réseau.

Le contrat : forme « réseaunable » de l'ouverture

Le nombre des acteurs intervenant dans la chaîne de valeur d'une organisation est sans cesse croissant, qu'ils appartiennent à l'entreprise ou à un réseau de partenaires constitué, soit à l'occasion d'un projet, soit plus durablement dans des alliances structurelles. Cet éclatement nécessite un premier « lieu de convergence » objectivable : c'est le contrat, nouvel « espace public » de l'entreprise, le lieu ultime de la convergence. La forme emblématique de ce « management contractuel » est incarnée par le Projet.

Dates, délais, coûts, casting, objectifs, *check points* de contrôle, livrables, tout y est dûment consigné. L'écriture du projet fonde les tables de la loi. Chacun s'y retrouve et retrouve les autres. Mais les formes contractuelles dépassent le cadre de la seule production, tous les niveaux de l'entreprise sont concernés : commercialisation, résultats, qualité... L'entreprise ne vend que des « objets » : produits et/ou services, c'est-à-dire, au final, des contrats.

Alors « virtualisation » peut-être, mais pas sans garantie. Car la virtualisation des processus comporte un risque majeur : celui des échappatoires. En effet, plus les processus se complexifient, plus le nombre d'acteurs s'élargit, plus la mobilité s'accroît, plus les « zones grises » qui font le lit de toutes les déresponsabilisations, de toutes les « évasions » productives, sont nombreuses. Quelle entreprise n'est pas confrontée à « l'absentéisme technologique » dans lequel vont pouvoir s'engouffrer toutes les formes d'inertie, des plus anodines aux plus préjudiciables ? Modem en panne, boîte aux lettres « virusée », jusqu'aux travaux les plus personnels, voire aux travers les plus intimes.

De son propre chef...

La montée en puissance concomitante de la contractualisation et des réseaux n'est pas un hasard. La mise en « réseaunance » des processus utilise les mêmes principes d'objectivation que le contrat. Le réseau optimise les mêmes formes de « traçabilité » et de « mémorisation » qui construisent le référent qui « fait foi » et prépare l'imputabilité. Le management par le réseau, espace public par excellence, est lui aussi, comme le contrat, un management par l'écriture. Une double « mise au net » de la présence de chacun, en lignes de contrat ou en ligne tout court. On passe d'une coordination « classique » (il s'agissait d'appliquer des procédures, de suivre des recommandations, d'obéir à des ordres) préexistant à l'acte, à une coordination *a posteriori* et évolutive, faisant toute sa place à la responsabilité de chacun. Dès lors, bien sûr, que l'on n'oublie pas que la responsabilité suppose la trace. Le réseau est l'autre lieu de l'objectivation.

La combinaison du contrat et du réseau est redoutable d'efficacité pour le management. Elle opère une transmutation du pouvoir vers la responsabilité et de l'opacité vers la transparence et favorise dans le même temps les « performeurs », ceux capables d'apporter de la valeur ajoutée aux processus. La « mise à nu » de tous dans l'espace public du réseau permet, sans tricherie et sans gaspiller, dans les relations « sadomasochistes » du *modus operandi* classique, celui du pouvoir hiérarchique, des trésors de productivité et de créativité. On assiste à la fusion entre porteur de compétence(s) et figure du leader qui sait ce qu'il faut faire. La maille de compétence devient en elle-même la maille de pouvoir. Mais un pouvoir sur soi-même, de son « propre chef », un pouvoir transformé se faisant en responsabilité.

Le contrat fait le point d'entrée. Il établit la responsabilité de chacun en regard des résultats attendus. Le moment où chacun assume publiquement de manière explicite ses objectifs. Le rendez-vous pour chacun est fixé, celui de la livraison des résultats.

Tous exposés, tous acteurs ?

Le réseau offre, à partir de là, un lieu d'émulation et de solidarité et fonctionne comme un accélérateur de particules : l'espace où s'articule en temps réel la coordination des échanges. Tous exposés signifie tous solidaires. Autoévaluation, autoformation (la clef d'un *knowledge management* réellement efficace, car dynamique) alimentent le cercle vertueux de l'adaptation de ses propres capacités à ses propres besoins au service des objectifs de l'entreprise. Le réseau devient alors un outil prodigieux d'efficacité, de coordination, d'échanges, de brainstorming, de décision, de veille. Un vecteur puissant qui donne toute sa mesure à l'intelligence collective[1], qui ne saurait se résumer à la seule addition des intelligences individuelles.

Une intelligence collective inédite qui les transcende, les aboutit, les démultiplie dans des formes qui n'existent que d'être totalisées. Chacun est dépositaire d'un morceau inégal de la clef de la performance, qui ne saurait ouvrir de portes que recomposées aussi finement et totalement que l'exigent des serrures de plus en plus complexes à ouvrir. Cette définition de l'intelligence collective trouve avec la « reliance » démultipliée permise par les projets x-net des potentiels exponentiels de puissance et des formes inédites de combinaison de valeurs. L'entreprise en a un besoin stratégique. On retrouvera ici, pour faire le lien avec l'histoire du management, les formes abouties de l'autonomisation et du toyotisme. Le réseau est aussi ce miroir où se trame l'image exacte de ce qui se joue et se déjoue. Pas vu, pas pris ? Mais pas vu, pas impliqué non plus. Une participation un peu « en dedans » signale un dysfonctionnement du processus collaboratif. Là encore, la traçabilité, la mémoire des échanges en disent long sur la « présence » – ou l'absence – de chacun.

Un seul patron, tous managers ?

Le e-manager est donc celui qui est capable d'apporter des solutions, de faire la coordination, d'opérer à la manière d'un routeur les aiguillages pertinents en fonction des problèmes soulevés. De le faire en temps réel et au service de tous. C'est à une inversion pyramidale à laquelle on assiste. Car, au final, le seul patron d'une entreprise, c'est le

---

1. P. Lévy, *L'Intelligence collective. Pour une anthropologie du cyberspace*, La Découverte, 1997.

business. Et si les projets x-net dans les entreprises ont tellement de mal à dépasser la seule « approche instrumentale », c'est probablement que les incidences managériales qu'ils induisent sont profondément subversives pour le management lui-même. Aplatissement des organigrammes, courroies de transmission de l'information non linéaire et multipoint, valeurs ajoutées parfaitement lisibles, on le voit, les projets x-net appartiennent de manière stratégique et incontournable au top management de l'entreprise.

73

KNOWLEDGE MANAGEMENT : LE DÉFI DE L'EFFICACITÉ

Marie-Hélène Delmond

RÉSUMÉ

Après une phase de démarrage, les entreprises attendent aujourd'hui de leurs projets de *knowledge management* une amélioration de leur efficacité opérationnelle. Il s'agit aujourd'hui de capitaliser sur les connaissances tacites et explicites des membres de l'organisation afin de dégager les « bonnes pratiques » et d'intégrer celles-ci aux processus. Cette évolution doit cependant s'appuyer sur une réflexion sur les modes d'apprentissage et sur la motivation des acteurs pour atteindre ces objectifs.

L'histoire est celle d'un skipper qui apprend successivement à deux équipiers à réaliser le difficile nœud de chaise. Il prend un « bout » (une corde), demande au premier équipier d'en faire autant, et lui suggère de reproduire ses gestes. Au bout de plusieurs essais infructueux, celui-ci, agacé, lui dit : « tu vas trop vite, je ne te suis pas ! ». Le skipper descend à la table à cartes, tend à l'équipier le manuel des Glénans et lui commente la page consacrée aux nœuds usuels, comportant des schémas détaillés. L'équipier prend le manuel, s'entraîne, et maîtrise la technique au bout d'une dizaine de minutes. C'est maintenant au tour du second équipier d'apprendre. Le skipper ressort son manuel, mais l'équipier lui dit : « montre-moi plutôt ». Au bout de nombreux essais, il arrive à reproduire fidèlement les gestes, puis finit par exécuter parfaitement le nœud de façon autonome.

Connaissances explicites et tacites et processus d'apprentissage

Comment apprend-t-on ? L'exemple du skipper nous a servis d'introduction au thème de la gestion des connaissances, auquel sont aujourd'hui confrontées les entreprises. Que nous enseigne-t-il ? Tout d'abord, qu'il existe deux formes de connaissance – conceptualisées par Polanyi et appliquées plus récemment au domaine du management, notamment par Nonaka et Takeuchi :

– une forme « explicite », appuyée sur une représentation conceptualisée (le schéma) ;

– une forme « tacite » (implicite), ancrée dans les pratiques et le partage d'expérience.

Les connaissances explicites sont formalisées, reproductibles, s'expriment sous forme de règles, schémas, procédures, et font appel à notre rationalité. Ce sont par exemple celles que nous avons acquises lors de nos années d'enseignement. Les connaissances tacites sont informelles, ancrées dans les pratiques. Elles sont la « culture de terrain », acquise « sur le tas » au contact des équipes de travail. Elles formaient le mode d'apprentissage traditionnel des « compagnons du tour de France » que leur voyage confrontait à des problèmes, des usages et des savoir-faire différents.

Comment le processus d'apprentissage utilise-t-il les connaissances explicites et tacites ? Si l'exemple du skipper montre que les deux voies peuvent aboutir au même résultat (l'appropriation de la connaissance), chacune d'entre elles comporte ses avantages et ses limites. L'apprentissage tacite nécessite la confrontation directe au problème, abordé par le novice sous la supervision et l'aide de l'expert. Il requiert une relation de confiance : l'apprenti doit accepter de passer par des phases de dépendance puis d'autonomie progressive, au travers d'essais-erreurs. Le processus, personnalisé, est très consommateur de temps et de ressource de l'expert. Il pose un problème de diffusion, ce d'autant plus que le groupe est important.

Une connaissance explicitée sous forme de procédure ou de règles est plus facile à diffuser. Elle nécessite un effort de formalisation initial mais est réutilisable, éventuellement assorti d'une explication pour faciliter l'apprentissage. Cependant, pour être autonome, il ne suffit pas de suivre la procédure, il faut l'internaliser, se l'approprier.

Knowledge management : diffusion de connaissances explicites et partage d'expérience

Les projets menés dans les entreprises se sont intéressés aux deux formes de connaissance.

La diffusion des connaissances explicites s'est traduite par le regroupement de documents, rapports, recueils de « bonnes pratiques » dans de volumineuses bases de données. En parallèle, se sont développés des outils – tels la gestion électronique de documents et le *workflow* – qui permettent de répertorier, d'indexer et d'acheminer les informations. Ces efforts contribuent à une meilleure gestion des tâches administratives. Dans une mutuelle, la numérisation du courrier entrant permet d'identifier le client concerné et la nature du document, de mettre à jour la base de données et d'acheminer un message par *workflow* à l'agent responsable du dossier. Les bases documentaires permettent également la recherche directe d'information ; celle-ci reste néanmoins complexe, même si les efforts actuels s'orientent vers le développement d'outils d'analyse et d'extraction plus intuitifs.

L'autre grande orientation des projets de *knowledge management* a été le développement des « communautés de pratique », destinées à capturer et développer les connaissances tacites en favorisant l'interaction entre experts traitant de problèmes complexes comme la recherche et développement. De ces communautés de pratique, les entreprises attendent également qu'elles contribuent à la capitalisation du savoir de l'entreprise sous forme explicite. Les réalisations en ce domaine sont très encourageantes et de nombreuses entreprises ont ainsi développé des communautés virtuelles, forums de discussion, systèmes de travail collaboratif, annuaires d'expertise, intranets qui facilitent la diffusion de la connaissance et qui ont de plus l'avantage de renforcer le lien social entre les acteurs.

Aujourd'hui, beaucoup d'entreprises cherchent à étendre le champ d'application du *knowledge management* à la gestion des processus (voir encart). L'intégration des connaissances dans le traitement des tâches opérationnelles apparaît comme le gage d'une efficacité accrue. Mais, à cette occasion, se retrouve reposée la question de l'apprentissage et du savoir-faire des acteurs de l'entreprise.

Quels sont les objectifs prioritaires du *knowledge management* dans les entreprises ?

Où en sont les entreprises dans leurs projets de *knowledge management* ? Une enquête réalisée en 2003 par le cabinet Knowings apporte un éclairage intéressant sur l'évolution des objectifs et des comportements.

Concernant les objectifs, les priorités vont à l'exploitation des retours d'expérience *via* la diffusion de bonnes pratiques, à la capitalisation des connaissances clefs et au partage des expériences au sein des équipes. Ces objectifs sont cohérents avec les retours les plus attendus du *knowledge management* : productivité, efficacité commerciale et gain de temps. Le *knowledge management* sort de ses premières phases de découverte et d'expérimentation et les entreprises en attendent maintenant le moyen de gagner en efficacité opérationnelle. Les domaines touchés dans les entreprises évoluent également : au côté de la R & D, où les applications du *knowledge management via* les communautés de pratiques sont de mieux en mieux connues, s'affirme aujourd'hui l'intérêt apporté au domaine opérationnel de la vente et de la relation client ainsi qu'aux projets visant à repenser l'organisation des processus. Quant aux outils du système d'information, l'intranet, les outils collaboratifs, la gestion électronique de documents, les outils de veille sont les standards du genre, talonnés par le développement des bases de connaissances thématiques, des portails d'entreprise et du *workflow*.

Source : Enquête Knowings 2003 (disponible sur Knowingscom)

Comment intégrer les connaissances explicites dans les processus opérationnels ?

Cette évolution ne se produit pas sans heurts, comme le montre ce cas de mise en œuvre d'outils de *knowledge management* dans des centres d'appels, rapporté par Downing. L'objectif de cette entreprise américaine, spécialisée dans la gestion de *call centers* (services de maintenance après-vente) pour le compte de ses clients, était d'améliorer la qualité de service mais aussi – et surtout – la productivité de ses techniciens d'appels, et plus précisément de réduire à la fois la durée des appels, les coûts d'encadrement et le nombre de pièces remplacées suite à un faux diagnostic. La baisse des coûts de formation était également un objectif prioritaire. Le projet visait à faciliter le traitement des 80 % d'appels correspondant à des problèmes récurrents, aux solutions clairement identifiées. En bref, il s'agissait de mettre en œuvre des « bonnes pratiques » dans une population de techniciens relativement peu formés, dont le *turnover* était important. La solution a consisté à déployer un outil d'aide informatique, proposant une liste de questions successives à poser au client afin de réduire le champ du diagnostic et trouver la solution adaptée. Malgré le soin accordé au projet, celui-ci a globalement été un échec. Non seulement l'usage de l'outil ne c'est que peu répandu chez les techniciens, mais après plusieurs mois, les effets attendus n'ont pas été obtenus : les managers ont constaté une augmentation de la durée des appels ; le nombre de pièces remplacées n'a pas été significativement affecté. Les raisons identifiées de cet échec sont multiples : le projet a été lancé avec une version mal testée ; certains techniciens n'arrivaient pas à formuler correctement le problème initial dans le système, d'autres trouvaient l'approche par questions trop longue ou se sentaient dépossédés de l'intérêt de leur travail par un outil qui « résolvait le problème à leur place », beaucoup ont développé une frustration quand leurs suggestions d'amélioration n'ont pas été suivies d'effet. De plus, le nouvel outil tendait à restreindre les opportunités de dialogue entre techniciens, naturellement très impliqués dans une recherche collective de solutions, menée lors de discussions informelles dans le cadre de leur travail. Enfin, les managers, constatant l'allongement de la durée des appels, ont rapidement basculé d'un intérêt initial à une réticence croissante envers le nouveau système, qui affectait, au moins à court terme, la productivité des équipes. Ces différentes raisons sont révélatrices de la complexité et de la diversité des aspects touchés par la question de l'apprentissage : aspects techniques, cognitifs, sociaux, facteurs d'intérêt au travail, systèmes de motivation et d'évaluation des performances.

N'oublions pas les règles de l'apprentissage !

Comment cet échec aurait-il pu être évité, quels étaient les objectifs accessibles, comment améliorer la conduite globale du projet et la façon dont a été conçu et organisé l'apprentissage des acteurs ?

– Un premier constat est que l'objectif de rentabilité, s'il est légitime, demande du temps pour être atteint. L'apprentissage d'un nouveau processus heurte les habitudes et s'inscrit nécessairement dans la durée. Vouloir constater une diminution rapide du temps de traitement des appels était peu réaliste. En revanche, l'entreprise s'est rendue compte à la fin du projet que le nouvel outil de *knowledge management* permettait une formation plus efficace et moins coûteuse des nouveaux techniciens.

- Les mesures de rentabilité d'un tel outil doivent intégrer l'ensemble des dimensions d'amélioration de la performance. L'apprentissage visait également à augmenter la qualité de service. L'analyse de l'impact du projet sur la satisfaction des clients aurait permis une évaluation plus complète du projet.
- La nature de la population visée, ses modes de fonctionnement au travail, ses motivations sont une composante essentielle du projet. Aucun avantage, matériel ou symbolique, ne récompensait l'adaptation des techniciens au changement. Confrontés à une pression forte sur la gestion de leur temps, ceux-ci ont naturellement arbitré en faveur d'un maintien de leurs habitudes.
- L'intégration des connaissances dans des processus normalisés comporte le risque de transformer les employés en exécutants dépendants de leurs machines. Le véritable apprentissage conduit au contraire à l'intégration de la connaissance, à l'autonomie et au renforcement du pouvoir de décision.

L'intégration des connaissances explicites dans les processus n'est pas une question triviale. Il ne suffit pas de mettre à disposition un outil formalisé pour qu'il soit bien utilisé. Bien au-delà des systèmes techniques, le *knowledge management* doit placer au cœur de ses réflexions les acteurs de l'entreprise, leurs attentes et leurs motivations. Les leçons apprises dans la gestion des connaissances tacites peuvent à cet égard nous être utiles. Confrontés au même problème, les responsables clientèle d'une banque ont développé, aux côtés des outils formels fournis par leur direction, une communauté à base de forums de discussion leur permettant d'échanger sur leurs pratiques et d'exercer leur créativité sur les problèmes opérationnels. Ils se sont ainsi rendus davantage acteurs de leur apprentissage.

BIBLIOGRAPHIE

M.-H. DELMOND, *Management des systèmes d'information*, Dunod, 2003.

J.R. DOWNING, « It's easier to ask someone I know », *Journal of Business Communication*, vol. 41, n° 2, avril 2004.

M. POLANYI, *The Tacit Dimension*, Garden City, Doubleday, 1966.

I. NONAKA et H. TAKEUCHI, *The Knowledge Creating Company*, Oxford University Press, 1995.

74

LE CAPITAL IMMATÉRIEL, FACTEUR ESSENTIEL DE VALORISATION

Bernard Marois

RÉSUMÉ

Le « capital immatériel » d'une entreprise englobe, par définition, tout ce qui n'est pas matériel dans les actifs d'une société, à savoir : son savoir-faire, son organisation, ses relations avec les partenaires (clients, fournisseurs, banquiers), sa capacité d'innovation et la qualité de ses employés. Cet article redéfinit les principales caractéristiques du capital immatériel et indique comment on peut mesurer son intensité. Enfin, en prenant l'exemple du secteur bancaire, il montre comment le capital immatériel permet de mieux valoriser le potentiel d'une entreprise.

Pendant longtemps, on a considéré que la puissance d'une entreprise résidait essentiellement dans la valeur de ses actifs. Ainsi, Usinor s'appuyait sur l'efficacité de ses aciéries, fonderies ou laminoirs. Citroën s'enorgueillissait de la technique présente dans ses chaînes de montage de voitures et EDF est particulièrement fier de son parc de centrales mues par l'énergie nucléaire. Cependant depuis vingt ans, le secteur des services prit une part prépondérante dans l'économie mondiale. Dans le même temps, l'industrie elle-même s'est largement « tertiarisée ». Cela a entraîné une remise en question des vraies sources de valeur pour une entreprise : Est-ce l'appareil de production (usines, entrepôts, laboratoires) ? Est-ce la capacité de la firme à se moderniser ou à s'assurer des débouchés stables ? Quand on observe un établissement bancaire, on constate que sa valorisation n'est pas du tout liée à ses actifs physiques (bureaux, siège social), qui sont souvent loués plutôt que possédés directement, mais à un ensemble d'éléments disparates, tels que le savoir-faire, une gamme de produits et services adaptés et constamment améliorés, des clients dont le taux de fidélité est élevé, une organisation particulièrement réactive à l'environnement immédiat. Tous ces éléments forment ce que l'on appelle le « capital immatériel ». Après avoir bien précisé ce que recouvre ce concept, nous tenterons d'examiner comment une entreprise peut le mesurer et ensuite le gérer d'une façon optimale. Dans une troisième partie, nous nous efforcerons d'illustrer cette démarche en l'appliquant au secteur bancaire qui présente l'avantage d'être représentatif de ce que le capital immatériel peut apporter à une « société de services ».

Le capital immatériel : un concept simple

Il y a deux façons de concevoir le capital immatériel, l'une que l'on peut qualifier de définition « par soustraction », l'autre qui privilégie une approche « additive ». Dans le premier cas, on définira le capital immatériel comme « tout ce qui n'est pas matériel » dans la valeur d'une entreprise, c'est-à-dire ce qui n'est pas « immobilier » (usines, bureaux, équipement, ordinateurs, etc.). On peut évoquer quelques synonymes : ainsi « une immobilisation incorporelle » est un actif non monétaire, identifiable, sans substance physique, détenu pour être utilisé à la production ou à la fourniture de biens ou de services[1]. De même les « actifs immatériels » correspondent à la différence entre le prix d'acquisition d'une société et la valeur comptable de son actif net[2]. Enfin, selon l'OCDE, les investissements immatériels couvrent « toutes les dépenses de long terme réalisées dans le but d'améliorer la performance d'une entreprise, autres que l'acquisition d'actifs immobilisés ». Si on retient l'approche « additive », on dira que le capital immatériel englobe la propriété industrielle, les marques, le savoir-faire technique et managérial, l'organisation interne de l'entreprise, les relations avec les clients, les fournisseurs et les apporteurs de crédit. À part cette définition, il existe de nombreuses typologies du capital immatériel, qu'elles soient juridiques, comptables (ce qui est identifiable dans le cadre des nouvelles normes et ce qui ne l'est pas)[3] ou financières (selon l'origine des « dépenses immatérielles »). Néanmoins, la classification la plus répandue est celle de l'école « scandinave », formulée par Edvinsson et Malone[4], dans le cadre de la société d'assurances Skandia, à savoir :

- Le capital humain[5], qui regroupe les capacités individuelles, la connaissance, la compétence et l'expérience des employés de la société.
- Le capital structurel, qui comprend à la fois la culture d'entreprise, la capacité d'innovation, les modes de mise en œuvre de celle-ci à travers l'ensemble de l'organisation de la firme.
- Le capital client, qui valorise « le fonds de commerce » de l'entreprise (ex. : préservation des parts de marché, à travers la fidélisation de la clientèle).

---

1. Définition d'une immobilisation incorporelle, selon les normes IAS 38.
2. G. White, A. Sondhi et D. Fried, *The Analysis and Use of Financial Statements*, John Wiley, 1994.
3. C. Pierrat, « L'Évaluation des actifs immatériels en comptabilité », *Actes du 17e Congrès de l'AFC*, 1996.
4. L. Edvinsson et M. Malone, *Intellectual Capital*, Harper Business, 1997.
5. K. Sveiby, *The New Organizational Wealth : Managing and Measuring Knowledge-Based Assets*, University of Stockholm, 1997.

Mais une mesure difficile

En termes de mesure du capital immatériel, on retrouve la dualité originelle : soit par soustraction, soit par sommation. Dans la première catégorie, on rangera le calcul du « ratio Tobin » (valeur de marché de l'entreprise sur valeur de remplacement de ses actifs) ou du « *market to book* ratio » (ratio de la valeur boursière sur la valeur comptable). Ainsi les industries traditionnelles ont un ratio d'environ 1,8 et les industries de technologie ou la pharmacie un ratio de plus de 5. En d'autres mots, le capital immatériel correspond à environ 80 % du capital matériel dans les secteurs traditionnels et plus de 400 % dans les secteurs de haute technologie ! Si on procède cette fois-ci par « sommation », le capital immatériel d'une entreprise sera égal à la somme de ses brevets et marques (évaluée selon des méthodes appropriées), plus les dépenses de recrutement de l'expertise que représente la main-d'œuvre, plus le capital client (beaucoup plus difficile à évaluer), plus les synergies résultant de la mise en œuvre de ces différents outils. On constate donc que le calcul par différence (à l'aide des ratios) est beaucoup plus aisé[1] que le calcul par addition.

Dans ces conditions, on peut dresser un « tableau de bord » du capital immatériel. Il consistera dans le suivi d'un certain nombre d'indicateurs quantitatifs et qualitatifs propres à refléter son évolution. Ainsi, pour ce qui est des indicateurs de capacité d'innovation, on retiendra : les dépenses de R & D en recherche fondamentale ou en développement d'applications concrètes, le nombre de brevets en cours de dépôt et l'âge moyen de ceux-ci, les investissements consacrés à la formation des salariés (spécifique à la vente des nouveaux produits) et le nombre de publications dans des revues ou de présentations dans des conférences spécialisées. Il existe d'ailleurs des agences de notation destinées à évaluer la qualité du capital immatériel d'une entreprise. Ainsi Intellectual Capital Sweden procède au *rating* de trois aspects du capital humain : la valeur courante du capital intellectuel d'une entreprise ; les efforts de l'entreprise pour le renouveler ; le risque de détérioration de ce capital intellectuel[2]. Pour terminer on mentionnera le fait que le capital immatériel est de plus en plus intégré dans la communication financière des entreprises[3].

Application au secteur bancaire français

Une étude récente[4] a montré que la valeur du capital immatériel faisait l'objet d'importantes variations selon les banques considérées. D'une part, on a constaté que

1. Cela est encore plus vrai pour les sociétés cotées, pour lesquelles on peut assumer que la valeur de marché est égale au cours boursier et que le capital matériel est proche de la somme totale des actifs, communiquée dans le rapport annuel.
2. *Création de valeur et capital immatériel*, Club Finance Internationale, Étude n° 45, Groupe HEC, 2001.
3. B. Marois et P. Bompoint, *Gouvernement d'entreprise et communication financière*, Economica, 2004.
4. Les principaux résultats de cette étude ont été repris dans le cahier de recherche : *Le Capital immatériel : application au secteur bancaire français*, n° 771, Groupe HEC, 2003.

les banques britanniques espagnoles ou suisses étaient beaucoup mieux valorisées que les banques françaises ou allemandes, si l'on s'appuie sur le calcul des « *market to book* ratios ». D'autre part, même au niveau français, il existe des différences sensibles dans la façon dont le capital immatériel des établissements bancaires est évalué : celui-ci est, par exemple, mieux apprécié dans les grandes banques « commerciales » (Société Générale, BNP Paribas) que dans les banques mutualistes (Natexis ou Crédit Mutuel CIC). En ce qui concerne la gestion du capital immatériel dans une banque, elle se présente sous une forme différente selon le type de banque (ou de métier bancaire) considéré[1]. Ainsi, dans une banque d'affaires, c'est le savoir-faire des équipes bancaires qui est primordial : la capacité à présenter à un acheteur potentiel une cible appropriée et à bien l'évaluer, l'expertise en matière de montage financier s'appuyant sur une large expérience. Inversement, le capital immatériel dans le contexte de la banque de détail se traduit plutôt dans les relations de proximité et donc de fidélité qu'entretient celle-ci avec ses clients. D'ailleurs certains indicateurs peuvent être utilement mis en place, tels que : le nombre de produits commercialisés par client, le taux de fidélisation, le pourcentage d'impayés (crédit à la consommation), le nombre de contacts mensuels avec les clients ou le taux de satisfaction de ceux-ci à travers divers sondages[2].

On perçoit bien, combien cette approche sera différente pour une banque, par rapport, soit à un groupe pharmaceutique dont une grande partie du capital immatériel repose sur la valorisation du portefeuille de molécules en développement, soit à une entreprise de l'industrie aéronautique qui privilégie le processus d'innovateur technologique (la valeur des techniciens, la transmission des connaissances ou la culture d'entreprise étant des éléments fondamentaux du capital immatériel d'une société telle que Thalès). Pour conclure, nous formulerons plusieurs remarques. D'abord, le capital immatériel est avant tout un concept « économique » plutôt que comptable[3] ou juridique et se rapproche d'une certaine façon du fameux concept de MVA (*market value added*)[4] développé par le cabinet Stern Stewart & Co. Il est également « créateur de valeur » pour l'entreprise et, à ce titre, se distingue aussi du concept de « développement durable ». En effet, celui-ci se définit comme la somme des incidences de la gestion d'une entreprise sur son environnement au sens large (relations sociales, considérations écologiques, comportement citoyen) et apparaît plutôt comme un ajustement « réactif » d'une société à son entourage. Le capital immatériel, quant à lui, est plutôt « proactif » : et n'est pas une réponse à de nouvelles réglementations (loi NRE par exemple), mais se situe au cœur d'une démarche stratégique de l'entreprise. En effet, les tendances actuelles en matière de management (recours à la sous-traitance, externalisation d'une

---

1. *La création de valeur par le capital immatériel dans le secteur bancaire*, Étude n° 52 Club Finance Internationale, Groupe HEC, 2002.
2. B. Marois et L. Ple, « Le capital immatériel dans la banque de détail », *Banque Magazine* n° 651, octobre 2003.
3. Il ne faut donc pas confondre capital immatériel et *goodwill* (ou « intangibles »), notion purement comptable.
4. Défini comme la somme des EVA (*economic value added*) annuels, réalisés par l'entreprise, c'est-à-dire, en simplifiant, la différence entre la valeur boursière de celle-ci et son actif économique.

partie du patrimoine de la firme, concentration sur le cœur du métier, organisation en réseau) renforcent l'importance du capital immatériel, dont le poids relatif dans la valorisation de l'entreprise tend à augmenter. Dans la mesure où il concerne toutes les fonctions d'une société (ressources humaines, marketing, finance), le capital immatériel implique donc un suivi constant, s'appuyant sur une « cartographie » de ses éléments, complète et actualisée en permanence.

75

CE QU'ILS PENSENT DE VOS E-MAILS : L'UTILISATION DU COURRIEL PAR LES MANAGERS EUROPÉENS

Michael Segalla

RÉSUMÉ

Depuis l'entrée d'Internet dans les bureaux, les courriels sont devenus un outil de communication primordial des affaires. Cet article présente une étude statistique des différentes perceptions et attentes des managers européens vis-à-vis de l'utilisation des courriels au niveau international.

On estime que plus de 36 milliards de courriels seront échangés par jour d'ici à la fin de cette année[1] à l'échelle internationale. Il s'agit d'un outil de communication important dans les affaires qui permet d'échanger avec précision de nombreuses informations.

On dénombre des centaines voire des milliers d'études sur l'utilisation du courriel. 88 000 occurrences de *e-mail use* (« utilisation du courriel ») ont été trouvées sur Google[2] contre trois occurrences seulement pour *international e-mail use* (« utilisation internationale du courriel ».) Pourtant, l'utilisation du courriel entre frontières est importante. C'est pourquoi nous avons décidé d'effectuer une étude internationale sur l'utilisation du courriel dans les affaires.[3] Nous avons notamment souhaité obtenir des réponses aux questions suivantes :

1. Quels sont les inconvénients du courriel pour les managers ?
2. Quelle appréciation portent les managers sur la consultation de leur messagerie ?

---

1. IDC Worldwide E-mail Usage Forecast, 2002-2006 : Know What's Coming Your Way.
2. Résultat de la recherche effectuée le 29 août 2004.
3. Les données utilisées ont été collectées par Dynamic Markets en juin 2004 sur un échantillon représentatif de 750 salariés qui utilisent la messagerie sur leur lieu de travail dans des entreprises de plus de 500 salariés. L'échantillon couvre plusieurs secteurs de l'industrie avec des salariés présentant des niveaux d'ancienneté différents. 30 % des sondés étaient des managers seniors, 47 % des managers intermédiaires et 23 % des managers juniors.

3. Que pensent-ils des auteurs de courriels mal rédigés ?
4. À quelle fréquence doivent-ils relancer les destinataires des courriels pour obtenir une réponse ?
5. Des délais de réception de réponses longs entravent-ils les décisions d'affaire ?

France

Les Français sont probablement les plus intransigeants quant aux courriels urgents qui ne sont pas intitulés urgents ou suivis d'un appel téléphonique. Ils se montrent également très pessimistes face aux dysfonctionnements liés à la messagerie électronique. Ils estiment à 75 % que le retard accusé par les décisions est lié à l'attente de réponses aux courriels, alors que 55 % seulement des autres sondés européens partagent cet avis.

Les Français n'aiment pas recevoir de longs courriels qu'ils doivent parcourir laborieusement pour trouver les informations pertinentes. Alors que 33 % des sondés français citent ce problème, 7 % des Britanniques le jugent gênant. Les managers français sont les plus impatients et les plus curieux des sondés ; 86 % d'entre eux se sentent obligés de lire un courriel dès qu'ils le reçoivent. Il s'agit d'une différence significative par rapport aux managers des autres pays où le pourcentage moyen est de 53 %.

Les managers français n'apprécient pas non plus les courriels peu soignés. Ils estiment à 45 % que les fautes d'orthographe et les erreurs grammaticales dénotent un manque de respect. Par contre, seulement 7 % des managers italiens, espagnols et britanniques partagent cet avis. La tendance des Français à interpréter les courriels peu soignés de cette façon peut être liée à la précision relative qu'exige leur langue. Si vous n'êtes pas disposé à présenter soigneusement votre idée, produit ou demande, vous ne respectez probablement pas le destinataire du courriel.

Allemagne

Comme les Français, les Allemands n'aiment pas lire des courriels longs. Mais la ressemblance s'arrête là. Par exemple, environ 25 % des Allemands sondés ont dû s'expliquer oralement avec un collègue ou un client suite à malentendu lié au ton d'un courriel. Seulement 6 % environ des managers français, italiens ou espagnols ont signalé le même problème. Tous les sondés attachent une importance au ton des courriels, qu'il soit convivial, respectueux ou professionnel, avec une insistance marquée pour les Allemands.

Lorsque les Allemands reçoivent des courriels qui contiennent des fautes d'orthographe et des erreurs grammaticales, ils ont plus tendance à les interpréter comme un signe de paresse. Par exemple, 27 % des Allemands sondés partagent cet avis contre 12 % en moyenne pour les autres sondés européens.

Italie

Les Italiens détestent par-dessus tout recevoir une copie de courriels qui ne les concernent pas. Alors que 34 % des Italiens citent ce point comme le principal facteur agaçant, 24 % des sondés des autres pays partagent cet avis.

Quarante-cinq pour cent des Italiens interprètent les fautes d'orthographe et les erreurs grammaticales comme une marque d'inattention et de négligence alors que la moyenne pour la France, l'Allemagne et le Royaume-Uni est plus proche de 30 %. Mais les Italiens sont les plus indulgents étant donné que 40 % d'entre eux pensent également qu'une pression et un stress excessifs sont à l'origine du problème contre 25 % des autres sondés européens.

Les Italiens se distinguent également à d'autres niveaux. Concernant le problème de non-obtention de réponse, les Italiens déclarent devoir relancer en moyenne 60 % des destinataires des courriels envoyés, soit deux fois plus que les Espagnols (29 %) et les Français (26 %) et trois fois plus que les Allemands (19 %) et les Britanniques (13 %). Cela signifie aussi que les Italiens sont les moins disposés à répondre à un courriel.

Les Italiens n'aiment pas être physiquement séparés des gens étant donné que 10 % d'entre eux déclarent se sentir isolés s'ils ne peuvent pas consulter leur messagerie régulièrement. Ce pourcentage est faible en termes absolus, mais il est deux fois plus élevé que la moyenne européenne.

Espagne

Comme les Français, les Espagnols n'aiment pas parcourir des courriels pour trouver les informations pertinentes. 25 % d'entre eux considèrent ce point comme un problème contre seulement 15 % en moyenne des managers allemands, italiens et britanniques.

Pour le reste, les Espagnols et les Italiens adoptent des comportements similaires. Quarante-trois pour cent des Espagnols et 45 % des Italiens pensent que les fautes d'orthographe et les erreurs grammaticales sont dues à un manque d'attention et à de la négligence. La France, l'Allemagne et le Royaume-Uni sont plus proches de 30 % en moyenne.

La gestion des courriels stresse les Espagnols. Dix-huit pour cent d'entre eux se disent submergés par le nombre de courriels qu'ils reçoivent et par le fait qu'ils ne disposent pas de suffisamment de temps pour y répondre. Ce sentiment de frustration est plus marqué chez les Espagnols et les Français (15 %) que chez les autres managers européens qui affichent une moyenne de 8 %. Cela explique peut-être pourquoi 20 % des Espagnols appréhendent de s'absenter et de retrouver leurs boîtes aux lettres surchargées de courriels en attente. À noter que 49 % des sondés espagnols (contre une moyenne de 65 %) ressentent le besoin de répondre rapidement à un courriel, si bien que le travail en retard continue probablement à s'accumuler.

Royaume-Uni

Même si une mauvaise interprétation du ton d'un courriel est moins susceptible d'entraîner une explication chez un manager britannique que chez son homologue allemand (respectivement 14 % et 23 %), elle est tout de même plus rare chez les managers français (5 %), italiens (5 %) et espagnols (5 %). Les Britanniques se distinguent également à d'autres niveaux. Onze pour cent des sondés britanniques avouent avoir parfois menti alors qu'ils avaient bien reçu le courriel. Même s'il s'agit d'un faible pourcentage, il est bien plus élevé que chez les managers français (3 %), allemands (1 %), italiens (3 %) et espagnols (4 %).

En ce qui concerne les raisons pouvant expliquer les fautes d'orthographe et les erreurs grammaticales dans les courriels, les Britanniques prennent la deuxième place après les Français pour leur indulgence ; 19 % des Britanniques et 15 % des Français pensent qu'une pression ou un stress excessif sont à l'origine de courriels de qualité médiocre. Les Britanniques sont ceux qui ont le moins besoin de relancer les destinataires des courriels. Seuls 21 % des managers britanniques estiment que le suivi est problématique, 35 % d'entre eux déclarent n'avoir dû relancer les destinataires de courriels. Même si les Britanniques semblent les moins sujets à la relance des destinataires de courriels, ils semblent être les plus embarrassés lorsqu'il s'agit de gérer leur retard en termes de courriels. En fait, 25 % des sondés britanniques déclarent appréhender leur retour au bureau après une absence parce qu'ils doivent alors faire face à une montagne de courriels en attente. Seulement 11 % des sondés des autres pays se sentent également concernés par ce point.

Conclusions

La doléance la plus significative est la réception de courriels longs, confus où les informations pertinentes sont difficiles à trouver. Les Espagnols et les Italiens sont les plus concernés (45 %) contrairement aux Français et aux Allemands (18 %). Une autre doléance importante est l'envoi d'un courriel urgent non accompagné d'un appel téléphonique. Les managers des cinq pays se disent concernés et les Français en particulier (33 %). La réception d'une multitude de courriels dans la boîte de réception risque d'occulter un courriel et d'entraîner un sentiment de culpabilité et des inexactitudes. Les Français sont les moins concernés (9 %) par ce problème contrairement aux Britanniques (24 %). Une autre source d'énervement pour les managers européens, en particulier pour les Italiens (34 %), est la réception de copies de courriels qui ne les concernent pas. Il faudrait éventuellement que la commande « Répondre à tous » se trouve dans un sous-menu afin de l'utiliser moins systématiquement.

Les managers ont également donné leur opinion sur les auteurs de courriels mal rédigés. Les Allemands, les Espagnols et les Italiens sont les plus intransigeants ; ils pensent à plus de 56 % que les courriels mal rédigés et les erreurs grammaticales dénotent des managers paresseux, distraits et peu soigneux. Les Britanniques sont plus indulgents, car 46 % d'entre eux seulement partagent cet avis. Les Français sont les plus bienveillants de tous. Seulement 36 % d'entre eux supposent que l'auteur ne s'applique pas. Toutefois, ils ne sont pas dupes. En effet, pratiquement la moitié des managers français attribuent ces fautes de style à un manque de respect à leur égard.

La plupart des managers entretiennent une relation passionnelle avec leur messagerie. Quatre-vingt-six pour cent des Français et 64 % des Allemands et des Espagnols se sentent obligés de lire leurs courriels dès qu'ils les reçoivent. En revanche, moins de la moitié des Britanniques et des Italiens souhaitent rester connectés virtuellement. 25 % environ des Britanniques détestent revenir au bureau le lundi matin parce qu'ils craignent de se retrouver avec une montagne de courriels en attente.

Les résultats de cette étude montrent que plusieurs voies de communication sont nécessaires pour faire des affaires au plan international. Nous ne pouvons pas savoir si nos messages auront l'effet escompté. Clarté, précision et concision restent des alliés importants de la communication. Ce conseil doit aller de pair avec une assiduité dans l'envoi et une attitude tolérante lors de la réception. La technologie peut enfin s'avérer une aide avec la popularité des nouveaux dispositifs de « communication à la demande » incluant les *smart phones*, les courriels et les SMS. Ils permettent d'aider les managers européens à travailler plus efficacement afin d'être sûrs que leurs messages seront reçus et compris.

PARTIE X

ALTERMANAGEMENT

76

ENTRE CRISE ET OPPORTUNITÉ, L'ÉCONOMIE SANS CARBONE

Jean-Loup Ardoin et Maximilien Rouer

RÉSUMÉ

Devrions-nous accueillir la hausse des prix du pétrole comme une chance et souhaiter que cette hausse se poursuive durablement ? Oui, car la lutte contre les gaz à effet de serre et leurs conséquences climatiques passe par une réduction de la consommation de pétrole. Il faut aussi changer les modes de développement que l'Europe et les États-Unis ont utilisés historiquement car ils sont trop gourmands en énergie. L'avenir passe par des *business models* d'entreprise adaptés à une économie sans carbone.

Alors que le baril de pétrole a dépassé les 50 $ à plusieurs reprises au cours des dernières semaines, une interrogation commence à poindre : et si les prix du pétrole ne redescendaient plus ? Jusqu'à présent, les hausses du prix ont toujours été causées par des facteurs géopolitiques, donc conjoncturels. Malgré l'envolée actuelle, l'espoir d'un « retour à la normale » est toujours implicite. Une hypothèse, pourtant, est rarement évoquée : et si les prix du baril ne revenaient plus à la « normale » ? Si ces prix subissaient une lente mais inexorable hausse par paliers, par suite d'un plafonnement puis d'une décroissance structurelle de l'offre de pétrole due à des facteurs physiques et technico-économiques ?

À quand le baril à 200 $?

Le pétrole est une ressource naturelle non renouvelable et les réserves qui sont puisées actuellement ne se reformeront pas à l'échelle d'une vie humaine. Or, la demande mondiale de pétrole explose (+ 3 % par an) du fait de l'émergence de nouvelles puissances économiques : la Chine – dont les importations de pétrole ont augmenté de 40 % depuis le début de l'année – et l'Inde en tête. Cependant, la nouveauté de ce choc pétrolier par rapport aux précédents réside dans le fait que les capacités de production additionnelles sont très limitées. L'offre étant incapable de répondre à une demande croissante, l'hypothèse d'une augmentation tendancielle du prix du baril semble chaque jour plus réaliste.

Deux facteurs se conjuguent pour expliquer cette incapacité structurelle à satisfaire la demande mondiale de pétrole à bon marché. Le premier facteur, le plus connu, est de nature physique, il s'agit du *peak oil*, ou « pic de production ». Comme le géophysicien King Hubbert l'a démontré en 1956[1], la production de pétrole dans le temps ne suit pas une ligne droite mais une courbe en cloche dont le sommet représente le « pic de production », c'est-à-dire le moment où la production annuelle sera la plus importante jamais réalisée, avant de diminuer sans fin. Si la consommation conservait son niveau actuel – or la consommation ne cesse de croître –, nous serions à dix ans du pic de production mondial de pétrole[2].

Un second facteur, de nature technico-économique, vient aussi peser sur l'évolution des prix. L'extraction du pétrole nécessite des moyens technologiques de plus en plus importants, car les réserves sont de moins en moins accessibles. Les puits les plus accessibles sont déjà globalement matures, c'est-à-dire que la production qui en est extraite suit d'ores et déjà une courbe décroissante. Le coût des investissements et les délais requis pour poursuivre l'exploitation du pétrole sont toujours plus importants (plusieurs milliards de dollars pour mettre un nouveau puits en activité) et rendent une adaptation rapide des capacités de production à la nouvelle donne très coûteuse. Les pétroliers s'interrogent eux-mêmes sur la capacité de l'industrie à produire suffisamment pour répondre à la demande dans un avenir très proche. D'après Total, à l'horizon 2009, compte tenu de l'évolution tendancielle de la demande et des capacités de production, 40 millions de barils manqueront chaque jour pour satisfaire la demande, soit l'équivalent d'environ 50 % de la production actuelle.

Dans un monde où le pétrole occupe une place centrale, il n'est plus possible d'ignorer la perspective d'une explosion du prix du baril. Entreprises et pouvoirs publics doivent prendre la mesure de ces risques et agir pour éviter une crise pétrolière qui relève plus que jamais du champ des possibles[3].

La menace du changement climatique

Cette crise intervient au moment où la surconsommation des énergies fossiles est accusée d'être à l'origine d'une aggravation de l'effet de serre, l'un des principaux

1. M.K. Hubbert, *Nuclear Energy and the Fossil Fuels*, Amer. Petrol. Inst. Drilling & Production Pratice. Proc. Spring Meeting, pp. 7-25, San Antonio, Texas, 1956. Pour la courbe de Hubbert : http://hubbert.mines.edu.
2. *Ibid*, et Colin Campbell, *Peak Oil*, présentation à l'université technique de Clausthal, décembre 2000, http://www.oilcrisis.com/de/lecture.html.
3. D'après une étude publiée cette année par l'IFP (Institut français du pétrole), trois scénarios sont envisagés pour l'année en cours : statu quo, crise pétrolière et modération de la demande.

mécanismes qui dirigent le climat. Le renforcement de l'effet de serre, provoqué par l'Homme, engendre des modifications climatiques significatives, dont nous commençons tous à appréhender les premiers signes : la hausse des températures, la fréquence accrue des catastrophes naturelles, la mise en péril des équilibres climatiques régionaux. Encore plus inquiétant, notre capacité à cultiver la nourriture indispensable à notre survie est remise en cause, les surfaces du globe qui sont propres à la vie se réduisent, l'incidence des maladies tropicales s'accroît.

Les émissions de CO_2 d'origine anthropique ont été multipliées par plus de 4 depuis 1950[1]. La production de gaz à effet de serre d'origine anthropique a fait l'objet de nombreuses études internationales, notamment celles conduites par le Groupe intergouvernemental sur l'évolution du climat (GIEC)[2] des Nations unies, qui est à la base du protocole de Kyoto. Toutes les études, y compris le dernier rapport de l'administration Bush, publié en novembre 2003 sur le sujet, *US Climate Change Science Program*, font apparaître l'influence humaine comme le seul facteur à même d'expliquer le changement climatique. En effet, il apparaît que 75 % de l'aggravation de l'effet de serre – ou « effet de serre additionnel » – sont dus à la combustion d'hydrocarbures. D'après le GIEC, pour éviter une catastrophe climatique de grande ampleur, il faudrait que les émissions mondiales de gaz à effet de serre aient été divisées par 2 à l'horizon 2050, ce qui implique une division par 4 pour les pays de l'OCDE. La durée de résidence des gaz à effet de serre dans l'atmosphère[3] ne permettant pas d'espérer un retour aux équilibres naturels du climat à l'échelle d'une vie humaine, le seul moyen de limiter l'ampleur des modifications climatiques est donc de réduire notre consommation d'énergie fossile de manière drastique et globale. La plus significative des marges de manœuvre dont nous disposons aujourd'hui se situe dans les changements de comportement des industriels et des consommateurs.

Crise et opportunité : construire l'économie sans carbone

La crise pétrolière n'est pas passagère et ce serait une erreur d'attendre un « retour à la normale ». Cette crise constitue une opportunité stratégique pour l'économie, car elle intervient au bon moment pour créer une incitation majeure à modifier nos comportements énergétiques. La performance économique de demain dépendra de la capacité des entrepreneurs à trouver des *business models* adaptés à une énergie de plus en plus chère tout en créant du profit.

Les entreprises vont de plus en plus être appelées à intégrer les données énergétiques dans leurs réflexions stratégiques, et à en tenir compte dans le pilotage de leurs activités

1. J.-M. Jancovici, *L'avenir climatique, quel temps ferons-nous ?*, Seuil, 2002 et www.manicore.com.
2. Groupe d'experts intergouvernemental sur l'évolution du climat : voir www.ipcc.ch : rapport *Climat Change 2001 : Mitigation.*
3. La durée de résidence d'un gaz à effet de serre dans l'atmosphère varie entre dix ans pour le méthane et plusieurs centaines d'années pour les gaz industriels type CFC. Le CO_2 quant à lui reste entre cinquante et cent ans dans l'atmosphère.

pour les années à venir. Demain, les seuls modèles économiques viables seront ceux dont la dépendance à la ressource fossile aura été sensiblement réduite. Les profits générés par les entreprises seront conditionnés par l'intensité énergétique de leurs *business models* : plus celle-ci sera élevée, moins l'activité sera profitable. L'OCDE désigne cette rupture de paradigme comme le passage à une *low carbon economy*, en français « économie sans carbone ». La hausse prévisible du prix du baril doit conduire les entreprises à s'interroger sur la place qu'elles donnent, dans leurs *business models*, aux hypothèses d'une énergie bon marché et d'une « libre » pollution. Elles doivent procéder à un examen de toute leur chaîne de valeur pour évaluer leur dépendance actuelle vis-à-vis du pétrole, et mesurer leur fragilité à l'égard d'une hausse durable des prix de l'énergie et d'un renforcement des contraintes de réduction des émissions de gaz à effet de serre.

En effet, les règles du jeu économique sont d'ores et déjà en train de changer. Ainsi, dans toute l'Union européenne, les industriels vont devoir acheter des droits à émettre du CO_2 et réduire progressivement leurs émissions de gaz à effet de serre à compter du 1er janvier 2005. Polluer ne sera plus gratuit et aggravera le coût d'utilisation des énergies fossiles : la consommation de ces énergies devra donc être réduite à son niveau minimal. Il ne s'agit que d'une première étape et il est réaliste de considérer que contraintes réglementaires et économiques seront toujours plus fortes à l'avenir.

Certaines entreprises ont fait le choix d'anticiper le changement en mettant en place des stratégies d'efficacité énergétique. Ainsi, au cours des dix dernières années, IBM a radicalement modifié l'organisation et la gestion de ses usines et de ses bureaux, de même que le design des modèles qu'il vend. Cette stratégie intégrée lui a permis de réduire sa consommation énergétique de 25 % en dix ans, de réaliser 527 millions de dollars d'économies, et de diminuer sa consommation annuelle d'énergie fossile de l'équivalent d'1,4 million de barils de pétrole. Environnement et profit se rejoignent donc en pratique : tout en réduisant ses coûts de production, IBM a permis que 8 millions de tonnes de CO_2 ne soient pas rejetées dans l'atmosphère.

Une autre vision du monde

Mettre en place l'économie sans carbone constitue sans doute le défi majeur du XXIe siècle. L'opinion publique est encore dans l'attente d'un déclic ; il incombe aux décideurs économiques et politiques de ne pas se complaire dans une phase de déni : « on continuera à trouver du pétrole, comme on l'a toujours fait », « au pire, c'est une question de prix », « attendons de voir ce que feront les autres pays dans un contexte de concurrence mondiale ». Opposer systématiquement environnement et profit constitue une attitude de myopie et d'attentisme. Le projet d'économie sans carbone nous engage à évoluer vers une économie où la création de valeur ne soit plus fondée sur la destruction des ressources naturelles, mais sur l'utilisation de l'intelligence. Le fonctionnement d'une telle économie repose sur la dématérialisation de l'offre, nos besoins étant alors satisfaits par des services personnalisés plutôt que par la propriété d'un bien standardisé.

Entendons-nous, il ne s'agit pas d'une vision passéiste : il n'est pas question de retourner aux champs, mais plutôt de renoncer aux modes d'organisation non durables de notre économie, tout en conservant les bénéfices du progrès. Toutefois, comme tout stratège le sait, les marges de manœuvre ne sont jamais les mêmes, selon que l'on a un an ou vingt ans pour réaliser un changement majeur. Comme le dit le proverbe : « Les arbres mettent beaucoup de temps à grandir, alors dépêchons-nous de les planter. »

77

LA CONTESTATION DU CAPITALISME ET L'HISTOIRE DU MANAGEMENT

Ève Chiapello

RÉSUMÉ

L'histoire du management est aussi l'histoire de l'incorporation aux modes de gestion de propositions issues des mouvements critiques de l'entreprise et du capitalisme.

L'histoire du management est bien sûr indissociable de celle des techniques. Elle l'est tout autant, de façon très profonde quoique moins apparente, de l'histoire de la critique de l'entreprise et du capitalisme. En fait une grande partie des innovations sociales et des nouveaux modes d'organisation du travail a d'abord été pensée par des réformateurs que leurs contemporains qualifiaient parfois d'utopistes, expérimentées par initiative ouvrière à l'encontre de la volonté patronale, avant d'être mise en pratique et favorisée par des dirigeants d'entreprise éclairés ou inscrite dans la loi. Replacé dans cette perspective, le management doit être pensé comme une production de compromis entre des exigences de rentabilité et d'adaptation aux données techniques de l'activité économique, d'une part, et des exigences sociales et morales variables selon les époques, d'autre part. Quels liens peut-on observer entre les pratiques de management et l'évolution de la critique du capitalisme depuis le milieu du XIXe siècle ? Depuis cette époque, on peut identifier schématiquement quatre grands courants critiques du capitalisme qui se subdivisent en fait en différentes sous-tendances, plus ou moins proches des autres courants, et qui produisent dans leur interaction diverses hybridations.

Le premier, que nous appellerons « la critique conservatrice », associe une critique du salariat et des modes de gestion capitalistes à une critique de la Révolution française et des valeurs individualistes de liberté et d'égalité. Les tenants de ce courant regrettent souvent l'ancienne société d'ordre. Ils attachent de l'importance à la hiérarchie sociale, combattent comme une chimère l'idée d'égalité mais veulent associer l'inégalité à une solidarité et à des devoirs réciproques des différents États entre eux, tant au sein de la famille que de la communauté locale ou de l'entreprise. Ils ont la nostalgie des corporations qui réunissaient patrons et salariés dans la même organisation et jugent destructrice la lutte des classes. Ce courant disparate regroupe notamment les catholiques sociaux, les corporatistes des années 1930, dont certaines idées ont été mises en pratique par Vichy, et une partie du mouvement coopératif.

Nous appellerons le second courant la « critique sociale ». C'est sans aucun doute le plus prolifique. Il prend racine dans le socialisme naissant, pour qui le problème principal est la misère de la condition salariale et la division progressive de la société en deux groupes antagonistes, les capitalistes et les prolétaires. La critique sociale dénonce la propriété privée et le profit. Elle est multiple, traversée par des sous-tendances qui s'entre-déchirent, sur la question du rôle et de l'utilité de l'État, des syndicats, de la grève générale, de la révolution ou de la réforme, de l'importance relative de la liberté comme principe d'organisation sociale… Elle prendra une ampleur sans précédent avec les travaux et les positions militantes de Karl Marx par rapport auxquels tous seront tenus de se positionner. La critique sociale admet néanmoins dans son sein des tenants non marxistes dont les plus notables, historiquement, sont les technocrates sociaux issus sur la longue période du saint-simonisme et qui seront planistes dans les années 1930, puis keynésiens après la deuxième guerre mondiale ; ils pensent que seul le progrès technique et économique apportera le progrès social et que l'État et ses ingénieurs peuvent et doivent intervenir dans l'économie pour la rationaliser et éviter qu'elle ne produise des désastres sociaux.

La critique conservatrice et la critique sociale se retrouvent quand il s'agit de critiquer le salariat ou l'indignité des conditions de vie ouvrières. Elles s'opposent en revanche sur les questions de l'égalité, du respect des traditions, de la religion ou de la nature des rapports possibles entre les classes.

La troisième critique, que nous nommons la « critique artiste », naît également au milieu du XIXe siècle. Elle est le fait, d'abord, d'artistes et d'écrivains qui critiquent le matérialisme, l'utilitarisme et le rationalisme ambiants. Ils rêvent d'un mode de vie délivré de toute oppression et célèbrent les vertus de l'imagination et la créativité. La bohème ou le dandysme leur permet de mener une vie alternative marquée par le déni de l'argent. Ils se moquent de l'étroitesse et de la mesquinerie des modes de vie bourgeois. Malgré son nom, la critique artiste n'est pas le fait de tous les artistes, ni uniquement des artistes. Elle influencera fortement les travaux de l'école de Francfort en s'hybridant avec la critique sociale, elle marque plus près de nous la pensée situationniste dans les années 1960. Les étudiants lui seront particulièrement sensibles jusqu'à ce qu'elle devienne une force sociale majeure lors des événements de mai 1968. La critique artiste peut faire alliance avec la critique conservatrice quand il s'agit de critiquer la marchandisation croissante et le désenchantement du monde, l'inauthenticité des modes de vie bourgeois, mais elle s'y oppose avec vigueur sur la question de l'individualisme qui heurte de plein fouet l'adhésion conservatrice à une société d'ordre, ou encore sur la valeur de la famille. La critique artiste cheminera facilement avec une critique sociale de tendance anarchiste ou libertaire, qui place comme elle la liberté au-dessus de tout, mais sera mal à l'aise avec une critique sociale réclamant un État fort, voire une dictature. Le matérialisme de la critique sociale et sa mise au premier plan de la dimension économique sont également un point de désaccord entre les deux critiques.

La « critique écologique »

La quatrième critique naît au XXe siècle. Elle prend racine, après presque trois siècles de technophilie, dans une approche pessimiste de la technique dont le développement, difficile à contrôler, tend à mettre en danger l'humanité sur une échelle encore jamais atteinte. Il s'agit de la « critique écologique » qui commença à être une force sociale à partir du milieu des années 1970 à l'occasion notamment des rassemblements antinucléaires et qui n'a cessé depuis de se renforcer. La critique écologique se marie habituellement avec l'une ou l'autre des trois critiques plus anciennes. Mais il faut la considérer comme une critique différente car ses thèmes principaux d'indignation sont radicalement nouveaux. Elle ne se borne pas en effet à déplorer la destruction des paysages, le manque d'hygiène des nouvelles concentrations de population ou la laideur du monde industriel, ce que l'on entendait déjà dénoncer au XIXe siècle, mais qui semblait pouvoir être « réparé » par des politiques adéquates. La « critique écologique » est plus alarmante : elle souligne, d'une part, l'irréversibilité des altérations que l'activité des hommes fait subir à la terre, à son patrimoine génétique et à son écosystème, et, d'autre part, l'impossibilité de poursuivre et d'étendre à l'ensemble du monde le mode de développement qui fut celui de l'Occident capitaliste.

Ces quatre critiques ont été et sont toujours portées par des mouvements sociaux, des associations, des syndicats, des ONG, des partis politiques qui s'opposent aux pratiques des entreprises de leur temps. Elles ne sont pas toutes aussi présentes et menaçantes pour les entreprises selon les époques. La critique conservatrice a marqué le paysage social et politique du Second Empire aux années 1940. Elle ne survit plus aujourd'hui en France que sous une forme très détériorée dans certains mouvements d'extrême droite peu préoccupés de réforme de l'entreprise. Les trois autres critiques restent actives mais leurs influences respectives se sont succédé au cours du temps. La critique sociale a quasiment dominé l'imagination réformatrice de la toute fin du XIXe siècle aux années 1960, la critique artiste quant à elle a connu sa période de plus grande influence pendant les trois dernières décennies du XXe siècle et c'est désormais avec la critique écologique que les entreprises vont devoir compter.

De l'interaction avec les différentes critiques sont nées des formes de management historiquement datées. La critique conservatrice inspira largement les politiques sociales et les modes de gestion de la main-d'œuvre des patrons paternalistes. Au niveau politique, on lui doit les premières lois sur les accidents du travail, le développement du logement social, de la prévoyance sociale en ce qui concerne la maladie ou la retraite. La critique sociale exerça son action sur la durée du travail et le niveau des salaires ; elle inspira une bonne partie du droit du travail, obtint la généralisation du principe de négociation patronat-syndicat, déboucha sur la gestion paritaire des organismes sociaux. Elle inspira fortement les politiques keynésiennes de l'État et les pratiques de planification à long terme des entreprises pendant les Trente Glorieuses. La critique artiste accompagna quant à elle la transformation du travail vers plus de flexibilité et de mobilité depuis les années 1970. Son anti-autoritarisme alimenta les nouveaux modes de gestion fondés sur une réduction du nombre de niveaux hiérarchiques, le développement de l'autonomie au travail, l'éclatement des grandes technostructures en flottilles d'entreprises beaucoup plus malléables. Elle fut également écoutée en ce qui concerne le refus de destins professionnels tous tracés. Désormais, il faut changer, s'adapter, apprendre toute sa vie, ce qui ne serait vu que comme un progrès vers un travail moins routinier et plus épanouissant si cette nouvelle injonction ne s'était accompagnée d'un développement de la précarité sans précédent et de la marginalisation d'un nombre important de salariés peu équipés pour tirer profit du nouveau monde. Notre hypothèse est que ce qui se joue aujourd'hui est une incorporation progressive aux modes de gestion des revendications de la critique écologique. Les changements déjà effectués au nom du développement durable ne sont rien par rapport à la révolution qu'il faut attendre d'une prise au sérieux de l'impératif à moyen terme de transformer en profondeur notre mode de croissance.

À chaque période, les entreprises ont non seulement su s'adapter aux changements consécutifs à l'incorporation dans leurs modes de gestion des réformes – qui leur étaient suggérées par les mouvements sociaux ou imposées par la loi –, mais elles en ont aussi souvent tiré un profit conséquent voire, tout simplement, la possibilité de survivre. Ces réformes leur ont non seulement permis de disposer d'une main-d'œuvre plus adaptée aux besoins de la production (par exemple fidélisée et produite en interne dans le cas du paternalisme ; plus créative, plus éduquée, plus orientée vers l'international et plus adaptable dans le cas du néomanagement), mais aussi de soutenir l'adhésion des salariés et des consommateurs sans laquelle elles ne pourraient tout simplement pas fonctionner. L'histoire du management ne peut ainsi pas être séparée de l'histoire de sa critique, et ce sont souvent les idées marginales d'aujourd'hui qui font naître les pratiques dominantes de demain. Les dirigeants soucieux d'avant-garde et d'innovations managériales susceptibles de leur donner une avance sur les autres tireront, dès lors, un grand profit à prendre au sérieux les mouvements critiques, pas seulement comme forces d'opposition mais aussi de proposition.

78

VICES ET VERTUS DÉMOCRATIQUES DU MARCHÉ

Hervé Crès

RÉSUMÉ

Le marché et le vote majoritaire sont deux mécanismes d'allocation des ressources qui opèrent conjointement dans nos sociétés. Une question se pose : s'aident-ils mutuellement à fonctionner ? L'analyse de la formation des assemblées d'actionnaires montre que l'opération préalable du mécanisme de marché permet au vote majoritaire d'être plus facilement décisif. Avec un bémol, comme souvent.

Les problématiques fondamentales de gestion publique sont très présentes dans le monde de l'entreprise, en particulier dans les sociétés dont le capital est dispersé entre plusieurs actionnaires, qu'elles soient cotées ou non. Schématisons : pour un investisseur, une action est un actif financier risqué, garantissant un flux de dividendes plus ou moins important selon la conjoncture, les événements économiques et politiques, *et cetera*. Ce flux de dividendes dépend de la politique commerciale, financière et d'investissement (en bref une politique de production) choisie par la direction parmi l'ensemble des possibilités technologiques. C'est une lapalissade de dire que cette politique s'impose à tous les actionnaires. Ces derniers, comme propriétaires de l'entreprise, sont censés la choisir collectivement, le plus souvent en désignant ou élisant la direction qui représente au mieux leurs intérêts. Cette politique est donc formellement ce que les économistes appellent un « bien public ».

On fera tout naturellement le parallèle avec l'électorat national choisissant le gouvernement qui propose la « meilleure » politique de sécurité, de justice ou de défense, autant d'archétypes de bien public. Une limite de ce parallèle est que l'actionnariat d'une entreprise est endogène : ne sont – en première approximation – actionnaires d'une entreprise que les agents/investisseurs qui apprécient et recherchent le flux de dividendes offert, par exemple parce qu'il répond bien à leurs besoins d'assurance ou de diversification. Les investisseurs sont en effet plus « mobiles » que les citoyens : il est plus facile de modifier son portefeuille que de quitter son pays pour aller résider dans un autre État ou une autre collectivité territoriale[1] (une attitude qui consiste, selon les politologues, à « voter avec ses pieds »). En outre – et c'est une autre différence importante avec les scrutins politiques traditionnels –, dans les entreprises le scrutin est en général censitaire : le droit de vote est attaché à la détention d'une action, et les gros actionnaires pèsent plus que les petits.

Le caractère endogène de l'actionnariat d'une entreprise n'entraîne cependant pas son unanimité. Loin de là. Les conditions qui garantissent l'unanimité des actionnaires dans le choix de la politique économique d'une entreprise sont restrictives : une information parfaite, une structure d'incitation optimale entre actionnaires et dirigeants, un marché du produit concurrentiel, une structure financière dite complète, in extenso qui permette de s'assurer contre tous les risques significatifs... En bref, le cadre un tantinet utopique (mais ô combien instructif, aussi bien pour ses propriétés saillantes que pour sa lecture en creux) des modèles fondateurs de la théorie néoclassique.

Si les actionnaires ne sont pas unanimes, c'est donc en raison des imperfections du marché. Un corollaire est que, dans les dimensions où il ne souffre pas d'imperfection, le marché a cette vertu toute démocratique de mettre les actionnaires d'accord. Ainsi, au regard par exemple du critère de complétude de la structure financière, les actionnaires tomberont d'accord sur l'opportunité d'un changement de la politique de production s'il leur est possible de s'assurer contre la modification du flux de dividendes qui s'ensuit. Et cette unanimité partielle survient en vertu du mécanisme d'échange sur les marchés financiers et des choix individuels de portefeuille optimal.

Restent les désaccords résiduels, dont l'ampleur est d'autant moindre que les marchés financiers sont moins imparfaits. Mais il faut cependant les solder. L'économie publique nous enseigne que le choix d'une politique de production d'un bien public ne peut passer que par un mécanisme de décision collective, tel le vote majoritaire. En effet, les mécanismes décentralisés qui tentent de reproduire, pour les biens publics, l'efficacité du mécanisme de marché pour l'allocation des biens privés sont très complexes à mettre en œuvre ou inopérants. Le vote majoritaire est, lui, au-delà de ses propriétés d'équité, simple et naturel. Aussi est-il prévu d'y avoir recours dans la plupart des chartes constituantes des sociétés à capital social.

Aussi simples, naturelles et difficilement manipulables soient-elles, les procédures de décision collective fondées sur le vote majoritaire peuvent échouer à désigner une politique victorieuse. Cas typique d'échec : une situation où la préférence collective issue de l'agrégation par le vote majoritaire des préférences individuelles des actionnaires est cyclique, une possibilité décrite par Condorcet à la fin du XVIIIe siècle (voir encart). Les travaux de Condorcet sont à l'origine du développement, dans la seconde moitié

1. Dans un célèbre essai intitulé *Exit, Voice and Loyalty* publié en 1970, le politologue Albert O. Hirschman décrit des situations où des agents économiques insatisfaits d'un produit qu'ils avaient pris l'habitude de consommer choisissent – plutôt que de s'orienter vers un substitut (*exit*) – de s'organiser en groupe de pression pour rétablir à leur goût les caractéristiques du produit en question (*voice*). Certaines analyses proposées dans cet essai sont très utiles pour comprendre le comportement économique et politique de certains investisseurs institutionnels ou collectifs de petits actionnaires.

du XXe siècle, d'un vaste champ de réflexion scientifique : la théorie du choix social. Si les objets étudiés dans ce domaine de la science économique concernent rarement le monde de l'entreprise, il n'est pas anodin de rappeler que cette école est née des efforts déployés par son fondateur, Kenneth Arrow[1], pour comprendre comment les actionnaires d'une entreprise pouvaient s'accorder. Ainsi, les assemblées d'actionnaires se sont révélé être des laboratoires stimulants et riches d'enseignements pour les chercheurs en théorie politique formelle.

Les cycles de Condorcet

Soit une entreprise détenue à parts égales par trois actionnaires : A, B et C, chacun proposant une politique de production. Chaque actionnaire préfère sa propre politique aux deux autres ; et :

- A préfère B à C ;
- B préfère C à A ;
- C préfère A à B.

Si les actionnaires se déterminent par le vote, il y a une majorité des deux tiers de l'actionnariat pour A contre B, pour B contre C et pour C contre A… : la préférence collective qui en ressort est donc cyclique. Elle le sera tant que le taux de qualification de la majorité requis pour avaliser une décision sera inférieur à deux tiers.

Pour éviter les cycles de Condorcet et asseoir la légitimité des décisions prises à la majorité, une qualification de cette dernière au-delà de 50 % est souvent requise. Les taux de qualification rencontrés dans certaines chartes peuvent atteindre 70 ou 80 %. Le choix du « bon » taux de qualification est difficile. D'une part, il doit être assez élevé pour qu'il existe des politiques de production stables, *in extenso* qui soient peu susceptibles d'être mises en minorité. Mais, d'autre part, il ne doit pas être trop élevé pour éviter une constitution trop conservatrice qui permettrait à des politiques de production notoirement insatisfaisantes de perdurer en raison de l'existence d'une (petite) minorité de blocage contre tout changement ; il est d'ailleurs souvent recommandé aux actionnaires de s'opposer à l'adoption d'un taux de qualification excédant les deux tiers (67 %). En théorie, le taux de qualification idéal est le plus faible qui garantisse l'existence d'un équilibre politique stable. En pratique, seule l'expérience permet de situer ce niveau. Il faut avoir le nez creux.

Il n'en reste pas moins que l'on peut s'attendre à ce que ce taux idéal soit d'autant plus faible que les marchés fonctionnent mieux. Cela parce que les mécanismes d'assurance,

1. K. Arrow, par ailleurs l'un des pères fondateurs de la finance moderne, a obtenu le prix Nobel d'économie en 1971 pour ses travaux sur la généralisation de l'exemple de Condorcet.

d'investissement et de diversification de portefeuille tendent à créer, de façon endogène, des actionnariats d'autant plus consensuels que ces mécanismes peuvent opérer dans toute leur logique, c'est-à-dire avec le moins possible de contraintes et de dysfonctionnements.

Cette convergence (partielle) vers le consensus s'opère à travers le processus endogène d'autosélection des actionnaires : c'est la logique d'assurance et de diversification de portefeuille qui compose l'actionnariat d'une entreprise ; cette logique fait affluer vers les mêmes entreprises des actionnaires aux besoins d'assurance semblables, et ainsi homogénéise, au sein de l'actionnariat, les « opinions » quant à la meilleure politique économique. L'homogénéisation de l'actionnariat se produit grâce au processus d'autosélection : qui entre dans le capital et qui n'entre pas ? mais aussi à travers le cens : à quelle hauteur entre-t-on ? En effet, à richesse égale, les investisseurs satisfaits du flux de dividendes offert, et donc aux opinions comparables, pèseront d'un plus grand poids dans les décisions car ils chargeront plus leur portefeuille avec l'actif considéré.

Une première conclusion peut être tirée : lorsque l'on étudie la formation et le comportement des assemblées d'actionnaires, où les mécanismes d'échange sur des marchés libres opèrent conjointement avec des mécanismes centralisés de décision collective, où – pour parler plus simplement – l'économique et le politique travaillent ensemble et s'entremêlent, on s'aperçoit que ces deux logiques ne sont *a priori* pas du tout antinomiques, mais au contraire tout à fait compatibles, en ce sens que l'opération préalable du mécanisme de marché permet au principe démocratique, à travers le vote majoritaire, de s'exprimer de façon plus facile et satisfaisante.

Cependant, et c'est un bémol de taille, les mécanismes d'échange, même sur des marchés financiers parfaits, peuvent donner naissance à des prophéties autoréalisatrices. Il en est ainsi lorsque les investisseurs se coordonnent sur la survenance d'un certain événement pour anticiper la hausse du prix d'un actif donné. Alors la rationalité individuelle impose de l'acheter et, toute chose égale par ailleurs, la hausse anticipée du prix de l'actif va s'ensuivre (il n'est d'ailleurs pas nécessaire que l'événement en question ait le moindre impact prouvé sur les fondamentaux économiques régissant le prix de l'actif ; il suffit que les investisseurs se coordonnent sur ce simple signal ; l'agrégation de comportements individuels rationnels ne garantit en aucun cas une quelconque « rationalité collective », si tant est que l'on puisse définir ce dernier concept).

Ce type de phénomène n'est pas observé dans les élections politiques ordinaires. Il le serait si les électeurs étaient versatiles, ou avaient des préférences peu affirmées sur les différents candidats sollicitant leur suffrage, des préférences qui changeraient en fonction des anticipations sur les résultats du scrutin (par exemple s'il y avait une prime psychologique à avoir voté pour le vainqueur… bref, dans des cas un peu loufoques). Mais on peut craindre une contagion de ce type de phénomène depuis les marchés vers le scrutin politique dans les assemblées d'actionnaires. En effet, en fonction du résultat anticipé d'un scrutin, ce ne sont pas les préférences des électeurs qui sont susceptibles de changer, mais les électeurs eux-mêmes : si un actionnaire anticipe un changement de la politique économique de l'entreprise qui ne lui convient pas, il peut choisir de sortir du capital de cette entreprise pour aller se couvrir ailleurs ;

ainsi les opposants potentiels au changement de direction quittent le navire, et le laissent à ceux qui en étaient absents, mais y entrent car cette nouvelle politique est prometteuse d'un flux de dividendes qui leur convient. Ces nouvelles entrées donnent d'autant plus de chance à la nouvelle direction de l'emporter.

Bien entendu, tout dépend du timing, de l'ordre dans lequel la séquence des transactions et des votes se déroule. Mais si les investisseurs sont fébriles, des prophéties politiques autoréalisatrices de ce type peuvent se produire et rendre très instables et fluctuantes les politiques de production annoncées par les entreprises. Alors la seule façon de se prémunir contre ce type d'anticipation et d'instabilité est d'adopter des taux de qualification de la majorité beaucoup plus élevés que ceux que la compatibilité soulignée plus haut, entre marché et vote, nous permettait de l'espérer. Cela au risque de pousser les entreprises vers le conservatisme.

LE CONTRIBUABLE, PREMIER CAPITAL-RISQUEUR DE FRANCE

Karim Medjad et Étienne Krieger

RÉSUMÉ

Les professionnels du capital-investissement ne sont que peu présents au sein des nouvelles entreprises innovantes. Le capital-risque est assumé, en réalité, par un ensemble d'organismes publics d'aide au financement et par des *business angels*, particuliers encouragés à investir par des réductions fiscales. Mais puisque l'État est au centre du dispositif, pourquoi peine-t-il tant à passer d'une logique d'incitation fiscale à un véritable interventionnisme direct ?

Qui finance les nouvelles entreprises innovantes, les fameuses start-up ? Les professionnels du capital-investissement revendiquent une part significative de ce marché, ce qui est un peu présomptueux. En France, moins de 10 % du total de leurs prises de participation portent sur les phases d'amorçage, de création et de post-création de start-up. Le seuil de rentabilité est rarement atteint lors du financement de ces trois phases, d'où l'emploi du vocable « capital-risque », traduction approximative – et symptomatique – de *venture capital.*

Le capital-risque, parent pauvre du capital-investissement

Les faits sont là : tant que ses débouchés industriels et commerciaux ne sont pas assurés, une jeune entreprise n'intéresse guère les acteurs privés du capital-investissement (*private equity*). Il existe bien quelques fonds spécialisés, mais leur contribution est anecdotique : 48 prises de participation en phase d'amorçage en 2003, pour un montant cumulé de 25 millions d'euros.[1] En phases de création et de postcréation, on recense la même

1. Source : AFIC, Rapport sur l'activité du Capital Investissement en France (2003).

année 580 investissements pour un total de 307 millions d'euros. Par ailleurs, sur 143 fonds de capital-risque recensés, on ne compte que 18 fonds d'amorçage[1].

Les chiffres sont sans appel : le capital-risque ne constitue qu'une faible part de l'activité des professionnels du capital-investissement. Une récente étude d'Ernst & Young et de l'Association Française des Investisseurs en Capital (AFIC) estime que leurs prises de participations touchent 3 600 sociétés réalisant plus de 130 milliards d'euros de chiffre d'affaires cumulé, soit plus de 8 % de la richesse nationale, et près d'un million de salariés, soit près de 6 % des effectifs français. Mais les entreprises innovantes représentent uniquement 16,3 % des entreprises en portefeuille. Quant au capital-risque *stricto sensu*, il plafonne à 9 % du total des investissements en *private equity*.[2]

Le capital-risque : une mission de service public

Les acteurs du capital-investissement sont peu diserts sur la modestie de leur contribution au financement des start-up. Leur réticence à investir est pourtant légitime, puisque la rémunération de ce type d'investissement est dérisoire : le taux de rendement interne (TRI) brut des investissements cumulés sur une période de 10 ans est de 1,1 % à fin 2003. Une fois déduits les frais de gestion et l'intéressement éventuel des gestionnaires, la rentabilité du capital-risque sur une longue période est tout bonnement négative. À titre de comparaison, le TRI brut de l'ensemble des investissements en *private equity* réalisés sur 10 ans est de 21 % à fin 2003. Pas de doute : il est nettement plus rentable d'investir dans des entreprises matures, en phase de développement ou de transmission.

Il est donc illusoire de compter exclusivement sur le marché pour favoriser l'émergence des entreprises innovantes : ce type de financement relève clairement d'une logique de service public. Le constat n'est pas nouveau : il y a sept ans, nous le faisions déjà dans ces mêmes colonnes et nous nous interrogions alors sur la capacité de l'État à assumer pleinement cette mission dans les années à venir.[3] Depuis lors, quelques avancées ont bien eu lieu, mais la problématique du financement de l'innovation et des nouvelles entreprises demeure entière.

La France, comme tous les pays industrialisés, a mis en place un véritable écosystème d'innovation autour d'organismes publics tels que l'Agence Nationale de l'Innovation (Anvar),[4] la Banque du Développement des PME, les Centres Régionaux d'Innovation et de Transfert de Technologie (CRITT)... La Caisse des Dépôts et Consignations

---

1. DiGITIP/ministère de l'Économie, des Finances et de l'Industrie, Tableau de bord de l'innovation, 11e édition, juillet 2004.
2. Ernst & Young/AFIC, *La performance du Capital Investissement en France*, 2002 et *Le poids économique et social du capital investissement en France*, 2004.
3. E. Krieger et K. Medjad, « Financement de l'innovation : les solutions informelles », *Les Échos*, Supplément L'Art d'Entreprendre, 3 octobre 1997.
4. Il est à signaler que l'Anvar a complété sa panoplie d'aides à l'innovation par des mécanismes d'intervention en fonds propres *via* des bons de souscription d'action permettant d'augmenter les fonds propres des entreprises bénéficiant de son aide. Source : Anvar, Rapport d'activité 2003.

mérite une mention spéciale : celle-ci gère pour le compte d'institutions majoritairement publiques trois « fonds de fonds » de capital-risque[1] destinés à alimenter des fonds de capital-risque régionaux ou thématiques, afin de créer un effet de levier susceptible d'attirer d'autres acteurs financiers.[2]

Le contribuable, acteur majeur du financement de l'innovation

Si les artisans sont « la première entreprise de France », les contribuables sont les principaux bailleurs de fonds des start-up. Pour encourager cette manne, les pouvoirs publics ne reculent devant aucun sacrifice fiscal : un particulier marié ou pacsé souscrivant en direct au capital d'une PME peut réduire ses impôts de 25 % dans la limite de 10 000 euros par an. Pour dépasser la contribution des professionnels du capital-investissement en phase d'amorçage, il suffit désormais de 1 500 particuliers, soit 0,5 % des assujettis à l'ISF, investissant chacun 20 000 euros dans de nouvelles entreprises innovantes.

Parmi ces particuliers, les plus entreprenants deviennent des investisseurs providentiels (*business angels*), qui, outre leur argent, peuvent aussi investir leur temps et leur carnet d'adresses. Pour eux, l'État vient d'imaginer un cadre juridique et fiscal sur mesure, avec la Société Unipersonnelle d'Investissement à Risque (SUIR). Ce statut permet à des particuliers de loger leurs participations dans un véhicule financier *ad hoc* exonéré d'impôts pendant 10 ans, tant sur les dividendes que sur les plus-values réalisées. Cette mesure est censée représenter 100 millions d'euros par an de diminution de recettes fiscales, soit quatre fois les investissements réalisés en phase d'amorçage par les professionnels du capital-investissement.

Par ailleurs, les Fonds Communs de Placement pour l'Innovation (FCPI), qui continuent d'accueillir une part importante des investissements des particuliers en capital-risque, sont devenus un vecteur de financement essentiel pour les professionnels du secteur. Là encore, la perspective d'une réduction d'impôts significative permet de drainer l'épargne publique vers le financement de l'innovation plus sûrement que d'autres initiatives non subventionnées : à l'heure actuelle, près de 2 milliards d'euros ont déjà été levés par une centaine de FCPI.

Toujours en s'appuyant sur une logique d'incitation fiscale, l'État soutient également les investissements en recherche et développement à travers le Crédit d'Impôt Recherche. Ce mécanisme fiscal, qui incite les entreprises à investir de manière accrue dans la recherche et l'innovation technologique, représente un investissement public annuel de 850 millions d'euros, chiffre très supérieur à celui du capital-risque.

1. Il s'agit du Fonds Public de la Banque Européenne d'Investissement (BEI), du Fonds de Promotion pour le Capital-Risque (FPCR), et du Fonds de Capital Inter Régional (FCIR).
2. La CDC cofinance ainsi à hauteur de 360 millions d'euros un réseau régional de sociétés capital-risque et des fonds thématiques axés sur l'innovation et intervient en direct *via* le Fonds de Co-investissement pour les Jeunes Entreprises (FCJE), doté de 90 millions d'euros.

Enfin, le ministère de la Recherche vient d'annoncer la création de neuf fondations de recherche thématiques qui seront financées à parts égales par des fonds publics et privés. Les domaines concernés sont variés : maladies cardio-vasculaires, sécurité alimentaire, aéronautique, espace… Outre un abondement de l'État à hauteur du financement privé, les entreprises finançant ces fondations de recherche bénéficieront d'une réduction d'impôts de 60 % des sommes versées dans la limite de 5 pour mille de leur chiffre d'affaires.

Partant du constat que les fondations américaines financent environ 4 % des dépenses de recherche, alors que les fondations françaises n'en financent actuellement que moins de 0,1 %, la puissance publique souhaite clairement drainer davantage d'argent provenant des entreprises et des particuliers vers des axes de recherche stratégiques. L'effort de l'État pour abonder ces futurs organismes représente pour cette année une enveloppe de 150 millions d'euros.

Oser un véritable interventionnisme

L'omniprésence de l'État aux côtés des acteurs financiers traditionnels illustre sa volonté de soutenir le marché du capital-risque, notamment lors des périodes de creux qui suivent les bulles spéculatives et dans les domaines où l'initiative privée ne se hasarde que lorsque des mécanismes de limitation ou de mutualisation du risque sont mis en place.

Si l'ensemble de ces dispositifs confère à l'État un rôle déterminant dans le financement de l'innovation, ses interventions directes en capital-risque restent rares.

Or, avec quelques centaines d'investissements annuels, le capital-risque *stricto sensu* demeure très en deçà des besoins financiers des jeunes entreprises innovantes. Le onzième tableau de bord de l'innovation publié par Bercy recense en effet 9 220 créations d'entreprises dans les secteurs technologiquement innovants pour l'année 2003. Bon an mal an, on enregistre entre 8 000 et 11 000 créations d'entreprises innovantes, dont la grande majorité devra se passer des professionnels du capital-investissement.

Atermoiements idéologiques ou culpabilité colberto-jacobiniste des pouvoirs publics, le déséquilibre est frappant entre une vaste panoplie de mesures indirectes aux retombées relativement imprécises et une poignée de leviers d'intervention directe. En France, les start-up ont un point commun avec les très grandes entreprises : leur devenir est largement tributaire de la redéfinition en cours de la notion de service public et, plus généralement, du rôle de l'État dans l'économie, entre les contraintes de Bruxelles et celles de l'OMC.

En ces temps de retour en grâce des grandes politiques industrielles, la France est paradoxalement un pays qui peine à trouver sa voie. Loin du modèle interventionniste du MITI japonais, plus que jamais en vogue chez les dragons d'Asie du Sud-Est, les pouvoirs publics français semblent s'échiner à user l'outil fiscal jusqu'à la corde pour soutenir l'innovation.

Bien sûr, la situation n'est pas totalement figée. On entrevoit même, ici et là, quelques signes d'évolution[1] : rapprochement annoncé de l'Anvar et de la Banque de Développement des PME (BDPME), qui octroient des aides ou des garanties financières aux entreprises innovantes et de croissance, création du pôle CDC Entreprises, regroupant l'ensemble des activités de capital-investissement de la Caisse des Dépôts… Pas de doute, l'État commence à se donner les moyens d'un véritable d'interventionnisme. Allez, camarades, encore un effort !

1. E. Krieger, « The Role of Government and Industry in the French Innovation System », National Summit on Innovation, Malaysia, 29-30 April 2004.

80

LE DÉVELOPPEMENT DURABLE : UN ENJEU POUR LE MANAGEMENT

Bénédicte Faivre-Tavignot

RÉSUMÉ

Savoir, savoir-faire et savoir être : c'est autour de ces trois axes qu'il convient de développer les compétences des managers de demain, afin de mieux répondre aux enjeux du développement durable et de construire un monde ouvert pour nos enfants. Les entreprises ont besoin d'hommes et de femmes conscients des grands défis et capables d'y répondre dans leur métier, enracinés dans une identité forte et ouverts au dialogue et à la nouveauté.

Comment prendre en compte et intégrer le développement durable dans la formation des managers ? quelles compétences managériales développer en vue du développement durable ? Voici une question d'actualité : elle se pose dans les écoles d'ingénieurs et de commerce (tout au moins certaines), et dans les universités ; elle se pose également dans le domaine de la formation continue.

Il s'agit là d'un levier important voire clef dans la mise en œuvre du développement durable : ce dernier ne peut en effet s'envisager sans une implication des managers à tous les niveaux, en commençant par le haut, et sans l'intégration des principes du développement durable dans leurs pratiques. Mais quelles sont-elles ces compétences ? sont-elles spécifiques, radicalement différentes des compétences classiques des managers ?

Répondre à cette question suppose au préalable de préciser le sens donné à ce concept de développement durable, et les enjeux majeurs dont il relève.

La question des enjeux pris en compte est en effet essentielle, et conditionne la réponse à la question posée en introduction ; elle permet aussi de répondre à toutes les objections courantes sur le développement durable : « concept fourre-tout », « alibi pour les entreprises », « effet de mode »… Le terme lui-même (comportant le mot « développement », ambigu et controversé) est souvent remis en cause ; mais quelle que soit l'imperfection de la terminologie française (le terme anglo-saxon de *sustainability* est sans doute plus pertinent), la question posée par ce concept est essentielle et fondamentale : quel avenir ouvrons-nous à nos enfants ? est-ce un avenir porteur, ouvert ou au contraire un avenir bouché, assombri de trop lourdes menaces ? quel héritage leur laissons-nous ?

Cette question me semble comporter deux facettes :

– Le côté pile : comment nous préparons-nous aux situations délicates voire graves que notre mode de développement actuel induit nécessairement si nous ne réagissons pas ; dit de manière plus abrupte : combien de « bombes à retardement » laissons-nous à nos enfants par aveuglement et manque de courage : bombes à retardement environnementales (réchauffement climatique, eau, pollution, déchets, chute de la biodiversité…) ; certes les choses avancent, mais les mesures prises, et notamment les engagements des entreprises dans le cadre des accords de Kyoto, se montrent en réalité très en deçà du nécessaire ; bombes à retardement énergétiques : pourquoi attendre sans anticiper davantage que la crise du pétrole et, ultérieurement, du gaz nous « saute à la figure » (le baril à un peu plus de 50 $ n'est qu'un début) et remette en cause toute notre économie, bâtie sur le carbone ? bombes à retardement démographiques aussi : pourquoi si peu de voix s'élèvent pour dénoncer le vieillissement de nos populations et les problèmes multiples qui vont surgir, en particulier à partir de 2006 (problèmes de retraites)[1] ; bombes à retardement sociales : déséquilibres Nord-Sud, accroissement de la pauvreté des pays les moins avancés, sida ; et manque d'intégration des populations immigrées.[2]
– Le côté face : plus positivement, quel monde créons-nous, construisons-nous pour nos enfants ? Le postulat ici retenu est celui de la liberté humaine et de la dimension créative de l'homme : nous avons le monde que nous choisissons ; nous pouvons créer un monde humain, riche, respectueux de la planète et de ses habitants, comme nous sommes capables du pire…

Le concept de développement durable a donc le mérite de poser des questions de fond : de s'interroger sur les limites de notre mode de fonctionnement actuel et de reposer cette question fondamentale : quel monde choisissons-nous réellement de construire ?

Il implique une remise en ordre des priorités : remettre l'homme et la planète au centre des préoccupations ; remettre l'économique à sa juste place, comme étant au service de l'homme et non l'inverse. Il implique une remise en cause de nos représentations et de nos comportements.

Face à ces enjeux, quelles compétences managériales convient-il donc de développer ?

Ces compétences peuvent être classées en trois niveaux :

1. Compétences en matière de savoir.
2. Compétences en matière de savoir-faire.
3. Compétences en matière de savoir être.

1. M. Godet, *Le Choc de 2006*, Odile Jacob, 2004.
2. A. Solé, *Créateurs de monde*, Éditions du Rocher, 2000.

Compétences en matière de savoir

Il importe avant tout que les managers connaissent les enjeux évoqués ci-dessus : s'appuyer sur un minimum de connaissances concernant l'environnement, le réchauffement climatique, les énergies, la biodiversité… ; disposer également de connaissances géostratégiques, économiques et sociales qui permettent d'appréhender notamment les mécanismes actuels de la mondialisation, et l'impact sur les pays pauvres des décisions prises au niveau mondial ; suivre l'évolution des réglementations sur leur domaine de spécialisation ; appréhender aussi le contexte démographique et humain actuel et à venir, etc.

Compétences en matière de savoir-faire

Il s'agit là pour les managers d'apprendre à intégrer très concrètement le développement durable dans leur métier, leurs pratiques : stratégie, finance, marketing, communication, ressources humaines, R & D, achats, logistique, production, ventes… Dans chacun de ces domaines des savoir-faire spécifiques voire techniques (tels que l'écoconception) sont à développer ; il s'agit là d'un champ de créativité et d'innovation très riche. Plus généralement, des compétences en matière d'analyse systémique sont essentielles à acquérir : apprendre à anticiper et à s'interroger sans cesse sur les risques inhérents au contexte et les conséquences des choix pris : conséquences financières certes, mais aussi humaines, environnementales, sociétales, etc. Analyser les effets induits : boucles de rétroaction, effets amplificateurs, régulateurs…[1]

Compétences en matière de savoir être

Anticiper sur les risques à venir et voir comment les prévenir, d'une part, créer, construire un monde ouvert pour nos enfants, d'autre part, suppose des compétences en matière de savoir être incontournables et essentielles. Nous avons besoin, aujourd'hui plus que jamais, de managers à la fois enracinés et ouverts :

– Des managers enracinés dans une identité solide, animés de valeurs fortes, et d'une volonté de contribuer activement et positivement au monde dans lequel ils vivent et dont ils se sentent responsables ; des managers centrés, cultivant un certain recul et à l'écoute de leurs intuitions et de leurs émotions. Des managers au clair avec la mission qu'ils se donnent, et trouvant dans leur entreprise une voie de réalisation de cette mission ; si tel n'est pas le cas, l'« élan vital » qui les anime[2] ne peut s'exprimer : combien de salariés ne ronronnent-ils pas aujourd'hui, ou ne s'essoufflent-ils pas dans des entreprises qui ne leur permettent pas de trouver ce sens dont ils ont besoin

1. P. Senge, *La Cinquième Discipline*, First Éditions, 1991.
2. T. d'Ansembourg, *Être heureux, ce n'est pas nécessairement confortable*, Éditions de l'Homme, 2004.

pour avancer, par défaut de management ou de projet à dimension sociétale ! (d'où l'urgence, souvent méconnue, pour de nombreuses entreprises, de clarifier leur mission et leur vision). Pour développer de telles compétences, quelques moyens possibles : modules de formations éthique et anthropologique, développement personnel, définition de projets de professionnel

– Des managers ouverts : ils s'ouvrent d'autant mieux à la nouveauté qu'ils sont enracinés : à l'écoute de leurs intuitions, ils sont dans une attitude d'apprentissage permanent ; ils apprennent de leurs erreurs et de leurs réussites ; ils apprennent des autres, avec lesquels ils développent des qualités de dialogue et d'écoute. Ils sont dès lors capables de créer, d'innover, dans le sens de l'intérêt général : à tous les niveaux : technologique, mais aussi humain : pour certains, il s'agira de développer de nouveaux procédés permettant une utilisation plus massive et rentable des énergies renouvelables, ou d'inventer de nouveaux modèles d'économie sans carbone ; pour d'autres, il s'agira d'inventer de nouveaux moyens pour développer le niveau de conscience du grand public concernant l'environnement ou la démographie (nouvelles technologies de l'information, événements...), ou pour responsabiliser les salariés de l'entreprise (intégration de critères développement durable dans les pratiques de rémunération, mise en place de trophées favorisant l'innovation, etc.). Pour développer de telles compétences, à nouveau quelques pistes : immersion dans des milieux culturels très différents, mise en situation dans le cadre de *learning experiences*, modules de créativité, modules de communication...[1]
– Des managers enfin désireux et capables d'aider leurs collaborateurs à développer ces deux axes : d'enracinement et d'ouverture. L'attente des salariés en matière de développement personnel est très forte, et les entreprises qui le comprennent et y répondent auront sans doute moins de difficulté à affronter le papy-boom ; l'enjeu est d'aider les collaborateurs à développer leurs capacités et à se réaliser, certes, mais il est aussi de leur faire prendre pleinement conscience de leurs responsabilités : responsabilités vis-à-vis d'eux-mêmes, de l'entreprise et de la société. La plupart des organisations butent sur deux difficultés majeures : le manque de responsabilité des individus (résultant dans des comportements de déni, de plainte ou de critique) et l'absence de dialogue et de communication, issus d'un manque de confiance, en soi et en l'autre.

Un ouvrier d'une entreprise industrielle en dépôt de bilan est devenu un entrepreneur dynamique dans le domaine de l'environnement, à la suite de son licenciement ; faut-il attendre d'être licencié pour se révéler à soi-même et apporter sa pierre ? Les énergies non renouvelables sont considérées comme de l'or, les énergies renouvelables comme une voie d'avenir ; et que fait-on de toutes les réserves d'énergie humaine enfouies et inutilisées ?

Ouvrir un avenir pour nos enfants : tel est donc l'enjeu du développement durable. Un des leviers dans ce sens est de former des managers conscients des mécanismes actuels et des enjeux ; des managers compétents, capables d'intégrer de manière professionnelle

1. M. Rosenberg, *Les Mots sont des fenêtres*, La Découverte, 2005.

le développement durable dans leurs pratiques ; des managers enracinés et ouverts à la nouveauté, attentifs à éveiller chez leurs collaborateurs le désir et la capacité de devenir des acteurs à part entière.

Comment développer de telles compétences ? Quelques approches ont été suggérées dans cet article, susceptibles d'être intégrées dans des parcours d'enseignement supérieur ou de formation continue ; elles peuvent aussi faire l'objet, dans l'entreprise, de dynamiques d'apprentissage organisationnel, basées notamment sur l'expérimentation par des équipes pilotes, soutenues par une hiérarchie exemplaire et engagée.

81

INTÉGRER LA RESPONSABILITÉ SOCIALE DANS LA STRATÉGIE DE L'ENTREPRISE

Daniel Arenas et Alfred Vernis

RÉSUMÉ

Malgré tout ce qui a pu être écrit sur la responsabilité sociale des entreprises, celle-ci n'a été que rarement intégrée, concrètement, à la stratégie des organisations. Le risque existe alors de la réduire à un attribut ornemental et dépourvu de toute efficacité. Le présent article est consacré à l'intégration de la responsabilité sociale des entreprises au modèle de gestion stratégique classique, depuis la mission, la vision et les valeurs de l'entreprise jusqu'à la mise en œuvre de la stratégie. Nous illustrons notre propos d'exemples concrets et proposons quelques outils d'analyse.

Depuis les années 1970, la responsabilité sociale des entreprises intéresse toujours plus le monde des affaires. L'intérêt pour les différents aspects de ce thème s'est fait encore plus vif depuis la publication, en 2001, par la Commission européenne, du Livre vert intitulé : *Promouvoir un cadre européen pour la responsabilité sociale des entreprises*. Il convient aussi de mentionner, un an auparavant, le Pacte mondial de Kofi Annan, secrétaire général des Nations unies, qui visait à « concilier les forces créatrices de l'esprit d'entreprise avec les nécessités des populations défavorisées et des générations futures ». Certains d'entre nous se sont inquiétés à l'idée que la responsabilité sociale des entreprises (RSE) se transforme en phénomène de mode, puisqu'elle existe depuis l'institution de l'entreprise commerciale moderne, au début du XXe siècle. Que signifie, aujourd'hui, le sigle RSE ? Le Livre vert de la Commission le définit comme « l'intégration volontaire, par les entreprises, des préoccupations sociales et environnementales dans leurs opérations commerciales et dans leurs relations avec leurs partenaires ».

On peut toutefois s'étonner de voir que les entreprises ayant intégré les principes et les concepts de la responsabilité sociale à leur stratégie sont en nombre très restreint, malgré l'encre qui a coulé sur cette question au cours de ces dernières années. Cela rappelle un peu l'évolution des politiques de ressources humaines dans la plupart des organisations. Cela fait plus de vingt ans que les chefs d'entreprise et les universitaires répètent inlassablement l'importance du capital humain, alors que, dans la pratique, les stratégies relatives aux ressources humaines sont presque toujours les dernières à être mises en œuvre. Nous nous proposons, dans le présent article, d'utiliser un modèle classique de gestion stratégique (voir figure X.1) permettant d'analyser l'intégration des concepts de RSE dans la stratégie de l'entreprise.

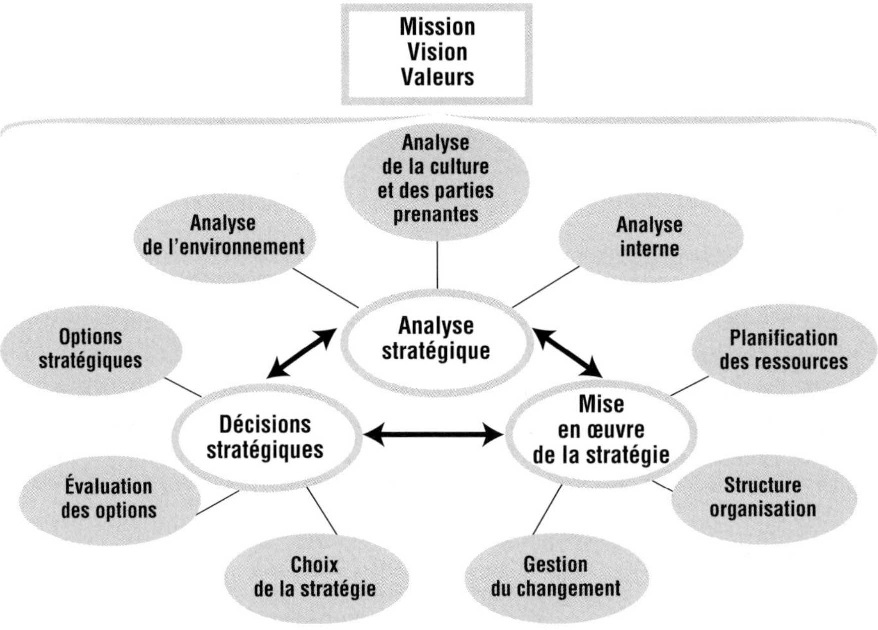

« Les Echos » / Source : Planellas (1999), basé sur Johnson et Schules (1996)

Figure X.1 – Modèle de gestion stratégique

La mission et les valeurs

La mission, les valeurs et la vision de l'organisation constituent le point de départ de tout processus de planification stratégique. À l'heure actuelle, en particulier, il est communément admis que les entreprises visionnaires sont celles qui réussissent le mieux à long terme. Chacun s'accorde aussi à penser que, pour bâtir une vision positive, il est nécessaire de disposer d'un certain nombre de valeurs fondamentales et de donner un sens à ses actions (Collins et Porras, 1997). Les dirigeants qui réussissent sont ceux qui ont énoncé des valeurs claires et qui donnent un sens aux stratégies et aux actions de leur organisation. Il est important de rappeler que ce sont les chefs d'entreprise et les cadres dirigeants qui sont au cœur de l'entreprise, qui définissent sa mission, ses valeurs et sa vision. Nous allons jusqu'à affirmer, qu'à l'heure actuelle, la majorité des dirigeants qui « pensent stratégie » adoptent un comportement socialement responsable (voir l'encart sur MRW).

Vision de l'entreprise espagnole MRW

- Être la meilleure société de transport express du pays, reconnue pour l'excellente qualité de ses processus et préférée de ses clients.
- Être une société modèle en matière d'éthique et de respect de la personne, de l'environnement et, en définitive, de la société qui nous accueille.
- Être la société la plus admirée, non seulement par le degré de satisfaction de son personnel et de ses partenaires, mais aussi pour ne faire aucune discrimination fondée sur la race, le sexe, le handicap physique ou mental, aussi bien au moment du recrutement que pendant le déroulement de carrière de ses salariés.

Une fois définies la mission, les valeurs et la vision de l'organisation, la gestion stratégique se poursuit par une analyse de l'environnement : il s'agit d'analyser le contexte politique, économique, social et technologique dans lequel évolue l'entreprise, ainsi que son environnement plus immédiat, à savoir sa clientèle, ses fournisseurs, ses concurrents, etc. Il ne fait aucun doute que les changements qui se sont succédé dans l'environnement macro et microéconomique ont mis la question de la responsabilité sociale à l'ordre du jour. Les dirigeants d'entreprise réunis dans le World Business Council for Sustainable Development, conscients de ces changements, déclaraient déjà en 1992 : « Le monde évolue vers la déréglementation, l'initiative privée et la mondialisation. Cela requiert une plus grande responsabilité sociale, économique et environnementale des entreprises, au stade de la définition de leurs rôles et de leurs actions. » En ce qui concerne l'analyse de l'environnement immédiat, le modèle de Porter montre que plusieurs des cinq forces qu'il décrit sont étroitement liées aux questions de responsabilité sociale. Premièrement, les consommateurs sont plus sensibles aux produits et aux services ayant une « étiquette » ou une notoriété liée à la responsabilité sociale. En outre, l'entreprise est tenue de mieux connaître ses fournisseurs, surtout dans les secteurs d'activité mondialisés, qui font beaucoup appel à la sous-traitance. À cet égard, elle doit veiller à adopter un comportement éthique dans l'ensemble de la chaîne de production, que cette dernière soit interne ou externe. Par ailleurs, des produits et des services de substitution font leur apparition et concurrencent les autres parce qu'ils font un meilleur usage des ressources naturelles ou qu'ils sont moins polluants. On constate le même phénomène avec des produits et des services qui pénètrent dans des secteurs auparavant très fermés (comme, par exemple, le tourisme rural, qui fait des adeptes, au détriment du tourisme balnéaire). Enfin, la responsabilité sociale contribue à intensifier la concurrence dans divers secteurs d'activité.

L'un des éléments les plus importants d'une gestion stratégique socialement responsable est, pour les entreprises, d'instaurer un dialogue avec ses parties prenantes, à savoir avec les groupes qui participent au bon fonctionnement de l'organisation : personnel, actionnaires, fournisseurs, clients, organisations non gouvernementales, associations de riverains, familles, etc. Les entreprises doivent maintenir un dialogue ouvert avec tous les groupes concernés et aux intérêts divergents, afin d'identifier les problèmes et les opportunités, mais aussi pour renforcer leur crédibilité grâce à ces échanges. Ce qui est vraiment intéressant, dans l'exemple d'Inditex (voir encart), c'est la façon dont cette entreprise a dépassé ce qui n'aurait été, autrement, qu'une action purement philanthropique, pour intégrer tout un ensemble de parties prenantes à sa stratégie. Il s'agit d'un processus d'apprentissage et d'amélioration, ce qui n'empêche pas que, pour le moment, d'autres parties prenantes, comme par exemple l'ONG Intermón-Oxfam, continuent à critiquer cette entreprise pour ses pratiques sociales en Afrique, par le biais de la campagne *Ropa Limpia* (« linge propre »).

Inditex en Afrique du Nord

Inditex (Zara), la multinationale espagnole du textile, soutient une organisation non gouvernementale de développement, en Afrique du Nord, qui travaille en collaboration avec plusieurs organisations à vocation sociale sur le terrain. L'accord avec ces différentes organisations permet à l'entreprise de superviser et d'améliorer les conditions de travail des ouvriers des usines sous-traitantes qu'elle possède dans la région de Tanger. Ainsi, Inditex participe à la mise en place de garderies pour les enfants des ouvrières, de cours d'alphabétisation et de formation. Il ne fait aucun doute que chacun est gagnant, dans cette situation : l'absentéisme diminue et les qualifications augmentent, ce qui renforce la compétitivité de l'entreprise.

Une bonne analyse stratégique, qui intègre les éléments de responsabilité sociale, peut révéler aux entreprises plusieurs options stratégiques qu'elles n'avaient jamais imaginées auparavant. De fait, ces dernières années, nous constatons que plusieurs entreprises d'envergure mondiale utilisent la responsabilité sociale comme stratégie de différenciation, comme, par exemple, le Britannique The Body Shop ou l'américain Ben & Jerry.

Ainsi, au moment d'évaluer des options stratégiques qui intègrent la responsabilité sociale, il convient de tenir compte de la cohérence des politiques par rapport à la mission de l'organisation, de leur faisabilité en termes de ressources financières, matérielles et humaines, et de la capacité des parties prenantes et des groupes concernés à accepter ces politiques. Enfin, la rentabilité, le risque et les attentes des parties prenantes vont aussi jouer un rôle dans le choix de la stratégie. La rentabilité d'une stratégie socialement responsable comprend en effet de nombreuses inconnues ; il s'agit là d'un chantier important pour l'avenir. La différence de prix que sont prêts à payer les consommateurs pour un produit ou un service « estampillé » socialement responsable commence à être examinée, tout comme l'efficacité de la publicité qui met l'accent sur ces aspects ou encore l'influence qu'aura sur la consommation la sensibilisation des nouvelles générations au développement durable, sans oublier la possibilité toujours plus importante de voir apparaître des produits de substitution plus respectueux de l'environnement (énergie éolienne ou véhicules hybrides, par exemple). Les répercussions des politiques socialement responsables sur la motivation et la fidélisation du personnel, et la capacité de ces politiques d'attirer des spécialistes de talent sensibilisés à ces questions sont autant de questions importantes à se poser.

Au moment de procéder à la planification des ressources nécessaires à la mise en œuvre de cette nouvelle stratégie, il convient de répondre à la question suivante : quel est le coût d'une stratégie socialement responsable ? Le tableau X.1 qui énumère les facteurs de production nécessaires à la mise en œuvre d'une stratégie répondant à ces critères, donne probablement un premier élément de réponse.

Tableau X.1 – Moyens de production nécessaires à la mise en place d'une stratégie socialement responsable

Moyen de production	Moyens spécifiquement liés à une stratégie SR	Coût supplémentaire
Capital	Installation et/ou équipement spécial, espace supplémentaire, etc.	Dépenses d'équipement plus élevées
Matériaux et services	Approvisionnement auprès de fournisseurs socialement responsables	Frais plus élevés en matériaux et services intermédiaires
Ressources humaines	Pratiques et stratégies particulières de mise en œuvre de politiques SR	Salaires et primes plus élevés servant à la mise en œuvre des politiques SR

Source : D. Arenas et A. Vernis, à partir de McWilliams et Siegel (2001)

À titre d'exemple, les activités menées par les entreprises concernant chacun de ces intrants pourraient prendre la forme suivante : espace de travail conçu pour donner plus de confort au personnel, acquisition de matériaux fabriqués par des personnes handicapées, rémunération supplémentaire, pour frais de garderie, du personnel ayant des enfants âgés de zéro à trois ans.

Ces intrants doivent être rapportés aux extrants offerts par les politiques socialement responsables, qui correspondent souvent à des éléments intangibles et donc difficiles à mesurer. Quoi qu'il en soit, les études de marché tiennent compte de l'effet des politiques socialement responsables sur la fidélisation de la clientèle et des consommateurs, les prescriptions d'achat, la perception de la qualité des produits et des services, etc.

Engagement de l'organisation

En ce qui concerne la mise en place de la nouvelle stratégie, il convient de réfléchir au type d'organisation le plus adapté pour la prise en charge de tout ce qui a trait à la responsabilité sociale. Ainsi, certaines entreprises optent pour la création d'un service chargé de ces questions, tandis que d'autres préfèrent un conseil chargé du suivi, lorsqu'elles n'intègrent pas cette fonction au service chargé des relations publiques ou du marketing. Enfin, les politiques socialement responsables restent parfois étroitement liées à la direction générale ; elles peuvent parfois bénéficier d'une grande liberté une fois la stratégie décidée.

Au stade de la mise en place de la stratégie, le plus difficile est peut-être la gestion du changement en vue de l'adoption d'une stratégie qui intègre véritablement une politique socialement responsable. Des résistances peuvent apparaître, au sein des organisations, lorsqu'il s'agit d'adopter une stratégie socialement responsable, comme cela se produit souvent face au changement, en général, ou à une réorientation importante. En effet, personne n'aime renoncer à ses habitudes, à ses routines ni à ses modes de fonctionnement. C'est pour cela qu'il convient d'identifier correctement l'origine de ces obstacles et de réfléchir de façon approfondie à la façon de les surmonter. Dans le cas du comportement socialement responsable, le meilleur conseil à donner serait probablement de ne pas lancer le processus de changement en instaurant un sentiment d'urgence (bien qu'une entreprise puisse subir des pressions très fortes dans ce sens en provenance de la société civile). Pour qu'une politique socialement responsable fonctionne réellement et, par conséquent, pour qu'il existe une certaine cohérence (étant donné que les salariés sont eux aussi des parties prenantes dont il faut tenir compte), il est souhaitable d'instaurer un processus permettant à l'organisation d'effectuer un apprentissage collectif, conformément aux travaux de Senge et Argyris, et notamment d'expliquer, de partager et de projeter vers l'avenir les valeurs qui unissent l'organisation. Tout cela ne doit pas nous faire oublier la nécessité du leadership, d'un leadership de transformation qui facilite le changement dans l'organisation.

Lorsque l'on a demandé à Oswald Grajew – directeur de la Fundación Ethos, au Brésil, et l'un des dirigeants les plus connus dans le domaine de la responsabilité sociale – quel était le facteur clef de réussite des politiques socialement responsables, il a répondu qu'à son avis il s'agissait, sans aucun doute, de la conviction et de l'engagement du dirigeant de l'organisation. Nous pourrions ajouter que la vision de ce dernier sur la place et le rôle de l'entreprise dans la société, mais aussi sa capacité de leader, jouent aussi un rôle important.

Quoi qu'il en soit, si l'identification du chef d'entreprise à la stratégie socialement responsable est trop importante, cette dernière risque d'apparaître comme un projet personnel et non collectif. Il faut donc que cette stratégie ne soit pas perçue comme un caprice du directeur général, mais comme un engagement de l'ensemble de l'organisation, comme s'il s'agissait de l'ADN de l'entreprise. Cette stratégie étant défendue par le directeur général, il convient d'éviter l'instauration d'une dépendance excessive du personnel par rapport à ce dernier, mais, au contraire, de créer une atmosphère dans laquelle l'ensemble de l'organisation se sente responsable de cette stratégie et qu'elle l'enrichisse par des points de vue imaginatifs. Dans les expériences que nous avons été amenés à voir, lorsque cette mobilisation a effectivement eu lieu, le sentiment de fierté d'appartenir à une organisation de ce type a augmenté de façon considérable, outre le fait que cela a abouti à l'apparition de nombreuses politiques concrètes socialement responsables.

À cet égard, la définition du leadership telle qu'elle est proposée par Heifetz comme l'activité consistant à « mobiliser les gens pour qu'ils affrontent leurs problèmes » (Heifetz, 1994) est extrêmement intéressante. Dans le cas qui nous occupe, il s'agit des problèmes sociaux auxquels l'entreprise est mêlée, d'une façon ou d'une autre. Heifetz parle aussi de leadership comme de la façon d'« extraire les qualités les plus nobles des personnes » ; en d'autres termes, il s'agit d'amener les personnes à s'intéresser au bien commun, à tenir compte, dans leurs décisions, de facteurs qui dépassent la simple satisfaction de leurs propres besoins, et de leur apprendre à aborder les sources de conflit entre les diverses valeurs défendues au sein de l'organisation et de la société en général.

Enfin, plusieurs outils ont été développés, ces dernières années, qui permettent d'évaluer, de mesurer et de faire connaître l'impact d'une stratégie et de politiques socialement responsables. L'un d'entre eux est représenté par les normes SA 8000 de Social Accountability International, qui portent sur l'amélioration des postes de travail et la lutte contre la violation des droits du travail dans les ateliers à effectifs sous-payés. Un autre outil qu'il convient d'évoquer ici : les directives du Global Reporting Initiative, une norme qui permet de connaître le comportement d'une entreprise selon le principe du « triple résultat », à savoir la prise en compte des « résultats » économique, social et environnemental dans le bilan de l'entreprise, cette norme ayant pour ambition de s'appliquer à toutes les catégories d'organisation. En ce qui concerne l'environnement, l'ISO a élaboré la norme ISO 1400. Par ailleurs, l'institut AccountAbility a créé l'Assurance Standard AA 1000 pour s'assurer de la crédibilité et de la qualité des informations que les entreprises fournissent à leurs divers interlocuteurs sur leurs efforts d'ordre social et environnemental[1].

1. Adresses utiles d'outils de gestion liés à la responsabilité sociale des entreprises :
Social Accountability 8000 (SA 8000) : www.cepaa.org
Global Reporting Initiative Guidelines (GRI) : www.globalreporting.org
International Organization for Standardization (ISO 9000/14.001) : www.iso.ch
AccountAbility Assurance Standard (AA 1000) www.accountability.org
Dow Jones Sustainability Group Index (DJSGI) : www.sustainability-index.com
Ethical Trading Initiative Base Code (ETI) : www.ethicaltrade.org
FTSE4 GoodSelection Criteria (FTSE4 Good) : www.ftse4good.com
UN Global Compact (UN GC) : www.unglobalcompact.org

BIBLIOGRAPHIE

J. COLLINS et J. PORRAS, *Built to Last : Succesful Habits of Visionnary Companies*, HarperCollins, 1997.

R. HEIFETZ, *Leadership Without Easy Answers*, Belknap Press, 1994.

G. JOHNSON et K. SCHOLES, *Dirección Estratégica*, Prentice Hall, 1996.

MCWILLIAMS et D. SIEGEL, Corporate « Social Responsibility : A Theory of the Firm Perspective », *The Academy of Managemenr Review*, vol. 26, 1, 2001.

M. PLANELLAS, *Aproximación al ámbito de la política de empresa*, Ensade, 1999.

82

MOBILISATION DES COMPÉTENCES ET TRAVAIL COLLABORATIF

Bruno Lemaire et Bruno Decroocq

RÉSUMÉ

La question de la mobilisation des compétences appartient au cœur du management. Moins que la fin du travail et du contrat salarial partout annoncée, on assiste à la transmutation du premier en capital et du second en contrat d'affaires. Cette mutation est la résultante de l'impossibilité de liquider le rapport de force classique, analysé par Marx et formalisé dans le contrat de travail salarié. Cette révolution historique à la fois de l'entreprise et du management déplace ainsi la mobilisation des compétences de la dialectique capital/travail vers un *new deal* : de la relation « patron/salarié » on passe à la relation « client/fournisseur ». Le contrat de travail est remplacé par le bon de commande pour garantir, dans le rapport de force du marché et non plus du lien hiérarchique, la performance de l'entreprise. Celle-ci ne peut plus se satisfaire de l'obligation de moyens mais appelle chacune de ses composantes à l'impérieuse loi des résultats, réglant du même coup la question de la mobilisation des compétences. Alors, tous capitalistes ?

Mobilisation des compétences : un tournant « capital » dans le management stratégique

Le problème posé par la mobilisation des compétences taraude l'entreprise, depuis l'origine, en son cœur, en son chœur même pourrions nous dire, tant la question de l'orchestration collective de l'efficacité ne va pas sans fausse note. Des approches « scientifiques » du taylorisme et du fordisme jusqu'à celles plus participatives du toyotisme, les réponses apportées oscillent en permanence entre coercition et intéressement, et se déclinent en multiples partitions, celles des différentes écoles qui jalonnent l'histoire du management.

Peut-être est-ce utile, plutôt que d'apporter à la littérature du genre un *vade-mecum* supplémentaire du parfait « manager des compétences », d'oser reformuler la question première, celle des causes.

Pourquoi les porteurs de compétences ne se mobilisent-t-il pas au maximum pour celle-ci ? Pourquoi conservent-ils par-devers eux des trésors de productivité, de créativité, qu'ils soustraient à l'entreprise ?

Si la question n'est pas nouvelle, elle trouve à se régénérer dans un contexte dont les bouleversements stratégiques n'échappent plus à personne. Nous voyons s'amorcer le déplacement de la relation conflictuelle « capital/travail » vers une dialectique généralisée de « capital/capital » avec pour seul juge de paix : la relation d'affaires, et comme nouvel espace de jeu : le marché/réseau.

■ Le rapport de force capital/travail dépassé ou déplacé ?

La lecture marxiste du système capitaliste aura pointé le rapport de force qui soustend les relations de production dans le contexte industriel des XIXe et XXe siècles. À charge pour le management de gérer cette tension fondatrice, avec à l'origine, la figure archétypale du contremaître. Mais l'entreprise, organisme vivant, aura fait la démonstration que cette vision sans nuance ne disait rien du travail comme levier de réalisation.

Que l'entreprise n'était pas seulement le lieu de l'asservissement mais pouvait être aussi celui de l'épanouissement, de la promotion à la fois personnelle et sociale. Que les besoins de « ressources humaines » à fort potentiel de création de valeurs n'ont cessé de croître, que les crises de gouvernance, les luttes de conquête, les méthodes adoucies d'un management davantage participatif auront permis l'échange de productivité.

Malgré tous ces acquis, le jeu du rapport de forces dans l'entreprise n'a pas disparu, et apparaît au moins en filigrane derrière la question toujours renouvelée de la mobilisation des compétences.

Les mutations en cours nous semblent cependant devenues incompatibles avec cette relation duale, clivée. Ni le temps que l'entreprise n'a plus, ni la complexité des processus de production, ni des besoins croissants de flexibilité, ni encore le type particulier de valeurs qu'on attend de la ressource humaine ne permettent d'aller plus loin dans ce rapport de force, devenu préjudiciable à la survie même des organisations.

Nous pointons dans les nouvelles formes de management la liquidation des derniers lambeaux de la « lutte des classes » codifiée dans la forme historique et canonique du salariat. Et son déplacement vers le marché dans un rapport de forces devenu universel, celui du « client/fournisseur ». La question de la mobilisation des compétences trouve ainsi une acuité toute singulière dans les bouleversements auxquels est confrontée toute organisation ou entreprise, dans un contexte d'affaires mondialisées, dans lequel l'espace-temps se trouve de plus en plus contracté et où les barrières « porteriennes » à l'entrée semblent de plus en plus fragiles et instables. *Last but not least*, les procès d'une complexité exponentielle requièrent désormais la quintessence de la ressource humaine, quintessence dont les concepts de « cognitariat » ou de capital intellectuel ne rendent que trop partiellement compte. Elle balaie, bien au-delà, des qualités aussi variées que créativité, liberté, implication, disponibilité, enthousiasme, passion…

D'où une tendance très nette chez les plus grands dirigeants d'intégrer toujours davantage les « ressources humaines » de l'entreprise dans leur « capital », au point que le DRH de Daimler-Benz déclarait en 2001[1] : « Les collaborateurs de l'entreprise font partie de son capital… Leur motivation, leur savoir-faire, leur flexibilité, leur capacité d'innovation et leur souci des désirs de la clientèle constituent la matière première des services innovants… Leur travail n'est plus mesuré en heures mais sur la base des résultats réalisés et de leur qualité… Ils sont des entrepreneurs. »

Plus facile à dire qu'à faire, à en croire les propos récents de Craig Barrett, patron d'Intel depuis 5 ans, qui s'insurge, dans un mémo interne[2], devant la mobilisation insuffisante de certaines de ses troupes et qui expliquerait en partie le retard constaté pour le renouvellement de sa gamme de microprocesseurs. Les déclarations de Craig Barrett montrent bien les difficultés de la mobilisation des compétences.

L'exemple d'Intel, géant parmi les géants, souligne qu'une logique d'accélération de sortie de nouveaux produits, qu'Intel lui-même a contribué à créer dans le domaine de la haute technologie, peut déstabiliser même les plus puissants. Le temps de la production est celui du marché, devenu global, et qui exige cette boucle incessante et accélérée d'innovations et d'obsolescence. Cela tient parfois d'une performance d'équilibriste. C'est en lançant à une cadence forcenée, « à marché forcé », de nouveaux produits qu'Intel avait cru pouvoir damer le pion définitivement à son concurrent, AMD, et c'est pourtant ce dernier qui apparaît maintenant à beaucoup comme le plus innovant.

Ce recyclage incessant et provoqué des processus d'affaires exige une innovation permanente. De 10 %[3] en 1900 aux USA, les travailleurs « créatifs » sont passés à 15 % en 1980 et presque 33 % en 2000.

■ La créativité : cet obscur objet de désir, le travail : un capital « en soi »

Mais la grande nouveauté, c'est l'impossibilité de planifier formellement le résultat de cette mobilisation d'une qualité un peu particulière. C'est l'intelligence même de l'homme et ses capacités cognitives et créatives, donc en grande partie originales, inconnues par essence que l'on cherche à « exploiter ». Si les connaissances peuvent

---

1. Cité par A. Gorz dans 'La personne devient une entreprise' (http://adonnart.free.fr/doc/gorz.htm).
2. Source Silicon : http://www.silicon.fr/click.asp?ID=5966&news=360
3. La « classe créative », ceux qui réalisent du travail créatif (scientifiques, ingénieurs, technologues, artistes, designer, ainsi que d'autres professions dans la santé, la finance, le juridique etc.), cette classe représentait moins de 10 % des travailleurs aux USA en 1900. Elle est passée à 15 % en 1980 et presque 33 % en 2000. Elle pèse la moitié des salaires et revenus du travail aux USA, autant que les secteurs manufacturing et services additionnés.
Source : http://www.fdassociates.com/2001/html/clubfda/fb clu.php.

être « informatisables », les tentatives du *knowledge management* en portent témoignage, l'équation mystérieuse de la créativité échappe, pour l'essentiel, à toute instrumentalisation. Elle est consubstantielle à son porteur, qui en est à la fois le terreau, le contexte et l'initiateur. Elle est le fruit aléatoire de l'ensemble d'une vie. Un capital « en soi » pour faire écho au DRH de Daimler-Benz qui ne se réifie que dans l'objet produit, le processus revisité, dans leur pertinence, leur efficacité productive et commerciale.

Le contrat et la durée du travail ne rendent bien évidemment plus compte d'une demande de la production qui trouve sa richesse au cœur même de la vie et de l'identité de chaque collaborateur, et dont la mobilisation en dernier ressort lui appartient. Celle de sa créativité comme celle de « jouer », ou non, le jeu sans retenue.

« Il y a beaucoup de raisons à cela [délais et difficultés de fabrication] » peut écrire Craig Barrett, au sujet des difficultés d'Intel, mais, « au final, ces raisons importent peu car le résultat est une chute de la satisfaction des consommateurs et une chute du succès d'Intel ». L'ultime baromètre de mesure de l'efficacité, c'est le chiffre d'affaires et la satisfaction du client. Le patron d'Intel ne connaît pas vraiment les causes de ces difficultés et au fond, il n'a pas les moyens de comprendre, tant l'intégration et l'interdépendance opacifient les responsabilités. La situation est devenue difficilement contrôlable.

Mais qu'on ne s'y trompe pas, l'accélération, la complexification des processus concernent tous les membres de l'entreprise. L'interdépendance croissante de chacun avec tous suppose une créativité unanimement partagée, de l'innovation technologique ou marketing, des tâches les plus nobles aux actions les plus courantes, qui soit raccord avec des objectifs de qualité totale. C'est la grande leçon de Hamel[1] et du *Business Process Reegineering*. Le cercle vertueux du succès est complexe et long à enclencher, alors que la spirale de l'échec ne nécessite parfois qu'un seul faux pas. La valeur d'une chaîne de qualité est égale à la valeur de son maillon le plus faible.

« e-novation » : la synergie des intelligences reliées

Chacun est donc porteur d'une pièce du puzzle complexe de la performance globale. La valeur réside désormais dans la mise en réseau des informations, des connaissances mais surtout de la ressource humaine, toute la ressource humaine.

Travail collaboratif, intelligence collective, entreprise apprenante, *knowledge management*, Xnet (inter/intra/extranet), autant de déclinaisons, souvent gérées d'ailleurs de manière partielle ou seulement instrumentale, mais qui témoignent tous de cette nouvelle métaphore du réseau. Véritable clé de voûte de la mobilisation des compétences, nouvel écosystème, le réseau est le substrat indispensable aux formes modernes de collaboration, d'hybridations, de combinaisons inédites de la valeur, de ce que nous nommons : l'« e-novation ». La valeur totale du réseau est (potentiellement) supérieure à la somme de ses parties.

---

1. Gary Hamel et C.K. Prahalad, *Competing for the future*, Harvard Business School Press, 1996.

Une synergie pour une valeur créative qui soumet l'intelligence à la loi de Metcalf[1]. Réseaux de compétences, internes, externes qui vivent et meurent au rythme flexible des projets, des flux de production et d'affaires faisant exploser les frontières de l'entreprise et bousculant sa culture et ses schémas organisationnels. La conduite du changement est un euphémisme rendant insuffisamment compte de la révolution en cours.

■ Travail = capital : quelles conséquences ?

Mondialisation, complexité, accélération, concurrence, on le voit bien, les turbulences d'un environnement instable et exigeant, rendent l'entreprise de plus en plus dépendante d'une ressource humaine dont la valeur ajoutée n'est plus mesurable seulement en sueur ou en temps de travail. Une ressource humaine, de plus en plus qualifiée, mais également mobile, volatile, voire volage qui aura pris acte, au fil des crises et des besoins croissants de flexibilité, de la fragilité d'un lien qui scellait jusque là, souvent pour la vie, son destin à celui de « son » entreprise.

Comment enfin mobiliser la ressource humaine d'entreprises aux contours de plus en plus flous, transnationalisés, dont la diversité culturelle ajoute encore aux difficultés du management ? Comment garantir que cette mobilisation produise une efficacité toujours plus complexe à atteindre, en sus des exigences de performances sur le marché où personne ne fait de cadeaux à personne ? Nous revoilà revenus à notre question de départ.

■ Le business comme mode de production du business

À nouvelles exigences, nouvelles « mues » managériales autour de la question de la mobilisation des compétences. Une seule alternative : le transfert du management de la compétence vers le porteur lui-même, son « autonomisation » et un *new deal.* On assiste ainsi à un changement historique du modèle d'incitations et au déplacement du rapport de force capital/travail vers les nouvelles relations « capital/capital ».

Le nouvel *esperanto* de l'entreprise, c'est le business, plus seulement comme finalité mais comme mode de production généralisée. Il a l'avantage de la simplicité, universellement lisible dans ses fondamentaux. La rentabilité et le succès devenus le *check-point* ultime pour tous. Les moyens devant être déduits, au temps réel des processus, par toutes les parties prenantes et à leur frais. De leur mobilisation dépend leur survie, chacun pour ce qui le concerne, dans ou hors l'entreprise, à défaut de quoi, c'est l'élimination immédiate et sans appel. La logique n'est plus l'évaluation de la performance *a posteriori*, mais sa mobilisation *a priori*, d'une logique de moyens on passe à une obligation de résultats. Cela entraîne une profonde mutation dans la forme de l'entreprise, dans son modèle d'incitation(s) et de mobilisation de compétences.

---

1. Robert Metcalf, fondateur de 3Com et cofondateur d'Ethernet, OM, a mis en lumière la loi de la valeur d'un réseau, proportionnelle au carré du nombre de ses utilisateurs.

■ À l'extérieur de l'entreprise...

À ce double mouvement à l'intérieur et vers l'extérieur de l'entreprise correspond un phénomène profond de restructuration. D'abord l'externalisation, dont la montée en puissance souligne la tendance. C'est le remplacement du contrat de travail par le bon de commande, plus flexible, du salarié par le fournisseur, plus « corvéable » (la métaphore de la « commande » le souligne bien) dans un processus de transfert de charges, de risques, et surtout de la performance sur un autre entrepreneur dont on peut être assuré qu'il saura de lui-même mobiliser toutes ses compétences pour obtenir la faveur de la commande. C'est la mise en réseau des expertises. Le réseau là encore comme support de cette mutation.

■ Ou à l'intérieur...

Lorsque la ressource n'est pas « externalisable », pour des raisons pratiques, légales ou de garantie d'exclusivité, l'entreprise peut choisir de la délocaliser dans des zones de productions où le coût du travail est moindre et le management du « contremaître » encore possible, ou encore déployer le double arsenal classique des mesures incitatives financières et le management symbolique et identitaire qui paie de « mots et de statuts » ce qu'il ne peut pas monétiser.

Il n'est qu'à prendre le lexique du nouveau management pour s'en convaincre. L'entreprise est découpée en centre d'affaires, il n'y a plus que des « managers », nourris de culture de l'*entrepreneurship*. Chaque ressource humaine est transformée en *Business UniT* (le nouveau « BUT » de l'entreprise). Le management « symbolique » s'intensifie à mesure des résistances ou des exigences de la ressource humaine et trouve parfois des accents d'intégration communautaire voire sectaire pour nouer indissolublement chaque projet personnel avec les objectifs de l'entreprise. Pour l'incitation financière, on retiendra les stock-options, la participation des salariés aux « fruits de l'expansion », ou encore la part variable croissante des rémunérations et autres primes de performances en tout genre. Partage par tous du couple « risques/rémunérations ». Et si les incitations positives sont insuffisamment efficientes, gare aux récalcitrants, on peut toujours avoir recours aux bonnes vieilles méthodes de la mobilisation par le contrôle, « remasterisées » aux nouvelles opportunités panoptiques des TIC : cybersurveillance, mise en transparence des processus de chacun, traçabilité, géolocalisation des collaborateurs sur le terrain...

Conclusion

On peut donc se demander pour conclure ce qu'il reste du rapport de force de l'origine du capitalisme qui apparaît dès lors comme un luxe impayable de temps et de moyens, dans une guerre économique dont le siège, nous avons tenté de le démontrer, ne peut plus être l'entreprise.

Son transfert vers le « marché-réseau » semble inéluctable, dans la mesure où ce dernier fusionnant les deux figures antagonistes du *stakeholder* et du *shareholder* liquide ce rapport de force en le déplaçant, marquant une inflexion majeure à la question historique de cette dualité « capital/travail » et de la mobilisation des compétences du salarié transformé par nécessité en entrepreneur, et même en « capitaliste » et soumis à son tour, à son propre impératif de performance et aux lois implacables de la concurrence.

Enfin, comme nous l'a montré R. Coase, « la firme » existe car il y a un coût à recourir au marché. Or ce coût « de transaction » baisse, en raison notamment de l'accès facilité à l'information, au prix, à l'offre sur le « marché-réseau » *via* les TIC et les nouveaux « infomédiaires ». Alors qu'à l'inverse, les coûts financiers, mais surtout managériaux et d'organisation de l'entreprise croissent à mesure des modifications structurelles à « géographie » variable de la mondialisation et de la complexité croissante des processus. Il semblerait donc, pour reprendre la firme de Coase[1] que « ce lieu où va se substituer au mécanisme du prix de marché, une relation où la coordination de la production s'opère par la hiérarchie » soit en voie de se dissoudre. Mais, au total, l'entreprise, le management, le salariat, ne sont que des moyens dans une configuration donnée de la production de la valeur. S'ils devenaient inopérants en raison de leurs limites intrinsèques, le capitalisme, au nom de la performance structurelle qui le fonde, celle du profit, ne manquera pas de les liquider. On le voit, l'interrogation « ontologique » de la mobilisation des compétences trouve des réponses inédites dans un environnement en pleine mutation. Nous sommes convaincus que ce qui est à l'œuvre ici porte en germe des bouleversements qui échappent à la seule sphère de l'entreprise et bien sûr au cadre de cet article.

1. Ronald H. Coase, « La Nature de la firme », 1937.

83

INDICATEURS DE DÉVELOPPEMENT DURABLE : UNE ANALYSE STRATÉGIQUE

Jean-Pierre Ponssard

RÉSUMÉ

Le développement durable donne lieu à un foisonnement d'initiatives émanant de multiples acteurs. Cette situation est analysée en deux phases. La première, où les stratégies sont proactives, les engagements volontaires destinés éventuellement à définir les règles à son propre avantage ; et la seconde, où les stratégies sont réactives sur la base de règles qui s'imposent à tous. L'enjeu associé à la définition d'indicateurs est crucial dans ce processus. Cette note s'intéresse plus particulièrement aux rapports de force existant autour de cet enjeu aux différentes phases.

Depuis quelques années déjà, les entreprises sont encouragées à rédiger des rapports de « développement durable » en complément à leur rapport annuel traditionnel présentant leurs comptes et leur performance financière. À qui sont destinés ces rapports, comment sont-ils élaborés, à quoi servent-ils ? Pour répondre à ces questions, il est intéressant de partir d'une réflexion générale sur les spécificités de ce type de « produits ».

Schématiquement, le rapport DD est un produit comparable au rapport financier. En effet, au-delà des déclarations de politique générale et des présentations de bonnes pratiques, essentielles pour situer l'importance du DD dans l'entreprise, il s'agit surtout de commenter des tableaux de chiffres. Aussi faut-il s'interroger sur ce qu'est un marché de « chiffres » (voir encart).

Les marchés de « chiffres » : caractéristiques et enjeux

Comme tous les marchés, un marché de chiffres implique l'existence d'acheteurs et de vendeurs. Mais, un tel marché a des caractéristiques particulières en matière de produits et de conditions de production. Les chiffres doivent correspondre à des données mesurables, fiables et vérifiables. Il est aussi nécessaire que ces chiffres soient comparables dans le temps (pour la même entreprise) et dans l'espace (pour comparer une série d'entreprises entre elles). D'où des méthodologies précises de recueil de l'information.

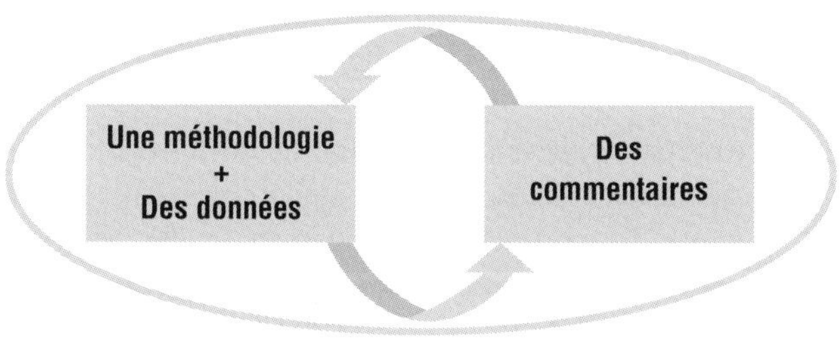

« Les Echos » / Source : Auteur

Figure X.2 – Le produit sur un marché de chiffres

Ces méthodologies ne sont pas seulement élaborées par les entreprises mais aussi par des « intermédiaires ». Ces intermédiaires collectent les chiffres auprès des différentes entreprises, les labellisent en fonction du respect des méthodologies utilisées, y associent des commentaires perçus comme plus objectifs que les commentaires originaux fournis par les entreprises et, en fin de compte, participent à la commercialisation du produit final auprès des acheteurs. Une bonne compréhension d'un marché de chiffres passe donc par une analyse du rôle des intermédiaires : leur origine, leur mode d'intervention, leur mode de financement, et les rivalités éventuelles entre les différentes écoles.

Le marché de chiffres du DD

Les acteurs présents sur ce marché comprennent donc des entreprises (les vendeurs), des intermédiaires, et des acheteurs communément appelés « parties prenantes ». Au niveau des acheteurs, il est utile de distinguer entre les parties prenantes proprement dites souvent peu actives, compte tenu du phénomène classique de passager clandestin (trop d'effort individuel pour un gain qui sera collectif), et leurs représentants, là où se situe le véritable pouvoir. Ces représentants peuvent avoir des enjeux propres qu'il convient de prendre en compte. Par exemple, les investisseurs institutionnels recouvrent une entité relativement homogène, si bien qu'on a pu parler de la « tyrannie des fonds de pension » exigeant des taux de retour de 15 %. Par contre, on peut difficilement rapprocher le WWF et Greenpeace. La cartographie de ce marché peut donc finalement être présentée à partir du tableau X.2.

Tableau X.2 – La cartographie du marché de chiffres du développement durable

Vendeurs	Entreprises			
Intermédiaires	Organismes normalisateurs, analystes financiers, agences de notation, consultants...			
Représentants	Investisseurs institutionnels	Syndicats	États... communes... ONG...	Associations professionnelles
Acheteurs Partie prenante	Actionnaires	Employés	Citoyens Consommateurs	Clients/fournisseurs Autres entreprises

Les intermédiaires regroupent également plusieurs catégories d'acteurs. Le GRI (Global Reporting Initiative) est un organisme normalisateur, mais on trouve aussi à ce niveau des organismes tels que l'Organisation internationale de normalisation avec les normes ISO. Des agences de notation, construites sur un parallèle avec le rating de la dette des entreprises, tentent également de s'imposer à ce niveau. Noter aussi le développement dans les cinq dernières années des départements DD chez les grands cabinets d'audit ou de conseil (PwC, Deloitte & Touche, KPMG...). Certaines ONG ont également une activité d'intermédiaire, c'est notamment le cas du WWF dans le cadre de ses partenariats avec les entreprises. Certaines associations professionnelles sont aussi tentées de jouer un rôle de normalisateur dans leur propre secteur (comme dans la grande distribution). À ce stade, l'activité des intermédiaires en tant que segment stratégique reste donc encore émergente : le GRI sera-t-il une sorte d'International Accounting Standards Board du développement durable ? les différents États vont-ils intervenir plus directement (loi NRE en France) ?

Quoi qu'il en soit, les entreprises doivent déjà se positionner sur cette carte, quelles peuvent être leurs stratégies ?

De manière schématique, l'analyse économique du marché suggère l'hypothèse suivante :

– Dans un premier temps, les entreprises seraient plutôt proactives, comme l'a mis en évidence Olivier Godard[1], elles vont identifier les domaines dans lesquels le DD peut s'avérer un enjeu majeur du fait de la vulnérabilité de certains de leurs actifs non redéployables (exploitation de ressources naturelles, risques associés à des installations industrielles, image de marque) ; elles vont alors engager des démarches volontaires vis-à-vis des parties prenantes correspondantes, avec des objectifs chiffrés définis à partir de méthodologies internes.

1. Voir O. Godard, « Le développement durable et les entreprises », *Revue des Deux Mondes*, oct.-nov. 2002.

– Dans un deuxième temps, les entreprises seraient plutôt réactives, elles vont se positionner sur des données en mobilisant des méthodologies externes, et les objectifs viendront largement de leur position relative ou de critères externes imposés par les intermédiaires.

Cette dynamique traduirait un renversement du rapport de force entre les entreprises et les intermédiaires en faveur de ces derniers au fur et à mesure que le marché deviendrait plus mature. Les caractéristiques du produit (ensemble de tableaux de chiffres et de commentaires issus de l'entreprise et/ou des intermédiaires) associées à des conditions de production à rendements croissants constitueraient les facteurs explicatifs de cette évolution.

L'exemple du CO_2 illustre la pertinence de cette hypothèse et permet d'en tirer des enseignements intéressants.

Exemple du CO_2

L'enjeu des gaz à effet de serre est devenu un enjeu concret pour toutes les entreprises en 1997 avec la signature du protocole de Kyoto, qui assigne aux pays industrialisés un premier objectif quantifié pour la période 2008-2012, dite première période d'engagement.

■ Phase proactive

Dix-neuf groupes industriels français, de dimension internationale, ont créé l'Aeres (Association des entreprises pour la réduction de l'effet de serre). Ces entreprises ont pris un engagement volontaire en septembre 2002 (pour deux périodes : 2003-2004 et 2005-2007). Dans ce cadre, elles ont défini une méthodologie, publié des chiffres d'émission, précisé des objectifs. Quels que furent les efforts déployés par l'Aeres, on a souvent vu cette démarche avec un certain scepticisme correspondant surtout à une mobilisation des départements de communication des entreprises, à des opérations de marketing, et à des engagements ne faisant que reprendre les gains portés naturellement par l'évolution technologique. De fait, le « produit » est souvent présenté de manière avantageuse par l'entreprise, celle-ci jouant par exemple sur le périmètre (faut-il inclure le parc industriel dans les pays en développement non concernés par le protocole de Kyoto ?) ou sur la construction même de l'indicateur (faut-il ou non inclure toutes les émissions de CO_2 comme celles venant de la biomasse ?).

■ Phase réactive

Le climat, si l'on peut dire, a changé avec la parution en 2003 de la directive de Bruxelles précisant la mise en place du marché des quotas de CO_2. Cette directive bouleverse le niveau des intermédiaires. Le WWF, qui avait lié des partenariats avec certaines entreprises pour les aider à rendre plus objectifs leurs engagements dans le cadre de l'Aeres, va se marginaliser : la méthodologie est maintenant définie de manière réglementaire. De nombreuses sociétés de conseil se précipitent dans les entreprises pour les aider à répondre de manière conforme à ces nouvelles exigences et revoir leurs procédures internes de pilotage. Avant la mise en place des plans nationaux d'affectation des quotas, les entreprises se mobilisent vis-à-vis des différents ministères (Économie et Finances, Industrie ou Environnement) pour obtenir les meilleures conditions.

■ Deux enseignements sont intéressants à tirer

Tout d'abord, au niveau de l'entreprise, le passage d'une stratégie de « champion » à une stratégie de « marquage ». Dans le premier cas, l'entreprise choisit son terrain et ses références, dans le second cas, le terrain et les concurrents lui sont largement imposés. Dans le premier cas, certes les services de communication sont mobilisés, mais une réflexion prospective s'engage sans doute aussi dans les services de recherche. Dans le deuxième cas, la perspective opérationnelle court terme l'emporte, il faut contrôler l'attribution des quotas par sites, s'assurer que l'on sera en mesure de piloter l'outil industriel au plus près. Le bilan économique n'est pas clair, d'un côté des actions véritablement novatrices qui risquent de passer au second plan, de l'autre, des effets pervers probablement à venir compte tenu du contexte particulièrement bureaucratique d'élaboration des PNAQ[1] : lobbying des entreprises mais aussi des États soucieux de la compétitivité de leur industrie, et aussi de certains élus souhaitant attirer de nouvelles usines (et donc ne pas les pénaliser par l'absence de dotation initiale, ce qui serait pourtant plus conforme à la théorie économique)...

Ensuite, on peut se poser une question sur la dynamique générale d'évolution du rapport de force entre entreprises et intermédiaires. Si cette évolution paraît inéluctable, on voit bien qu'elle n'a rien d'un cycle de vie exogène, elle est le fruit de la stratégie des acteurs eux-mêmes. En matière de CO_2, a-t-on bien mesuré les avantages et les inconvénients à accélérer cette dynamique alors que tant d'incertitudes subsistent sur l'engagement collectif de la planète sur le protocole de Kyoto ? Il sera certainement intéressant, le moment venu, d'effectuer une comparaison avec d'autres approches, comme par exemple avec la démarche plus progressive adoptée pour la réduction des émissions automobiles.

Pour conclure

Le domaine du DD pose des problèmes redoutables pour la quantification économique. L'idée majeure proposée dans cet article consiste à introduire deux phases : une première phase proactive où on se met autour de la table pour préciser les enjeux,

1. La mise en place de quotas sur des marchés tels que le SO_2 aux États-Unis était beaucoup plus simple : un État, un secteur, à savoir l'électricité, des entreprises régulées...

identifier les grands objectifs, fixer des orientations, prendre des engagements volontaires, et une deuxième phase réactive dans laquelle des incitations individuelles simples et fortes sont mises en œuvre. Chaque phase a ses avantages et des inconvénients. L'idéal serait bien sûr de tirer parti de la première pour exercer le maximum de créativité, puis de passer à la seconde lorsque les enjeux sont décentralisables. C'est déjà difficile au sein de l'entreprise, alors au niveau d'un ensemble hétérogène de parties prenantes… Mais on peut au moins se poser la question.

84

RÉCONCILIER PERFORMANCES ENVIRONNEMENTALE ET FINANCIÈRE DE L'ENTREPRISE

Paul Lanoie

RÉSUMÉ

Comment convaincre un dirigeant d'améliorer la performance environnementale de son entreprise? Cet article présente trois stratégies qui permettent de concilier performances environnementale et financière : 1) la différentiation des produits en misant sur leurs caractéristiques environnementales; 2) la neutralisation des concurrents en s'assurant que leurs contraintes soient analogues aux nôtres et 3) l'identification d'opportunités d'améliorer l'environnement en réduisant les coûts de production. Pour chacune de ces stratégies, le principe en question est présenté de même que des exemples et les conditions de succès.

Comment convaincre un dirigeant d'améliorer la performance environnementale de son entreprise ? Bien sûr, il y a la coercition : la réglementation, les taxes vertes ou l'obligation de produire un bilan social chaque année. Avec cette approche, l'amélioration de l'environnement est perçue par les gestionnaires comme un fardeau ou une contrainte qui s'ajoute à toutes les autres avec lesquelles l'entreprise doit composer. Des efforts sont faits certes, mais souvent à contrecœur… puisqu'il le faut.

Peut-on voir les choses différemment ? Si on veut toucher le gestionnaire, l'angélisme n'a peut-être pas sa place, il faut parler son langage et aborder la question sous l'angle financier. Dans cette perspective, cet article présente trois stratégies permettant à l'entreprise de réconcilier performance environnementale et performance financière[1] : 1) la différentiation de produits ; 2) la neutralisation des compétiteurs et 3) l'identification d'opportunités d'améliorer l'environnement en réduisant les coûts. Cette dernière semble la plus prometteuse et elle retiendra davantage notre attention. Pour

1. Cet article s'inspire, entre autres, du livre de Forest Reinhardt *Down to Earth : Applying Business Principles to Environmental Management*, Harvard Business School Press, 2000.

chacune de ces stratégies, le principe en question sera présenté de même que des exemples et les conditions de succès.

La différentiation de produits

Pour ce qui est de la différentiation de produits, il s'agit de concevoir des produits plus sains pour l'environnement et d'en faire l'aspect qui les rend plus attrayants pour la clientèle, de façon à pouvoir transmettre le coût plus élevé aux consommateurs. Ainsi, l'entreprise n'est pas perdante, au contraire.

Les exemples d'applications de cette stratégie sont légions. Au début des années 90, Ciba, une firme suisse dans le secteur des produits chimiques, a lancé plusieurs marques de teintures, dont la Cibacron LS, plus efficaces parce qu'elles « collent » mieux aux tissus sur lesquels elles sont appliquées. Ainsi, le rinçage est facilité de même que le traitement des eaux usées, ce qui représente des économies pour les fabricants de tissus qui emploient ces teintures. En dépit de coûts plus élevés, ce produit a fait une percée sur les marchés. Patagonia, une entreprise américaine de vêtements de sport, s'est également fait la championne de cette stratégie. Entre autres, elle a lancé de nouvelles lignes de vêtements faits de plastique recyclé (polyéthylène téréphtalate – PET) ou de coton organique (produit sans fertilisants ou pesticides chimiques) qui ont eu beaucoup de succès auprès des consommateurs malgré leur prix plus élevé. Enfin, Toyota nous fournit un autre exemple pertinent avec la Prius, son modèle doté d'un moteur hybride (conventionnel et électrique), qui permet des économies de carburant de l'ordre de 50 %. Le prix à l'achat est nettement plus élevé que celui d'un véhicule normal analogue (d'environ 50 %), mais les ventes sont en hausse partout. Concevoir des produits verts tout en faisant de cet élément ce qui différentie le produit et amène les consommateurs à vouloir payer plus, c'est la stratégie poursuivie par Toyota.

Quelles sont les conditions permettant d'adopter avec succès cette stratégie ? D'abord, il est préférable de se concentrer sur des biens ou des services pour lesquels les consommateurs ont une certaine volonté de payer ; autrement dit, on a plus de chances avec les biens de luxe que les biens dits « inférieurs » ou de première nécessité. L'exemple de Patagonia en fait foi. De plus, il faut être capable de fournir de l'information crédible qui atteste des vertus environnementales de notre produit (e.g., les tests officiels de consommation d'essence pour la Prius ou les écolabels existant dans plusieurs pays). Enfin, cette stratégie est plus porteuse s'il y a des barrières à l'imitation comme dans le cas de Ciba qui a fait breveter ses nouvelles marques de teinture.

Neutraliser ses concurrents

La deuxième stratégie, « neutraliser ses concurrents », peut prendre deux formes. Dans le premier cas, il s'agit de créer des organismes privés de réglementation qui imposent à tous les membres d'une industrie les mêmes règles de conduite. En d'autres mots, si nous subissons des coûts plus élevés pour améliorer notre performance environnementale, assurons-nous que nos compétiteurs les subissent aussi !

Ainsi, plusieurs associations industrielles se sont donné des codes de conduite stricts approuvés par l'ensemble de leurs membres. Par exemple, suite au fameux accident de Bhopal impliquant Union Carbide, l'industrie américaine des produits chimiques a adopté un programme *Responsible Care* par lequel elle impose à ses commettants un certain nombre de normes qui vont au-delà des exigences de la réglementation gouvernementale. L'AF & PA (*American Forest and Paper Association*) a fait de même en adoptant des mesures qui interdisent les coupes à blanc et qui accentuent la protection des espèces menacées.

Pour que cette stratégie fonctionne, il faut, entre autres, que les règles énoncées soient compatibles avec la législation existante, que les compétiteurs étrangers soient aussi affectés et qu'il soit possible de vérifier si les règles sont bien suivies. À cet égard, le programme *Responsible Care* a particulièrement bien fonctionné parce que les principaux joueurs de l'industrie mondiale des produits chimiques sont américains et que leurs installations sont semblables, ce qui facilite la vérification.

Dans sa deuxième forme, cette stratégie visant à neutraliser les concurrents s'exprime ainsi : une firme peut avoir intérêt à réaliser des progrès importants en matière de performance environnementale de façon à faire du lobbying auprès des gouvernements pour imposer à ses concurrents l'atteinte des mêmes standards. En étant le premier joueur à bouger, cette firme peut jouir d'un avantage sur le marché (*first-mover advantage*). La compagnie DuPont nous fournit ici un bel exemple, puisqu'il est reconnu qu'elle a fait un lobby actif pour que les États-Unis adhèrent au Protocole international de Montréal visant l'interdiction des CFCs (chlorofluorocarbones). Pourquoi pareil comportement de la part du plus grand fabriquant de ces produits ? Parce que, dès qu'il fut connu que les CFCs étaient responsables de l'amincissement de la couche d'ozone, Dupont a été la première à faire de la recherche pour trouver des substituts (entre autres, des fluorocarbones non chlorés). Ainsi, lorsque le Protocole a été ratifié, elle avait une longueur d'avance dans ce marché des substituts. Bien sûr, pour qu'une telle stratégie soit viable, il faut être en mesure de démontrer la faisabilité technique de l'alternative proposée et neutraliser la compétition internationale. Dans le cas de Dupont, ceci s'est fait par le biais du Protocole de Montréal qui empêchait ses concurrents de vendre leurs CFCs ailleurs qu'aux États-Unis.

Miser sur la réduction des coûts

La troisième stratégie, *l'identification d'opportunités d'améliorer l'environnement en réduisant les coûts*, est probablement celle qui s'avère la plus prometteuse. En effet, bien que l'amélioration de l'environnement soit en général perçue comme un coût, dans plusieurs cas il peut s'agir d'une occasion pour utiliser plus efficacement les ressources et diminuer les dépenses. Michael Porter a le mérite d'avoir donné une visibilité à cette approche qui s'écarte de la conception dominante. À la base du raisonnement de

Porter, il y a l'idée que la pollution est généralement associée à du gaspillage de ressources, à des matières premières non pleinement utilisées ou à de l'énergie perdue.

> « *Pollution is a manifestation of economic waste and involves unnecessary or incomplete utilization of ressources, or ressources not used to generate their highest value... Reducing pollution is often coincident with improving productivity with which ressources are used*[1] ».

Les tenants de l'écologie industrielle, qui mise sur le fait que les rebuts d'une entreprise peuvent souvent servir d'input à une autre, partagent la même conviction.

En général, on considère que les entreprises utilisent cinq sortes d'intrants : main-d'œuvre, capital, information (technologie), énergie ainsi que matières et services (ce qui inclut, entre autres, la collecte des ordures et le traitement des eaux usées). C'est surtout au niveau de ces deux derniers éléments que des économies peuvent être réalisées.

Les exemples de situations où une meilleure protection de l'environnement peut se traduire par une réduction des coûts pleuvent. Porter en fournit une bonne quinzaine aux États-Unis, alors que Lanoie et Tanguay en présentent une dizaine pour le Canada[2]. Parmi les cas classiques, on retrouve le fameux programme WRAP (*Waste Reduction Always Pays*) de la compagnie Dow Chemicals qui existe depuis 1986 et qui lui a permis d'éliminer des tonnes de rebuts et d'épargner des millions de dollars. Le programme PPP (*Pollution Prevention Pays*) de 3M est du même type.

La compagnie américaine de produits médicaux Baxter mérite également une mention. Chaque année, elle calcule le taux de rendement de ses investissements en matière de contrôle de la pollution. Par exemple, elle a établi que toutes les améliorations en termes de consommation d'eau et d'énergie de même que les gains résultant d'une meilleure gestion des déchets et du recyclage réalisés entre 1994 et 2000 lui ont permis d'économiser 53 millions $ en 2001, ce qui équivalait à 10 % de ses profits. La nouvelle tendance à bâtir des édifices « écologiques » répond aux mêmes impératifs. Par exemple, Ford vient de construire à Détroit l'usine d'automobiles la plus « verte » qui soit. Entre autres, l'éclairage vient en grande partie de très nombreux puits de lumière et l'usine est coiffée du plus grand toit végétal au monde. Ce toit permet d'économiser quelque 35 millions $ annuellement dans la gestion des eaux de pluie. Le procédé permet aussi de prolonger la durée de vie du toit, qui n'est plus exposé aux chauds rayons du soleil, ce qui diminue la chaleur qui pénètre dans le bâtiment et réduit les besoins de climatisation[3].

---

1. M. Porter et C. van der Linde, « Toward a New Conception of the Environment-Competitiveness Relationship », *Journal of Economic Perspective*, automne 1995, pp. 97-118.
   « La pollution est la manifestation d'une perte économique impliquant une utilisation inutile ou incomplète de ressources, c'est-à-dire des ressources qui ne sont pas exploitées pour produire leur valeur la plus élevée... La réduction de la pollution coïncide souvent avec l'amélioration de la productivité avec laquelle les ressources sont utilisées. » *NdE.*
2. P. Lanoie et G.A. Tanguay, « Dix exemples de rentabilité verte », *Risques et management international*, mai 2004, pp. 85-106.
3. *Times*, août 2002.

Non seulement, une amélioration de la performance environnementale peut amener une réduction des coûts en énergie et en matières, mais elle peut également résulter en une diminution des coûts en capital. En effet, de plus en plus d'études montrent que les marchés financiers tendent à « punir » les firmes qui ont des problèmes environnementaux par le biais d'une réduction de la valeur de leur titre boursier. Une entreprise fautive aurait donc moins facilement accès au marché des capitaux. Par exemple, dans une étude largement reconnue, Klassen et McLaughlin (1996)[1] examinent l'impact sur le marché boursier de 140 annonces publiques liées à une saine gestion de l'environnement (prix reçu pour souligner la performance environnementale, annonce d'un investissement majeur en contrôle de la pollution, etc.) et 22 annonces de crise (mise à l'amende, poursuite, déversement illégal). Dans l'échantillon retenu, les firmes qui ont fait l'objet d'une annonce positive ont vu leur valeur boursière augmenter en moyenne de 0,82 % (soit 80 millions $), alors que celles qui ont fait l'objet d'une annonce négative ont vu leur valeur en bourse chuter en moyenne de 1,5 % (soit 390 millions $). Pour leur part, Konar et Cohen[2], dans la meilleure étude du genre, montrent, à partir d'un échantillon composé des 500 entreprises de l'indice Standard & Poor, que chaque réduction des émissions toxiques de 10 % est associée à une augmentation de la valeur boursière de ces entreprises de 34 millions $.

D'autres poussent ce raisonnement encore plus loin en maintenant que, non seulement une amélioration de la performance environnementale peut amener une réduction des coûts en énergie, en matières et en capital, mais qu'elle peut également résulter en une diminution des coûts en main-d'œuvre. Ainsi, les entreprises faisant de l'environnement une priorité auraient plus de facilité à attirer et à retenir une main-d'œuvre de qualité. Bien que fort plausible, une telle présomption n'a toutefois pas été vérifiée empiriquement.

Bref, cet article a voulu montrer de façon concrète que l'on peut convaincre un dirigeant d'appuyer la cause environnementale en parlant son langage et en lui montrant que ce qui semble d'abord une contrainte peut devenir une opportunité. Les différentes stratégies présentées dans cet article vont dans cette direction, en particulier la dernière qui mise sur une amélioration environnementale conjuguée à une réduction des coûts. Quand on y réfléchit un peu, cette stratégie semble des plus naturelles. Dans notre vie de tous les jours, n'y a-t-il pas plusieurs gestes qui permettent à la fois d'épargner et de réduire la pollution : prendre la bicyclette ou le transport en commun plutôt que la voiture, réduire l'éclairage lorsqu'il n'est pas nécessaire, utiliser des sacs réutilisables pour emballer des cadeaux, etc. ? La meilleure gestion des ressources au quotidien, n'est-ce pas le premier pas vers le développement durable ?

1. R.D. Klassen et C.P. McLaughlin, « The Impact of Environmental Management on Firm Performance », *Management Science*, 1996, pp. 512-536.
2. S. Konar et M.A. Cohen, « Does the Market Value Environmental Performance ? » *Review of Economics and Statistics*, mai 2001, pp. 281-289.

INDEX DES AUTEURS

INDEX DES ENTREPRISES

Nombres

A

B

C

J

K

L

M

N

O

P

Q

R

S

T

U

V

W

Y

Z

049686 - (I) - (2,5) - CSBM 90° - TYP - MPN
Dépôt légal Novembre 2005
Imprimerie CHIRAT - 42540 Saint-Just-la-Pendue
N° 7506

Imprimé en France